# AUSWAHLBÜCHER

Die Kurzfassungen in diesem Buch erscheinen
mit Genehmigung der Autoren und Verleger
© 2018 Reader's Digest
– Deutschland, Schweiz, Österreich –
Verlag Das Beste GmbH,
Stuttgart, Zürich, Wien
Alle Rechte, insbesondere das der Übersetzung, Verfilmung
und Funkbearbeitung, im In- und Ausland vorbehalten
Projektleitung „Reader's Digest Auswahlbücher": Christian Berger
041922 (348)
011400299
Printed in Germany
ISBN: 978-3-95619-353-8

Besuchen Sie uns im Internet: readersdigest-verlag.de | readersdigest-verlag.ch | readersdigest-verlag.at

# READER'S DIGEST
## Auswahlbücher

DEUTSCHLAND · SCHWEIZ · ÖSTERREICH

## Jane Harper
### Hitze

SEITE 6

Während der schlimmsten Hitzeperiode seit Jahrzehnten sucht Aaron Falk, Polizist aus Melbourne, seinen Heimatort Kiewarra im Outback auf. Zwanzig Jahre zuvor hat er den Ort unter bedrückenden Umständen verlassen. Jetzt kommt er zur Beerdigung seines Jugendfreundes Luke, der mitsamt seiner Familie erschossen aufgefunden wurde. Fast alle glauben an Selbstmord. Sergeant Raco, erst unlängst zugezogen, hat jedoch Zweifel. Mit Aarons Hilfe nimmt er Nachforschungen auf – gegen den erbitterten Widerstand der Dorfbewohner.

## Hanna Linzee
### Für immer auf den ersten Blick

SEITE 166

Mithilfe ihrer ganz besonderen Fähigkeit hat die 34-jährige Anna schon vielen Menschen zum Glück verholfen: Sie kann erkennen, wer füreinander bestimmt ist, und führt in ihrer Berliner „Schicksalsagentur" die richtigen Paare zusammen. Nur bei ihr selbst funktioniert diese Gabe nicht, und seit einer dramatisch gescheiterten Beziehung hat sie die Hoffnung auf Liebe für sich selbst fast aufgegeben. Da trifft sie in einer Winternacht in der S-Bahn eine bezaubernde alte Dame. Und auf einmal geraten gänzlich unerwartet Dinge in Bewegung …

# Bernhard Kegel
## Ein tiefer Fall

SEITE **274**

Hermann Pauli, Biologieprofessor an der Universität Kiel, macht eine schreckliche Entdeckung. Das Forschungslabor seines Kollegen, des gefeierten Evolutionswissenschaftlers Frank Moebus, ist vollkommen verwüstet worden und einer von Moebus' Mitarbeitern ist tot – seine Leiche liegt in den Überresten zerborstener Aquarien. Wenig später wird ein zweiter wissenschaftlicher Mitarbeiter leblos aufgefunden. Hängen die Todesfälle mit Moebus' großer Entdeckung zusammen, den kostbaren Urzellen vom Grunde der Tiefsee?

# Eve Chase
## Black Rabbit Hall

SEITE **448**

Auf der Suche nach einem geeigneten Ort für ihre Hochzeit fährt Lorna, eine junge Lehrerin aus London, mit ihrem Verlobten Jon durch Cornwall. Ein altes Herrenhaus, das schon bessere Tage gesehen hat, zieht Lorna auf unerklärliche Weise in seinen Bann. Warum glaubt sie, dieses Haus zu kennen? Welche Geschichte erzählen seine bröckelnden Mauern? Und welche Rolle spielt seine derzeitige Besitzerin, die Furcht einflößende Mrs Alton? Mit einer Hartnäckigkeit, die sie sich selbst nicht erklären kann, beginnt Lorna nach Antworten zu

Jane Harper

Raco begleitete Falk zu seinem Wagen, den er hinter dem Revier geparkt hatte. Als sie um die Ecke kamen, blieb Falk wie angewurzelt stehen.

Quer über die Türen und die Motorhaube des Wagens war eine Botschaft wieder und wieder in den Lack gekratzt worden. Die Buchstaben blitzten silbrig in der Sonne. Wir kriegen dich du Killer Schwein

# PROLOG

Natürlich war der Tod auf der Farm nichts Neues, und die Schmeißfliegen waren nicht wählerisch. Sie machten keinen Unterschied zwischen einem Kadaver und einer Leiche.

Die Dürre hatte den Fliegen den Sommer über ein reichhaltiges Angebot beschert, wann immer die Farmer von Kiewarra ihre Gewehre auf abgemagertes Vieh hatten richten müssen. Kein Regen hieß: kein Futter. Und kein Futter bedeutete harte Entscheidungen in einer Gegend, die Tag für Tag unter einem sengenden blauen Himmel flirrte.

„Bald kommt der Regen", wiederholten die Farmer gebetsmühlenartig, während die Monate verstrichen und das neue Jahr begann. Sie sagten sich den Satz untereinander laut vor wie ein Mantra, und wenn sie für sich waren, im Flüsterton wie ein Gebet.

Doch die schick gekleideten Meteorologen in Melbourne waren anderer Ansicht. In ihren klimatisierten Fernsehstudios gaben sie an den meisten Abenden um sechs mitleidig und mit einer gewissen Beiläufigkeit ihre Einschätzung ab. Unzweifelhaft die schlimmste Trockenheit seit hundert Jahren. Das Wettergeschehen hatte einen Namen, dessen korrekte Aussprache nie endgültig geklärt wurde: *El Niño*.

Wenigstens die Schmeißfliegen waren zufrieden. Doch an diesem Tag waren ihre Funde ungewöhnlich. Die Leiche auf der Lichtung war die frischeste. Die Fliegen brauchten ein wenig länger, um die beiden anderen im Farmhaus zu entdecken, obwohl die Haustür einladend offen stand. Diejenigen, die sich von dem ersten Angebot in der Diele noch weiter vorwagten, wurden mit einem weiteren Fund im Schlafzimmer belohnt.

Die Fliegen waren die Ersten vor Ort. Das Blut stockte dunkel auf Fliesen und Teppichboden. Draußen hing noch immer die Wäsche an der Spinne, knochentrocken und steif von der Sonne. Ein Tretroller lag verlassen auf dem Plattenweg. Im Umkreis von einem Kilometer schlug nur ein einziges menschliches Herz. Daher reagierte niemand, als irgendwo tief im Innern des Hauses das Baby anfing zu schreien.

# KAPITEL 1

Selbst wer nur zu Weihnachten einen Fuß in die Kirche setzte, sah sofort, dass der Platz für die Trauergäste nicht reichen würde. Vor dem Eingang hatte sich bereits eine Menschenmenge gebildet, als Aaron Falk in einer Wolke aus Staub angefahren kam. Nachbarn versuchten, sich möglichst diskret, aber dennoch entschlossen vorzudrängeln, während die Menge sich langsam durch die geöffneten Türen schob. Auf der anderen Straßenseite lauerte das Presserudel.

Falk parkte seinen Wagen nach der fünfstündigen Fahrt von Melbourne, und die spätnachmittägliche Hitze umhüllte ihn wie eine Decke. Als er die Fondtür aufriss, um sein Jackett herauszuholen, verbrannte er sich fast die Hand. Falk war ein blasser Typ mit kurz geschnittenem weißblondem Haar und durchsichtigen Wimpern, und in seinen sechsunddreißig Lebensjahren hatte er schon oft das Gefühl gehabt, nicht für die australische Sonne geschaffen zu sein. Er blickte auf die Straße, die aus der Stadt führte, dann auf seine Uhr. Trauergottesdienst, Leichenschmaus, eine Übernachtung, dann nichts wie weg. Achtzehn Stunden, kalkulierte er. Keine länger.

Drinnen in der Kirche entdeckte er einen freien Platz an der Wand neben einem Farmer, dessen Hemd über dem dicken Bauch spannte. Falk nahm den Hut ab. Gesichter, die er zunächst für fremd gehalten hatte, waren jetzt deutlicher zu erkennen, und ihn überkam eine irrationale Verwunderung angesichts all der Krähenfüße, grau melierten Haare und angesetzten Kilos.

Der mittlere Sarg zwischen den beiden großen wirkte winzig. Über den drei Särgen blickte eine vierköpfige Familie von einem vergrößerten Foto. Falk erkannte das Bild aus den Nachrichten wieder. Es war vielfach verwendet worden. Darunter hatte man die Namen der Toten mit einheimischen Blumen ausgelegt. *Luke. Karen. Billy.*

Falk betrachtete Lukes Abbild. Das volle schwarze Haar hatte die ein oder andere graue Strähne, aber er sah noch immer fitter aus als die meisten Männer über fünfunddreißig. Sein Gesicht schien älter, als Falk es in Erinnerung hatte, aber ihr letztes Treffen lag ja auch fast fünf Jahre zurück. Das selbstsichere Grinsen war unverändert, ebenso der wissende Blick.

„Echt tragisch", meinte der Farmer neben Falk unvermittelt. „Haben Sie sie gut gekannt?"

„Eigentlich nur Luke Hadler. Wir waren in jungen Jahren befreundet."

„Wohnen Sie noch hier in der Gegend?" Der Farmer musterte Falk zum ersten Mal richtig.

„Nein. Schon lange nicht mehr."

„Ach so. Hab aber irgendwie das Gefühl, als hätte ich Sie schon mal gesehen." Der Farmer überlegte, wo er ihn einsortieren sollte. „He, Sie sind doch wohl nicht einer von diesen Fernsehfuzzis, oder?"

„Nein. Ich bin Polizist in Melbourne."

„Ach nee? Ihr solltet euch mal unsere feine Regierung vorknöpfen, die dafür gesorgt hat, dass es so weit kommen konnte." Der Mann nickte in die Richtung, wo Lukes Leichnam neben dem seiner Frau und seines sechsjährigen Sohnes lag. „Wir schuften uns hier draußen ab, um das Land zu ernähren, erleben die schlimmste Dürre seit hundert Jahren, und die faseln davon, die Subventionen zu kürzen. Irgendwie kann man den armen Hund da vorn fast verstehen."

Falk schwieg.

„Untersuchen Sie die Sache?" Wieder deutete der Mann mit dem Kopf auf die Särge.

„Nein. Bin bloß als Freund hier. Ich glaube auch nicht, dass es da irgendwas zu untersuchen gibt." Falk wusste nur das, was er in den Nachrichten gehört hatte. Ein klarer Fall. Die Schrotflinte, mit der Karen und Billy erschossen worden waren, hatte Luke gehört. Sie war bei seiner Leiche gefunden worden. „In dem Bereich arbeite ich ohnehin nicht. Ich bin Bundesbeamter, bei der Steuerfahndung."

„Sagt mir gar nichts."

„Das heißt, ich jage Geld. Alles mit vielen Nullen am Ende, das nicht da ist, wo es sein sollte. Gewaschen, unterschlagen, so was eben."

Der Mann erwiderte etwas, aber Falk hörte nicht mehr hin. Sein Blick war zu den Trauernden in der ersten Reihe gewandert. Es war zwanzig Jahre her, aber Falk erkannte Lukes Vater auf Anhieb. Gerry Hadlers Gesicht war grau. Die Augen schienen tief im Schädel versunken zu sein. Er starrte Falk geradewegs ins Gesicht.

Irgendwo weiter hinten ertönten die ersten Takte Musik aus Lautsprechern. Die Trauerfeier begann. Gerry neigte den Kopf zu einem fast unmerklichen Nicken, und Falk schob unbewusst eine Hand in die Hosentasche. Er ertastete Gerrys Brief, der vor zwei Tagen auf seinem Schreibtisch gelandet war. Neun Worte in ungelenker Schrift: *Luke hat gelogen. Du hast gelogen. Komm zur Trauerfeier.*

Falk schaute als Erster weg.

ES WAR SCHWER, sich die Fotos auf dem Bildschirm vor den Trauergästen anzusehen. Ein fröhlicher Luke im Footballteam der Unter-Zehnjährigen; eine junge Karen, die auf einem Pony über einen Zaun setzte. Wieder ein anderes Foto, und Falk erkannte zu seiner eigenen Überraschung sich selbst. Ein unscharfes Bild seines elfjährigen Gesichts schaute ihn an. Er und Luke Seite an Seite, mit nacktem Oberkörper und offenem Mund. Sie hielten einen kleinen Fisch am Angelhaken hoch und wirkten glücklich.

Die Diashow lief weiter. Noch mal Luke, noch mal Karen, beide lächelnd, als würden sie nie damit aufhören, und dann war erneut Falk zu sehen. Diesmal hatte er das Gefühl, seine Lunge würde zusammengequetscht. Das leise Murmeln, das durch die Menge wogte, verriet ihm, dass das Foto nicht nur ihn aufwühlte. Er wieder neben Luke, sie beide jetzt schlaksig und mit Aknepickeln im Gesicht. Lukes Arm war fest um die schlanke Teenagertaille eines Mädchens mit goldblondem Haar geschlungen. Falks Hand hing etwas vorsichtiger über der Schulter eines zweiten Mädchens mit langem schwarzem Haar und dunkleren Augen.

Falk war fassungslos, dass das Foto gezeigt wurde. Er blickte kurz zu Gerry Hadler hinüber, der geradeaus starrte, die Kiefer fest zusammengepresst. Falk spürte, dass der Farmer neben ihm sein Gewicht verlagerte und einen genau kalkulierten Halbschritt von ihm weg machte. Bei ihm ist der Groschen gefallen, dachte Falk. Er zwang sich, die Augen wieder auf das Foto zu richten. Das Quartett. Das Mädchen an seiner Seite. Er sah in diese Augen, bis sie vom Bildschirm verschwanden. Er erinnerte sich, wann das Foto aufgenommen worden war: an einem Nachmittag gegen Ende eines langen Sommers. Und zwei Monate später war das dunkeläugige Mädchen tot gewesen.

*Luke hat gelogen. Du hast gelogen.* Falk blickte eine volle Minute lang zu Boden. Als er wieder aufsah, lächelten Luke und Karen sich an ihrem Hochzeitstag an. Falk war eingeladen gewesen, hatte aber abgesagt.

Die ersten Fotos von Billy wurden gezeigt. Rotgesichtig als Baby, dann mit dichtem Haarschopf als Kleinkind und schon ein bisschen Ähnlichkeit mit seinem Dad. In kurzen Hosen vor einem Weihnachtsbaum. Ein Zeitsprung, und Karen hielt ein weiteres Neugeborenes in den Armen. Charlotte. Wie aufs Stichwort begann die Kleine, jetzt dreizehn Monate alt, in der ersten Reihe auf dem Schoß ihrer Großmutter zu weinen. Barb Hadler zog sie mit einem Arm fester an ihre Brust und drückte sich mit der anderen Hand ein Taschentuch ins Gesicht.

Die letzten Takte der Musik verklangen, und jemand schaltete das Licht an. Als ein übergewichtiger Geistlicher mühsam die Stufen zum Lesepult bewältigte, blickte Falk wieder auf die furchtbaren Särge. Er dachte an das dunkeläugige Mädchen und an eine Lüge, die vor zwanzig Jahren, ausgedacht und abgesprochen, in die Welt gekommen war, als Angst und jugendliche Hormone durch seine Adern gerauscht waren.

Eine ältere Frau in der Menge wandte den Kopf, und ihr Blick fiel auf Falk. Reflexartig reagierte sie mit einem höflichen Nicken. Dann zogen sich ihre Augenbrauen finster zusammen, und sie sprach mit der Frau neben sich. Falk musste nicht Lippen lesen können, um zu wissen, was sie ihr zuflüsterte. *Der junge Falk ist zurückgekommen.* Eine beklommene Schwere legte sich auf seine Brust. Er sah auf die Uhr. Siebzehn Stunden. Dann würde er wieder verschwinden. Wie damals.

„Aaron Falk, hau bloß nicht gleich wieder ab!"

Er stand neben seinem Wagen. Die meisten Trauergäste hatten sich schon auf den kurzen Fußweg zur Leichenfeier gemacht. Falk drehte sich um und musste unwillkürlich lächeln.

„Gretchen", sagte er, als die Frau ihn fest umarmte, die Stirn gegen seine Schulter gedrückt. Er legte das Kinn auf ihr blondes Haar, und sie blieben eine Weile so stehen.

„Gott, bin ich froh, dich zu sehen." Ihre Stimme klang gedämpft aus seinem Hemd.

„Wie geht's dir?", fragte er, als sie sich von ihm löste.

Gretchen Schoner nahm ihre Sonnenbrille ab, hinter der verweinte Augen zum Vorschein kamen. „Nicht gut. Schlecht, ehrlich gesagt. Und dir?"

„Genauso."

„Auf jeden Fall siehst du noch aus wie früher." Sie brachte ein zittriges Lächeln zustande.

„Du hast dich auch nicht groß verändert."

Sie stieß ein leises Prusten aus, aber ihr Lächeln wurde fester. „Nach zwanzig Jahren? Hör doch auf!"

Falk war nicht bloß höflich. Gretchen war noch immer ganz und gar als eines der beiden Mädchen auf dem Foto des Teenager-Quartetts zu erkennen, das in der Kirche gezeigt worden war. Die Taille war etwas fülliger geworden, und dem blonden Haar hatte sie vielleicht ein bisschen nachgeholfen, aber die blauen Augen und die hohen Wangenknochen waren unverkennbar Gretchen.

Sie musterte ihn ebenso prüfend wie er sie, und als ihre Blicke sich trafen, lachte sie. Prompt wirkte sie unbeschwerter, jünger.

„Komm mit." Sie fasste seinen Unterarm und drückte ihn. Ihre Hand fühlte sich kühl auf seiner Haut an. „Der Leichenschmaus ist im Gemeindesaal. Wir stehen das gemeinsam durch."

Als sie die Straße hinuntergingen, rief sie einen kleinen Jungen, der irgendwas mit einem Stock anstupste. Gretchen streckte die Hand nach ihm aus, aber der Junge schüttelte den Kopf und trabte vor ihnen her.

„Mein Sohn, Lachie", erklärte Gretchen mit einem Seitenblick auf Falk.
„Ach so. Ja. Ich habe gehört, dass du ein Kind hast."
„Woher? Von Luke?"
„Muss ich wohl. Wie alt ist er?"
„Erst fünf, aber schon ein echter Rabauke."
Sie sahen zu, wie Lachie sein vermeintliches Schwert in unsichtbare Angreifer stieß. Er hatte weit auseinanderstehende Augen und lockiges hellbraunes Haar. In seinen scharf geschnittenen Gesichtszügen konnte Falk wenig Ähnlichkeit mit Gretchen entdecken. Er überlegte angestrengt, ob Luke ihm gesagt hatte, wer der Vater des Jungen war. Falk schielte unauffällig auf Gretchens Hand. Sie trug keinen Ring, aber das musste heutzutage ja nichts heißen.
„Wie gefällt dir denn das Familienleben so?", fragte er schließlich, bewusst allgemein gehalten.
„Es ist okay. Lachie kann manchmal ganz schön anstrengend sein. Und wir sind nur zu zweit. Aber er ist ein guter Junge."
„Haben deine Eltern immer noch die Farm?"
Sie schüttelte den Kopf. „Die haben sie vor etwa acht Jahren verkauft und sich zur Ruhe gesetzt. Sind nach Sydney gezogen, in eine kleine Wohnung nur drei Ecken von meiner Schwester und ihren Kindern entfernt. Sie sagen, es gefällt ihnen."
„Und was machst du so?"
„Ich betreibe Schafzucht. Hab vor zwei Jahren die Farm der Kellermans gekauft."
„Ehrlich?" Er war beeindruckt. Das war eine begehrte Besitzung gewesen, als er jünger war.
„Und du? Hab gehört, du bist zur Polizei gegangen."
„Stimmt. Bundespolizei. Bin noch immer dabei." Schweigend gingen sie ein Stück. „Wie ist denn so die Stimmung hier?", fragte er.
„Schrecklich. Und es war weiß Gott vorher schon schlimm genug. Alle haben Angst, weil das Geld knapp ist und die Dürre einfach nicht vorübergehen will. Und dann ist das mit Luke und seiner Familie passiert, und ich sage dir, Aaron, es ist furchtbar. Absolut furchtbar. Jeder beobachtet jeden und überlegt, wer als Nächster durchdreht."
„Warst du noch eng mit Luke befreundet?", erkundigte sich Falk neugierig.
Gretchen zögerte, die Lippen zusammengepresst. „Nein. Schon seit Jahren nicht mehr. Jedenfalls nicht so wie damals, als wir vier ständig zusammen waren."

Falk dachte an das Foto. Luke, Gretchen, er selbst. Und Ellie Deacon mit ihrem langen schwarzen Haar.

„Du hast ja offensichtlich Kontakt zu ihm gehalten", meinte Gretchen.

„Wir haben uns gelegentlich auf ein Bier getroffen, wenn er in Melbourne zu tun hatte." Falk schwieg einen Moment. „Aber in den letzten Jahren habe ich ihn nicht mehr gesehen. Das Leben rauscht so vorbei, weißt du? Er hatte seine Familie, ich habe viel gearbeitet …"

„Schon gut, du musst dich nicht rechtfertigen. Wir haben alle ein schlechtes Gewissen."

Der Gemeindesaal platzte aus allen Nähten. Falk zögerte auf der Eingangstreppe, aber Gretchen zog ihn am Arm.

„Komm schon, keine Sorge. Die meisten wissen wahrscheinlich gar nicht mehr, wer du bist. Wir gehen gleich hinten raus."

Sie packte Falks Ärmel mit einer Hand, ihren Sohn mit der anderen und bugsierte sie beide in den Saal und durch die Menge. Die Luft war zum Schneiden. Trauergäste unterhielten sich ernst und balancierten Tassen und Teller mit Schokoladentorte in den Händen. Gretchen erreichte die rückwärtigen Terrassentüren, durch die man auf einen tristen Spielplatz gelangte. Sie suchten sich ein schattiges Fleckchen nahe am Zaun, und Lachie rannte los, um sein Glück auf der glühend heißen Metallrutsche zu versuchen.

„Du musst nicht bei mir stehen bleiben, wenn du damit deinen guten Ruf ruinierst." Falk zog seinen Hut etwas tiefer ins Gesicht.

„Ach, Quatsch. Außerdem krieg ich das auch allein ganz gut hin."

Er ließ den Blick über den Spielplatz gleiten und bemerkte ein älteres Ehepaar, das mit einem jungen Polizisten plauderte, der in voller Uniform unter der Nachmittagssonne schwitzte. „Ist das Barberis' Nachfolger?"

Gretchen folgte Falks Blick. „Ja. Du hast das mit Barberis gehört?"

„Natürlich. Traurig. Weißt du noch, wie er uns mit seinen Horrorgeschichten über Kinder, die mit Farmmaschinen herumspielen, eine Höllenangst eingejagt hat?"

„Ja, klar. Sein Herzinfarkt war eigentlich zwanzig Jahre überfällig."

„Trotzdem. Echt schade." Falk meinte es ehrlich. „Wie heißt der Neue?"

„Sergeant Raco. Er war erst gefühlt fünf Minuten hier, als es passiert ist."

Plötzlich gab es eine Bewegung an der Terrassentür. Die Menge teilte sich respektvoll, als Barb und Gerry Hadler herauskamen und ins Sonnenlicht blinzelten. Ein paar Worte, ein tapferes Nicken, weitergehen. Doch als Gerry Falk entdeckte, löste er sich aus der Umarmung einer beleibten Frau, deren Arme plötzlich nutzlos in der Luft hingen, und ging auf ihn zu.

„Du bist also hergekommen", stellte Lukes Vater sachlich fest.

„Ja", erwiderte Falk. „Ich habe deinen Brief bekommen."
„Gut. Ich fand es wichtig, dass du dabei bist. Für Luke. Und ich war mir nicht sicher, ob du es schaffen würdest, Junge." Der letzte Satz hing schwer in der Luft.
„Selbstverständlich, Gerry. War mir auch wichtig, dabei zu sein."
„Du übernachtest hier." Auch das wieder eine Feststellung.
Falk nickte. „Über dem Pub."
Kindergeheul ertönte vom Klettergerüst, und Gretchen stöhnte frustriert auf. „Mist. Entschuldigt mich." Sie eilte davon.
Gerry packte Falk am Ellbogen und drehte ihn von den anderen Trauergästen weg. „Ich muss mit dir reden. Bevor sie zurückkommt."
Falk riss seinen Arm mit einer kleinen, beherrschten Bewegung los, damit die Leute nichts merkten. „Herrgott, was willst du eigentlich? Falls du vorhast, mich irgendwie zu erpressen, kann ich dir gleich sagen, vergiss es."
„Was? Meine Güte, nein. Überhaupt nicht." Gerry sah ehrlich erschrocken aus. „Falls ich Ärger hätte machen wollen, hätte ich das doch wohl schon vor Jahren getan. Ich hab es nur zu gern auf sich beruhen lassen. Aber das kann ich nun nicht mehr, nachdem das passiert ist, oder? Karen und Billy sind tot." Seine Stimme schlug um. „Hör mal, ich muss es wissen."
„Was wissen?"
Gerrys Augen sahen im grellen Sonnenlicht fast schwarz aus. „Ob Luke vorher schon mal getötet hat."
Falk schwieg. Er fragte nicht, was Gerry meinte.
„Du weißt –" Gerry verbiss sich, was er hatte sagen wollen, als eine diensteifrige Frau angetrippelt kam, um ihm mitzuteilen, dass der Geistliche ihn sprechen wolle. „Ich geh dann mal. Ich melde mich."
Er schüttelte Falk die Hand. Der nickte. Gerry sah gebeugt und klein aus, als er hinter der Frau davonging.
Gretchen hatte ihren Sohn inzwischen getröstet und kam wieder zu Falk. Sie folgte seinem Blick. „Es geht ihm furchtbar", sagte sie halblaut. „Ich habe gehört, er hat gestern Craig Hornby im Supermarkt angeschrien und ihm vorgeworfen, ihm würde das alles nicht richtig nahegehen. Kommt mir unwahrscheinlich vor. Craig und er sind seit fünfzig Jahren Freunde."
„War Luke denn wirklich vorher überhaupt nichts anzumerken?" Falk konnte sich die Frage nicht verkneifen.
„Was denn zum Beispiel? Dass er mitten im Ort mit einer Waffe rumfuchtelte und drohte, seine Familie um die Ecke zu bringen?"
„Mein Gott, Gretchen, war doch nur eine Frage. Ich meine, wirkte er depressiv oder so?"

„Sorry. Das liegt an der Hitze. Die macht alles noch schlimmer. Weißt du, fast alle in Kiewarra sind schon am Rande der Verzweiflung. Aber ganz ehrlich, Luke war nicht schlimmer dran als alle anderen. Ist aber schwer zu sagen." Sie hielt inne. „Die Leute hassen ihn nicht dafür, was er gemacht hat. Es ist eigenartig. Man könnte fast meinen, sie beneiden ihn."

„Wieso das?"

„Weil er etwas getan hat, wozu sie sich selbst nicht durchringen können, glaube ich. Weil er jetzt aus allem raus ist. Wir anderen müssen hier bis zum bitteren Ende ausharren, er dagegen muss sich keine Gedanken mehr machen um die Ernte oder überfällige Raten."

„Verzweifelte Lösung. Die eigene Familie mit in den Tod zu nehmen. Wie hält sich Karens Familie?"

„Soviel ich weiß, hatte sie keine Angehörigen. Hast du sie mal kennengelernt?"

Falk schüttelte den Kopf.

„Einzelkind, wie Luke", fuhr Gretchen fort. „Ihre Eltern sind gestorben, als sie noch ein Teenager war. Danach hat sie hier bei einer Tante gelebt, die aber auch schon seit ein paar Jahren tot ist."

„Warst du mit ihr befreundet?"

„Nicht direkt. Ich –"

Von der Terrassentür her ertönte das Klirren einer Gabel gegen ein Weinglas. Die Leute verstummten und wandten sich Gerry und Barb Hadler zu, die Hand in Hand vor der Tür standen. Barb räusperte sich. Ihr Blick huschte über die Trauergäste.

„Wir wollten euch allen danken, dass ihr gekommen seid. Luke war ein guter Mann." Sie sprach zu schnell und zu laut und presste nach diesen Sätzen die Lippen zusammen. Die Pause zog sich hin, bis sie peinlich wurde. „Und Karen und Billy waren wunderbar. Ihr Tod ist", Barb schluckte, „so furchtbar. Aber ich hoffe, ihr werdet euch irgendwann richtig an Luke erinnern. An den Luke von früher. Er war vielen von euch ein Freund. Ein guter Nachbar, ein fleißiger Mann. Und er hat seine Familie geliebt."

„Ja klar, bis er sie abgeschlachtet hat."

Die Worte kamen von irgendwo hinten in der Menge und waren ganz leise gesprochen, aber Falk war nicht der Einzige, der den Kopf herumriss. Der Sprecher war ein massiger Mann, dem seine etwas mehr als vierzig Jahre nicht gutgetan hatten. Fleischige Oberarme, offenbar mehr Fett als Muskeln, spannten sein T-Shirt, als er die Arme verschränkte. Sein Gesicht war hochrot, er hatte einen ungepflegten Bart. Trotzig fixierte er jeden, der sich umgedreht hatte, um ihn missbilligend anzusehen, bis einer nach dem anderen den Blick abwandte.

„Wer ist das Großmaul?", flüsterte Falk, und Gretchen sah ihn überrascht an.

„Erkennst du ihn nicht? Das ist Grant Dow."

„Das gibt's doch nicht." Falk sträubten sich die Nackenhaare. „Mannomann, hat der sich verändert."

„Ist aber immer noch ein Oberarschloch. Er hat dich nicht gesehen. Sonst hättest du's schon gemerkt."

Falk nickte und schaute wieder geradeaus. Barb begann zu weinen, was die Zuhörer als Zeichen dafür interpretierten, dass die Ansprache zu Ende war. Einige kamen auf sie zu, andere entfernten sich von ihr, je nach Gefühlslage.

Gretchens Sohn kam angerannt und drückte das Gesicht gegen die Beine seiner Mutter. Sie hievte ihn sich mit einiger Anstrengung auf die Hüfte, er lehnte den Kopf auf ihre Schulter und gähnte.

„Ich glaub, der Kleine muss ins Bett", sagte sie. „Wann fährst du zurück nach Melbourne?"

„Morgen."

Gretchen schlang ihren freien Arm um Falks Rücken und zog ihn näher. Er spürte von hinten die Hitze der Sonne und von vorne die Wärme ihres Körpers.

„War schön, dich wiederzusehen, Aaron." Der Blick ihrer blauen Augen wanderte über sein Gesicht, als wollte sie es sich einprägen, dann lächelte sie ein wenig traurig. „Vielleicht bis in zwanzig Jahren wieder."

Er schaute ihr hinterher, bis sie verschwunden war.

## KAPITEL 2

Falk saß auf der Bettkante und betrachtete gleichgültig eine Riesenkrabbenspinne an der Wand. Die Temperatur war mit dem Untergehen der Sonne nur unwesentlich gesunken. Nach dem Duschen hatte er sich Shorts angezogen. Die dumpfen Geräusche aus dem „Fleece", dem Pub unter seinem Zimmer, dröhnten durch den Boden. Irgendwer ließ ein Glas fallen, und das Klirren durchbrach die Geräuschkulisse. Die Spinne bewegte ein einzelnes Bein.

Falk zuckte zusammen, als das Telefon auf dem Nachttisch schrill klingelte. „Hallo?"

„Aaron Falk? Gespräch für Sie." Die Stimme des Barmanns war tief und hatte einen leichten schottischen Akzent.

„Wer ist es denn?", fragte Falk, obwohl er es sich schon denken konnte.

„Das müssen Sie ihn schon selbst fragen", erwiderte der Barmann. „Für das Entgegennehmen und Weiterleiten von Nachrichten werd ich nicht bezahlt. Ich stell jetzt durch."

„Aaron? Bist du das? Gerry hier." Lukes Vater klang erschöpft.

„Gerry, wir müssen uns unterhalten."

„Stimmt. Komm zu uns nach Hause. Barb wollte sowieso mit dir reden." Gerry nannte ihm die Adresse. Dann folgte ein langes Schweigen, beendet von einem schweren Seufzer. „Übrigens, Aaron, sie weiß nichts von dem Brief. Oder überhaupt von irgendwas. Ich hätte gern, dass das so bleibt, okay?"

Falk folgte Gerrys Wegbeschreibung und bog zwanzig Minuten später in eine kurze gepflasterte Zufahrt. Eine Verandalampe warf einen orangefarbenen Lichtschein auf ein gepflegtes Holzhaus. Er hielt an, und sofort öffnete sich quietschend die Fliegengittertür, in der Barb Hadlers gedrungene Silhouette erschien. Einen Moment später tauchte ihr Mann hinter ihr auf. Seine große Statur warf einen langen Schatten auf die Zufahrt.

„Aaron, danke, dass du gekommen bist. Komm rein", flüsterte Barb und streckte ihm ihre freie Hand entgegen. Auf dem anderen Arm hielt sie die kleine Charlotte fest an die Brust gedrückt und wiegte sie in einem energischen Rhythmus. „Die Kleine ist leider ziemlich unruhig. Sie schläft immer nur für kurze Zeit."

„Barb." Falk beugte sich über das Kind und umarmte Lukes Mutter. „Schön, dich zu sehen."

Sie hielt ihn lange fest, den molligen Arm um seinen Rücken gelegt, und er spürte, wie sich etwas in ihm entspannte. Er erinnerte sich gut an den süßen, blumigen Duft ihres Haarsprays. Genau die Marke hatte sie schon benutzt, als sie für ihn noch Mrs Hadler gewesen war. Sie lösten sich voneinander, und er konnte zum ersten Mal Charlotte richtig anschauen. Ihre kleine Stirn war leicht gerunzelt.

Er trat ins Licht der Diele. Barb streckte die Hand aus und berührte seine Wange. „Menschenskind, du hast dich kaum verändert."

Sie ging voraus durch den Flur. Beide ignorierten geflissentlich die gerahmten Familienschnappschüsse an den Wänden. Gerry folgte ihnen.

„Ihr habt ein hübsches Häuschen, Barb", sagte Falk höflich.

„Danke. Wir wollten was Kleines, das weniger Arbeit macht, nachdem –" Sie stockte kurz, schluckte. „Nachdem wir Luke die Farm übergeben hatten."

Sie traten auf die Terrasse mit Blick auf einen ordentlichen kleinen Garten.

Barb dirigierte Falk zu einem Korbsessel. „Wir haben dich in den Nachrichten gesehen. Hat Gerry dir das erzählt? Vor ein paar Monaten. Da ging es um diese Firmen, die ihre Investoren übers Ohr gehauen und ihre Ersparnisse unterschlagen haben."

„Der Fall Pemberley", sagte Falk. „Üble Geschichte."

„Die haben dich gelobt, Aaron. Im Fernsehen und in den Zeitungen. Du hast dafür gesorgt, dass die Leute ihr Geld zurückgekriegt haben."

„Nur zum Teil. Einiges war längst weg."

Barb tätschelte sein Knie. „Trotzdem. Dein Dad wäre stolz auf dich."

Falk zögerte. „Danke."

„Wir waren traurig, als wir erfahren haben, dass er gestorben ist."

„Ja." Es war jetzt sechs Jahre her.

Gerry, der am Türrahmen lehnte, machte zum ersten Mal seit Falks Ankunft den Mund auf. „Weißt du eigentlich, dass ich versucht habe, mit euch Kontakt zu halten, nachdem ihr weggezogen wart?" Er sagte das beiläufig, es klang aber so, als wollte er sich rechtfertigen. „Hab deinem Dad geschrieben und ein paarmal versucht, ihn anzurufen. Aber er hat sich nie gemeldet. Irgendwann hab ich's dann aufgegeben."

„Kann ich verstehen", erwiderte Falk. „Er hat die Kontakte nach Kiewarra nicht unbedingt gepflegt."

Eine Untertreibung. Alle drei taten so, als hätten sie es nicht gemerkt.

„Wollen wir was trinken?" Gerry verschwand ins Haus, ohne eine Antwort abzuwarten, und kam kurz darauf mit drei Gläsern Whiskey zurück.

Falk sah es mit Verblüffung. Er konnte sich nicht erinnern, dass Gerry je etwas Härteres getrunken hatte als Bier.

„*Cheers.*" Gerry legte den Kopf nach hinten und trank einen großen Schluck.

Höflichkeitshalber nippte Falk an seinem Drink und stellte das Glas wieder ab. Barb beäugte ihres angewidert. Im tintenschwarzen Garten zirpten nächtliche Insekten. Falk räusperte sich.

„Wie kommst du mit alledem klar, Barb?"

Sie blickte nach unten. Eine Träne fiel auf das Gesicht des Babys. Barb blinzelte mehrmals. „Ich bin sicher, dass Luke das nicht getan hat. Er hätte sich selbst nicht getötet. Und schon gar nicht seine wunderbare Familie."

Falk sah zu Gerry hinüber. Er stand noch immer im Türrahmen und starrte in sein Glas.

Barb redete weiter. „Ein paar Tage bevor es passiert ist, habe ich mit Luke gesprochen. Und ich schwöre, er war ganz normal."

Falk wusste nicht, was er sagen sollte, und nickte bloß.

„Siehst du, du verstehst das, weil du ihn gekannt hast. Aber viele Leute hier bei uns sind da anders. Die glauben einfach, was man ihnen sagt. Deshalb haben wir gehofft, dass du uns hilfst."

Falk schaute sie an. „Wie das, Barb?"

„Na, indem du rausfindest, was wirklich passiert ist. Um Lukes Namen reinzuwaschen. Und für Karen und Billy. Und Charlotte."

„Barb." Falk beugte sich in seinem Sessel vor und nahm ihre Hand. „Das alles tut mir unendlich leid. Luke war damals wie ein Bruder für mich. Aber ich bin dafür nicht der Richtige. Falls ihr Zweifel habt, müsst ihr euch an die Polizei wenden."

„Wir haben uns an dich gewendet." Sie zog ihre Hand weg. „Du bist bei der Polizei."

„Ich meine die Polizei, die sich mit so etwas befasst. Ich mache das nicht mehr. Ich bin jetzt bei der Steuerfahndung, überprüfe Konten, Geld."

„Genau." Barb nickte.

Gerry gab ein leises, kehliges Geräusch von sich. „Barb meint, dass Geldsorgen eine Rolle gespielt haben könnten."

„Ja, und ob ich das meine!", fauchte sie. „Warum ist das für dich so unwahrscheinlich, Gerry?" Barb sah Falk wieder an. „Ehrlich, zehn Jahre lang hab ich gedacht, es wär richtig gewesen, dass wir Luke die Farm übergeben haben. Aber in den letzten zwei Wochen lässt mir der Gedanke keine Ruhe, dass wir ihm eine viel zu schwere Bürde aufgehalst haben. Diese Dürre … Gut möglich, dass er sich irgendwo Geld geliehen hat. Oder dass er Schulden hatte, die er nicht zurückzahlen konnte. Vielleicht ist jemand gekommen, dem er was schuldete."

„Das mag sich für euch vielleicht nicht so anfühlen, aber die zuständigen Beamten werden alle diese Möglichkeiten in Erwägung gezogen haben", gab Falk zu bedenken.

„Von wegen!", entgegnete sie heftig. „Die wollten nichts davon hören. Die sind von Clyde hergekommen, haben sich kurz umgesehen und gesagt: ‚Alles klar, da ist mal wieder ein Farmer durchgedreht', und das war's."

„Die haben Leute aus Clyde hergeschickt?", fragte Falk überrascht. Clyde war die nächstgelegene größere Stadt mit einer voll ausgestatteten Polizeistation. „Nicht den Neuen hier im Ort? Wie heißt er noch mal?"

„Sergeant Raco. Nein. Der war da ja erst eine Woche oder so hier."

„Habt ihr diesem Raco von euren Bedenken erzählt?"

Ihr trotziger Blick beantwortete seine Frage. „Wir erzählen *dir* davon", sagte sie.

Gerry stellte sein Glas auf dem Tisch ab. „Es war ein langer Tag. Wir sollten

Aaron die Gelegenheit geben, sich die Sache durch den Kopf gehen zu lassen. Komm, Junge, ich bring dich raus."

Barb öffnete den Mund, als wollte sie widersprechen, aber Gerry warf ihr einen Blick zu, und sie blieb stumm. Sie legte Charlotte auf einem Sessel ab und zog Falk in eine klamme Umarmung. „Denk drüber nach. Bitte." Sie nahm Charlotte auf und wiegte sie wieder. Falk hörte sie unmelodisch summen, als er Lukes Vater zurück in die Diele folgte.

Gerry begleitete ihn zu seinem Wagen. „Barb hat sich in den Kopf gesetzt, dass irgendein Schuldeneintreiber der Täter war. Das ist Quatsch. Luke konnte mit Geld umgehen. Natürlich hat er eine schwere Zeit durchgemacht, wie alle anderen auch. Aber auf so was hätte er sich niemals eingelassen. Außerdem hat Karen die Buchhaltung für die Farm gemacht. Sie hätte uns informiert, wenn die Dinge so schlecht gestanden hätten."

„Und was denkst du?"

„Ich denke – ich denke, dass er mächtig unter Druck stand. Und sosehr es mich auch quält: Ich denke, es ist genau das passiert, wonach es aussieht. Und jetzt will ich wissen, ob ich einen Teil der Schuld daran mittrage."

Falk lehnte sich gegen sein Auto. Ihm dröhnte der Schädel. „Wie lange weißt du es schon?"

„Dass Luke gelogen hat, als er dir ein Alibi verschaffte? Die ganze Zeit. Also gut zwanzig Jahre. Ich hab Luke an dem Tag, als es passiert ist, allein auf seinem Fahrrad gesehen. Weit weg von der Stelle, an der ihr beide angeblich wart. Ich weiß, dass ihr nicht zusammen wart." Er hielt inne. „Das hab ich noch nie jemandem erzählt."

„Ich habe Ellie Deacon nicht umgebracht."

Gerry nickte und blickte auf seine Füße. „Aaron, ich habe nicht eine Sekunde lang gedacht, dass du das getan hast, sonst hätte ich nämlich nicht geschwiegen. Was meinst du denn, warum ich nichts gesagt habe? Es hätte dein Leben zerstört. Diesen Verdacht wärst du jahrelang nicht losgeworden. Hätten sie dich bei der Polizei angenommen? Luke hätten sie wegen Falschaussage drangekriegt. Und wofür das alles? Ich glaubte, das Mädchen hat sich selbst umgebracht, und ich kenne noch einige andere, die das genauso gesehen haben. Ihr Jungs hattet nichts damit zu tun." Gerry scharrte mit der Spitze seines Stiefels über den Boden. „Das hab ich zumindest gedacht."

„Und jetzt?"

„Jetzt? Ich weiß nicht mehr, was ich glauben soll. Ich hab immer gedacht, Luke hat gelogen, um dich zu schützen. Aber jetzt hab ich eine ermordete Schwiegertochter und ein ermordetes Enkelkind und die Fingerabdrücke meines toten Sohnes überall auf seiner Schrotflinte." Gerry fuhr sich mit der

Hand übers Gesicht. „Ich habe Luke geliebt. Ich hätte bis an mein Lebensende behauptet, dass mein Sohn niemals in der Lage wäre, so etwas zu tun. Aber da ist diese Stimme in mir, die flüstert: *Stimmt das wirklich? Bist du dir sicher?* Und deshalb frage ich dich: Hat Luke dir das Alibi gegeben, um dich zu schützen, Aaron? Oder hat er gelogen, um sich selbst zu schützen?"

„Es hat nie irgendeinen Hinweis darauf gegeben, dass Luke etwas mit Ellies Tod zu tun hatte", erwiderte Falk vorsichtig.

„Stimmt. Vor allem weil ihr euch gegenseitig Alibis geliefert habt, nicht wahr? Wir wissen beide, dass er einen falschen Aufenthaltsort angegeben hat für den Zeitpunkt, als Ellie Deacon gestorben ist, und keiner von uns hat etwas gesagt. Meine Frage ist also, ob ich dadurch das Blut meiner Schwiegertochter und meines Enkels an den Händen habe." Gerry neigte das Gesicht in den Schatten, sodass Falk seinen Blick nicht mehr erkennen konnte. „Und das solltest du dich selbst auch fragen, bevor du wieder nach Melbourne abhaust. Wir haben beide die Wahrheit verschwiegen. Wenn ich schuldig bin, dann bist du es auch."

Auf der Fahrt über die Landstraßen zurück zum Pub spürte Falk den widerlichen Schlag unter den Rädern fast schon, bevor er registrierte, dass irgendetwas Kleines über die Straße flitzte. Ein Kaninchen. Der Aufprall war wie ein Faustschlag gegen die Brust, und er löste etwas in Falks Kopf. Eine Erinnerung glitt an die Oberfläche.

*Er und Luke rannten als achtjährige Jungs durch hohes Gras, als Luke plötzlich wie angewurzelt stehen blieb. Er bückte sich zwischen den hohen Halmen, und als er sich einen Moment später wieder aufrichtete, hielt er ein Tierchen hoch. Das Kaninchen war noch ganz klein und lag zitternd in Lukes Händen.*

*„Es mag mich. Es ist meins", sagte Luke.*

*Auf dem Anwesen von Lukes Elternhaus fanden sie einen Pappkarton für das Kaninchen. Aaron lief ins Haus, um ein Handtuch zu holen, womit sie den Karton auspolstern wollten. Als er wieder hinaus ins helle Sonnenlicht trat, hatte Luke eine Hand in den Karton gesteckt. Sein Kopf schnellte hoch, als er Aaron hörte, und er riss die Hand heraus.*

*Das Kaninchen lag auf der Seite, unverletzt, aber reglos, die Augen schwarz und leer.*

*„Es ist gestorben", sagte Luke. Sein Mund war eine schmale Linie. Er sah Aaron nicht in die Augen.*

*„Wie?"*

*„Keine Ahnung. Auf einmal war's tot."*

Als er die endlosen Landstraßen entlangfuhr, musste Falk immerzu an ihre jugendliche Viererclique denken, und an Ellie Deacon. Und er fragte sich, ob Ellies dunkle Augen ebenso leer geblickt hatten, als das Wasser in ihre Lunge geströmt war.

## KAPITEL 3

Falk hatte fast die ganze Nacht wach gelegen und darüber nachgedacht, was Gerry gesagt hatte. Am Morgen rief er ihn an und teilte ihm mit, dass er noch ein oder zwei Tage länger bleiben könne. Nur bis zum Wochenende. Es war Donnerstag. Am Montag musste er wieder zur Arbeit. Er würde jetzt zu Lukes Farm fahren und sich für Barb die Buchführung anschauen.

Er brauchte keine Wegbeschreibung. Als Kind und Jugendlicher hatte er dort fast ebenso viel Zeit verbracht wie in seinem eigenen Elternhaus.

Auf der Hadler-Farm parkte Falk neben einem Streifenwagen auf einem Stück toter Wiese. Das gelbe Absperrband der Polizei hing noch immer vor der Haustür. Er drückte den Klingelknopf. Die Glocke ertönte tief im Innern. Falk wartete einen Moment, ging dann ums Gebäude herum. Der Himmel wölbte sich weit und blau über gelben Weiden. In der Ferne hielt ein Drahtzaun dunkles Gestrüpp in Schach. Falks Elternhaus war nur ein kurzes Stück mit dem Fahrrad entfernt, lag aber unsichtbar irgendwo hinter dem Horizont. Es war lediglich ein einziges anderes Haus in Sicht: ein lang gestrecktes graues Gebäude, das sich weit oben an die Flanke eines fernen Hügels schmiegte. Ellies Haus. Falk fragte sich, ob ihr Vater und ihr Cousin noch immer da oben wohnten, und wandte sich instinktiv ab.

Er schlenderte über den Hof, bis er Sergeant Greg Raco in der größten der drei Scheunen fand. Der Polizist kniete in einer Ecke und durchstöberte einen Stapel alter Kisten. Falk klopfte auf das Metalltor, und Raco drehte sich um, das Gesicht mit Staub und Schweiß verschmiert.

„Mensch, haben Sie mich erschreckt. Ich hab Sie nicht kommen hören."

„Sorry. Aaron Falk. Ich bin ein Freund der Hadlers. Ihre Sekretärin meinte, Sie wären hier."

Raco stand auf und zog seine Arbeitshandschuhe aus. Er versuchte, sich den Schmutz von der dunkelblauen Uniformhose zu wischen. Sein ordentlich gebügeltes Hemd hatte Schweißflecken unter den Armen. Er war kleiner als Falk und wie ein Boxer gebaut. Sein lockiges Haar war kurz geschnitten, und er hatte einen mediterran wirkenden olivbraunen Teint, aber sein Akzent klang eindeutig nach australischer Provinz. Er hatte einen Zug um die

Augen, durch den er selbst dann so wirkte, als würde er lächeln, wenn er es nicht tat. In diesem Moment lächelte er nicht.

„Gerry Hadler hat angerufen und gesagt, Sie würden vorbeischauen", erwiderte Raco. „Nehmen Sie's mir nicht übel, aber können Sie sich irgendwie ausweisen? Hier schleichen nämlich in letzter Zeit öfter irgendwelche Spinner rum."

Aus der Nähe gesehen war er älter, als Falk zunächst gedacht hatte. Um die dreißig. Falk gab ihm seinen Führerschein. Raco nahm ihn, als hätte er etwas anderes erwartet.

„Ich dachte, Gerry hätte gesagt, Sie wären Polizist."

„Bin aber nur als Privatperson hier", betonte Falk. „Ich war früher gut mit Luke befreundet, als wir noch Teenager waren."

Raco gab ihm den Führerschein zurück. „Gerry hat gesagt, Sie bräuchten die Kontoauszüge, Rechnungsbücher und so weiter. Läuft da irgendwas, wovon ich wissen sollte?"

„Barb hat mich gebeten, mir die Unterlagen mal anzuschauen", erklärte Falk. „Als Gefälligkeit."

„Alles klar." Obwohl Raco einige Zentimeter kleiner war, schaffte er es fast, Falk auf Augenhöhe zu fixieren. „Hören Sie, wenn Gerry und Barb sagen, dass Sie in Ordnung sind, werde ich Ihnen nicht bloß aus Prinzip Steine in den Weg legen. Aber die beiden sind zurzeit sehr verletzlich. Falls Ihnen also irgendwas auffällt, das ich erfahren muss, dann sorgen Sie dafür, dass ich es erfahre. Klar?"

„Kein Problem. Ich will den beiden bloß einen Gefallen tun."

Falk warf einen Blick über Racos Schulter. Die riesige Scheune war brütend heiß, und die Oberlichter tauchten alles in mattgelbes Licht. Ein Traktor stand mitten auf dem Betonboden, und allerlei Gerätschaften säumten die Wände. Falk deutete mit dem Kinn auf die Kisten in der Ecke. „Was suchen Sie denn da drin?"

„Netter Versuch, aber wie Sie schon sagten, Sie sind als Privatperson hier", meinte Raco. „Die Kontoauszüge müssten im Haus sein. Kommen Sie, ich zeige Ihnen das Arbeitszimmer."

„Nicht nötig. Ich weiß, wo das ist." Als Falk sich zum Gehen wandte, sah er, wie sich Racos Augenbrauen hoben. Er überlegte kurz. Raco wirkte wie ein Cop, der seinen Job ernst nahm. „Hören Sie, wenn ich es bin, der die Verantwortung hat, komme ich immer wesentlich besser klar, wenn ich weiß, was Sache ist. Das reduziert die Wahrscheinlichkeit, Mist zu bauen. Also sag ich Ihnen jetzt, worum ich gebeten wurde."

Schweigend hörte Raco zu, während Falk ihm Barbs Theorie von finanziellen Sorgen und Geldeintreibern erzählte. „Meinen Sie, da ist was dran?", fragte er dann.

„Keine Ahnung. Mit Sicherheit gab es finanzielle Probleme. Aber ob das bedeutet, dass nicht Luke, sondern jemand anders abgedrückt hat, ist eine andere Frage."

Raco nickte langsam. „Danke. Ich weiß das zu schätzen." Er wischte sich mit dem Unterarm übers Gesicht und blinzelte in die Sonne. „Die Munition aus der Schrotflinte, mit der die Hadlers getötet wurden – die passt nicht."

„Passt nicht wozu?"

„Zu der Marke, die Luke Hadler schon seit Jahren immer benutzt hat. Die drei Schüsse, die ihn und seine Familie getötet haben, wurden mit Remington-Patronen abgefeuert. Ich kann aber auf der ganzen Farm nichts anderes als Winchester-Munition finden. Also bitte: Eine Schachtel Remington-Patronen würde mich echt beruhigen."

„Können Sie denn nicht ein paar Leute aus Clyde anfordern und die Farm gründlich durchsuchen lassen?"

Raco wandte den Blick ab. „Doch. Klar. Könnte ich wahrscheinlich."

„Verstehe." Falk unterdrückte ein Lächeln. Er war lange genug dabei, um zu erkennen, wenn einer ein bisschen auf eigene Faust ermittelte. „Vielleicht hat Luke irgendwo ein paar alte Ersatzpatronen gefunden. Oder die Patronen waren die letzten in der Schachtel, und er hat sie weggeworfen."

„Denkbar. Obwohl sie weder im Hausabfall noch in seinem Pick-up war."

Falk betrachtete ihn wortlos. Raco schwitzte stark. Gesicht, Arme und Kleidung waren vom Stöbern in den brütend heißen Scheunen verdreckt und staubig. „Die ganze Mühe", sagte Falk. „Den ganzen Morgen auf allen vieren in der Scheune eines Toten, und das bei der Hitze. Da muss noch mehr sein. Oder zumindest glauben Sie, dass da noch mehr ist."

Raco zögerte einen Moment, dann atmete er geräuschvoll aus. „Stimmt, da ist noch mehr."

Sɪᴇ ʙʟɪᴇʙᴇɴ ᴇɪɴᴇ Wᴇɪʟᴇ hinter dem Haus sitzen, mit dem Rücken gegen die Wand gelehnt, und nutzten den schmalen Schatten, während Raco die Fakten schilderte.

„Es ist genau zwei Wochen her. Ein Postbote fand Karen und wählte den Notruf. Der Anruf ging um 17.40 Uhr ein."

„Bei Ihnen?"

„Und in Clyde und beim Arzt in Kiewarra. Die Zentrale verständigte uns alle. Der Arzt hatte den kürzesten Weg und traf als Erster ein. Dr. Patrick Leigh. Kennen Sie ihn?"

Falk schüttelte den Kopf.

„Jedenfalls, er ist als Erster hier, wenige Minuten später treffe ich ein. Die Tür steht offen, und der Doc ist in der Diele über Karen gebeugt. Ich war ihr noch nie begegnet, aber er kannte sie. Seine Hände waren voll mit ihrem Blut. Und er schreit mich an, kreischt fast: ‚Sie hat Kinder, vielleicht sind die Kinder hier!'" Raco zündete sich eine Zigarette an. „Also ... Der Doc schreit, und ich stürze an ihm vorbei ins Haus. Keine Ahnung, wer da drin ist, was ich finden werde. Ich rufe: ‚Polizei! Keine Angst, kommt raus, ihr seid in Sicherheit!', oder so was Ähnliches, obwohl ich gar nicht wissen kann, ob das stimmt. Und dann höre ich das Heulen, ein lautes Plärren. Ich komme ins Kinderzimmer und sehe die Kleine in ihrem Bettchen, und sie brüllt wie am Spieß, und ganz ehrlich, ich war noch nie so froh, ein Kind zu sehen, das sich die Augen ausheult." Raco blies eine Rauchfahne in die Luft. „Sie hatte Angst, klar, aber sie war unverletzt, soviel ich sehen konnte. Und ich weiß noch, dass ich in dem Moment dachte: Gott sei Dank ist wenigstens den Kindern nichts passiert! Aber dann schaue ich über den Flur, und eine Tür steht ein Stück weit offen, und ich sehe, dass es ein weiteres Kinderzimmer ist."

Kaltes Grauen breitete sich in Falk aus.

„Ich gehe also über den Flur und stoße die Tür auf. Und dieses Zimmer ist wie ein Bild aus der Hölle. Dieses Zimmer ist das Schlimmste, was ich je gesehen habe."

Sie saßen stumm da, bis Raco sich räusperte. „Kommen Sie." Er rappelte sich auf. Falk stand ebenfalls auf und folgte ihm zur Vorderseite des Hauses.

„Kurz darauf treffen die Einsatzteams aus Clyde ein. Polizei, Rettungswagen. Wir durchsuchen den Rest des Hauses und finden sonst niemanden, Gott sei Dank; also versuchen alle verzweifelt, Luke Hadler telefonisch zu erreichen. Aber er meldet sich nicht, und sein Auto ist nicht da. Ein paar von den freiwilligen Helfern sind Kumpel von ihm, und sie wissen, dass er an dem Nachmittag einem Freund auf dessen Farm geholfen hat, Kaninchen zu schießen. Ein Typ namens James Sullivan. Irgendwer ruft ihn an, und Sullivan das bestätigt das, sagt aber auch, dass Luke schon vor zwei Stunden wieder gefahren ist." Raco zog einen Schlüsselbund aus der Tasche. „Daraufhin fordern wir noch mehr Notfallhelfer an und schicken sie zusammen mit Polizeibeamten paarweise los. Das sind ein paar schreckliche Stunden. Ist Luke tot? Am Leben? Wir haben allmählich alle Panik, dass er sich irgendwo verkrochen hat, mit einem Gewehr und dem Wunsch zu sterben. Schließlich findet einer von den Freiwilligen seinen Pick-up, auf einer Lichtung rund drei Kilometer entfernt. Luke liegt auf der Ladefläche, das halbe

Gesicht weggeschossen. Sein eigenes Gewehr – zugelassen, angemeldet, völlig legal – noch in der Hand." Raco schloss die Haustür auf. „Der Fall schien also klar und so gut wie abgeschlossen. Aber hier", er trat beiseite, sodass Falk den langen Flur hinunterblicken konnte, „fängt die Sache an, merkwürdig zu werden."

Die Diele roch penetrant nach Reinigungsmittel. „Die Tatortreiniger waren schon hier", erklärte Raco. „Karen lag genau an dieser Stelle. Die Tür stand offen, deshalb hat der Postbote sie gleich gesehen."

„Wollte sie zur Tür flüchten?" Falk versuchte sich vorzustellen, wie Luke seine eigene Frau durchs Haus jagte.

„Nein. Sie hat sie geöffnet und wurde von der Person erschossen, die davor stand. Das hat die Position der Leiche verraten. Aber ich frage Sie: Wenn Sie abends nach Hause kommen, macht Ihnen dann Ihre Frau die Tür auf?"

„Ich bin nicht verheiratet."

„Ich aber. Und halten Sie mich ruhig für ausgeflippt, aber ich hab einen Schlüssel zu meinem Haus."

Falk trat in die Diele, drehte sich um und öffnete und schloss mehrmals die Tür. War sie geöffnet, fiel blendend helles Licht in den sonst dämmrigen Flur. Er stellte sich vor, wie Karen auf das Klopfen reagierte, wie sie eine entscheidende Sekunde lang gegen das grelle Licht anblinzelte, in der der Mörder das Gewehr hob.

„Ich find's einfach seltsam, dass sie praktisch an der Tür erschossen wurde", fuhr Raco fort. „Damit hat der arme Junge nämlich die Chance gehabt wegzulaufen. Womit ich zu meinem nächsten Punkt komme, falls Sie so weit sind."

Falk nickte und folgte ihm.

Raco knipste in dem blauen Kinderzimmer das Licht an. Ein Kinderbett mit nackter Matratze stand vor der hinteren Wand. Unter Postern mit Footballspielern und Disney-Figuren waren Kisten mit Spielsachen gestapelt. Der Teppich war herausgerissen worden. In einer Ecke waren die Dielenbretter gründlich abgeschmirgelt worden. Trotzdem war noch immer ein Fleck zu sehen.

Raco verharrte in Türnähe. „Fällt mir noch immer schwer, hier drin zu sein."

Vor zwanzig Jahren hatte dieses Zimmer Luke gehört. Falk selbst hatte oft hier übernachtet und nach dem Lichtausmachen noch mit Luke getuschelt. Sie hatten die Luft angehalten und ein Kichern unterdrückt, wenn Barb gerufen hatte, sie sollten endlich still sein und schlafen.

Raco holte sein Tablet hervor und tippte ein paarmal darauf. Er reichte es

Falk. „Die Leiche des Jungen hatte man schon weggebracht. Aber Sie können sehen, wie das Zimmer aussah."

Die Schranktüren standen weit offen. Eine große Spielzeugkiste war umgekippt. Am Fußende des Bettes lag zusammengeknüllt eine Decke mit aufgedruckten Raumschiffen, als hätte jemand sie zurückgerissen, um nachzusehen, was darunter lag. Der Teppich war beige, aber in einer Ecke quoll eine dicke rotschwarze Lache hinter einem umgestürzten Wäschekorb hervor.

Falk versuchte, sich Billy Hadlers letzte Minuten vorzustellen. Zusammengekauert hinter dem Wäschekorb, während er versuchte, sein Schluchzen zu unterdrücken.

„Haben Sie Kinder?", fragte Raco.

Falk schüttelte den Kopf. „Sie?"

„Das erste ist unterwegs. Ein Mädchen."

„Glückwunsch."

„Aber wir haben haufenweise Nichten und Neffen. Nicht hier, sondern zu Hause in South Australia. Ein paar sind ungefähr in Billys Alter, zwei etwas jünger." Raco nahm das Tablet zurück. „Worauf ich hinauswill, ist, dass meine Brüder jedes, aber auch jedes Versteck ihrer Kinder kennen. Man könnte sie mit verbundenen Augen in ein Kinderzimmer schicken, und sie hätten die Kleinen nach zwei Sekunden gefunden." Er tippte auf den Bildschirm. „Sooft ich mir diese Fotos auch anschaue, es sieht für mich immer so aus, als wäre das Zimmer durchsucht worden. Als hätte jemand, der Billys Versteck nicht kannte, überall nachgesehen. Als wäre regelrecht Jagd auf das Kind gemacht worden."

„Zeigen Sie mir, wo Sie Charlotte gefunden haben."

Das zweite Kinderzimmer auf der anderen Seite des Flurs war in Gelb gehalten. Ein Musikmobile baumelte über einer leeren Stelle von der Decke.

„Gerry und Barb haben das Bettchen abgeholt", erklärte Raco.

Falk schaute sich um. Möbel und Teppich waren unversehrt. Es fühlte sich an wie ein Zufluchtsort, unberührt von dem Grauen, das sich vor der Tür abgespielt hatte. „Warum hat Luke nicht auch Charlotte getötet?", fragte er.

„Die meisten tippen auf plötzliche Schuldgefühle."

Falk ging zurück in das Zimmer des Jungen, machte eine 180-Grad-Drehung und kehrte zurück über den Flur in Charlottes Zimmer. „Acht Schritte. Aber ich bin ziemlich groß. Also sagen wir mal neun für die meisten Menschen. Neun Schritte von Billys Leiche bis dahin, wo die kleine Charlotte lag. Und Luke muss pures Adrenalin gewesen sein, im Blutrausch, das volle Programm. Neun Schritte. Ich frage mich, ist das genug Zeit für so einen Sinneswandel?"

„Ich finde nicht."

Falk dachte an den Mann, den er einst gekannt hatte. „Haben Sie Luke jemals kennengelernt?"

„Nein."

„Seine Stimmung konnte von jetzt auf gleich umschlagen. Neun Schritte könnten acht mehr gewesen sein, als er brauchte." Doch zum ersten Mal seit seiner Rückkehr nach Kiewarra spürte Falk einen Anflug von echtem Zweifel. „Lukes Frau, mit der er sieben Jahre verheiratet war, verblutet in der Diele, und er hat zwei oder drei Minuten damit verbracht, das Zimmer auf den Kopf zu stellen, um seinen eigenen Sohn zu erschießen. Er hat vor, sich anschließend selbst umzubringen. Also falls es Luke war", er zögerte kurz bei dem Wort *falls*, „wieso lässt er seine Tochter am Leben?"

Sie standen da und betrachteten das Mobile, das still und stumm über der Stelle hing, wo das Kinderbett gestanden hatte. Warum eine ganze Familie töten und das Baby verschonen? Falk drehte und wendete die Frage im Kopf, bis ihm mehrere Erklärungen einfielen, aber nur eine war plausibel.

„Vielleicht hat derjenige, der das getan hat, Charlotte deshalb nicht getötet, weil es einfach nicht nötig war", sagte er schließlich. „Das Ganze war nichts Persönliches. Wer auch immer du bist, dreizehn Monate alte Kinder sind nun mal schlechte Zeugen."

## KAPITEL 4

„Die jubeln meist nicht gerade, wenn ich hier reinkomme", sagte Raco mit einem gewissen Bedauern, als er zwei Gläser auf den Tisch im Fleece stellte. Er war zu Hause gewesen, um die Uniform auszuziehen, und mit einer dicken Akte, auf der *Hadler* stand, unter dem Arm zurückgekommen. „Ich bin schlecht fürs Geschäft."

Sie sahen zu dem Barmann hinüber. Er beobachtete sie über den Rand seiner Zeitung hinweg.

„Polizistenschicksal. Cheers." Falk hob sein Glas.

Am anderen Ende des Raumes glotzten drei Männer auf den Fernseher, in dem ein Hunderennen lief. Falk kannte sie nicht, und sie ihrerseits ignorierten ihn. Im Hinterzimmer blinkten und fiepten die Spielautomaten. Die Klimaanlage produzierte arktische Luft.

Raco nippte an seinem Glas. „Also, was jetzt?"

„Jetzt teilen Sie den Kollegen in Clyde mit, dass Sie Zweifel haben", antwortete Falk.

„Wenn ich denen in Clyde jetzt damit komme, werden sie sich förmlich überschlagen, um zu beweisen, dass ihre Ermittlung tadellos war."

„Ich glaube nicht, dass Sie eine Wahl haben. Etwas in dieser Größenordnung ist nichts für Einzelkämpfer."

„Wir haben Barnes, meinen Constable, hier. Wir sind also zu dritt."

„Sie sind nur zu zweit. Ich kann nicht bleiben."

„Ich dachte, Sie hätten den Hadlers gesagt, Sie würden noch länger bleiben."

Falk massierte sich den Nasenrücken. „Aber bloß ein oder zwei Tage. Das reicht nicht für eine umfassende Ermittlung."

„Also gut. Dann bleiben Sie eben noch zwei Tage hier. Sie machen das, was Sie versprochen haben, und schauen sich die finanzielle Lage der Hadlers an. Sobald wir was Konkretes haben, verständige ich die in Clyde."

Falk dachte an die zwei Kartons mit Kontoauszügen und Unterlagen, die er von der Farm mitgenommen hatte und jetzt oben auf seinem Bett standen. Er nahm ihre leeren Gläser und ging zur Bar.

„Hören Sie", sagte er zu dem Barmann, während er zusah, wie ein sauberes Glas unter den Zapfhahn gehalten wurde. „Mein Zimmer oben, wäre das noch ein bisschen länger verfügbar?"

„Kommt drauf an." Der Barmann stellte ein Bier auf die Theke. „Ich hab so einiges über Sie munkeln hören, mein Freund. Und sosehr es mich auch freut, wenn das Geschäft läuft, hab ich keinen Bock auf Ärger."

„Ich mache Ihnen bestimmt keinen Ärger."

„Den bringen Sie einfach mit, was?"

„Dagegen bin ich machtlos. Sie wissen, dass ich Polizist bin, ja?"

„Das hab ich gehört. Aber wenn hier draußen in der Pampa ein paar sturzbesoffene Typen mitten in der Nacht auf Zoff aus sind, scheren die sich wenig um so eine Polizeimarke, verstehen Sie, was ich meine?"

„Meinetwegen. Ihre Entscheidung." Er würde nicht betteln.

Der Barmann stellte das zweite Glas mit einem müden Lächeln auf die Theke. „Schon gut. Ihr Geld ist genauso viel wert wie das von anderen."

Falk trug die Gläser zurück zum Tisch. „Erzählen Sie mir, was Sie sonst noch herausgefunden haben."

Raco schob den Ordner über den Tisch. Falk klappte die Akte auf. Auf der ersten Seite klebte ein Foto von Lukes Pick-up, das aus einigem Abstand aufgenommen worden war. In Höhe der Hinterräder hatte sich eine Blutlache gesammelt. Falk klappte die Akte wieder zu.

„Schildern Sie mir doch erst mal nur die wichtigsten Punkte. Was wissen wir über den Postboten, der sie gefunden hat?"

„Der arbeitet für einen etablierten Dienstleister. Schon seit zwei Jahren. Er hat Kochbücher geliefert, die Karen online bestellt hatte – haben wir überprüft. Laut seiner Aussage kam er an, sah Karen in der Diele liegen, kotzte sein Mittagessen ins Blumenbeet und sprang zurück in seinen Lieferwagen. Hat den Notruf von der Hauptstraße aus gewählt."

„Und Charlotte im Haus gelassen?"

„Er behauptet, sie nicht gehört zu haben."

Falk schlug erneut die Akte auf. Auf den Fotos sah er Luke rücklings auf der Ladefläche des Pick-ups liegen, die Heckklappe war unten, und Lukes Beine hingen herunter, als hätte er auf der Kante gesessen. Eine Schrotflinte neben ihm zeigte auf die blutige Masse, wo sein Kopf hätte sein sollen. Das Blut hatte sich auf der Ladefläche ausgebreitet, in den Metallrinnen gesammelt.

„Hat die Spurensicherung irgendwas Brauchbares auf der Ladefläche gefunden?", fragte Falk.

„Jede Menge Blut – ausschließlich von Luke –, ansonsten nichts Besonderes", antwortete Raco. „Aber ich weiß nicht, wie gründlich die gesucht haben. Es war ein Nutzfahrzeug. Er hatte alles mögliche Zeugs dabei."

Falk sah sich wieder die Fotos an, studierte diesmal den Bereich um die Leiche. An der linken Seitenwand waren zwei kaum sichtbare horizontale Streifen, hellbraun auf dem mattweißen Lack. Sie verliefen parallel zueinander, mit etwa einem Meter Abstand dazwischen.

„Was ist das?" Falk zeigte darauf, und Raco beugte sich näher.

„Keine Ahnung. Wie gesagt, mit dem Wagen ist ja alles Mögliche transportiert worden."

„Ist der Pick-up noch hier?"

Raco schüttelte den Kopf. „Nach Melbourne gebracht worden. Mittlerweile garantiert schon sauber gemacht und zum Verkauf oder zum Verschrotten freigegeben."

Falk überflog die Notizen. Luke war kerngesund gewesen. Ein paar Kilo über seinem Idealgewicht, leicht erhöhter Cholesterinspiegel. Keine Drogen oder Alkohol im Blut. „Was ist mit dem Gewehr?"

„Alle drei wurden definitiv mit Lukes Gewehr erschossen. Es waren nur seine Fingerabdrücke drauf."

„Wo hat er es normalerweise aufbewahrt?"

„In einem abgeschlossenen Koffer hinten in der Scheune. Die Munition – zumindest die Winchester-Patronen, die ich gefunden habe – war separat weggeschlossen."

Falk sah sich die von dem Gewehr abgenommenen Fingerabdrücke an. Sechs klare Ovale, verziert mit engen Wirbeln und Linien. Zwei weniger scharf, leicht verwischt, aber dennoch dem linken Daumen und rechten kleinen Finger von Luke Hadler zuzuordnen.

„Die Abdrücke sind auffällig deutlich." Falk schob Raco die Abdrücke über den Tisch zu. „Vielleicht zu deutlich? Der Mann hat angeblich gerade seine Familie getötet. Er hätte schwitzen und zittern müssen wie ein Junkie auf Entzug. Selbst wenn wir Zeugen die Fingerabdrücke abnehmen, fallen die manchmal schlechter aus."

Raco betrachtete die Abdrücke stirnrunzelnd. „Ja, kann sein."

Falk blätterte weiter. „Was hat die Spurensicherung im Haus gefunden?"

„Anscheinend ist die halbe Stadt da ein und aus gegangen. Ungefähr zwanzig verschiedene Fingerabdrücke sowie Fasern in Hülle und Fülle. Das heißt nicht, dass Karen keine ordentliche Hausfrau war, aber es war nun mal eine Farm mit Kindern."

„Zeugen?"

„Der Letzte, der Luke lebend gesehen hat, war dieser Freund von ihm, Jamie Sullivan. Hat eine Farm östlich der Stadt. Luke hatte ihm, wie gesagt, geholfen, Kaninchen zu schießen. Kam gegen drei Uhr nachmittags an und fuhr gegen halb fünf wieder, sagt Sullivan. Ansonsten hatten die Hadlers eigentlich nur einen Nachbarn, der irgendwas hätte sehen können. Der war zum Tatzeitpunkt zu Hause."

Raco griff nach dem Bericht. Falk spürte einen schweren Druck im Magen.

„Aber der Nachbar ist ein komischer Typ", fuhr Raco fort. „Aggressiver alter Mistkerl. Hatte nichts für Luke übrig, hatte nicht die geringste Lust, der Polizei bei ihren Nachforschungen zu helfen."

„Mal Deacon." Falk versuchte, möglichst gelassen zu klingen.

„Er wohnt da oben mit seinem Neffen – einem Kerl namens Grant Dow –, der zur Tatzeit nicht zu Hause war. Deacon behauptet, er habe nichts gesehen. Könnte die Schüsse gehört haben, hat sich aber nichts weiter dabei gedacht. Meinte, so was wäre normal auf einer Farm. Wahrscheinlich spielt es sowieso keine Rolle, was er gesehen oder nicht gesehen hat." Raco holte sein Tablet hervor und tippte auf den Bildschirm. Ein körniges Farbbild erschien. Er reichte Falk das Tablet. „Das sind die Aufnahmen der Überwachungskamera auf der Farm der Hadlers."

„Sie machen Witze." Falk schaute auf den Bildschirm.

„Keine Topqualität. Luke hat sie vor einem Jahr installiert, nachdem es hier in der Gegend eine Einbruchsserie gegeben hatte, bei der Gerätschaften geklaut wurden. Das Ding zeichnet vierundzwanzig Stunden auf und schickt das Material auf den heimischen Computer. Nach einer Woche wird alles gelöscht, wenn keiner es abspeichert."

Die Kamera war über dem Tor der größten Scheune montiert und auf den Hof gerichtet. Eine Seite des Hauses war im Bild, und in der oberen Ecke war außerdem ein schmales Stück Einfahrt zu sehen. Raco ließ den Film vorlaufen, bis die Stelle kam, die er suchte, dann hielt er ihn an.

„Okay, das ist der fragliche Tag. Zuerst sieht man nur, wie die Familie am Morgen das Haus verlässt. Luke fährt kurz nach fünf Uhr früh mit dem Pick-up los – wahrscheinlich zu seinen Weiden. Um kurz nach acht dann kommt Karen mit Billy und Charlotte aus dem Haus und fährt zur Schule. Sie hatte einen Teilzeitjob in der Verwaltung, und Charlotte war dort in der Kinderkrippe."

Raco startete den Film, indem er auf den Bildschirm tippte. Er gab Falk ein Paar Ohrhörer und stöpselte sie in das Tablet ein. Der Ton war schlecht und dumpf, weil Wind um das Mikrofon rauschte.

„Den ganzen Tag über passiert gar nichts", fuhr Raco fort. „Nichts zu sehen oder zu hören, bis Karen und die Kinder um 16.04 Uhr nach Hause kommen."

In der Ecke des Bildschirms rollte ein blauer Kombi vorbei und verschwand wieder. Der Bildausschnitt zeigte den Wagen nur von der Motorhaube bis runter zu den Vorderrädern. Falk konnte so gerade eben das vordere Nummernschild sehen.

„Es ist eindeutig Karens Wagen", sagte Raco.

Durch das elektronische Knistern hindurch hörte Falk eine Autotür zuschlagen, einen Moment später eine zweite.

Raco tippte wieder auf das Tablet. „Dann bleibt es fast eine Stunde lang ruhig – bis ... hier: 17.01 Uhr." Er drückte PLAY.

Ein paar Sekunden lang tat sich gar nichts. Dann bewegte sich etwas in der oberen Ecke. Der silberne Pick-up war höher als der Kombi und nur von den Scheinwerfern abwärts zu sehen, inklusive Nummernschild. Wieder war das Fahrzeug nach einer knappen Sekunde verschwunden.

„Lukes Wagen", erklärte Raco.

Wieder war eine Autotür zu hören, dann passierte quälende zwanzig Sekunden lang nichts. Plötzlich dröhnte ein dumpfer Knall in Falks Ohren, und er zuckte zusammen. *Karen.* Er spürte sein Herz in der Brust pochen.

Wieder war alles völlig still, während die Zeitanzeige am Bildrand weiterlief. Sechzig Sekunden verstrichen, neunzig. Falk merkte, dass er den Atem anhielt, sich ein anderes Ende herbeiwünschte.

Der zweite Knall ertönte. Falk blinzelte.

Dann, drei Minuten und siebenundvierzig Sekunden nach seinem Auftauchen, holperte der Pick-up durch die Ecke des Bildschirms davon. Die Hinterräder, der untere Rand der Ladefläche und das Nummernschild waren deutlich zu erkennen.

„Dann passiert wieder nichts, bis der Bote fünfunddreißig Minuten später kommt", sagte Raco.

Falk gab ihm das Tablet zurück. „Glauben Sie wirklich, dass noch Zweifel bestehen, nachdem Sie das gesehen haben?"

„Es ist Lukes Pick-up, aber man kann nicht sehen, wer am Steuer sitzt", entgegnete Raco. „Plus alles andere. Die Munition. Karens Erschießung direkt an der Haustür. Das Durchsuchen von Billys Zimmer."

Falk schaute ihn eindringlich an. „Warum sind Sie so davon überzeugt, dass Luke es nicht war?"

„Ich hab Billy Hadler gesehen, nachdem irgendein Monster ihn getötet hat, und den Anblick werde ich wohl mein Leben lang nicht mehr los. Ich will sichergehen, dass derjenige, der ihm das angetan hat, seine gerechte Strafe bekommt. Falls auch nur die geringste Möglichkeit besteht, dass es jemand anders war und der Kerl ungeschoren davonkommt …" Raco schüttelte den Kopf und nahm einen großen Schluck aus seinem Glas. „Wissen Sie, Luke hatte alles – eine tolle Frau, zwei Kinder, eine ansehnliche Farm, er genoss den Respekt seiner Freunde und Bekannten. Warum sollte so ein Mann eines Tages durchdrehen und seine ganze Familie auslöschen?"

*Luke hat gelogen. Du hast gelogen.*

Falk rieb sich mit der Hand über Mund und Kinn. Es fühlte sich rau an. Er sollte sich mal wieder rasieren. „Raco", begann er, „es gibt da etwas, das Sie über Luke wissen sollten. Als er und ich Kinder waren … das heißt, eigentlich waren wir keine Kinder mehr. Sechzehn, um genau zu sein."

Er verstummte, als er eine Bewegung am anderen Ende des Raums wahrnahm. Er hatte gar nicht mitbekommen, wie voll der Pub inzwischen geworden war. Männer senkten die Augen und traten beiseite, als sich eine Gruppe durch die Menge schob, angeführt von einem teigigen Kerl, der sich eine Sonnenbrille in das schlammfarbene Haar geschoben hatte. Falk spürte, wie sich ein kaltes Gefühl in seiner Magengrube ausbreitete. Grant Dow. Ellies Cousin.

Dow blieb vor ihrem Tisch stehen und versperrte ihnen mit seinem schwabbeligen Körper die Sicht. Sein Gesicht, das an ein Schweinchen erinnerte, war von einem Bart überwuchert. Er hatte denselben herausfordernden Blick, mit dem er die Trauergäste auf der Leichenfeier eingeschüchtert hatte. Dow grüßte Falk spöttisch, indem er sein Glas hob, und setzte ein Lächeln auf, das nicht mal in die Nähe seiner Augen kam.

„Du hast echt Mumm, hier aufzutauchen", sagte er. „Siehst du doch auch so, Onkel Mal, oder?"

Dow drehte sich um. Ein älterer Mann hinter ihm machte einen wackligen Schritt nach vorne, und plötzlich sah Falk Ellies Vater zum ersten Mal seit zwanzig Jahren wieder in die Augen. Mal Deacon hatte jetzt einen leicht krummen Rücken, war aber noch immer ein großer Mann mit sehnigen Armen, die in großen Händen endeten. Seine Finger, die nun nach einer Stuhllehne griffen, um sich darauf zu stützen, waren knotig und geschwollen. In seine Stirn hatten sich tiefe Furchen eingegraben. Die Kopfhaut unter den vereinzelten grauen Haarsträhnen war von Sonnenbrand gerötet.

„Wieso bist du wieder hier?" Deacons Stimme klang schleppend und heiser. Er knallte eine knorrige Hand auf die Stuhllehne, und alle zuckten zusammen. „Warum bist du wieder hier? Hast du auch deinen Jungen mitgebracht?"

Falk blickte ihn verwirrt an. „Wen?"

„Deinen verdammten Sohn. Tu nicht so blöd, du Arschloch!"

Falk blinzelte. Deacon verwechselte ihn mit seinem Vater.

Dow trat vor und legte seinem Onkel eine Hand auf die Schulter, dann drückte er ihn sachte auf einen Stuhl. „Na toll, du Arsch, jetzt hast du ihn ganz durcheinandergebracht!", fuhr er Falk an. „Ich muss dich was fragen. Findest du nicht, du solltest dich verziehen?"

Raco zog seine Dienstmarke aus der Jeanstasche und knallte sie auf den Tisch. „Dasselbe könnte ich Sie fragen, Grant."

Dow hob beide Hände und setzte eine Unschuldsmiene auf. „Ist ja gut, warum denn gleich so böse? Mein Onkel und ich wollen hier nur mit Freunden was trinken. Er ist nicht ganz auf der Höhe, das sehen Sie ja selbst. Wir wollen keinen Ärger. Aber der da –" Er sah Falk direkt an. „Dem klebt der Ärger am Schuh wie Hundescheiße."

Ein Raunen lief durch den Raum. Falk hatte gewusst, dass die Geschichte wieder hochkommen würde.

*Die Wanderer schwitzten. Stechmücken umschwirrten sie, und der Pfad am Fluss entlang war unwegsamer, als sie gedacht hatten. Sie trotteten hintereinander her und stritten sich, wenn sie mal die Energie aufbrachten, die Stimmen über das Rauschen des Wassers zu erheben.*

*Der Zweite in der Reihe fluchte, als er mit der Brust gegen den Rucksack des Gruppenführers stieß. Als ehemaliger Investmentbanker hatte er sich aus gesundheitlichen Gründen für das Leben auf dem Lande entschieden und versuchte seitdem jeden Tag, sich einzureden, dass er nicht wirklich alles daran hasste.*

*Der Gruppenführer hob eine Hand und zeigte auf das trübe Wasser des Flusses. Die anderen blickten in die Richtung und erstarrten.*

*„Was zum Teufel ist das?"*

„Leute, Schluss jetzt, es reicht!", rief der Barmann. „Das ist ein Pub. Hier kann jeder sein Bier trinken – er, ihr –, ob euch das passt oder nicht."

„Und wenn nicht?" Dow bleckte die gelben Zähne zu einem Grinsen, und seine Kumpel lachten gehorsam.

„Dann kriegst du Hausverbot. Also, entscheide dich."

„Mich stört nicht, dass er hier im Pub hockt." Es wurde mucksmäuschenstill, als Deacon sich einschaltete. „Mich stört, dass er wieder in Kiewarra ist." Er hob einen arthritisch gekrümmten Finger und zeigte genau zwischen Falks Augen. „Merk dir das und sag's deinem Jungen. Hier gibt es gar nichts mehr für euch, bloß einen Haufen Leute, die nicht vergessen haben, was dein Sohn mit meiner Tochter gemacht hat!"

*Die Leiche des Mädchens lag in einer Pfütze auf dem Trampelpfad. Die Tote war schlank, aber sie hatten selbst zu dritt Mühe gehabt, sie ans Ufer zu ziehen. Ihre Haut war unnatürlich weiß, und eine Haarsträhne steckte in ihrem Mund. Ihre Ohrläppchen waren um die gepiercten Löcher herum rot zerfranst. Die Fische hatten ihre Chance genutzt. Dieselben Spuren waren rings um die Nasenlöcher und die lackierten Fingernägel sichtbar.*

*Sie war vollständig bekleidet, und ihr Gesicht sah an den Stellen, wo das Make-up vom Wasser teilweise abgewaschen worden war, jung aus. Ihr weißes T-Shirt klebte an der Haut und ließ den Spitzen-BH durchscheinen. An den flachen Stiefeln hingen noch immer Reste von Wasserpflanzen, in denen sich die Leiche verfangen gehabt hatte. Beide Stiefel und alle Taschen der Jeans waren vollgestopft mit Steinen.*

„Ich hatte mit Ellies Tod nichts zu tun", sagte Falk unwillkürlich, was er sofort bereute. Er biss sich auf die Zunge. *Nicht drauf eingehen.*

Dow stellte sich hinter seinen Onkel. „Wer sagt, dass du nichts damit zu tun hattest? Luke Hadler?" Als er den Namen aussprach, war es so, als wäre schlagartig alle Luft aus dem Raum gesaugt worden. „Blöd nur, dass Luke zu gar nichts mehr irgendwas sagen kann."

*Der Fitteste der drei war losgelaufen, um Hilfe zu holen. Der Investmentbanker saß auf dem Boden. Der Anführer der Gruppe tigerte auf quietschenden Sohlen auf und ab.*

*Sie konnten sich denken, wer sie war. Ihr Foto war seit drei Tagen ständig in der Zeitung. Eleanor Deacon, sechzehn Jahre alt. War Freitagabend nicht nach Hause gekommen und wurde seitdem vermisst. Am Samstag hatte ihr Vater Alarm geschlagen.*

*Es schien eine Ewigkeit zu dauern, bis ein Bergungsteam am Fluss ankam. Die Leiche des Mädchens wurde ins Krankenhaus gebracht. Der Banker wurde nach Hause geschickt. Einen Monat später war er wieder in die Stadt gezogen.*

*Der Arzt, der Ellie Deacons Leiche untersuchte, stellte Ertrinken als Todesursache fest. Offenbar hatte sie bereits einige Tage im Wasser gelegen, höchstwahrscheinlich schon seit Freitag. Er registrierte einige Blutergüsse an Brustbein und Schultern sowie Abschürfungen an Händen und Armen. Beides konnte durchaus vom im Wasser mitgeführten Geröll verursacht worden sein. An den Unterarmen waren einige alte Narben, die möglicherweise auf Selbstverletzungen hindeuteten. Sie war, notierte er als Nachsatz, keine Jungfrau mehr.*

„Luke und Ellie waren meine Freunde." Falks eigene Stimme klang fremd in seinen Ohren. „Ich mochte sie beide. Also lass mich in Ruhe."

Deacon stand auf. Sein Stuhl schrammte über die Holzdielen. „Sie war mein Fleisch und Blut!", schrie er. „Du behauptest, du und dein Junge hättet nichts damit zu tun gehabt, aber was ist mit dem Zettel, du verlogenes Schwein?"

Falk stockte der Atem.

„Da fällt dir nichts mehr zu ein, was?", sagte Dow.

*Die Cops stellten Ellie Deacons Zimmer zwei Stunden lang auf den Kopf. Der Zettel war ein aus einem gewöhnlichen Schulheft herausgerissenes Blatt, das einmal gefaltet und in die Tasche einer Jeans gesteckt worden war. In Ellies Handschrift stand darauf das Datum des Tages, an dem sie verschwunden war. Und darunter nur ein Name:* Falk.

„Erklär's uns, wenn du kannst", höhnte Deacon. Im Pub herrschte Stille. Falk sagte nichts. Er konnte nicht. Und Deacon wusste das.

Der Barmann knallte ein Glas auf die Theke. „Schluss jetzt!" Er musterte Falk eindringlich, dann richtete er den Blick auf Dow. „Du und dein Onkel, raus! Ich will euch die nächsten Tage hier nicht sehen. Alle anderen: Trinkt was oder verschwindet."

*Die Gerüchte fingen klein an und wurden innerhalb eines Tages größer und größer. Aaron – sechzehn und verängstigt – verkroch sich in sein Zimmer, wo ihm tausend Gedanken durch den Kopf schwirrten. Er sprang auf, als es an seinem Fenster klopfte. Lukes Gesicht erschien, in der Abenddämmerung gespenstisch weiß.*

„*Du steckst in der Scheiße, Mann*", *flüsterte er.* „*Was hast du denn wirklich am Freitag nach der Schule gemacht?*"
„*Hab ich dir doch gesagt. Geangelt. Flussaufwärts. Meilenweit weg, Ehrenwort.*" *Aaron ging am Fenster in die Hocke.*
„*Hat dich das schon irgendjemand gefragt? Die Cops oder sonst wer?*"
„*Nein. Aber das werden sie. Die denken, ich hätte mich mit Ellie getroffen.*"
„*Hast du aber nicht.*"
„*Nein! Natürlich nicht. Aber was, wenn die mir nicht glauben?*"
„*Okay, pass auf, Aaron. Wenn du gefragt wirst, dann sagst du, wir hätten zusammen Kaninchen geschossen. Auf den hinteren Weiden.*"
„*Weit weg vom Fluss.*"
„*Genau. Auf den Weiden an der Cooran Road. Weit weg vom Fluss. Den ganzen Nachmittag. Klar? Wir haben die Zeit verbummelt. Nur ein oder zwei Kaninchen erlegt. Zwei. Sag zwei.*"
„*Ja. Okay. Zwei.*"
„*Nicht vergessen. Wir waren zusammen.*"
„*Ja. Ich meine, nein. Ich werde es nicht vergessen. Mein Gott, Ellie. Ich kann's noch immer nicht ...*"
„*Sag, was wir gemacht haben. Du musst es üben.*"
„*Ich war mit Luke Hadler zusammen. Wir haben Kaninchen geschossen. Draußen auf den Weiden an der Cooran Road.*"
„*Sag das immer wieder, bis es normal klingt. Und verplapper dich nicht. Hast du das alles kapiert, ja?*"
„*Ja, Luke, danke. Danke.*"

FALK war mit Raco auf die Veranda des Fleece hinausgegangen. Der Sergeant zündete sich eine Zigarette an und hielt Falk die Packung hin, doch der schüttelte den Kopf.

„Ist auch besser so", meinte Raco. „Ich versuche aufzuhören. Wegen des Babys."

Die Geräusche aus dem Pub waren lauter geworden. Deacon und Dow hatten provokant langsam den Rückzug angetreten, und noch immer hing ein Hauch Aggression in der Luft.

Raco nahm einen Zug. „Hatten Sie irgendwas damit zu tun, mit dem Tod des Mädchens?"

„Nein. Aber ich war nicht mit Luke zusammen, als es passiert ist. Wir haben uns gegenseitig ein falsches Alibi gegeben."

„Wo war Luke damals?"

„Ich weiß es nicht."

„Sie haben ihn nie danach gefragt?"

„Doch, klar, aber er –" Falk stockte, dachte zurück. „Er hat immer darauf bestanden, dass wir bei unserer Geschichte bleiben. Er meinte, es wäre sicherer so. Ich hab ihn nicht bedrängt. Ich war ihm dankbar, verstehen Sie? Ich dachte, es wäre nur zu meinem Besten."

„Wer hat sonst noch gewusst, dass Sie gelogen haben?"

„Einige Leute haben es vermutet. Mal Deacon natürlich. Noch ein paar andere. Aber keiner wusste es mit Sicherheit. Zumindest dachte ich das immer. Aber wie sich herausgestellt hat, wusste es Gerry Hadler zum Beispiel die ganze Zeit."

„Glauben Sie, Luke hat Ellie getötet?"

„Ich weiß es nicht." Falk schaute gedankenverloren auf die menschenleere Straße hinaus. „Aber ich würde es gern wissen."

„Glauben Sie, es hängt alles zusammen? Der Tod von Ellie und den Hadlers?"

„Ich will es nicht hoffen."

Raco seufzte. Er drückte seine Zigarette sorgfältig aus. „Na schön. Ihr Geheimnis ist bei mir gut aufgehoben. Vorläufig. Aber falls es doch ans Licht kommen muss, werden Sie singen wie ein Kanarienvogel, klar?"

„Ja. Danke."

„Kommen Sie morgen früh um neun aufs Revier. Wir werden uns mal mit Lukes Freund Jamie Sullivan unterhalten. Der Letzte, der ihn lebend gesehen hat." Er winkte und verschwand in die Nacht.

*Eines Tages, als Aaron elf Jahre alt war, beobachtete er zusammen mit Ellie und Luke, wie Mal Deacon mit Schermaschinen und seinen Händen die eigene Herde auf brutale Weise in eine taumelnde, blutige Masse verwandelte. Aaron spürte ein schmerzhaftes Ziehen in der Brust, als er sah, wie ein Schaf nach dem anderen mit einer jähen Drehung auf den Scheunenboden geworfen und viel zu dicht am Körper geschoren wurde. Als er den jämmerlichen Schrei eines kleinen Mutterschafs hörte, riss er den Mund auf, doch ehe er einen Ton herausbringen konnte, zog Ellie ihn am Ärmel weg. Sie blickte ihn an und schüttelte einmal kurz den Kopf.*

*Ellie war ein schmächtiges, ernstes Kind, oft schweigsam und zurückhaltend, was Aaron, der selbst eher wortkarg war, durchaus zusagte. Die meiste Zeit überließen sie Luke das Reden.*

*Sie wandten sich zum Gehen, und Aaron erschrak, als er Ellies Mutter entdeckte, die am Scheunentor stand und stumm zusah. Sie trug einen viel zu weiten braunen Pulli mit einem Fettfleck darauf. Die Augen unverwandt auf die Schafschur gerichtet, trank sie einen Schluck von einer bernsteinfarbenen Flüssigkeit in einem Glas. Sie und ihre Tochter sahen sich sehr ähnlich. Beide hatten tief liegende Augen, blässliche Haut und einen breiten Mund. Aber für Aaron war Ellies Mutter hundert Jahre alt. Erst Jahre später wurde ihm klar, dass sie an dem Tag noch keine vierzig gewesen war. Damals sah Aaron, wie Ellies Mutter ihren Mann mit einem Blick fixierte, in dem etwas so offen und unverfälscht zum Ausdruck kam, dass Aaron regelrecht fürchtete, Mal Deacon würde sich umdrehen und es selbst sehen: Reue.*

*Das Wetter in dem Jahr hatte allen die Arbeit erschwert, und einen Monat später war Deacons Neffe Grant zu ihnen ins Farmhaus gezogen, um mit anzupacken. Zwei Tage danach war Ellies Mutter ausgezogen. Die Tränen ihrer Tochter hatte sie mit dem halbherzigen Versprechen zu stoppen versucht, dass sie bald wieder da sein werde.*

Falk fragte sich, ob Ellie vielleicht insgeheim darauf gehofft hatte, bis zu dem Tag, an dem sie gestorben war.

Wieder in seinem Zimmer, legte er sich aufs Bett und griff nach seinem Telefon. Er hielt es in der Hand, wählte aber nicht. Die Riesenkrabbenspinne saß nicht mehr über der Lampe.

Sein Auto stand vor der Tür. Er könnte seine Tasche packen, beim Barmann bezahlen und in weniger als fünfzehn Minuten unterwegs nach Melbourne sein. Raco und Gerry wären wahrscheinlich sauer, aber damit könnte er leben. Barb dagegen – Barb wäre zutiefst enttäuscht. Und er glaubte nicht, dass er damit leben könnte.

Seine eigene Mutter hatte er nie gekannt. Sie war weniger als eine Stunde nach seiner Geburt verblutet. Sein Dad hatte sich große Mühe gegeben, die Lücke auszufüllen. Aber alles, was Falk als Kind an mütterlicher Fürsorge erlebt hatte, jeder ofenwarme Kuchen, jede überparfümierte Umarmung, war von Barb Hadler gekommen. Er und Ellie hatten mehr Zeit bei den Hadlers verbracht als in ihren eigenen Elternhäusern. Das Haus der Hadlers war sonnig und voller Leben, mit Leckerbissen aus der Küche und klaren Regeln bezüglich Hausaufgaben und Schlafenszeiten und strikten Aufforderungen, endlich den blöden Fernseher auszumachen und an der frischen Luft zu spielen.

Falk seufzte und rollte sich auf die Seite. Er wurde am Montag wieder im Büro erwartet, aber seine Kollegen wussten, dass er zu einer Trauerfeier gefahren war. Er könnte sich ein paar Tage freinehmen. Für Barb. Für Ellie. Sogar für Luke. Durch den Fall Pemberley hatte er mehr Überstunden gesammelt, als er je würde geltend machen können.

Schließlich nahm er sein Handy und hinterließ der leidgeprüften Sekretärin der Steuerfahndung eine Nachricht, in der er ihr mitteilte, dass er aus persönlichen Gründen ab sofort eine Woche Urlaub nehmen werde.

## KAPITEL 5

Jamie Sullivan war schon seit über vier Stunden bei der Arbeit, als Falk und Raco über seine Weiden gestapft kamen. „Gehen wir ins Haus. Ich muss sowieso nach meiner Großmutter sehen."

Falk musterte Sullivan, als sie ihm zu dem lang gestreckten Farmhaus folgten. Er war Ende zwanzig und hatte strohblondes Haar. Oberkörper und Beine wirkten drahtig, seine Arme waren muskelbepackt.

Die Diele war das reinste Chaos. Auf jeder freien Fläche setzten Unmengen Figürchen und Nippes Staub an. Irgendwo im Haus dröhnte ein Fernseher auf voller Lautstärke.

Sullivan führte sie in die Küche, wo eine kleine, magere Frau an der Spüle stand. Ihre Hände zitterten unter dem Gewicht eines vollen Wasserkessels.

„Alles klar, Gran? Lust auf ein Tässchen Tee? Lass mich das machen." Sullivan nahm ihr rasch den Kessel aus der Hand.

Sie warf einen Blick zur Tür. „Wann kommt dein Dad nach Hause?"

„Gar nicht, Gran. Er ist vor drei Jahren gestorben, das weißt du doch." Sullivan sah Falk an und deutete mit dem Kopf auf einen Durchgang. „Könnten Sie sie mit ins Wohnzimmer nehmen? Ich komm gleich nach."

Nach der Helligkeit in der Küche war es im Wohnzimmer beengt und stickig. Falk führte die Frau zu einem abgewetzten Sessel am Fenster.

Mrs Sullivan ließ sich zittrig nieder und seufzte gereizt. „Ihr seid wegen Luke Hadler hier, was? – Nicht anfassen!", blaffte sie, als Raco einen Stapel Zeitungen von einem Stuhl nehmen wollte. In ihrer Stimme schwang ein leichter irischer Akzent mit. „Und guckt mich nicht so an. Ich bin noch nicht völlig verblödet. Dieser Luke war hier bei uns, und dann ist er durchgedreht und hat seine Familie abgemurkst, nicht wahr? Warum solltet ihr sonst hier sein. Es sei denn, unser Jamie hat irgendwas angestellt." Ihr Lachen klang wie ein verrostetes Tor.

Falk warf Raco einen Blick zu und fragte dann: „Haben Sie Luke gut gekannt?"

„Ich hab ihn überhaupt nicht gekannt. Er war bloß mit unserem Jamie befreundet. Ist manchmal vorbeigekommen und hat ihm ein bisschen auf der Farm geholfen."

Sullivan kam mit einem Tablett herein. „Entschuldigen Sie die Unordnung", sagte er, während er Tassen herumreichte.

Die Art, wie er die Situation im Griff hatte, verriet eine ordentliche Portion an Selbstsicherheit. Falk konnte ihn sich weit weg von hier vorstellen, als Anzugträger in einem Büro in der Stadt.

Sullivan zog sich einen einfachen Holzstuhl heran. „Also, was möchten Sie wissen?"

„Wir wollen bloß noch ein paar offene Fragen klären. Für die Hadlers", erwiderte Raco.

„Klar. Wenn es für Barb und Gerry ist. Aber eins will ich gleich vorwegsagen: Wenn ich irgendwie auch nur das leise Gefühl gehabt hätte, dass Luke durchdrehen und tun würde, was er getan hat, hätte ich ihn niemals von hier wegfahren lassen."

„Natürlich, kein Mensch behauptet, dass Sie es hätten verhindern können. Aber es wäre hilfreich, wenn Sie uns den Nachmittag noch einmal schildern könnten."

Kaninchen auf dem Farmland, erzählte Sullivan. Er habe am Vorabend im Fleece darüber geschimpft, und Luke habe angeboten, ihm zu helfen.

„Hat irgendwer gehört, wie Sie sich verabredet haben?", fragte Falk.

„Es war ziemlich voll. Jeder hätte es mitkriegen können."

*Luke Hadler hielt neben der Weide an und stieg aus seinem Pick-up. Er und Jamie Sullivan winkten einander zu. Luke holte sein Gewehr von der Ladefläche und nahm die Munition, die Sullivan ihm reichte. „Also los, zeigen wir deinen Karnickeln mal, wo der Hammer hängt." Luke grinste.*

„Die Munition war von Ihnen?", hakte Raco nach. „Welche Marke?"

„Winchester. Wieso?"

Raco fing Falks Blick auf. *Also nicht die fehlenden Remington-Patronen.*

„Hatte Luke auch eigene dabei?"

„Ich glaube nicht. Meine Karnickel, meine Patronen, hab ich gedacht. Wieso?"

„Nur der Vollständigkeit halber. Was für einen Eindruck machte Luke auf Sie?"

„Er wirkte normal. Wie immer." Sullivan überlegte kurz. „Zumindest als er wieder weggefahren ist."

*Lukes erste Schüsse gingen daneben.*

*„Alles klar, Kumpel?", fragte Sullivan.*

„*Bestens.*" *Luke schüttelte zerstreut den Kopf.* „*Und bei dir?*"
„*Auch so.*" *Sullivan zögerte.* „*Meine Gran wird allmählich immer tüdeliger. Ich muss ständig ein Auge auf sie haben.*"
„*So sind die Weiber nun mal.*"
„*Mit Karen alles okay?*"
„*Jaja, kein Problem.*" *Luke hob sein Gewehr, drückte ab. Diesmal mit Erfolg.* „*Du kennst ja Karen. Irgendwas ist immer.*"

„,Irgendwas ist immer'", wiederholte Raco. „Wie hat er das gemeint?"
Sullivan starrte bedrückt auf den Tisch. „Keine Ahnung. Ich hätte nachfragen sollen, was?"
Ja, dachte Falk. „Nein", sagte er. „Es hätte wahrscheinlich nichts geändert."

*Eine Stunde später reckte Luke sich.* „*Ich glaub, das hat ordentlich was gebracht. Ich muss jetzt los.*" *Er gab Sullivan die übrig gebliebene Munition zurück.*
„*Noch schnell ein Bier?*" *Sullivan nahm seinen Hut ab und wischte sich mit dem Unterarm übers Gesicht.*
„*Nein, ich muss nach Hause. Hab noch einiges zu tun.*"
„*Klar. Danke für deine Hilfe.*"
„*Kein Problem. Hat ein bisschen gedauert, aber dann hab ich ja doch noch ganz passabel getroffen.*" *Luke winkte kurz, als er davonfuhr.*
*Sullivan stand allein auf der einsamen Weide und sah dem silbernen Pick-up nach, bis er verschwunden war.*

Schweigend ließen sie die Szene Revue passieren. Mrs Sullivans Teetasse klapperte auf dem Unterteller.
„Einige Zeit später rief die Polizei aus Clyde an und fragte nach Luke", nahm Sullivan den Faden wieder auf. „Ich hab gesagt, dass er vor ein paar Stunden weggefahren war."
„Und was haben Sie in dem Zeitraum zwischen Lukes Abfahrt und dem Anruf von der Polizei gemacht?"
„Ich hab draußen was gearbeitet, und als ich fertig war, hab ich mit Gran zu Abend gegessen."
Aus dem Augenwinkel nahm Falk eine kleine Bewegung wahr. „Sie beide waren allein hier? Sie sind nicht weg gewesen? Und es ist sonst niemand vorbeigekommen?"
„Nein. Nur wir."

Es wäre leicht zu übersehen gewesen, aber Falk war sich seiner Sache sicher. Am Rande seines Gesichtsfeldes hatte Mrs Sullivan ruckartig den Kopf gehoben und ihren Enkel ganz kurz angestarrt, bevor sie den Blick wieder gesenkt hatte. Für die restliche Zeit ihres Besuches schien sie fest zu schlafen.

„Ich kann Ihnen sagen, ich würde verrückt werden." Raco schauderte hinter dem Lenkrad. „Allein mit so einer alten Lady irgendwo mitten in der Pampa zu hocken. Das Haus war wie ein gruseliges Museum. Für einen jungen Mann wie ihn ist das doch ein ziemlich trauriges Leben."

Sie passierten ein Schild, das vor Buschbränden warnte. Schon vor Falks Ankunft hatte die vierte von sechs Alarmstufen gegolten.

„Meinen Sie, er hat uns die Wahrheit gesagt?" Falk erzählte, wie Sullivans Großmutter auf die Behauptung ihres Enkels, er sei die ganze Zeit zu Hause gewesen, reagiert hatte.

„Interessant. Sie ist allerdings ziemlich übergeschnappt, nicht wahr? In den Berichten stand nichts davon, dass Sullivan seine Farm verlassen hat. Aber wahrscheinlich ist er nicht gründlich überprüft worden, wenn überhaupt."

„Die Sache ist die: Falls Sullivan Luke töten wollte, wäre das ein Leichtes gewesen. Die beiden waren über eine Stunde mit Schrotflinten da draußen, und keine Menschenseele weit und breit." Falk verzweifelte an der Klimaanlage und öffnete sein Fenster einen Spalt. Sofort strömte kochend heiße Luft herein, und er fuhr die Scheibe hastig wieder hoch.

Raco lachte. „Und ich dachte immer in Adelaide, die Hitze wäre unerträglich."

„Waren Sie da vorher? Was hat Sie denn in diese abgelegene Gegend geführt?"

„Meine erste Chance, einen Posten als Sergeant zu bekommen und mein eigenes Revier zu leiten. Gefällt Ihnen dieser Finanzkram in Melbourne?"

„Er liegt mir. Apropos, ich hab gestern Abend damit angefangen, die Unterlagen der Hadlers durchzusehen."

„Was Interessantes gefunden?"

„Noch nicht. Sie hatten zu kämpfen, aber meinem ersten Eindruck nach war es um sie nicht schlechter bestellt als um alle anderen hier in der Gegend. Ihre Lebensversicherung war nicht besonders hoch, nur eine Grundabsicherung."

„Wer bekommt die jetzt?"

„Charlotte, über Lukes Eltern. Charlotte wird auch die Farm bekommen, nehme ich an. Ansonsten gibt's nichts Verdächtiges – keine weiteren Konten, keine großen Abhebungen, keine Schulden bei Dritten oder so. Ich bleib dran."

Die bislang wichtigste Erkenntnis, die Falk bei der Durchsicht der Bücher gewonnen hatte, war die, dass Karen Hadler eine fähige und gründliche Buchhalterin gewesen war. Er hatte eine gewisse Verbundenheit mit ihr gespürt, während er ihre ordentlichen Zahlen und sorgsamen Bleistiftnotizen studiert hatte.

Raco verlangsamte den Wagen, als sie sich einer Kreuzung näherten, und sah auf die Uhr. „Bis jetzt sieben Minuten."

Sie fuhren Lukes Nachhauseweg von Sullivans Farm ab. Raco bog nach links in die Straße zum Haus der Hadlers ein. Sie war asphaltiert, aber in schlechtem Zustand. Sie war als zweispurige Straße gedacht, aber kaum breit genug, wenn sich zwei Wagen entgegenkamen. Auf der ganzen Strecke begegnete ihnen kein einziges Auto.

„Fast vierzehn Minuten von Haustür zu Haustür", sagte Falk, als Raco auf die Zufahrt der Hadlers einbog. „Okay, schauen wir uns an, wo Lukes Leiche gefunden wurde."

Als sie an der Stelle ankamen, hielt Raco am Straßenrand und ging voraus zu einer Schneise zwischen den Bäumen. „Es ist da hinten."

Eine gespenstische Stille legte sich über sie, als unsichtbare Vögel beim Klang seiner Stimme verstummten. Sie gelangten auf eine kleine Freifläche, groß genug, um einen Wagen abzustellen, aber zu klein, um ihn zu wenden. Falk blieb in der Mitte stehen. Es war hier geringfügig kühler, da ringsum Eukalyptusbäume standen. Die gelbe Erde war hart gebacken. Keine Reifenspuren.

Direkt unter Falks Schuhen war eine dünne Schicht loser Sand. Als er begriff, was sie abdeckte, trat er hastig einen Schritt beiseite. „Hat die Lichtung vielleicht irgendeine persönliche Bedeutung für Luke gehabt?"

Raco zuckte die Achseln. „Ich hatte gehofft, Sie könnten mir da weiterhelfen."

Falk durchforschte sein Gedächtnis nach Campingausflügen, Kindheitsabenteuern oder Ähnlichem. Ihm fiel nichts ein. „Und er ist definitiv hier gestorben? Ausgeschlossen, dass er woanders erschossen und dann hierhergebracht wurde?"

„Völlig ausgeschlossen. Das Blutspritzmuster war eindeutig."

Im Kopf ging Falk noch einmal den zeitlichen Ablauf durch. Luke war gegen halb fünf am Nachmittag von Sullivans Farm weggefahren. Rund dreißig Minuten später hatte die Kamera auf der Farm der Hadlers seinen Pick-up aufgezeichnet. Das war länger, als Raco und er selbst für dieselbe

Strecke gebraucht hatten. Vier Minuten, zwei Schüsse, dann war der Pick-up wieder davongefahren.

„Falls Luke seine Familie erschossen hat, kommt das alles hin", meinte Falk. „Er ist nach Hause gefahren, hat aus irgendeinem Grund die landschaftlich schönere Strecke genommen, hat Frau und Kind getötet und ist anschließend hierhergefahren."

„Richtig. Wenn es jemand anders war, wird die Sache dagegen sehr viel komplizierter", sagte Raco. „Der Täter müsste, kurz nachdem Luke von Sullivans Farm losgefahren ist, in den Pick-up gestiegen sein, weil Luke die Mordwaffe bei sich hatte. Wer also hat den Wagen zu den Hadlers gefahren?"

„Und falls nicht Luke am Steuer saß, wo zum Teufel war er dann, während seine Familie ermordet wurde? Hat er auf dem Beifahrersitz gesessen und zugeschaut?"

„Möglich. Ich meine, es wäre ein denkbares Szenario. Je nachdem wer die andere Person war und welches Druckmittel sie womöglich gegen ihn in der Hand hatte", spekulierte Raco. „Oder der Täter könnte ihn außer Gefecht gesetzt haben. Sie haben ja Sullivans Arme gesehen."

Falk nickte und dachte an den Obduktionsbericht über Luke. Keine Abwehrverletzungen an den Händen. Keine Würgemale oder Fesselspuren. Er rief sich Lukes Leichnam ins Gedächtnis, wie er rücklings ausgestreckt auf der Ladefläche gelegen hatte. Die Blutlache um ihn herum und die zwei rätselhaften Streifen an einer Seitenwand.

„‚Weiber'", sagte Falk laut. „Was hat er wohl damit gemeint?"

„Keine Ahnung. Aber heute Nachmittag sind wir mit jemandem verabredet, der uns da vielleicht weiterhelfen kann. Ich hab mir gedacht, ein Blick in Karen Hadlers Schreibtischschublade könnte sich lohnen."

## KAPITEL 6

Kinder in Schuluniform schauten zu, wie Mulch um das Akazienbäumchen herum gestreut wurde. Lehrer und Eltern standen grüppchenweise dabei, manche weinten ungeniert. Eine Handvoll der weichen gelben Akazienblüten schwebten zu Boden und landeten neben einer frisch gravierten Tafel: IM GEDENKEN AN BILLY HADLER UND KAREN HADLER. IN UNSEREN HERZEN LEBEN SIE WEITER. DIE LEHRER UND SCHÜLER DER GRUNDSCHULE VON KIEWARRA.

Das Bäumchen hat keine Chance, dachte Falk. Er konnte die Hitze durch die Schuhsohlen hindurch spüren. Hier auf dem Gelände seiner ehemaligen

Grundschule überkam ihn das Gefühl, als wäre er dreißig Jahre in die Vergangenheit zurückversetzt worden. Damals war es gut gewesen, Luke als Verbündeten zu haben. Er war einer von jenen Jungs mit einnehmendem Lächeln und flinker Zunge gewesen. Er war freigebig mit seiner Zeit, seinen Sachen und seinen Eltern gewesen. Falk, damals schlaksig und tollpatschig, hatte immer gewusst, dass er sich glücklich schätzen konnte, Luke auf seiner Seite zu haben.

Scott Whitlam, der Schuldirektor, kam mit ausgestreckter Hand auf Falk und Raco zu. Er war Anfang vierzig und bewegte sich mit der kraftvollen Lässigkeit eines ehemaligen Athleten. Er hatte eine breite Brust und ein offenes Lächeln.

„Es war eine schöne Zeremonie", sagte Falk.

„Danke, wir brauchten so etwas", erwiderte Whitlam. „Sie hatten uns ja gebeten, die Habseligkeiten von Karen und Billy zusammenzupacken. Die Sachen sind in meinem Büro."

Sie folgten ihm über den Schulhof. Irgendwo schellte eine Glocke. Unterrichtsschluss. Aus der Nähe boten das Ziegelsteingebäude und die Spielgeräte einen deprimierenden Anblick. Überall blätterte die Farbe ab, in der Plastikrutsche waren Risse, und nur auf einer Seite des Basketballfeldes hing ein Korb.

„Die Fördermittel reichen vorne und hinten nicht", erklärte Whitlam, als er sah, dass sie sich umschauten.

Neben dem Schulhaus standen ein paar klägliche Schafe auf einer braunen Koppel. Dahinter stieg das Land steil zu einer Hügelkette an, die mit Buschwerk bedeckt war.

„Gibt es eigentlich immer noch Unterricht in Farmarbeit?", fragte Falk.

„Sehr reduziert. Ich selbst bin ein Großstädter. Wir sind vor acht Monaten von Melbourne hierhergezogen. Meine Frau wollte mal was ganz anderes ausprobieren." Er stockte. „Und das haben wir weiß Gott bekommen."

Whitlam stieß eine schwere Tür auf, und sie betraten einen Flur, der nach Sandwiches roch. An den Wänden hingen selbst gemalte Bilder der Schüler.

„Du meine Güte, die sind aber echt deprimierend", murmelte Raco.

Falk musste ihm recht geben. Da waren Strichfiguren-Familien, bei denen jedes Gesicht einen nach unten gezogenen Buntstiftmund hatte. Und jede Landschaft zeigte Weiden aus verdorrtem braunem Gras.

„Die Dürre", seufzte Whitlam. „Sie ist dabei, dieses Städtchen zu vernichten." Er schloss sein Büro auf, bedeutete ihnen, auf zwei Stühlen Platz zu nehmen, und verschwand in einem kleinen Lagerraum. Augenblicke später kam er mit einem zugeklebten Karton zurück. „Da ist alles drin.

Kleinkram von Karens Schreibtisch, ein paar Schulsachen von Billy. Es ist leider nicht viel."

„Danke." Raco nahm den Karton entgegen.

„Sie werden schmerzlich vermisst." Whitlam lehnte sich gegen seinen Schreibtisch. „Alle beide. Wir sind tief erschüttert."

„Wie eng haben Sie mit Karen zusammengearbeitet?", fragte Falk.

„Ziemlich eng, wir haben ja nur wenige Mitarbeiter. Sie hat sich hervorragend um die Finanzen und die Buchführung der Schule gekümmert. Eigentlich war sie zu intelligent für den Job, aber ich glaube, er kam ihr wegen der Kinderbetreuung sehr entgegen." Das Fenster stand einen Spalt weit offen, und der Lärm vom Schulhof wehte herein. „Dürfte ich Sie fragen, warum Sie hier sind?", fuhr Whitlam fort. „Ich dachte, der Fall wäre eindeutig."

„Drei Mitglieder derselben Familie sind tot", antwortete Raco. „Leider werfen solche Fälle immer Fragen auf."

„Selbstverständlich. Als Direktor muss ich sicherstellen, dass keine Gefahr für Schüler und Schulpersonal besteht, wenn also –"

„Wir behaupten keineswegs, dass es Grund zur Beunruhigung gibt", fiel Raco ihm ins Wort. „Falls wir auf etwas stoßen, das Sie wissen sollten, werden wir Sie informieren."

„Okay, ich verstehe. Wie kann ich Ihnen helfen?"

„Erzählen Sie uns von Karen."

*Das Klopfen war leise, aber bestimmt. Whitlam sah von seinem Schreibtisch auf, als sich die Tür öffnete. Ein blonder Kopf schaute herein.*

*„Scott, hätten Sie einen Moment Zeit?" Karen Hadler trat in sein Büro. Sie lächelte nicht.*

„Einen Tag bevor sie und Billy getötet wurden, ist sie in mein Büro gekommen", erzählte Whitlam. „In den letzten paar Wochen war sie ziemlich angespannt. Sie reagierte oft gereizt, was ungewöhnlich war. Und bei der Buchführung waren ihr ein, zwei Fehler unterlaufen. Nichts Gravierendes, wir hatten sie noch rechtzeitig bemerkt, aber es machte ihr zu schaffen. Und deshalb kam sie zu mir."

*Karen schloss die Tür hinter sich, entschied sich für den Stuhl, der direkt vor Whitlams Schreibtisch stand. Sie setzte sich kerzengerade hin und kreuzte die Füße. Ihr Wickelkleid war figurbetont, aber nicht vulgär, mit einem zarten Muster aus weißen Äpfeln auf rotem Grund. Karen gehörte zu den Frauen, deren jugendliches gutes Aussehen durch Alter und Geburten etwas dezenter geworden war, die aber auf ihre eigene Art nicht minder attraktiv geblieben waren. Jetzt hielt sie einen kleinen Stapel Unterlagen auf dem Schoß.*

*"Scott, um ehrlich zu sein, habe ich lange überlegt, ob ich mich an Sie wenden soll. Mein Mann wäre alles andere als glücklich, wenn er es wüsste."*

Raco beugte sich vor. "Machte sie den Eindruck, dass sie Angst vor ihrem Mann hatte?"

"Damals kam es mir nicht so vor." Whitlam massierte sich mit Daumen und Zeigefinger den Nasenrücken. "Aber jetzt, wo ich weiß, was am nächsten Tag passiert ist, wird mir klar, dass ich wahrscheinlich nicht genau genug hingehört habe."

*Karen spielte mit ihrem Ehering. "Sie und ich arbeiten schon eine Weile ganz gut zusammen. Ich glaube, ich sollte Ihnen etwas sagen." Sie atmete tief durch. "Ich weiß, es hat in letzter Zeit mit mir und meiner Arbeit ein paar Schwierigkeiten gegeben, den ein oder anderen Fehler."*

*"Es ist ja kein Schaden entstanden, Karen. Sie sind eine gute Mitarbeiterin, das weiß hier jeder."*

*Sie nickte einmal, senkte den Blick. Als sie wieder aufsah, war ihre Miene entschlossen. "Danke. Aber es gibt da ein Problem. Und ich kann nicht darüber hinwegsehen."*

"Sie hat mir erzählt, dass die Farm kurz vor der Pleite stand", berichtete Whitlam weiter. "Karen glaubte, sie hätten noch sechs Monate gehabt, vielleicht auch weniger. Sie sagte, Luke habe das nicht glauben wollen. Sie war bedrückt. Sie bat mich, Luke nicht zu sagen, dass sie es mir erzählt hatte. Er würde sich aufregen, wenn er den Eindruck bekäme, dass sie es in der ganzen Stadt herumerzählte. Ich habe ihr ein Glas Wasser geholt, eine Weile zugehört. Ihr versichert, dass ihr Job nicht in Gefahr war."

"Kannten Sie Luke Hadler gut?", fragte Falk.

"Nicht besonders. Natürlich bin ich ihm ein paarmal begegnet, an Elternabenden und so weiter. Manchmal habe ich ihn auch im Pub gesehen, aber unterhalten haben wir uns eigentlich nie."

"Von wem haben Sie erfahren, was der Familie zugestoßen ist?"

"Jemand von der Polizei aus Clyde hat in der Schule angerufen. Vermutlich weil Billy hier Schüler war. Es war schon ziemlich spät, kurz vor 19 Uhr. Ich wollte gerade nach Hause, aber ich weiß noch, wie ich stattdessen hier sitzen geblieben bin, mir zu überlegen versucht habe, wie ich das am nächsten Tag den Kindern beibringen sollte." Er zuckte traurig die Achseln. „Billy und meine Tochter waren eng befreundet. Sind in dieselbe Klasse gegangen. Deshalb war es ein doppelter Schock, dass Billy in diese Tragödie hineingeraten ist."

„Wie meinen Sie das?", fragte Raco.

„Weil er an dem Nachmittag eigentlich bei uns hätte sein sollen", antwortete Whitlam, als läge das auf der Hand. Er schaute zwischen Falks und Racos verständnislosen Gesichtern hin und her. „Tut mir leid, ich dachte, Sie wüssten das. Ich habe es den Polizisten aus Clyde erzählt. Billy sollte an dem Tag zum Spielen zu uns kommen, aber Karen hat meine Frau angerufen und in letzter Minute abgesagt. Sie meinte, Billy wäre nicht ganz fit."

„Aber es ging ihm doch gut genug, um zur Schule zu kommen. Hat Ihre Frau Karen geglaubt?", fragte Falk.

Whitlam nickte. „Es hatten sich schon einige Schüler einen leichten Infekt eingefangen. Ich glaube, es war einer von diesen tragischen Zufällen." Er rieb sich mit der Hand über die Augen. „Wenn man bedenkt, dass er um ein Haar nicht dort gewesen wäre, da fragt man sich doch, warum es so kommen musste."

„WIR HÄTTEN ES GEWUSST, wenn wir mit der Polizei von Clyde zusammenarbeiten würden", sagte Falk, als sie wieder draußen waren. Er klemmte sich den Karton mit Karens und Billys Sachen unter den Arm. „Vielleicht sollten wir die aus Clyde doch allmählich einschalten."

Raco sah ihn an. „Sind Sie ehrlich der Meinung, wir haben genug, um sie anzurufen?"

Falk hatte schon den Mund geöffnet, um zu antworten, da ertönte eine Stimme über den Spielplatz. „He, Aaron! Warte mal!"

Falk drehte sich um und sah Gretchen Schoner herankommen. Er spürte, wie sich seine Laune ein klein wenig hob. Die Trauerkleidung war gegen Shorts und eine taillierte blaue Bluse mit aufgekrempelten Ärmeln getauscht worden.

Raco nahm Falk den Karton ab. „Ich warte im Auto", sagte er taktvoll und ging mit einem höflichen Nicken in Richtung Gretchen davon.

Sie blieb vor Falk stehen und schob sich die Sonnenbrille hoch, wodurch ihre blonden Haare zu einem komplizierten Bündel auf dem Kopf arrangiert wurden. Das Blau der Bluse betonte ihre Augen. „He, was machst du denn noch hier? Ich dachte, du wärst schon wieder weg." Sie streckte die Hand aus und berührte ihn am Ellbogen.

„Wir haben uns mit Scott Whitlam unterhalten. Dem Direktor."

„Ja, ich kenne Scott. Ich bin im Schulausschuss. Ich meine, was machst du noch in Kiewarra?"

Falk sah an ihr vorbei. Etliche Mütter hatten den Kopf in ihre Richtung gedreht, die Augen hinter Sonnenbrillen verborgen. Er nahm Gretchens Arm und drehte sie leicht, sodass sie mit dem Rücken zu den Frauen standen.

„Es ist ein bisschen kompliziert. Die Hadlers haben mich gebeten, Lukes Tod zu untersuchen."

„Das gibt's nicht. Wieso denn? Hat sich irgendwas Neues ergeben?"

Falk verspürte den starken Drang, ihr einfach alles zu erzählen. Das mit Ellie, dem Alibi, den Lügen, den Schuldgefühlen. Gretchen war damals Teil ihres Quartetts und die ausgleichende Kraft gewesen – das Licht zu Ellies Düsternis, die Ruhe zu Lukes Rastlosigkeit.

„Es geht um Geld", seufzte Falk. Er lieferte ihr eine abgeschwächte Version von Barb Hadlers Verdacht: Schulden bei den falschen Leuten.

Sie blinzelte. „Glaubst du, da ist was dran?"

„Wir werden sehen. Aber tu mir den Gefallen und behalte das vorläufig für dich."

Gretchen zog die Stirn kraus. „Dafür ist es vielleicht zu spät. Es hat sich herumgesprochen, dass die Polizei Jamie Sullivan heute Vormittag einen Besuch abgestattet hat. Sieh dich bitte vor." Sie hob die Hand und verscheuchte eine Fliege, die sich auf Falks Schulter niedergelassen hatte. „Die Leute hier sind im Moment alle extrem angespannt. Da genügt der kleinste Auslöser, und sie könnten ausflippen."

Falk nickte. „Danke. Hab verstanden."

„Jedenfalls –" Gretchen verstummte, als eine Schar kleiner Jungen, die wild einen Fußball herumkickten, an ihnen vorbeisauste. Sie winkte den Kindern zu. Falk versuchte, ihren Sohn in der Meute zu entdecken, doch es gelang ihm nicht. Als er sich wieder Gretchen zuwandte, fragte sie ihn: „Was meinst du, wie lange du noch bleiben wirst?"

„Eine Woche." Falk zögerte. „Nicht länger."

„Gut." Ihre Mundwinkel hoben sich, und es hätte zwanzig Jahre früher sein können.

Als sie sich ein paar Minuten später voneinander verabschiedet hatten, hielt Falk einen Zettel in der Hand, auf dem Gretchens Handynummer und die Uhrzeit standen, für die sie sich am nächsten Abend verabredet hatten.

„So schnell schon eine neue Freundin gefunden?", sagte Raco leichthin, als Falk in den Wagen stieg.

„Eine alte Freundin", erwiderte Falk, musste aber unwillkürlich lächeln.

Raco wurde wieder ernst. „Also, was wollen Sie als Nächstes tun? Wollen

Sie in Clyde anrufen und sich den Mund fusselig reden, bis Sie denen klargemacht haben, dass sie womöglich Scheiß gebaut haben, oder kommen Sie mit aufs Revier, und wir sehen zusammen nach, was in dem Karton ist?"

Falk stellte sich vor, wie dieser Anruf ablaufen würde. „Okay, Sie haben recht. Revier. Karton."

Das Polizeirevier war in einem niedrigen Backsteinbau am Ende der Hauptstraße von Kiewarra untergebracht. Die Geschäfte links und rechts daneben hatten dichtgemacht, die Schaufenster waren leer. Offenbar liefen bloß noch der Minimarkt und der Getränkeladen so einigermaßen.

„Hier ist ja alles wie tot", bemerkte Falk.

„Die Farmer haben keine Kohle mehr zum Einkaufen, die Geschäfte gehen pleite, und prompt gibt's noch mehr Leute, die kein Geld mehr zum Einkaufen haben."

Raco zog an der Tür des Polizeireviers. Sie war abgeschlossen. Er fluchte und zog seine Schlüssel aus der Tasche. An der Tür hing ein Schild mit den Öffnungszeiten der Wache: Montag bis Freitag, 9 bis 17 Uhr. Falk sah auf seine Uhr. Es war 16.51 Uhr. Außerhalb dieser Zeiten müssten Opfer von Straftaten ihr Glück in Clyde versuchen, stand da weiter. Mit Filzstift war eine Handynummer für Notfälle daruntergeschrieben worden. Falk hätte gewettet, dass es Racos war.

„Heute früher Feierabend?", rief der Sergeant mit hörbar genervter Stimme, als sie eintraten.

Die Sekretärin, um die sechzig, aber mit einer höchst unwahrscheinlichen kohlschwarzen Haarfarbe, hob trotzig das Kinn. „Dafür hab ich auch früher angefangen", erwiderte sie.

Raco stellte sie als Deborah vor. Sie gaben einander nicht die Hand.

In dem Büroraum hinter ihr blickte Constable Evan Barnes schuldbewusst auf, seine Autoschlüssel schon in der Hand. „Tag, Boss. Wir haben doch schon Feierabend, oder?" Er schaute demonstrativ auf die Uhr. „Ach so. Nein. Doch noch ein paar Minuten."

Barnes war übergewichtig, hatte einen rosigen Teint und lockige Haare, die ihm in unvorteilhaften Büscheln vom Schädel abstanden. Er setzte sich wieder an seinen Schreibtisch und fing an, Papier hin und her zu schieben.

Raco verdrehte die Augen. „Na los, zischt schon ab." Er hob die Klappe in der Theke hoch. „Schönes Wochenende. Hoffen wir einfach, dass die Stadt nicht eine Minute vor fünf niederbrennt."

Deborah drückte das Rückgrat durch. „Na denn *ciao*", sagte sie zu Raco, während sie Falk nur mit einem winzigen, knappen Nicken bedachte.

Er spürte, wie sich ein kalter Tropfen Begreifen irgendwo in seiner Brust löste. Sie wusste Bescheid. Eigentlich wunderte ihn das nicht. Falls Deborah in Kiewarra geboren und aufgewachsen war, hatte sie das richtige Alter, um sich an Ellie Deacon zu erinnern. Das war das Dramatischste, was je in Kiewarra passiert war, zumindest bis zum Tod der Hadlers.

*Aaron lag noch stundenlang wach, nachdem Lukes Gesicht von seinem Zimmerfenster verschwunden war. Er wartete die ganze Nacht darauf, aber als es endlich an der Haustür klopfte, ging es nicht um ihn. Aaron sah mit stummem Entsetzen zu, wie sein Vater gezwungen wurde, die Polizisten aufs Revier zu begleiten. Der Name auf dem Zettel verriet nicht, welcher Falk gemeint war, also vernahmen sie zuerst den älteren.*

*Erik Falk, ein schlanker, stoischer Mann, wurde fünf Stunden auf dem Revier festgehalten. Hatte er Ellie Deacon gekannt? Ja, natürlich, sie war ein Nachbarskind. Eine Freundin seines Sohnes. Er wurde nach seinem Alibi für den Tag ihres Todes gefragt. Er war fast den ganzen Nachmittag unterwegs gewesen, um Vorräte zu kaufen. Am Abend war er auf ein Bier in den Pub gegangen. Dutzende Leute hatten ihn an verschiedenen Orten gesehen. Sein Alibi war gut, aber nicht wasserdicht. Also ging das Verhör weiter. Ja, er hatte in der Vergangenheit mit dem Mädchen geredet. Öfter? Ja. Aber nein, er konnte sich nicht erklären, wieso Ellie Deacon einen Zettel mit seinem Namen und dem Datum ihres Todes darauf aufbewahrt hatte.*

*Sie ließen ihn laufen, und dann war sein Sohn an der Reihe.*

„Barnes ist vorübergehend von Melbourne hierherversetzt worden", erklärte Raco, als Falk ihm ins Büro folgte. „Seine Eltern haben eine Farm, irgendwo im Westen. Ich glaube, das hat ihn für die Versetzung prädestiniert. Aber dennoch ..." Er blickte kurz zu der geschlossenen Eingangstür. „Ach, egal."

Falk ahnte, was er hatte sagen wollen. Kaum vorstellbar, dass eine städtische Polizei ihren besten Mann aufs Land schickte. Barnes war höchstwahrscheinlich nicht gerade der Hellste.

Sie setzten den Karton mit Karens und Billys Sachen auf einen freien Schreibtisch ab und machten ihn auf.

*Aaron saß auf einem Holzstuhl, und obwohl ihm vor Nervosität die Blase drückte, hielt er sich an den Plan. Ich war mit Luke Hadler zusammen. Kaninchen schießen. Ellie ist – ich meine, war – meine Freundin. Ja, ich hab sie an dem Tag in der Schule gesehen. Nein! Wir hatten keinen Streit. Hinterher hab ich sie nicht mehr gesehen. Ich hab sie nicht angegriffen. Ich war*

mit Luke Hadler zusammen. Wir haben Kaninchen geschossen. Ich war mit Luke Hadler zusammen.
Sie mussten ihn gehen lassen.
Ab dann machten neue Gerüchte die Runde. Vielleicht war es kein Mord, sondern Selbstmord. Ein labiles Mädchen, vom jungen Falk verführt, lautete eine verbreitete Version; vom alten Falk bedrängt und ausgenutzt, eine andere. Die Gerüchte wurden von Ellies Vater Mal Deacon genährt, bis sie nicht mehr totzukriegen waren.
Eines Nachts flog ein Stein durchs Wohnzimmerfenster der Falks. Zwei Tage später wurde Aaron im Haushaltswarenladen nicht mehr bedient. Er musste mit leeren Händen und brennenden Augen wieder gehen, seine Einkäufe an der Kasse zurücklassen. Am Nachmittag darauf verfolgten drei Männer in einem Pick-up Aaron von der Schule bis nach Hause. Sie schlossen dicht zu ihm auf, während er immer schneller und schneller in die Pedale trat, wobei ihm sein keuchender Atem laut in den Ohren rauschte.

Da waren eine Kaffeetasse, ein Hefter, auf den mit Korrekturflüssigkeit *Karen* gepinselt worden war, eine grobmaschige Strickjacke, ein kleines Fläschchen Parfüm namens „Spring Fling" und ein gerahmtes Foto von Billy und Charlotte. Falk öffnete den Bilderrahmen und schaute hinter das Foto. Nichts. Er fügte ihn wieder zusammen. Raco zog die Verschlusskappe von dem Parfümfläschchen und drückte kurz auf den Zerstäuber. Ein leichter Zitrusduft schwebte durch die Luft. Falk mochte ihn.
Sie nahmen sich Billys Sachen vor: drei Zeichnungen von Autos, ein kleines Paar Turnschuhe, ein Lesebuch für Anfänger und eine Kiste Buntstifte.

*Etwa um diese Zeit merkte Aaron, dass sein Vater ihn beobachtete. Oft spürte er so ein seltsames Prickeln im Nacken, und wenn er aufsah, wandte sein Dad meist rasch den Blick ab. Manchmal aber auch nicht. Dann sah er ihn nachdenklich und stumm an. Aaron wartete darauf, dass die Frage endlich gestellt wurde, aber sie kam nicht.*
*Eines Tages wurde ihnen ein totes Kalb vor die Tür gelegt, die Kehle so tief durchgeschnitten, dass der Kopf fast abgetrennt war. Am nächsten Morgen packten Vater und Sohn das Auto, so voll es ging. Aaron verabschiedete sich hastig von Gretchen und etwas länger von Luke. Keiner von ihnen sprach den Grund an, warum er die Stadt verließ. Als sie aus Kiewarra herausfuhren, folgte ihnen Mal Deacons weißer Pick-up noch hundert Kilometer über die Stadtgrenze hinaus.*
*Sie kehrten nie zurück.*

„Karen hat Billy an dem Nachmittag mit nach Hause genommen", sagte Falk. „Er war eigentlich mit seiner Freundin zum Spielen verabredet, und Karen hat ihn an dem Tag, als er getötet wurde, zu Hause behalten. Glauben Sie, dass das reiner Zufall war?"

„Eher nicht." Raco schüttelte den Kopf.

„Seh ich auch so."

„Aber falls sie auch nur geahnt hätte, was passieren würde, hätte sie doch beide Kinder so weit weg wie nur eben möglich gebracht."

„Vielleicht hatte sie nur ein ungutes Gefühl, dass was passieren würde, wusste aber nicht, was."

„Oder wie furchtbar es sein würde."

Falk sah noch mal in dem Karton nach, tastete ihn ab. Nichts.

„Ich hatte mir mehr erhofft", sagte Raco.

# KAPITEL 7

Die Kakadus kreischten in den Bäumen, als Falk das Revier verließ. In einem ohrenbetäubenden Chor riefen sie einander zu ihren Schlafplätzen, während die frühabendlichen Schatten länger wurden. Die Luft war feucht, und Schweiß lief Falk über den Rücken. Er schlenderte die Hauptstraße hinunter, hatte es nicht eilig, den Pub zu erreichen. Er spähte in die leeren Schaufenster. Bei den meisten wusste er noch immer, welche Geschäfte dort gewesen waren. Eine Bäckerei. Eine Buchhandlung.

Er blieb stehen, als er in den Auslagen eines Haushaltswarenladens eine Reihe von Arbeitshemden aus Baumwolle sah. Ein grauhaariger Mann, der genau so ein Hemd unter einer Schürze trug, wollte gerade das OFFEN-Schild umdrehen, das in der Tür hing. Falk zupfte an seinem eigenen Hemd. Er hatte es schon zur Trauerfeier getragen, und es fühlte sich steif an, weil er es notdürftig ausgewaschen hatte. Er ging hinein.

Einen Moment später gefror das warme Lächeln des Mannes im harten Licht des Ladens, als das Wiedererkennen einsetzte. Kurzes Zögern, dann erschien das Lächeln wieder. Ohne Dollars in der Kasse ist es nicht leicht, an seinen Prinzipien festzuhalten, dachte Falk. Da der Ladeninhaber so überaus dankbar wirkte, als Falk sich für ein Hemd entschied, kaufte er gleich noch zwei weitere dazu.

Wieder draußen, passierte er einen Imbiss, eine Arztpraxis, eine Apotheke, eine winzige Bücherei, einen Supermarkt, etliche mit Brettern vernagelte Schaufenster, und schon stand er wieder vorm Fleece. Durchs Fenster konnte er ein paar Männer sehen, die auf den Fernseher stierten. Unbewusst steckte er die Hand in die Tasche und ertastete seinen Autoschlüssel. Bevor er es realisierte, war er schon auf halber Strecke zur Hadler-Farm.

Die Sonne stand tiefer am Himmel, als Falk seinen Wagen an derselben Stelle wie zuvor vorm Farmhaus parkte. Diesmal ging er schnurstracks zur größten Scheune. Er blickte nach oben zu der winzigen Sicherheitskamera über dem Metalltor. Falls jemand anders an dem Tag hier gewesen war, hatte er von der Kamera gewusst? War derjenige vielleicht vorher schon hier gewesen und hatte gewusst, was aufgenommen wurde und was nicht? Falls Luke selbst am Steuer seines Pick-ups gesessen hatte, musste ihm klar gewesen sein, dass das Nummernschild aufgezeichnet werden würde. Aber vielleicht war ihm das zu dem Zeitpunkt schon völlig egal gewesen.

Um einen klaren Kopf zu bekommen, wandte sich Falk vom Haus ab und stapfte über die Weiden. Der Besitz grenzte an den Fluss, und in der Ferne konnte er eine Reihe Eukalyptusbäume ausmachen, die die Grundstücksgrenze markierten. Er war mal auf diesen Weiden zu Hause gewesen, aber jetzt kam ihm alles verändert vor. Ihm schwirrte noch immer zu viel durch den Kopf.

Er war fast an der Grenze angekommen, als er stehen blieb. Ein beklemmendes Gefühl kroch Falk über Schultern und Nacken. Er warf einen Blick über die Schulter nach hinten. Die Hadler-Farm lag leblos in der Ferne. In dem Haus war niemand mehr.

Er wandte sich wieder in Richtung Fluss. Da, wo er jetzt stand, hätte er Wasserrauschen hören müssen. Das deutliche Geräusch eines Flusses, der sich seinen Weg durchs Land bahnte. Aber da war nur gespenstische Stille. Er tauchte zwischen die Bäume und lief den Pfad entlang. Als er das Flussufer erreichte, stoppte er abrupt an der Böschung.

Der breite Fluss war bloß noch eine staubige Narbe in der Landschaft. Das Tal, das er sich im Laufe von Jahrhunderten gegraben hatte, war jetzt ein rissiges Mosaik aus Felsbrocken und Fingerhirse. Auf beiden Seiten waren in den Böschungen knorrige Baumwurzeln zu sehen, die wie Spinnennetze wirkten. Um es richtig begreifen zu können, kletterte Falk die hartgebackene Böschung hinab. In der Mitte des Flussbetts blieb er stehen, wo das Wasser einst tief genug gewesen war, um sich über seinen Kopf zu schließen. Das Wasser, in das er und Luke jeden Sommer gesprungen waren, dessen erfrischende Kühle sie genossen hatten. Das Wasser, in das er beim Angeln mit seinem Vater an strahlenden Nachmittagen stundenlang gestarrt hatte. Das Wasser, das in Ellie Deacons Kehle gedrungen war.

Wie hatte er sich bloß einbilden können, dass zwischen diesen Farmen, wo tote Tiere auf den Weiden lagen, noch frisches Wasser floss? Sein Blick wurde von Tränen getrübt und verschwommen, während um ihn herum die Kakadus flatterten und in den glutroten Himmel schrien. Falk barg das Gesicht in den Händen und schrie selbst auf, nur ein einziges Mal.

Er blieb lange am Ufer sitzen, dann wandte er sich von dem Weg ab, der zurück zur Hadler-Farm führte, und ging stattdessen in die entgegengesetzte Richtung. Vor zwanzig Jahren war hier am Fluss ein kleiner Trampelpfad verlaufen. Jetzt musste Falk sich auf sein Gedächtnis verlassen. Als er schon befürchtete, zu weit gegangen zu sein, fand er die Stelle. Der Baum stand ein Stückchen vom Ufer entfernt, fast gänzlich von Gestrüpp verdeckt. Zum ersten Mal seit seiner Ankunft in Kiewarra hatte er das Gefühl, nach Hause zu kommen. Er streckte die Hand aus. Der Baum war noch da, war noch immer derselbe.

Der Felsenbaum.

*„Wo sind die bloß hingefallen?" Ellie schob mit der Spitze ihres schönen Schuhs behutsam ein Häufchen Laub beiseite.*

*„Die müssen da irgendwo sein. Ich hab das Klirren gehört." Aaron rutschte auf Knien um den Felsenbaum herum, tastete auf der Suche nach Ellies Schlüsselbund den Boden ab.*

Mit der Hand strich Falk über die Rinde des Felsenbaums. Es war ein riesiger Eukalyptus, der direkt neben einem wuchtigen Felsbrocken gewachsen war. Bei seinem Anblick fragte Falk sich jedes Mal, wie viele Jahre der Felsenbaum wohl gebraucht hatte, um so groß zu werden. Er gab ihm das Gefühl, selbst nur ein winziger Tropfen im Fluss der Zeit zu sein, und dabei verspürte er eine innere Haltlosigkeit, als taumelte er.

*Aaron war an dem Tag allein mit Ellie, was für ihn als Sechzehnjährigen ein Szenario war, das er herbeisehnte und zugleich fürchtete. Irgendwie geriet das Gespräch immer wieder ins Stocken. Oft überlegte Aaron krampfhaft, was er sagen könnte, um Ellie mehr als nur eine hochgezogene Augenbraue oder ein Nicken zu entlocken. Hin und wieder landete er einen Volltreffer, und ihr Mundwinkel zuckte nach oben. Diese Augenblicke liebte er.*

*Sie hatten fast den ganzen Nachmittag im Schatten des Felsenbaums verbracht. Ellie war ihm noch distanzierter als sonst vorgekommen.*

*Er versuchte, möglichst beiläufig zu klingen, als er fragte: „Hast du heute Abend schon was vor?"*

*Sie verzog das Gesicht. „Ich muss arbeiten." Sie hatte einen Teilzeitjob im Minimarkt.*

*Er sah zu, wie sie immer wieder ihren Schlüsselbund in die Luft warf und auffing. Die Nachmittagssonne glänzte auf ihren lila Fingernägeln. Dann warf Ellie die Schlüssel zu hoch. Sie flogen über ihre Köpfe hinweg nach hinten, prallten gegen den Felsen, und Aaron hörte das metallische Klirren, mit dem sie auf der Erde aufschlugen.*

*Er kniete neben dem Felsenbaum und stieß einen Laut der Überraschung aus, als er die tiefe Spalte entdeckte. Es war nur eine einzige kleine Stelle, wo der Baumstamm nicht glatt am Felsen anlag, sondern etwas nach außen gebogen war, und nur aus einem ganz bestimmten Blickwinkel zu erkennen. Die Öffnung war gerade groß genug, um einen Arm und den Kopf hineinzuschieben, wenn er gewollt hätte. Doch Ellies Schlüsselbund lag direkt vorn am Rand. Triumphierend schloss er die Hand darum.*

Falk spähte in die dunkle Öffnung. Er nahm einen kleinen Stein und warf ihn hinein, hörte, wie er gegen die Seiten prallte. Falk krempelte seinen Hemdsärmel bis ganz nach unten und schob die Hand hinein. Seine Fingerspitzen stießen an einen Gegenstand – klein und kantig –, und er holte ihn heraus. Es war ein Feuerzeug aus Metall. Falk grinste und drehte es um, wusste, was er auf der Unterseite finden würde: die Initialen A. F.

Er war nie ein starker Raucher gewesen und hatte das Feuerzeug lieber versteckt, als das Risiko einzugehen, von seinem Dad damit erwischt zu werden. Falk rieb mit dem Daumenballen über das Metall und erwog, ob er das Feuerzeug einstecken sollte. Aber er hatte das Gefühl, dass es hierhergehörte, in eine andere Zeit. Nach einem Moment legte er es wieder zurück.

*Ellie ging in die Hocke, ihre eine Hand heiß auf seiner Schulter, als sie die andere vorsichtig in die Höhle schob und deren Größe ertastete. „Echt cool", meinte sie.*

*„Ich hab deine Schlüssel gefunden." Er hielt sie hoch.*

*Sie wandte ihm das Gesicht zu. „Super. Danke, Aaron."*

*„Gern geschehen, Ellie." Er lächelte.*

*Auf einmal war ihr Gesicht ganz nahe, und sie küsste ihn, drückte ihre rosa Lippen fest auf seine. Herrlich klebrig mit einem Hauch künstlichem Kirschgeschmack. Er erwiderte den Kuss, wollte noch mehr kosten, spürte das prickelnde, sprudelnde Gefühl reiner Wonne. Er hob eine Hand an ihr glänzendes Haar, aber als er sachte ihren Hinterkopf umschloss, wich sie jäh zurück. Sie ließ sich nach hinten auf die Erde plumpsen und sah erschrocken zu ihm hoch.*

*„Tut mir leid, Ellie. Ich hab gedacht, du wolltest ... "*

*„Schon gut, Aaron. Kein Problem, ehrlich. Ich hab mich bloß ..."*
*„Was?"*
*Eine Atempause. „Überrumpelt gefühlt."*
*„Ach so." Dann: „Alles in Ordnung mit dir?"*
*„Ja." Sie öffnete den Mund, als wollte sie noch mehr sagen, doch das Schweigen zog sich hin. Einen grauenhaften Moment lang meinte er, Tränen in ihren Augen zu sehen, aber dann blinzelte sie, und sie waren verschwunden. Aaron stand auf und streckte ihr eine Hand entgegen. Sie schob ihre Hand in seine und ließ sich hochziehen.*
*„Alles okay zwischen uns?"*
*Zu seiner Überraschung machte sie einen kleinen Schritt vor, ganz dicht an ihn heran. Ehe er wusste, wie ihm geschah, legte sich ihr weicher Mund erneut kurz auf seinen, und der Kirschgeschmack war wieder da.*
*„Alles okay zwischen uns." Sie wischte Sand von ihrer Jeans. „Ich muss dann jetzt los. Aber danke. Dafür, dass du meine Schlüssel gefunden hast, meine ich."*
*Er nickte.*
*„He." Ellie drehte sich noch mal um. „Wir erzählen keinem was davon, ja? Das behalten wir nur für uns."*
*„Was denn? Die Höhle oder –"*
*Sie lachte auf. „Die Höhle. Aber das andere vielleicht auch. Vorläufig jedenfalls." Sie hatte beide Mundwinkel ein winziges bisschen hochgezogen.*
*Er dachte, dass es alles in allem ein guter Tag gewesen war.*

Falk hatte nie jemandem von der Baumhöhle erzählt. Auch nicht von ihrem Kuss. Er war ziemlich sicher, dass auch Ellie geschwiegen hatte. Aber sie hätte ohnehin nicht mehr lange Zeit gehabt, das Geheimnis auszuplaudern. Drei Wochen später und zwanzig Meter von der Stelle entfernt, an der er stand, war ihr bleicher Leichnam aus dem Fluss gezogen worden. Danach war Falk nie mehr hierhergekommen. Keinen Monat später waren er und sein Vater fünfhundert Kilometer weiter weg in Melbourne gewesen.

Ellie, Aaron und Luke hatten schon als kleine Kinder miteinander gespielt, bis das Trio im Alter von ungefähr zwölf Jahren entlang der Geschlechtergrenze auseinandergebrochen war. Als Ellie dann mit fünfzehn wieder in sein Leben getreten war, hatte er den Eindruck gehabt, als wäre sie neu geboren worden, mit einer faszinierend geheimnisvollen Aura, die sie wie ein Parfüm umschwebte.

*Für ihn und Luke war es ein normaler Samstagabend gewesen. Sie saßen auf der Rückenlehne einer Bank im Centenary Park.*

*Ein Knirschen im Kies, eine Bewegung im Schatten, und Ellie Deacon tauchte wie aus dem Nichts auf. Ihr Haar war jetzt pechschwarz gefärbt, und die gesplissten Spitzen reichten fast bis zu ihren Ellbogen. Sie kam auf sie zugeschlendert, enge Jeans, Top mit weitem Ausschnitt, aus dem ein Spitzen-BH-Träger lugte. Ihr von Lidstrich umrandeter Blick musterte die beiden Jungen, die mit offenen Mündern zurückstarrten. Ellie sah mit hochgezogenen Augenbrauen auf die warme Dose Bier, die sie sich gerade teilten, griff in ihre Kunstledertasche und holte eine fast volle Flasche Wodka hervor.*

*„Ist da noch ein Plätzchen frei?", fragte sie.*

*Sie rutschten so hastig zur Seite, dass sie fast von der Bank gefallen wären. Mit dem Wodka verschwanden auch die Jahre, und als sie die Flasche halb leer hatten, war ihr Trio wiederauferstanden. Aber in ihren Beziehungen zueinander hatten sich neue, ungeahnte Möglichkeiten eröffnet, die erkundet werden wollten. Ihre Freundschaft war noch immer in der Festigungsphase, als sie erstmals auf den Prüfstand kam.*

*Gretchen Schoner war eine Erscheinung, die meist umringt von Bewunderern gesichtet wurde, während sie ihr goldblondes Haar nach hinten warf. Daher waren Aaron und Ellie sprachlos, als Luke eines Abends mit ihr im Centenary Park auftauchte und einen Arm um sie gelegt hatte. Ein kräftiger Wachstumsschub hatte Luke einen halben Kopf größer gemacht als die meisten ihrer Klassenkameraden und Schultern und Brust genau richtig ausgefüllt. Als er an jenem Abend betont lässig in dem dämmrigen Park aufkreuzte, wobei ihm Gretchens Haare wie ein zerzauster Vorhang über den Jackenärmel fielen, sah er schon fast wie ein richtiger Mann aus.*

*Gretchen errötete und kicherte, als Luke sie vorstellte. Aaron war angenehm überrascht. Sie war bezaubernd und schlagfertig, plauderte unbekümmert drauflos und hatte ihn im Handumdrehen zum Lachen gebracht.*

*Hinter Aaron räusperte sich Ellie etwas lauter als nötig, und ihm wurde plötzlich klar, dass er sie völlig vergessen hatte. Sein Blick glitt von Gretchens Lächeln zu Ellies unterkühlter Miene. Einen angespannten Moment lang sagte niemand etwas.*

*Plötzlich sah Gretchen das andere Mädchen mit einem verschwörerischen Lächeln an und ließ eine ungeheuer gemeine Bemerkung über eine von Ellies früheren Freundinnen vom Stapel. Ellie stieß ein kurzes prustendes Lachen aus. Gretchen besiegelte den Friedensschluss, indem sie ihre Zigaretten herumreichte. An jenem Abend wurde ein Platz auf der Parkbank für sie frei gemacht – und danach ein ganzes Jahr lang an jedem Samstagabend.*

Falk lehnte sich gegen den Felsenbaum und schaute hinab ins staubige Flussbett. Zur Farm der Hadlers und zu seinem Auto ging es nach links. Zu seiner Rechten führte ein kaum zu erkennender Trampelpfad weg vom Fluss und tiefer ins Buschland. Falk war ihn Tausende Male gegangen. Schließlich wandte er sich nach rechts. Als er zwischen den Bäumen hervortrat, war der Himmel bereits tiefdunkelblau. Hinter einer Weide schimmerte ein großes Farmhaus grau im Zwielicht. Er lief quer über die Weide und kam vor seinem ehemaligen Elternhaus an.

Die einst gelbe Verandatür war jetzt in einem faden Blauton gestrichen. Die Holzstufen, auf denen er gesessen und seine Football-Sammelkarten sortiert hatte, waren nun altersschwach durchgebogen. Die Fenster waren dunkel, nur in einem flackerte das Blau eines Fernsehers.

Er und sein Vater waren hier einmal glücklich gewesen. Aber als er das Haus jetzt betrachtete, wusste er nicht mehr, warum er hergekommen war. Es war bloß irgendein marodes Haus. Er wollte sich gerade abwenden, als die Fliegentür quietschend aufging. Eine Frau kam heraus, die füllige Figur von hinten vom Schein des Fernsehers beleuchtet. Mattes kastanienbraunes Haar war zu einem schlaffen Pferdeschwanz gebunden. Ihr hochrotes Gesicht verriet, dass ihre Trinkgewohnheiten die Grenze von gesellig zu gefährlich zu überschreiten drohten. Sie steckte sich eine Zigarette an und inhalierte tief.

„Is' was?" Sie kannte ihn nicht.

„Entschuldigen Sie", entgegnete er. „Ich hab die Leute gekannt, die früher hier gewohnt haben."

„Die sind weg." Sie hob Daumen und Zeigefinger an die Zunge und entfernte einen Tabakkrümel.

„Ich weiß."

„Und was wollen Sie dann hier?"

Die Frage war berechtigt. Falk wusste die Antwort selbst nicht.

Ein Geräusch drang aus dem Haus, und die Frau drehte sich um. „Jaja, Schatz", hörte Falk sie sagen. „Alles okay. Niemand." Sie wartete einen Moment, dann kam sie die Verandastufen herunter und blieb vor Falk stehen. „Sie sollten jetzt besser gehen." Ihre Stimme war leise, aber feindselig. „Er hat was getrunken, und falls er rauskommen muss, wird er stinksauer. Wir haben absolut nix mit irgendwas zu tun, was damals hier passiert ist. Also verschwinden Sie!"

Falk machte einen großen Schritt rückwärts. „Ich wollte Sie beide nicht stören. Wirklich nicht."

„Tja, haben Sie aber. Das hier ist unser Haus, klar? Das können Sie auch allen anderen erzählen, die's interessiert. Wir haben rein gar nix mit denen zu tun, die hier mal gewohnt haben, mit diesen Perverslingen!"

Das letzte Wort hallte über die Weiden. Falk blieb einen Moment wie erstarrt stehen. Dann machte er auf dem Absatz kehrt und ging.

## KAPITEL 8

Nachdem er den ganzen Tag in seinem Zimmer die Unterlagen der Hadlers studiert hatte, saß Falk nun unten im Pub. Gretchen fand ihn an einem Tisch in der hintersten Ecke, den Hut tief ins Gesicht gezogen.

Sie trug wieder Schwarz, diesmal allerdings ein Kleid. Es war kurz, der Saum umspielte beim Gehen ihre nackten Beine.

„Du siehst gut aus", sagte er.

Gretchen gab ihm einen Kuss auf die Wange, als er aufstand, um die Getränke zu holen. Sie roch gut. Irgendwas Blumiges.

„Danke. Du aber auch. Schickes Hemd. Der angesagte Kiewarra-Look."

Er ging zur Theke und ließ sich von dem bärtigen Barmann ein Bier und einen Weißwein einschenken. Als er wieder zurück am Tisch war, hob Gretchen ihr Glas.

„Cheers. Weißt du noch, wie wir davon geträumt haben, endlich hier drinnen was trinken zu dürfen, als wir nachts im Park alles in uns reingeschüttet haben, was wir in die Finger kriegen konnten?"

Falk lachte, und ihre Blicke trafen sich. Ihm kam der Gedanke, dass jene Jahre vor Ellies Tod vielleicht auch Gretchens glücklichste Jahre gewesen waren.

Gretchen beugte sich näher zu ihm. „Hör mal, die ganze Stadt redet davon, dass ihr in der Sache mit den Hadlers weiterermittelt. Du und der Sergeant."

„Und was sagen die Leute so?"

„Manche finden, dass es höchste Zeit wird. Andere sind der Meinung, dass gerade du die Finger davon lassen solltest. Und wirklich alle machen sich darüber Sorgen, was es bedeuten würde, wenn es jemand anders war."

„Und wie denkst *du* über die ganze Sache?", fragte er, ehrlich interessiert.

„Ich denke, du solltest vorsichtig sein." Sie spielte mit dem Stiel ihres Weinglases. „Versteh mich nicht falsch. Ich wäre froh zu wissen, dass Luke es nicht getan hat."

„Glaubst du denn, er hat es getan?"

Sie überlegte, bevor sie antwortete. „Nach allem, was wir so hörten, schien die Sache ziemlich eindeutig. Ich hab mir gar keine Gedanken darüber gemacht, ob Luke es tatsächlich war oder nicht, verstehst du?"

„Das ging wohl den meisten so. Mir auch."

Ihr kurzes Lächeln war verkrampft. „Das ist zum Teil Lukes eigene Schuld, weil er so ein Arschloch war."

„Zwischen Arschloch und Mörder ist ein großer Unterschied", betonte Falk.

*Die Landschaft unter ihnen schimmerte silbern im Mondlicht, und die vereinzelten Farmhäuser sahen aus wie dunkle Tupfen. Die vier saßen am Rand der Felswand, ließen die Füße über den Abgrund baumeln. Luke war als Erster über den Zaun am Rand des Aussichtspunkts geklettert und hatte dabei mit dem Fuß gegen das* LEBENSGEFAHR-*Schild getreten. Ellie war ihm ohne Zögern gefolgt. Luke hatte Gretchen mit einer übertrieben galanten Armbewegung geholfen. Jetzt saßen sie da, unterhielten sich und lachten, innerlich gewärmt von dem Inhalt der Flasche, die sie herumgehen ließen. Nur Ellie schüttelte den Kopf, wenn die Flasche bei ihr ankam. Sie forderten sich gegenseitig zu Mutproben heraus, sich möglichst weit nach vorne zu lehnen und in die Tiefe zu starren.*

*Luke hatte den Arm um Gretchens Taille gelegt. Aaron spürte Ellie neben sich, unternahm aber keine Annäherungsversuche. Es war das erste Mal nach ihrem Kuss eine Woche zuvor am Felsenbaum, dass er richtig Zeit mit ihr verbrachte.*

*Als sie den Pfad hochgestapft waren, hatte Luke irgendeine Geschichte erzählt, doch Aaron hatte nur mit halbem Ohr zugehört. Plötzlich hatte Ellie herübergeschaut und ihn über Lukes Kopf hinweg angesehen. Sie hatte die Augen verdreht und einen übertrieben gequälten Gesichtsausdruck aufgesetzt. Dann hatte sie gelächelt. Ein echtes, wissendes, heimliches Lächeln, das nur ihm allein gegolten hatte.*

„Luke konnte ein richtiger Egoist sein." Gretchen fuhr mit dem Finger durch einen Ring Kondenswasser auf dem Tisch. „Er war sich selbst immer der Nächste und hat es nicht mal gemerkt. Findest du nicht? Ich war doch nicht die Einzige, die das so empfand, oder?" Sie wirkte dankbar, als Falk ihr recht gab.

„Als wir jünger waren, fand ich Luke immer sehr unkompliziert", sagte er. „Seine Angeberei hat mich genervt, aber im Grunde hatte ich immer das Gefühl, dass er einer von den Guten war."

„Tja, hoffen wir's. Ich würde ungern herausfinden, dass er es nicht war."

Gretchen konnte den wehmütigen Tonfall in ihrer Stimme nicht ganz unterdrücken.

Falk dachte an ihren riesigen Freundeskreis, der erheblich geschrumpft war, nachdem sie fest zu ihrem unseligen Viererklub dazugehört hatte. Zum ersten Mal kam ihm in den Sinn, dass die hübsche goldblonde Gretchen sich vielleicht einsam gefühlt hatte, als er und Ellie nicht mehr da gewesen waren.

Er streckte die Hand aus und berührte ihren Arm. „Es tut mir leid, dass ich nicht versucht habe, in Kontakt zu bleiben."

Gretchen lächelte ihn traurig an. „Vergiss es. Wir waren alle dumm damals."

*Luke stand auf und reckte sich demonstrativ. „Ich geh pinkeln." Er verschwand in den Büschen, und die anderen blieben Schulter an Schulter sitzen.*

*Plötzlich wurde die Stille von einem lauten Krachen und einem gellenden Schrei zerrissen. Aaron sprang auf und rannte in die Richtung, aus der der Schrei gekommen war. Er war schneller als die Mädchen. Am Rand der Felswand bremste er schlitternd ab. An einer Stelle waren die Büsche zerzaust und platt getrampelt, Äste ganz nah an der Kante glatt abgebrochen.*

*„Luke!", schrie Gretchen in die Leere hinein. Ihre Stimme hallte wider.*

*Es kam keine Antwort.*

*Aaron spähte nach unten, rechnete mit dem Schlimmsten. Es ging fast hundert Meter senkrecht in die Tiefe. Der Boden des Abgrunds verlor sich in der Dunkelheit. „Luke! Hallo! Kannst du mich hören?", schrie Aaron.*

*Gretchen weinte. Hinter ihr schob sich Ellie durchs Buschwerk. Ihr kühler Blick glitt über die niedergetrampelten Büsche. Sie trat ganz nah an den Felsrand und spähte nach unten. Dann sah sie Aaron direkt in die Augen und sagte: „Das Arschloch tut nur so, als ob."*

„Ich hab mich ehrlich gefragt, ob du und Luke zusammenbleiben würdet", bekannte Falk. „Er war zwar egozentrisch, hatte aber immer eine echte Schwäche für dich."

Gretchens kurzes Lachen klang leicht verbittert. „Und rund um die Uhr die Nebenrolle in Lukes großer Show spielen? Besten Dank." Sie seufzte. Ihre Stimme wurde weicher. „Wir haben es ein oder zwei Jahre lang probiert, nachdem du weg warst. Ich glaube, unbewusst haben wir beide versucht, unser Quartett irgendwie zusammenzuhalten. Das konnte nicht gutgehen. Natürlich nicht."

„Ende mit Schrecken?"

„Nein." Sie sah ihn an und lächelte angespannt. „Wir wurden einfach erwachsen. Er hat geheiratet, ich hatte Lachie. Überhaupt, Luke war nie der Richtige für mich."

Eine verlegene Pause entstand.

„Sag mal, hat er nie über mich geredet, nachdem du weggegangen warst?" Gretchens beiläufiger Ton konnte ihre Neugier nicht überspielen.

Falk zögerte. „Wir haben eigentlich überhaupt nicht über Kiewarra gesprochen, wenn's nicht unbedingt nötig war. Ich hab natürlich nach dir gefragt, und er hat gesagt, dass er dich in der Stadt gesehen hat und so. Aber –" Er verstummte, weil er ihre Gefühle nicht verletzen wollte.

„Ich hab mich gewundert, dass Luke letzten Endes in Kiewarra geblieben ist. Nachdem du weg warst, hat er eine Weile ständig gesagt, dass er auch von hier wegwollte. Er hatte vor, nach Melbourne zu gehen und Ingenieurwissenschaften zu studieren."

Das hatte Luke ihm gegenüber nie erwähnt. „Warum hat er das nicht gemacht?"

Gretchen zuckte die Achseln. „Wahrscheinlich weil er Karen kennengelernt hat. Aber es war schon immer schwer abzuschätzen, was Luke wirklich wollte." Sie schwieg kurz. „Weißt du, was ich glaube? Wenn Ellie nicht gestorben wäre, wäre Luke mit ihr zusammengekommen. Sie war eher sein Typ als ich. Und wahrscheinlich auch eher sein Typ als Karen."

Falk trank einen Schluck und überlegte, ob das stimmte.

*Gretchen war hysterisch, Aaron schwindelig. Immer wieder schrie er Lukes Namen in den Abgrund.*

*„Kommst du jetzt endlich mal da weg?", rief Ellie ihm zu.*

*Aaron wünschte, er könnte so ruhig sein wie sie. Die Felsen waren bekanntermaßen tückisch. Vor seinem geistigen Auge tauchten die Gesichter von Lukes Eltern Gerry und Barb auf. „Wir müssen – verdammt noch mal, Gretchen, sei doch mal eine Sekunde still! –, wir müssen Hilfe holen."*

*Ellie reagierte bloß mit einem Schulterzucken. Sie stellte sich so dicht an den Abgrund, dass ihre Stiefelspitzen genau bis zur Kante reichten. „Hörst du mich, Luke?", rief sie mit heller Stimme, die von der Felswand widerhallte. „Wir gehen jetzt wieder nach unten! Letzte Chance!"*

*Aaron starrte sie einen Moment lang ungläubig an, sah ihren kühlen Blick, dann packte er Gretchens Hand und rannte los, den Pfad hinunter.*

„Manchmal hab ich das Gefühl, du warst der einzige Mensch, zu dem Luke loyal war", sagte Gretchen. „Dafür, dass er nach Ellies Tod zu dir hielt, hat er sich viel Ärger eingehandelt, nachdem du weg warst. Alle möglichen Leute haben ihn bedrängt, seine Aussage zu ändern und dich ans Messer zu liefern."

Falk atmete tief durch. Das war der Moment, es ihr zu sagen. *Luke hat gelogen. Du hast gelogen.* „Hör mal, Gretchen –"

„Du hattest echt Glück", unterbrach sie ihn. Ihre Stimme war etwas leiser geworden. „Erst mal schon, weil du mit ihm zusammen warst. Aber auch, weil er nicht nachgegeben hat. Dabei wäre das viel leichter für ihn gewesen, bei dem ganzen Druck. Ich schätze, ohne Luke hätten die Bullen in Clyde dir die Sache angehängt."

„Ja. Ich weiß. Aber hör mal –"

Sie sah sich im Pub um. Etliche Gesichter, die sie beobachtet hatten, wandten sich hastig ab. „Zwanzig Jahre lang hat Luke zu dir gehalten", sagte sie jetzt noch leiser. „Das ist so ziemlich das Einzige, was dich vor jeder Menge Ärger hier in der Stadt schützt. Deshalb würde ich dir dringend raten, immer schön bei deiner Geschichte zu bleiben."

*Als sie am Fuß der Felswand um eine Biegung kamen, lehnte Luke ganz entspannt an einem Felsen, mit einem Grinsen im Gesicht und einer Zigarette in der Hand. „He!", lachte er. „Was habt ihr da oben denn so lange gemacht?"*

„Das tu ich doch, Gretchen", erwiderte Falk bemüht locker. Aber ihre Botschaft war klar: *Halt bloß den Mund.*

Sie blickten einander einen Moment lang eingehend an. Dann lehnte Gretchen sich zurück und lächelte. „Ich möchte nur sicherstellen, dass du keine Dummheiten machst." Sie hob ihr Weinglas, merkte, dass es leer war, und stellte es wieder hin. Falk trank den letzten Schluck Bier und ging zur Bar, um Nachschub für sie beide zu holen.

Als er zurückkam, sagte Gretchen: „Im Grunde ist den meisten Leuten doch klar, dass Ellie Selbstmord begangen hat. Sie war ein sechzehnjähriges Mädchen, das Hilfe gebraucht hätte, die es offensichtlich nicht bekommen hat, und ja, deswegen sollten wir uns alle schuldig fühlen. Aber der Mensch fühlt sich nun mal nicht gerne schuldig, und es war dein Name, der auf diesem Zettel stand. Eine richtige Erklärung gab es ja nie dafür." Sie sah ihn fragend an.

Falk schüttelte knapp den Kopf. Er hatte es damals nicht erklären können, und er konnte es noch immer nicht. Was hatte Ellie sich gedacht, als sie den Zettel geschrieben hatte? Manchmal wusste er nicht, was er schlimmer fand:

das Leid, das dieser Zettel heraufbeschworen hatte, oder die Tatsache, dass er nie den Grund dafür verstanden hatte.

„Tja", fuhr Gretchen fort. „Irgendwann kurz vor ihrem Tod hat sie offenbar an dich gedacht, und das hat den Leuten schon genügt, um mit dem Finger auf dich zu zeigen. Mit der Zeit hat Luke sich in dieser Gegend zu einer Art Wortführer gemausert, und ich glaube, die Leute haben sich mehr oder weniger dazu durchgerungen, das Ganze zu vergessen. Wir sind in Kiewarra. Das Leben ist hart. Aber wir halten zusammen. Du bist abgehauen, Luke ist geblieben. Also warst du der Schuldige."

*Aaron stürzte sich auf Luke, der vor ihm zurückwich. „Vorsicht", stieß er hervor, als Aaron seine Schultern packte. Sie stolperten und fielen, landeten mit einem dumpfen Schlag auf dem Boden, und Lukes Zigarette glitt ihm aus den Fingern.*

*Ellie trat sie aus. „Pass gefälligst mit der Kippe auf! Versuch wenigstens, nicht noch alles in Flammen aufgehen zu lassen!"*

*Luke, der unter Aaron auf dem Boden lag, motzte: „Meine Fresse, Ellie, was hast du denn für eine Scheißlaune? Kannst du auf einmal keinen Spaß mehr vertragen? Das war doch nur ein Witz."*

*„Soll ich dir mal was verraten?", zischte sie. „Ein Witz sollte eigentlich lustig sein."*

*„Was ist denn in letzter Zeit los mit dir, Ellie? Du trinkst nicht mehr, du lachst nicht mehr. Du hast nie Zeit, arbeitest immer bloß in diesem blöden Laden. Du bist total langweilig geworden, vielleicht solltest du dich endlich mit Aaron zusammentun. Ihr passt nämlich verdammt gut zusammen."*

*Langweilig. Als das Wort fiel, hatte Aaron das Gefühl, als hätte Luke ihn geohrfeigt. Er sah seinen Freund fassungslos an, packte ihn dann vorne am Hemd, riss ihn ein Stück hoch und stieß ihn so fest wieder nach unten, dass Luke hart mit dem Kopf auf den Boden schlug.*

*Ellie schaute auf Luke herab. „Du findest deine Freunde langweilig, weil sie dir gegenüber loyal sind? Der einzige Witz hier bist du. Findest du es normal, Leuten Angst einzujagen, denen was an dir liegt? Leute gegeneinander auszuspielen?"*

*Eine ganze Weile sagte niemand etwas. Dann drehte Ellie sich abrupt um und ging davon, ohne sich noch einmal umzusehen.*

*„Blöde Kuh", murmelte Luke ihr hinterher.*

*„He, nenn sie nicht so!", fuhr Aaron ihn mit schneidender Stimme an.*

*Luke rappelte sich auf und legte den Arm um Gretchen, deren Schluchzen verblüfftem Schweigen gewichen war. „Tut mir leid, Baby. War bloß ein klei-*

*ner Scherz, das weißt du doch, oder?" Er neigte den Kopf und drückte die Lippen auf ihre Wange.*

*Keiner von ihnen erwähnte den Streit jemals wieder, aber er klebte an ihnen wie die Hitze. Ellie sprach mit Luke nur, wenn sie musste. Aaron blieb öfter für sich allein. Gretchen musste auf einmal die Rolle der Vermittlerin spielen, und Luke tat einfach so, als würde er nicht merken, dass sich etwas verändert hatte.*

*Ellie hatte nur noch zwei Wochen zu leben.*

Gretchen griff über den zerkratzten Tisch hinweg nach Falks Hand. Der Lärm im Pub trat ein wenig in den Hintergrund. Gretchen war geblieben und hatte die Konsequenzen getragen. Sie hatte sich nicht unterkriegen lassen, und das in einer Gemeinde, die andere Leute gebrochen hatte. Sie war zäh. Eine Kämpfernatur. Und in diesem Augenblick schenkte sie ihm ein Lächeln.

„Ich weiß, dass es dir nicht leichtgefallen ist zurückzukommen, aber es tut wirklich gut, dich zu sehen. Du warst immer der Einzige von uns vier, der halbwegs vernünftig war. Ich wünschte …" Sie stockte, zuckte die Achseln. Ein Träger ihres Kleides spannte über ihrer gebräunten Schulter. „Ich wünschte, du hättest bleiben können. Vielleicht wäre dann alles anders gekommen."

Sie schauten sich in die Augen, bis Falk spürte, wie ihm die Hitze von der Brust den Hals hinaufstieg. Dann trat jemand an den Tisch.

GRANT DOW knallte ein halb leeres Bierglas auf die Platte.

Gretchen schüttelte fast unmerklich den Kopf. Als sie sprach, klang ihre Stimme heiter. „Du bist ziemlich unhöflich, Grant."

„Ich verrate dir mal, was *du* bist, Gretchen. Du bist unvorsichtig in der Wahl deiner Freunde. Mädchen, die sich mit dem Kerl da abgeben, sind am Ende meistens tot."

Hinter Dow lachten seine Kumpel beifällig. Der Barmann hatte aufgehört, Gäste zu bedienen, und beobachtete das Geplänkel.

„Danke, Grant. Aber ich bin schon groß. Ich kann meine eigenen Entscheidungen treffen", erwiderte Gretchen. „So, falls das alles war, kannst du uns ja jetzt in Ruhe lassen, und alle haben einen schönen Abend."

Dow lachte. „Ich wette, den wirst du haben. Du siehst heute Abend ganz besonders schick aus, wenn ich mir die Bemerkung erlauben darf." Er sah Falk an. „Das Kleid ist anscheinend nur für dich, du Arschloch."

Falk stand auf und machte einen Schritt auf Dow zu. Er spekulierte darauf, dass dessen Unwillen, sich wegen Tätlichkeit gegen einen Polizisten Scherereien einzuhandeln, größer war als die Versuchung, einfach zuzuschlagen.

„Was willst du, Grant?", fragte er ruhig.

„Ich finde, wir haben gestern einen schlechten Start erwischt. Also will ich dir jetzt die Chance geben, es wiedergutzumachen."

Sie fixierten einander. Dow war immer älter gewesen, größer, stärker. Er wirkte ständig wie kurz vor einem Wutausbruch.

„Hau ab." Seine Stimme war leise. „Hadler ist den Ärger nicht wert, den du dir einhandeln wirst, lass dir das gesagt sein."

„Ich verschwinde, wenn wir die Todesumstände der Hadlers geklärt haben. Vorher nicht."

„Das geht dich einen Scheißdreck an."

„Eine erschossene Familie in einer so kleinen Stadt, ich würde sagen, das geht jeden was an. Fangen wir doch gleich mit dir an, machen wir's offiziell." Falk zog einen Notizblock und einen Stift aus der Tasche. Oben auf die Seite schrieb er *Ermittlung Hadler*. Direkt darunter notierte er Dows Namen in fetten Großbuchstaben, damit der andere ihn lesen konnte.

„Schon gut, beruhig dich."

„Adresse? Die kenn ich ja schon." Falk notierte die Anschrift von Deacons Farmhaus. „Die Namen von deinen Kumpeln nehme ich auch gleich auf."

Grant schaute sich um. Seine Begleiter stierten ihn wütend an. „Willst du mich reinlegen?", fragte er. „Willst du einen Sündenbock suchen?"

„Grant", entgegnete Falk. „*Du* bist doch zu *uns* gekommen."

Dow taxierte ihn von oben bis unten mit kaum verhohlener Wut, die rechte Hand zur Faust geballt. Wieder sah er kurz nach hinten. Der Barmann warf ihm einen strafenden Blick zu und deutete mit dem Kopf Richtung Tür. Dow öffnete die Faust und trat einen lockeren Schritt zurück.

„Du bist noch immer derselbe verlogene, windige Hund wie früher", sagte er zu Falk. Mit einer ruckartigen Kopfbewegung befahl er seinen Kumpeln, ihm aus dem Pub zu folgen.

Der allgemeine Geräuschpegel, der während der Konfrontation abgeflaut war, schwoll wieder auf Normalmaß an. Falk setzte sich.

Gretchen zwinkerte ihm zu. „Ich hab's ja gesagt, du warst immer der Einzige von uns, der halbwegs vernünftig war." Sie stand auf und holte die nächste Runde.

Später, als der Pub schloss, brachte Falk sie zu ihrem Wagen. Draußen war alles still. Unter der Straßenlampe leuchtete Gretchens Haar wie ein Heiligenschein. Sie blieben stehen, einen halben Schritt voneinander entfernt. Gretchen beugte sich vor und küsste ihn auf die Wange, ganz nah an seinem

Mundwinkel. Er schloss sie in die Arme, und sie hielten einander einen Moment umschlungen. Schließlich löste sie sich mit einem leisen Seufzer, stieg in ihr Auto und fuhr lächelnd und kurz winkend davon.

*Das Kleid ist anscheinend nur für dich, du Arschloch.* Er grinste den ganzen Weg zurück zum Pub.

FALK hatte schon einen Fuß auf die Treppe gesetzt, als der Barmann ihn rief. „Kommen Sie noch mal kurz rüber? Wäre nett." Falk seufzte und trottete zurück in den Pub, der jetzt leer war.

Der Barmann wischte mit einem Tuch über die Theke. „Ein Bier?"

„Ich dachte, Sie hätten geschlossen." Falk zog sich einen Hocker heran und setzte sich.

„Hab ich auch. Das hier geht aufs Haus." Der Barmann stellte ihm ein Bier hin und zapfte sich dann selbst eins. „Sozusagen als Dankeschön. Ich hab schon öfter erlebt, wie Grant Dow Leute anpflaumt, und meistens muss ich hinterher das Blut von irgendwem aufwischen." Er streckte die Hand aus. „David McMurdo."

„Cheers." Falk trank einen Schluck.

„Offen gestanden, Ihr Freund Luke hätte ein paar Tipps von Ihnen gebrauchen können, wie man mit Dow umgeht. Aber dafür ist es ja jetzt zu spät."

„Sind die beiden öfter aneinandergeraten?"

„Regelmäßig. Die haben sich ständig provoziert, jeden Vorwand dankend angenommen. Das Wetter, Kricket, die Farbe ihrer Socken. Egal was."

„Und wie weit sind sie gegangen? Haben sie sich auch mal geprügelt?"

„Und ob. Hin und wieder wurde es richtig brutal. Aber in letzter Zeit haben sie sich eher auf kleinere Rangeleien und gegenseitiges Anbrüllen beschränkt. Ich glaube, in gewisser Weise hatten sie beide ihren Spaß dabei, sich mal ordentlich zu zoffen, Dampf abzulassen."

„Ich hab noch nie verstanden, was man daran finden kann."

„Ich auch nicht. Ich trinke lieber in Ruhe mein Bier. Aber manche Typen können wohl nicht ohne." McMurdo wischte wieder die Theke ab. „Eins muss man Dow zugutehalten: Es muss hart sein, sich um seinen Onkel zu kümmern. Der ist nicht mehr ganz richtig im Kopf."

„Kümmert er sich rund um die Uhr um seinen Onkel?"

„Ach, woher. Er nimmt Gelegenheitsjobs an, klempnert und macht kleinere Maurerarbeiten. Aber für die Aussicht auf einen hübschen Geldsegen tut man ja so einiges, denn Deacon will ihm die Farm vermachen. So erzählt man sich jedenfalls. Jetzt, wo diese asiatischen Investoren hier auf der Suche nach Land sind, könnte die Farm ordentlich was wert sein."

Falk trank einen Schluck. Interessant. Das Land der Hadlers grenzte an Deacons Farm. Er hatte keine Ahnung, wie viel es auf dem Markt bringen würde, aber zwei zusammenhängende Grundstücke waren zweifellos attraktiver als nur eines. Natürlich vorausgesetzt, der Hadler-Besitz kam zum Verkauf. Ein Szenario, das weitaus unwahrscheinlicher gewesen war, als Luke noch gelebt und die Farm bewirtschaftet hatte, als jetzt. Falk nahm sich vor, diesen Gedanken weiterzuverfolgen.

„Übrigens, ist irgendwas zwischen Dow und Luke passiert, wovon ich wissen sollte?", fragte er.

„Sie meinen, ob Luke an dem Abend vor seinem Tod mit irgendwem einen Mordskrach hatte? Ob Grant Dow lauthals verkündet hat, er würde die Familie kaltblütig abknallen?"

„So was in der Art, ja."

„Da muss ich Sie leider enttäuschen." McMurdo grinste.

„Jamie Sullivan sagte aus, dass er an dem Abend vor den Morden mit Luke hier war. Dass sie geplant hatten, Kaninchen zu schießen."

„Ich glaube, das stimmt."

„War Dow auch hier?"

„Ja, Grant Dow war an Lukes letztem Abend auch hier. Zusammen mit der halben Stadt, wohlgemerkt. Es lief Kricket, deshalb war es rappelvoll."

„Haben Sie gesehen, ob er und Luke miteinander geredet haben? Hat einer den anderen provoziert?"

„Kann ich mich nicht dran erinnern. Aber wie gesagt, der Laden war voll, und ich hatte reichlich zu tun." McMurdo nahm die leeren Gläser, und Falk fasste das als Wink auf, sich zu verabschieden.

In seinem Zimmer sah er, dass sein Handy eine neue Nachricht auf der Mailbox anzeigte. Es war Gerry Hadler.

„Aaron, ich hab viel über den Tag nachgedacht, an dem Ellie gestorben ist." Lange Pause. „Komm morgen raus zur Farm, wenn du kannst. Es gibt da etwas, das du wissen solltest."

# KAPITEL 9

Das Farmhaus der Hadlers sah anders aus, als Falk aus dem Wagen stieg. Das Polizeiabsperrband war von der Haustür entfernt worden. Die Vorhänge und Jalousien waren weit geöffnet, und jedes Fenster stand einen Spalt auf.

Falk fand Barb weinend im Elternschlafzimmer. Sie saß auf der Kante von Lukes und Karens Doppelbett, hatte den Inhalt einer Schublade auf die Tagesdecke gekippt und hielt eine selbst gemachte Karte zum Vatertag in der Hand.

„Vor einem gründlichen Hausputz ist kein Geheimnis sicher. Habe gerade festgestellt, dass Billy in Rechtschreibung genauso schlecht war wie sein Vater." Sie versuchte zu lachen, doch ihre Stimme brach.

Falk spürte ihre Schultern beben, als er sich neben sie setzte und den Arm um sie legte. „Gerry hat mich gebeten vorbeizukommen", erklärte er, als Barbs Schluchzen ein wenig abgeklungen war.

Sie schniefte. „Ja, du Guter. Er hat's mir erzählt. Er ist draußen und räumt die Scheune aus, glaube ich. Ich zerbreche mir den Kopf darüber, ob es hier noch irgendwas gibt, was Charlotte trösten könnte. Sie leidet so sehr." Ihre Stimme wurde von einem Taschentuch gedämpft. „Im Augenblick ist ein Babysitter bei ihr. Ich werde sie auf keinen Fall in dieses Haus zurückbringen."

Falk rieb Barb über den Rücken. Während sie weinte, sah er sich im Schlafzimmer um. Abgesehen von einer feinen Staubschicht, war es sauber und aufgeräumt. Karen hatte versucht, Ordnung zu halten, aber es gab genug persönliche Dinge, die den Raum einladend machten.

Barb schnäuzte sich geräuschvoll. Falk nahm die Vatertagskarte von ihrem Schoß und sah sich nach einer geeigneten Stelle um, wo er sie hinstellen konnte.

„Siehst du, das ist genau das Problem." Barb beobachtete ihn mit rot geränderten Augen. „Wo soll ich denn nur mit all ihren Sachen hin?" Sie griff nach den Büchern auf dem Nachttisch und fluchte laut. „Ach verdammt, die sind aus der Bücherei. Die Frist ist bestimmt längst abgelaufen." Sie sah Falk an, rotgesichtig und zornig. „Kein Mensch sagt dir, wie das sein wird. O ja, alle sind ganz furchtbar mitfühlend, alle sind ganz wild darauf, vorbeizuschauen und die allerneusten Informationen zu bekommen, aber keiner sagt dir, wie du das verkraften sollst, wenn du die Schubladen deines toten Sohnes durchsehen musst."

Falk nahm ihr die Bücher aus der Hand, klemmte sie sich unter den Arm und schob Barb sachte, aber bestimmt aus dem Schlafzimmer. „Das kann ich für dich übernehmen. Lass uns –" Er bugsierte sie an Billys Zimmer vorbei durch den Flur und war erleichtert, als sie die sonnendurchflutete Küche erreichten, wo er sie zu einem Stuhl führte. „Lass uns erst mal eine Tasse Tee trinken."

Letztlich mussten sie sich mit Instantkaffee begnügen, schwarz. Der Kühlschrank war seit über zwei Wochen nicht bestückt worden.

„Ich hab mich noch gar nicht bei dir bedankt, Aaron", sagte Barb, während sie darauf warteten, dass das Wasser kochte. „Dafür, dass du uns hilfst, dass du angefangen hast zu ermitteln."

„Was ich mit Sergeant Raco mache, ist keine reguläre Ermittlung", stellte Falk klar. „Das weißt du hoffentlich. Wir haben uns nur ganz inoffiziell ein bisschen umgehört."

„Jaja, natürlich. Luke war immer froh, dich als Freund zu haben." Sie goss kochendes Wasser in drei Tassen.

„Danke, dass du das sagst", erwiderte er, und etwas in seinem Tonfall ließ Barb aufblicken.

„Das war er wirklich", beharrte sie. „Ich weiß, er hat das nie ausgesprochen, aber er brauchte jemanden wie dich in seinem Leben. Jemanden, der ruhiger war und vernünftiger. Ich hab immer gedacht, dass Luke sich auch deshalb zu Karen hingezogen fühlte. Bei ihr hat er die gleichen Eigenschaften gefunden." Ohne überlegen zu müssen, öffnete sie die richtige Schublade und nahm einen Löffel heraus. „Ich glaube, du hättest Karen wirklich gemocht. Sie hat dafür gesorgt, dass er nicht die Bodenhaftung verlor. Genau wie du." Barb sah Falk lange an, den Kopf leicht bedauernd zur Seite geneigt. „Du hättest zu ihrer Hochzeit herkommen sollen. Oder überhaupt mal. Du hast uns gefehlt."

„Ich …" Er wollte sich schon mit zu viel Arbeit herausreden, aber etwas in ihrem Gesichtsausdruck bremste ihn. „Ehrlich gesagt, ich hatte das Gefühl, ich wäre nicht willkommen."

Barb machte zwei große Schritte durch die Küche, die mal die ihre gewesen war, streckte die Arme aus und zog Falk in eine enge Umarmung. Sie hielt ihn an sich gedrückt, bis er spürte, dass die Anspannung tief in seinem Innersten nachließ.

„Aaron, in meiner Familie bist du immer willkommen. Vergiss das nie. Und jetzt bringen wir den Kaffee raus zu meinem Mann, damit ich ihm sagen kann: Wenn du unbedingt willst, dass das Haus ausgeräumt wird, versteck dich gefälligst nicht länger in der Scheune und mach es selbst."

Falk folgte Barb zur Hintertür hinaus ins gleißende Sonnenlicht. Auf einen Besen gestützt, stand Gerry vor einer der Scheunen. Er blickte überrascht auf, als er sie kommen sah, und warf seiner Frau einen nervösen Blick zu.

„Ich wusste nicht, dass du schon da bist", sagte er zu Falk, als der ihm eine Tasse Kaffee reichte.

„Er hat mir drinnen geholfen", erklärte Barb.

„Ach so. Danke." Gerry klang verunsichert.

Schweigend tranken sie ihren Kaffee und blickten zum Horizont. In der Ferne konnte Falk Deacons Farm sehen, gedrungen und hässlich an den

Berghang geduckt. Ihm fiel die Bemerkung des Barmanns wieder ein, dass Deacons Farm an seinen Neffen gehen werde.

„Was wollt ihr jetzt mit der Farm machen?", fragte Falk.

„Das wissen wir noch nicht genau", antwortete Gerry. „Wir werden wohl verkaufen müssen, falls wir das können. Und das Geld für Charlotte anlegen."

„Haben Deacon oder Dow mal irgendwas angedeutet, dass ihr euch zusammentun könntet, um beide Grundstücke zusammen an asiatische Investoren zu verkaufen?"

Barbs Gesicht war vor Abscheu verzerrt. „Wir würden uns niemals mit denen zusammentun. Hab ich recht, Gerry?"

Ihr Mann nickte, aber Falk vermutete, dass er den Zustand des Immobilienmarktes von Kiewarra realistischer einschätzte als sie.

„Mit denen da drüben hatten wir dreißig Jahre lang nichts als Ärger", wetterte Barb weiter. „Der alte Deacon ist manchmal nachts rumgeschlichen und hat die Grenzmarkierungen versetzt, wusstest du das? Und als er jünger war, hatte er immer eine ganze Clique von Kerlen aus der Stadt bei sich, und die haben die halbe Nacht Unfug getrieben, nicht, Gerry? Die sind mit ihren Pick-ups sturzbesoffen Rennen gefahren."

„Das ist lange her, Schatz", wandte Gerry ein.

Barb nippte an ihrem Kaffee und schaute zu Deacons Farm hinüber. „Ellie hat mir am meisten leidgetan. Wir hatten wenigstens in unseren eigenen vier Wänden Ruhe vor ihm, aber das arme Mädchen musste mit ihm leben. Ihr Kinder wart so um die elf, als Ellies Mum abgehauen ist – ich kann's ihr nicht verdenken. Die Kleine war ganz verloren, nicht, Gerry? Ganz mager ist sie geworden, aß kaum noch was. Und sie hatte immer so einen traurigen Ausdruck in den Augen, als wäre die Welt untergegangen. Schließlich bin ich da hoch und hab Mal gesagt, dass mit Ellie was nicht stimmt und dass er was tun müsste."

„Was hat er dazu gesagt?", wollte Falk wissen.

„Tja, hat mich rausgeworfen, bevor ich ausreden konnte. Aber eine Woche später ist unser oberes Feld abgestorben. Wir haben ein paar Tests gemacht, und der Säuregehalt des Bodens stimmte überhaupt nicht mehr."

Gerry seufzte. „Na ja, so was kann passieren –"

„Aber es passiert sehr viel eher, wenn dein Nachbar eine Runde Chemikalien draufkippt", beharrte Barb.

„Wieso kam er damit durch?", fragte Falk.

„Es gab keine Beweise, dass er es war", erklärte Gerry. „Du weißt doch, wie das bei uns hier läuft. Mal Deacon hat mit vielen von uns Geschäfte gemacht, und wir mit ihm. Und er hat dafür gesorgt, dass so mancher in seiner Schuld stand, indem er zum Beispiel auf die ein oder andere Rate verzichtet hat, damit er bei Gelegenheit einen Gefallen einfordern konnte."

„Das arme Mädchen ist vor lauter Unglück ins Wasser gegangen, Gerry." Barb sammelte die leeren Tassen ein. „Wir hätten alle mehr dagegen unternehmen sollen. Ich geh wieder rein. Komm bitte bald nach, da wartet viel Arbeit auf dich." Sie marschierte Richtung Haus, wischte sich im Gehen mit dem Ärmel übers Gesicht.

„Sie hat recht." Gerry sah ihr hinterher. „Was auch immer passiert ist, Ellie hatte etwas Besseres verdient." Er blickte Falk in die Augen. „Danke, dass du noch geblieben bist. Ich würde gern wissen, was du denkst. Hat Luke Karen und Billy getötet?"

„Ich glaube", antwortete Falk vorsichtig, „es besteht die Möglichkeit, dass er es nicht war."

„Mein Gott, denkst du, es könnte jemand anderes gewesen sein?"

„Vielleicht, ja."

„Besteht irgendein Zusammenhang mit Ellies Tod?"

„Das weiß ich wirklich nicht, Gerry."

„Hör mal, es gibt da etwas, das ich dir von Anfang an hätte erzählen sollen."

*Gerry Hadler klopfte einen beschwingten Rhythmus aufs Lenkrad und pfiff vor sich hin, während er die leere Straße entlangfuhr. Es hatte in dem Jahr kräftig geregnet, und er war zufrieden mit dem Bild, das die Farm bot.*

*Gerry schaltete das Radio ein. Es lief ein Song, der einen schönen jazzigen Rhythmus hatte. Gerry nickte im Takt mit und bremste ab, als er sich einer Kreuzung näherte.*

„Ich wusste, dass du und Luke euch gegenseitig ein falsches Alibi gegeben habt für den Tag, an dem Ellie starb." Ganz leise fügte Gerry hinzu: „Und ich glaube, es gibt noch jemanden, der das weiß."

*Gerry war noch gut zwanzig Meter von der Kreuzung entfernt, als sein Sohn auf dem Fahrrad vorbeisauste. Luke hatte den Kopf gesenkt und trat wild in die Pedale. Sein Haar war nach hinten gekämmt, und es glänzte. Normalerweise trug er es locker und wellig.*

*Luke schoss über die Kreuzung, ohne auch nur einmal nach rechts oder links zu schauen. Gerry schimpfte leise vor sich hin. Er würde mit dem Jungen ein Wörtchen reden müssen. Wenn Luke so unvorsichtig war, würde er noch irgendwann überfahren werden.*

„Er kam von Süden, aus Richtung Fluss, weit weg von den Weiden, auf denen ihr Jungs angeblich gewesen seid. Du warst nicht bei ihm. Und sein Gewehr hatte er auch nicht dabei."

„In dieser Richtung gibt es nicht nur den Fluss", entgegnete Falk. „Da sind auch Farmen und Fahrradwanderwege."

Gerry schüttelte den Kopf. „Luke kam nicht von einer Fahrradtour. Er hatte das graue Hemd an, das er damals so mochte. Dieses scheußlich glänzende Button-down-Hemd. Ich fand, er sah an dem Nachmittag ziemlich schick aus, als hätte er sich für ein Date angezogen oder so. Sein Haar sah aus wie nach hinten gegelt. Damals hab ich mir eingeredet, er hätte eine neue Frisur ausprobiert." Gerry hob die Hand vor die Augen. „Aber ich hab immer gewusst, dass es nur nass war."

*Luke war schon ein gutes Stück weit entfernt, als Gerry die Kreuzung erreichte. Rechts von ihm wurde die schattenhafte Gestalt seines Sohnes immer kleiner. Nach links konnte er nur bis zu einer Straßenbiegung sehen. Alles frei. Gerry gab Gas und fuhr weiter. Als die Kreuzung hinter ihm lag, warf er einen Blick in den Rückspiegel. Ein weißer Pick-up brauste über die Kreuzung. Von links kommend. Er fuhr in dieselbe Richtung wie sein Sohn.*

Falk schwieg lange. „Du hast nicht gesehen, wer am Steuer saß?"

„Nein. Der Wagen fuhr viel zu schnell. Aber wer auch immer gefahren ist, er muss Luke gesehen haben." Gerry mied Falks Blick. „Drei Tage später haben sie Ellie tot aus dem Fluss gezogen, und das war der schlimmste Tag meines Lebens. Das heißt, bis vor Kurzem." Er stieß ein eigenartiges Lachen aus. „Seit zwanzig Jahren lebe ich mit der Angst, dass dieser Fahrer irgendwann bei der Polizei an die Tür klopft und aussagt, dass er Luke an dem Tag gesehen hat, von Süden her kommend, aus Richtung des Flusses."

„Vielleicht hat er ihn ja gar nicht gesehen."

„Vielleicht." Gerry betrachtete das Farmhaus. „Oder er hat sich doch endlich entschieden anzuklopfen, aber nicht bei der Polizei."

# KAPITEL 10

Falk saß in seinem Wagen am Straßenrand und dachte darüber nach, was Gerry gesagt hatte. *Falls jemand an dem Tag gesehen hat, wie Luke aus Richtung Fluss kam, warum hat er dann damals nichts gesagt? Wer hätte etwas davon gehabt, dass das Geheimnis zwanzig Jahre lang bewahrt wurde?* Ein weiterer Gedanke ließ ihm keine Ruhe: *Falls der Fahrer des Pick-ups Luke gesehen hat, ist es dann nicht auch möglich, dass Luke den Fahrer gesehen hat? Vielleicht bewahrte Luke ja das Geheimnis von jemand anderem. Und vielleicht hatte Luke, aus welchen Gründen auch immer, endlich beschlossen, sein Schweigen zu brechen.*

Falk zog sein Handy aus der Tasche. Er hörte am anderen Ende Papier rascheln, als Raco sich meldete. „Sind Sie auf dem Revier?", fragte Falk.

„Ja." Ein Seufzen. „Ich geh noch mal die Berichte im Fall Hadler durch."

Falk erzählte ihm, was Gerry gesagt hatte. „Sind Sie noch ein Weilchen da?"

„Leider Gottes werde ich sogar noch ziemlich lange hier sein."

„Ich komm vorbei."

Falk hatte sein Handy gerade weggelegt, als es plötzlich summte. Er öffnete die SMS, und seine finstere Miene verwandelte sich in ein Lächeln, als er den Absender sah.

*Beschäftigt?*, hatte Gretchen geschrieben. *Hunger? Bin mit Lachie zum Lunch im Centenary Park.*

*Schon unterwegs*, simste er zurück. Überlegte kurz. *Kann aber nicht lange bleiben.* Es beruhigte sein schlechtes Gewissen wegen Raco nicht sonderlich. Aber im Grunde machte ihm das nicht viel aus.

Im Centenary Park hatte Falk zum ersten Mal den Eindruck, dass in Kiewarra Geld fürs Allgemeinwohl ausgegeben worden war. Die Blumenbeete waren neu angelegt und mit stattlichen, dürreresistenten Kakteen bepflanzt worden. Die Bank, auf der sie so viele Samstagabende verbracht hatten, war verschwunden. Stattdessen glänzten hier jetzt Spielgeräte und Klettergerüste in strahlenden Primärfarben. Es wimmelte von Kindern.

Falk entdeckte Gretchen, bevor sie ihn sah, und er blieb einen Moment stehen. Sie saß allein an einem Picknicktisch am Rand, die langen Beine vor sich ausgestreckt, die Ellbogen hinter sich auf die Tischplatte gestützt. Ihr helles Haar war zu einem lockeren Dutt zusammengebunden, der von einer Sonnenbrille gekrönt wurde. Sie beobachtete das Gewusel an den Spielgeräten mit einem amüsierten Ausdruck im Gesicht. Doch sie hatte offenbar seinen Blick gespürt, denn plötzlich schaute sie zu ihm herüber. Sie lächelte und winkte, und er ging zu ihr. Sie begrüßte ihn mit einem Kuss auf die Wange und einer offenen Tupper-Dose.

„Nimm dir ein Sandwich, die schafft Lachie sowieso nicht alle."

Er suchte sich eines mit Schinken aus, und sie setzten sich nebeneinander auf die Bank.

„Mensch, der Park hat sich ja total verändert. Ist richtig schön geworden."

Falk sah zu, wie die Kinder an den Klettergerüsten herumtobten. „Woher kommt denn das ganze Geld dafür?"

„Das war so eine Charity-Kiste. Vor ein paar Jahren haben wir Geld aus einer Stiftung von reichen Gutmenschen gekriegt. Der Park ist immer voll. Die Kleinen haben einen Riesenspaß. Ansonsten gibt's ja hier kaum irgendwelche Angebote für sie."

„Wenigstens ein gewisser Ausgleich für die Schule. Die war noch heruntergekommener, als ich sie in Erinnerung hatte."

„O ja. Noch was, das wir der Dürre zu verdanken haben. Alles, was die Stadt vom Staat bekommt, geht in die Subventionen für die Farmer. Für die Kinder bleibt nichts übrig. Wir können froh sein, dass wir Scott haben, der bemüht sich wenigstens. Die Eltern können wir auf keinen Fall um noch mehr Geld bitten."

„Versucht's doch noch mal bei den reichen Gutmenschen."

Sie lächelte traurig. „Haben wir schon. Wir dachten, dieses Jahr könnten wir uns Hoffnungen auf einen schönen Geldsegen machen. Diesmal von einer privaten Gruppe, dem Crossley Educational Trust. Die fördern unterfinanzierte ländliche Schulen. Wir sind in die engere Wahl gekommen, dann aber doch leer ausgegangen. Jedenfalls –" Sie verstummte, um ihrem Sohn zuzuwinken, der oben auf der Rutsche stand und versuchte, ihre Aufmerksamkeit zu gewinnen. „Lachie fühlt sich vorläufig noch ganz wohl da, das ist immerhin etwas."

Gretchen griff nach der Tupper-Dose, als der Junge angelaufen kam, und hielt ihm ein Sandwich hin, doch ihr Sohn achtete gar nicht darauf. Stattdessen fragte er Falk: „Hast du mich auf der Rutsche gesehen?"

„Ja, klar. Das war echt mutig von dir. Die sieht ziemlich hoch aus."

„Ich kann das noch mal. Aber du musst gucken." Lachie rannte los.

„Danke", sagte Gretchen. „Momentan ist er ganz verrückt nach Männern. Ich glaube, er sieht die anderen Kinder mit ihren Vätern und ... na ja, du weißt schon."

„Sein Dad kümmert sich überhaupt nicht?"

„Nein. Ist okay, du kannst ruhig fragen. Sein Dad ist Gott weiß wo. Du hast ihn nicht gekannt. Er war nicht von hier, bloß ein Saisonarbeiter, der mal hier durchgekommen ist. Ich weiß nicht viel über ihn, bloß dass er mir dieses tolle Kind geschenkt hat. Und ja, ich weiß, wie sich das anhört."

„Das hört sich an, als könnte Lachie von Glück sagen, dass er dich hat", entgegnete Falk. „Du warst also nie verheiratet?"

„Nein. Nie."

„Ich auch nicht."

Um Gretchens Augen bildeten sich Lachfältchen. „Ja, ich weiß."

„Fühlst du dich denn da draußen auf deiner Farm nicht manchmal schrecklich allein?", fragte er und hätte sich gleich darauf am liebsten die Zunge abgebissen. „Sorry. Das war eine ehrliche Frage, kein blöder Anmachspruch."

Gretchen lachte. „Mit solchen Sprüchen würdest du besser hierherpassen, als du denkst." Ihr Gesicht wurde ernster. „Aber ja. Es ist weniger die fehlende Gesellschaft, sondern das Gefühl, von allem abgeschnitten zu sein. Ich hab kein zuverlässiges Internet, und der Handy-Empfang ist nicht gerade berauschend. Aber ich hab sowieso nicht haufenweise Freunde, die ständig versuchen, mich anzurufen." Sie hielt inne, den Mund zu einer dünnen Linie zusammengepresst. „Weißt du, dass ich das mit Luke erst am nächsten Morgen erfahren hab?"

„Ehrlich?" Falk war schockiert.

„Ja. Kein Mensch hat daran gedacht, mich anzurufen. Gerry nicht, Barb nicht, niemand. Ich schätze, ich war", ein kleines Achselzucken, „nicht besonders wichtig. Erst als ich Lachie am nächsten Morgen zur Schule brachte, haben *alle* darüber geredet." Eine einzelne Träne glitt ihr an der Nase herunter. „Ich konnte einfach nicht glauben, was die erzählten. Ich wollte zu seiner Farm fahren, bin aber nicht herangekommen. Die Straße war gesperrt, und überall war Polizei. Also bin ich wieder nach Hause."

„Das tut mir leid für dich." Falk legte ihr eine Hand auf die Schulter. „Falls es irgendwie ein Trost ist, mich hat auch keiner angerufen. Ich hab's erfahren, als ich sein Foto auf einer Nachrichten-Website sah." Noch immer spürte er die Nachbeben des Schocks, der ihn durchfahren hatte, als er das vertraute Gesicht in Verbindung mit dieser schrecklichen Schlagzeile gesehen hatte.

Gretchen nickte, aber ihr Blick richtete sich plötzlich auf etwas über seiner Schulter. Ihre Miene wurde finster, und sie wischte sich hastig über die Augen. „Achtung, Gefahr von hinten. Mandy Vaser. Erinnerst du dich an sie? Ich hab jetzt keinen Bock auf so was."

Falk drehte sich um. Das Mädchen mit dem spitzen Gesicht und den roten Haaren, das er als Mandy Mantel in Erinnerung hatte, war zu einer adretten, zierlichen Frau mit glänzend rotem Bubikopf mutiert. Vor dem Bauch trug sie ein Baby in einer Trageschlinge. Ihr Gesicht war noch immer spitz, als sie über den gelben Rasen anmarschiert kam.

„Sie führt sich als die selbst ernannte Sprecherin der besorgten Müttergruppe auf", flüsterte Gretchen.

Mandy blieb vor ihnen stehen. Falk übersah sie demonstrativ. „Gretchen, könntest du mal eben an unseren Tisch kommen?"

„Mandy, erinnerst du dich noch an Aaron? Er ist jetzt bei der Polizei in Melbourne."

„Schön, dich zu sehen." Falk streckte die Hand aus, doch Mandy ignorierte sie.

Gretchen machte keine Anstalten aufzustehen. „Mandy, je eher du zur Sache kommst, desto eher kann ich dir sagen, dass du dich um deine eigenen Angelegenheiten kümmern solltest, und dann können wir alle weiter unseren Sonntag genießen."

Mandy warf einen Blick über die Schulter zu der Clique von Müttern, die sie durch ihre Sonnenbrillen hindurch beobachteten. „Also gut. Meinetwegen. Mir, *uns* ist nicht wohl dabei, dass Aa–, dass dein Freund in der Nähe unserer Kinder ist." Sie sah Falk direkt an. „Wir möchten, dass du gehst."

„Nein", erwiderten Falk und Gretchen wie aus einem Munde.

„Jetzt pass mal auf", fuhr Mandy fort. „Im Moment bitten die Mums und ich dich bloß höflich. Aber das können auch ganz schnell die Dads sein, die dich dann ziemlich unhöflich auffordern werden."

„Mensch, Mandy!", fauchte Gretchen. „Er ist Polizist. Hast du nicht gehört, was ich dir sagte?"

„Doch, und wir haben auch alle davon gehört, was er Ellie Deacon angetan hat. Ehrlich, Gretchen, so verzweifelt kannst du doch wohl nicht sein, dass du deinem eigenen Sohn so etwas zumutest. Ich überlege, ob ich nicht das Jugendamt informieren sollte. In Lachies Interesse."

„Mandy Vaser." Gretchen sprach jetzt mit leiser, aber eiserner Stimme. „Tu ein Mal in deinem Leben was Gescheites. Dreh dich um und geh. Und falls du irgendwas machst, das meinen Sohn dazu bringt, eine Träne zu vergießen, oder ihn auch nur eine einzige Minute seines Schlafs kostet –" Sie ließ den Satz in der Luft hängen.

„Ich versuche nur, dafür zu sorgen, dass unsere Kinder in Kiewarra sicher sind. Ist nicht alles ohnehin schon schlimm genug? Ich weiß, du hattest nicht viel für Karen übrig, aber du könntest wenigstens ein bisschen Taktgefühl an den Tag legen."

„Das reicht jetzt, Mandy", meldete sich Falk mit schneidender Stimme zu Wort. „Halt um Gottes willen den Mund und lass uns in Ruhe."

„Nein. *Du* verschwindest. Ich rufe jetzt meinen Mann an." Sie machte auf dem Absatz kehrt und marschierte davon.

Gretchens Wangen waren rot angelaufen. Falk wollte sie an der Schulter berühren, verkniff es sich aber, weil sie beobachtet wurden.

„Es tut mir leid", sagte er. „Ich hätte mich nicht hier mit dir treffen sollen."

„Ist nicht deine Schuld. Die Nerven liegen blank. Die Hitze macht alles noch schlimmer." Sie atmete tief durch und sah Falk mit einem zittrigen Lächeln an. „Außerdem war Mandy schon immer eine blöde Kuh."

Er nickte. „Das ist wahr."

„Und nur damit eins klar ist: Ich hatte nichts gegen Karen. Wir hatten bloß nicht viel miteinander zu tun."

Falks Handy summte. Er reagierte nicht.

Gretchen lächelte. „Ist schon gut. Geh ruhig ran."

Eine SMS von Raco: *Jamie Sullivan hat gelogen. Kommen Sie schnell.*

„ER IST DA DRIN."

Falk spähte durch die dicke Glasscheibe in der Tür in den einzigen Vernehmungsraum des Reviers. Jamie Sullivan saß am Tisch wie ein Häuflein Elend.

„Was haben Sie herausgefunden?", fragte Falk. Der Sergeant fasste zusammen, und Falk nickte beeindruckt.

Sullivans Kopf fuhr hoch, als sie eintraten.

„Also, Jamie. Vorab möchte ich betonen, dass Sie nicht festgenommen sind", erklärte Raco resolut. „Aber wir müssen ein paar Dinge klären, über die wir neulich gesprochen haben. Sie erinnern sich doch noch an den Bundesbeamten Falk. Wir hätten ihn gern bei diesem Gespräch dabei, falls Sie damit einverstanden sind."

Sullivan schluckte. „Ich denke schon. Brauche ich meinen Anwalt?"

„Sie können ihn anrufen, falls Sie das möchten."

„Na schön. Legen Sie los. Ich muss so schnell wie möglich wieder nach Hause."

„Gut. Wir waren vor zwei Tagen bei Ihnen, um mit Ihnen über den Tag zu reden, an dem Luke, Karen und Billy Hadler gestorben sind. Sie haben uns erzählt, dass Luke Hadler Ihre Farm gegen 16.30 Uhr verließ und Sie dortblieben. Sie sagten ..." Raco sah in seinen Notizen nach. „‚Ich hab draußen was gearbeitet, und als ich fertig war, hab ich mit Gran zu Abend gegessen.'"

Sullivan schwieg. Auf seiner Oberlippe glänzte ein dünner Schweißfilm.

„Möchten Sie irgendwas dazu ergänzen?"

Sullivan ließ den Blick zwischen Falk und Raco hin- und herwandern. Er schüttelte den Kopf.

„Okay." Raco schob ein Blatt Papier über den Tisch. „Wissen Sie, was das ist?"

Sullivans Zunge fuhr über seine trockenen Lippen. „Ein Einsatzformular der Feuerwehr."

„Genau. Der Datumsstempel belegt, dass es sich um denselben Tag handelt, an dem die Hadlers starben. Bei jedem Einsatz wird so ein Formular ausgefüllt. In diesem Fall musste die Feuerwehr wegen eines Alarms ausrücken. Hier steht die Anschrift, zu der sie gerufen wurde. Erkennen Sie die Adresse?"

„Klar." Lange Pause. „Das ist meine Farm."

Raco nahm das Formular wieder an sich. „Die Feuerwehr wurde um 17.47 Uhr zu Ihrer Farm gerufen. Sie wurde automatisch alarmiert, als Ihre Großmutter ihren Panikknopf drückte. Als die Feuerwehrleute eintrafen, war sie allein im Haus und der Herd stand in Flammen. Hier steht, dass die Männer das Feuer löschten und Ihre Großmutter beruhigten. Sie versuchten vergeblich, Sie telefonisch zu erreichen, bis Sie schließlich eintrafen. Diesem Bericht zufolge war das um 18.05 Uhr."

„Ich war draußen auf den Feldern."

„Nein, waren Sie nicht. Ich hab mit dem Mann telefoniert, der den Bericht geschrieben hat. Er erinnert sich genau, dass Sie aus Richtung Hauptstraße gekommen sind."

„Nachdem Luke weg war, hab ich noch eine Weile auf den Feldern gearbeitet, und dann bin ich ein bisschen rumgefahren."

„Wohin?"

„Raus zum Aussichtspunkt. Ich bin nicht mal in die Nähe der Hadler-Farm gekommen. Ich wollte ungestört nachdenken."

Falk sah ihn an. „Können Sie mir erklären, wieso ein Mann, der zwölf bis vierzehn Stunden täglich allein auf rund achtzig Hektar verbringt, noch irgendwo hinfahren muss, um ungestört nachzudenken?"

Sullivan wich seinem Blick aus.

„Sie sagen also, Sie sind ein bisschen rumgefahren. Warum, bitte schön, haben Sie uns das bislang verschwiegen?", wollte Raco wissen.

Sullivan blickte zur Decke. Dann sah er Raco und Falk zum ersten Mal richtig ins Gesicht. „Ich hab gewusst, wie sich das anhören würde, und ich wollte keinen Ärger."

Endlich hatte Falk das Gefühl, die Wahrheit zu hören. Er wusste aus der Akte, dass Sullivan fünfundzwanzig war und zehn Jahre zuvor mit seinem inzwischen verstorbenen Vater und seiner Großmutter nach Kiewarra gekommen war. Über ein Jahrzehnt nach Ellies Tod. Trotzdem. „Sagt Ihnen der Name Ellie Deacon irgendwas?", fragte er Sullivan.

„Ich weiß, dass sie gestorben ist. Vor vielen Jahren. Und ich weiß, dass Luke – *und Sie* – mit ihr befreundet waren. Mehr nicht."

„Hat Luke mal von ihr gesprochen?"

Sullivan schüttelte den Kopf. „Er hat sie ein- oder zweimal erwähnt, hat gesagt, dass sie eine Freundin war und ertrunken ist, aber er hat überhaupt nie viel über die Vergangenheit geredet."

Falk blätterte die Akte durch, bis er das Foto fand, das er suchte, und schob es über den Tisch. Es war die Großaufnahme der Ladefläche von Lukes Pick-up, mit den zwei Streifen in der Nähe seiner Leiche. „Irgendeine Idee, wo die herkommen?"

Sullivans Augen glitten über die Aufnahme. „Rost?" Es klang weder überzeugt noch überzeugend.

„Okay." Falk steckte das Foto wieder zurück.

„Hören Sie, ich hab sie nicht umgebracht. Luke war mein Freund", fügte Sullivan beschwörend hinzu.

„Dann helfen Sie uns", hakte Raco ein. „Helfen Sie Luke. Lassen Sie uns keine Zeit damit verschwenden, Sie genauer unter die Lupe zu nehmen, wenn wir woanders suchen sollten."

Die nachfolgende Stille zog sich in die Länge.

Falk versuchte einen Schuss ins Blaue. „Jamie, ihr Ehemann muss nichts davon erfahren."

Sullivan blickte auf, und ganz kurz glitt der Schatten eines Grinsens über sein Gesicht. „Sie denken, ich würde die Frau eines andern vögeln?"

„Ich denke, wenn es jemanden gibt, der Ihnen ein Alibi geben kann, sollten Sie uns das jetzt sagen."

Sullivan wurde plötzlich sehr ruhig. Dann schüttelte er den Kopf. „Da ist niemand."

Knapp daneben, dachte Falk. Aber irgendwie ahnte er, dass er auch nicht komplett falschgelegen hatte.

„Was ist schlimmer, als verdächtigt zu werden, einen Dreifachmord begangen zu haben?", fragte Falk eine halbe Stunde später, als Raco und er zusahen, wie Sullivan in seinen Geländewagen stieg. Das Verhör hatte sich im Kreis gedreht, bis Sullivan sich schließlich geweigert hatte, noch irgendetwas anderes zu sagen, als dass er nach seiner Großmutter sehen müsse.

„Ja, vor irgendwas hat er Angst", stimmte Raco zu. „Aber wovor, das ist die Frage."

„Wir werden ihn im Auge behalten. Ich fahre jetzt erst mal zurück zum Pub."

Raco begleitete Falk zu seinem Wagen, den er hinter dem Revier geparkt hatte. Als sie um die Ecke kamen, blieb Falk wie angewurzelt stehen.

Quer über die Türen und die Motorhaube des Wagens war eine Botschaft wieder und wieder in den Lack gekratzt worden. Die Buchstaben blitzten silbrig in der Sonne.

WIR KRIEGEN DICH DU KILLER SCHWEIN

# KAPITEL 11

Gretchen verstummte und starrte mit offenem Mund auf Falks zerkratzten Wagen, als er auf den Parkplatz des Pubs bog. Sie hatte sich auf dem Bürgersteig mit Scott Whitlam unterhalten, dem Schuldirektor, und Lachie lief um sie herum. Im Rückspiegel sah Falk, wie beide ihm mit entgeisterten Mienen beim Parken zuschauten.

„So eine Scheiße", fluchte er halblaut. Vom Polizeirevier bis zum Pub waren es nur ein paar Hundert Meter, aber die Fahrt mitten durch die Stadt war ihm endlos vorgekommen. Er stieg aus, und die silbrigen Kratzer im Lack blitzten, als er die Tür zuknallte.

„Ach du Schande! Wann ist das denn passiert?" Gretchen kam mit Lachie im Schlepptau angelaufen. Der kleine Junge fuhr mit dem Zeigefinger die eingekratzten Buchstaben entlang und begann zu Falks Entsetzen, langsam das erste Wort zu lesen. Gretchen zog ihn hastig weg und schickte ihn zum Spielen auf die andere Seite des Parkplatzes.

Whitlam stieß einen leisen, mitfühlenden Pfiff aus, während er langsam um das Auto herumging. „Da hat sich aber jemand ordentlich ausgetobt. Mistkerle!"

„Geht's?" Gretchen berührte Falk am Ellbogen.

„Mir geht's jedenfalls besser als dem Wagen", antwortete Falk. Er wandte sich an Whitlam. „Es geht um etwas, das lange her ist. Wir waren mit einem Mädchen befreundet und –"

„Schon gut." Whitlam nickte. „Ich kenne die Geschichte."

Gretchen fuhr mit einem Finger über die Kratzer. „Aaron, hör mal, du musst dich wirklich in Acht nehmen."

„Gut, stimmt. Aber was wollen sie denn noch machen? Mir das Fell über die Ohren ziehen?"

„Die ganze Gegend ist der reinste Dampfkessel", meinte Whitlam. „Ein bisschen Vorsicht wäre also durchaus ratsam. Zumal beides am selben Tag passiert ist."

Falk schaute ihn verständnislos an. „Was meinen Sie mit ‚beides'?"

Whitlam warf Gretchen einen Blick zu, und sie trat unruhig von einem Bein aufs andere. „Tut mir leid", sagte er. „Ich dachte, Sie hätten es mittlerweile gesehen."

„Was gesehen?"

Whitlam zog ein Blatt Papier aus der Gesäßtasche und reichte es Falk. Ganz oben standen in fetten Großbuchstaben die Worte: IN MEMORIAM

Ellie Deacon, 16 Jahre alt. Darunter war ein Foto von Falks Vater abgebildet, als er um die vierzig gewesen war. Der daneben abgedruckte, leicht verwackelte Schnappschuss von Falk selbst war vermutlich gemacht worden, als er aus dem Pub gekommen war. Unter den Fotos stand in kleineren Buchstaben: Diese Männer wurden zum Ertrinkungstod von Ellie Deacon vernommen. Wir brauchen mehr Informationen. Schützt unsere Stadt! Sorgt dafür, dass Kiewarra sicher bleibt!

Gretchen umarmte Falk. „Das sind alles totale Arschlöcher", flüsterte sie ihm ins Ohr. „Aber pass trotzdem auf dich auf." Sie schnappte sich den widerstrebenden Lachie und ging.

Whitlam wollte Falk auf ein kühles Bier in Richtung Pub steuern.

„Nein danke, ich glaube, das ist keine gute Idee."

„Dann kommen Sie auf einen Drink mit zu mir nach Hause. Wir nehmen mein Auto, ja?" Whitlam fischte lächelnd seinen Schlüssel aus der Tasche. „Würde meiner Frau guttun, Sie kennenzulernen. Könnte sie ein bisschen beruhigen." Sein Lächeln wurde ein wenig schwächer, hellte sich dann wieder auf. „Und überhaupt, ich möchte Ihnen was zeigen."

Whitlam schickte seiner Frau eine SMS, und sie fuhren schweigend aus der Stadt.

„Haben Sie keine Bedenken, dass jemand sieht, wie ich zu Ihnen ins Haus gehe?", fragte Falk schließlich. „Den Müttern der Schüler wird das nicht gefallen."

„Mir doch egal", meinte Whitlam. „Wer, glauben Sie, hat Ihre Fanpost verschickt?"

„Wahrscheinlich Mal Deacon. Oder sein Neffe Grant."

Whitlam bog von der Hauptstraße ab und fuhr durch eine Stadtrandsiedlung, die so winzig war, dass man sie kaum als solche bezeichnen konnte. Er bog auf einen gepflasterten Vorplatz vor einem schmucken Einfamilienhaus.

„Hübsch", sagte Falk.

Whitlam verzog das Gesicht. „Vorstadt auf dem Lande. Das Schlechteste beider Welten. Na ja, das Haus ist bloß gemietet. Mal sehen, wie's weitergeht."

Er führte Falk in eine kühle, blitzblanke Küche, wo seine Frau an einer komplizierten Maschine hantierte und Kaffee mit einem satten, starken Aroma machte. Sandra Whitlam war eine schlanke, blasse Frau mit großen grünen Augen, die den Eindruck vermittelten, als wäre sie ständig überrascht. Whitlam stellte sie einander vor, und sie schüttelte Falk mit vagem Argwohn die Hand, deutete dann aber auf einen bequemen Küchenstuhl.

„Lust auf ein Bier?", rief Whitlam ihm zu und öffnete den Kühlschrank.
Sandra, die gerade drei Porzellantassen auf die Küchentheke stellte, verharrte. „Kommst du denn nicht gerade aus dem Pub?"

„Tja, also, wir sind irgendwie nicht ganz reingekommen", antwortete Whitlam mit einem Augenzwinkern in Falks Richtung.

Seine Frau presste die Lippen zu einer dünnen Linie zusammen.

„Danke, Sandra, ich nehme gern einen Kaffee", sagte Falk. „Der riecht gut."

Ihr Lächeln wirkte verkrampft, und Whitlam machte den Kühlschrank wieder zu. Sie schenkte den Kaffee ein und hantierte dann schweigend in der Küche. Als Falk einen Schluck von seinem Kaffee trank, fiel sein Blick auf ein gerahmtes Familienfoto. Es zeigte ein Paar mit einem kleinen rotblonden Mädchen.

„Ihre Tochter?", fragte Falk, um das Schweigen zu durchbrechen.

„Danielle. Sie guckt gerade im Wohnzimmer fern", erklärte Sandra.

„Danielle ist ziemlich durcheinander, um ehrlich zu sein", fügte Whitlam hinzu. „Ich hab Ihnen ja erzählt, dass sie mit Billy Hadler befreundet war. Aber sie begreift noch nicht richtig, was passiert ist."

„Gott sei Dank nicht", meinte Sandra. „Für das, was dieser Dreckskerl seiner Frau und seinem Kind angetan hat, ist die Hölle noch zu gut für ihn."

Whitlam räusperte sich. „Aaron hat früher hier gelebt. Er und Luke Hadler waren in jungen Jahren Freunde."

„Tja, vielleicht war er damals ja noch anders", erwiderte Sandra kühl. „Ich kann die Haltung der Leute hier nicht verstehen. Manche hören sich fast so an, als hätten sie Verständnis für Luke. Sie reden davon, wie schwer es für ihn gewesen sein muss, und ich möchte sie am liebsten schütteln. Könnt ihr euch vorstellen, wie Karens und Billys letzte Augenblicke gewesen sein müssen? Frau und Kind zu töten ist die ultimative Form häuslicher Gewalt."

„Ist ja gut, Schatz. Du bist nicht die Einzige, die das so empfindet." Whitlam streckte eine Hand über die Küchentheke und legte sie auf die seiner Frau. Sie blinzelte hektisch, ihr Lidstrich verschmierte an den Rändern. Sie ließ ihre Hand einen Moment unter seiner, dann zog sie sie weg und griff nach einem Taschentuch.

Whitlam wandte sich Falk zu. „Es war für uns alle schrecklich. Dass einer unserer Schüler sterben musste. Dass Danielle ihren kleinen Freund verloren hat. Und Sandra nimmt natürlich Anteil an Karens Schicksal."

Seine Frau gab ein kurzes Wimmern von sich.

Falk musste an das Gespräch in der Schule denken. „Scott sagte mir, Billy hätte an dem Nachmittag eigentlich zu Ihnen zum Spielen kommen sollen."

„Ja." Sandra putzte sich die Nase. „Er war ziemlich oft bei uns. Und umgekehrt war Danielle auch viel bei ihnen zu Hause. Die beiden haben sich prima verstanden."

„Also haben Sie solche Absprachen regelmäßig getroffen?"

„Nicht regelmäßig, aber öfters. Ich hatte in der Woche nichts mit Karen vereinbart, aber dann hat Danielle das Kinderfederballspiel gefunden, das wir ihr zu ihrem letzten Geburtstag geschenkt hatten, und sie wollte, dass Billy so bald wie möglich zu uns kommt und mit ihr Federball spielt."

„Wann haben Sie die Verabredung der Kinder mit Karen vereinbart?"

„Ich glaube, das war am Tag davor, oder?" Sandra sah ihren Mann an, der aber nur mit einem Achselzucken reagierte. „Doch, ich glaube, es war am Tag davor. Ich hab abends Karen angerufen und sie gefragt, ob Billy am nächsten Tag nach der Schule zu uns kommen könnte. Sie hat gesagt: ‚Ja, okay', und das war's."

„Wie hat sie sich angehört?"

„Gut, dachte ich. Vielleicht ein bisschen ... zerstreut. Aber es war nur ein kurzes Gespräch. Ich hab gefragt, sie hat Ja gesagt, mehr nicht."

„Und dann?"

„Und dann hat sie mich am nächsten Tag angerufen, um die Mittagszeit."

*„Sandra, ich bin's, Karen."*

*„Oh, hi. Alles klar?"*

*Am anderen Ende entstand eine kurze Pause, gefolgt von einem leisen Geräusch, vielleicht einem Lachen. „Gute Frage. Hör mal, es tut mir furchtbar leid, aber Billy kann heute Nachmittag doch nicht zu euch kommen."*

*„Och, das ist aber schade. Ist alles in Ordnung?"*

*„Ja. Aber ... er ist etwas angeschlagen. Mir ist lieber, wenn er nach der Schule direkt nach Hause kommt."*

*„Nicht zu ändern, wenn er nicht ganz fit ist. Verschieben wir's auf ein anderes Mal."*

*„Ja. Ja, vielleicht."*

*Sandra hatte schon diverse Abschiedsfloskeln auf der Zunge, als sie Karen seufzen hörte. „Wirklich alles in Ordnung?"*

*„Ja." Lange Pause. „Und bei dir?"*

*Sandra sah zur Uhr. Wenn sie jetzt sofort in die Stadt fuhr, wäre sie früh genug zurück, um die Wäsche aus der Maschine zu holen und sich ans Telefon zu hängen, um einen Ersatz für Billy zu finden, ehe sie Danielle von der Schule abholen musste. „Alles bestens, Karen. Danke, dass du Bescheid gesagt hast. Ich hoffe, es geht Billy bald wieder besser. Bis dann."*

„Jedes Mal wenn ich an dieses Telefonat denke, habe ich Schuldgefühle. Weil ich sie so schnell abgewimmelt habe. Vielleicht brauchte sie jemanden zum Reden, und ich hab bloß …" Sandra kamen wieder die Tränen, ehe sie den Satz beenden konnte.

„Mach dir keine Vorwürfe, Schatz. Du konntest doch nicht wissen, was passieren würde." Whitlam stand auf und nahm seine Frau in die Arme.

Sandra sah verlegen zu Falk hinüber, während sie sich mit dem Taschentuch die Augen wischte. „Entschuldigen Sie. Aber sie war so ein netter Mensch. Sie war eine der wenigen, die mir das Leben hier erträglich gemacht haben."

Nach kurzem Schweigen trank Falk den letzten Schluck seines Kaffees und stand dann auf. „Ich sollte jetzt besser gehen, Sie beide in Ruhe lassen."

„Moment noch", meinte Whitlam. „Ich fahr Sie gleich zurück, aber vorher wollte ich Ihnen noch was zeigen. Wird Ihnen gefallen. Kommen Sie."

Falk verabschiedete sich von Sandra, der noch immer Tränen in den Augen standen, und folgte Whitlam in ein gemütliches Arbeitszimmer. Es war mit abgenutzten, aber offensichtlich liebevoll ausgesuchten Möbeln eingerichtet, und deckenhohe Regale waren vollgestopft mit Büchern über Sport.

„Das ist ja eine halbe Bibliothek!" Falk überflog die Titel, die von Kricket über Trabrennen und Sportlerbiografien bis hin zu Jahrbüchern reichten.

„Ich hab einen Abschluss in Geschichte der Neuzeit, aber eigentlich hab ich mich immer nur für Sportgeschichte interessiert." Whitlam lehnte sich gegen den Schreibtisch. „Nehmen Sie es Sandra nicht übel. Sie hatte ohnehin Schwierigkeiten, sich hier einzugewöhnen. Der Traum von einem erholsamen Leben auf dem Lande hat sich für uns nicht so erfüllt, wie wir uns das vorgestellt hatten. Und diese schreckliche Geschichte mit den Hadlers hat alles noch schlimmer gemacht." Er senkte die Stimme. „Sandra reagiert hypersensibel auf jede Form von Gewalt. Erzählen Sie es nicht weiter, aber ich bin in Melbourne überfallen worden, und es ist schlimm ausgegangen." Er schien sich die Sache von der Seele reden zu wollen. „Ich war auf dem vierzigsten Geburtstag eines Freundes im Vorort Footscray. Auf dem Rückweg wollte ich eine Abkürzung zur Haltestelle nehmen und bin durch ein Gässchen gegangen. Dort waren vier Typen, im Grunde noch Kinder, aber sie hatten Messer bei sich. Sie haben sich mir und noch einem anderen in den Weg gestellt. Ich kannte ihn nicht, bloß noch so ein armer Teufel, der die Abkürzung genommen hatte. Die vier haben die übliche Nummer abgezogen, Brieftaschen und Handys verlangt, aber dann ist es irgendwie aus dem Ruder gelaufen. Ich wurde zusammengeschlagen und getreten, hatte gebrochene Rippen und so weiter. Aber der andere hat ein Messer in den Bauch bekommen und ist verblutet." Whitlam schluckte. „Ich musste ihn da liegen lassen, um Hilfe zu holen, weil diese Schweine mein Handy hatten. Als ich wieder zurückkam, war der Rettungswagen da, aber es war zu spät. Die Sanitäter sagten, er war schon tot." Er schüttelte den Kopf. „Das war in Melbourne, und jetzt hier die Sache mit den Hadlers. Sie können also verstehen, warum Sandra so betroffen ist." Er lächelte schwach. „Aber das könnten Sie im Moment wahrscheinlich über fast jeden in dieser Stadt sagen."

Falk versuchte, eine einzige Ausnahme zu finden. Ihm fiel niemand ein.

Er stand am Fenster seines Zimmers und blickte nach unten auf die leere Hauptstraße. Ihm ging durch den Kopf, wie enttäuscht die Whitlams vom Landleben in Kiewarra waren. Er dachte daran, wie die Rauheit des Lebens hier sich in den von Kinderhand gemalten Bildern niedergeschlagen hatte, die in der Schule gehangen hatten: traurige Gesichter und verdorrte Landschaften. Billy Hadlers Bilder, die er überall im Farmhaus gesehen hatte, waren fröhlicher gewesen und farbenfroher.

Zum hundertsten Mal versuchte Falk sich vorzustellen, wie Luke Jagd auf seinen eigenen Sohn machte. Er erinnerte sich an sein letztes Treffen mit Luke. Es war vor fünf Jahren an einem grauen Tag in Melbourne gewesen.

*Er entdeckte Luke in der Bar am Federation Square. Abgehetzt, direkt von der Arbeit kommend, war Aaron nur einer von vielen grauen Anzugträgern. Luke dagegen strahlte noch immer eine deutlich spürbare Energie aus, obwohl er gerade eine langatmige Landwirtschaftstagung hinter sich hatte. Mit einem Bier in der Hand stand er an eine Säule gelehnt, ein amüsiertes Lächeln im Gesicht, und beobachtete das frühabendliche Gedränge. Er begrüßte Aaron mit einem Bier und einem Schulterklopfen.*

*„Mit dem Haarschnitt würde ich ihm nicht mal zutrauen, ein Schaf zu scheren", spottete Luke, ohne die Stimme zu senken. Er deutete mit seinem Glas auf einen jungen Burschen, dessen Frisur eine Mischung aus Kahlschlag und Irokesenschnitt war und ihn ganz sicher einiges gekostet hatte.*

*Aaron quittierte die Bemerkung mit einem Lächeln, fragte sich aber, warum Luke jedes Mal, wenn sie sich trafen, den Provinzler raushängen lassen musste. Er führte in Kiewarra einen mittelgroßen Landwirtschaftsbetrieb, zog aber unweigerlich die Landei-in-der-großen-Stadt-Nummer ab. Dennoch war das nur eine bequeme, vordergründige Erklärung für die Kluft zwischen ihnen, die mit jeder Begegnung schwerer zu überwinden war, wie Aaron schien. Er spendierte die nächste Runde und erkundigte sich nach Barb, Gerry, Gretchen. Offenbar alles bestens. Nichts Neues zu erzählen.*

Luke wiederum fragte, wie es ihm gehe, nachdem sein Vater im Vorjahr gestorben sei. Okay, erwiderte Aaron, ebenso überrascht wie dankbar, dass sein Freund überhaupt daran gedacht hatte.

Lukes Sohn Billy war jetzt ein Jahr alt. Luke hatte jede Menge Fotos auf seinem Handy. Aaron sah sie sich mit der höflichen Duldsamkeit der Kinderlosen an.

Im Gegenzug heuchelte Luke üblicherweise Interesse, wenn Aaron von seinem Job erzählte. „Gut gemacht. Buchte diese kriminellen Mistkerle ein", sagte Luke immer. Aber in seinem Tonfall schwang stets mit, dass er die Jagd auf Männer in Businessanzügen eigentlich für keine richtige Polizeiarbeit hielt. Diesmal war er jedoch tatsächlich interessiert. Die Frau eines Footballspielers war tot aufgefunden worden, und neben dem Ehebett hatten zwei Koffer mit Tausenden von Dollar gestanden. Aaron war eingeschaltet worden, um die Herkunft des Geldes zu klären. Es war ein seltsamer Fall. Die Frau war in der Badewanne gefunden worden. Ertrunken.

Das Wort war Aaron herausgerutscht, bevor er sich hatte bremsen können, und hing zwischen ihnen. Er räusperte sich. „Hast du in letzter Zeit in Kiewarra irgendwelchen Ärger gehabt?"

Luke verstand ihn, ohne dass er genauer werden musste. Er schüttelte resolut den Kopf. „Schon seit Jahren nicht mehr. Das hab ich dir doch schon letztes Mal gesagt."

„Erzählst du mir auch irgendwann mal, wo du an dem Tag wirklich warst?", fragte Aaron abrupt.

Luke schaute ihn eindringlich an. „Alter, das hab ich dir schon zigmal gesagt. Ich hab Kaninchen geschossen."

„Jaja. Alles klar."

„Vielleicht sollte ich dich mal fragen, wo du warst", sagte Luke scheinbar leichthin.

„Du weißt, dass ich angeln war. Flussaufwärts. Allein."

„Dann muss ich dir wohl einfach glauben." Luke trank einen Schluck Bier, ohne Aaron aus den Augen zu lassen. „Zum Glück glaube ich dir bedingungslos. Aber mir scheint, es wäre alles in allem besser, wenn wir dabei blieben, dass wir zusammen Kaninchen geschossen haben, findest du nicht auch?"

Die beiden fixierten einander, während der Geräuschpegel um sie herum anschwoll und wieder abebbte. Aaron wägte seine Optionen ab. Dann trank er einen Schluck und hielt den Mund.

Schließlich verabschiedeten sie sich mit den obligatorischen Entschuldigungen, den nächsten Zug erwischen und morgens früh aufstehen zu müssen.

*Als sie einander, wie sich erweisen sollte, zum letzten Mal die Hand schüttelten, merkte Aaron, dass er sich daran zu erinnern versuchte, wieso sie überhaupt noch Freunde waren.*

Falk ging ins Bett und machte das Licht aus. Er blieb lange reglos liegen. Die Riesenkrabbenspinne war im Verlauf des Abends wieder aufgetaucht und hockte jetzt schattenhaft über der Badezimmertür. Die Nacht war totenstill. Restbestände von Koffein rauschten ihm durch den Körper und sorgten dafür, dass er wach blieb.

Er rollte sich auf die Seite und knipste die Nachttischlampe an. Die Bücher aus der Bücherei, die er von Barb entgegengenommen hatte, lagen unter seinem Hut auf einem Stuhl. Morgen würde er sie zurückgeben. Er nahm sich einen Kriminalroman vor.

Als Falk etwa dreißig Seiten gelesen hatte und wieder umblätterte, fiel ein dünner Papierstreifen heraus. Es war ein gedruckter Büchereibeleg, aus dem hervorging, dass Karen den Krimi am Montag, dem 19. Februar, ausgeliehen hatte. Vier Tage vor ihrem Tod. Falk sah, dass auf der Rückseite etwas geschrieben stand. Er hielt den Papierstreifen unter die Nachttischlampe.

Irgendwann im Verlauf der vier Tage, nachdem sie das Buch ausgeliehen hatte und bevor sie an ihrer eigenen Haustür erschossen worden war, hatte Karen zwei Zeilen auf die Rückseite des Belegs geschrieben. Die erste bestand aus einem einzigen Wort in Druckbuchstaben, hastig hingekritzelt und dreimal unterstrichen. *GRANT??*

Darunter stand eine zehnstellige Telefonnummer. Falk starrte darauf, bis ihm die Augen tränten und die Ziffern ineinander verschwammen. Blut pulsierte ihm mit einem tosenden Rauschen durch den Schädel.

Er kannte die Nummer gut. Es war seine eigene.

# KAPITEL 12

Am nächsten Morgen tigerte Raco mit federndem Gang im Revier herum. „Wieso wollte Karen Hadler mit *Ihnen* reden? Über Grant Dow?"

„Keine Ahnung. Falls sie versucht hat, mich zu erreichen, hat sie jedenfalls keine Nachricht hinterlassen. Ich hab's überprüft: kein Anruf von Karens Festnetz-, Büro- oder Handynummer. Und ich habe nie mit ihr gesprochen. Nicht ein einziges Mal."

„Aber sie wird gewusst haben, wer Sie sind, nicht? Luke hat noch immer von Ihnen gesprochen. Barb und Gerry Hadler haben Sie letzten Monat im

Fernsehen gesehen. Aber warum gerade Sie? Grant Dow und Luke konnten sich nicht ausstehen, das wissen wir. Aber wieso hat Karen nicht hier im Revier angerufen, falls sie ein Problem mit ihm hatte?"

„Wissen Sie genau, dass sie es nicht versucht hat?"

„‚Von keinem der Telefone im Besitz der Hadlers ging in der Woche vor ihrem Tod ein Anruf bei Polizei oder sonstigen Notrufnummern ein'", zitierte Raco aus dem Kopf. „Wir haben ihre Telefondaten schon an dem Tag überprüft, als die Leichen gefunden wurden." Er nahm den Kriminalroman, blätterte darin. „Worum geht's in dem Buch?"

„Eine Polizistin untersucht eine Reihe von Morden an einem amerikanischen College." Falk hatte den Roman im Schnelltempo durchgelesen. „Sie glaubt, der Täter ist ein Typ aus der Gegend, der es aus Neid auf reiche Kids abgesehen hat."

„Klingt saublöd. Und, war er's?"

„Oh, äh, nein. Am Ende war es die Mutter von einem der Mädchen im Studentenwohnheim."

Raco klappte den Krimi laut zu. „Hat dieses blöde Buch nun irgendwas zu bedeuten oder nicht?"

„Keine Ahnung. Die Leute in der Bücherei haben mir gesagt, dass Karen sich viele Romane in dem Stil ausgeliehen hat."

Raco beschloss, sich den Einzigen vorzunehmen, der vielleicht erklären könnte, wieso sein Name auf einem Stück Papier im Schlafzimmer eines Mordopfers stand.

Sie holten Grant Dow von einem Klempnerjob in einem Haus in Kiewarra weg und ließen ihn über eine Stunde im Vernehmungsraum schmoren.

„Ich hab in Clyde angerufen", erzählte Raco Falk derweil. „Hab denen gesagt, irgendein Arschloch von Steuerfahnder aus Melbourne wäre aufgetaucht, um die Unterlagen der Hadlers durchzusehen. Und dass Sie ein paar Fragen zu einem Dokument hätten, das auf der Farm gefunden wurde, und ob sie herkommen und Ihnen auf die Finger schauen wollten, während Sie Fragen dazu stellten. Sie haben abgelehnt. Wir dürfen also loslegen."

„Das haben Sie gut hingekriegt", lobte Falk ihn. „Also, was wissen wir?"

„Dows Fingerabdrücke wurden nirgendwo auf der Farm gefunden."

„Das muss nichts heißen. Für so was gibt es Handschuhe. Wie sieht sein Alibi für die Tatzeit aus?"

Raco schüttelte den Kopf. „Solide und dürftig zugleich. Er hat mit zwei von seinen Kumpeln irgendwo da draußen einen Graben ausgehoben. Wir überprüfen das natürlich, aber die werden Stein und Bein schwören, dass er da war."

„Gut, mal sehen, was er zu sagen hat."

Dow blickte kaum auf, als sie in den Raum traten. „Wurde auch Zeit. Ich verdien mein Geld nämlich nicht damit, den ganzen Tag auf dem Hintern zu hocken."

„Möchten Sie Ihren Anwalt dabeihaben, Grant?", fragte Raco, als er sich setzte. „Das ist Ihr gutes Recht."

Dow schüttelte den Kopf. „Ich hab nix zu verbergen. Legen Sie los."

„Wann haben Sie das letzte Mal mit Karen Hadler geredet?"

„Weiß ich nicht mehr."

„Vielleicht an dem Montag, bevor sie starb? 19. Februar. Oder an einem der folgenden Tage?"

„Ehrlich, kann ich nicht sagen."

„Dann kommen wir gleich zur Sache", mischte sich Falk ein. „Vielleicht kannst du uns erklären, warum dein Name von Karen Hadler in der Woche, in der sie ermordet wurde, auf einen Büchereibeleg geschrieben wurde?" Er schob eine Fotokopie des Papierstreifens über den Tisch.

Dow starrte lange auf die Kopie des Belegs. Dann schlug er plötzlich klatschend mit der flachen Hand auf den Tisch. „Das hängt ihr mir nicht an! Wenn Luke plötzlich auf die Idee kommt, seine Frau und sein Kind abzuknallen, ist das seine Sache. Aber das hat einen Scheißdreck mit mir zu tun!"

„Wo warst du an dem Nachmittag, an dem die Hadlers erschossen wurden?"

Dow schüttelte den Kopf. „Mann, du hast schon genug Schaden mit Ellie angerichtet. Mich und meinen Onkel machst du nicht auch noch fertig. Das ist eine Hexenjagd!"

Raco räusperte sich, ehe Falk antworten konnte. „Immer mit der Ruhe, Grant. Machen wir die Sache nicht komplizierter als nötig. Sie haben den Kollegen aus Clyde gesagt, dass Sie draußen Richtung Eastway zusammen mit zwei Bekannten einen Graben ausgehoben haben. Die Namen der beiden sind hier aufgeführt. Bleiben Sie dabei?"

„Klar. Ich war da. Den ganzen Tag. Meine Bekannten werden das bestätigen. Weil's nämlich die Wahrheit ist."

„Sag, Grant, was hast du mit der Farm vor, wenn dein Onkel gestorben ist?" Der abrupte Themenwechsel durch Falk schien Dow zu verwirren. „Hä?"

„Du wirst sie ja erben, hab ich gehört."

„Na und? Ich hab's verdient", blaffte Dow.

„Willst du die Farm verkaufen, wenn du kannst?"

„Und ob. Ich werde jedenfalls nicht versuchen, sie zu bewirtschaften. Ich bin doch kein Idiot. Es laufen jede Menge Schlitzaugen rum, die ganz wild drauf sind, hier draußen Land zu kaufen. Sogar so Drecksland wie unseres."

„Und wie das der Hadlers?"

Dow stutzte. „Möglich."

„Wie ich höre, wird das Anwesen der Hadlers früher oder später zum Verkauf angeboten werden. Zwei Farmen nebeneinander. Das ist für ausländische Investoren sehr viel attraktiver. Umso interessanter ist es, dass der Besitzer von einer der beiden Farmen durch einen Kopfschuss ums Leben kam."

Ausnahmsweise machte Dow keine Anstalten zu antworten.

„Zurück zu Karen." Falk nutzte den Moment, um seine Taktik zu ändern. „Hattest du mal versucht, bei ihr zu landen?"

Dow schnaubte. „Die war kalt wie ein Fisch. Die Mühe hab ich mir erspart."

„Du denkst, sie hätte dich abblitzen lassen. Das hat dich doch bestimmt gewurmt."

„Ich bin bestens versorgt, vielen Dank, mach dir mal keine Sorgen um mich. So wie du um Gretchen rumscharwenzelst, solltest du dir lieber Sorgen um dich selbst machen."

Falk überging die Bemerkung. „Hat Karen dein Ego angekratzt? Hattest du Streit mit ihr über irgendwas, und alles ist ein bisschen aus dem Ruder gelaufen?"

„Was? Nein." Dows Augen huschten hin und her.

„Aber Sie hatten Krach mit ihrem Mann. Und zwar regelmäßig, wie wir gehört haben", ließ sich Raco vernehmen.

„Na und? Das hatte rein gar nichts mit seiner Alten zu tun."

„Grant", sagte Falk ganz ruhig, „wir werden nachprüfen, wo du an dem Tag warst, und vielleicht werden deine Kumpel deine Angaben bestätigen. Aber manche Alibis sind wie die Rigipsplatten, mit denen du arbeitest. Anfangs halten sie noch, aber wenn man sie unter Druck setzt, zerbröseln sie verflucht schnell."

Dow blickte einen Moment nach unten. Als er wieder den Kopf hob, huschte ein bösartiges Grinsen über sein Gesicht. „Wie dein Alibi, meinst du?"

Eine angespannte Stille trat ein, während drei Augenpaare die Kopie des Ausleihbelegs auf dem Tisch fixierten.

Dow stieß ein bellendes Lachen aus. „Ein Glück, dass wenigstens meine Geschichte stimmt, was? Ich hab die drei nicht umgebracht, ich war nicht auf der Farm, und wenn du beweisen willst, dass ich da war, dann musst du mich schon linken."

„Falls du da warst, Grant, werden wir das beweisen."

Er grinste. „Bin verdammt gespannt, wie du das anstellen willst."

„Sie können von Glück sagen, dass wir die Aufnahmen noch haben. Normalerweise werden sie nach einem Monat gelöscht."

Scott Whitlam ging die Dateien auf seinem Computer durch, bis er fand, was er suchte. Er lehnte sich zurück, damit Falk und Raco besser sehen konnten. Sie waren in seinem Büro, und durch die geschlossene Tür hindurch waren Schulgeräusche zu hören.

„Das ist von der Kamera am Haupteingang", erklärte Whitlam. Ein Mausklick, und der Film lief auf dem Bildschirm ab. Offenbar war die Überwachungskamera oberhalb der großen Schultüren montiert worden, um jeden aufzunehmen, der die Stufen heraufkam. „Sorry, die Qualität ist nicht besonders." Der Direktor klickte erneut, und ein anderes Bild erschien. „Das ist die Kamera, die den Lehrerparkplatz überwacht." Der Film, der ebenfalls aus einem hohen Blickwinkel aufgenommen worden war, zeigte eine unscharfe Reihe Autos.

„Ist Karen an ihrem letzten Tag da drauf?", fragte Falk, obwohl sie nicht vordringlich nach Karen suchten, sondern nach Grant Dow. Falk und Raco hatten mehrere Stunden damit verbracht, Dows Freunden wegen seines Alibis auf den Zahn zu fühlen. Die beiden hatten seine Angaben unerschütterlich bestätigt.

Whitlam vergrößerte die Ansicht auf den Parkplatz. „Karen ist normalerweise mit dem Auto gekommen, also müsste sie eigentlich zu sehen sein."

Er suchte das entsprechende Datum und ließ die Zeit bis zum Ende des Schultags vorlaufen. Sie sahen die tonlosen Aufnahmen von Schülern, die paarweise oder in Grüppchen vorbeigingen.

Ein dünner, glatzköpfiger Mann kam ins Bild. Er ging zu einem der Autos, öffnete den Kofferraum und nahm eine große Tasche heraus. Er hängte sie sich über die Schulter und verschwand wieder in derselben Richtung, aus der er gekommen war.

„Der Hausmeister", erklärte Whitlam.

„Was ist in der Tasche?", fragte Falk.

„Er benutzt sein eigenes Werkzeug. Ich schätze mal, das hat er da drin."

„Arbeitet er schon lange hier?"

„Ungefähr fünf Jahre, glaube ich. Er scheint ganz anständig zu sein, ist jedenfalls mein Eindruck."

Sie schauten weitere zehn Minuten lang zu, dann tauchte Karen auf. Falk stockte der Atem. Sie war eine schöne Frau gewesen. Er beobachtete, wie sie durchs Bild ging, wie der Wind ihr helles Haar nach hinten wehte. Sie war nicht groß, hatte aber die Körperhaltung einer Tänzerin, als sie rasch den Parkplatz überquerte. Sie kam aus Richtung Kinderkrippe und schob

Charlotte in einem Buggy vor sich her. Drei Schritte hinter ihr kam Billy ins Bild.

Falk fröstelte beim Anblick des stämmigen dunkelhaarigen Jungen, der seinem Vater so ähnlich sah. Neben ihm trat Raco von einem Bein aufs andere und räusperte sich. Er hatte mit eigenen Augen gesehen, welches Grauen den Jungen erwartete.

Billy hatte nur Augen für irgendein Spielzeug, das er in der Hand hielt. Karen wandte den Kopf und schien ihm über die Schulter irgendwas zuzurufen, denn er lief los und holte sie ein. Sie packte beide Kinder ins Auto, schnallte sie an und schloss die Tür. Sie bewegte sich schnell, effektiv. Danach richtete sie sich auf und blieb einen Moment vollkommen still mit dem Rücken zur Kamera stehen, eine Hand auf dem Autodach. Sie hob die andere Hand ans Gesicht und machte zwei kurze Bewegungen mit den Fingern.

„Weint sie?", fragte Falk. „Lassen Sie den letzten Teil noch mal laufen, schnell."

Keiner sagte etwas, während sie sich die Sequenz erneut anschauten. Dann ein drittes und viertes Mal.

„Könnte sein", stimmte Raco zu. „Aber vielleicht kratzt sie sich auch nur an der Nase."

Sie ließen die Aufzeichnung weiterlaufen. Karen öffnete die Fahrertür und stieg ein. Sie setzte rückwärts aus der Parkbucht und fuhr davon. Die Zeitangabe am Bildrand dokumentierte, dass sie und ihr Sohn keine achtzig Minuten mehr zu leben hatten.

Die Schulsekretärin erschien zehn Minuten nach Karen, dann passierte fast eine Stunde lang gar nichts. Diese Phase schauten sie im Schnelldurchlauf an. Danach kamen die Lehrer, einer nach dem anderen, und gingen zu ihren Autos. Whitlam identifizierte jeden einzelnen von ihnen. Um 16.30 Uhr kam der Hausmeister zum Wagen zurück, packte seine Tasche in den Kofferraum und fuhr davon.

Schließlich war Whitlams Wagen als einziger übrig. Wieder ließen sie die Aufzeichnung schnell vorlaufen. Kurz nach 19 Uhr tauchte Whitlam selbst auf. Er ging langsam, den Kopf gesenkt und mit hängenden Schultern.

Auf seinem Platz neben Falk atmete der Schuldirektor tief aus. „Es ist schwer, sich das anzuschauen. Inzwischen hatte mich die Polizei aus Clyde angerufen und mir mitgeteilt, dass Billy und Karen tot waren."

Auf dem Bildschirm stieg Whitlam schwerfällig in seinen Wagen, setzte zurück und fuhr davon.

Sie ließen die Aufnahme noch zehn Minuten weiterlaufen. Aber Grant Dow war nirgends zu sehen.

„Ich bin dann weg!", rief Deborah aus dem Vorraum. Sie wartete einen Moment, bekam von Raco aber nur ein zerstreutes Knurren als Antwort. Falk blickte auf und lächelte sie an. In den letzten paar Tagen war sie ihm gegenüber aufgetaut. Er vermutete, dass Raco ihr ein paar Takte gesagt hatte.

Falk, Raco und Constable Barnes saßen jeweils vor einem Monitor, auf dem körnige Bilder abliefen. Sie hatten sämtliche Aufnahmen beider Kameras der Schule mitgenommen und dann die Bänder von den drei Überwachungskameras auf Kiewarras Hauptstraße eingesammelt. Eine hing neben dem Pub, eine in der Nähe der Stadtverwaltung und eine über der Tür vom Lagerraum der Apotheke. Sie saßen jetzt seit vier Stunden hier.

Falk konzentrierte sich auf die Aufzeichnungen von der Schule und schaute sich immer wieder die Aufnahmen von Karen an. Sie war in der fraglichen Woche dreimal angekommen und weggefahren – jeden Tag außer Dienstag, da hatte sie frei gehabt, und Freitag, da war sie bereits tot gewesen. Ihr Wagen bog immer gegen 8.30 Uhr auf den Parkplatz. Dann holte sie die Kinder heraus, nahm Rucksäcke und Sonnenhüte und verschwand Richtung Schule aus dem Bild. Kurz nach 15.30 Uhr wiederholte sich der Vorgang in umgekehrter Reihenfolge.

Falk studierte ihre Bewegungen. Die Art, wie sie sich vorbeugte, um mit Billy zu reden, eine Hand auf der Schulter des Jungen. Wie sie behutsam ihre kleine Tochter aus dem Wagen hob und in den Buggy setzte. Karen war eine nette Frau gewesen, lieb zu den Kindern und gut in Buchführung. Falk spürte, dass Barb recht hatte. Er hätte Karen gemocht.

Er liebäugelte schon mit dem Gedanken, für heute Schluss zu machen, als Barnes sich ruckartig aufsetzte und rief: „He, seht euch das an!" Er hatte sich das Material von der Kamera an der Apotheke angeschaut, die nichts Aufregenderes filmte als eine stille, schmale Seitenstraße und die Lagerraumtür der Apotheke.

„Haben Sie Dow gefunden?", fragte Falk. Er und Raco standen auf und traten zu Barnes.

„Den nicht." Barnes spielte die Aufnahme ab. Die Zeitangabe zeigte Donnerstag, 16.41 Uhr an. Etwas über eine Stunde bevor Karen und Billy tot aufgefunden worden waren.

Ein paar Sekunden lang sah das Video bloß aus wie ein Standbild von der leeren Seitenstraße. Plötzlich sauste ein Geländewagen vorbei. Kaum da, war er schon wieder weg. Barnes spulte die Sequenz zurück und verlangsamte die Aufnahme. Sobald der Wagen in Sicht kam, fror er das Bild ein.

Es war unscharf, und der Winkel war ungünstig, aber das Gesicht des Fahrers war unverkennbar. Durch die Windschutzscheibe blickte ihnen Jamie Sullivan entgegen.

Es dämmerte bereits, als Falk und Raco in der Seitenstraße ankamen. Sie hatten Barnes nach Hause geschickt, nachdem er gute Arbeit geleistet hatte. Nun stand Falk unter der Überwachungskamera und schaute sich um. Das Sträßchen war schmal und verlief parallel zu Kiewarras Hauptstraße. Auf der einen Seite sah man die Rückfronten des Immobilienbüros, eines Friseurgeschäfts, der Arztpraxis und der Apotheke. Auf der anderen Seite war ein Stück Brachland in einen behelfsmäßigen Parkplatz umfunktioniert worden. Alles war völlig menschenleer.

Falk und Raco gingen das gesamte Sträßchen ab. Es war von beiden Enden befahrbar und mündete in die Straßen, die nach Osten und Westen aus der Stadt führten. Zu Stoßzeiten wäre es ein idealer Schleichweg, um durch die Stadt zu kommen, ohne in einen Stau zu geraten. Aber sie waren in Kiewarra, und hier gab es keine Stoßzeiten.

„Warum wollte Jamie Sullivan vermeiden, zwanzig Minuten bevor die Hadlers getötet wurden, in der Stadt gesehen zu werden?" Falk blickte nach oben in die Kamera. „Na, zumindest wissen wir jetzt ungefähr, wo er war. Von hier aus hätte er es bis zum Tatzeitpunkt zur Hadler-Farm schaffen können, nicht wahr?"

„Klar, überhaupt kein Problem", bestätigte Raco.

Falk lehnte sich gegen die Wand und legte den Kopf nach hinten. Als er die Augen schloss, brannten sie.

„Wir haben also von Jamie Sullivan, der behauptet, Lukes Freund gewesen zu sein, aber nicht mit der Sprache rausrücken will, wo er war, eine Filmaufnahme davon, wie er sich, eine Stunde bevor sein Freund erschossen wird, hier rumtreibt", fuhr Raco fort. „Dann wäre da noch Grant Dow, der zugibt, dass er Luke nicht ausstehen konnte, dessen Alibi aber niet- und nagelfest ist, obwohl die ermordete Frau kurz vor ihrem Tod seinen Namen aufgeschrieben hat."

Falk öffnete ein Auge und sah Raco an. „Nicht zu vergessen der Fahrer des geheimnisvollen weißen Pick-ups, der vielleicht, vielleicht aber auch nicht, vor zwanzig Jahren Luke Hadler an der Kreuzung gesehen hat, wie er auf seinem Fahrrad aus Richtung Fluss kam."

Eine Weile standen sie schweigend da.

„Alles Quatsch." Falk stieß sich von der Mauer ab. „Gehen wir das Ganze methodisch an. Als Erstes schnappen wir uns noch mal Sullivan und fragen ihn, wie es dazu kam, dass er von einer Kamera in einer Seitenstraße aufgenommen wurde."

„Jetzt sofort?" Racos Augen waren rot gerändert. Er sah so müde aus, wie Falk sich fühlte.

„Morgen."

Als sie gerade wieder zurück auf der Hauptstraße waren, klingelte Racos Handy. Er blieb stehen und zog es aus der Tasche. „Das ist meine Frau. Sorry, da muss ich rangehen." Er hielt es ans Ohr. „Hallo, meine Schöne."

Sie waren vor dem Minimarkt stehen geblieben. Falk deutete mit einer Kopfbewegung auf den Laden und tat so, als würde er eine Flasche an den Mund heben. Raco nickte dankbar.

Drinnen war es kühl und still. Es war derselbe Minimarkt, in dem Ellie damals gearbeitet hatte. Seitdem war so viel verändert worden, dass Falk den Laden kaum wiedererkannte. Er erinnerte sich aber daran, wie er oft hergekommen war, um mit Ellie zu plaudern, und wie er Geld für Dinge ausgegeben hatte, die er gar nicht gewollt oder gebraucht hatte.

Er nahm zwei Flaschen Wasser aus dem Kühlregal. Außerdem entschied er sich für ein an den Rändern leicht gewelltes Käse-Schinken-Sandwich und einen Muffin in Plastikverpackung zum Abendessen.

Als er das Gesicht hinter der Theke wiedererkannte, stöhnte er leise. Er hatte den Ladenbesitzer nicht mehr gesehen, seit sie beide in demselben stickigen Klassenzimmer die Schulbank gedrückt hatten. Der war einer von den Jungs gewesen, die langsam von Begriff und schnell auf hundertachtzig waren, erinnerte Falk sich, während er sein Gehirn nach dem Namen durchforstete. Ian Willis.

Falk setzte ein Lächeln auf, ging zur Kasse und legte seine Einkäufe auf die Theke. „Hallo Ian, wie geht's?" Er zückte sein Portemonnaie.

Willis sagte nichts, hob nur den Kopf und sah über Falks Schulter hinweg. „Der Nächste, bitte!", rief er laut und vernehmlich.

Falk schaute hinter sich. Da war niemand. Er drehte sich wieder um. „Okay, Ian. Ich bezahl meinen Kram, dann bin ich weg. Und ich verrate auch keinem, dass du mich bedient hast, Indianerehrenwort."

Willis blickte weiterhin stur an ihm vorbei.

„Ist das dein Ernst?" Falk konnte den Zorn in seiner Stimme hören. „Die Stadt geht den Bach runter, und du kannst es dir leisten, einen Kunden abzuweisen?"

Der Ladenbesitzer trat von einem Bein aufs andere. Falk erwog gerade, einfach Geld auf die Theke zu legen und die Sachen mitzunehmen, als Willis den Mund aufmachte.

„Mandy Vaser sagt, du hast Kinder im Park belästigt."
„Du machst wohl Witze."
„Deshalb hab ich keine Lust, dich zu bedienen. Heute nicht und auch sonst nicht."
Der Kerl hatte wahrscheinlich zwanzig Jahre darauf gewartet, sich endlich jemandem überlegen zu fühlen, und diese Chance würde er sich nicht entgehen lassen.
„Vergiss es." Falk ließ die Sachen auf der Theke liegen. „Ich wünsche dir viel Glück, Ian. Du wirst es brauchen." Er trat wieder hinaus in die Hitze.
Raco registrierte zuerst Falks leere Hände, dann seinen Gesichtsausdruck. „Was ist passiert?"
„Hab's mir anders überlegt."
Raco warf einen Blick Richtung Minimarkt, sah wieder Falk an und begriff. „Soll ich mal ein Wörtchen mit ihm reden?"
„Nein, lassen Sie's gut sein. Trotzdem danke. Wir sehen uns morgen." Falk wandte sich ab. Die Begegnung im Minimarkt hatte ihn stärker aufgewühlt, als er zugeben wollte.
„Kommen Sie doch zum Abendessen zu uns", schlug Raco vor. „Meine Frau liegt mir schon seit Tagen in den Ohren, dass ich Sie einladen soll."
„Nein, wirklich nicht, alles in Ordnung."
„Also entweder ich debattiere jetzt mit Ihnen rum, oder ich debattiere später mit ihr rum. Bei Ihnen hab ich wenigstens die Chance, mich durchzusetzen."

VIERZIG MINUTEN SPÄTER stellte Rita Raco eine dampfende Schüssel mit Pasta vor Falk auf den Tisch. Sie berührte ihn ganz leicht an der Schulter, wandte sich ab und kam gleich darauf mit einer Flasche Wein zurück. Sie saßen draußen um einen kleinen Kiefernholztisch mit bunter Tischdecke, während der Himmel sich indigoblau verfärbte. Die Racos wohnten in einem umgebauten ehemaligen Geschäft am hinteren Ende der Hauptstraße. Sie hatten Lavendelbüsche und einen Zitronenbaum im Garten, und die am Zaun befestigte Lichterkette verlieh der Szene einen festlichen Glanz.
Rita war eine zierliche Frau mit wallendem, glänzend braunem Haar, das ihr bis auf die Schultern fiel. Immer wieder strich sie sich unbewusst über die Rundung ihres schwangeren Bauchs. Wenn sie lächelte, was häufig vorkam, zeigte sich ein Grübchen in ihrer linken Wange, und als sie die Pasta servierte, konnte Falk gut nachvollziehen, warum Raco sie liebte. Sie begannen zu essen – einen schweren Sugo aus Tomaten, Auberginen und einer pikanten Wurst, dazu einen ganz anständigen Shiraz –, und auf einmal hatte Falk das Gefühl, selbst ein kleines bisschen in Rita verliebt zu sein.

Sie selbst trank Mineralwasser und beäugte den Shiraz mit gutmütiger Sehnsucht. „Hach, was gäbe ich für ein Glas!" Sie lachte über den tadelnden Blick ihres Mannes, streckte die Hand aus und streichelte ihm den Nacken, bis er lächelte. „Er ist so überfürsorglich", erklärte sie Falk.

Sie unterhielten sich über Politik, Religion, Football. Nur nicht über die Hadlers. Erst als Raco den Tisch abräumte und mit den Tellern im Haus verschwand, sprach Rita Falk schließlich darauf an.

„Ich möchte Sie was fragen. Und bitte antworten Sie ehrlich. Wird die Sache gut ausgehen für Greg?"

„Die Arbeit als Polizist in einer Kleinstadt ist nie leicht. Aber Ihr Mann macht seine Sache großartig. Er ist clever und sehr engagiert. So was nimmt man weiter oben zur Kenntnis. Er wird es weit bringen."

„Ach." Rita winkte ab. „Darum geht's ihm nicht. Sein Dad war sein ganzes Leben lang Kleinstadtpolizist in einem Kaff irgendwo nahe der Grenze von South Australia. Er hat die Stadt geführt wie ein strenger, aber gerechter Patriarch, und die Leute haben ihn dafür geschätzt." Sie schwieg kurz, nahm die Weinflasche und verteilte den kläglichen Rest auf ihre beiden Gläser. „Pst." Sie legte einen Finger an die Lippen.

Falk lächelte. „Haben Sie sich da kennengelernt, in South Australia?"

„Ja, es war im Restaurant meiner Eltern in Adelaide. Greg hatte dort in der Nähe gerade erst bei der Polizei angefangen. Er hat gewartet, bis ich meinen Master in der Tasche hatte, und dann haben wir ganz schnell geheiratet. Das war vor zwei Jahren."

„Master in was?"

„Pharmakologie."

Falk stutzte. Er wusste nicht, wie er seine nächste Frage formulieren sollte.

Rita kam ihm zu Hilfe. „Ich weiß", sagte sie mit einem Lächeln. „Was mache ich hier barfuß und schwanger mitten in der Pampa, wenn ich meine Qualifikation doch anderswo nutzen könnte?" Sie zuckte die Achseln. „Ich tu's für meinen Mann, und es ist ja nicht für ewig. Als wir in dieses Städtchen gezogen sind, hoffte er, hier könnte es für ihn so werden, wie es für seinen Vater war, aber dann ist fast sofort alles so entsetzlich –", sie stockte, „falsch gelaufen. Er steht ständig unter Druck, weil er so gut werden will wie sein Vater. Wie oft habe ich schon zu ihm gesagt: Was hier passiert ist, ist nicht deine Schuld."

Während sie noch sprach, tauchte Raco wieder in der Tür auf und brachte drei Tassen Kaffee mit. „Worüber redet ihr zwei?"

„Ich hab gerade gesagt, dass du dich zu sehr unter Druck setzt, weil du dich vor deinem Vater beweisen möchtest", erklärte Rita und streckte den Arm aus, um ihm über das lockige Haar zu streichen.

Raco wurde ein wenig rot, bewegte aber den Kopf auf ihre Hand zu. „Ganz so ist es nicht."

Rita trank einen Schluck Kaffee und musterte Falk über den Rand ihrer Tasse hinweg. „Das ist doch auch einer der Gründe, warum Sie selbst hiergeblieben sind, vermute ich. Sie tun es unter anderem Ihrem Vater zuliebe."

Einen Moment lang herrschte verblüfftes Schweigen.

„Schatz, was redest du denn da?" Raco stupste sie liebevoll an und hielt die leere Weinflasche in die Luft. „Ich wusste schon, warum du die Finger davon lassen solltest."

Ritas Blick wanderte von Falk zu ihrem Mann und wieder zurück. „Ich bitte um Verzeihung. Vielleicht liege ich ja falsch. Aber ich habe natürlich Gerüchte gehört, über Ihre junge Freundin, die gestorben ist. Man hat mir erzählt, Ihr Vater musste einige Anfeindungen durchstehen, musste Sie schließlich von hier wegbringen, sein Zuhause aufgeben. Und selbst heute noch werden diese grässlichen Flugblätter mit seinem Foto in der Stadt verteilt." Sie hielt inne. „Entschuldigen Sie. Bitte nehmen Sie mich nicht ernst. Ich habe die Neigung, zu viel in eine Situation hineinzuinterpretieren."

Eine ganze Weile sagte keiner etwas.

„Nein, Rita", durchbrach Falk schließlich die Stille zwischen ihnen. „Ehrlich gesagt, ich glaube, Sie haben es genau richtig interpretiert."

*Mehr als hundert Kilometer hinter Kiewarra füllte Mal Deacons Pick-up noch immer den Rückspiegel aus. Aarons Vater Erik hielt das Lenkrad mit beiden Händen fest umklammert. Aaron saß stumm auf dem Beifahrersitz, noch immer aufgewühlt durch seinen hastigen Abschied von Luke und Gretchen. Der Hausrat der Falks schepperte hinten auf der Ladefläche. Ihr Farmhaus war verschlossen und verriegelt. Die Schafherde war auf alle Nachbarn verteilt worden, die bereit gewesen waren, Tiere zu nehmen. Aaron hatte Angst zu fragen, ob diese Regelung vorläufig war oder für immer.*

*Nur ein einziges Mal, kurz nach ihrer Abfahrt, hatte Erik das Tempo verlangsamt, um Deacon überholen zu lassen. Doch der verdreckte weiße Pick-up hatte nicht überholt, sondern war näher und näher gekommen, bis er mit solcher Wucht auf die hintere Stoßstange aufgefahren war, dass Aarons Kopf zurückgeschnellt war. Danach war Erik nicht mehr langsamer geworden.*

*Fast eine Stunde war vergangen, als Deacon plötzlich lang anhaltend auf die Hupe drückte. Er kam wieder näher, sein Wagen riesig in Aarons Seitenspiegel, das Geräusch irrsinnig laut und gellend. Als Aaron schon duchte,* er könne es nicht mehr aushalten, hörte das Geräusch auf. Die jähe Stille klingelte ihm in den Ohren.

Im Rückspiegel sah er, wie Deacon das Seitenfenster runterkurbelte, langsam einen Arm herausstreckte und den Mittelfinger hob. Er hielt ihn eine Ewigkeit so, gegen den Wind gestemmt. Dann wurde sein Spiegelbild kleiner und kleiner, bis es schließlich ganz verschwand.

„Dad hat sich in Melbourne nie richtig zu Hause gefühlt. Er fand einen Bürojob, war zuständig fürs Lieferkettenmanagement eines Landwirtschaftsunternehmens, aber die Arbeit und das Leben dort haben ihm überhaupt keinen Spaß gemacht." Falk selbst war auf die nächstbeste Highschool geschickt worden, um dort das letzte Jahr abzusitzen. Er hatte den Abschluss geschafft, aber mit eher mittelmäßigen Noten. „Es gelang mir, mich etwas besser einzuleben als Dad, aber jeder von uns hat sich irgendwie in sich selbst verkrochen."

Rita streckte die Hand aus und legte sie auf Falks. „Ich bin sicher, ganz gleich welche Opfer er für Sie gebracht hat, für ihn waren Sie es wert."

Ganz leicht schüttelte Falk den Kopf.

*Schweigend fuhren sie weiter. Deacons Wagen tauchte nicht wieder auf.*

*Nach einer Stunde trat Erik unvermittelt auf die Bremse und hielt am Straßenrand. Er sah blasser aus als sonst, und auf seiner Stirn glänzte ein Schweißfilm. Er packte seinen Sohn vorn am Hemd. Aaron keuchte auf. Sein Vater hatte noch niemals die Hand im Zorn gegen ihn erhoben.*

*„Ich frage dich das nur dieses eine Mal, also sag mir die Wahrheit: Hast du es getan?"*

*Der Schock, den diese Frage auslöste, durchlief Aarons Brust wie ein körperlicher Ruck. „Was? Dad –"*

*„Hast du irgendwas mit dem Tod dieses Mädchens zu tun?"*

*„Nein, Dad! Nein! Wie kannst du mich das überhaupt fragen?"*

*Sein Vater hielt ihn weiter fest. „Hast du eine Ahnung, wie viele Leute mich nach dem Zettel gefragt haben, den das tote Mädchen geschrieben hat? Meine Freunde. Menschen, die ich seit Jahren kenne. Die haben die Straßenseite gewechselt, wenn sie mich gesehen haben." Er packte noch fester zu. „Wieso stand dein Name auf diesem Zettel?"*

*Aaron beugte sich ihm entgegen. Vater und Sohn, Auge in Auge. „Vielleicht war es ja deiner."*

„Danach wurde es zwischen uns nie mehr so, wie es mal war", erzählte Falk weiter. „Im Laufe der Jahre hab ich ein paar Wiedergutmachungsversuche unternommen. Er wahrscheinlich auch, auf seine eigene Art. Aber wir sprachen nie mehr von Kiewarra, taten so, als wäre nie irgendwas passiert. Mein Vater hat Melbourne ertragen, hat mich ertragen, dann ist er gestorben. Und das war's."

*„Was fällt dir ein?" Die Augen seines Vaters loderten. „Deine Mutter liegt in Kiewarra begraben. Unsere Farm ist von deinen Großeltern aufgebaut worden. Meine Freunde und mein Leben sind dort. Wage es ja nicht, mir die Schuld zu geben."*
  *„Aber warum laufen wir dann weg?" Aaron packte das Handgelenk seines Vaters und zog es von seinem Hemd weg. „Dadurch wirken wir doch erst recht schuldig."*
  *„Nein, es ist der Zettel, der uns schuldig wirken lässt." Sein Vater schaute ihn eindringlich an. „Sag mir die Wahrheit: Warst du wirklich mit Luke zusammen?"*
  *Aaron zwang sich, seinem Vater in die Augen zu sehen. „Ja."*
  *Erik öffnete den Mund. Dann schloss er ihn wieder. Er betrachtete seinen Sohn, als hätte er ihn noch nie zuvor gesehen. Die Atmosphäre im Auto war unerträglich. Er schüttelte einmal den Kopf, wandte sich ab und startete den Motor.*
  *Sie fuhren den Rest der Strecke, ohne ein weiteres Wort zu wechseln. In Aaron brannten Wut und Scham.*

## KAPITEL 13

Als Falk nach einem kurzen Fußweg von den Racos beim Pub ankam, hatte er das dringende Bedürfnis, sich zu waschen. Die Vergangenheit klebte an ihm wie eine Dreckschicht. Im Pub herrschte noch Hochbetrieb, als er die Treppe hochschlich. Unter der Dusche offenbarte sein Körper die Spuren der Kiewarra-Sonne. Unterarme, Hals, das V des offenen Hemdkragens waren nicht mehr blass, sondern feuerrot.

Das erste Klopfen an der Tür wurde vom Wasserrauschen fast übertönt. Falk drehte den Hahn ab, stand nackt da und lauschte. Wieder klopfte es, hektisch und laut. „Falk! Schnell! Sind Sie da drin?" Er schnappte sich ein Handtuch, und als er die Tür aufriss, stand da ein atemloser McMurdo, die Faust erhoben, um erneut zu klopfen.

„Kommen Sie runter", keuchte der Barmann. „Schnell!" Dann war er schon wieder weg.

Nass, wie er war, zog sich Falk Shorts, T-Shirt und Turnschuhe an und knallte die Tür hinter sich zu.

Der Pub bot ein Bild der Verwüstung. Stühle lagen umgekippt herum, und Glasscherben glitzerten auf dem Boden. Jemand hockte in einer Ecke, drückte sich die blutverschmierten Hände auf die Nase. McMurdo war auf den Knien und versuchte, zwei Männer zu trennen, die auf dem Boden miteinander rangen. Um sie herum standen Betrunkene im Halbkreis. Als Falk mit großen Schritten in den Raum stürmte, traten sie zurück.

Der jähe Abfall des Lärmpegels lenkte die beiden Männer auf dem Boden ab, sodass es McMurdo endlich gelang, einen Arm zwischen sie zu schieben. Er zog sie auseinander, und die beiden blieben schwer atmend ein Stück voneinander entfernt liegen.

Jamie Sullivans Auge war bereits dick geschwollen, seine Unterlippe aufgeplatzt und die Wange zerkratzt. Ihm gegenüber grinste Grant Dow, verzog dann das Gesicht und befühlte vorsichtig sein Kinn. Offenbar war er glimpflicher davongekommen.

„So, du und du", Falk zeigte auf zwei Umstehende, die nicht ganz so betrunken aussahen, „ihr schafft Sullivan zur Toilette und helft ihm, sich das Blut vom Gesicht zu waschen. Dann bringt ihr ihn wieder her."

Sie halfen Sullivan auf die Beine.

Falk sah Dow an. „Du setzt dich da drüben hin und wartest gefälligst. Nein, kein Wort!" Dann wandte er sich an McMurdo. „Einen sauberen Lappen, bitte."

Falk ging mit dem Lappen zu dem Mann in der Ecke, der sich noch immer die Nase hielt. „Gerade hinsetzen. So ist es gut. Hier, halten Sie das." Der Mann richtete sich auf und nahm die Hände weg. Falk blinzelte, als Scott Whitlams blutiges Gesicht zum Vorschein kam. „Meine Güte, wie sind Sie denn in die Sache reingeraten?"

Whitlam verzog schmerzvoll das Gesicht. „Falsche Zeit, falscher Ort", murmelte er näselnd und drückte sich den Lappen auf die Nase.

Falk drehte sich um und musterte die Gaffer scharf. „Ich würde vorschlagen, ihr anderen verzieht euch jetzt mal."

Als die Männer allmählich nach draußen schlurften, kam Raco herein. „McMurdo hat mich angerufen. Brauchen wir einen Krankenwagen?"

Falk schaute sich um. „Nein, ich glaub nicht. Es sei denn, Sie machen sich Sorgen, weil zwei von ihnen kein Gehirn haben." An McMurdo gewandt, fragte er: „Wie ist das passiert?"

Der Barmann verdrehte die Augen. „Der gute Mr Dow da drüben scheint zu glauben, dass er nur deshalb mit den toten Hadlers in Verbindung gebracht wird, weil Jamie Sullivan zu feige ist, um ein Geständnis abzulegen. Deshalb hat er beschlossen, ihm mal ein bisschen gut zuzureden."

Falk baute sich vor Dow auf. „Was war hier los?"

„Kleines Missverständnis."

Falk beugte sich hinunter und schob seinen Mund dicht an Dows Ohr. „Falls wir dir auf die Nerven gehen, musst du uns nur eine vernünftige Erklärung dafür liefern, warum Karen Hadler deinen Namen aufgeschrieben hat."

Dow stieß ein hämisches Lachen aus. „Und das aus deinem Mund, dass ich nicht lache! Die vernünftige Erklärung, wie dein Name auf den Zettel kam, den Ellie hinterlassen hat, bist du uns bis heute schuldig geblieben. Du bist doch erst zufrieden, wenn du mir und meinem Onkel die Sache angehängt hast."

„Vorsicht, Grant. Wenn du weiter so rumtönst, wirst du offiziell festgenommen und verhört und kriegst einen Riesenhaufen Ärger, klar?" Falk richtete seine Aufmerksamkeit auf Sullivan und Whitlam, die von McMurdo und Raco unbeholfen verarztet wurden. „Erzählen Sie uns jetzt bitte, was passiert ist, Jamie."

„Wie er gesagt hat, kleines Missverständnis."

„Ich rede nicht von heute Abend."

Sullivan antwortete nicht darauf.

„Okay. Sie kommen morgen früh um zehn aufs Revier. Und ich an Ihrer Stelle würde mir bis dahin sehr genau überlegen, wo Sie an dem Tag waren."

Sullivan sah aus, als würde er jeden Moment in Tränen ausbrechen.

„Ich fahr Sie jetzt nach Hause, Jamie", sagte Raco. „Kommen Sie, auf geht's."

Sullivan ließ sich aus dem Pub führen. Schließlich wandte Falk sich wieder Whitlam zu.

„Ich glaub, es blutet nicht mehr." Der Schuldirektor befühlte vorsichtig seine Nase.

Falk nahm sie in Augenschein. „Tja, falls Sie in nächster Zeit keinen offiziellen Schulfototermin haben, werden Sie es wohl überleben."

„Jippie."

„Sie müssen wir doch wohl nicht auch noch morgen aufs Revier kommen lassen, oder?"

„Auf keinen Fall." Whitlam hob beide Hände. „Ich war völlig unbeteiligt. Kam gerade vom Klo, und die sind in mich reingekracht. Ich hab das Gleichgewicht verloren und bin mit der Nase auf einen Stuhl geknallt."

„Na gut." Falk half ihm hoch.

Whitlam war mit dem Fahrrad gekommen. Falk verstaute es im Kofferraum seines Wagens und fuhr den Direktor durch die menschenleeren Straßen nach Hause.

„Haben die Aufnahmen von den Sicherheitskameras irgendwas gebracht?", fragte Whitlam schließlich.

„Wir arbeiten noch dran. Danke, dass Sie uns dabei geholfen haben."

„Keine Ursache." Whitlams geschwollenes Gesicht spiegelte sich verzerrt in der Scheibe, während er hinaus ins Leere blickte. „Früher hab ich mir um stinknormale Dinge Gedanken gemacht, wie Footballergebnisse. Jetzt sind es die Schule und die Finanzierungslücken, die dauernde Geldauftreiberei. Und kleine Kinder, die erschossen werden, Herrgott noch mal."

Als sie vor seinem Haus hielten, ergoss sich warmes Licht auf die Veranda. Erleichterung malte sich auf Whitlams ramponierten Gesicht ab: daheim. Falk, der sich in seinen feuchten Klamotten müde und unbehaglich fühlte, überkam eine heftige Sehnsucht nach seiner eigenen Wohnung.

„Danke fürs Bringen. Möchten Sie noch auf einen Schluck mit reinkommen?", fragte Whitlam.

„Ein anderes Mal gern. Für heute reicht's mir." Falk öffnete den Kofferraum. Das Fahrrad war sperrig, und er hatte einige Mühe, bis er es herausgehoben hatte. „Kommen Sie ab hier klar?"

Whitlam schwang sein Rad herum. „Ja, ich werde es überleben. Ist schon komisch. Da steh ich hier und tu mir selber leid, aber dann denke ich an den armen Billy. Der war nun wirklich ein Unschuldiger. Ich sage Ihnen, was auch immer in dem Haus passiert ist – mit Luke, der Dürre, der Farm –, was auch immer der Grund war, der kleine Junge hätte niemals da mit reingezogen werden dürfen."

Die Haustür ging auf, und Sandra stand da. Sie winkte. Whitlam verabschiedete sich, und Falk sah ihm nach, wie er sein Fahrrad zum Haus schob.

Als Falk wieder in den Wagen stieg, summte sein Handy. Eine SMS von Raco. Falk las sie und schlug triumphierend aufs Lenkrad. *Interessiert, warum Jamie Sullivan in dem Sträßchen war?*

DER MANN wartete bereits geduldig vor dem Revier, als Falk und Raco am nächsten Morgen ankamen.

„Dr. Leigh." Raco stellte Falk vor. „Danke, dass Sie gekommen sind."

„Gerne. Aber es wäre schön, wenn wir uns beeilen könnten. Meine Praxis ist heute sehr voll."

Raco lächelte höflich und schloss die Tür zum Revier auf. Falk musterte den Arzt neugierig. Er kannte seinen Namen aus den Hadler-Akten. Erster am Tatort. Er war Mitte vierzig, hatte volles Haar und die gesunde Ausstrahlung eines Menschen, der das, was er predigte, auch selbst vorlebte.

„Ich habe meine Notizen zu den Hadlers mitgebracht." Dr. Leigh legte einen Ordner auf den Tisch des Vernehmungszimmers.

Racos Lächeln erreichte nicht ganz seine Augen, als er sagte: „Dr. Leigh, würden Sie uns bitte schildern, wo Sie am Nachmittag des 22. Februar waren?"

*Jamie Sullivan stand allein auf seiner Weide und sah Luke Hadlers Pick-up davonfahren. Als der Wagen in der Ferne verschwunden war, holte Sullivan sein Handy aus der Tasche und verschickte eine SMS. Er wartete. Keine zwei Minuten später leuchtete die Antwort im Display auf. Sullivan nickte leicht und ging zu seinem Geländewagen.*

Überraschung huschte über das Gesicht des Arztes. „Sie wissen doch, wo ich war. Ich war mit Ihnen zusammen am Tatort der Hadler-Morde."

„Und in den zwei Stunden davor?"

„Davor war ich in der Praxis. Dann habe ich mich in meiner Wohnung über der Praxis ein paar Stunden ausgeruht."

„Warum?"

„Wenn ich Wechselschicht habe, mache ich das öfter. Morgens und abends Bereitschaft ist sehr anstrengend."

„Kann das jemand bestätigen?"

*Sullivan fuhr das kurze Stück in die Stadt. Ehe er die Hauptstraße erreichte, bog er scharf rechts ab in das Sträßchen, das hinter der Ladenzeile verlief. Er war übervorsichtig, das war ihm klar. Keiner würde sich was dabei denken, wenn er seinen Wagen in der Stadt parkte. Aber das Bedürfnis nach Geheimhaltung war ihm in Fleisch und Blut übergegangen.*

Stirnrunzelnd beugte sich Leigh vor. „Jetzt mal im Ernst, worum geht's hier eigentlich?"

„Bitte beantworten Sie die Frage", entgegnete Raco. „Waren Sie an diesem Nachmittag allein in der Wohnung über der Praxis?"

Leigh sah von Raco zu Falk und wieder zurück. „Muss ich meine Anwältin anrufen? Sollte sie hier sein?" Seine Stimme klang herausfordernd.

„Das wäre ratsam", antwortete Raco.

Leigh wich vom Tisch zurück, als hätte er sich verbrannt.

*Sullivan parkte in der Garage, die immer leer und offen auf ihn wartete. Er stieg aus und zog das Rolltor herunter, um seinen Wagen vor Blicken zu verbergen. Er ging zu der unscheinbaren Tür neben dem Liefereingang der Praxis und klingelte. Einen Moment später wurde die Tür geöffnet. Dr. Leigh lächelte ihn an. Doch erst als sie beide drinnen waren und er die Tür wieder geschlossen hatte, küssten sie sich.*

Leigh rieb sich mit dem Zeigefinger über den Nasenrücken. „Also schön. Ich vermute mal, die Situation ist Ihnen bereits geschildert worden. Nun denn. Ich war an jenem Nachmittag nicht allein in der Wohnung. Jamie Sullivan war bei mir."

Raco gab einen Laut von sich, der sowohl frustriert als auch zufrieden klang. „Das wurde aber auch Zeit. Wissen Sie, wie viele Stunden wir damit verbracht – vertan – haben, Sullivans Darstellung der Ereignisse zu überprüfen?"

„Ich weiß. Tut mir wirklich leid." Der Arzt hörte sich aufrichtig an.

„Es tut Ihnen leid? Drei Menschen sind tot. Sie waren mit mir dort. Sie haben die Leichen gesehen, den armen Jungen, sechs Jahre alt, den Kopf praktisch weggeschossen. Wie konnten Sie da zulassen, dass wir uns im Kreis drehen?"

„Sie haben recht." Leigh kaute am Daumennagel und schien den Tränen nahe. „Sobald ich erfuhr, dass Sie bei Jamie gewesen waren und ihn befragt hatten, wollte ich sofort alles sagen. Aber ich habe einfach nicht den Mut aufgebracht. Wir beide nicht."

„Tja, ich hoffe, die Verzögerung war das blaue Auge wert, das sie Jamie gestern Abend eingebracht hat."

Leigh blickte schockiert auf.

„Ach, das wussten Sie nicht? Ja, er hat sich im Pub geprügelt. Nur deshalb hat er mir erzählt, dass er bei Ihnen war. Sie hätten uns schon vor Tagen viel Arbeit ersparen können. Sie sollten sich schämen, alle beide."

Der Arzt hob eine Hand vor die Augen und blieb lange so sitzen. Falk stand auf, um ihm ein Glas Wasser zu holen, und Leigh trank es dankbar in großen Schlucken leer. Sie warteten.

„Sie hatten also das Gefühl, es uns verschweigen zu müssen. Aber jetzt ist es Zeit, Ihr Schweigen zu brechen", sagte Falk schließlich nicht unfreundlich.

Leigh nickte. „Jamie und ich sind seit etwa achtzehn Monaten zusammen. Es fing an, als er seine Großmutter immer öfter in die Praxis bringen musste. Er brauchte jemanden, mit dem er reden konnte. So kamen wir uns näher.

Ich meine, ich hatte immer den Verdacht, dass er schwul ist, aber hier auf dem Land ..." Leigh sprach den Satz nicht zu Ende. „An dem Tag, an dem die Hadlers ermordet wurden, war ich bis vier in der Praxis, und dann habe ich Pause gemacht. Jamie hat mir eine SMS geschickt, und ich habe zurückgesimst, dass er herkommen sollte. So haben wir das öfter gemacht. Er kam an, wir haben uns eine Weile unterhalten, dann sind wir ins Bett."

*Sullivan hatte geduscht und trocknete sich gerade ab, als das Notfalltelefon klingelte. Er hörte, wie Leigh ranging. Das gedämpfte Gespräch war kurz und klang dringend.*
*Der Arzt steckte den Kopf ins Bad, mit zutiefst besorgtem Gesicht. „Ich muss sofort los. Es hat eine Schießerei gegeben."*
*„Ach du Scheiße."*
*„Ja. Hör mal, Jamie, ich sag's dir lieber gleich, es ist auf der Farm von Luke Hadler passiert."*
*„Das gibt's nicht. Der war doch eben noch bei mir. Ist er verletzt?"*
*„Ich weiß nichts Genaues. Ich ruf dich an. Zieh die Tür hinter dir zu. Ich liebe dich."*
*„Ich dich auch."*
*Sullivan zog sich an und fuhr nach Hause. Als er ankam, standen zwei Feuerwehrwagen vor dem Haus. Ein Feuerwehrmann in Schutzkleidung fing ihn an der Tür ab.*
*„Alles in Ordnung, Kumpel, deiner Gran ist nichts passiert. Von der Wand in eurer Küche kann ich das leider nicht behaupten."*

„Nachdem Sie bei Jamie gewesen waren und ihm Fragen gestellt hatten, war er ganz verstört. Er rief mich an und sagte, er wäre nicht darauf gefasst gewesen und hätte Sie spontan angelogen, als Sie wissen wollten, wo er war." Leigh sah ihnen beiden in die Augen. „Ich weiß, dafür gibt es keine Entschuldigung. Aber bitte, urteilen Sie nicht zu hart. Wenn man etwas so lange geheim halten muss, vertuscht man es schon fast automatisch."
„Ich verurteile Sie nicht, weil Sie schwul sind, ich verurteile Sie, weil Sie unsere Zeit vergeudet haben, obwohl eine ganze Familie tot ist", erwiderte Raco.
Der Arzt nickte. „Wenn ich die Zeit zurückdrehen und es anders machen könnte, würde ich das tun. Ich schäme mich nicht dafür, schwul zu sein. Und Jamie – der kommt allmählich auch da hin. Aber in Kiewarra gibt es viele Leute, die große Bedenken hätten, sich oder ihre Kinder von einem Homo behandeln zu lassen. Oder im Fleece neben einem zu sitzen." Leigh

sah Falk an. „Sie haben ja selbst erlebt, was einem passiert, wenn man den Unwillen der Allgemeinheit auf sich zieht. Und genau das wollten wir vermeiden."

Sie ließen den Arzt gehen. Dann fiel Falk noch etwas ein, und er trabte aus dem Polizeirevier hinter ihm her. „Einen Moment noch. Es geht um Mal Deacon. Wie stark ist seine Demenz?"

Leigh stutzte. „Darüber darf ich nicht reden. Er ist mein Patient."

„Ich muss gar keine Details wissen. Nur ganz allgemein: Woran kann er sich erinnern? An Dinge, die zehn Minuten her sind und nicht zehn Jahre, oder umgekehrt?"

Leigh zögerte. „Im Allgemeinen kommt es bei Patienten über siebzig mit ähnlichen Symptomen wie denen von Mr Deacon sehr rasch zu einer Verschlechterung des Erinnerungsvermögens. Die ferne Vergangenheit kann klarer sein als jüngere Ereignisse, aber häufig vermischen sich die Erinnerungen und geraten durcheinander."

„Wird er daran sterben? Letzte Frage, versprochen."

Leighs Gesichtsausdruck war gequält. „Nicht unmittelbar. Aber Demenz geht mit anderen gesundheitlichen Komplikationen einher. Körperhygiene, Ernährung, alles leidet darunter. Ich würde vermuten, einem Patienten in diesem Stadium bleibt etwa noch ein Jahr, vielleicht etwas mehr. Vielleicht weniger. Wenn ein Patient in seinem erwachsenen Leben täglich einige Gläser Alkohol konsumiert hat, ist er noch stärker gefährdet. Natürlich ganz allgemein gesagt."

Er nickte einmal, als würde er einen Schlusspunkt unter das Gespräch setzen, und wandte sich ab. Falk ließ ihn gehen.

„Die gehören beide vor Gericht. Er und Sullivan", schimpfte Raco, als Falk zurück ins Revier kam.

„Ja. Eigentlich schon." Aber sie wussten beide, dass es nicht dazu kommen würde.

Raco rieb sich mit beiden Händen übers Gesicht und stieß einen langen Seufzer aus. „Verdammt. Was machen wir jetzt?"

Um sich nicht eingestehen zu müssen, dass sie schon wieder in einer Sackgasse steckten, rief Falk in Melbourne an. Eine Stunde später hatten sie eine Liste von sämtlichen hellen Pick-ups, die in dem Jahr, als Ellie Deacon starb, in Kiewarra zugelassen gewesen waren. Es waren hundertneun.

„Plus irgendwelche Auswärtigen, die zufällig hier durchgekommen sein könnten", murmelte Raco düster.

Falk überflog die Liste. Er sah viele bekannte Namen. Mal Deacon, Gerry Hadler, Gretchens Eltern, sogar sein Dad. Gerry hätte die halbe Stadt an jenem Tag auf der Kreuzung gesehen haben können. Entnervt klappte Falk den Ordner zu. „Ich bin mal kurz weg."

Raco knurrte. Falk war erleichtert, dass er nicht fragte, wo er hinwollte.

## KAPITEL 14

Der Friedhof lag etwas außerhalb der Stadt, beschattet von hohen Eukalyptusbäumen. Auf der Fahrt dorthin kam Falk wieder an dem Warnschild vorbei. Inzwischen war die Alarmstufe für Buschbrände auf „extrem" hochgesetzt worden.

Die eigentliche Beerdigung der Hadlers hatte im engsten Familienkreis stattgefunden, deshalb war er noch nicht bei den Gräbern gewesen, aber sie waren leicht zu finden. Die neuen, glänzenden Grabsteine von Karen und Billy waren umgeben von einem Meer aus Zellophan, Stofftieren und welken Blüten. Vor Lukes Grabstein war dagegen kaum etwas abgelegt worden.

Falk setzte sich neben den Gräbern auf den trockenen Boden, ohne sich daran zu stören, dass seine Anzughose staubig wurde. Er fuhr mit der Hand über die Schrift auf Lukes Grabstein, versuchte, das unwirkliche Gefühl abzuschütteln, das ihm seit der Trauerfeier zusetzte. *In diesem Sarg liegt Luke Hadler*, wiederholte er im Kopf. *In dieser Erde liegt Luke Hadler.*

*Wo war Luke an dem Nachmittag, als Ellie starb?*

Falk verbot sich den Gedanken, stand auf und ging zum älteren Teil des Friedhofs, bis er die Reihe gefunden hatte, die er suchte. Im Vorbeigehen strich er mit der Hand liebevoll über einige Grabsteine, bis er schließlich vor einem besonders sonnengebleichten stehen blieb. Auf diesem Grab lagen keine Blumen, und ihm kam zum ersten Mal der Gedanke, dass er welche hätte besorgen sollen. Ein guter Sohn hätte seiner Mutter Blumen gebracht.

Er bückte sich und wischte mit einem Taschentuch Staub und Schmutz von ihrem eingemeißelten Namen. Das Gleiche machte er mit ihrem Todesdatum. Er hatte nie daran erinnert werden müssen: Es war der Tag seiner Geburt gewesen. Komplikationen und Blutverlust, hatte sein Vater ihm barsch erklärt, als Falk alt genug gewesen war, um ihn danach zu fragen.

Als Kind war er oft mit dem Fahrrad allein zum Friedhof gefahren, um stundenlang in feierlicher Buße am Grab seiner Mutter zu stehen. Er hatte ein schlechtes Gewissen gehabt, weil er tief in seinem Innersten mehr für Barb Hadler empfand. Dennoch hatte er seine Mutter gern besucht, und sie war eine phantastische Zuhörerin gewesen. Er hatte sich angewöhnt, ausgestattet mit Sandwiches, Büchern und Hausaufgaben im Gras neben dem

Grabstein zu sitzen und im ungestörten Monolog von seinem Tag und seinem Leben zu erzählen.

Ehe es ihm recht bewusst wurde, merkte Falk, dass er genau das jetzt wieder tat, sich im struppigen Gras neben dem Grab ausstreckte. Der Schatten der Bäume machte die Hitze erträglicher. Er blickte in den Himmel und begann, ihr mit leise murmelnder Stimme alles über die Hadlers und seine Heimkehr zu erzählen. Dass er Gretchen wiedergesehen hatte. Über das bedrückende Gefühl in der Brust, als er Mandy im Park und Ian im Minimarkt begegnet war. Er gestand ihr seine Angst, dass er vielleicht nie die Wahrheit über Luke herausfinden würde.

Als er schließlich nichts mehr zu erzählen hatte, schloss er die Augen und lag ganz still neben seiner Mutter, umhüllt von der Wärme des Bodens an seinem Rücken und der Luft um ihn herum.

ALS FALK ERWACHTE, stand er gähnend auf und reckte seine steifen Gliedmaßen. Er wusste nicht, wie lange er geschlafen hatte. Es gab noch ein weiteres Grab, das er besuchen musste.

Diesmal brauchte er wesentlich länger, bis er es fand. Er hatte es nur einmal gesehen, bei der Beerdigung, ehe er Kiewarra für immer verlassen hatte. Schließlich entdeckte er es eher zufällig: ein kleiner Stein, das Grab davor war mit gelbem Gras überwachsen, und darauf lag ein Bündel abgestorbener Stängel in ausgefranstem Zellophan. Falk griff erneut zum Taschentuch und wollte den Schmutz von dem eingemeißelten Namen wischen. ELEANOR DEACON.

„Finger weg, du Widerling!"

Falk zuckte zusammen. Er fuhr herum und sah Mal Deacon eine Reihe weiter tief im Schatten einer großen Engelsstatue sitzen. Er hielt eine Bierflasche in der Hand, und sein massiger brauner Hund schlief zu seinen Füßen. Als Deacon sich auf die Beine stemmte, wurde das Tier wach und gähnte.

„Nimm die Hände da weg, sonst hack ich sie dir ab!"

„Nicht nötig, ich geh schon." Falk machte einen Schritt zurück.

Deacon blinzelte. „Du bist der junge Falk, nicht der Vater."

Falk sah dem alten Mann ins Gesicht. Der Unterkiefer war aggressiv vorgeschoben, und sein Blick wirkte klarer als beim letzten Mal. „Genau. Ich bin der junge." Falk spürte eine jähe Traurigkeit, als er das sagte. Er wandte sich zum Gehen.

„Richtig so. Diesmal verpisst du dich hoffentlich endgültig." Deacon kam mit dem Hund hinter ihm her. „Kannst sie noch immer nicht in Ruhe lassen, hä? Du bist genau wie dein Vater. Widerlich."

HITZE

*Vom Hof waren deutlich zwei Stimmen zu hören. Eine laute, eine ruhigere. Der zwölfjährige Aaron warf seine Schultasche auf den Küchentisch und ging zum Fenster. Sein Vater stand mit verschränkten Armen und einem genervten Gesichtsausdruck vor Deacon, der mit dem Finger auf ihn zeigte.*

„Sechs Stück fehlen", *klagte Deacon gerade.* „Zwei Muttertiere, vier Lämmer. Ein paar von denen, die du dir neulich angesehen hast."

*Erik Falk seufzte.* „Und ich sag's dir noch mal: Sie sind nicht hier. Wenn du unbedingt deine Zeit vertun und nachsehen willst, von mir aus."

„Dann ist das also bloß Zufall?"

„Eher ein Beweis für deine löchrigen Zäune, würde ich sagen."

„Wär ja nicht das erste Mal, dass du dir was nimmst, was mir gehört."

*Erik schaute ihn einen Moment lang an, dann schüttelte er ungläubig den Kopf.* „Du gehst jetzt besser, Mal."

*Deacon packte ihn grob an der Schulter.* „Sie hat aus Sydney angerufen und gesagt, dass sie nicht zurückkommt. Bist du jetzt zufrieden, weil du ihr eingeredet hast, sie solle abhauen?"

„Ich hab deiner Frau überhaupt nichts eingeredet." *Erik stieß die Hand weg.* „Meiner Meinung nach hast du das selbst erreicht mit deiner Sauferei und deinen Fäusten. Mich wundert nur, dass sie es so lange bei dir ausgehalten hat."

„Ja klar, du bist der edle Ritter, was? Immer da, wenn sie jemanden zum Ausheulen gebraucht hat, und dabei hast du sie überredet, mich zu verlassen. Hast sie überredet, mit dir ins Bett zu steigen, hä?"

*Erik lachte, ein echtes, überraschtes, belustigtes Lachen.* „Mal, ich hab deine Frau nicht gevögelt. Manchmal, wenn es ihr zu viel wurde, ist sie auf eine Tasse Tee vorbeigekommen und hat sich ausgeweint. Aber mehr war nicht. Ich fand sie nett, versteh mich nicht falsch, aber sie hat fast ebenso viel gesoffen wie du. Ehrlich, du oder deine Frau, ihr interessiert mich nicht. Aber deine Tochter tut mir leid."

*Deacons Faust traf Erik über dem linken Auge. Er taumelte, kippte nach hinten und schlug mit dem Schädel hart auf dem Boden auf.*

*Aaron rannte schreiend nach draußen und beugte sich über seinen Vater, der benommen in den Himmel glotzte. Aaron hörte Deacon lachen und sprang auf den Mann zu, rammte den Kopf gegen seine Brust. Deacon musste einen Schritt rückwärts machen, geriet aber dank seines massigen Körpers nicht ins Strauchlen. Blitzschnell packte er Aaron am Oberarm.*

„Jetzt hör mal gut zu. Wenn dein alter Herr sich aus dem Dreck hochgerappelt hat, kannst du ihm Folgendes sagen: Wenn ich rauskriege, dass einer von euch beiden sich an dem vergreift, was mir gehört, kann er sich auf was *gefasst machen. Im Vergleich dazu war das gerade ein freundlicher Klaps auf den Kopf."*

*Er stieß Aaron zu Boden, drehte sich um und ging über den Hof davon.*

„Dein Vater hat mich angefleht, weißt du das?", fragte Deacon. „Nachdem du meiner Ellie das angetan hattest, ist er zu mir gekommen. Hat gar nicht erst versucht, mir einzureden, dass du es nicht warst. Nee. Er wollte, dass ich allen in der Stadt sage, sie sollen sich zurückhalten, bis die Polizei zu einem Ergebnis gekommen wäre."

Falk atmete tief durch und mahnte sich weiterzugehen.

„Du hast das gewusst, was?", rief Deacon ihm hinterher. „Dass er gedacht hat, du könntest es getan haben!"

Falk blieb stehen und drehte sich um.

Deacons Mundwinkel hoben sich. „Mir kannst du nicht erzählen, dass er den Scheiß geglaubt hat, den du dir zusammen mit dem jungen Hadler ausgedacht hast. Dein Vater war ein Schuft und ein Feigling, aber er war nicht blöd. Hast du's irgendwann mal geschafft, mit ihm reinen Tisch zu machen? Oder hat er dich bis an sein Lebensende verdächtigt?"

Falk antwortete nicht. Er sah den alten Mann lange an, dann zwang er sich, sich wieder umzudrehen und wegzugehen. Hinter sich hörte er das Lachen Deacons.

DER SCHUSS GELLTE über die ferne Weide, und das Echo ließ die heiße Luft erzittern. Ehe es wieder still werden konnte, krachte schon der nächste. Falk erstarrte auf der Zufahrt zu Gretchens Farm. Seine Gedanken sprangen zum Flur der Hadlers, zu dem Fleck im Teppich. Er sah eine blonde Frau vor sich, die auf dem Boden verblutete, aber diesmal war es nicht Karen, sondern Gretchen.

Wieder knallte es, und Falk stürmte los, rannte über die Weide in die Richtung, aus der die Schüsse kamen. Verzweifelt ließ er die Augen, die ihm von der gleißenden Sonne tränten, über den Horizont schweifen.

Endlich entdeckte er sie. Ihre Kaki-Shorts und die gelbe Bluse wirkten auf den ausgebleichten Weiden fast wie Tarnkleidung. Abrupt blieb er stehen, als ihn eine Welle der Erleichterung durchströmte, die sogleich von Verlegenheit abgelöst wurde.

Gretchen wandte den Kopf, dann hängte sie sich die Schrotflinte über die Schulter und winkte. „He, das ging aber schnell!", rief sie.

Er hatte sie vom Friedhof aus angerufen. „Ich musste mal ein freundliches Gesicht sehen."

Rosa Ohrenschützer hingen ihr um den Hals. „Schön, dass du da bist. Ich hab noch eine Stunde, bevor ich Lachie von der Schule abholen muss."

Falk schaute sich um, um wieder richtig zu Atem zu kommen. „Schöne Farm hast du hier."

„Danke. Das finden die Kaninchen anscheinend auch." Sie deutete mit einer Kopfbewegung über die Schulter. „Ein paar von denen muss ich heute noch erwischen. Komm, du kannst mir helfen."

Er folgte ihr über die Weide bis zu der Stelle, wo sie ihre Sporttasche stehen hatte. Gretchen kramte darin herum, zog ein weiteres Paar Ohrenschützer heraus und reichte es ihm. Sie griff erneut in die Tasche und holte eine Schachtel Patronen hervor. Winchester. Nicht die Remington-Munition, die in den Leichen der Hadlers gefunden worden war, dachte Falk unwillkürlich. Die Erleichterung wurde prompt von Gewissensbissen verdrängt, weil er das überhaupt registriert hatte.

Gretchen brach den Lauf der Flinte und schob die Patronen hinein. „Der Bau ist da drüben." Sie blinzelte gegen die Sonne und deutete in die Richtung. „Zeig drauf, wenn du eins siehst."

Falk setzte die Ohrenschützer auf und hörte plötzlich alles gedämpft, wie unter Wasser. Er fixierte den Bereich um den Kaninchenbau. Lange Zeit rührte sich nichts, dann zuckte etwas in der Landschaft. Er wollte es Gretchen gerade zeigen, als sie schon das Gewehr an die Schulter hob, zielte und dem Kaninchen mit einer fließenden Bewegung folgte. Ein dumpfer Knall ertönte, und ein Schwarm Rosakakadus flatterte aus einem Baum auf.

„Gut, ich glaub, wir haben's erwischt." Sie nahm die Ohrenschützer ab, ging übers Feld, bückte sich und hielt triumphierend einen schlaffen Kaninchenkörper hoch.

„Prima Schuss", lobte Falk sie.

„Willst du auch mal?"

Eigentlich wollte er nicht. Seit seinen Teenagerjahren hatte er keine Kaninchen mehr geschossen. Aber als sie ihm das Gewehr hinhielt, antwortete er: „Meinetwegen."

„Du weißt ja, wie das geht." Gretchen setzte ihm wieder die Ohrenschützer auf.

Falk spürte ein Prickeln im Nacken, als ihre Finger ihn streiften. Er spähte am Gewehrlauf entlang Richtung Kaninchenbau. Blut war dort in den Boden gesickert. Es erinnerte ihn an den Fleck, den Billy Hadler hinterlassen hatte, und bei der Erinnerung daran lief es ihm kalt den Rücken hinunter. Auf einmal wollte er nicht mehr schießen.

Am Bau bewegte sich etwas. Gretchen tippte ihm auf die Schulter. Er reagierte nicht. Sie klopfte ihm auf den Arm. *Was ist los?*, las er von ihren Lippen ab. *Da ist eins.*

Er senkte das Gewehr und nahm die Ohrenschützer ab. „Sorry. Ich glaub, es ist zu lange her."

Sie blickte ihn einen Moment lang an, dann nickte sie. „In Ordnung." Sie nahm das Gewehr wieder an sich. „Aber dir ist doch klar, dass ich es trotzdem erschießen muss, oder? Ich kann sie hier nicht gebrauchen."

Sie hob das Gewehr, zielte kurz und schoss. Falk wusste, noch ehe sie hingingen, dass sie getroffen hatte.

Nachdem sie ihr Haus betreten hatten, sammelte Gretchen Papiere ein, die sie auf dem Küchentisch ausgebreitet hatte. „Setz dich. Und stör dich nicht an dem Durcheinander", sagte sie, während sie einen Krug mit Eiswasser aus dem Kühlschrank holte. „Ich bin dabei, für den Schulausschuss neue Anträge auf Fördermittel zu stellen. Ich hab auch überlegt, es noch mal beim Crossley Trust zu versuchen, obwohl Scott meint, das wäre Zeitverschwendung. Vielleicht würden wir ja dieses Jahr nicht bloß in die engere Auswahl kommen."

„Sieht nach einer Menge Arbeit aus."

„Der reinste Albtraum und nicht gerade meine starke Seite. Es war eigentlich Karens Aufgabe."

Falk schaute sich in Gretchens Küche um, während er ihr half, die Unterlagen auf einem Sideboard zu stapeln. Er hätte nicht sagen können, was er erwartet hatte, doch es sah alles ein bisschen schäbiger aus als in seiner Vorstellung. Die Küche war sauber, aber die Einrichtung hatte eindeutig bessere Zeiten gesehen. Ein Foto von Lachie stand auf einem Ehrenplatz zwischen einigen Nippsachen. Falk erinnerte sich an Billy, wie er auf dem Band der Überwachungskamera hinter Karen über den Parkplatz getrottet war. Da waren ihm nur noch achtzig Minuten seines kurzen Lebens geblieben.

„Es ist vielleicht eine seltsame Frage, aber hat Karen mich je erwähnt?"

Gretchen blickte überrascht auf. „Dich? Ich glaube nicht. Kannte sie dich denn?"

„Nein. Ich hab mich nur gefragt, ob mein Name je gefallen ist." Falk dachte zum tausendsten Mal an die Telefonnummer auf dem Zettel.

„Nein, nicht dass ich wüsste. Cheers." Gretchen hob ihr Glas. „Manchmal ist das besser als Wein." Sie trank einen großen Schluck. „Wie läuft's denn so mit der Ermittlung?"

„Sieht ganz so aus, als wäre Jamie Sullivan aus dem Schneider."

„Echt? Das ist doch gut, oder?"

„Gut für ihn. Aber uns bringt es kein bisschen weiter."

„Du bleibst aber, bis die Sache geklärt ist?"

„Wenn das so weitergeht, wohl kaum. Ich muss nächste Woche wieder arbeiten." Er zögerte. „Vorhin bin ich Mal Deacon über den Weg gelaufen." Er schilderte ihr die Begegnung auf dem Friedhof.

„Lass dich von dem nicht fertigmachen. Der hat sie nicht mehr alle." Gretchen griff über den Tisch, und ihre Fingerspitzen berührten leicht seine linke Hand. „Es ist jetzt zwanzig Jahre her, und er versucht noch immer, dir die Schuld an Ellies Tod zu geben."

„Gretchen, hör mal ..."

„Wenn überhaupt jemand Schuld hat, dann Deacon selbst", redete sie ungerührt weiter. „Er hat seine Tochter so unglücklich gemacht, dass sie sich ertränkt hat."

„Hast du wirklich nie daran gezweifelt, dass es Selbstmord war?"

„Nein." Sie sah überrascht aus. „Natürlich nicht. Warum auch?"

„War bloß eine Frage. Ich weiß, dass Ellie gegen Ende ein bisschen seltsam war und viel für sich geblieben ist. Aber ich hatte nie das Gefühl, dass sie verzweifelt war. Jedenfalls nicht so verzweifelt, dass sie sich umbringen wollte."

Gretchens Lachen klang sarkastisch. „Mein Gott, ihr Jungs wart wirklich blind. Ellie war zutiefst unglücklich."

*Der Unterricht war zu Ende, und Ellie warf das Mathebuch in ihre Tasche. Sie würde keine Hausaufgaben machen. Wozu auch?*

*Auf dem überfüllten Korridor hatte sich eine Gruppe Jungs um ein Radio geschart und lauschte dem Kricketspiel Australien gegen Südafrika. Freitagnachmittag, und alles war in bester Ordnung. Die Vorfreude aufs Wochenende war spürbar.*

*Ellie überlegte, wie lange es her war, dass sie sich so gefühlt hatte. Ihre Wochenenden zogen sich unerträglich lang hin. Aber nicht dieses. Sie hielt sich an dem Gedanken fest, während sie den Korridor hinunterging. Nach diesem Wochenende würde alles anders sein.*

*Ellie erschrak, als jemand ihren Arm packte. Die Finger drückten auf einen kleinen Bluterguss, und sie zuckte zusammen.*

*„Hallo. Wo brennt's denn?" Es war Luke, der zu ihr herabschaute.*

„Was meinst du damit?" Falk sah Gretchen fragend an.

„Du weißt genau, wie ich das meine, Aaron. Du warst dabei. Du hast genau dieselben Dinge gesehen wie ich. Wie sonderbar sie in den letzten Wochen war. Sie hat dauernd gesagt, dass sie arbeiten muss, oder – ach, ich weiß auch nicht. Jedenfalls war sie kaum noch mit uns zusammen. Und sie hat keinen Tropfen Alkohol mehr getrunken, erinnerst du dich?"

Falk nickte langsam. „Wieso hat sie aufgehört, was meinst du?"

„Keine Ahnung. Vielleicht hatte sie Angst, Alkoholikerin zu werden. Oder vielleicht traute sie sich selbst nicht über den Weg, was sie sonst tun würde. Sie war immer bloß nüchtern und ernst und zog sich dauernd zurück. Das weißt du doch noch, oder?"

Falk sagte nichts. Aber er erinnerte sich.

„Und ich glaube, wenn du ehrlich zu dir selbst bist, hast du schon lange den Verdacht, dass Ellie damals missbraucht wurde."

*„Wo willst du denn so schnell hin? Hast du Lust, in der Stadt eine Cola zu trinken oder so?" Luke klang übertrieben lässig.*

*Seit ihrem Streit am Aussichtspunkt hatte er mehrmals versucht, Zeit mit ihr allein zu verbringen. Bislang hatte sie ihm immer eine Abfuhr erteilt. Sie vermutete, dass er auf diese Art versuchte, um Verzeihung zu bitten, aber sie brachte weder die Energie noch das nötige Interesse auf, herauszufinden, ob sie recht hatte.*

*„Kann nicht. Keine Zeit." Ellie hatte genug Männer in ihrem Leben, die mehr von ihr wollten, als sie ihr gaben. Sie brauchte nicht noch einen.*

Falk blickte nach unten, als Schuldgefühle und Reue sich in seiner Brust ausbreiteten.

Gretchen berührte ihn am Arm. „Ich weiß, es ist nicht leicht, sich das einzugestehen. Aber die Anzeichen waren da. Wir waren bloß zu jung und zu sehr mit uns selbst beschäftigt, um sie zu bemerken."

„Warum hat sie nie was gesagt? Vielleicht hatte sie das Gefühl, dass sie niemandem wichtig genug war."

„Sie hat gewusst, dass sie *dir* wichtig war, Aaron. Deshalb hat sie sich auch mehr zu dir hingezogen gefühlt als zu Luke. Du warst so zuverlässig. Du hättest ihr zugehört, wenn sie versucht hätte, sich dir anzuvertrauen. Luke war der Star, aber du hast andere immer wichtiger genommen als dich selbst. Sonst wärst du nämlich nicht immer noch hier in Kiewarra."

*„Hallo Ellie!"*

*Sie war schon fast den Flur hinunter, spürte Lukes Blick noch im Nacken, als sie Aarons Stimme von einem leeren Klassenzimmer her hörte. Er war*

*dabei, etikettierte Topfpflanzen in einen großen Karton zu packen. Sie musste lächeln, als sie zu ihm ging.*
„*Wie ist das Referat gelaufen? Schon wieder eine Eins?*"
„*Weiß nicht. Mit Pflanzen kenn ich mich nicht besonders aus*", *antwortete er bescheiden. Aaron würde es nicht zugeben, das wusste Ellie, aber er hatte mit Sicherheit wieder eine Eins bekommen. Er verschloss den Karton und hievte ihn hoch, balancierte ihn linkisch auf seinen langen Armen.* „*Wird schwierig, den nach Hause zu kriegen. Hilfst du mir? Zur Belohnung kriegst du auch eine Cola.*"
*Seine Stimme klang so locker wie die von Luke, aber er wurde leicht rot. Seit sie sich am Felsenbaum geküsst hatten, war die Stimmung zwischen ihnen ein bisschen verlegen. Der Streit am Aussichtspunkt hatte auch nicht gerade geholfen. Ellie hätte ihm gern alles erklärt, fand aber nicht die richtigen Worte. Am liebsten hätte sie sein Gesicht in ihre Hände genommen, ihn noch einmal geküsst und ihm gesagt, dass er alles getan hatte, was er konnte.*
*Er wartete noch immer auf eine Antwort, und sie war hin und her gerissen. Aber nein, sie hatte ihre Entscheidung getroffen. Sie musste woanders hin.*
„*Ich kann nicht. Tut mir leid*", *sagte sie und meinte es auch so.*
„*Kein Problem.*" *Sein Lächeln war echt, und sie spürte einen Anflug von Bedauern. Aaron war einer von den Guten. Bei ihm fühlte sie sich immer geborgen.*
*Du solltest es ihm sagen. Der Gedanke tauchte wie von allein in ihrem Kopf auf. Nein. Sie konnte es ihm nicht sagen. Er würde doch nur versuchen, sie aufzuhalten. Als sie in sein argloses Gesicht blickte, empfand sie plötzlich eine so schmerzliche Einsamkeit in ihrem Innern, dass sie sich fragte, ob sie nicht vielleicht genau das wollte.*

„Die arme Ellie", seufzte Falk. „Wir waren ihre Freunde, und wir haben sie alle im Stich gelassen."
Gretchen blickte auf ihre Hände. „Ich weiß. Ich habe auch Schuldgefühle deswegen. Aber geh nicht zu hart mit dir selbst ins Gericht. Bestimmt hatten auch andere Leute so ihre Vermutungen und haben einfach die Augen davor verschlossen. Du warst doch praktisch noch ein Kind. Und du warst immer gut zu ihr."
„Aber nicht gut genug. Was auch immer sie durchgemacht hat, es ist direkt vor unserer Nase passiert, und wir haben's nicht mal mitbekommen."
Gretchen zuckte leicht mit den Schultern. „Wir haben alle lernen müssen, mit dieser harten Erkenntnis zu leben. Damals ist so viel passiert. Und es ging nicht immer nur um Luke."

„Ich muss los." Bei dem Gedanken daran, was sie vorhatte, empfand Ellie plötzlich einen so schwindelerregenden Leichtsinn, dass sie spontan vortrat, sich über den Karton mit Pflanzen hinwegbeugte und Aaron sanft auf die Lippen küsste. Dann machte sie einen Schritt zurück und stieß vor lauter Hast schmerzhaft mit der Hüfte gegen eine Schulbank. „Okay. Bis dann mal."

Sie wartete Aarons Antwort nicht ab. Als sie sich rasch zur Klassenzimmertür umdrehte, fuhr sie fast zusammen vor Schreck. Am Türrahmen lehnte Luke und beobachtete sie stumm. Sein Gesichtsausdruck war unergründlich.

Ellie atmete tief durch und setzte ein Lächeln auf. „Bis dann, Luke", sagte sie, als sie sich an ihm vorbeischob.

Er lächelte nicht zurück.

## KAPITEL 15

Falk saß auf seinem Bett, Dutzende Blätter vor sich verteilt. Unten im Pub war es still. Er zog hier und da Verbindungslinien, bis er schließlich ein einziges Wirrwarr von Strichen und lauter Spuren hatte, die im Sande verliefen. Er nahm sein Handy und wählte.

„Ich glaube, Ellie Deacon ist von ihrem Vater missbraucht worden", platzte er heraus, als Raco sich meldete.

„Wie bitte? Moment." Die Stimme am anderen Ende klang verschlafen.

Das Geräusch in der Leitung wurde gedämpft, und Falk konnte ein leises Gespräch hören. Es war später, als er gedacht hatte.

Eine Minute verging, ehe Raco sich wieder meldete. „Sind Sie noch dran?"

„Tut mir leid, ich hab gar nicht gemerkt, wie spät es ist."

„Kein Problem. Was haben Sie vorhin über Ellie gesagt?"

„Gretchen und ich haben heute darüber gesprochen. Da ist mir klar geworden, dass Mal Deacon seine Tochter missbraucht hat."

„Körperlich? Sexuell?"

„Vielleicht beides."

„Mein Gott."

Sie schwiegen kurz.

„Deacon hat kein Alibi für den Nachmittag, an dem die Hadlers getötet wurden", sagte Falk dann.

Raco stieß einen schweren Seufzer aus. „Mensch, der Mann ist über siebzig und hat schwere psychische Ausfallerscheinungen."

„Und? Ein Gewehr kann er immer noch halten."

„Und?", blaffte Raco. „Ich denke, Ihre Meinung von Deacon ist dadurch beeinflusst, dass Sie ihn nicht ausstehen können, weil Sie vor über zwanzig Jahren schlimme Erfahrungen mit ihm gemacht haben."

Falk antwortete nicht.

„Sorry." Raco gähnte. „Reden wir morgen weiter." Er hielt inne. „Rita lässt grüßen."

„Grüßen Sie zurück. Und Entschuldigung. Gute Nacht."

Am anderen Ende wurde aufgelegt.

FALK hatte das Gefühl, dass nur wenige Minuten vergangen waren, als das Telefon in seinem Zimmer ihn mit einem schrillen Klingeln weckte. Es war kurz vor sieben. Er rollte sich schwerfällig auf die Seite und hob ab.

„Na endlich", sagte McMurdo. „Hab ich Sie geweckt?"

„Ja."

„Egal, mein Bester, macht nichts. Sie müssen sofort runterkommen."

„Ich bin nicht angezogen."

„Wir treffen uns auf dem Parkplatz. Ich versuche nur, Ihnen zu helfen."

Falks Wagen war voller Scheiße. Sie bedeckte den Lack in Streifen und Schlieren, sammelte sich um die Räder und unter den Scheibenwischern. Falk musste sich sein Hemd über die Nase ziehen, als er auf den Wagen zulief. Die Fliegen waren begeistert, und er schlug sie angewidert weg, als sie auf seinem Gesicht und auf seinem Haar landeten. Im Inneren des Wagens sah es noch schlimmer aus. In den kleinen Spalt, den Falk das Fenster auf der Fahrerseite gern offen ließ, damit die Hitze entweichen konnte, war ein Einfülltrichter oder ein Schlauch geklemmt worden. Die anderen Autos auf dem Parkplatz waren unberührt.

McMurdo schüttelte den Kopf. „Ich hab die leeren Flaschen rausgebracht, und da hab ich's gesehen. Die müssen in der Nacht gekommen sein." Er stockte. „Wenigstens ist es tierisch. Hauptsächlich. Glaube ich."

Mit dem Hemd über der Nase ging Falk um den Wagen herum. Sein armes Auto. Erst zerkratzt und jetzt vollends zerstört. Wut kochte in ihm hoch. Er spähte durch die beschmierten Fenster und sah noch etwas anderes. Auf den Sitzen pappten zu Hunderten Flugblätter, die um Informationen im Zusammenhang mit dem Tod von Ellie Deacon baten.

DIE STIMMUNG auf dem Revier war düster.

„Ich werde mir Dow und seinen Onkel mal ordentlich vorknöpfen", sagte Raco zu Falk, während er zum Telefon griff. „Wissen Sie, was der Wagen wert ist? Ich meine, wegen der Schadensersatzforderung."

Falk starrte mit leerem Blick auf die Hadler-Akten, die vor ihm auf dem Schreibtisch lagen.

Nachdem Raco wieder aufgelegt hatte, verbarg er für einen Moment das Gesicht in den Händen. „Deacon holt zum Präventivschlag aus. Er hat Beschwerde eingereicht. Gegen Sie."

„Ach nee." Falk verschränkte die Arme und sah aus dem Fenster.

„Er sagt, Sie haben ihn belästigt. Und sich am Grab seiner Tochter zu schaffen gemacht oder so was. Er ist jetzt mit einer Anwältin auf dem Weg hierher. Muss ich Sie wirklich fragen, ob ...?"

„Hab ich nicht, aber es gab keine Zeugen. Also steht sein Wort gegen meins."

„Sind Sie denn gar nicht beunruhigt? Die Sache ist ernst. Ich muss sie offiziell aufnehmen, dann geht sie nach Melbourne. Könnte schlecht für Ihre Karriere sein."

„Klar bin ich beunruhigt. Aber das ist doch typisch Deacon, nicht? Der Kerl zieht eine Spur aus Zerstörung und Leid hinter sich her. Er hat seine Frau geschlagen und wahrscheinlich dasselbe mit seiner Tochter gemacht. Er hatte die ganze Stadt in der Hand, hat seine Macht eingesetzt, um meinen Dad und mich zu vertreiben. Sein Neffe hat irgendwas getan, das Karen Hadler kurz vor ihrem Tod dazu brachte, seinen Namen aufzuschreiben. Die zwei haben Dreck am Stecken. Und kein Schwein zieht sie je dafür zur Rechenschaft."

„Was schlagen Sie vor?"

„Ich habe keine Ahnung. Ich sage nur, Deacon hätte es verdient, an den Eiern aufgehängt zu werden. Ihn wegen Vandalismus dranzukriegen ist viel zu milde für ihn. Der hat Schlimmeres auf dem Gewissen. Seine Tochter. Und irgendwie auch die Hadlers. Da bin ich mir sicher."

Im vorderen Raum hörten sie die Eingangstür zufallen. Deacon und seine Anwältin waren eingetroffen.

„Jetzt hören Sie mir mal gut zu", setzte Raco zu einer Ermahnung an. „Wenn da draußen einer mitkriegt, dass Sie so was behaupten, kommt Deacon mit seiner Anzeige wegen Belästigung durch, also passen Sie auf, was Sie sagen. Es gibt nichts, was Deacon mit den Hadler-Morden in Verbindung bringt, auch wenn Sie sich das noch so sehr wünschen."

„Fragen Sie ihn einfach danach."

Die Anwältin war jung und von einer tiefen Leidenschaft für die Rechte ihres Mandanten beseelt. Raco hörte ihr geduldig zu, während er beide in den Vernehmungsraum führte. Falk sah ihnen nach und lehnte sich dann frustriert in seinem Stuhl zurück.

Deborah kam hinter der Empfangstheke hervor und reichte ihm eine kalte Flasche Wasser. „Wissen Sie, was ich Ihnen raten würde? Machen Sie sich ein bisschen nützlich, während Sie warten." Sie deutete mit einem Nicken auf den Flur. „Die Abstellkammer müsste mal gründlich aufgeräumt werden."

Falk sah sie an. „Ist das Ihr Ernst?"

Deborah musterte ihn über ihre Brille hinweg. „Kommen Sie mit."

Sie schloss eine Tür auf und schob ihn hinein. Die Kammer war muffig, mit Regalen voll Büromaterialien ringsum an den Wänden. Deborah hob einen Finger an die Lippen und tippte sich dann ans Ohr. Durch den Lüftungsschlitz über den Regalen konnte Falk Stimmen hören.

„Fürs Protokoll: Ich bin Sergeant Raco. Außerdem anwesend ist mein Kollege, Constable Barnes. Bitte nennen Sie ebenfalls Ihren Namen."

„Cecilia Targus." Die Stimme der Anwältin drang hell und forsch aus dem Lüftungsschlitz.

„Malcolm Deacon."

Mit dem Hauch eines Zwinkerns zog Deborah die Tür hinter sich zu, und Falk setzte sich auf eine Kiste, um zu lauschen.

Deacons Anwältin versuchte, gleich loszulegen. „Mein Mandant –", begann sie und verstummte.

Falk stellte sich vor, dass Raco die Hand gehoben hatte, um sie zu bremsen. „Sie haben uns eine schriftliche Ausfertigung der Dienstaufsichtsbeschwerde gegen den Bundesbeamten Falk gegeben, danke", hörte er den Sergeant sagen. „Wie Sie wissen, ist er inoffiziell hier und kein Mitglied der hiesigen Polizei. Ihre Beschwerde wird also an seinen zuständigen Vorgesetzten weitergeleitet werden."

„Mein Mandant verlangt die Garantie, dass man ihn in Ruhe lässt und –"

„Eine solche Garantie kann ich Ihnen leider nicht geben."

„Warum nicht?"

„Weil Ihr Mandant der nächste Nachbar einer Farm ist, auf der drei Menschen erschossen wurden, und derzeit kein Alibi vorweisen kann. Und weil er außerdem unter dem Verdacht der Sachbeschädigung eines Kraftfahrzeugs steht. Dazu kommen wir später noch."

Einen Moment lang herrschte Stille.

„Was den Tod der drei Mitglieder der Familie Hadler betrifft, so hat Mr Deacon seiner bisherigen Aussage nichts weiter –" Diesmal wurde die Anwältin von Deacon unterbrochen.

„Ach, halt die Klappe, Kleines, ja?" Seine Verachtung war ätzend. „Wenn die hier wollen, können sie mir das auf der Stelle anhängen, und du bringst mich doch eh nur in den Knast."

„Vielleicht könnten Sie uns den betreffenden Tag noch einmal schildern. Bitte." Die Stimme des Sergeants klang ruhig, aber bestimmt.

„Ich war neben dem Haus und hab den Zaun repariert, da sah ich Luke Hadlers Pick-up seine Zufahrt hochkommen." Deacon schien geistig jetzt hellwach zu sein. „Ich seh Hadler andauernd ankommen oder wegfahren, deshalb achte ich gar nicht drauf. Dann hör ich einen Schuss unten bei denen. Ich geh ins Haus. Und ein bisschen später kommt noch ein Schuss."

„Haben Sie irgendwas unternommen?"

„Wieso denn? Es ist eine Farm. Da wird jeden Tag irgendwas erschossen. Wie gesagt, ich hab nicht drauf geachtet. Weil ich am Telefon war."

Verblüffte Stille trat ein.

„Was?"

Falk wusste, dass Deacon bei seiner Aussage nichts von einem Telefonat gesagt hatte.

„Sie haben telefoniert, als die Schüsse fielen?"

„Ja", bestätigte Deacon. „Hab ich Ihnen doch gesagt." Aber seine Stimme hatte sich verändert, klang jetzt unsicherer.

„Nein, haben Sie nicht", widersprach Raco. „Sie sagten, Sie seien ins Haus gegangen, und da hätten Sie den zweiten Schuss gehört."

„Genau, ich bin ins Haus, weil das Telefon geklingelt hat", sagte Deacon, jetzt langsamer, zögernder. „Die Tussi von der Apotheke war dran und hat gesagt, ich könnte mein Medikament abholen."

„Sie haben mit einer Frau in der Apotheke telefoniert, als Sie den zweiten Schuss hörten?", fragte Raco mit ungläubiger Stimme noch mal nach.

„Jawohl." Deacon klang jetzt alles andere als gewiss. „Glaub ich jedenfalls. Weil die gefragt hat, was das für ein Knall war, und ich gesagt hab, nix Besonderes, bloß irgendwas auf der Farm."

„Haben Sie über Handy telefoniert?"

„Nee. Festnetz. Da oben bei mir ist der Handyempfang beschissen."

Wieder trat Stille ein.

„Warum haben Sie uns das nicht früher erzählt?", wollte Raco schließlich wissen.

Als Deacon endlich antwortete, hörte er sich an wie ein kleiner Junge. „Ich weiß auch nicht."

Aber Falk wusste es: Demenz. Er lehnte die Stirn gegen die kühle Wand der Abstellkammer.

Die Anwältin klang erfreut, als sie sagte: „Ich denke, wir sind hier fertig."

RACO hielt Deacon noch weitere zwanzig Minuten im Vernehmungsraum fest, während er ihn zu Falks Wagen befragte, aber es war aussichtslos. Schließlich musste er den alten Mann mit einer eindringlichen Warnung gehen lassen.

Falk schnappte sich die Schlüssel eines Streifenwagens und wartete hinter dem Gebäude, bis Deacon abfuhr. Er gab ihm fünf Minuten Vorsprung, dann machte er sich selbst gemächlich auf den Weg zu Deacons Farm. An einem verblassten Schild, das hochtrabend ANWESEN DEACON anzeigte, bog er auf eine holprige Schotterpiste. Die Farm lag hoch an der Flanke des Hügels mit einem atemberaubenden Blick auf die Landschaft drum herum. Rechter Hand konnte Falk deutlich das Haus der Hadlers sehen, das in einiger Entfernung in einer flachen Talsenke stand. Vor zwanzig Jahren hatte er diese Aussicht geliebt, wenn er Ellie hier besucht hatte. Jetzt konnte er den Anblick kaum ertragen.

Falk hielt vor einer windschiefen Scheune, als Deacon gerade versuchte, sein Auto abzuschließen. Die Schlüssel rutschten ihm aus den zitternden Händen und fielen in den Staub. Deacons Hund kam angetrabt, blieb zu Füßen seines Herrchens stehen und knurrte in Falks Richtung. Deacon blickte hoch. Er sah erschöpft und verwirrt aus.

„Was willst du hier?" Deacon versuchte sich aufzurichten. „Einen alten Mann zusammenschlagen, wenn keiner in der Nähe ist? Feigling."

„Für Sie setze ich bestimmt nicht meine Karriere aufs Spiel", entgegnete Falk.

„Was willst du dann?"

Die Frage war berechtigt. Falk sah Deacon an. Zwei Jahrzehnte lang war der Mann für ihn überlebensgroß und Furcht einflößend gewesen. Aber als er jetzt vor ihm stand, fühlte Falk sich betrogen. Er hatte zu lange damit gewartet, den Drachen zu erschlagen, der mit der Zeit geschrumpft und in sich zusammengefallen war, weshalb von einem fairen Kampf nicht mehr die Rede sein konnte.

Falk trat einen Schritt vor, und eine Sekunde lang nahm er Angst in Deacons Augen wahr. Er sah ihn eindringlich an. „Ich hatte nichts mit dem Tod Ihrer Tochter zu tun."

„Du lügst, auf dem Zettel stand dein Name. Und dein Alibi war erstunken und erlogen."

„Woher wissen Sie das? Sagen Sie's endlich. Warum waren Sie immer so verdammt sicher, dass Luke und ich an dem Tag nicht zusammen waren? Für mich wirkt das nämlich ganz so, als wüssten Sie eine Menge mehr über den Tag, an dem Ellie starb, als Sie vorgeben."

*Als Mal Deacon ins Haus kam, drang kein Essensgeruch aus der Küche, und sogleich flammte Ärger in ihm auf. Sein Neffe lag im Wohnzimmer auf der alten braunen Couch, die Augen geschlossen und eine Dose Bier auf dem Bauch.*
*Deacon trat Grants Stiefel von der Couch. „Gibt's nix zu essen?"*
*„Ellie ist noch nicht von der Schule zurück."*
*„Konntest du denn nicht schon mal mit dem Kochen anfangen? Ich war den ganzen Tag draußen und hab geschuftet."*
*„Dafür ist Ellie zuständig."*
*Deacon knurrte. Er riss eine Dose Bier aus dem Sechserpack, der neben Grant stand, und ging in den hinteren Teil des Hauses.*
*Das Zimmer seiner Tochter war penibel sauber. Deacon blieb in der offenen Tür stehen und trank einen kräftigen Schluck aus der Dose. Sein Blick huschte durchs Zimmer, aber er zögerte hineinzugehen. Seine Augen verharrten auf dem weißen Bettpfosten. Im Holz war eine kleine, kreisrunde Delle, wo die Farbe abgeblättert war. Unter dem Pfosten war an einer kleinen, nicht ganz kreisrunden Stelle im rosa Teppich geschrubbt worden, der dort jetzt ein wenig dunkler war als der Rest.*
*Deacon fühlte, wie sich in seiner Magengrube etwas Kaltes zusammenballte. Seine Tochter hätte zu Hause sein sollen, aber sie war es nicht. Wie er später der Polizei erzählen würde, hatte er genau in dem Moment gespürt, dass etwas ganz und gar nicht stimmte.*

Falk beobachtete Ellies Vater genau. „Vielleicht stimmt es ja, dass Sie mit der Hadler-Sache wirklich nichts zu tun haben, aber Sie wissen etwas darüber, was mit Ihrer Tochter passiert ist."
„Pass auf, was du sagst." Deacons Stimme war leise und gepresst.
„Wollten Sie mir deshalb unbedingt Ellies Tod anhängen? Falls kein Verdächtiger zur Hand ist, fangen die Leute an, nach einem zu suchen. Und wer weiß, was zutage gekommen wäre, wenn man Sie genauer unter die Lupe genommen hätte. Vernachlässigung? Missbrauch?"
Plötzlich stürzte sich der alte Mann mit erstaunlicher Wucht auf Falk, riss ihn zu Boden. Der Hund umkreiste sie, wie verrückt bellend.
„Ich schlachte dich ab!", schrie Deacon. „Ich hab sie geliebt! Hörst du das? Ich hab das Mädchen geliebt!"

*Als der südafrikanische Schlagmann einen Treffer erzielte, schaltete Luke Hadler das Radio aus. Er sprühte sich großzügig Eau de Toilette auf die nackte Brust und öffnete seinen Schrank. Automatisch griff er nach dem grauen*

*Hemd, das sie mal so toll gefunden hatte. Aber er wusste aus Erfahrung, dass das nicht viel zu bedeuten hatte. Die meiste Zeit müsste man Gedankenleser sein, um zu kapieren, was in den Köpfen der Mädchen vorging.*
   *Heute war wieder so ein Beispiel. Das Bild, wie Ellie in dem Klassenzimmer ihren Mund auf Aarons gedrückt hatte, kam ihm in den Sinn. Luke spürte einen heftigen Anfall von so etwas wie Eifersucht und schüttelte ruckartig den Kopf. Ellie konnte manchmal ein kleines Miststück sein. Ihn ließ sie abblitzen und rannte dann schnurstracks zu Aaron.*

Deacons lange Finger gruben sich schmerzhaft in Falks Wange, doch Falk packte das Handgelenk des alten Mannes und riss die Hand weg. Er stieß Deacon auf den Rücken, stand rasch auf und machte einen Schritt zurück. Deacon blickte zu ihm hoch. In seinen Mundwinkeln hatte sich weißer Speichel gesammelt. Falk beugte sich über ihn, ohne auf den zähnefletschenden Hund zu achten. Er stand über einem kranken alten Mann, der auf dem Boden lag.

*Als Aaron mit dem schweren Pflanzenkarton zu Hause ankam, hatte er müde Arme, aber er grinste noch immer vor sich hin. Vielleicht hätte er Ellie folgen sollen, als sie aus dem Klassenzimmer gegangen war. Luke hätte das gemacht, das Gespräch in Gang gehalten, ihr eingeredet, dass sie doch Lust auf eine Cola hatte.*
   *Aaron war auf ein Grinsen und eine schnippische Bemerkung seines Freundes gefasst gewesen, als Ellie gegangen war, doch Luke hatte bloß die Augenbrauen hochgezogen. „Nimm dich vor der in Acht." Mehr hatte er nicht gesagt.*
   *Aaron hatte vorgeschlagen, ein bisschen zusammen in der Stadt rumzuhängen, aber Luke hatte den Kopf geschüttelt. „Sorry, hab schon was vor."*
   *Auch Ellie hatte was vorgehabt. Wenn sie hätte arbeiten müssen, hätte sie das doch wohl gesagt. Aaron zwang sich, nicht zu angestrengt darüber nachzudenken, was seine beiden Freunde wohl ohne ihn vorhatten.*
   *Er holte seine Angelruten. Er würde flussaufwärts gehen, wo die Fische in letzter Zeit gut angebissen hatten. Oder, dachte er unvermittelt, er könnte zum Felsenbaum und nachsehen, ob Ellie dort war. Er rang mit sich. Wenn sie ihn hätte sehen wollen, hätte sie das doch gesagt. Aber es war so schwer, aus ihr schlau zu werden. Wenn sie ein bisschen mehr Zeit zu zweit verbringen könnten, würde sie vielleicht einsehen, dass er gut für sie wäre. Aber wenn es ihm nicht mal gelang, ihr das begreiflich zu machen, dann war die Sache aussichtslos.*

„Sie denken, ich hab Ihre Tochter getötet?", fragte Falk. „Sie denken, ich hab sie unter Wasser gedrückt, bis sie tot war, und dann alle, selbst meinen eigenen Dad, jahrelang angelogen?"
„Ich weiß nicht, was an dem Tag passiert ist."
„Ich glaube, das wissen Sie doch."
„Ich hab sie geliebt."
„Seit wann hat das Menschen je daran gehindert, anderen wehzutun?"

„Geben Sie mir wenigstens einen Tipp. Auf einer Skala von eins bis Gefängnis, wie viel Scheiße haben Sie gebaut?" Racos Stimme tönte laut aus dem Telefon. Falk wurde klar, dass er ihn bis jetzt noch nie richtig wütend erlebt hatte.
„Ich habe gar nichts gemacht. Alles in Ordnung. Beruhigen Sie sich." Falk saß einen Kilometer von Deacons Haus entfernt in dem Streifenwagen.
„Halten Sie mich für blöd? Gegen Sie läuft eine Dienstaufsichtsbeschwerde. Meinen Sie, ich kann mir nicht genau denken, wo Sie sind? Meinen Sie, ich bin bloß ein dämlicher Provinzbulle, der nichts mitkriegt?"
„Nein, natürlich nicht."
„Sie verschwinden, sobald die Vernehmung zu Ende ist – ich weiß übrigens, dass Sie gelauscht haben –, und ich höre Ihnen an der Stimme an, dass Sie irgendwas mit Deacon vorhaben. *In einem Streifenwagen.* Ich habe hier noch immer das Sagen, und falls Sie jemanden belästigt haben, der sich schon über Sie beschwert hat, dann haben wir beide ein Riesenproblem."
Falk antwortete nicht sofort. Er stellte sich vor, wie Raco im Revier auf und ab tigerte, während Deborah und Barnes mithörten. Er atmete ein paarmal tief durch. Sein Herz hämmerte noch immer, doch allmählich setzte sein Verstand wieder ein.
„Es tut mir leid. Ich bin kurz ausgerastet. Falls es irgendwelchen Ärger gibt, nehm ich den auf meine Kappe, versprochen."
„Hören Sie", sagte Raco jetzt leiser. „Ich denke, das wird alles ein bisschen zu viel für Sie, mit Ihrer Vorgeschichte hier in der Stadt. Wir sind weiter gekommen, als ich das allein je geschafft hätte. Aber vielleicht sollten wir jetzt die Kollegen in Clyde verständigen."
„Raco, bitte ..."
„Sie sind besessen von Deacon und Dow. Sie sind davon besessen, den beiden was nachzuweisen. Als wollten Sie sie für die Hadlers drankriegen, um wiedergutzumachen, was mit Ellie passiert ist."
„Darum geht's doch nicht! Karen hat Dows Namen aufgeschrieben!"
„Ich weiß, aber es gibt keine anderen Beweise! Beide haben ein Alibi. Der

alte Deacon jetzt übrigens auch." Raco seufzte. „Sieht ganz danach aus, dass er tatsächlich am Telefon war, als die Hadlers erschossen wurden. Barnes besorgt zurzeit seine Telefondaten, aber die Frau in der Apotheke hat alles schon bestätigt. Sie erinnert sich an den Knall."

Falk strich sich mit der Hand über den Kopf. „Warum hat sie das vorher nicht erwähnt?"

„Weil sie keiner danach gefragt hat."

Sie schwiegen beide einen Moment.

„Deacon war's nicht", sagte Raco dann. „Er hat die Hadlers nicht getötet. Sie müssen den Tatsachen ins Auge sehen, und zwar schnell. Sie starren so angestrengt in die Vergangenheit, dass sie Sie blind macht."

## KAPITEL 16

Als Gretchen das dritte Glas Rotwein eingoss, spürte Falk, wie sich die Anspannung in seinen Schultern allmählich löste. Die Küche war jetzt dunkel, die Reste des Abendessens abgeräumt. Lammgulasch. Ihr eigenes, hatte sie gesagt. Das Lamm, nicht das Rezept. Sie hatten gemeinsam den Abwasch gemacht, sie mit den Händen tief im Spülwasser, während er das Geschirr abgetrocknet hatte. Schließlich waren sie ins Wohnzimmer gegangen, wo er sich wohlig in eine tiefe alte Couch hatte sinken lassen, das Glas in der Hand. Er hatte beobachtet, wie sie durch den Raum geschritten war, auf Beistelltischen Lampen angeknipst hattee, die ein gedämpftes sattgoldenes Licht warfen. Dezenter Jazz erklang. Die weinroten Vorhänge waren geöffnet und bewegten sich leicht im Nachtwind.

Gretchen hatte ihn mit dem Auto vom Pub abgeholt. Auf dem Weg zu ihr nach Hause hatte sie ihm erzählt, dass Lachie bei einer Babysitterin übernachten werde. Jetzt kam sie zu ihm auf die Couch. Dieselbe Couch, anderes Ende. Ein Abstand, den er würde überbrücken müssen. Diesen Teil fand er immer schwierig. Sie lächelte. Vielleicht werde ich es ja heute Abend gar nicht so schwierig finden, dachte er.

„Du widerstehst also immer noch dem Lockruf von Melbourne", sagte Gretchen.

„An manchen Tagen ist das nicht besonders schwer", erwiderte Falk lächelnd. Er spürte, wie sich Wärme in seiner Brust ausbreitete, seinem Bauch, und tiefer.

„Besteht denn Aussicht, dass die Sache bald geklärt ist?"

„Ehrlich gesagt, das ist schwer abzuschätzen."

„He, ich will dir was zeigen."

Sie drehte sich um und griff in das Bücherregal hinter der Couch. Sie ließ sich wieder in die Kissen sinken, zwei große Fotoalben in der Hand. Sie schlug das erste auf, klappte es gleich wieder zu und legte es zur Seite. Sie nahm das andere und rutschte näher an Falk heran.

Abstand überbrückt. So schnell. Er hatte noch nicht mal sein Glas ausgetrunken.

„Das ist mir neulich in die Hände gefallen", sagte sie.

Er warf einen Blick darauf, spürte ihren nackten Arm an seinem. Auf jeder Seite waren drei oder vier Fotos. Die ersten Bilder zeigten Gretchen als kleines Kind. Sie blätterte weiter. „Hier. Schau mal." Sie drehte das Album so, dass er besser sehen konnte. Falk lehnte sich näher heran. Das war er. Und sie. Ein Foto, das er noch nie gesehen hatte. Dreißig Jahre her, er mit nackten Beinen in grauen Shorts, sie in einem übergroßen Schulkleid. Seite an Seite saßen sie in einer kleinen Gruppe uniformierter Kinder. Zwei kindliche Blondschöpfe – ihrer golden, seiner weißblond.

„Erster Schultag, glaube ich." Gretchen hob eine Augenbraue. „Anscheinend waren du und ich sogar schon vor allen anderen Freunde."

Er lachte und lehnte sich noch etwas näher an sie, während sie mit dem Finger über das Bild aus der Vergangenheit fuhr. Sie schaute ihn an, in der Gegenwart, rote Lippen öffneten sich über weißen Zähnen zu einem Lächeln, und dann küssten sie sich. Ihre Brust lag weich an seiner.

Sie lösten sich voneinander, ein verlegenes Lachen, tiefes Durchatmen. Er strich ihr eine Haarsträhne aus der Stirn, und dann kam sie ihm wieder entgegen und küsste ihn erneut, der Duft ihres Shampoos und Rotweingeschmack in jedem Atemzug.

Er nahm das Handyklingeln nicht wahr. Erst als sie innehielt, registrierte er irgendetwas außerhalb von ihnen beiden. Er versuchte, dem keine Beachtung zu schenken, doch sie legte ihm einen Finger auf die Lippen. Er küsste ihn. Sie lachte leise. „Ist das deins oder –? Nein, das ist meins. Sorry. Das könnte die Babysitterin sein." Sie lächelte, ein kleines, verführerisches Lächeln, das seinen Körper prickeln ließ. Sie schaute aufs Display. „Sie ist es. Dauert nicht lange."

Gretchens Stimme war ein leises Murmeln im Nebenzimmer. Falk ließ den Kopf gegen das Polster sinken. Er konnte ihren Tonfall hören, auf und ab, tröstend. Ja, daran könnte ich mich vielleicht sogar gewöhnen, dachte er. Nicht in Kiewarra, aber irgendwo anders. In einer weiten grünen Landschaft, wo es regnet.

Er setzte sich wieder auf, und dabei stieß er mit der Hand gegen das Fotoalbum. Er klappte es auf, um nach dem Foto von ihnen beiden zu suchen, erkannte aber auf Anhieb, dass er das falsche Album erwischt hatte. Gretchen war hier älter, etwa neunzehn oder zwanzig. Der Rock war kürzer, und der Gesichtsausdruck weniger schüchtern.

Er blätterte um, und es durchfuhr ihn wie ein Stromstoß, als er plötzlich ein glänzendes Farbfoto von Gretchen und Luke vor sich sah. Beide Anfang zwanzig, miteinander vertraut und lachend, Köpfe zusammengesteckt, unbeschwert.

Was hatte sie gesagt? Wir haben es ein oder zwei Jahre lang probiert, nachdem du weg warst. Ich glaube, unbewusst haben wir beide versucht, unser Quartett irgendwie zusammenzuhalten. Das konnte nicht gutgehen. Natürlich nicht.

Eine Reihe ähnlicher Bilder füllte zwei Doppelseiten. Ausflüge, Strandurlaub, Weihnachten. Und dann auf einmal nichts mehr. Etwa in dem Alter, als Luke Karen kennengelernt hatte, verschwand er aus Gretchens Album. Verständlich.

Falk blätterte weiter, während Gretchens gedämpfte Stimme aus dem Nebenzimmer herüberdrang. Er wollte das Album schon schließen, als seine Hand mitten in der Bewegung erstarrte. Auf der allerletzten Seite klebte ein Foto von Luke. Er blickte nach unten, mit einem seligen Lächeln im Gesicht. Er schien in einem Krankenhauszimmer zu sein, saß offenbar auf der Kante eines Betts. In den Armen hielt er ein neugeborenes Baby. Das kleine rosa Gesicht, dunkles Haar und pummelige Ärmchen lugten aus den Falten einer blauen Decke. Luke hielt das Kind fürsorglich, zärtlich. Väterlich.

Billy, dachte Falk. Dann sah er in der blauen Decke ein weißes Plastikarmband um das Handgelenk des Babys. In säuberlichen Großbuchstaben stand dort der Name des Kindes: *LACHLAN SCHONER*.

Falk nahm das andere Album und blätterte es rasch durch. Fotos von Gretchen allein, Gretchen mit ihrer Mutter, an einem Abend in Sydney mit ihrer Schwester. Kein Luke. Moment, fast hätte er es übersehen. Er blätterte zurück. Ein unscharfes Foto, aufgenommen bei irgendeiner lokalen Veranstaltung. Gretchen war im Hintergrund zu erkennen. Neben ihr stand Karen. Und neben Karen Luke. Über den Kopf seiner Frau hinweg sah Luke Gretchen an. Und sie erwiderte den Blick mit demselben verführerischen Lächeln, das sie vorhin noch Falk zugeworfen hatte. Er sah sich noch einmal das Foto von Luke mit Gretchens neugeborenem Sohn an. Dem Sohn, der mit seinem braunen Haar, den braunen Augen und der scharf geschnittenen Nase heute keinerlei Ähnlichkeit mit seiner Mutter hatte.

Falk erschrak, als er Gretchen hinter sich hörte.

„Es war nichts Ernstes." Sie lächelte, legte das Handy weg und griff nach ihrem Weinglas. „Lachie wollte bloß meine Stimme hören." Ihr Lächeln erstarb, als sie den Ausdruck in seinem Gesicht sah und das offene Fotoalbum auf seinem Schoß. Als sie ihn wieder anschaute, war ihr Gesicht starr wie eine Maske.

„Wissen Gerry und Barb Hadler Bescheid?" Falk hörte die ungewollte Schärfe in seiner Stimme. „Wusste Karen Bescheid?"

„Da gibt es nichts zu wissen", erwiderte sie gereizt, sofort in Abwehrhaltung.

„Gretchen …"

„Ich hab's dir doch erzählt. Lachies Dad ist verschwunden. Luke war ein alter Freund. Also hat er mich besucht und hin und wieder ein bisschen Zeit mit Lachie verbracht." Gretchen verstummte, holte tief Luft. „Luke ist nicht sein Vater."

Falk sagte nichts dazu.

„Er ist es nicht!", zischte sie.

„Wer steht denn als Vater auf Lachies Geburtsurkunde?"

„Niemand. Und es geht dich übrigens auch nichts an."

„Hast du auch nur ein einziges Foto von Lachies Dad? Ein Bild, das du mir zeigen kannst?"

„Ich muss dir überhaupt nichts zeigen."

„Das war bestimmt nicht leicht für dich, als Luke Karen kennengelernt hat." Falk erkannte seine eigene Stimme kaum wieder. Sie klang distanziert und kalt.

„Verdammt noch mal, Aaron, er ist nicht Lachies Vater." Gretchens Gesicht und Hals waren rot angelaufen. Ihre Stimme nahm einen fast flehenden Ton an. „Wir hatten schon seit Jahren nicht mehr miteinander geschlafen."

„Was ist passiert? Luke wollte dich nicht heiraten, war immer auf dem Sprung. Und dann lernt er Karen kennen und –"

„Ja genau, und was?", unterbrach sie ihn. „Zugegeben, es hat mich verletzt, als er sich für sie entschieden hat. Aber so ist das Leben, oder? So ist die Liebe."

„Ich hab mich schon gewundert, warum du Karen nicht mochtest. Sie hatte alles, was du gern gehabt hättest: Luke, den Ehering, die Familie … Und du warst hier auf dich allein gestellt. Der Vater deines Kindes hatte dich verlassen. Angeblich war er einfach weitergezogen. Oder spielte er in Wahrheit ganz in der Nähe mit anderen Papa und Ehemann?"

Gretchen rannen jetzt Tränen übers Gesicht, und sie fuhr ihn an: „Wie kannst du mich das fragen? Ob ich eine Affäre mit Luke hatte, als er schon verheiratet war? Ob er der Vater meines Sohnes ist?"

Falk betrachtete sie. Sie war immer die Schöne gewesen. Fast überirdisch schön. Dann dachte er an den Fleck in Billys Zimmer. Und daran, wie Gretchen das Gewehr gehoben und Kaninchen abgeknallt hatte. „Ich frage dich das, weil ich dich fragen muss."

„Mein Gott, was ist bloß los mit dir?" Ihr Gesicht verhärtete sich. „Bist du eifersüchtig, weil ich mich damals für Luke entschieden habe und er sich für mich? Das ist wahrscheinlich einer der Gründe, warum du hier bist, was? Weil du gedacht hast, du könntest Luke endlich mal übertrumpfen, jetzt wo er nicht mehr da ist."

„Mach dich nicht lächerlich."

„Ich mache mich lächerlich? Mann, schau dich doch an", fuhr sie mit lauter werdender Stimme fort. „Du bist ihm ständig hinterhergelaufen wie ein Hündchen. Und jetzt, selbst jetzt noch, bleibst du wegen ihm in einer Stadt, die du hasst. Das ist jämmerlich."

„Gretchen. Ich bin hier, weil drei Menschen getötet wurden. Klar? Und ich hoffe, schon für deinen Sohn, dass das Verschweigen deiner Beziehung zu Luke das Schlimmste ist, was du dieser Familie angetan hast."

Sie stürmte an ihm vorbei, stieß dabei sein Glas vom Tisch. Der Wein versickerte im Teppich wie Blut. Sie riss die Haustür auf, und ein heißer Windstoß fegte herein. „Raus!" Ihre Augen waren wie Schatten.

Als er an ihr vorbeiging, verzog sich ihr Mund zu einem kalten Lächeln. „Aaron, ehe du etwas Unüberlegtes tust, muss ich dir noch was sagen: Ich weiß es."

„Was weißt du?"

„Dass dein Alibi für den Tag, an dem Ellie starb, gelogen war. Weil ich nämlich weiß, wo Luke war. Und er war nicht mit dir zusammen." Sie versetzte ihm einen Stoß. „Anscheinend haben wir alle unsere Geheimnisse."

Die Tür knallte zu.

Es war ein langer Fussmarsch zurück in die Stadt. Falk spürte jeden Schritt von den Schuhsohlen bis hinauf in seinen dröhnenden Schädel vibrieren. Er durchlebte noch einmal die Gespräche, die er mit Gretchen gehabt hatte, betrachtete sie in diesem neuen, grellen Licht. Er rief Raco an. Keine Antwort. Falk hinterließ ihm eine Nachricht, bat um Rückruf.

Als er das Fleece erreichte, war es schon kurz vor Kneipenschluss. Scott Whitlam stand vor dem Pub und setzte sich gerade seinen Fahrradhelm auf. Seine kaputte Nase sah schon etwas besser aus. Er bemerkte Falk und stutzte.

„Alles klar mit Ihnen?"

„War 'n harter Abend."

„Das sehe ich." Whitlam nahm den Helm wieder ab. „Kommen Sie, ich spendier Ihnen noch schnell ein Bier."

Falk folgte ihm in das fast leere Lokal. McMurdo war dabei, die Theke abzuwischen. Als sie hereinkamen, hielt er inne und griff wortlos nach zwei Biergläsern.

„Die übernehme ich. Schreiben Sie's bitte an", sagte Whitlam.

Der Barmann schüttelte den Kopf. „Hier wird nicht angeschrieben."

„Kommen Sie schon. Für einen Stammgast?"

„Ich hab mich doch klar genug ausgedrückt, mein Lieber."

„Okay, von mir aus." Whitlam holte sein Portemonnaie hervor. „Ich glaube, ich muss wohl mit Karte –"

„Ich mach das schon", fiel Falk ihm ins Wort, legte einen Zwanziger auf die Theke und winkte ab, als Whitlam protestierte. „Kein Problem, vergessen Sie's. Cheers."

„Was ist denn passiert?", fragte Whitlam.

„Ich hab einfach die Schnauze voll von dieser Stadt. Bin froh, wenn ich hier wegkomme."

Whitlam nickte. „Ich beneide Sie. Obwohl – vielleicht folge ich Ihrem Beispiel schon schneller, als ich gedacht hatte."

„Sie werden Kiewarra verlassen?"

„Hoffentlich. Ich muss etwas für Sandra tun. Sie hält's hier nicht mehr aus. Ich habe mich schon nach was Neuem umgeschaut, es ist eine Schule oben im Norden."

„Im Norden ist es noch heißer."

„Aber da regnet's wenigstens ab und zu. Hier fehlt einfach das Wasser. Die Dürre macht die ganze Stadt verrückt."

„Darauf trinke ich." Falk leerte sein Glas. Sein Kopf fühlte sich schwer an. Von Wein, Bier und Gefühlen.

Whitlam verstand den Hinweis und tat es ihm gleich. „Nun gut, ich geh jetzt besser. Schließlich ist morgen wieder Schule." Er hielt Falk die Hand hin. „Ich hoffe, ich sehe Sie noch, bevor Sie abreisen, aber falls nicht, alles Gute."

Falk ergriff sie. „Danke, Ihnen auch, dort oben im Norden."

Whitlam ging mit einem munteren Winken, und Falk reichte McMurdo die leeren Gläser.

„Tja, Sie werden mir fehlen, ob Sie's glauben oder nicht", sagte der Barmann. „Sie sind hier der Einzige, der immer zahlt. Da fällt mir ein …" Er öffnete die Kasse und gab Falk den Zwanzigdollarschein zurück. „Ich hab die Biere auf Ihre Zimmerrechnung geschrieben. Dachte, dann können Sie sie besser als Reisekosten absetzen oder so."

Falk nahm den Zwanziger verwundert zurück. „Oh, danke. Aber Sie sagten doch, dass Sie nicht anschreiben."

„Das hab ich bloß zu Whitlam gesagt. Aber auf Sie ist Verlass."

„Und auf Whitlam nicht? Sie kennen ihn doch bestimmt gut genug."

McMurdo stieß ein heiseres Lachen aus. „Und ob. Deshalb weiß ich auch, wo er sein Geld lässt." Er deutete mit dem Kinn auf die Spielautomaten, die im Hinterzimmer vor sich hin blinkten.

„Whitlam ist ein Fan von Spielautomaten?", fragte Falk.

McMurdo nickte. „Von Glücksspielen überhaupt. Vor allem Pferde- und Hundewetten. Beobachtet immer mit einem Auge die Übertragungen im Fernsehen, und mit dem anderen die Apps auf seinem Handy."

„Ist nicht Ihr Ernst." Falk war einerseits verblüfft, andererseits auch nicht. Er dachte an die Sportbücher in Whitlams Arbeitszimmer. Im Rahmen seines Berufs hatte Falk viele Zocker kennengelernt. Es gab keinen speziellen Typus. Das Einzige, was sie alle gemeinsam hatten, waren Realitätsverlust und Unglück.

„Er macht es diskret, aber hinter der Bar kriegt man alles Mögliche mit", erläuterte McMurdo. „Besonders wenn's ans Bezahlen geht. Und ich glaube nicht, dass Spielautomaten sein größtes Laster sind. Trotzdem füttert er sie jedes Mal, wenn er hier ist, und nicht zu knapp. Das hat er auch neulich Abend gemacht, als er versehentlich eins auf die Nase gekriegt hat, weil Jamie und Grant aufeinander losgegangen sind. Na ja, ich sollte nicht aus dem Nähkästchen plaudern. Ist ja nicht verboten, sein Geld zum Fenster rauszuschmeißen. Sonst könnte ich hier dichtmachen."

„Und viele andere auch." Falk brachte ein Lächeln zustande.

„Diese Spielertypen sind jedenfalls echt beschränkt. Immer auf der Suche nach Strategien und Hintertürchen. Dabei steht doch unterm Strich fest: Es funktioniert nur, wenn du aufs richtige Pferd setzt."

NOCH NIE war Falk das Zimmer über dem Pub so sehr wie eine Zelle vorgekommen. Er putzte sich die Zähne, ohne Licht zu machen, und fiel aufs Bett. Trotz des Chaos in seinem Kopf fühlte er sich total erschöpft. Der Schlaf würde nicht lange auf sich warten lassen.

Draußen rollte eine Blechdose über die Straße, und ihr metallisches Scheppern erinnerte Falk an die Geräusche der Spielautomaten. Er schloss die Augen. McMurdo hatte recht mit dem, was er über Glücksspiel gesagt hatte. Und es passte auch auf diesen Fall. Manchmal halfen einem selbst die besten Strategien nicht weiter. *Es funktioniert nur, wenn du aufs richtige Pferd setzt.*

Falk stand auf. Er zog ein T-Shirt über, schob die Füße in seine Laufschuhe, nahm seine Taschenlampe und eine alte Zeitung, schlich nach unten und ging auf den Parkplatz. Sein Wagen war abgespritzt worden, aber der Gestank war geblieben. Mit der Zeitung als behelfsmäßigem Handschuh öffnete er den Kofferraum, der dankenswerterweise verschont geblieben war. Er machte die Taschenlampe an und leuchtete hinein. Dann holte er sein Handy aus der Tasche und schoss ein Foto.

Wieder zurück in seinem Zimmer, konnte er lange nicht einschlafen.

Als es hell wurde, erwachte er und zog sich an, dann wartete er ungeduldig. Sobald die Uhr auf neun sprang, griff Falk zum Handy und führte ein einziges Telefonat.

*Luke Hadlers Hände am Lenkrad waren schweißnass. Die Klimaanlage lief auf Hochtouren, hatte aber bislang kaum etwas bewirkt, seit er von Jamie Sullivans Farm losgefahren war. Seine Kehle war trocken, und er wünschte, er hätte eine Flasche Wasser dabei. Er war gerade auf die Straße eingebogen, die zu seinem Haus führte, als er weiter vorne eine Gestalt sah, die allein am Wegesrand stand und winkte.*

Schnaufend kam Falk ins Polizeirevier gepoltert. Nach dem Telefongespräch war er den ganzen Weg vom Pub bis hierher gerannt. „Es war eine Vernebelungsaktion."

Raco schaute von seinem Schreibtisch auf. Seine Augen sahen müde aus. „Was?"

„Alles, Raco. Es ging gar nicht um Luke."

*„Na toll", murmelte Luke, als er näher kam und erkannte, wer ihm da winkte. Für einen kurzen Moment spielte er mit dem Gedanken, einfach weiterzufahren, aber es war ein glühend heißer Tag. Er trat auf die Bremse, brachte den Pick-up zum Stehen und ließ das Fenster herunter.*

Falk öffnete die Hadler-Akte mit zitternden Fingern. „Wir haben jeden Stein umgedreht, um Verbindungen zu Luke zu finden: Was hat er verheimlicht, wer wollte ihn tot sehen? – Und was hat es uns gebracht? Einige mögliche Motive, aber kein überzeugendes. Und Sie hatten recht damit, dass ich den Tunnelblick hatte. Wir haben die ganze Zeit aufs falsche Pferd gesetzt."

*„Sieht aus, als hätten Sie ein Problem", meinte Luke.*

*„Das kann man wohl sagen. Haben Sie vielleicht Werkzeug dabei?"*

*Luke stellte den Motor ab und stieg aus. Er ging in die Hocke, um sich die Sache aus der Nähe anzuschauen. „Was ist denn kaputt?"*

*Das waren Luke Hadlers letzte Worte, denn im selben Moment krachte ein schweres Gewicht gegen seinen Hinterkopf.*

*Schwer atmend blickte Scott Whitlam hinunter auf das, was er getan hatte.*

Falk blätterte in der Akte herum, bis er eine Kopie von Karens Büchereibeleg herauszog. Das Wort *GRANT??* stand über seiner Telefonnummer. Er schob das Blatt über Racos Schreibtisch und tippte mit dem Finger darauf. „‚Grant' ist gar kein Name, es ist eine Abkürzung."

*Karen schloss die Tür zum Büro des Direktors hinter sich und sperrte die Geräuschkulisse eines hektischen Mittwochnachmittags aus. Sie sah bedrückt aus. Sie entschied sich für den Stuhl, der Whitlams Schreibtisch gegenüberstand, setzte sich kerzengerade hin und kreuzte artig die Füße.*

*„Scott, um ehrlich zu sein, habe ich lange überlegt, ob ich mich damit an Sie wenden soll. Aber es gibt da ein Problem. Und ich kann nicht darüber hinwegsehen."*

*Sie reichte ihm ein Blatt Papier. Auf dem Briefkopf prangte das Logo des Crossley Educational Trust. Karen blickte Whitlam forschend unter ihrem blonden Pony hervor an, und ihre Augen suchten nur nach einem: einer Erklärung.*

*Irgendwo im tiefsten Kampf-oder-Flucht-Bereich von Scott Whitlams Gehirn sprang eine verborgene Tür auf und ließ ganz kurz einen Blick darauf erhaschen, wie weit er zu gehen bereit war, um sie aufzuhalten.*

„G-R-A-N-T", buchstabierte Falk und zeigte auf die Kopie des Belegs. „Das ist Karens Abkürzung für ‚Grundantrag'. Sie war in der Schule dafür zuständig, diese Grundanträge auf Fördermittel zu stellen, wie zum Beispiel letztes Jahr beim Crossley Educational Trust. Und der Antrag wurde laut Whitlam abgelehnt. Nun dürfen Sie dreimal raten, was wirklich passiert ist."

Raco blinzelte ungläubig. „Ist nicht wahr."

„Doch. Ich hab vorhin den Vorsitzenden des Trusts angerufen. Der Grundschule von Kiewarra ist eine Finanzspritze über fünfzigtausend Dollar bewilligt worden."

*Whitlam nahm das Blatt in die Hand. Es war ein Fragebogen, der automatisch an die Empfänger von Finanzhilfen verschickt wurde, um Auskünfte über die Verwendung der bewilligten Mittel zu erhalten. Nicht unbe-*

*dingt ein schlagender Beweis, was bedeutete, dass es wahrscheinlich noch weitere Korrespondenz gab, die Karen ihm vorenthielt, schloss er. Sie bot ihm die Chance, eine Erklärung zu liefern oder zu gestehen. Das sah er ihrem Gesicht an, dessen blaue Augen förmlich um eine plausible Antwort bettelten.*

*Er hätte sagen sollen: „Ja, eigenartig, da muss ich mal nachhaken. Vielleicht haben wir ja doch noch Geld bekommen." Stattdessen reagierte er panisch. Er nahm sich nicht mal die Zeit, das Schreiben durchzulesen, ehe er es als belanglos abtat. „Das muss ein Irrtum sein", meinte er. „Ein Fehler. Vergessen Sie's."*

*Aber der Fehler lag bei ihm. Das verriet ihm die Art, wie sie sich verkrampfte, zu Boden sah und auf Distanz ging. Falls sie die Wahrheit noch nicht gekannt hatte, als sie in sein Büro gekommen war, so kannte sie sie, als sie es wieder verließ.*

„Scott Whitlam", murmelte Raco. „Kommt das hin?"

„Ja klar kommt das hin. Er ist spielsüchtig, das habe ich gestern Abend von McMurdo erfahren. Außerdem hat der eine Bemerkung gemacht, die mir die Augen öffnete. Wir haben die ganze Zeit in die falsche Richtung geschaut."

„Also, worum geht's? Hat Whitlam Geld unterschlagen, das für die Schule bestimmt war? Oder bei den falschen Leuten Schulden gemacht?"

„Gut möglich. Whitlam ist letztes Jahr aus Melbourne hierhergekommen, kennt niemanden in Kiewarra und bleibt hier, obwohl es ihm offensichtlich nicht gefällt. Er hat mir erzählt, er wäre in Melbourne auf der Straße überfallen worden, irgendwas wäre aus dem Ruder gelaufen, und ein Fremder wäre dabei erstochen worden. Würde mich nicht wundern, wenn mehr hinter der Geschichte steckt."

Sie schweigen einen Moment.

„Die arme Karen", seufzte Raco.

„Wir haben sie viel zu schnell als Nebenfigur eingestuft", erklärte Falk. „Wir dachten, sie und Billy wären Kollateralschäden. Luke hat immer die Aufmerksamkeit auf sich gezogen, schon als wir Kinder waren. Er lieferte den perfekten Vorwand. Wenn Luke mit im Spiel wäre, würde niemand ahnen, dass es in Wirklichkeit einfach um seine Frau gehen könnte."

Raco schloss die Augen, ließ die ihnen bekannten Fakten Revue passieren. Er schüttelte den Kopf, als die Puzzleteilchen sich ineinanderfügten. „Karen ist also nicht von Grant Dow gestalkt worden. Sie hatte auch keine Angst vor ihrem Mann."

„Wahrscheinlich war Luke eher besorgt wegen der Entdeckung, auf die sie in der Schule gestoßen war."

„Sie glauben, sie hat es ihm erzählt?"

„Davon gehe ich aus. Wie wäre sie sonst an meine Telefonnummer gekommen?"

*Karen ging von Whitlams Büro geradewegs zur Toilette. Sie schloss sich in einer Kabine ein und drückte die Stirn gegen die Tür, ehe sie ihren Tränen der Wut freien Lauf ließ. Noch bis zu dem Gespräch gerade eben hatte es einen Hoffnungsschimmer gegeben. Sie hatte sich so sehr gewünscht, dass Whitlam nur einen Blick auf das Schreiben werfen würde, um dann lachend zu sagen: „Ich weiß genau, was passiert ist." Er hätte ihr eine Erklärung geben sollen, die absolut plausibel war.*

*Karen wischte sich mit zittriger Hand über die Augen. Was nun? Irgendwie konnte sie es noch immer nicht glauben, dass Scott das Geld unterschlagen hatte. Doch sie war die Bücher selbst durchgegangen, und für die in letzter Zeit aufgetretenen Fehler war* er *verantwortlich, nicht sie. Eine Spur, die seine Unterschlagung verriet, seinen Diebstahl.*

*„Schatz, wenn du glaubst, dass der Mistkerl das Geld in die eigene Tasche gesteckt hat, dann geh zur Polizei und zeig ihn an. Oder ich zeig ihn an, wenn du das nicht machen willst", hatte Luke vor zwei Abenden gesagt.*

*Karen saß im Bett, einen neuen Krimi aus der Bücherei auf dem Schoß. Sie sah zu, wie ihr Mann sich auszog und seine Kleidung achtlos auf einen Stuhl warf. Er stand nackt im Zimmer und reckte seinen breiten Rücken, während er gähnte. Schläfrig lächelte er sie an, und sie ertappte sich bei dem Gedanken, wie attraktiv er in dem dämmrigen Licht aussah.*

*„Nein, Luke. Misch dich da bitte nicht ein. Ich schaff das auch allein, aber ich muss mir absolut sicher sein, bevor ich ihn anzeige."*

*Der Direktor der Schule war nun mal ein Grundpfeiler des Gemeinwesens. Karen konnte sich vorstellen, wie die Eltern reagieren würden. Eine derart ungeheuerliche Beschuldigung konnte sie nicht ohne einen hieb- und stichfesten Beweis erheben. Außerdem stand ihr Job auf dem Spiel. Den wäre sie im Handumdrehen los, falls sie sich irrte.*

*„Ich sollte erst mit Scott reden", sagte Karen, als ihr Mann zu ihr ins Bett kam und eine warme Hand auf ihr Bein legte. „Ihm die Chance geben, die Sache zu erklären."*

*„Damit gibst du ihm eher die Möglichkeit, die Sache zu vertuschen. Schatz, überlass das der Polizei."*

*Sie schwieg trotzig.*

Luke seufzte. *„Also schön. Wenn du ihn wirklich nicht anzeigen willst, dann hol dir wenigstens Rat, wie du die erforderlichen Beweise finden kannst."* Er griff nach seinem Handy auf dem Nachttisch und scrollte seine Kontakte durch, dann hielt er Karen das Gerät hin. *„Ruf diesen Mann an. Das ist ein Freund von mir, und er ist bei der Polizei. Bundesbeamter bei der Steuerfahndung in Melbourne. Er ist in Ordnung. Und clever. Außerdem ist er mir noch was schuldig. Du kannst ihm vertrauen. Er wird dir helfen."*

Karen erwiderte nichts. Sie hatte Luke gesagt, dass sie die Sache regeln würde, und das würde sie auch tun. Aber es war spät, und sie wollte keinen Streit. Sie fand einen Stift auf ihrem Nachttisch und nahm das erstbeste Stück Papier, das ihr in die Hände kam, den Ausleihbeleg, den sie als Lesezeichen benutzte. Sie drehte ihn um und notierte sich kurz ein Stichwort als Gedächtnisstütze, ehe sie Aaron Falks Nummer aufschrieb. Weil ihr Mann sie noch immer beobachtete, klemmte sie den Zettel sorgfältig in das Buch und legte es weg.

*„So verlier ich sie bestimmt nicht."* Sie schaltete die Lampe aus und legte den Kopf aufs Kissen.

*„Ruf ihn an."* Luke schlang einen Arm um seine Frau. *„Aaron weiß bestimmt, was zu tun ist."*

## KAPITEL 17

Falk und Raco saßen in einem Zivilfahrzeug und beobachteten die Schule. Sie hatten etwas höher am Hang in einer Seitenstraße geparkt, wo sie eine gute Sicht auf das Hauptgebäude und den Schulhof hatten. Die hintere Tür des Wagens ging auf, und Constable Barnes stieg ein, der den Hügel hochgetrabt war und nach Luft rang. Er beugte sich in die Lücke zwischen den beiden Vordersitzen, streckte die Hand aus und präsentierte ihnen stolz zwei Remington-Patronen.

Raco nahm sie und sah sich das Kaliber an. Er nickte. Es war die gleiche Munition, die in den Körpern von Luke, Karen und Billy Hadler gefunden worden war. Die Kriminaltechnik würde wahrscheinlich genauere Übereinstimmungen feststellen können, aber fürs Erste genügte ihnen das.

*„Die waren im Hausmeisterschuppen, genau wie Sie gesagt haben."*

*„War's schwierig reinzukommen?"*, fragte Falk.

Barnes versuchte vergeblich, bescheiden zu wirken. *„Ich bin direkt zum Hausmeister und hab ihm was von ‚routinemäßiger Überprüfung' erzählt. Zulassung, Sicherheit, bla, bla, bla. Zum Glück hab ich so viel gefunden,* was zu beanstanden war, dass er garantiert den Mund hält. Hab ihm gesagt, ich würde noch mal ein Auge zudrücken, wenn er das bis zu meinem nächsten Besuch in Ordnung brächte. Der erzählt keinem, dass ich dort war."

„Gute Arbeit", lobte Raco ihn. „Es genügt schon, wenn er Whitlam gegenüber noch ein paar Stunden lang den Mund hält. Die Verstärkung aus Clyde müsste in vierzig Minuten hier sein."

„Ich versteh nicht, wieso wir nicht einfach da reinmarschieren und den Mistkerl hopsnehmen", grummelte Barnes auf der Rückbank. „Die in Clyde haben sich dieses Erfolgserlebnis gar nicht verdient."

Raco warf ihm einen Blick über die Schulter zu. „Wir kriegen schon noch unsere Lorbeeren, keine Sorge. Sein Haus zu sichern und seine Kontoauszüge zu beschlagnahmen sind keine großen Ruhmestaten."

Eine Glocke ertönte, und die Schüler strömten heraus, bildeten Grüppchen, rannten herum. Falk konnte eine Gestalt ausmachen, die am Türrahmen des Haupteingangs lehnte. Hut, rote Krawatte auf weißem Hemd: Scott Whitlam.

„Fünfzig Riesen. Für so wenig bringt der drei Leute um", sagte Barnes.

„Ich vermute, es ging ihm weniger ums Geld, als man meinen möchte", erwiderte Falk. „Spieler wie er sind immer hinter irgendwas her. Für die ist jede Art von Glücksspiel eine neue Chance. Die Frage ist, wohinter war Whitlam her?"

„Spielt doch gar keine Rolle. Es gibt nichts, was das, was er getan hat, rechtfertigt."

„Nein, aber so ist das nun mal mit Geld."

WHITLAM stand am Haupteingang. Es wehte wieder eine Brise. Er spürte, wie ihm der Staub auf der schweißfeuchten Haut kleben blieb. Nur noch ein paar Tage, dann wäre Falk weg; wenn er Glück hatte, sogar schon früher. Danach müsste er nur noch ein paar Monate durchhalten, sein Glück nicht herausfordern, dann könnte er in den Norden verschwinden und den neuen Job annehmen. Er musste hier weg. Er würde Sandra überreden müssen, ihm eine letzte Chance zu geben. Noch einmal neu anfangen, und diesmal würde er mit der Spielerei aufhören. Gestern Abend hatte er es ihr unter Tränen versprochen und zum ersten Mal das Gefühl gehabt, dass er sich wirklich daran halten würde. Sie hatte ihn nur stumm angesehen. Sie hatte diese Beteuerungen schon mal gehört. Aber diesmal musste er es wirklich schaffen aufzuhören. Denn diesmal stand viel mehr auf dem Spiel, und er könnte es nicht ertragen, alles zu verlieren.

Allein bei dem Gedanken daran wurde ihm ganz schlecht. Sandra war zutiefst besorgt; dabei ahnte sie nichts von dem Damoklesschwert, das über ihnen schwebte. Sie glaubte, ihr größtes Problem sei ein Bankkonto, das ständig im Minus war. Sie wusste nichts von der Schuldenspur, die sich von hier bis Melbourne zog. Oder von dem Grauen, das sie und ihre Tochter erwartete, falls er nicht zahlte.

Sie waren nach Kiewarra gekommen, um die Botschaft zu überbringen. Zwei stiernackige, mit Steroiden vollgepumpte Muskelprotze aus Melbourne waren vor seiner Tür aufgetaucht, um ihm persönlich zu sagen, dass ihr Boss allmählich die Geduld verlor. *Bezahl endlich!* Sie hatten ihm die Bolzenschusspistole gezeigt. Whitlam war vor Angst wie gelähmt gewesen. Sandra und Danielle waren im Haus gewesen. Er hatte ihre ahnungslosen Stimmen aus der Küche hören können, während die beiden Männer leise beschrieben hatten, was sie mit ihnen drei anstellen würden, wenn er nicht bald mit dem Geld rüberkäme.

Zwei Tage später war die Mitteilung vom Crossley Educational Trust eingetroffen. Der Brief war an ihn persönlich adressiert gewesen. Er war zusammen mit dem Bewilligungsformular an Karens freiem Tag angekommen und ungeöffnet auf seinem Schreibtisch gelandet. Er hatte die Entscheidung in Sekundenschnelle getroffen. Als Verwendungszweck würde er irgendwas angeben, dessen Kosten schwierig zu beziffern waren, Weiterbildung vielleicht, Förderprogramme. Damit würden sie sich vorerst begnügen. Also das Geld jetzt ausborgen, um Melbourne zu bezahlen; Rückzahlung, na ja, später mal. Irgendwie. Es reichte nicht aus, um seine Schulden zu begleichen, bei Weitem nicht, aber es war genug, um ihm eine Atempause zu verschaffen.

Er hatte einfach statt des Schulkontos sein Privatkonto angegeben. Das, von dem Sandra nichts wusste. Auf dem Formular hatte er als Kontoinhaber den Namen der Schule eingetragen. Für Banken zählten bloß die Nummern, nicht die Namen. Der Plan war okay, zwar nicht brillant, nicht mal gut, aber machbar. Und dann hatte Karen Hadler an seine Tür geklopft und ihm den Fragebogen des Crossley Trust vorgelegt.

*Whitlam sah Karen hinterher. Als seine Bürotür sich mit einem Klicken hinter ihr schloss, kotzte er leise in den Papierkorb. Er durfte nicht im Gefängnis landen. Wenn er einsaß, konnte er seine Schulden nicht bezahlen, und aus welchem Grund er nicht bezahlte, war den Leuten, bei denen er in der Kreide stand, scheißegal. Er hatte die Bolzenschusspistole gesehen. Es gab keine Alternative. Er musste zahlen.*

*Er saß allein in seinem Büro und zwang sich nachzudenken. Karen wusste Bescheid. Was bedeutete, dass sie es wahrscheinlich ihrem Mann erzählen würde, falls sie das noch nicht getan hatte. Wie bald würde sie es an die große Glocke hängen? Sie war eine gewissenhafte Frau. Karen würde hundertprozentig sicher sein wollen, ehe sie zur Tat schritt. Luke hingegen war ein anderes Kaliber.*

*Es blieb ihm nicht viel Zeit. Er konnte nicht zulassen, dass die Sache bekannt wurde. Es gab keine Alternative.*

*Der Schultag ging allmählich zu Ende, aber er hatte noch immer keine Lösung gefunden. Whitlam wartete, solange er konnte, dann tat er das, was er in Stresssituationen immer tat. Er nahm alles Geld, was er hatte, und noch einiges mehr, was er eigentlich nicht hatte, und ging damit in den Pub, in den Raum mit den Spielautomaten. Und dort fielen ihm die ersten Ansätze einer Lösung ein.*

*Er saß unbeobachtet zwischen den Spielautomaten, als er Luke Hadlers Stimme von einem Tisch um die Ecke hörte. Er erstarrte, wagte kaum zu atmen, während er darauf wartete, dass Hadler Jamie Sullivan von dem Schulgeld erzählte. Er war sicher, dass es jeden Moment passieren würde, doch das Geheimnis blieb unausgesprochen. Stattdessen meckerten sie über die Kaninchenplage und verabredeten sich für den folgenden Tag auf Sullivans Farm, um ein paar von den Viechern abzuschießen. Sie vereinbarten die Uhrzeit. Luke würde seine eigene Flinte mitbringen.*

*Als die nächsten hundert Dollar in Münzen im Automatenschlitz verschwunden waren, hatte Whitlam das grobe Gerüst eines Plans. Es war keine todsichere Sache, aber vielleicht fifty-fifty. Und das war eine Chance, auf die er jederzeit setzen würde.*

Eine Gruppe Kinder flitzte an Whitlam vorbei über den Schulhof, darunter auch seine eigene Tochter. Für den Bruchteil einer Sekunde meinte er, Billy Hadler unter ihnen zu sehen, nicht zum ersten Mal. Ihm wurde noch immer ganz schlecht, wenn er an den Jungen dachte. Billy hätte nicht zu Hause sein sollen. Whitlam hatte absichtlich das Federballspiel hervorgekramt, damit Sandra Billy zum Spielen zu ihnen nach Hause einlud. Hätte die bescheuerte Mutter des Jungen nicht abgesagt, dann wäre Billy nicht zur falschen Zeit am falschen Ort gewesen. Es war allein Karens Schuld.

*Am nächsten Tag saß Whitlam in seinem Büro und wartete auf das Klopfen an der Tür. Jemand würde kommen, er wusste nur nicht, wer. Die Polizei? Der Vorsitzende des Schulausschusses? Er fürchtete sich vor diesem Klopfen und sehnte es zugleich herbei. Es hätte bedeutet, dass Karen die Sache ausgeplaudert hatte, dass es zu spät war, dass er nicht würde tun müssen, was er vorhatte.*

*Er musste sich nicht fragen, ob er das wirklich würde durchziehen können. Er wusste, dass er es konnte. Das hatte er mit dem Typen in der Gasse in Footscray bewiesen. Whitlam war ihm schon einmal begegnet gewesen. Damals hatte der Mann ihn auf einem Parkplatz abgefangen, ihm die Brieftasche abgenommen und seine Botschaft mit einem heftigen Schlag in die Nieren vermittelt. In Footscray hätte es genauso ablaufen sollen, vermutete Whitlam. Aber dann war der Mann wütend geworden, hatte mit einem Messer rumgefuchtelt und mehr verlangt. Die Sache war schnell aus dem Ruder gelaufen. Der Kerl hatte höchstwahrscheinlich irgendeine Droge genommen und war nachlässig gewesen. Er hatte das Wort „Lehrer" gehört und Whitlams Fitness unterschätzt.*

*Ein schlecht getimter Vorstoß wurde mit einem geglückten Rugby-Gegenangriff erwidert, und beide stürzten mit voller Wucht zu Boden. Im Licht der Straßenlampe blitzte die Klinge orange auf, und Whitlam spürte, wie die Spitze seinen Bauch einritzte. Adrenalin rauschte durch ihn hindurch, als er die Messerhand des Mannes packte. Er hielt sie fest und drehte sie, setzte sein ganzes Gewicht ein, um sie nach hinten in Richtung des Angreifers zu drücken. Der Mann ließ das Messer nicht fallen. Er hielt es noch immer umklammert, als es in seinen eigenen Torso eindrang. Er stöhnte gurgelnd in Whitlams Gesicht, als dieser ihn niederdrückte, den langsamer werdenden Rhythmus des Bluts spürte, das stoßweise auf die Straße quoll. Whitlam wartete, bis der Mann aufgehört hatte zu atmen, und dann wartete er noch eine volle Minute länger.*

*Mit zitternden Fingern untersuchte er seinen Bauch. Der Schnitt sah viel schlimmer aus, als er war. Er beugte sich über den Toten und führte eine Zeit lang Wiederbelebungsversuche durch, wobei er darauf achtete, deutlich sichtbare blutige Fingerabdrücke zu hinterlassen, die sein mitmenschliches Engagement belegten. Anschließend lief er zu einem Haus in einer angrenzenden Straße, in dem noch Licht brannte, und ließ seinen bislang zurückgehaltenen Emotionen freien Lauf, als er den Bewohnern von dem Raubüberfall erzählte und sie bat, die Polizei und einen Rettungswagen zu rufen. Die Täter waren geflohen, aber, bitte, ein anderer Passant war schwer verletzt worden.*

*Jedes Mal wenn Whitlam an den Vorfall zurückdachte, war ihm klar, dass er in Notwehr gehandelt hatte. Und auch wenn diese neue Bedrohung sich nicht in einer Gasse, sondern in seinem Büro manifestiert hatte, nicht in Form eines Messers, sondern als Dokument dahergekommen war, hatte er das Gefühl, dass da kein großer Unterschied bestand. Der Mann in der Gasse und Karen auf der anderen Seite seines Schreibtischs. Er wurde*

*gezwungen zu handeln. Die anderen oder er, darauf lief es hinaus. Und Whitlam entschied sich gegen die anderen.*
    *Der Schultag war zu Ende. Die Klassenräume und der Schulhof leerten sich. Niemand klopfte an seine Bürotür. Karen hatte ihn noch nicht angezeigt. Er konnte es noch in Ordnung bringen. Jetzt oder nie. Er sah auf die Uhr.*
    *Jetzt.*

„Wie ist Whitlam zur Hadler-Farm gekommen?", fragte Barnes und beugte sich wieder nach vorn in die Lücke zwischen den Vordersitzen. „Wir haben uns die Filme von den Kameras in der Schule angesehen, bis uns die Augen tränten, und sein Wagen hat die ganze Zeit auf dem Parkplatz gestanden."
    Falk holte die Fotos von Lukes Leiche auf der Ladefläche des Pick-ups aus der Akte. Er nahm die Großaufnahme von den zwei Streifen an der Seitenwand der Ladefläche und reichte sie Barnes zusammen mit seinem Handy, auf dem das Foto war, das er in der Nacht zuvor vom Kofferraum seines eigenen Autos gemacht hatte. Auf der Filzverkleidung waren zwei lange Streifen zu sehen.
    Barnes' Augen wanderten hin und her. „Die Striche sehen gleich aus", stellte er fest. „Woher kommen die?"
    „Die in meinem Kofferraum sind neu", antwortete Falk. „Das sind Reifenspuren. Er ist auf seinem Fahrrad hingefahren."

*Whitlam sagte niemandem Bescheid, dass er ging. Er ließ sein Jackett auf dem Bürostuhl hängen, seinen Computer angeschaltet und schlich sich ungesehen aus dem Notausgang. Er rannte zum Schuppen, wobei er sich außerhalb des begrenzten Sichtbereichs der beiden Kameras hielt. Minuten später hatte er den Munitionsschrank aufgeschlossen und eine Handvoll Patronen eingesteckt. Die Schule besaß ein einziges Gewehr, um die Kaninchenplage zu bekämpfen, und er packte es in eine Sporttasche, die er sich über die Schulter hängte. Er würde es nur im absoluten Notfall benutzen. Luke Hadler hatte bestimmt sein eigenes Gewehr dabei, aber hatte er auch Munition? Keine Ahnung.*
    *Whitlam trabte zum Fahrradunterstand. Er war früh am Morgen mit dem Wagen hergekommen und hatte in einer stillen Seitenstraße geparkt. Er hatte sein Rad aus dem Kofferraum geholt und war das letzte Stückchen zur Schule geradelt. Das Rad hatte er absichtlich hier angekettet, wo es, wie er wusste, bald von vielen anderen umgeben wäre und niemandem auffallen würde.*

*Dann war er zu seinem Wagen zurückgegangen und auf den Schulparkplatz gefahren, wo er ihn gut sichtbar für die Kamera abgestellt hatte.*

*Jetzt fuhr er über menschenleere Landstraßen Richtung Hadler-Farm. Es war nicht weit, und er kam gut voran. Einen Kilometer vor der Farm hielt er an und suchte sich eine dicht bewachsene Stelle am Straßenrand. Er zwängte sich ins Gebüsch und wartete.*

*Nach fünfundzwanzig Minuten war er in Schweiß gebadet. Kein einziges Fahrzeug war vorbeigekommen. Acht weitere Minuten vergingen, neun. Dann, gerade als Whitlam den Blick auf die Mündung des Gewehrs richtete und sich fragte, ob es nicht noch einen anderen Ausweg für ihn gab, hörte er das Geräusch eines Automotors in der Ferne. Es war der Pick-up, auf den er wartete. Er trat auf die Straße, warf sein Fahrrad auf die Erde, stellte sich daneben und winkte wie wild.*

*Einen entsetzlichen Moment lang sah es so aus, als würde der Pick-up einfach vorbeifahren, aber dann hielt er doch an, und Luke Hadler sagte: „Sieht aus, als hätten Sie ein Problem." Er stieg aus, um zu helfen.*

*Whitlam spürte ein schmerzhaftes Reißen im Ellbogen, als er die mit Steinen gefüllte Socke auf Lukes Hinterkopf schmetterte. Luke kippte mit dem Gesicht voran nach vorne und blieb reglos liegen. Whitlam zog Gummihandschuhe an, die er aus dem Schullabor mitgenommen hatte, und öffnete die Heckklappe des Pick-ups. Mit dem Schwung eines Sportlers packte er Luke unter den Achseln und wuchtete ihn auf die Ladefläche.*

*Er lauschte. Lukes Atem ging flach und unregelmäßig. Whitlam hob die Socke und schlug noch zweimal zu, so fest er konnte. Jetzt sah er Blut. Whitlam achtete nicht darauf. Er nahm eine Plane von der Ladefläche, breitete sie hastig über Luke und warf sein Fahrrad obendrauf.*

*Lukes Flinte war im Führerhaus. Whitlam war schwindlig vor Erleichterung, und er presste eine volle Minute lang die Stirn gegen das Lenkrad, bis das Gefühl nachließ. Die Waffe war nicht geladen. Whitlam zog die Remington-Patronen aus der Tasche und lud Lukes Gewehr.*

Die große Pause war seit dreißig Minuten zu Ende, der Schulhof lag verlassen da. Raco und Barnes zuckten zusammen, als Falks Handy laut durch die Stille im Wagen schrillte.

„Mr Falk?", fragte eine Stimme, als er sich meldete. „Hier spricht Peter Dunn, Direktor des Crossley Educational Trust. Wir haben heute Morgen bereits telefoniert."

„Ja." Falk setzte sich aufrechter hin. „Worum geht's?"

„Nun ja, es ist mir ein bisschen peinlich. Sie haben sich doch nach den

Fördermitteln für die Grundschule in Kiewarra erkundigt. Und ich weiß, Sie haben gesagt, die Sache sollte vorerst unter uns bleiben, aber jetzt habe ich erfahren, dass meine Assistentin – sie ist neu und muss sich erst noch eingewöhnen –, dass sie offenbar einer Kollegin davon erzählt hat, der die Vertraulichkeit der Angelegenheit nicht ganz klar war, und allem Anschein nach hat diese Kollegin dann die fragliche Schule vor ungefähr zwanzig Minuten angerufen, um nachzufragen."

„Nein." Falk griff nach seinem Sicherheitsgurt und schnallte sich an, signalisierte dann Raco und Barnes hektisch, es ihm gleichzutun. „Mit wem hat sie gesprochen?"

„Da es sich um eine recht große Summe handelt, hat sie sich gleich ganz oben erkundigt, beim Direktor, Mr Whitlam."

Falk beendete die Verbindung. „Zur Schule! Schnell!"

Raco trat aufs Gaspedal.

*Lukes Leiche ruckelte leicht unter der Plane, während Whitlam das kurze Stück zur Hadler-Farm fuhr. Vor dem Haus hielt er an und sprang aus dem Wagen. An der Haustür beobachtete er, wie seine Hand sich hob und auf die Türklingel drückte. Das Gewehr hielt er an seiner Seite, nach unten gerichtet ans Bein gedrückt.*

*Karen öffnete die Tür und blinzelte kurz vor Überraschung, als sie ihn erkannte. Sie holte tief Luft, wollte gerade verwundert „Scott" sagen, als er mit einer raschen Bewegung das Gewehr hob und abdrückte. Er schloss dabei die Augen, und als er sie wieder öffnete, kippte Karen gerade nach hinten. Ihre Augen flatterten gespenstisch, und ein langes, dunkles Stöhnen drang tief aus ihrer Brust.*

*„Mummy!" Billy kreischte wie ein Vogel aus der Dunkelheit der Diele, ein Spielzeug in einer Hand, den Mund vor Entsetzen weit aufgerissen. „Mummy!"*

*Whitlam konnte es nicht glauben. Der Junge war hier! Er hatte ihn gesehen, und jetzt musste er das ungeschehen machen. „Bist du jetzt zufrieden, du neugieriges Miststück?", schrie er die tote Karen an, als Billy sich umdrehte und weglief.*

*Whitlam fühlte sich, als wäre er aus seinem eigenen Körper herausgetreten. Er folgte Billy und stürmte in das Kinderzimmer, riss Schranktüren auf, zerrte die Decke vom Bett. Wo war er? Ein Laut drang hinter dem Wäschekorb hervor. Whitlam konnte sich später nicht erinnern, ihn beiseitegestoßen zu haben, aber das musste er wohl, denn da war Billy, gegen die Wand gepresst, die Hände vor dem Gesicht. Whitlam erinnerte* sich später aber daran, abgedrückt zu haben. Ja, daran erinnerte er sich genau.

Er hatte ein grässliches Klingeln in den Ohren – o Gott, bitte nicht –, und noch etwas anderes hörte er. Er folgte dem Lärm über den Flur in das gegenüberliegende Kinderzimmer. Die Kleine stand in ihrem Bettchen und brüllte. Whitlam erstarrte im Türrahmen und dachte, er müsste sich übergeben.

Der Lauf schwankte, als er die Gewehrmündung langsam auf den gelben Strampler des Babys richtete. Das Chaos in seinem Kopf war ohrenbetäubend, aber inmitten des Lärms erklang eine beschwörende Stimme der Vernunft: Hör doch mal hin! Sie weint ohne Worte, sie kann noch nicht sprechen. Sie kann nichts verraten.

Whitlam wandte sich um und rannte los. Sprang über Karens Leiche nach draußen, hechtete in Lukes Pick-up und brauste davon. Auf der Landstraße begegnete ihm niemand, und er fuhr, bis das Zittern so stark wurde, dass er das Lenkrad nicht mehr halten konnte. Bei der nächsten Möglichkeit bog er auf eine halb überwachsene Piste ab, die zu einer kleinen Lichtung führte. Dort stieg er aus und zog sein Fahrrad von der Ladefläche. Mit bebenden Fingern warf er die Plane zurück und zwang sich, Luke zu betrachten. Er war völlig reglos.

Whitlam streifte sich neue Handschuhe und einen Regenponcho über, dann zog er den leblosen Körper an den Rand der Ladefläche. Mühsam hievte er ihn in eine halbwegs sitzende Position. Er klemmte das Gewehr zwischen Lukes Beine, drückte seine Fingerspitzen auf die Waffe, presste die Mündung gegen die Zähne. Whitlam drückte ab. Lukes Gesicht verschwand, und sein Körper fiel nach hinten. Die Spuren von den Schlägen auf seinen Hinterkopf gingen in der blutigen Masse verloren.

Es war alles erledigt. Whitlam stopfte Handschuhe, Poncho und die Plane in eine Mülltüte, die er später verbrennen würde. Dann atmete er dreimal tief durch und schob sein Fahrrad zurück zur Straße.

# KAPITEL 18

Whitlams Büro war leer. Seine Brieftasche war ebenso verschwunden wie Schlüssel und Handy. Nur das Jackett hing noch über der Rückenlehne des Drehstuhls.

„Vielleicht ist er nur mal kurz raus", meinte eine nervöse Sekretärin. „Sein Auto ist noch da."

„Nein, ist er nicht", widersprach Falk. „Barnes, Sie fahren zum Haus. Falls seine Frau da ist, nehmen Sie sie fest." Er überlegte einen Moment, bevor er sich an Raco wandte. „Rufen Sie die Kollegen von Clyde an. Die müssten jetzt jeden Moment eintreffen. Organisieren Sie Straßensperren, und dann trommeln Sie so viele Leute wie möglich zusammen, die Erfahrungen mit Such- und Rettungseinsätzen haben."

Raco folgte Falks Blick durch das Fenster nach draußen. Hinter der Schule erstreckte sich dichtes und unwegsames Buschland. Es schien in der Hitze zu flirren. „Das wird eine verflixt mühsame Suche", sagte Raco, als er sein Handy ans Ohr hob. „Nirgendwo auf der Welt kann man sich besser verstecken als da draußen."

DIE TEAMS nahmen Schulter an Schulter Aufstellung, eine leuchtend orange Reihe von Warnjacken am Rande des Buschlands. Die Eukalyptusbäume raunten und rauschten über ihnen, wenn der Wind durch die Kronen toste. Heftige Böen wirbelten Staub und Steinchen auf, sodass die Leute blinzelten und die Augen abschirmten. Hinter ihnen lag Kiewarra, geduckt und flimmernd unter dem Hitzeschleier.

Falk reihte sich ein. Es war Mittag, und er spürte, wie der Schweiß sich unter seiner Warnjacke sammelte. Neben ihm stand Raco mit grimmiger Miene.

„Funkgeräte einschalten, Ladys und Gentlemen!", rief der Leiter der Truppe durchs Megafon. „Und hier gibt's Tigerottern, also passt auf, wo ihr hintretet!"

Über ihnen quirlte ein Hubschrauber heiße Luft nach unten. Hohe Eukalyptusbäume und dichtes Gestrüpp trennten die Einzelnen voneinander, als sie vordrangen, und schon nach wenigen Schritten konnte Falk nur noch Raco zu seiner Linken und etwas weiter weg eine orange Jacke zu seiner Rechten sehen. Er arbeitete sich vor. Trockene Zweige knackten unter seinen Schritten, der Wind peitschte durch die Äste. Die weiße Sonne stand hoch, ihre Strahlen zwängten sich immer wieder durch Lücken im Geäst wie Suchscheinwerfer. Falk bewegte sich vorsichtig, weil das fleckige Sonnenlicht den Boden trügerisch machte. Seit seiner Zeit in der Ausbildung hatte er an keiner Suchaktion im Busch mehr teilgenommen.

Rings um ihn herum schienen die Bäume mit jedem Schritt dichter zu stehen, und Falk musste die Füße höher heben, während er durch das hohe Gras stapfte. Unmittelbar vor sich konnte er eine Insel aus Dickicht sehen. Er nahm seinen Hut ab und strich sich über den Kopf. War Whitlam ihnen entwischt? Er setzte seinen Hut wieder auf und stapfte mühsam voran.

Ein paar Meter weiter spürte er, wie ein Stöckchen von seiner Jacke abprallte. Links vor ihm war Raco stehen geblieben und hatte sich zu ihm umgedreht. Er hielt sich einen Finger an die Lippen. Dann nahm er das Funkgerät vom Gürtel und murmelte etwas hinein. Falk suchte mit den Augen die Umgebung ab. Das nächste Teammitglied war nur undeutlich in der Ferne hinter einem Vorhang aus Bäumen auszumachen. Falk bewegte sich vorsichtig auf Raco zu. Er sah zu der Stelle hinüber, auf die der Sergeant zeigte. Vor dem Dickicht war ein Baum umgestürzt, und dort, kaum sichtbar, aber vor dem Hintergrund wie ein auffälliger Fremdkörper, lugte etwas Fleischfarbenes hervor: Fingerspitzen. Raco zog seine Dienstpistole.

„Das würde ich nicht tun!" Whitlams Stimme tönte von dem Stamm zu ihnen herüber. Er klang sonderbar ruhig.

„Scott, hallo, wir sind's!" Falk zwang sich zu einem ähnlich gelassenen Tonfall. „Geben Sie auf. Wir haben hier fünfzig Leute, die nach Ihnen suchen. Es gibt für Sie nur einen Ausweg."

„Es gibt immer mehr als nur einen Ausweg. Sagen Sie Ihrem Freund, er soll seine Waffe wegstecken. Und dann kann er den anderen über Funk sagen, sie sollen sich zurückziehen."

„Kommt nicht infrage", erwiderte Raco. Die Pistole in seinen Händen war auf den Baumstamm gerichtet.

„O doch." Whitlam stand plötzlich auf. Er sah dreckig und verschwitzt aus, mit einem Netz aus dünnen Kratzern, die sich dunkel über seine gerötete Wange zogen. Er hielt etwas in seiner geballten Faust. „Bleibt, wo ihr seid!", rief er.

Falk sah durch die Finger etwas Metallisches glänzen, und sein Gehirn schrie *Pistole!*, während Raco neben ihm erstarrte.

Whitlam öffnete langsam die Finger der Faust, und Raco stieß ein langes, tiefes Stöhnen aus. *Tausendmal schlimmer als eine Pistole.*

Es war ein Feuerzeug. Whitlam schnippte es auf, und die Flamme züngelte erschreckend hell vor dem schattigen Dickicht.

Falk spürte die Angst aus seinem Inneren nach außen strömen und auf der Haut prickeln. „Scott", setzte er an, doch Whitlam hob warnend einen Zeigefinger. Es war ein teures Feuerzeug, eines, das so lange brannte, bis man den Deckel wieder schloss. Die Flamme zitterte und tanzte im Wind.

Whitlam griff in seine Tasche und holte einen Flachmann heraus. Er drehte den Verschluss ab und trank einen Schluck. Ohne Falk und Raco aus den Augen zu lassen, neigte er dann die Flasche und goss bernsteinfarbene Flüssigkeit im Kreis um sich herum auf die Erde. Einen Moment später kamen die Whiskydämpfe bei Falk an.

„Scott!", schrie Raco. „Sie verdammter Idiot! Damit bringen Sie uns alle um, Sie selbst eingeschlossen!"

„Erschießen Sie mich doch, wenn Sie wollen! Aber dann lass ich das Ding fallen!"

Falk trat von einem Bein aufs andere. Die Blätter und Äste unter seinen Füßen raschelten und knackten. Zwei Jahre ohne nennenswerten Regen und jetzt mit Alkohol getränkt. Sie standen auf einem Pulverfass. Irgendwo hinter ihnen, unsichtbar, aber durch eine ununterbrochene Kette aus Eukalyptusbäumen und Büschen verbunden, lagen die Schule und die Stadt. Ein Feuer würde an dieser Kette entlanggrasen wie ein Hochgeschwindigkeitszug.

Racos Arme zitterten, während er weiter mit der Pistole auf Whitlam zielte. Er wandte den Kopf leicht in Falks Richtung. „Rita ist irgendwo da unten. Ich knall ihn ab, bevor ich ihn hier alles abfackeln lasse."

„Scott, Sie haben keine Chance, hier rauszukommen, wenn Sie das Feuerzeug fallen lassen! Das wissen Sie!", rief Falk. „Sie werden bei lebendigem Leib verbrennen!"

„Bleiben Sie weg von mir!", entgegnete Whitlam. „Legen Sie die Waffe hin!"

„Nein. Machen Sie das Feuerzeug zu."

„Sie zuerst. Waffe hinlegen!"

Raco zauderte, sein Finger am Abzug war weiß. Er warf Falk einen Blick zu, dann bückte er sich widerwillig und legte die Pistole auf die Erde.

Falk konnte ihn verstehen. Er hatte gesehen, was Buschfeuer anrichten konnten. Einmal hatte er mit seinem Vater gegen ein Feuer angekämpft, das gekreischt und gebrüllt hatte wie ein böser Geist. Es war ein Blick in die Hölle gewesen. Und jetzt war das Land ausgedörrter als damals. Dieser Brand würde sich nicht langsam ausbreiten.

Der Hubschrauber schwebte direkt über ihnen, und am Rande seines Gesichtskreises konnte Falk eine Handvoll orange Jacken zwischen den Bäumen leuchten sehen. Den Leuten war offensichtlich angeraten worden, auf Abstand zu bleiben.

Whitlam hob das Feuerzeug in ihre Richtung. „Hören Sie, Sandra hatte nichts damit zu tun, klar? Sie weiß von meiner Spielsucht, aber sie weiß nicht, wie schlimm es ist. Und sie weiß nichts von dem Schulgeld. Und auch nichts von den Hadlers." Seine Stimme wurde brüchig. „Und ich hab nie gewollt, dass Billy was passiert. Er hätte gar nicht da sein sollen. Ich hab versucht, ihn zu schützen. Ich möchte, dass Sandra das weiß."

„Scott, kommen Sie doch mit, dann gehen wir zu Sandra und Sie können es ihr selbst sagen", beschwor ihn Falk. „Sie können die Situation immer noch in den Griff kriegen. Bitte machen Sie das Feuerzeug aus und kommen Sie mit. Wenn schon nicht für Sie selbst, tun Sie's für Ihre Frau und Ihr kleines Mädchen."

Whitlams Gesicht zuckte. „Es *war* doch alles für sie!", schrie er. „Ich wollte sie schützen. Was hätte ich denn machen sollen? Ich hab die Bolzenschusspistole gesehen. Ich hatte keine andere Wahl."

Falk wusste nicht genau, wovon Whitlam redete, aber er konnte es sich denken. „Wir werden auf sie aufpassen, Scott. Wir werden uns um Sandra und Danielle kümmern. Kommen Sie mit und erzählen Sie uns, was Sie wissen. Wir können sie beschützen."

„Das könnt ihr *nicht*! Ihr könnt nicht ewig die Hand über sie halten." Whitlam schluchzte jetzt. Die Flamme zitterte.

Falk versuchte, die Gefahr klar zu analysieren. Kiewarra schmiegte sich hinter ihnen ins Tal: die Schule, das Vieh, Barb und Gerry Hadler, Gretchen, Rita, Charlotte, McMurdo. Er stellte hektisch Berechnungen an – die Entfernungen, die Anzahl der Wohnhäuser, die Straßen, die in Sicherheit führten. Es sah nicht gut aus. Buschfeuer konnten schneller sein als ein Auto, zu Fuß hatte man nicht die geringste Chance.

„Scott!", rief er. „Bitte tun Sie das nicht. Die Kinder sind noch in der Schule. Ihre kleine Tochter ist da unten. Die ganze Gegend ist ein Pulverfass, das wissen Sie selbst."

Whitlam blickte in Richtung Stadt, und Raco und Falk machten beide einen schnellen Schritt vorwärts.

„Halt!", brüllte Whitlam und schwenkte das Feuerzeug. „Nicht weiter! Bleibt, wo ihr seid, sonst lass ich es fallen!"

„Ihre Tochter und die anderen Kinder werden verbrennen."

„Die Feuerwehr wird die Kinder retten, sie evakuiert Schulen immer als Erstes."

„Welche Feuerwehr, Sie Arschloch?", schrie Raco. Er zeigte auf die orangefarbenen Warnjacken zwischen den Bäumen um sie herum. „Die Feuerwehrleute sind alle hier draußen und suchen nach Ihnen. Wir werden alle mit Ihnen umkommen."

Whitlam krümmte sich, als hätte er einen Schlag in die Magengrube bekommen. Die Hand, die das Feuerzeug hielt, bebte. Nackte Angst loderte in seinen Augen, als er Falk ansah, und er heulte auf, animalisch und primitiv. „Ich hab sie doch schon verloren! Ich kann sie nicht retten! Besser so als das, was uns sonst erwartet."

„Nein, Scott, das ist keine –"

„Und dieses Kaff, dieses heruntergekommene, miserable Kaff!", kreischte

Whitlam, als er den Arm mit dem Feuerzeug in die Luft reckte. „Kiewarra soll brennen!"

„Jetzt!", rief Falk und sprang gleichzeitig mit Raco vor, die Arme ausgestreckt, ihre Jacken aufgespannt wie Decken. Sie warfen sich auf Whitlam, der das Feuerzeug fallen ließ. Eine weiße Stichflamme zuckte heiß an Falks Brust hinauf, als sie zu Boden stürzten, sich hin und her wälzten, um sich schlugen, mit den Stiefeln auf die Erde eintraten. Falk achtete nicht auf das brennende Gefühl in seinen Waden, den Oberschenkeln. Er hatte mit einer Hand Whitlams Haar gepackt und hielt es fest, obwohl ihm ein wahnsinniger Schmerz durch die Faust jagte, bis das Haar wegbrutzelte und seine Hand nur noch rosa Fleisch und blasig war und nichts mehr hielt. Sie rollten eine Ewigkeit lang brennend herum, bis zwei Hände in dicken Schutzhandschuhen Falk an den Schultern packten und nach hinten rissen. Er stieß einen tierischen Schrei aus, als seine verbrannte Haut aufplatzte.

Eine schwere Decke umhüllte ihn, und er hustete und würgte, als man ihm Wasser über Kopf und Gesicht schüttete. Ein zweites Händepaar zog ihn weg. Er fiel auf den Rücken, und jemand hielt ihm eine Wasserflasche an die Lippen, aber er konnte nicht schlucken. Er wollte sich wegdrehen, aber jemand hielt ihn behutsam fest, und er brüllte auf, weil ihm unsägliche Schmerzen durch die Gliedmaßen jagten. Der Gestank von verbranntem Fleisch hing ihm in der Nase, und er blinzelte und schniefte, mit tränenden Augen und laufender Nase. Er wandte den Kopf zur Seite, drückte die nasse Wange auf die Erde.

Raco war verborgen hinter einer Wand aus Warnjacken, die ihn umringten. Er bewegte sich nicht. Eine dritte Gruppe hatte sich um eine zusammengekrümmte und kreischende Gestalt gedrängt.

*Raco,* versuchte Falk hervorzubringen, doch jemand drückte ihm erneut die Flasche an die Lippen. „Ganz ruhig", sagte eine Frau in einer Warnjacke, als man ihn auf eine Trage schnallte. „Wir tun, was wir können."

## KAPITEL 19

Er werde überleben, sagten die Ärzte ihm, als er auf der Verbrennungsstation des Krankenhauses in Clyde erwachte. Aber seine Karriere als Handmodel müsse er an den Nagel hängen. Als man ihm erlaubte, sich seine Verletzungen anzusehen, war er von seinem eigenen Körper fasziniert und angeekelt zugleich. Die blasse, milchige Haut war glänzendem rotem Fleisch gewichen, nässend und roh. Sie verbanden ihm die Hand, den Arm und das Bein, und danach schaute er nicht wieder hin.

Über mangelnden Besuch an seinem Krankenbett konnte er sich nicht beklagen. Gerry und Barb kamen mit Charlotte, McMurdo schmuggelte ein Bier ein, und Constable Barnes saß immer wieder lange und wortkarg an seinem Bett. Gretchen kam ihn nicht besuchen. Falk nahm es ihr nicht übel.

Sobald er aufstehen durfte, verbrachte er seine Zeit überwiegend bei Raco am Bett, der durchweg schlief. Die Ärzte hatten ihn sediert, um seine schweren Verbrennungen an Torso und Rücken zu behandeln. Auch er werde überleben, sagten sie. Aber sie machten keine Witze, wie sie das bei Falk getan hatten.

Rita Raco drückte eine Hand an ihren Bauch und hielt mit der anderen Falks unverletzte Hand, während sie schweigend bei ihrem Mann saßen. Racos Brüder kamen von auswärts. Sie sahen aus wie Versionen ein und derselben Person. Sie drückten Falk die Hand, und obwohl sie ihren schlafenden Bruder raubeinig aufforderten, endlich aufzuwachen, merkte er ihnen an, dass sie tief besorgt waren.

Schließlich schlug Raco die Augen auf, und die Ärzte verbannten Falk einen ganzen Tag lang aus dem Zimmer, ließen nur seine engsten Angehörigen zu ihm. Als Falk wieder hineindurfte, setzte Raco unter seinen Verbänden ein schwaches, aber vertrautes Grinsen auf.

„Echte Feuertaufe, was?"

Falk rang sich ein Lachen ab. „Kann man wohl sagen. Sie haben Ihre Sache gut gemacht."

„Ich musste doch Rita beschützen. Aber jetzt mal ehrlich. Nach allem, was Kiewarra Ihnen angetan hat, waren Sie da nicht ein kleines bisschen in Versuchung, es einfach niederbrennen zu lassen?"

Falk schmunzelte, diesmal richtig. „Ging leider nicht. Meine Wohnungsschlüssel waren doch noch im Pub."

Whitlam war ins Alfred Hospital nach Melbourne verlegt worden, wo er rund um die Uhr von Polizisten bewacht wurde. Gegen ihn war wegen einer ganzen Reihe von Punkten Haftbefehl erlassen worden, darunter auch der Verdacht, Luke, Karen und Billy Hadler ermordet zu haben. Er war fast bis zur Unkenntlichkeit entstellt, erfuhr Falk. Das Feuer hatte seine Haare verbrannt. Er konnte von Glück sagen, dass er überhaupt noch lebte. Insgeheim fragte Falk sich, ob Glück in Whitlams Fall das richtige Wort war. Das Gefängnis würde nicht leicht für ihn werden.

Als Falk entlassen wurde, nahmen die dankbaren Hadlers ihn bis zu seiner völligen Genesung bei sich auf. Gerrys und Barbs Sohn war noch immer tot, aber sie wirkten wie von einer schweren Last befreit. Sie konnten den Leuten wieder in die Augen sehen. Falk fuhr mit ihnen zum Friedhof. Besonders Lukes Grab verschwand jetzt fast unter einem Berg frischer Blumen.

SOBALD FALK wieder bei Kräften war, ging er den weiten Weg bis zu Gretchens Farm zu Fuß. Sie war wieder dabei, hinten auf der Weide Kaninchen zu schießen, und als er näher kam, richtete sie das Gewehr auf ihn und hielt es länger als nötig so.

„Gretchen, bitte verzeih mir!", rief Falk ihr zu. „Das wollte ich dir bloß sagen."

Sie sah seine Verbände und ließ das Gewehr sinken. Sie seufzte und kam ihm entgegen. „Ich wollte dich ja im Krankenhaus besuchen, aber –"

„Ist okay. Geht's dir gut?"

Sie zuckte die Achseln, und sie standen beide eine Zeit lang schweigend da, lauschten den Kakadus in den Bäumen.

„Luke hat Karen geliebt", sagte Gretchen schließlich. „Er hat sie wirklich geliebt. Und vor ihr Ellie." Ihre Augen wurden feucht. „Ich glaube, ich war nie seine erste Wahl."

„Und der Tag, an dem Ellie starb?", fragte Falk.

Gretchen verzog das Gesicht. „Ich hab immer gewusst, dass Luke für dich gelogen hat." Ihre Stimme klang gepresst, und Tränen quollen hervor. „Weil er nämlich mit mir zusammen war."

*„Hast du das gehört?" Gretchen öffnete die Augen und blinzelte in das Sonnenlicht, das durch die Bäume drang. Das raue Gras kitzelte sie am Rücken.*

*„Was denn?" Sie spürte Lukes Atem an ihrem Hals, als er sprach. Sein Haar war noch nass, und seine Stimme klang schläfrig.*

*Ihre Kleider lagen in einem unordentlichen Haufen am Fuß eines Baumes. Sie hatten sich bis auf die Unterwäsche ausgezogen, ehe sie in den kühlen Fluss gesprungen waren. Gretchen hatte die Wärme von Lukes Körper durch das Wasser hindurch gespürt, als er sie leidenschaftlich geküsst und gegen die Uferböschung gedrückt hatte. Die anschließend abgestreifte Unterwäsche trocknete jetzt auf einem flachen Felsen.*

*Das Wasser stand hoch und rauschte murmelnd und plätschernd über die Felsen. Trotzdem, Gretchen hörte das Geräusch erneut: ein trockenes Knacken irgendwo tief zwischen den Bäumen.*

*„Ich glaube, da kommt jemand", flüsterte sie. Sie schob Luke von sich weg, und er setzte sich benommen auf. „Schnell, zieh dich an." Sie warf ihm seine Jeans zu und versuchte hastig, ihren BH zuzumachen. Luke schlüpfte*

*in seine Boxershorts. Gretchen streifte sich ihr Top über die nassen Haare und sagte:* „Lass uns abhauen. Das könnte mein Dad sein." *Aber als eine schlanke Gestalt zwischen den Bäumen hervortrat, hätte sie fast aufgelacht.* „Ach, das ist ja bloß Ellie."

*Mit schnellen Schritten kam Ellie näher, den Kopf gesenkt. Am Ufer blieb sie stehen. Sie blickte eine Weile auf den angeschwollenen Fluss, dann wandte sie sich ab.*

„Komm, wir sagen Hallo", *schlug Gretchen vor.*

„Keine Lust. Sie ist in letzter Zeit so komisch. Außerdem bin ich noch nass."

*Gretchen musterte Luke. Das Wasser mochte ja den Geruch nach Sex weggespült haben, aber ihm stand förmlich ins Gesicht geschrieben, was sie gemacht hatten.* „Warum genau willst du nicht, dass sie uns sieht?"

„Sie ist eine eingebildete Zicke. Darauf hab ich heute einfach keinen Bock." *Er ging zum Pfad und wandte sich in die Richtung, die zur Farm von Gretchens Eltern führte.*

*Sie machte einen Schritt hinter ihm her, drehte sich aber noch einmal um. Ellie ging jetzt unter einem seltsam aussehenden Eukalyptusbaum in die Hocke und legte eine Hand an einen Felsen.*

„Was macht sie da?", *fragte Gretchen, doch Luke war schon weg.*

„Als ich erfahren hab, dass sie Steine für ihre Taschen gesammelt hatte, konnte ich drei Nächte lang nicht schlafen. Wenn ich zu ihr gegangen wäre, hätte ich sie davon abhalten können. Aber ich hab's nicht getan." *Gretchens Worte gingen fast in Schluchzen unter.* „Ich bin einfach weggegangen. Wegen Luke."

*Sie holte ihn ein.* „He, was soll das? Ellie weiß doch, dass wir zwei zusammen sind. Es ist kein Geheimnis."

„Stimmt, Süße."

„Warum stört es dich dann, wenn die anderen erfahren, dass das mit uns jetzt was Ernstes ist?"

„Es stört mich doch gar nicht. Komm, lass gut sein." *Er beugte sich vor, um sie zu küssen.* „Ich will bloß, dass es was Besonderes bleibt, nur zwischen uns."

*Sie wich zurück.* „Jaja, klar. Was ist der wahre Grund? Wartest du auf ein besseres Angebot? Wenn ja, Ellie ist gleich dort hinten."

*Luke schnaubte genervt und ging wieder weiter.* „Sei doch nicht so!", *rief er über die Schulter.*

*Sie gelangten auf die Viehweide hinter dem Farmhaus ihrer Eltern und liefen schweigend zum Haus. Gretchen wusste, dass ihre Mutter und ihre Schwester noch unterwegs waren, und sie hörte ihren Vater in der Scheune herumhantieren.*

*Luke hatte, als er gekommen war, sein Fahrrad an einen Baum gelehnt. Jetzt nahm er es und drehte sich zu ihr um. „Ich möchte, dass ein paar Sachen unter uns bleiben." Er sah ihr in die Augen. „Aber das Ganze ist sinnlos, wenn du dich jedes Mal wie eine Prinzessin aufführst."*

*Er wollte sie küssen, aber sie wandte den Kopf ab. Er betrachtete sie einen Moment wortlos, dann zuckte er die Achseln.*

*Gretchen brach in Tränen aus, als er aufs Rad stieg und davonfuhr. Sie ließ ihnen genau so lange freien Lauf, bis ihr klar wurde, dass er nicht zurückkommen würde. Wut stieg in ihr hoch. So durfte Luke Hadler nicht mit ihr umspringen! Sie rannte ins leere Haus, schnappte sich die Schlüssel vom Pick-up und fuhr hinter Luke her. In der Ferne sah sie sein Fahrrad kurz vor der Kreuzung. Sie verlangsamte das Tempo, hielt Abstand, wusste noch nicht recht, was sie sagen sollte, wenn sie ihn eingeholt hatte.*

*Vor ihr überquerte ein Wagen langsam die Kreuzung, und sie tippte kurz auf die Bremse. Einen Moment später brauste sie in ihrem weißen Pick-up darüber.*

*Plötzlich bog Luke links ab, und für eine Schrecksekunde dachte sie, er wolle zurück zum Fluss und zu Ellie. Sie folgte ihm in einigem Abstand. Im letzten Moment bremste er ab und lenkte sein Fahrrad in die Zufahrt zum Haus seiner Eltern. Gretchen hielt ein Stück entfernt an und sah von der Straße aus zu, wie er die Tür öffnete und hineinging. Sie wendete den Pick-up und weinte den ganzen Weg zurück nach Hause.*

„Als ich hörte, dass Ellie nicht heimgekommen war, bin ich selbst zurück zum Fluss und hab sie gesucht. Ich hab halbwegs damit gerechnet, dass sie sich mit ihrem Schlafsack da irgendwo vor ihrem Vater versteckt hatte. Aber ich fand keine Spur von ihr." Gretchen kaute auf ihrem Daumennagel. „Luke und ich haben darüber gestritten, ob wir was sagen sollten. Aber zu dem Zeitpunkt haben wir uns noch keine echten Sorgen gemacht, verstehst du? Ich hab ehrlich gedacht, sie würde schon wieder auftauchen, wenn sie dazu bereit war." Sie schwieg einen langen Moment. „Ich bin gar nicht auf den Gedanken gekommen, sie könnte ins Wasser gegangen sein." Gretchen sah Falk an. „Als bekannt wurde, dass sie ertrunken war, konnte ich mir nicht verzeihen. Was, wenn wir geblieben wären und mit ihr geredet hätten? Ich hatte geahnt, dass irgendwas mit ihr nicht stimmte, und ich hatte nichts unternommen. Ich hab mich total geschämt. Ich hab Luke das Versprechen abgenommen, keinem zu erzählen, dass wir sie gesehen hatten. Ich wollte nicht, dass irgendwer erfuhr, wie sehr wir sie im Stich gelassen hatten." Sie wischte sich über die Augen. „Und dann fingen alle an, mit dem Finger auf dich zu zeigen. Sogar Luke kriegte Angst. Wenn die dachten, du hättest was damit zu tun, was würden sie dann sagen, wenn herauskam, dass wir am Fluss gewesen waren? Da hat er sich diesen Plan ausgedacht. Er würde sagen, dass er mit dir zusammen war. Das würde dir helfen, das würde uns helfen. Und ich könnte den Rest meines Lebens so tun, als wäre ich nicht dort gewesen. Ich könnte vergessen, dass ich hinter Luke hergelaufen war, als ich zu ihr hätte gehen sollen."

Falk reichte Gretchen ein frisches Taschentuch. Sie nahm es mit einem zaghaften Lächeln.

„Du bist nicht verantwortlich für Ellies Tod", sagte er.

„Aber ich hätte mehr tun können. Ich weiß nicht, was an Luke so besonders war. Er war kein schlechter Kerl, aber er war ziemlich schlecht für *mich*."

Sie standen eine Weile Seite an Seite da und blickten über die Weiden.

Falk holte Luft. „Hör mal, Gretchen, es geht mich ja nichts an, aber Gerry und Barb und Charlotte, sie –"

„Luke ist nicht Lachies Vater." Ihre blauen Augen fixierten ihn, aber nur für einen Moment.

„Okay." Er nickte. „Aber es sind gute Menschen. Und sie haben gerade sehr viel verloren. Du auch. Falls die Chance besteht, aus diesem ganzen Elend irgendwas Positives zu ziehen, solltest du sie nutzen."

Sie schwieg. Ihre Miene war unergründlich.

Schließlich hielt er ihr die Hand hin, die nicht verbrannt war. Sie blickte darauf, und dann zog sie ihn zu seiner Überraschung in eine kurze Umarmung. Nicht erotisch, nicht mal freundschaftlich, aber vielleicht versöhnlich.

„Bis dann. Vielleicht in zwanzig Jahren", sagte sie.

Diesmal, dachte er, hat sie wahrscheinlich recht.

FALK stapfte weiter über die Weiden. Er wollte sich an Ellie an dem Ort erinnern, von dem er wusste, dass sie ihn geliebt hatte. Er erreichte den Felsenbaum, als die Sonne gerade zu sinken begann. Inzwischen war es fast April, und die sengende Hitze des Sommers ließ allmählich nach. Die Dürre, so die Prognosen, könnte in diesem Winter zu Ende gehen. Er hoffte, dass der Fluss eines Tages zurückkehrte.

Falk kniete sich neben den Felsen und klappte sein Taschenmesser auf. Genau über der Stelle, wo das Versteck war, fing er an zu schnitzen. Die

Buchstaben *E – L – L*. Das Messer war stumpf, und die Arbeit gestaltete sich mühselig, aber er hielt bis zum Schluss durch. Mit dem Daumen fuhr er über die Buchstaben. Vom langen Knien fühlte sich sein verbranntes Bein an, als stünde es in Flammen.

Der Schmerz löste einen Gedanken aus. Ächzend drehte Falk sich zur Seite und griff in die Spalte, tastete in der Baumhöhle nach dem alten Feuerzeug, das er letztes Mal dagelassen hatte. Eingedenk der jüngsten Ereignisse wollte er nicht riskieren, dass irgendwann jemand das Ding fand und auf dumme Gedanken kam.

Gerade als seine Finger gegen das Feuerzeug stießen, streifte sein Daumen etwas. Es fühlte sich rau an, aber weich und ziemlich groß. Von Menschenhand geschaffen. Er tastete so lange herum, bis er das Ding zu fassen bekam. Er zog daran, und es löste sich mit einem jähen Ruck. Falk keuchte auf, als er sah, was er da hervorgeholt hatte: einen lila Rucksack. Er war mit Spinnweben und Schmutz überzogen, aber Falk erkannte ihn auf Anhieb. Nur *eine* andere Person hatte von der Höhle im Felsenbaum gewusst.

Falk machte den Rucksack auf. Er nahm alles heraus, was drin war: eine Jeans, zwei Shirts, einen Pullover, einen Hut, Unterwäsche, ein Täschchen mit Make-up, ein Plastikportemonnaie mit Geldscheinen – Zehner, Zwanziger, sogar ein paar Fünfziger. Gespart, zusammengekratzt.

Ganz unten im Rucksack lag noch etwas, das sie vor zwanzig Jahren beim Packen zum Schutz in eine Regenjacke eingewickelt hatte. Er nahm es heraus und hielt es lange in den Händen. Ellie Deacons Tagebuch.

> Ihr Vater nannte sie beim Namen ihrer Mum, als er sie das erste Mal schlug. Er war betrunken, und sie war vierzehn, auf der Schwelle vom Mädchen zur Frau. Er schlug sie dieses eine Mal, dann, nach einer langen Zeit, passierte es wieder. Dann wieder. Und wieder. Sie versuchte, den Wodka zu verdünnen. Ihr Vater merkte es gleich beim ersten Schluck, und sie beging diesen Fehler nie wieder. Zu Hause trug sie Tops, damit ihre Blutergüsse zu sehen waren, aber ihr Cousin Grant machte einfach den Fernseher an und sagte, sie solle aufhören, ihren alten Herrn auf die Palme zu bringen. Ihre schulischen Leistungen ließen nach. Die Lehrer fragten nie nach der Ursache. Die Mädchen, von denen sie geglaubt hatte, sie seien ihre Freundinnen, warfen ihr komische Blicke zu und tuschelten hinter ihrem Rücken. Es dauerte nicht lange, und Ellie war für alle nur noch Luft.
> An einem Samstagabend war sie mutterseelenallein mit einer Flasche im Centenary Park, als sie das leise Lachen von zwei vertrauten Gestalten auf einer Bank hörte. Aaron und Luke. Ellies Puls beschleunigte sich, als hätte sie etwas Vergessenes wiedergefunden, das ihr mal wichtig gewesen war. Die Jungs starrten sie an, als hätten sie sie noch nie gesehen. Das gefiel ihr.

Zwei Menschen in ihrem Leben zu haben, die taten, was sie ihnen sagte, anstatt ihr zu sagen, was sie zu tun hatte, kam ihr sehr entgegen.

Als sie noch jünger gewesen waren, hatte sie Lukes Lebenslust und Draufgängertum lieber gemocht, jetzt jedoch fühlte sie sich mehr zu Aarons unaufdringlicher Besonnenheit hingezogen. Nachdem Gretchen dann das Quartett vervollständigt hatte, war eine Zeit lang alles gut. Je mehr Ellie mit ihren Freunden zusammen war, desto weniger war sie zu Hause. Außerdem nahm sie einen Teilzeitjob an.

Sie war jetzt unbeschwerter, und das machte sie im Umgang mit ihrem Vater leichtsinnig und schnippisch. Eines Tages presste er ihr Gesicht in ein Sofakissen, bis sie dachte, sie werde ohnmächtig werden. Als er sie endlich losließ, roch der erste gierige Atemzug, den sie einsog, nach seiner Wodkafahne. Das war der Tag, an dem Ellie aufhörte zu trinken. Es war auch der Tag, an dem sie beschloss wegzulaufen. Und dafür brauchte sie einen klaren Kopf.

Der endgültige Auslöser war eine Nacht, als sie in ihrem Bett aufwachte, weil er auf ihr lag und seine Finger sie überall begrapschten. Ein stechender Schmerz, und seine besoffene Stimme lallte ihr den Namen ihrer Mutter ins Ohr. Endlich gelang es ihr irgendwie, ihn von sich runterzustoßen, aber bevor er ging, schlug er so fest zu, dass ihr Kopf nach hinten schnellte und gegen den Bettpfosten knallte. Am Morgen fuhr sie mit den Fingern über die Delle im Holz und wusch das Blut aus dem rosa Teppich. Alles tat ihr weh.

Als Aaron am nächsten Nachmittag die Höhle am Felsenbaum entdeckte, war das wie ein Zeichen des Himmels. Die Höhle war groß genug als Versteck für ihren Rucksack. Von einem zaghaften Hoffnungsschimmer erfüllt, schaute Ellie Aaron ins Gesicht und gestand sich zum ersten Mal ein, wie sehr sie ihn vermissen würde. Als sie sich küssten, war das ein schöneres Gefühl, als sie gedacht hatte, bis seine Hand nach oben griff und ihren schmerzenden Kopf berührte. Sie schreckte zurück und sah den verstörten Ausdruck in Aarons Gesicht. Am liebsten hätte sie ihm alles erzählt, aber von allen Emotionen, die sie durchströmten, war Angst die vordringlichste. Ellie wusste, wenn es hart auf hart käme, gäbe es niemanden in Kiewarra, der ihrem Vater die Stirn bieten könnte.

Also arbeitete sie an ihrem Plan. Sie nahm ihr zusammengespartes Geld und packte einen Rucksack, den sie versteckte, wo keiner ihn finden würde, bis alles bereit war. Sie buchte ein Zimmer in einem Motel drei Orte weiter. Als sie nach einem Namen für die Reservierung gefragt wurde, nannte sie automatisch den einzigen, der ihr ein Gefühl der Sicherheit gab: Falk.

Sie schrieb den Namen und das Datum, das sie ausgewählt hatte, auf einen Zettel und steckte ihn in die Tasche ihrer Jeans. Er diente als Glücksbringer und gleichzeitig als Mahnung, im letzten Moment nicht doch noch zu kneifen. Sie musste fliehen, aber sie hatte nur eine einzige Chance dazu.

Falls mein Dad etwas spitzkriegt, bringt er mich um.

Das war der letzte Satz, den sie in ihr Tagebuch geschrieben hatte.

*Mal Deacons Augen huschten zu dem weißen Bettpfosten mit der Delle im Holz und wanderten weiter zu dem Fleck im rosa Teppich darunter, und er fühlte, wie sich in seiner Magengrube etwas Kaltes zusammenballte. Da war irgendwas Schlimmes passiert. Eine groteske Erinnerung versuchte sich an die Oberfläche zu drängen. Er trank einen langen Schluck, bis sie wieder leise in der schattenhaften Tiefe versank.*

*Seine Tochter hätte zu Hause sein sollen, aber sie war es nicht.* Vielleicht hat sie sich bloß verspätet, *flüsterte eine Stimme der Vernunft kaum hörbar, aber er hatte mitbekommen, wie Ellie ihn in letzter Zeit angesehen hatte. Es war ein Blick, den er gut kannte. Denselben Blick hatte er schon fünf Jahre zuvor gesehen. Ein Blick, der sagte:* Es reicht! Auf Nimmerwiedersehen.

*Er spürte eine Welle der Verbitterung in sich aufbranden und riss Ellies Schranktür auf. Ihr Rucksack fehlte. Zwischen den ordentlich gefalteten Sachen waren deutliche Lücken zu sehen. Er zerrte Schubladen aus der Kommode, kippte den Inhalt auf den Boden und durchwühlte alles auf der Suche nach Hinweisen.*

*Plötzlich erstarrte er mitten in der Bewegung. Er wusste mit kalter Gewissheit, wo sie sein würde. Nämlich dort, wo auch ihre Mutter immer hingerannt war.* Diese Schlampe, diese kleine Schlampe!

*Er taumelte zurück ins Wohnzimmer, zog den widerstrebenden Grant auf die Beine und drückte ihm den Schlüssel des Pick-ups in die Hand.* „Wir holen Ellie. Du fährst."

*Die Sonne brannte orange vom Himmel, als sie über die Feldwege zu der Farm der Falks brausten. Aus den Augenwinkeln nahm Mal eine Bewegung wahr, die ihm das Herz bis zum Hals schlagen ließ. Ein helles T-Shirt und lange Haare, die er nur allzu gut kannte, verschwanden in der Baumreihe hinter dem Haus der Falks.*

„Da war sie! Sie will zum Fluss."

„Ich hab nix gesehen", *murrte Grant, brachte den Pick-up aber dennoch zum Stehen.*

*Deacon sprang heraus, lief über die Weide und tauchte in den Schatten der Bäume. Er sah nur noch rot, während er seine Tochter den Pfad hinunter verfolgte. Sie hockte neben einem merkwürdigen Eukalyptusbaum, als er sie einholte. Ellie hörte ihn zu spät. Sie sah auf, und ihr Mund öffnete sich zu einem Schrei, als er ihre Haare packte.* Kleine Schlampe. Sie wird nicht abhauen. Diesmal wird sie verdammt noch mal nicht abhauen. *Mit der flachen Hand verpasste er ihr einen Schlag gegen den Kopf. Sie taumelte und fiel nach hinten, landete mit einem leisen Stöhnen so nah am Ufer, dass sie mit den Haaren und Schultern ins dunkle Flusswasser tauchte. Ihre Augen sahen ihn noch immer mit diesem Blick an, den er wiedererkannte, und er rammte eine Hand unter ihr Kinn, bis das trübe Wasser ihr Gesicht bedeckte. Sie wehrte sich. Er starrte in seine eigenen Augen, die sich im dunklen Fluss spiegelten, und verstärkte seinen Griff.*

*Hinterher musste er Grant die Farm versprechen, während sie in der einsetzenden Dunkelheit am Flussufer Steine sammelten, um Ellie zu beschweren. Zumal sein Neffe den Zettel mit Falks Namen in ihrer Tasche gefunden hatte und vorschlug, es könnte von Nutzen sein, ihn in Ellies Zimmer zu verstecken. Sie suchten, bis das letzte Tageslicht verschwunden war, aber Ellies Rucksack fanden sie nicht.*

**Falls mein Dad etwas spitzkriegt, bringt er mich um.**
Nachdem Falk Ellies Tagebuch gelesen hatte, blieb er lange still sitzen und blickte auf das leere Flussbett. Schließlich klappte er das Buch zu und packte es zusammen mit den anderen Habseligkeiten wieder in den Rucksack. Er stand auf und hängte ihn sich über die Schulter.

Die Sonne war untergegangen, und um ihn herum war es Nacht geworden. Über den Eukalyptusbäumen glitzerten die Sterne. Falk war nicht beunruhigt. Er kannte den Weg. Als er zurück nach Kiewarra ging, kam ein kühler Wind auf.

*„Dreizehn Jahre als Journalistin haben mir beigebracht, beim Schreiben keine Angst vor einer leeren Seite zu haben."*

## Jane Harper

Die im englischen Manchester geborene Jane Harper zog im Alter von acht Jahren mit ihrer Familie nach Australien, kehrte als Jugendliche aber nach England zurück. Dort studierte sie Anglistik und arbeitete für zwei nordenglische Zeitungen als Journalistin, eine Tätigkeit, die sie 2008 nach ihrem endgültigen Umzug nach „Down Under" für die Melbourner Tageszeitung *Herald Sun* fortsetzte. Heute besitzt sie die australische Staatsbürgerschaft und lebt mit Ehemann und Tochter in St. Kilda, einem Stadtteil von Melbourne.

Der Schriftstellerei, einem lang gehegten Traum, wandte sie sich erstmals 2014 zu: Sie nahm an einem Kurzgeschichten-Wettbewerb teil und gehörte zu den Gewinnern, die in einem Sammelband veröffentlicht wurden. Das spornte sie an: „Ich meldete mich zu einem zwölfwöchigen Onlinekurs ‚Creative Writing' an, dessen Ziel es war, einen Roman zu verfassen."

So entstand „Hitze", das zunächst einen Preis für das beste unveröffentlichte Manuskript und danach viele weitere Auszeichnungen erhielt, darunter den renommierten „Gold Dagger" der Crime Writers Association. Auf das Geheimnis ihres Erfolgs angesprochen, fallen Jane Harper zwei Dinge ein: „Als Journalistin habe ich gelernt: Man kann nie sicher sein, dass ein Text zu Ende gelesen wird. Daher habe ich versucht, immer wieder einen Anreiz zu liefern, zur nächsten Seite umzublättern." Wichtig findet sie auch den Handlungsort: „In einer Kleinstadt kommt Gutes wie Schlechtes zum Vorschein. Den Sinn für Gemeinschaft gibt es ebenso wie die Tatsache, dass die Leute mehr über dich und deine Vergangenheit wissen, als dir lieb ist. Solche Themen aus dem realen Leben bringen Lesern ein Buch nahe."

# Für immer auf den ersten Blick

# Hanna Linzee

„𝓢ie haben mich nicht verstanden", unterbrach mich die alte Dame nach einer kurzen Weile sanft. Sie blieb stehen und griff nach meiner Hand. Genau wie vorhin in der Bahn fingen meine Finger leicht an zu kribbeln. „Ich möchte wissen, wer Sie *wirklich* sind."

Eine Weile stand ich einfach nur da. Was passiert hier gerade?, fragte ich mich. Vielleicht war es das Interesse in ihren Augen, vielleicht der Zauber der Winternacht, der mir das Gefühl gab, wir beiden wären die einzigen Menschen auf dieser Welt. Jedenfalls überkam mich mit einem Mal das unwiderstehliche Bedürfnis, mich ihr anzuvertrauen.

## Prolog

Ich hatte gerade meinen siebten Geburtstag gefeiert, als mir meine Großmutter eine Geschichte erzählte, die mein Leben auf wundersame Weise verändern sollte. Es war ein ungemütlich kühler Herbstabend, und eigentlich hätte ich schon seit einer Stunde im Bett liegen müssen. Doch da Großmutter zu Besuch war, durfte ich ausnahmsweise so lange aufbleiben, wie ich wollte, was ich schamlos auszunutzen gedachte. Frisch gebadet und in meinen Lieblingsschlafanzug gekuschelt, dessen Erdbeerrot längst einem verwaschenen Rosa gewichen war, saß ich mit Großmutter vor dem knisternden Feuer im Kaminzimmer und schlürfte den Rest der heißen Schokolade, die mein Kindermädchen Louise uns gebracht hatte. Von draußen peitschte der Regen gegen die Scheiben, und der Wind rüttelte an den hölzernen Fensterläden. Großmutter versank beinahe in Vaters altem Ohrensessel, einem Ungetüm aus braunem Leder, das an den Armlehnen schon ganz abgewetzt war. Ich saß zu ihren Füßen, den Rücken an die Kaschmirdecke geschmiegt, die sie über ihre Beine gebreitet hatte. Verträumt, wie es das Vorrecht kleiner Mädchen ist, blickte ich in die tanzenden Flammen. Großmutter streichelte über mein Haar. „Wie wäre es vor dem Schlafengehen mit einer Geschichte?", fragte sie. Mit glänzenden Augen schaute ich zu ihr auf und nickte so heftig ich konnte. Großmutter lächelte mich an. Dabei vertieften sich die Grübchen in ihren Wangen, die mein Vater und ich von ihr geerbt hatten und die mein Vater so gut es ging zu verbergen suchte.

Mein Herz begann vor Vorfreude zu hüpfen. Doch schon kurz nachdem Großmutter zu erzählen begonnen hatte, runzelte ich die Stirn und ein Gefühl maßloser Enttäuschung schwappte durch meinen Körper. Wo waren die Zauberwälder, in denen lichtscheue Gestalten hausten, wo die glutroten Feuersäulen, die aus kargen Felslandschaften emporschossen? Erregt zupfte ich an der Decke auf Großmutters Schoß und forderte eine richtige Geschichte. Wie die über die Kriegerprinzessin, die reiten konnte wie der Teufel und mit ihrem schwarzen Zopf und den mitternachtsblauen Augen eine verblüffende Ähnlichkeit mit mir aufwies. Doch Großmutter hob nur die Hand und bat mich um Geduld, bald würde ich alles verstehen. Dann räusperte sie sich und begann von vorn:

„Es war einmal vor dreißig Jahren, da lebte ein Mann in einer wunderschönen großen Stadt, die hieß Berlin. Dort, im Schatten der Zitadelle, in einer engen Gasse gegenüber der alten Stadtmauer, besaß der Mann ein kleines Geschäft, in dem er tagein, tagaus Brillen verkaufte. Doch in seinem Laden war nicht eine Brille zu sehen. Stattdessen standen an den Wänden Schränke aus dunklem Holz, die bis zur Decke reichten. Darin waren unzählige winzige Schubladen eingelassen. Kam nun ein Kunde in seinen Laden, trat der Mann ganz nah an ihn heran und studierte aufmerksam sein Gesicht. Wenn er mit seiner Musterung fertig war, ging er zu einer der Schubladen, nahm die Brille heraus, die darin lag, und setzte sie dem Kunden auf. Dann zauberte er einen Handspiegel hervor und reichte ihn hinüber. Der Kunde konnte kaum glauben, was er sah. Es war so, als hätte diese Brille nur darauf gewartet, von ihm getragen zu werden. Dies war nicht einfach nur eine Brille. Diese Brille verschmolz mit seinem Gesicht und ließ es mit einem Mal viel schöner, klüger und liebenswerter erscheinen. Und weil es allen Kunden des Mannes so erging, warteten sie stundenlang und bei Wind und Wetter vor der Tür, bis sie an der Reihe waren, den kleinen Laden zu betreten. Dabei konnte es durchaus passieren, dass der Mann den Kopf schüttelte und sagte: ‚Für Ihr Gesicht habe ich keine Brille. Doch lassen Sie mir Ihre Anschrift da. Wenn ich die richtige gefunden habe, schreibe ich Ihnen.' Und so geschah es. Manchmal konnte es Monate dauern, Jahre sogar. Doch irgendwann sah er sie. Auf dem Straßenmarkt, in einem Antiquitätengeschäft, manchmal gar auf der Nase eines anderen Menschen. Dann wurde ihm schwindlig, und er wusste: Diese Brille gehörte zu seinem Kunden. Und er ruhte nicht eher, bis er sie zusammengeführt hatte."

Großmutter verstummte. Das Feuer war in der Zwischenzeit so weit heruntergebrannt, dass das Zimmer in einem schummrigen Dämmerlicht versank. Außen an den Fensterscheiben floss der Regen in dicken Strömen hinunter. Vergessen waren die Feuersäulen und Zauberwälder. In meinem Kopf purzelten die Gedanken nur so durcheinander. Berlin, das Brillengeschäft ... Das konnte doch kein Zufall sein.

„Der Mann in der Geschichte", flüsterte ich, „war das ..."

„Dein Großvater", beendete Großmutter den Satz. „Ja."

„Mein Großvater", wiederholte ich andächtig. Großmutter sprach nie von ihm, und das wenige, das mir mein Vater über ihn erzählt hatte, war, dass er ein Brillengeschäft in Spandau besessen hatte und lange vor meiner Geburt an einem Herzinfarkt gestorben war.

„Erzähl mir von ihm", bat ich sie, „konnte er die Menschen wirklich schöner machen?"

Großmutter nickte. „Ich habe es selbst gesehen. Die Menschen, die seine Brillen trugen, strahlten … von innen heraus. Wenn sie sein Geschäft verließen, sahen sie nicht einfach schöner aus. Es war viel mehr als das. Sie waren *glücklich*." Großmutter lächelte versonnen, und ich konnte sehen, wie die Schatten der Erinnerung hinter ihren Augen tanzten.

„Wie dem auch sei", fuhr sie nach einer Weile fort. „Es gibt einen Grund, warum ich dir all das heute erzähle." Sie nahm mein Gesicht in ihre Hände und sah mir fest in die Augen. „Dein Großvater hatte die Gabe, die Menschen glücklich zu machen. Genau wie du."

Ich blickte sie ungläubig an. „Ich soll … Brillen verkaufen?"

Großmutter lachte laut auf. „Natürlich nicht, mein Kleines." Sie streichelte mir liebevoll über die Wange. „Die Gabe hat viele Facetten. Dein Großvater hatte einen Blick für die Gesichter der Menschen. Du, Anna, kannst in ihre Herzen sehen." Als sie meinen verwirrten Gesichtsausdruck sah, nickte sie. „Ich habe dich beobachtet. Gestern, bevor deine Gäste kamen."

Das alles ergab für mich keinen Sinn. Ich legte die Stirn in Falten, versuchte zu verstehen, wovon sie redete. Großmutter hatte am Fenster gesessen und gestickt, während ich am Esszimmertisch gehockt und Platzkärtchen beschriftet hatte. Fünfzehn Kinder sollten zu meinem Geburtstag kommen, und nur eines wollte ich wirklich dabeihaben: Benedikt, den alle nur Benjo nannten. Er war mein bester Freund, seit ich denken konnte. Die anderen waren die Kinder von Geschäftspartnern meiner Eltern. So auch Franziska. Mutter hatte mir eingebläut, wie wichtig es war, dass sie sich amüsierte. Doch Franziska kannte von allen Gästen nur mich, und wenn ich mich um sie kümmerte, hatte ich keine Zeit für Benjo! Missmutig rief ich mir ihr Gesicht ins Gedächtnis. Und da passierte es. Mit einem Mal wurde mir schwindlig. Hinter meiner Stirn begann es zu pochen, die Ränder meines Blickfeldes verschwammen. Es war nur ein kurzer Moment, doch als er vorbei war, hatte ich ein Bild in meinem Kopf. Von einem Jungen und einem Mädchen, die sich an den Händen hielten, als wollten sie einander nie wieder loslassen. Noch immer benommen, nahm ich zwei Platzkärtchen, beschriftete sie und legte sie nebeneinander. Eine Stunde später war meine Geburtstagsfeier im vollen Gange. Rund um den Tisch wurde gelärmt, gekichert und gelacht. Doch mittendrin saßen zwei, die von alledem nichts mitbekamen. Die sich unentwegt ansahen. Und wenn sich ihre Hände aus Versehen berührten, ging ein Strahlen über ihre Gesichter. Ich hatte keine Erklärung dafür, war aber dennoch zufrieden. Denn Franziska war es offensichtlich auch … Bei der Erinnerung musste ich lächeln.

„Verstehst du nun?", fragte Großmutter, und als ich zaghaft nickte, drückte sie meine Hand. „Du hast jetzt eine große Verantwortung. Denke immer daran, mein Schatz, und geh sorgsam damit um." Sie gab mir einen Kuss auf die Nasenspitze. „Nun ist es aber höchste Zeit zum Schlafengehen."

## *Eins*

*27 Jahre später*

„Das ist sie also." Mit zusammengekniffenen Augen betrachtete Richard van Eyk das Foto, das ich vor ihn auf den Schreibtisch gelegt hatte. „Um ehrlich zu sein, Frau Kronenberg, hatte ich mir die Frau meines Lebens anders vorgestellt. Jünger, mit langen Haaren und ein paar hübschen Rundungen."

„Herr van Eyk." Ich sah demonstrativ auf meine Armbanduhr. „Wollen Sie nun ihren Namen haben oder nicht?"

„Ich weiß nicht so recht." Er nahm das Bild, musterte es erneut und legte es wieder hin. „Wen haben Sie denn noch im Angebot?"

Ich spürte, wie sich mein Körper anspannte. Meinte er das etwa ernst? Kopfschüttelnd drückte ich auf den Knopf der Freisprechanlage. „Sabine, seien Sie bitte so lieb und bringen Sie Herrn van Eyk seinen Mantel. Er möchte gehen."

„Was? Nein!" Mein Klient schnappte erschrocken nach Luft. „Ich wollte doch nur wissen, wer die Alternativen sind."

*Die Alternativen zur wahren Liebe?*

„Einen Moment noch, Sabine." Ich ließ den Knopf los und lehnte mich zurück in meinen Sessel. „Herr van Eyk", sagte ich so deutlich, als würde ich zu einem Dreijährigen sprechen. „Ich habe es Ihnen doch erklärt. Sie bekommen von mir *ein* Foto und den einen Namen. Die *Alternativen* sind Ja oder Nein. Entweder Sie lernen die Frau kennen, oder Sie lassen es bleiben. Einen anderen Partnervorschlag werden Sie von *mir* nicht erhalten."

Herr van Eyk starrte mich an. „Ich dachte, das wäre ein Scherz", sagte er. „Ich meine, wo gibt es denn so etwas?"

Ich schluckte die harsche Bemerkung hinunter, die mir auf der Zunge lag, und griff nach dem Foto der Frau, die dazu bestimmt war, sein Leben zu teilen. Sie wirkte sympathisch, wie sie in dem kleinen Café in Kreuzberg saß und einen Roman las.

Doch was war das? Ich sah genauer hin und registrierte den fettigen Abdruck, den sein Daumen auf ihren Brüsten hinterlassen hatte. Mein Puls beschleunigte sich. War das der Respekt, den er der Frau entgegenbrachte, nach der ich monatelang gesucht hatte? Was, wenn er sie wirklich traf und mit derselben Geringschätzung behandelte, die er ihrem Foto zuteilwerden ließ? Der Ärger, den ich mühsam zurückgehalten hatte, spülte wie eine Welle über mich hinweg, und ehe ich wusste, wie mir geschah, hatte ich das Foto zerrissen und die Schnipsel in die Luft geworfen. Mit grimmiger Genugtuung sah ich zu, wie sie zu Boden segelten.

„Was machen Sie denn da?" Herr van Eyk ließ sich aus seinem Besucherstuhl auf die Knie fallen und begann hektisch, die Überreste einzusammeln. „Wieso haben Sie das getan? Das Bild hat mich ein Vermögen gekostet!"

„Dann", stieß ich hervor, „sollten Sie lernen, besser damit umzugehen."

ICH LIEF IN DIE KÜCHE und schloss die Tür hinter mir. Ein lauter Donnerknall aus dem Flur verriet mir, dass mein Klient gegangen war. Schwer atmend nahm ich einen Becher aus dem Schrank und goss mir von dem Rooibostee ein, den meine Assistentin Sabine aufgebrüht hatte. Mit der Tasse in der Hand ging ich zurück in mein Büro.

Die alte Standuhr neben der Tür hatte gerade achtzehn Uhr geschlagen, und in der Dunkelheit vor den Fenstern tanzten silberne Schneeflocken. Es waren noch gut drei Wochen bis Weihnachten, und Berlin war nahezu vollständig unter einer glitzernden Decke aus Eis und Schnee verschwunden. Doch ich hatte keinen Blick für den winterlichen Zauber. Meine Gedanken kreisten um Richard van Eyk. Ich konnte nicht fassen, wie dumm er war. Wusste er nicht, dass andere Menschen alles dafür geben würden, zu erfahren, wer ihre wahre Liebe war? Erst jetzt bemerkte ich, dass ich meinen Becher zu fest hielt. Ich lockerte den Griff und blies hinein, um die dampfende Flüssigkeit abzukühlen. Ein zaghaftes Klopfen ließ mich aufschauen.

„Ja bitte?", fragte ich. Die Tür öffnete sich, und Sabine schlüpfte herein, ihren weinroten Terminkalender unter den Arm geklemmt.

Als ich meine Agentur vor sechs Jahren in der Villa am Steinplatz eröffnet hatte, war ich von dem Ansturm einsamer Herzen vollkommen überrascht worden. Es war so, als hätte ich einen Nerv getroffen in einer Welt, in der es zunehmend normal schien, seinen Partner mittels Computeralgorithmen zu bestimmen. Ich hielt noch ein paar Wochen durch, indem ich bis tief in die Nacht hinein arbeitete, doch dann wurde mir klar, dass ich eine Assistentin brauchte. Also schaltete ich eine Annonce in der Zeitung. In den nächsten Tagen stellten sich etliche Bewerberinnen vor, aber keine von ihnen passte zu meiner Arbeitsweise. Ich wollte schon die Hoffnung aufgeben, als plötzlich Sabine vor mir stand. Sie war Anfang zwanzig, hatte einen lustig wippenden Pferdeschwanz und große blaue Kinderaugen, die fröhlich in die Welt blickten. Noch während wir uns unterhielten, bot ich ihr die Stelle an. Eine spontane Entscheidung, die ich bis heute nicht bereut hatte.

Sabine setzte sich neben mich und musterte mich besorgt. „Geht es Ihnen gut?", erkundigte sie sich. „Mir war, als hätte ich Türenschlagen gehört."

Ich nickte. „Herr van Eyk hatte sich die Liebe seines Lebens etwas anders vorgestellt. Zwanzig Jahre jünger und mit den Maßen eines Models. Ihr Foto hat er trotzdem mitgenommen. Wenn auch in Einzelteilen …" Ich räusperte mich. „Es ist schon spät, lassen Sie uns bitte die Agenda für morgen durchgehen."

Meine Assistentin begann in ihrem Kalender zu blättern. „Ihre erste Klientin morgen ist Nora Rittbach. Die arme Frau … Erinnern Sie sich an sie?"

„Natürlich." Das Schicksal der steinreichen Industriellenwitwe war durch sämtliche Boulevardblätter gegangen.

„Die arme Frau", wiederholte Sabine. „Sie wäre besser gleich zu Ihnen gekommen. Da wäre ihr einiges erspart geblieben." Ihr Finger verharrte auf dem Namen Rittbach und glitt dann zum nächsten Eintrag. „Im Anschluss treffen Sie sich mit den Steinhoffs zum Mittagessen."

Ich blinzelte überrascht.

„Ich weiß, was Sie jetzt denken", sagte Sabine schnell. „Wir haben keine Zeit für ehemalige Klienten. Aber die beiden wollten Sie unbedingt wiedersehen. Sie bekommen nämlich ein Baby."

Ich schluckte, fühlte die vertraute Enge in meiner Brust. *Ein Baby* … Ich dachte an das Leben, von dem ich einmal geträumt hatte. An das Haus, das ich mir gewünscht hatte. Mit einer Schaukel im Garten und einem blühenden Apfelbaum.

„Soll ich das Mittagessen absagen?", fragte Sabine.

„Nein." Ich atmete tief durch. „Was haben wir sonst noch?"

Sabine zog ein elfenbeinfarbenes Kuvert aus ihrem Kalender und reichte es mir. Ich öffnete den Umschlag und betrachtete die Einladung zur Hochzeit. Julina Winter und Leo Demmler. Die Tatortkommissarin und der Pianist. Er war ein scheuer Mann, der niemals lächelte. Bis er *ihr* begegnete. Für einen Moment schloss ich die Augen. Dann klappte ich die Karte zu und gab sie Sabine zurück. „Bitte richten Sie den beiden aus, dass ich gern komme."

Ein mutwilliges Funkeln trat in Sabines Augen. „Und", fragte sie, „werden Sie Champagner trinken und mit schönen Männern tanzen?"

Ich hob eine Augenbraue. „Ich gehe dorthin, um zu arbeiten, Sabine."

Sie seufzte. „Mit anderen Worten: Sie werden jedem Gast ins Gesicht schauen und auf eine Eingebung hoffen. Und wenn Sie damit fertig sind, ist der Abend um."

Ohne es zu wollen, musste ich schmunzeln. „So in etwa."

Sabine kicherte. Insgeheim bewunderte ich ihre ungezwungene, herzliche Art und war gleichzeitig dankbar für das stille Einverständnis, mit dem sie meinen Wunsch nach Distanz respektierte. Normalerweise zumindest ...

Es war schon nach einundzwanzig Uhr, als ich die Tür zu meiner Wohnung in der Friedbergstraße aufschloss und den stillen, dunklen Flur betrat. Ich knipste das Licht an und hängte meinen Wintermantel in den Garderobenschrank, den ich von meiner Großmutter geerbt hatte. Gähnend streifte ich die Boots ab und lief auf Socken ins Schlafzimmer.

Der honigfarbene Parkettbogen unter meinen Füßen fühlte sich angenehm warm an. Vor dem großen Spiegel am Kleiderschrank blieb ich stehen. Das Gesicht, das mir entgegenblickte, wirkte schmal und blass, die Augen unnatürlich groß. Ich wandte den Blick ab, löste die Nadeln aus meiner Frisur und schüttelte den Kopf, bis mir das lange Haar locker über die Schultern fiel. Dann schlüpfte ich in meinen Pyjama und lief in die Küche, die über eine Theke mit dem Wohn-Essbereich verbunden war.

Mein Magen knurrte vernehmlich, als ich den Kühlschrank öffnete und hineinsah. Bis auf eine Flasche Wasser, einen abgelaufenen Joghurt und eine Zitrone mit schrumpliger Haut herrschte gähnende Leere. Ich hatte vergessen einzukaufen. Frustriert ließ ich die Tür wieder zufallen. Ich nahm mir zwei Knäckebrote aus der Brotbox und schlang sie im Stehen hinunter. Dann goss ich mir ein Glas von dem Spätburgunder ein, den ich im Sommer von einer Geschäftsreise nach Freiburg mitgebracht hatte, und setzte mich auf die Couch. Während ich an dem Rotwein nippte, ließ ich meinen Blick durch den Raum schweifen. Über den Esstisch mit den sechs Stühlen, auf denen nie jemand saß, bis zu dem Stapel Umzugskartons, der schon seit Ewigkeiten ungeöffnet in der Ecke neben dem Sideboard stand. Genau genommen seit dem Tag vor fünf Jahren, als ich eingezogen war.

„Bei dir sieht es aus wie in einem Hotel", hatte mein früheres Kindermädchen Louise gesagt, als sie mich letztes Jahr besucht hatte. „Wann hängst du deine Bilder auf? Du kannst doch nicht ewig so weitermachen."

Als ich die Erinnerung abschüttelte, mir die Decke bis zur Brust zog und nach der Fernbedienung des Fernsehers griff, schellte das Telefon. Nach dem zweiten Läuten sprang der Anrufbeantworter an.

„Hallo? Frau Kronenberg?", ertönte Sabines Stimme, als die automatische Ansage beendet war.

Abrupt richtete ich mich auf. Sabine hatte mich noch nie zu Hause angerufen. Ich rappelte mich hoch, lief zur Kommode und griff nach dem Telefon. „Ist etwas passiert?", fragte ich anstelle einer Begrüßung.

Sabine lachte erleichtert auf. „Hallo, Frau Kronenberg. Wie schön, dass ich Sie erreiche!"

Ich stöhnte innerlich. „Was gibt es denn, Sabine?"

„Ich will Sie gar nicht lange stören. Ich hatte in dem ganzen Trubel nur völlig vergessen, Ihnen von Frau Richter zu erzählen."

*Richter, Richter.* Ich kramte in meinem Gedächtnis nach dem Namen. Schließlich gab ich auf. „Wer ist das? Eine neue Klientin?"

„Eine Verlegerin. Stellen Sie sich vor, sie will ein Buch mit Ihnen machen!"

„Einen Moment." Ich ging zurück zur Couch und setzte mich. „Jetzt noch mal von vorn. Welche Frau Richter? Und was für ein Buch?"

„Hab ich das nicht gesagt? Ein Buch mit Kurzgeschichten. So wie ‚Verbrechen' oder ‚Schuld'. Was sagen Sie dazu?"

Ich atmete tief durch. „Sabine, ich führe eine *Partneragentur*. Meine Klienten *verlieben* sich, sie bringen niemanden um."

„Deshalb soll Ihr Buch ja auch den Titel ‚Liebe' tragen. Frau Richter hat gesagt, es sei alles ganz einfach. Sie geben einem Autor ein paar Liebesgeschichten aus Ihrem Repertoire zum Besten. Den Rest erledigen die."

„Kommt nicht infrage!" Ohne es zu merken, war ich wieder aufgesprungen und lief nun erregt im Wohnzimmer auf und ab. „Sie können doch nicht ernsthaft glauben, dass ich irgendeinem dahergelaufenen Schreiberling intime Geheimnisse über meine Klienten verrate! Meine Klienten kommen zu mir, weil ich *diskret* bin."

Am anderen Ende ertönte ein Seufzen. „Ihre Klienten kommen zu Ihnen, weil Sie die Einzige sind, die ihnen geben kann, wonach sie sich wirklich sehnen. Davon abgesehen, hat Frau Richter gesagt, der Verlag würde die Geschichten so verfremden, dass niemand Rückschlüsse auf die wahren Personen ziehen kann."

„Selbst wenn es so wäre, *ich* würde es wissen." Auf einmal fühlte ich mich unendlich müde. „Belassen wir es bitte dabei."

AM NÄCHSTEN MORGEN war ich wie immer um Punkt acht in der Agentur. Während ich meinen schneenassen Mantel an der Garderobe aufhängte, stieg mir der verführerische Duft von heißer Schokolade in die Nase. Ich nahm die Zeitung von der Kommode, ging in mein Büro und setzte mich an den Schreibtisch.

Eine Minute später klopfte es an der Tür, und Sabine kam herein. Sie stellte einen Becher vor mich hin und legte eine Tüte mit dem Schriftzug meiner Lieblingsbäckerei daneben. „Streuselschnecken. Noch ganz warm. Als kleine Entschuldigung für den Überfall gestern."

Ihr Gesichtsausdruck war so reumütig, dass ich ein schlechtes Gewissen bekam, gestern Abend so harsch reagiert zu haben. „Ich bin Ihnen nicht böse, Sabine, im Gegenteil: Ich bin diejenige, die sich entschuldigen muss. Ich fühlte mich überrumpelt, aber das gibt mir noch lange nicht das Recht, meine schlechte Laune an Ihnen auszulassen." Verlegen lächelte ich sie an.

Sichtlich gerührt erwiderte Sabine mein Lächeln. „Das macht doch nichts. Wir haben alle mal einen schlechten Tag." In ihrem Büro begann das Telefon zu schellen. „Dann wollen wir die Welt mal ein bisschen besser machen", sagte sie fröhlich. „Möchten Sie Mandelplätzchen, wenn Frau Rittbach gleich kommt? Ich habe welche aus der Bäckerei mitgebracht."

„Das wäre wunderbar. Vielen Dank."

DER TERMIN mit Nora Rittbach verlief anders als erwartet. Nach der Geschichte, die ihr passiert war, hatte ich sie mir verschlossen und unsicher vorgestellt. Schließlich hatte sich ihr vermeintlicher Verlobter damals als skrupelloser Erpresser entpuppt. Doch das Gegenteil war der Fall. Mit ihren eisgrauen Haaren und den klaren blauen Augen vermittelte sie mir sofort den Eindruck einer Frau, die mit beiden Beinen im Leben steht.

„Ich war selbstverliebt und über die Maßen arrogant", gestand sie mir und nippte an ihrem Espresso, während wir in der Sitzgruppe in meinem Büro saßen. „Nie im Leben wäre ich auf die Idee gekommen, er könnte es *nicht* ehrlich mit mir meinen."

Ich nickte bekümmert, ich wusste nur zu gut, wovon sie sprach.

Sie stellte ihre Tasse ab. „Wissen Sie, die Sache ist jetzt über drei Jahre her, und ich bin es leid, die arme Frau Rittbach zu sein. Ich bitte Sie, Frau Kronenberg, finden Sie mir den Mann, den ich lieben kann und der mich ebenfalls liebt. Ich will wieder glücklich sein."

Wir unterhielten uns zwei Stunden lang. Über ihre Leidenschaften, Wünsche, Hoffnungen und Ängste. Für mich waren das Anhaltspunkte dafür, wo ich mit meiner Suche nach dem Mann ihres Lebens beginnen musste.

Nachdem Frau Rittbach gegangen war, wechselte ich an meinen Schreibtisch, um die Notizen, die ich mir während unseres Gesprächs gemacht hatte, in eine lederne Kladde zu übertragen. Sabine hatte es schon vor Jahren aufgegeben, mich von den Vorzügen elektronischer Klientenakten überzeugen zu wollen. Ebenso wie von der Idee, eine Homepage anzulegen oder einen Facebook-Account. Wozu auch? Damit wir noch mehr Menschen vertrösten konnten? Nicht nur, dass meine Klienten aus allen Teilen Deutschlands kamen, mittlerweile hatte sich mein Ruf auch über die Landesgrenzen hinaus verbreitet. Erst vor zwei Wochen war ich in Paris gewesen, um Madeleine Clary, eine junge Schauspielerin an der Comédie Française, zu treffen …

„Wenn meine Ehemänner wenigstens *mich* verlassen hätten und nicht umgekehrt, dann würde meine Mutter mich jetzt bedauern, statt mich mit Vorwürfen zu quälen." Trotz ihrer 28 Jahre war Madeleine Clary bereits zweimal verheiratet gewesen, was ihrer geliebten *Maman* ein Dorn im Auge war.

Wir saßen uns beim Frühstück im „Four Seasons Hotel George V" gegenüber, das nur einen Steinwurf von den Champs-Élysées entfernt lag.

„Eins steht jedenfalls fest", meinte sie, „wenn ich noch einmal heirate, muss es für immer sein."

Plötzlich schien ihr ein Gedanke zu kommen. Sie begann in ihrer Tasche zu kramen. „Das ist Alain", informierte sie mich und reichte mir ein Foto.

„Er sieht sehr gut aus", erwiderte ich höflich.

„Und?", fragte sie voller Erwartung. „Ist er der Mann meines Lebens?"

Erstaunt sah ich sie an. Dann schüttelte ich den Kopf.

„*Merde!*" Sie warf das Foto auf den Tisch. „Also schön. Jetzt weiß ich, dass Alain *nicht* der Mann meines Lebens ist. Die Frage, die sich mir stellt, ist nun: Wie finden wir ihn?" Sie beugte sich vor und ein erwartungsvolles Glitzern trat in ihre Augen.

„*Wir*", stellte ich klar, „finden ihn überhaupt nicht. *Ich* finde ihn für Sie."

Ihre rot geschminkten Lippen verzogen sich zu einem Schmollmund. „Ich dachte, ich könnte Ihnen helfen. Schließlich geht es doch um mich."

Das hatte mir gerade noch gefehlt. Eine naseweise französische Schauspielerin, die mich auf Schritt und Tritt verfolgte und mich von der Arbeit abhielt. Ich schüttelte den Kopf. „So funktioniert das leider nicht. Ihre Rolle besteht darin, mir von sich zu erzählen. Womit beschäftigen Sie sich am liebsten? Was ist Ihnen wichtig im Leben? Wenn wir das geklärt haben, beginnt meine Arbeit. Ich besuche die Plätze, die Sie mir nennen, besuche die Konzerte, die Ihr Herz höherschlagen lassen. Dabei schaue ich jedem, der mir begegnet, ins Gesicht. Und irgendwann treffe ich auf den Menschen, der dazu bestimmt ist, Sie glücklich zu machen."

Ihre Augen wurden groß. „Und wie können Sie sicher sein?"

Ich sah auf meine Hände. „Ich spüre eine Art … Schwindel. Hinter meiner Stirn setzt ein Ziehen ein, mein Blickfeld verschwimmt. Und dann sehe ich ein Bild in meinem Kopf. Ein Bild von Ihnen und Ihrer wahren Liebe. Vielleicht sitzen Sie zusammen auf einer Bank und halten sich an den Händen. Vielleicht umarmen Sie sich. Vielleicht schauen Sie sich einfach nur in die Augen. Es ist keine Vision, die Situation muss nicht genau so eintreffen, wie ich sie sehe. Sie zeigt mir nur, dass Sie zusammengehören."

Meine Klientin sah mich an. „Das ist so romantisch. Und Sie sind sich ganz sicher, dass ich bei der Suche nicht dabei sein kann?"

Ich setzte ein bedauerndes Lächeln auf. „Es funktioniert leider nur, wenn ich allein und ganz bei mir bin." Das stimmte zwar nicht, hatte aber noch nie seine Wirkung verfehlt …

DAS LÄUTEN DES TELEFONS riss mich aus meinen Erinnerungen. Ich runzelte die Stirn, doch als ich die Telefonnummer mit der Schweizer Vorwahl erkannte, hellte sich meine Miene schlagartig auf.

„Louise", sagte ich in den Hörer und lächelte.

„Hallo Kleines", erwiderte mein früheres Kindermädchen, das so viel mehr war als das. Sie war meine große Schwester. Meine Freundin. „Ich habe gerade an dich gedacht. Geht es dir gut?"

Es hatte keinen Sinn, Louise etwas vorzumachen. „Was soll ich sagen", sagte ich leise. „Es geht auf Weihnachten zu."

Louise schwieg einen Moment. Als sie weitersprach, klang ihre Stimme ganz weich. „Hast du Pläne? Wenn nicht, könntest du zu mir nach Zürich kommen. Oder ich komme zu dir, und wir machen Berlin unsicher."

In meinem Hals bildete sich ein Kloß. „Das ist lieb von dir, aber ich glaube, ich möchte lieber nichts machen." Ich atmete tief durch. „Tut mir leid, aber ich bin zum Mittagessen verabredet und muss jetzt los."

Wir verabschiedeten uns, und ich versprach ihr, mich am Abend zu melden. Doch schon als ich die Worte aussprach, wusste ich, dass ich mich nicht daran halten würde. Ich wollte nicht über mein Seelenleben sprechen. Nicht einmal mit Louise.

FÜNF MINUTEN SPÄTER betrat ich das Restaurant am Steinplatz, das schräg gegenüber von meiner Agentur lag. Ich liebte das Gebäude mit seiner prächtigen olivfarbenen Jugendstilfassade, das vor über hundert Jahren erbaut worden war und seit seiner Neueröffnung im Jahr 2013 ein luxuriöses Boutique-Hotel mit vorzüglicher Küche beherbergte.

Alexander und Maria Steinhoff saßen nebeneinander an einem der Tische, die zum Wintergarten hinauszeigten. In dem Augenblick, als ich die beiden sah, wünschte ich mir, ich hätte die Verabredung abgesagt. Herr Steinhoff hatte einen Arm um die Schultern seiner schönen blonden Frau gelegt. Sie waren ihre eigene kleine Insel inmitten des Stimmengewirrs und bemerkten mich erst, als ich meine Begrüßung wiederholte. Überschwänglich sprangen beide auf, um mich zu umarmen.

„Und, wann ist es so weit?", erkundigte ich mich höflich.

„Im März!", rief Herr Steinhoff. „Deshalb wollten wir Sie auch unbedingt noch sehen, bevor das Reisen für Maria zu beschwerlich wird."

Frau Steinhoff kicherte. „Alexander ist so besorgt um mich."

Und dann erzählte sie von dem Moment, als sie ihm verraten hatte, dass er nach fünf Jahren Ehe Vater wurde. Von der Villa mit dem großen Garten, die sie gekauft hatten. Von dem Kinderzimmer unterm Dach, das sie ganz in Rosa und Weiß einrichten wollten.

Sie hielt erst inne, als die Vorspeise serviert wurde. Schweigend löffelten wir die Karottensuppe, die mit geriebenen Pistazien und Petersilienöl gereicht wurde.

Nachdem der Kellner die Teller abgeräumt hatte, räusperte sich Frau Steinhoff und griff nach ihrer Handtasche. Sie zog einen Briefumschlag hervor und schob ihn mit einem verlegenen Lächeln zu mir herüber.

„Was ist das?", fragte ich.

Frau Steinhoff blickte Hilfe suchend zu ihrem Mann.

„Das ist ein kleines Dankeschön", sagte er und lächelte.

Ich hob abwehrend die Hände. „Hören Sie ..."

„Bitte, Frau Kronenberg", unterbrach er mich. „Lassen Sie uns wenigstens versuchen, Ihnen eine kleine Freude zu bereiten. Ihnen und Ihrem Mann."

*Meinem Mann?* Verwirrt griff ich nach dem Umschlag und öffnete ihn. Heraus fiel eine glänzende schwarze Plastikkarte.

„Damit können Sie in unseren Hotels Urlaub machen", hörte ich Frau Steinhoffs fröhliche Stimme. „Wo immer Sie möchten. Im Juni öffnet unser neues Romantik-Resort auf den Malediven und ..."

„Wie kommen Sie darauf, dass ich verheiratet bin?" Ich griff nach meinem Wasserglas und trank einen Schluck.

„Sind Sie nicht?" Herr Steinhoff klang irritiert. Er blickte zu seiner Frau. „Liebling, hast du nicht gesagt, dass sie ...?"

Ein betretener Ausdruck huschte über ihr Gesicht. „Mir ist gar nicht in den Sinn gekommen, dass Sie es *nicht* sein könnten. Außerdem war mir so, als hätten Sie damals eine Verlobung erwähnt."

Ich starrte sie an. Die Erinnerung kam so plötzlich und mit einer solchen Wucht, dass sich meine Eingeweide zusammenzogen. Die Wohnung. Die angelehnte Tür zum Arbeitszimmer. Das Telefon in Gregors Hand, seine nüchterne Stimme. *Ich liebe Anna nicht. Es ist nichts weiter als ein Geschäft …* Auf meinem Nacken bildete sich Schweiß. Mit Gewalt riss ich mich zusammen, fokussierte mich auf das Hier und Jetzt.

Ich räusperte mich. „Da müssen Sie sich geirrt haben."

ZURÜCK IN DER AGENTUR wurde ich von Sabine erwartet. „Und, wie war das Mittagessen mit den Steinhoffs?"

Ich zwang mich zu einem Lächeln. „Die Möhrensuppe war fantastisch", sagte ich, um Zeit zu gewinnen. Mit steifen Fingern schälte ich mich aus meinem Mantel. Sabine nahm ihn mir ab und hängte ihn an die Garderobe.

„Wollen Sie darüber reden?", fragte sie.

Ich schüttelte den Kopf. „Im Moment lieber nicht."

Allein in meinem Büro lehnte ich mich mit dem Rücken gegen die Tür. Meine Beine zitterten, und ich ließ mich langsam zu Boden gleiten. *Hört das denn nie auf?*, dachte ich und vergrub mein Gesicht in den Händen.

UM ACHTZEHN UHR streckte Sabine ihren Kopf durch die Tür. Sie trug bereits ihren gelben Wollmantel und dazu eine Strickmütze, die wie ein freundliches Pandagesicht aussah. „Ich wollte nur Bescheid sagen, dass ich jetzt gehe. Denken Sie an den Termin bei Frau Bergmann?"

Ich nickte und wies mit dem Kinn auf die schwere Klientenakte, über der ich seit einer Stunde brütete. „Ich bereite mich gerade darauf vor."

„Sie fahren aber nicht mit dem Auto nach Lichtenberg, oder? Bei dem Schnee." Ihre Stimme klang besorgt.

Ich schüttelte den Kopf. „Nein, nein. Ich nehme die S-Bahn."

Sabine lächelte zufrieden. „Dann ist es gut. Ein schönes Wochenende, Frau Kronenberg, und arbeiten Sie nicht so viel. Wir sehen uns am Montag."

KLARA BERGMANN wohnte in einer hübschen Drei-Zimmer-Altbauwohnung. Während sie in der Küche Tee aufsetzte, stand ich in ihrem Wohnzimmer, das mit einer geschmackvollen Kombination aus antiken und modernen Möbelstücken eingerichtet war. Ich betrachtete die gerahmten Fotos, die über der Kommode hingen. Alle vier zeigten dasselbe Motiv: einen gut aussehenden Mann mit kurzem dunklem Haar und einem ansteckenden Lächeln. Auf dem letzten Bild hatte der Mann seinen Arm um eine wesentlich jüngere Klara Bergmann gelegt. Ich trat näher heran. Und auf einmal setzte hinter meiner Stirn ein vertrautes Pochen ein. Mir wurde so schwindlig, dass ich mich an der Kommode abstützen musste, während das Bild in meinem Kopf Gestalt annahm.

„Es passierte, als wir zurück ins Tal fuhren." Ohne, dass ich es bemerkt hatte, war Frau Bergmann neben mich getreten. „Er stürzte und schlug mit dem Hinterkopf auf einen Fels. Mit einem Helm hätte er vielleicht eine Chance gehabt. Nur waren die damals noch nicht en vogue."

Ich starrte sie an. *Er war ... tot?* Kaltes Entsetzen überkam mich.

„Geht es Ihnen nicht gut?" Frau Bergmann fasste mich an den Schultern. „Frau Kronenberg? Wollen Sie sich setzen?"

Ich ließ es zu, dass sie mich zum Sofa führte. Einen Moment lang saßen wir schweigend nebeneinander. Dann wandte sie sich mir zu. „Der Mann auf dem Foto ... Christoph. Er ist es, nicht wahr? *Er* ist die Liebe meines Lebens."

Ich schluckte. Tränen stiegen mir in die Augen. „Ja", flüsterte ich und drückte ihre Hand. „Es tut mir so leid."

Frau Bergmann nickte, als hätte sie mit der Antwort gerechnet. „Wissen Sie, der Unfall ist fast zwanzig Jahre her. Und der Gedanke daran schmerzt wie am ersten Tag. Ich habe mich gefragt, ob es normal ist, dass ich nicht über seinen Tod hinwegkomme." Sie hielt inne, suchte nach Worten. „Ich habe andere Männer kennengelernt. Aber es hat nicht funktioniert. In jedem habe ich *ihn* gesucht. Und nicht gefunden." Sie drehte den schmalen goldenen Ring an ihrem Finger. Nach einer Weile sah sie auf, trotz der Tränen in ihren Augen lächelte sie. „Ich danke Ihnen, dass Sie es mir gesagt haben."

Es war schon spät, als ich mich von Klara Bergmann verabschiedete und durch die menschenleeren Straßen zur S-Bahn-Haltestelle ging. Fröstelnd stellte ich meinen Mantelkragen hoch. Das Gespräch mit Frau Bergmann hatte mich tief erschüttert. Jetzt erst verstand ich, warum meine Suche so lange erfolglos geblieben war. Erfolglos bleiben musste.

Ich dachte an Richard van Eyk und spürte heißen Zorn in mir aufsteigen. Die Frau *seines* Lebens war kerngesund und nur ein Kennenlernen entfernt. Doch er verzichtete auf die wahre Liebe, weil ihm Alter und Figur wichtiger waren als echte Gefühle. Es war so ungerecht, dass mir erneut die Tränen kamen. Es gab nur so wenige Paare, denen das absolute Glück vergönnt war. Andere trafen die Liebe ihre Lebens und verloren sie. Und dann gab es die hoffnungslosen Fälle. Menschen, die durchs Leben taumelten, ohne auch nur in ihre Nähe zu kommen. Menschen wie mich ...

Eine einzelne Schneeflocke landete auf meiner Nase. Ich hob das Gesicht, sah hinauf in den schwarzen, wolkenverhangenen Himmel und fragte mich, was um alles in der Welt ich hier tat.

## Zwei

Zu dieser späten Stunde war die Bahn wie ausgestorben. Außer einem jungen Mann mit Harry-Potter-Brille, der neben der Tür Platz genommen hatte, waren eine alte Dame und ich die einzigen Fahrgäste im Abteil.

Ich nahm ein Buch aus meiner Tasche, doch ich schlug es nicht auf. Zu viel ging mir durch den Kopf. Verstohlen sah ich zu der alten Dame hinüber, die mit geschlossenen Augen dasaß. Sie hatte schneeweißes Haar, das zu einem eleganten Bob geschnitten war. Ihre Haut schimmerte so rosa wie die eines jungen Mädchens, und die wenigen Fältchen, die das Alter hinterlassen hatte, erzählten von einem glücklichen Leben. Plötzlich öffnete sie die Augen. Sie leuchteten in einem tiefen Blau, Violett beinahe. Wie die Lavendelfelder am Fuße des Mont Ventoux, schoss es mir durch den Kopf, dann wandte ich verlegen den Blick ab. Ich hob mein Buch und gab vor zu lesen, doch heimlich, über den Rand der Seiten hinweg, beobachtete ich sie weiter, ich konnte nicht anders.

Die alte Dame fing meinen Blick auf. Einen Wimpernschlag lang war mir, als könnte sie bis auf den Grund meiner Seele blicken. Dann breitete sich ein Lächeln auf ihrem Gesicht aus. Es begann mit einem Kräuseln der Mundwinkel, malte ein Grübchen in jede Wange und erreichte schließlich die Augen, wo es in einem blauvioletten Funkenregen explodierte. Ich hielt den Atem an. Noch nie hatte ich ein bezaubernderes Lächeln gesehen! Es durchdrang den schweren Stoff meines Wintermantels, sickerte durch meine Poren und blubberte durch meine Adern. Mein Herz öffnete sich. Mit einem Mal meinte ich den Geschmack von heißer Schokolade auf der Zunge zu spüren. Ich hörte das Knistern von brennendem Holz, fühlte Großmutters Hand auf meinem Haar, roch Benjos vertrauten Duft nach Sonne und Regen und frischer Wäsche, die im Wind flatterte …

„Sie halten es verkehrt herum."

Ich blinzelte benommen.

„Entschuldigen Sie bitte. Haben Sie etwas gesagt?", stotterte ich.

Sie wies auf den Roman, den ich noch immer umklammert hielt. „Ihr Buch. Sie halten es verkehrt herum", wiederholte sie.

Ich blickte hinunter auf die aufgeschlagenen Seiten und betete, die Erde möge sich unter mir auftun und mich verschlingen.

„Übrigens ein ganz wundervolles Buch, das Sie da lesen", hörte ich sie unbekümmert sagen. Sie begann in der ledernen Reisetasche zu kramen, die sie neben sich auf den Sitz gestellt hatte. Im nächsten Moment hielt sie ein schmales Buch in der Hand, das meinem zum Verwechseln ähnlich sah. Die alte Dame zwinkerte mir so spitzbübisch zu, dass ich lachen musste. Wenig später waren wir in eine angeregte Unterhaltung über Bücher vertieft. Wie sich herausstellte, hatten wir denselben Geschmack, was mich gleichermaßen erstaunte und entzückte.

Die Zeit verging wie im Flug. Als die Bahn am Savignyplatz an Fahrt verlor, bemerkte ich, dass ich bereits an der nächsten Station aussteigen musste. Mich überkam ein tiefes Bedauern. Dann kreischten die Bremsen, die Türen öffneten sich, und ein eiskalter Lufthauch wehte herein. Der junge Mann mit der Zauberlehrling-Brille sprang die Stufen hinunter auf den Bahnsteig und ließ uns allein zurück. Die Türen schlossen sich. Mit einem Ruckeln fuhr die Bahn wieder an. Doch schon im nächsten Moment kam sie erneut zum Stehen. Die Lichtröhren an der Decke erloschen.

„Was, um alles in der Welt …?" Die Stimme der alten Dame klang eher überrascht als verängstigt. Bevor ich etwas erwidern konnte, knisterte ein Lautsprecher und eine brummige Stimme teilte uns mit, dass sich die Weiterfahrt um einige Zeit verzögern werde.

Die alte Dame sah aus dem Fenster. „Schauen Sie nur!", rief sie mir zu.

Ich folgte ihrem Blick und sah hinaus in die nächtliche Winterlandschaft. Draußen schneite es jetzt wie verrückt. Die Flocken schienen aus allen Himmelsrichtungen gleichzeitig zu kommen.

Die alte Dame seufzte aus tiefstem Herzen. „Ich liebe den Winter. Alles ist so friedlich. Die Bäume dort drüben sehen so aus, als hätte sie jemand kopfüber in Schlagsahne getaucht." Sie lächelte ihr wundervolles Lächeln. „Ich kann mich nicht erinnern, wann ich zum letzten Mal solche Mengen an Schnee gesehen habe."

„Dann kommen Sie nicht aus Berlin?", erkundigte ich mich.

Sie schüttelte den Kopf. „Ich lebe an der Nahe. In einem Dorf, das so klein ist, dass Sie es kaum auf der Karte finden."

Die Nahe. Vor meinem inneren Auge erschienen sanft gewellte Hügel und Weinberge, romantische Täler und trutzige Burgen, eingebettet in eine malerische Felskulisse. Vor Jahren hatte ich ein Wochenende in Bad Sobernheim verbracht. Eine Klientin von mir hatte ihre Hochzeit dort gefeiert.

„Und was führt Sie dann hierhin, wenn ich fragen darf?"

„Ich besuche meine zwei ältesten Freundinnen", sagte die alte Dame mit einer Stimme, aus der deutlich die Vorfreude herauszuhören war.

„Um diese Zeit?", entfuhr es mir. Wie um meine Worte zu untermalen, schlugen in der Ferne die Kirchenglocken.

„Töricht, nicht wahr, aber genau so ist es. Wissen Sie, ich kenne Elisabeth und Rita, seit wir Kinder waren. Wir sind zusammen aufs Internat gegangen. In der Nacht unseres Abschlusses haben wir uns geschworen, uns bis zum Rest unseres Lebens wenigstens einmal im Jahr wieder zu treffen ... und zwar immer zur Geisterstunde, genau so wie bei unseren heimlichen Mitternachtspartys in der Schule." Die alte Dame lächelte. „Als Backfische fanden wir das sehr romantisch. Heute ist es eher umständlich, wie ich zugeben muss, aber nach über fünfzig Jahren ist der Zeitpunkt vorbei, an denen sich solche Rituale noch ändern ließen."

In diesem Moment öffnete sich die Tür des Fahrerhäuschens, und ein kleiner rundlicher Mann watschelte uns zu. Die Stabtaschenlampe in seiner Hand malte aufgeregte Lichtkreise auf den schneenassen Boden. „Was für eine Nacht!", schnaufte er. „Wir haben eine Weichenstörung auf der Linie. Es kann noch ewig dauern, bis wir weiterfahren. So leid es mir tut, meine Damen, ich muss Sie bitten auszusteigen."

Die alte Dame warf mir einen erschrockenen Blick zu.

„Machen Sie sich keine Sorgen", sagte ich, ohne nachzudenken. „Ich bringe Sie zu Ihren Freundinnen."

Statt einer Antwort beugte sie sich vor und drückte meine Hand. Ihre Haut fühlte sich angenehm warm an, und meine Finger begannen leise zu kribbeln. Ein merkwürdiges Gefühl überkam mich, fast so etwas wie Freude.

DIE ALTE DAME hatte mir die Adresse ihrer Freundinnen genannt, die etwa fünfundzwanzig Gehminuten entfernt am Lietzensee wohnten. Zu dieser späten Stunde lag über Charlottenburg eine beschauliche Stille. Es hatte aufgehört zu schneien, und der Himmel war sternenklar. Der Schein der Laternen tauchte die Welt um uns herum in ein fast unwirkliches, zauberhaftes Licht. Vor uns sprang die Fußgängerampel auf Rot. Auch wenn weit und breit kein Wagen zu sehen war, blieben wir stehen. Ich nutzte die kurze Verschnaufpause, um das Gewicht der Reisetasche, die ich der alten Dame unter Aufbringung all meiner Überredungskunst abgerungen hatte, auf meiner Schulter zu verlagern.

„Erzählen Sie mir von Ihren Freundinnen", bat ich sie, denn ich war neugierig zu erfahren, wer die beiden Frauen waren, die sie zu ihren engsten Vertrauten erkoren hatte.

„Es war der erste Schultag nach den Sommerferien und mein erster Tag im Internat", erinnerte sich die alte Dame. „Ich war gerade zwölf Jahre alt geworden. Nachdem die Direktorin mich herumgeführt und mir alles gezeigt hatte, begleitete sie mich zu meinem Zimmer. Auf dem Weg erklärte sie mir, dass ich mit zwei Mädchen zusammenwohnen würde, die mich schon erwarteten." Die alte Dame lächelte. „Rita und Elisabeth waren beste Freundinnen und hatten sich schon im letzten Schuljahr das Zimmer geteilt. Sie waren wild entschlossen, mich zu hassen."

„Was ist dann passiert?", fragte ich gespannt.

Sie strich sich eine Haarsträhne hinters Ohr. „Sie haben es sich anders überlegt."

Die Ampel sprang auf Grün, und die alte Dame schritt zügig voran. Gedankenverloren blieb ich eine Sekunde lang zurück und betrachtete ihre zierliche Gestalt in dem weinroten Mantel. Ich konnte mir die Situation lebhaft vorstellen: Die beiden Mädchen, die mit vor der Brust verschränkten Armen und finsteren Gesichtern darauf warteten, dass sich die Tür öffnete und der Eindringling hereinmarschierte. Stattdessen war *sie* in den Raum geschwebt ... mit ihren lavendelfarbenen Augen und ihrem hinreißenden Lächeln. Die beiden hatten nicht die geringste Chance gehabt. Schmunzelnd beeilte ich mich, die alte Dame einzuholen.

Während wir weitergingen, erfuhr ich, dass die eine Freundin, Elisabeth, mit Anfang zwanzig einen englischen Diplomaten geheiratet hatte, mit dem sie fortan um den halben Erdball gereist war. Nach seinem Tod vor zwei Jahren hatte sie die Wohnung am Lietzensee gekauft, um in der Nähe ihres Sohnes zu sein. Rita dagegen hatte weder Ehemann noch Kinder, dafür aber eine Karriere als Fotografin, die sie über Stationen in Mailand, London und Paris bis nach New York geführt hatte. Dort hatte sie bis vor einem Jahr eine kleine Galerie besessen. Dann, eines Morgens, war ihr die Erkenntnis gekommen, dass die Menschen um sie herum nicht einmal halb so alt waren wie sie und sie sich in deren Gesellschaft nicht länger wohlfühlte. Kurz entschlossen verkaufte Rita ihr Geschäft, löste ihre Wohnung auf und buchte ein einfaches Flugticket zurück nach Deutschland. Sie hatte mit Elisabeth vereinbart, so lange bei ihr wohnen zu dürfen, bis sie etwas Eigenes gefunden hatte. „Das ist inzwischen elf Monate her. Von einem Umzug ist meines Wissens nicht mehr die Rede." Die alte Dame schmunzelte. „Und ich bin froh darüber. Als Rita in New York lebte und wie eine Besessene gearbeitet hat, haben wir uns manchmal nur für zwei, höchstens drei Tage im Jahr gesehen." Sie verzog das Gesicht. „Das war furchtbar. Jede hatte den anderen so viel zu erzählen, dass es nicht eine Sekunde still war. Und am Ende hatte man es doch nicht geschafft, alles loszuwerden."

Amüsiert stellte ich mir vor, wie die drei alten Frauen ohne Unterlass aufeinander einredeten. Beste Freundinnen seit sechzig Jahren. Auf einmal musste ich an meine Freundschaft mit Benjo denken. Sofort spürte ich das vertraute Ziehen in meinem Bauch. „Wie lange sehen Sie sich dieses Mal?", fragte ich schnell, um die Erinnerung zu vertreiben.

Die alte Dame strahlte. „Mein Zug geht erst in acht Tagen." Sie räusperte sich. „Aber nun habe ich wirklich genug geredet. Jetzt möchte ich etwas über *Sie* erfahren."

„Gern", antwortete ich und setzte an, von meiner Arbeit zu erzählen, von den lustigen Begebenheiten, die ich dabei erlebte.

„Sie haben mich nicht verstanden", unterbrach mich die alte Dame nach einer kurzen Weile sanft. Sie blieb stehen und griff nach meiner Hand. Genau wie vorhin in der Bahn fingen meine Finger leicht an zu kribbeln. „Ich möchte wissen, wer Sie *wirklich* sind."

Eine Weile stand ich einfach nur da. *Was passiert hier gerade?,* fragte ich mich. Vielleicht war es das Interesse in ihren Augen, vielleicht der Zauber der Winternacht, der mir das Gefühl gab, wir beiden wären die einzigen Menschen auf dieser Welt. Jedenfalls überkam mich mit einem Mal das unwiderstehliche Bedürfnis, mich ihr anzuvertrauen. Ich erzählte ihr von Großmutters Geschichte, von Benjo, dem besten Freund, den ich je hatte, und von der Gabe, die mich zu der Person gemacht hatte, die ich heute war. Und schließlich verriet ich ihr mein schmerzlichstes Geheimnis. „Ich kann ihn nicht finden", sagte ich. „Die Gabe ... sie wirkt bei mir nicht." Mein Blick war fest auf den verschneiten Boden gerichtet und meine Stimme nur noch ein Flüstern, als ich mein Scheitern eingestand.

Die alte Dame schwieg einen Moment. Dann strich sie über meinen Arm. „Erzählen Sie mir mehr davon", bat sie mich.

„Ich war dreizehn", begann ich zögernd, „als ich mich zum ersten Mal verliebte. Gerade war Timo noch Benjos Bruder gewesen und im nächsten Moment der Mensch, um den sich all mein Denken und Fühlen rankte. Auf einmal konnte ich ihm nicht mehr in die Augen sehen, ohne rot zu werden, und wenn er mich ansprach, setzte mein Verstand aus und ich begann zu stottern." Bei der Erinnerung stahl sich ein kleines Lächeln auf meine Lippen. „Nicht, dass es besonders häufig vorgekommen wäre. Timo war fünfzehn – in seinen Augen war ich ein Baby. Doch ich hoffte weiter und wartete darauf, dass ich älter würde, damit er mich endlich wahrnahm. Eineinhalb Jahre später war es endlich so weit. Es war der Tag, an dem Benjos Eltern ihr traditionelles Sommerfest gaben. Alles war perfekt: Die Sonne schien, die Band spielte nur die angesagtesten Lieder, und wenn niemand hinsah, schlürften Benjo und ich den Rest aus den Champagnergläsern." Ich schloss für einen Moment die Augen. „Als die Nacht hereinbrach, ging Benjo ins Haus, um mir einen Pullover von sich zu holen, und ich setzte mich auf die Stufen der Veranda, um dort auf ihn zu warten. Plötzlich, wie aus dem Nichts, schlenderte Timo vorbei und fragte mich, ob ich mit ihm spazieren gehen wollte. Ich konnte nicht glauben, dass er mich beachtete, und meine Stimme überschlug sich fast, als ich ‚Ja' sagte. Wir stahlen uns davon, und dann, am See, unter den Zweigen der alten Trauerweide, nahm er mit einem Mal mein Gesicht in seine Hände und küsste mich." Ich blickte auf die Spitzen meiner Stiefel, die vom Schnee ganz nass und dunkel waren. „Ich kann Ihnen gar nicht sagen, wie lange ich diesen Augenblick herbeigesehnt hatte. Doch als es endlich passierte, fühlte ich … nichts."

Meine Kehle wurde eng, und ich musste ein paarmal schlucken, bevor ich weitersprechen konnte. „Alles, woran ich geglaubt hatte, war plötzlich … falsch. Als hätten meine Gefühle für Timo nie existiert. Doch das Allerschlimmste war, dass Benjo danach nie wieder ein Wort mit mir gesprochen hat. Er hörte einfach auf, mein Freund zu sein." Ich presste mein Kinn auf die Brust. *Ihn* zu verlieren hatte sich angefühlt, als würde ich mich auflösen.

Die alte Dame drückte mitfühlend meine Hand. „Das muss sehr schlimm für Sie gewesen sein. In einer Nacht beides zu verlieren – Ihre Liebe *und* Ihren besten Freund. Was glauben Sie, warum hat Benjo das getan? Weil Sie seinen Bruder geküsst haben?" Sie hielt inne. „Wie hat er überhaupt davon erfahren?"

„Er ist uns gefolgt." Ich holte tief Luft. „Wissen Sie, Benjo und Timo standen sich nie besonders nahe. Sie sahen sich sehr ähnlich, das schon, doch sie hatten nichts gemeinsam. Das war auch der Grund, warum ich Benjo nie von meinen Gefühlen für seinen Bruder erzählt habe. Als er uns an jenem Abend zusammen sah, muss es ihm vorgekommen sein, als hätte ich ihn verraten."

Wir passierten einen einsamen Platz. Das Licht der Laternen wirkte gedämpft.

„Nach der Erfahrung mit Timo wollte ich auf Nummer sicher gehen. Ich schwor mir, mich nur noch ein einziges Mal zu verlieben, und zwar in den Menschen, den das Schicksal mir zugedacht hatte. Ich suchte überall nach ihm, schaute jedem ins Gesicht, der meinen Weg kreuzte, doch die Gabe blieb stumm. Und dann kam Gregor. Er arbeitete in der Bank meiner Familie, in der ich nach dem Studium als Trainee begonnen hatte. Als sich unsere Lippen zum ersten Mal berührten, musste ich an Timo denken, und mein Herz klopfte vor Angst. Doch ich hätte mir keine Sorgen machen müssen. Gregors Kuss schmeckte nach Sonne und Meer, und ich schmolz dahin in seinen Armen. Ich hatte ihn gefunden. Ganz ohne die Gabe. So dachte ich zumindest." Fröstelnd schlang ich die Arme um meinen Oberkörper. „Zwei Jahre später zogen wir zusammen. Noch immer war ich hoffnungslos verliebt, und ich beschloss, dass es an der Zeit war, mit meiner Gabe Gutes zu tun und mein Glück mit der ganzen Welt zu teilen. Ich eröffnete meine Agentur, wir verlobten uns, und ich begann von einem Häuschen im Grünen zu träumen. Mit einer Kinderschaukel im Garten."

„Und dann?", fragte die alte Dame.

„Dann hörte ich am Vorabend unserer Hochzeit durch Zufall ein Telefonat mit an. Derselbe Mann, der mir am Morgen noch gesagt hatte, dass er mich liebe, erklärte der Person am anderen Ende, dass er mich nur deshalb zur Frau nehmen werde, weil meine Familie eine Bank besaß."

Meine Hände ballten sich zu Fäusten. Auch wenn es inzwischen fünf Jahre her war, konnte ich noch immer den Schmerz spüren, der mich damals fast wahnsinnig hatte werden lassen. Ich rang nach Luft. „Seitdem habe ich keinen Mann mehr getroffen, der meine Seele auch nur ansatzweise berührt hätte. Geschweige denn den Mann, mit dem ich alt werden möchte."

Erst jetzt bemerkte ich, dass es wieder angefangen hatte zu schneien. Die weichen Flocken landeten auf dem Haar der alten Dame und glitzerten dort wie Diamanten.

Anfangs war ich dankbar, dass sie mir keine Fragen stellte. Doch als wir in die verschneite Straße einbogen, in der ihre Freundinnen wohnten, und sie immer noch kein Wort gesagt hatte, wurde ich langsam unruhig. Vor einem schmiedeeisernen Eingangstor blieb sie schließlich stehen. Dahinter ragte eine Villa aus weißem Stein auf. Mit zusammengekniffenen Augen blickte ich an der efeubewachsenen Fassade hoch. In den Fenstern unterm Dach brannte Licht. Ansonsten lag das Haus im Dunkeln. Die alte Dame drückte gegen das Tor, das sich mit einem leisen Knirschen öffnete, und schlüpfte hindurch.

Ungläubig sah ich hinter ihr her. Wollte sie etwa *so* gehen, ohne ein einziges Wort des Abschieds?

Die alte Dame wandte sich um. „Worauf warten Sie, mein Kind? Kommen Sie, es wird höchste Zeit." Ohne abzuwarten, ob ich ihr folgte, erklomm sie die breiten Steinstufen, die zum Eingang der Villa führten, und drückte auf den Klingelknopf. Ein Summen ertönte, und die schwere Tür sprang auf.

Die plötzliche Wärme im Inneren der Villa brachte meine Wangen zum Prickeln. Der Eingangsbereich, in dem wir uns befanden, war in zarten Creme- und Goldtönen gehalten. An der stuckverzierten Decke funkelte ein Kristallleuchter. Eine gewundene Holztreppe am gegenüberliegenden Ende des Raums führte nach oben. Die alte Dame steuerte zielstrebig auf den Fahrstuhl neben der Treppe zu, der mit seinem nostalgischen Gitter aus einer längst vergangenen Zeit zu stammen schien. Als wir im obersten Stock ankamen, wurden wir bereits erwartet. Zwei elegant gekleidete Frauen gingen vor dem Fahrstuhl auf und ab, grinsten dabei und winkten. Die alte Dame stieß einen Freudenschrei aus, schob das Gitter zur Seite und flog in die ausgestreckten Arme ihrer Freundinnen. Zögernd folgte ich ihr in den mit dunklen Holzdielen ausgelegten Flur. Nachdem ich ihre Reisetasche abgestellt hatte, sah ich mit einer Mischung aus Verlegenheit und Faszination zu, wie sich die drei Frauen abwechselnd um den Hals fielen. Noch nie in meinem Leben hatte ich mich derart überflüssig gefühlt.

Als ich mich gerade mit einem gemurmelten Abschiedsgruß zur Treppe aufmachen wollte, löste sich die alte Dame von ihren Freundinnen.

„Meine Lieben, das ist …" Sie sah mich an.

„Anna", beeilte ich mich zu sagen und schüttelte Rita und Elisabeth, die sich ebenfalls vorstellten, die Hand.

„Wir haben uns in der Bahn kennengelernt", fuhr sie fort, während ich verlegen lächelte. „Ich schätze, sie braucht unsere Hilfe."

Ich hörte auf zu lächeln und starrte sie verdattert an.

„Wenn das so ist, setze ich schon einmal Tee auf", hörte ich Elisabeth fröhlich sagen. „Oder noch besser Glühwein." Sie wandte sich um und verschwand durch die angelehnte Tür ins Innere der Wohnung.

Ritas Blick huschte neugierig von der alten Dame zu mir. Dann sagte sie: „Warte auf mich, Lissie, ich helfe dir", und lief hinter ihr her.

Die alte Dame hakte sich bei mir unter. „Sie machen den Glühwein selbst, den müssen Sie probieren."

Ich rührte mich nicht von der Stelle. „Wie haben Sie das gemeint, dass ich Ihre Hilfe brauche?"

Die alte Dame lächelte ihr wundervolles Lächeln. „Mein liebes Kind, Sie sind unglücklich, da werde ich Sie doch nicht allein lassen."

## *Drei*

Die Szene war vollkommen unwirklich. Anstatt in meinem Bett zu liegen und zu schlafen, wie ich es sonst um diese Uhrzeit tat, saß ich in einem fremden Wohnzimmer auf der Couch, hielt einen Becher dampfenden Glühwein in den Händen und wiederholte die Geschichte, die ich der alten Dame auf dem Weg hierhin erzählt hatte. Unter normalen Umständen wäre mir gar nicht in den Sinn gekommen, mein Privatleben vor Fremden zu erörtern. Doch seit ich die alte Dame getroffen hatte, schien nichts mehr normal, und so gefiel es mir beinahe, mit welcher Aufmerksamkeit Rita und Elisabeth meinen Worten lauschten. Als ich zu der Stelle kam, an der Großmutter meine Gabe erkannte, beobachtete ich ihre Reaktion. Doch genau wie die alte Dame zuvor schienen sie nicht im Mindesten überrascht.

„Ihre Großmutter scheint eine wunderbare Frau zu sein", sagte Elisabeth, nachdem ich meine Geschichte beendet hatte.

Ich nickte traurig. „Ich habe sie sehr geliebt. Leider ist sie schon vor langer Zeit an einer Lungenentzündung gestorben. Ich vermisse sie jeden Tag."

„Das kann ich gut verstehen", sagte die alte Dame mitfühlend. „Meine Eltern kamen bei einem Eisenbahnunglück ums Leben, als ich noch ein Kind war." Sie sah zu ihren Freundinnen hinüber. Ihr Blick war voller Zärtlichkeit. „Rita und Elisabeth waren es, die mir meine Sprache zurückgaben. Und mein Mann Lorenz, der mein Leben komplett machte." Sie lächelte. „Es war auf dem Abschlussball. Er forderte mich zum Tanzen auf, und im nächsten Moment war es um uns beide geschehen." Sie griff nach ihrer Handtasche, zog ein Foto hervor und reichte es mir. Lorenz war von schlanker Statur und hatte die freundlichsten Augen, die ich jemals bei einem Mann gesehen hatte. Während ich das Foto betrachtete, setzte hinter meiner Stirn ein vertrautes Ziehen ein. Ich schluckte, überwältigt von der Gewissheit, dass ihre Liebe vollkommen war. Ich öffnete den Mund, um es ihr zu sagen, doch die alte Dame lächelte nur. „Ich weiß es. Ich wusste es von der ersten Sekunde an."

Rita zog eine komische Grimasse. „Geht das wieder los", sagte sie. Ich warf der alten Dame einen erschrockenen Blick zu, doch als ich ihren amüsierten Gesichtsausdruck sah, entspannte ich mich und musste ebenfalls schmunzeln.

Elisabeth rollte mit den Augen. „Am besten, Sie beachten Rita gar nicht", empfahl sie mir. „Erzählen Sie mir lieber, warum Sie sich das antun mit Ihrer Agentur. Ständig nur Verliebte um einen herum ... das muss hart sein!"

Ich nahm einen Schluck Glühwein. „Als ich noch mit Gregor zusammen war, habe ich es geliebt. Es war für mich das Größte, mitzuerleben, wie sich zwei Menschen in die Augen sahen und begriffen, dass ihre Suche zu Ende war. Ich wollte immer dabei sein, wenn sie sich zum ersten Mal begegneten." Nachdenklich blickte ich in meinen Becher. „Später wollte ich das nicht mehr. Verstehen Sie mich nicht falsch. Ich möchte, dass meine Klienten glücklich sind. Aber die Freude, die sie ausstrahlen ... sie zeigt mir so deutlich, was ich nicht habe." Eine Zeit lang hatte ich tatsächlich überlegt, die Agentur an den Nagel zu hängen. Aber was hätte ich dann getan? Mit dem Wissen, dass ich vor der Verantwortung davonlief, die meine Gabe mit sich brachte. „Wie dem auch sei. Heute gebe ich meinen Klienten nur noch ein Foto und einen Namen. Alles Weitere müssen sie selbst arrangieren."

„Und das funktioniert?", fragte Rita skeptisch.

Ich musste an Richard van Eyk denken. „Normalerweise schon."

Die alte Dame räusperte sich. „Wissen Sie, was mich an Ihrer Geschichte nicht loslässt? Es ist nur eine Theorie, aber ich habe das Gefühl, dass es einen Grund für Ihr Unglück gibt." Sie machte eine aufzählende Geste mit der Hand. „Ihre Gefühle für Timo, die sich in Luft auflösen. Gregors Betrug, den Sie am Tag vor der Hochzeit entdecken. Die Tatsache, dass Sie seitdem keinen Mann mehr getroffen haben, der Sie interessiert ... glauben Sie nicht, dass da ein Zusammenhang besteht?" Sie sah mich erwartungsvoll an.

„Sieht so aus, als wäre mir der Glühwein zu Kopf gestiegen", sagte ich entschuldigend. „Was für einen Zusammenhang meinen Sie?"

Die alte Dame legte ihre Hand auf meine. „Ihr Unglück beginnt in dem Moment, in dem Sie Timo küssen. Haben Sie mal darüber nachgedacht, dass es der Kuss war, der den Stein ins Rollen brachte? Weil er dem Falschen galt? Weil er den Richtigen vertrieben hat?"

„Den Richtigen?", stotterte ich. „Sie sprechen jetzt nicht von Benjo, oder?"

Die alte Dame verzog keine Miene.

„Hören Sie", erklärte ich. „So war das nicht. Benjo war mein bester Freund. Ich liebte ihn, wie man seinen besten Freund liebt. Ich hätte doch gespürt, wenn da etwas anderes zwischen uns gewesen wäre."

„Sie waren doch noch ein Kind", sagte die alte Dame sanft. „Noch nicht einmal fünfzehn, wie Sie mir erzählt haben."

Ich schluckte. „Sie meinen, wenn Benjo nicht aus meinem Leben verschwunden wäre, hätten wir uns irgendwann ineinander verliebt?"

Die alte Dame zuckte mit den Schultern. „Das kann ich Ihnen nicht sagen, mein liebes Kind. Aber es würde einiges erklären."

Ich stellte mir Benjo vor, wie er damals ausgesehen hatte. Das hellblonde Haar, das immer ein bisschen zerzaust aussah, die goldbraunen Augen, die Lachfältchen um den Mund ... und dagegen sein kalter Blick, damals, in der Nacht am See. „Wie auch immer", sagte ich laut. „Jetzt ist es wohl zu spät, um das herauszufinden."

Die alte Dame schüttelte den Kopf. „Wir können die Zeit nicht zurückdrehen, das ist wahr. Aber wir können versuchen, hier und heute alles dafür zu tun, dass Sie wieder glücklich werden."

Ich runzelte die Stirn. „Und wie stellen Sie sich das vor? Soll ich mir Benjo schnappen, ihn an den nächsten Baum binden, damit er nicht wegläuft, und ihn küssen? In der Hoffnung, dass Ihre Theorie stimmt?"

„Ich hätte es anders ausgedrückt, aber ja", sagte die alte Dame und lächelte so treuherzig, dass ich gar nicht anders konnte, als ihr Lächeln zu erwidern.

*Benjo und ich.* Wir waren auf Bäume geklettert, hatten uns an heißen Sommertagen mit Tarzanschreien in den See gestürzt und waren mit selbst gemachtem Pfeil und Bogen durch den Grunewald gestreift ... es war vollkommen absurd zu glauben, aus uns hätte ein Paar werden können.

Die goldene Uhr auf dem Kaminsims schlug zwei Mal.

„Ich habe gar nicht mitbekommen, wie spät es ist." Ich sprang hastig auf. „Sie sind sicher müde, und ich mache mich jetzt besser auf den Weg."

Elisabeth warf mir einen entsetzten Blick zu. „Sie wollen gehen? Jetzt? Haben Sie in letzter Zeit mal aus dem Fenster gesehen?"

Während wir im Warmen gesessen und über Benjo gesprochen hatten, waren die Flocken in einen Schneesturm übergegangen.

„Es könnte schwierig werden, ein Taxi zu bekommen", wandte die alte Dame ein. „Warum übernachten Sie nicht hier, mein Kind? Rita und Elisabeth haben genügend Platz."

Ich schüttelte den Kopf. „Das ist wirklich sehr nett von Ihnen, aber ich will Ihnen nicht noch weiter zur Last fallen."

Elisabeth lächelte herzlich und breitete ihre Arme aus. „Ich bitte Sie, meine Liebe, wir würden uns sehr freuen, wenn Sie unser Gast wären."

Ich starrte auf meine Füße und überlegte, wie ich das Angebot ausschlagen konnte, ohne sie zu verletzen.

„Lass sie", sagte Rita, die mein Unbehagen zu spüren schien. „Sie möchte nicht." Sie wandte sich mir zu. „Das hier ist Berlin. Natürlich bekommen Sie ein Taxi." Sie senkte ihre Stimme. „Was halten Sie davon, wenn Sie uns morgen beim Frühstück Gesellschaft leisten? Wir haben einen Tisch im ‚Café Wintergarten' im Literaturhaus reserviert."

Elisabeths Gesichtsausdruck hellte sich schlagartig auf. „Das ist eine wunderbare Idee! Bitte, Anna, sagen Sie, dass Sie kommen!"

„Ich komme sehr gern", hörte ich mich sagen, und im selben Moment wurde mir bewusst, wie sehr ich die drei wiedersehen wollte.

ALS ICH AM NÄCHSTEN MORGEN die Augen aufschlug, sickerte Sonnenlicht durch die Vorhänge meines Schlafzimmers. Irgendetwas war anders, und es dauerte ein paar Sekunden, bis ich begriffen hatte, was es war. Ich fühlte mich *ausgeruht*. Normalerweise war ich eine unruhige Schläferin, schreckte häufig hoch, schweißgebadet von Träumen, an die ich mich am nächsten Morgen nicht mehr erinnern konnte. Doch in dieser Nacht hatte ich tief und fest geschlafen. Ich sprang unter die Dusche, zog mich an und machte mich auf den Weg zu den drei alten Frauen, die der Schneesturm so unvermittelt in mein Leben geweht hatte.

Das Café im Literaturhaus lag unweit des Kurfürstendamms in einer charmanten Gründerzeitvilla. Ich stieg die Treppe hinauf, durchquerte den Wintergarten und betrat das Innere der Villa. Das Café bestand aus mehreren hohen Räumen. An den gelb gestrichenen Wänden hingen Schwarz-Weiß-Bilder und Fotografien aus vergangener Zeit. Zusammen mit den stuckverzierten Decken, den modernen Lüstern, den dunklen Sitzmöbeln und den schneeweißen Tischdecken strahlte das Café eine entspannte Eleganz aus. Sie passte wunderbar zu der alten Dame und ihren Freundinnen, die bereits in eine angeregte Unterhaltung vertieft waren, als ich an ihren Tisch trat.

„Ah, da sind Sie ja, mein liebes Kind! Haben Sie gut geschlafen?" Die alte Dame strahlte mich an und klopfte auf den Platz neben sich. Gehorsam setzte ich mich zu ihr auf die Bank. Der Tisch bog sich beinahe unter den vielen Köstlichkeiten, die die Frauen bestellt hatten. Es gab Toast, Croissants und selbst gebackenes Brot, dazu verschiedene Marmeladensorten und Honig, Rührei, kleine Pfannkuchen, Quark mit frischen Früchten und eine Platte mit Lachs, Aufschnitt und Käse.

„Das sieht alles ganz fantastisch aus", sagte ich und lächelte in die Runde.

„Greifen Sie zu!", forderte mich Elisabeth auf.

Rita, die mir gegenübersaß, sah mich neugierig an. „Sagen Sie, Anna, wo steckt Benjo eigentlich?"

Ich musterte sie aufmerksam. Ahnte sie etwa, dass ich von Zeit zu Zeit meinen Laptop hochklappte und mit angehaltenem Atem seinen Namen eingab? Verlegen griff ich nach der Teekanne und goss mir eine Tasse ein. „Benjo ist Reisebuchautor und ständig unterwegs", antwortete ich. „Er arbeitet für *Backpacker's*. Das sind diese dicken Wälzer für Rucksacktouristen. Haben Sie vielleicht schon einmal gesehen."

Elisabeth nickte aufgeregt. „Meine Enkelin hat sich von mir den Australienband zum Geburtstag gewünscht."

„Den hat Benjo geschrieben", sagte ich.

„Tatsächlich?" Elisabeth wirkte beeindruckt. „Ihr Benjo hat Talent."

Jetzt war er schon *mein* Benjo. Seufzend schnitt ich ein Stück von meinem Pfannkuchen ab und spießte es mit der Gabel auf. „Über Weihnachten ist er übrigens in Berlin."

„Das ist doch wunderbar!" Die alte Dame klatschte in die Hände. „Das Schicksal meint es gut mit Ihnen."

Ich beschloss, dass die Unterhaltung ins Absurde abdriftete und es an der Zeit war, der Sache ein Ende zu bereiten. „Das hat mit Schicksal wenig zu tun. Ich habe seine Mutter im KaDeWe getroffen. Benjos aktueller Job ist bald zu Ende, und der nächste beginnt erst im Januar." Dank seiner Mutter wusste ich auch, dass Benjo für die Übergangszeit bei seinen Eltern in Grunewald wohnen würde. Deren Grundstück wiederum an das meiner Eltern grenzte. Als ich das erfahren hatte, war mir das Herz in die Hose gerutscht, doch dann hatte ich mich damit getröstet, dass ich ihm wohl kaum über den Weg laufen würde. Schließlich war er nur ein paar Tage da, und das Letzte, was ich vorhatte, war, Weihnachten bei meinen Eltern zu verbringen.

„Wie auch immer", sagte Rita „Jetzt müssen wir dafür sorgen, dass er wieder mit Ihnen redet." Plötzlich huschte ein spitzbübisches Grinsen über ihr Gesicht. „Warum behaupten wir nicht einfach, dass Sie todkrank sind? Da wird er Ihnen wohl kaum die Tür vor der Nase zuschlagen, wenn Sie sich mit ihm vertragen wollen."

Ich verschluckte mich an meinem Orangensaft und begann zu husten.

„Ist das Ihr Ernst?", fragte ich, als ich wieder sprechen konnte.

„Nein", sagte Elisabeth. „Das ist *nicht* ihr Ernst."

Die nächsten zehn Minuten wechselten sich Elisabeth und Rita mit Vorschlägen ab, von denen einer so skurril war wie der andere. Einmal sollte ich Benjo zufällig in einer Riesenradgondel auf dem Weihnachtsmarkt vor dem Roten Rathaus wiedertreffen, die dann ebenso zufällig am höchsten Punkt zum Stillstand kam. Ein anderes Mal sollte ich ihn entführen und erst wieder in die Freiheit entlassen, wenn er sich in mich verliebt hatte. Die alte Dame und ich quittierten jede Idee mit Kopfschütteln und leisem Lachen. Als Rita vorschlug, ich sollte Benjo mit Plastikhandschellen an mich fesseln und den Schlüssel hinunterschlucken, musste ich mir den Bauch halten. Ich konnte mich nicht erinnern, wann ich zum letzten Mal so viel gelacht hatte. Doch bevor ich mich zu sehr daran gewöhnen konnte, legte ich mein Besteck auf den Teller und wischte mir die Lachtränen aus den Augenwinkeln.

„Es war sehr schön mit Ihnen, aber ich muss mich jetzt wirklich verabschieden. Vielen Dank für alles. Für das Frühstück und dafür, dass Sie mir zugehört haben. Natürlich wäre es wundervoll, Benjo wieder zum Freund zu haben. Aber dass ich kein glückliches und erfülltes Leben führe, liegt nicht daran, dass ich Timo geküsst habe. Es liegt an mir. Weil ich bin, wie ich bin." Ich sah die alte Dame an, die meinen Blick betroffen erwiderte. „Ich könnte ja rausgehen und Leute treffen. Ich könnte flirten, Freundschaften schließen, verreisen – Männer kennenlernen, von denen sich vielleicht einer als der Richtige entpuppt. Aber die Wahrheit ist, dass ich ein Feigling bin. Ich habe Angst, dass ich noch einmal an jemanden wie Gregor gerate." Ich schob meinen Stuhl zurück. „Jetzt schauen Sie bitte nicht so, im Moment bin ich einfach nicht so weit, um der Liebe noch eine Chance zu geben."

## Vier

Der Schnee knirschte unter meinen Schritten, als ich mich zu Fuß auf den Weg nach Hause machte. Die Luft war kalt und klar, und die Umgebung ringsherum hatte ihre scharfen Konturen verloren. Mein Kopf fühlte sich seltsam schwer an. Obwohl ich mich erst vor fünf Minuten verabschiedet hatte, kam mir die Zeit, die ich mit der alten Dame und ihren Freundinnen verbracht hatte, schon jetzt unendlich weit weg vor.

Mit der Hand in der Tasche tastete ich nach dem Zettel, auf den mir die alte Dame ihre Anschrift und Telefonnummer aufgeschrieben hatte. „Sie sind jederzeit willkommen", hatte sie mir zugeflüstert, als sie mich zum Abschied umarmt hatte. Meine Finger glitten über das Papier, als wollte ich mich vergewissern, dass ich das Ganze nicht nur geträumt hatte.

Mein Handy begann zu vibrieren. Ich zog es heraus und starrte auf das Display. Ich atmete tief durch, bevor ich das Gespräch entgegennahm.

„Warum gehst du nicht ans Telefon?" Die Stimme meiner Mutter klang wie immer ungehalten.

„Ich habe es nicht gehört, ich mache einen Spaziergang. Was gibt es denn? Ist etwas mit Vater?"

„Darf ich nur mit meiner Tochter telefonieren, wenn einer von uns im Sterben liegt?"

„Nein", antwortete ich ruhig, „natürlich nicht."

„Gut. Ich wollte mich nur erkundigen, wann du heute kommst?"

Verblüfft schwieg ich einen Moment. „Waren wir verabredet?"

„Nein", sagte sie mit schnippischem Tonfall, „wir geben nur unseren Adventsempfang. Wie jedes Jahr."

Ich schloss die Augen. Der Adventsempfang meiner Eltern war ein gesellschaftliches Ereignis in Grunewald. Ich hasste ihn wie die Pest.

„Ich komme nicht. Tut mir leid, dass ich dir nicht eher Bescheid gesagt habe." Ich versuchte gar nicht erst, eine Ausrede zu erfinden, denn ich wusste, dass meine Mutter meine Entschuldigung nicht einmal dann akzeptieren würde, wenn ich sie mit dem Kopf unter dem Arm vortrug.

„Schön", sagte meine Mutter verdächtig gelassen, „dann erklärst du das aber bitte Louise. Ich hole sie dir eben ans Telefon."

„Louise ist bei euch?", stotterte ich in den Hörer.

„Überraschung!", tönte eine fröhliche Stimme aus der Leitung. „Was habe ich da gerade gehört? Du willst nicht kommen? Du brichst deiner Mutter das Herz!"

„Welches Herz?", fragte ich und grinste. Es tat so gut, ihre Stimme zu hören. Ich hatte mich nicht mehr bei ihr gemeldet, obwohl ich es versprochen hatte, und was tat sie? Ließ alles stehen und liegen und kam nach Berlin.

Louise kicherte. „Das habe ich nicht gehört, du freches Kind. Also, wann kommst du?"

Ich sah auf meine Uhr. „Gib mir eine Stunde."

UM PUNKT DREIZEHN UHR bog ich mit dem Auto in die breite Auffahrt ein, die zum Anwesen meiner Eltern führte. Ich stieg aus und betrachtete einen Moment lang das Haus. Eine Freitreppe aus Sandstein führte zum Eingangsbereich, der von vier mächtigen Säulen gestützt wurde. Darüber, mit dem repräsentativen Balkon, lag das Arbeitszimmer meines Vaters, das ich als Kind nur hatte betreten dürfen, wenn ich mein Zeugnis präsentieren musste oder eine Strafpredigt zu erwarten hatte. Unbehaglich blickte ich zu den Holzfenstern mit den Sprossenverglasungen hoch und atmete ein letztes Mal tief durch. Dann schritt ich entschlossen die Stufen hinauf und klingelte.

Im nächsten Moment fand ich mich in Louises vertrauter, nach Kindheit duftender Umarmung wieder. Nachdem wir ein paar Sekunden einfach nur dagestanden und die Nähe der anderen genossen hatten, machte sie sich los und schob mich eine Armlänge von sich weg.

„Lass dich anschauen, Kleines. Wie lange ist das jetzt her?" Ohne auf meine Antwort zu warten, fasste Luise mich am Arm und zog mich durch die Eingangshalle in den Salon. „Deine Mutter musste noch mal weg. Irgendetwas ist mit der Blumenlieferung schiefgelaufen. Und dein Vater hat noch einen Termin. Er kommt erst kurz bevor die Gäste eintreffen." Sie stupste mich in die Seite. „Komm, lass uns ins Kaminzimmer gehen."

NACH EINER STUNDE war es so, als wären Louise und ich nie getrennt gewesen. Obwohl es erst früher Nachmittag war, hatten wir zur Feier unseres Wiedersehens eine Flasche Champagner geöffnet und es uns auf dem Sofa gemütlich gemacht. Zwischen uns stand eine Silberplatte mit winzigen Sandwiches, belegt mit kaltem Roastbeef und Thunfischcreme, die wir aus der Küche stibitzt hatten.

„Wie geht es deinen Schützlingen?", erkundigte ich mich.

„Sehr gut!" Louise lachte. „Die Zwillinge kommen im Sommer in die Schule. Ich hatte mich schon darauf gefreut, dass es jetzt ein bisschen ruhiger wird, schließlich bin ich auch nicht mehr die Jüngste. Aber weit gefehlt, Frau Martin ist wieder schwanger." Sie zuckte vergnügt mit den Schultern.

Lächelnd sah ich sie an. Louise war zweiundfünfzig, und abgesehen davon, dass sie keinen Tag älter aussah als vierzig, hatte sie die Energie einer Achtzehnjährigen. Die brauchte man vermutlich auch, wenn man als Kindermädchen bei den Martins arbeitete. Louise hatte mir die Familie schon häufiger als liebenswert, aber absolut chaotisch beschrieben.

„Dir gefällt es in Zürich, habe ich recht?"

„Die Stadt ist wundervoll. Alles ist so gepflegt, und die Berge direkt vor der Haustür sind toll. Ich finde es nur schade, dass wir beide uns so selten sehen." Sie musterte mich aufmerksam. „Du hast abgenommen, nicht wahr? Wie viel wiegst du? Noch zweistellig?"

Ich griff nach einem Kissen und warf es in ihre Richtung. Sie fing es mit einer geschickten Handbewegung auf und grinste. „Okay, ich habe verstanden. Reden wir über etwas anderes. Was machen die Männer?"

Ich verdrehte die Augen. „Und bei dir?"

„Dasselbe." Sie seufzte. „Aber ich gebe die Hoffnung nicht auf. Irgendwann wird dir die Gabe unsere Traumprinzen zeigen, und dann werden wir glücklich sein bis zum Ende unseres Lebens." Louise hatte den Satz ohne rechte Überzeugung geäußert. Zum einen, weil sie, wie ich insgeheim vermutete, ganz zufrieden war mit ihrem Singledasein. Zum anderen, weil sie mich seit meiner Geburt kannte und mit jedem Jahr, das verstrich, stärker zu der Überzeugung gelangte, dass wir uns zu nahe standen, als dass die Gabe bei ihr wirken konnte. Genau wie bei Benjo, schoss es mir durch den Kopf. Auch von seiner Liebe hatte ich nie ein Bild gesehen … Unwillkürlich musste ich an das denken, was die alte Dame zu mir gesagt hatte. *Haben Sie mal darüber nachgedacht, dass es der Kuss war, der den Stein ins Rollen brachte? Weil er dem Falschen galt? Weil er den Richtigen vertrieben hat?*

„Glaubst du, dass sich das Schicksal aufhalten lässt?", fragte ich nachdenklich. „Von einem einzigen unbedachten Moment?"

Louise sah mich aufmerksam an. „Warum fragst du das?"

Ich nahm einen Schluck Champagner und begann von meiner Begegnung mit der alten Dame zu berichten. Louises Augen wurden größer und größer. Als ich geendet hatte, schaute sie mich mit offenem Mund an.

„Ich fasse noch mal zusammen. Du bist gestern mit einer wildfremden alten Dame mitten in der Nacht durch Charlottenburg gelaufen, hast ihr deine intimsten Geheimnisse erzählt, bist in das Wiedersehen mit ihren Schulfreundinnen geplatzt, die jetzt auch alles über dich wissen, und heute Morgen hast du mit ihnen gefrühstückt? Ernsthaft?"

Verlegen zuckte ich mit den Schultern.

Louise fing an zu lachen. „Wer bist du, und was hast du mit meiner Anna gemacht? Ich meine, es gibt niemanden auf dieser Welt, der zurückhaltender ist als du. Das alles sieht dir so überhaupt nicht ähnlich." Auf einmal schien ihr ein Gedanke zu kommen. Sie wurde schlagartig ernst. „Es ist wegen Gregor, stimmt's? Du bist immer noch nicht über ihn hinweg." Sie griff nach meiner Hand.

Ich drückte kurz ihre Finger, bevor ich meine Hand zurückzog. „Das ist es nicht. Bis gestern hatte ich überhaupt nicht das Bedürfnis, über Gregor zu reden. Oder über Benjo und Timo. Es ist einfach so passiert." Ich zog meine Knie an die Brust und umschlang sie mit den Armen. „Aber darum geht es auch gar nicht", fuhr ich fort. „Was ist mit dem, was die alte Dame gesagt hat? Über Benjo und mich? Hältst du das für möglich?"

„Du meinst, dass du nur allein bist, weil du nicht mit *ihm* zusammen bist?"
Ich nickte.
Louise sah mich lange an. „Hältst du es denn für möglich?"
„Ich? Nein."
„Siehst du. Dann ist es müßig, darüber zu reden." Sie sah auf ihre Armbanduhr. „Ich fürchte, deine Mutter kommt jeden Moment zurück. Sie bringt uns um, wenn sie uns hier entdeckt. Angeschickert und ohne eine sinnvolle Aufgabe." Sie erhob sich. „Komm, wir holen uns noch eine Flasche Champagner und gehen nach oben."

KICHERND schlichen wir die Treppe hinauf, wo am Ende der Galerie mein altes Kinderzimmer lag. Wir legten uns auf das Himmelbett und schauten hinauf zu der Decke mit den schweren Holzbalken.

So fand uns schließlich meine Mutter, als sie ohne anzuklopfen den Raum betrat. „Hier seid ihr." Sie schüttelte missbilligend den Kopf. „Wann wolltest du deiner Mutter Guten Tag sagen?"

Ich unterdrückte ein Stöhnen, kletterte aus dem Bett und ging zu ihr. Sie hielt mir ihr Gesicht hin, und ich drückte pflichtschuldig einen Kuss auf ihre kühle Wange. Sie hob eine Augenbraue. „Hast du etwas getrunken?"

Ich machte eine Geste mit Daumen und Zeigefinger. „Nur ein klitzekleines bisschen."

Hinter meinem Rücken erklang ein Glucksen, das augenblicklich in ein schlecht getarntes Hüsteln überging. Meine Mutter warf mir einen strengen Blick zu. „Ich möchte, dass du in zehn Minuten unten bist." Ihre Augen fixierten meinen cremefarbenen Rollkragenpullover und die mokkabraunen Jeans. „Und zieh dir etwas anderes an."

EINE VIERTELSTUNDE SPÄTER stand ich neben meinen Eltern in der Eingangshalle, um die Gäste in Empfang zu nehmen. Die Begrüßung zwischen meinem Vater und mir war gewohnt unterkühlt ausgefallen. Wir hatten nie ein gutes Verhältnis gehabt, aber nach der Sache mit Gregor hatten wir uns so weit voneinander entfernt, dass wir genauso gut auf zwei unterschiedlichen Planeten hätten leben können. Ich war damals davon ausgegangen, dass mein Vater ihm kündigen würde, doch er hatte sich geweigert. Gregor sei zu wichtig für die Bank, hatte er gesagt. Eine Entscheidung, die ich ihm bis heute nicht verziehen hatte. Doch wie sich zeigte, besaß Gregor noch ein letztes bisschen Restanstand und kündigte von sich aus. Welche Ironie des Schicksals. Hätte er mir nicht die unsterbliche Liebe vorgegaukelt, hätte ihn Vater vermutlich längst zu seinem Nachfolger ernannt …

„Hallo Anna, wie schön, dich zu sehen. Geht es dir gut?" Vor mir stand Rosalie, Benjos Mutter, und strahlte mich an. Ich nickte stumm. Ich hatte vergessen, dass seine Eltern auch da sein würden.

Benjos Vater gab mir die Hand und klopfte mir mit der anderen auf den Rücken. „Geben sie dir nicht genug zu essen, Mädchen?", raunte er in mein Ohr, und ich lächelte gequält.

Nachdem die Gäste vollständig eingetroffen waren, folgte ich meinen Eltern in den Salon. In der Ecke neben dem prächtigen Weihnachtsbaum war ein Flügel aufgestellt. Attraktive junge Frauen mit Tabletts in den Händen wuselten zwischen den Gästen umher und boten Champagner und kleine Häppchen an. Ich nahm mir ein Glas Wasser und gesellte mich zu Louise an einen der weiß eingedeckten Stehtische. Mein Vater hielt eine kurze Rede, meine Mutter sagte ein paar Dankesworte, und das Büfett war eröffnet.

„Da drüben sind die Strothmanns. Ich sollte ein paar Worte mit ihnen wechseln. Kommst du mit?" Louise sah mich fragend an.

Ich winkte ab. „Nein, geh du nur, ich warte hier auf dich."

Louise nickte und schlenderte zu dem Ehepaar, dessen Kinder sie aufgezogen hatte, nachdem ich mit vierzehn aufs Internat gegangen war und ihre Fürsorge nicht länger benötigt hatte. Mein Blick wanderte durch den Raum. Überall standen die Gäste in kleinen Grüppchen zusammen, unterhielten sich und lachten. Auf einmal fühlte ich mich sehr allein. Ich nahm noch einen Schluck Wasser und schloss die Augen. Als ich sie wieder öffnete, stand meine Mutter neben mir. Sie musterte mich mit vorwurfsvoller Miene. „Hatten wir nicht vereinbart, dass du dich umziehst?"

„Ich …"

Mutter hob abwehrend die Hand. „Schon gut, ich will nichts hören. Wir haben jetzt Wichtigeres zu besprechen. Margrit hat nach dir gefragt. Du weißt schon, Margrit Bechtel, meine Bridgefreundin." Sie warf einen Blick über ihre Schultern, als wollte sie sichergehen, dass uns niemand belauschte. „Sie würde sich gern mit dir unterhalten. Ihr Mann ist vor zwei Jahren gestorben, ihre Kinder leben im Ausland, und sie ... nun ja, sie fühlt sich einsam. Sei so nett und rede mit ihr."

Verdattert sah ich sie an. Gewöhnlich zog meine Mutter es vor, meinen Beruf mit keiner Silbe zu erwähnen. In ihren Augen haftete ihm etwas Anrüchiges an. Dass ausgerechnet sie mich bat, einer Freundin zu helfen, kam einer Revolution gleich.

„Wann denn ... jetzt?", stotterte ich.

„Wann denn sonst?", versetzte meine Mutter. „Sie wartet in der Eingangshalle auf dich."

Beim Gehen bemerkte ich, dass mein Schwips stärker war, als ich gedacht hatte. Der Boden unter meinen Füßen schwankte, als ich die Eingangshalle betrat. Frau Bechtel lehnte am Treppengeländer und wirkte sichtlich nervös. Sie war eine der wenigen Bekannten meiner Mutter, die ich mochte. Deswegen, und weil Mutter mir sonst bis zum Sankt-Nimmerleins-Tag in den Ohren gelegen hätte, entschuldigte ich mich in Gedanken bei Sabine und gab ihr für Anfang Januar einen Termin. Frau Bechtel schüttelte mir überschwänglich die Hand und eilte zurück in den Salon.

Ich sank auf die Treppenstufe. Mir war schwindlig, und ich hatte keine Lust, länger zu bleiben. Warum hatte ich nur so viel getrunken? Jetzt blieb mir nichts anderes übrig, als meinen Wagen stehen zu lassen und mit dem Taxi nach Hause zu fahren. Mühsam erhob ich mich, als es an der Tür klingelte. Mein Blick huschte zu der Flügeltür, doch niemand machte Anstalten hindurchzukommen, um den Neuankömmling in Empfang zu nehmen. Seufzend ging ich zum Eingang und drückte die schwere Klinke hinunter.

Mit einem dramatischen Knirschen schwang die Tür auf, und plötzlich blieb die Zeit stehen. Mein Herz hörte auf zu schlagen. In meinen Ohren begann es zu rauschen, und ich bekam keine Luft mehr. Und dann knickten meine Beine unter mir ein.

„Vorsicht!" Benjo erwachte als Erster aus seiner Erstarrung und griff nach meinem Arm, um mich zu stützen. Sprachlos starrte ich ihn an.

„Geht's wieder?", fragte er, und als ich hilflos nickte, ließ er meinen Arm los. Er steckte die Hände in die Taschen seiner Jacke und trat von einem Bein aufs andere. Die Situation schien ihn genauso zu überfordern wie mich. Er sah aus wie damals und doch wieder nicht. Er war größer, und, soweit ich das unter seiner Winterjacke erkennen konnte, nicht so schlaksig wie früher. Seine Haare waren unter einer grauen Wollmütze verborgen, und ich fragte mich, ob sie noch genauso hellblond und zerzaust aussahen.

„Darf ich reinkommen?", riss mich Benjo aus meinen Gedanken. „Hier draußen ist es saukalt."

Ich spürte, wie ich rot wurde, und trat einen Schritt zurück, damit er eintreten konnte. „Was machst du hier?", brachte ich schließlich hervor.

„Ich wollte nur schnell den Schlüssel von meinen Eltern holen." Er wies mit dem Daumen hinter sich. „Ich bin gerade erst gelandet."

Wieder starrte ich ihn an.

„Könntest du vielleicht …?" Benjo lächelte verkrampft. Seine schweren Stiefel hinterließen schmutzige Pfützen auf dem Parkett.

„Was? Ach so, natürlich. Ich sag deinen Eltern Bescheid, dass du da bist."

„Danke", sagte Benjo erleichtert. „Eigentlich wollte mir meine Mutter den Schlüssel rausbringen. Keine Ahnung, wo sie steckt."

Ich schluckte schwer. Die Botschaft war klar. Er konnte mich nicht mehr so einfach ignorieren, wie er es früher getan hatte. Auflegen, wenn ich anrief, oder die Straßenseite wechseln, wenn wir uns zufällig begegneten. Wir waren erwachsen, die Spielregeln hatten sich geändert, doch begegnen wollte er mir immer noch nicht.

„Dann … gehe ich mal." Heilfroh, der Situation entkommen zu können, drehte ich mich um. In dem Moment öffnete sich die Flügeltür, und mein Vater kam mit festen Schritten auf uns zu.

„Benedikt!", dröhnte seine Stimme durch den Raum. „Deine Mutter hat mir gesagt, dass du zurück bist. Warum hast du denn deine Jacke noch an?"

Benjo hob abwehrend die Arme. „Das ist nett von Ihnen, Herr Kronenberg, aber ich will nur den Schlüssel holen und ins Bett. Ich bin seit dreißig Stunden auf den Beinen."

„Papperlapapp. Du kommst mit rein und isst etwas. Schlafen kannst du immer noch." Und bevor Benjo etwas entgegnen konnte, wandte sich mein Vater um und setzte sich mit der Selbstsicherheit eines Mannes, dem niemand etwas abzuschlagen wagte, in Bewegung. „Anna, du kümmerst dich darum, dass der Junge etwas in den Magen bekommt", warf er mir zu.

Ungläubig starrte ich ihm hinterher. Konnte es sein, dass er nicht mitbekommen hatte, dass Benjo und ich keine Freunde mehr waren?

„Na, dann komm", sagte ich. „Wir wollen ja nicht, dass du verhungerst."

Benjo warf mir einen gequälten Seitenblick zu. Ein Gutes hatte sein Auftauchen wenigstens. Es hatte mich schlagartig wieder nüchtern gemacht.

Seite an Seite betraten wir den Salon. Bildete ich es mir ein, oder verstummten die Gespräche für einige Sekunden?

„Da bist du ja endlich, mein Schatz!" Benjos Mutter Rosalie eilte mit einem glücklichen Lächeln auf ihn zu. Dicht gefolgt von seinem Vater, der sich ebenfalls sichtlich freute, ihn zu sehen.

„Ich weiß, ich wollte dir den Ersatzschlüssel eigentlich hinausbringen, aber dann habe ich die Zeit vergessen", entschuldigte sich Rosalie bei ihrem Sohn. „Jetzt setz doch mal deine Mütze ab und lass dich anschauen."

Mit einem verlegenen Grinsen zog sich Benjo die Mütze vom Kopf. Der Anblick versetzte mir einen Stich. Seine Haare *waren* noch genauso weizenblond wie früher ... und ebenso zerzaust. Ich sah woandershin. Dabei begegnete ich Louises Blick, die mich quer durch den Raum anstarrte. Als sie bemerkte, dass ich ihren Blick erwiderte, machte sie eine fragende Geste mit den Händen. Ich zuckte mit den Schultern. Später.

Mein Vater gesellte sich zu uns. „Der Junge wollte sofort wieder los. Das konnte ich natürlich nicht zulassen. Was sollen wir sonst mit den ganzen Sachen anstellen?" Er wies auf das Büfett, von dem noch immer genug da war, um ein ganzes Fußballstadion durchzufüttern. Es gab Hummer und Garnelen, Rinderfilet und kaltes Roastbeef, kleine Häppchen mit Fleisch, Fisch oder vegetarisch, in silbernen Löffeln angerichtet, dazu unzählige verschiedene Salate, Backwaren und raffinierte Süßspeisen.

„Ich wollte gerade hingehen", sagte ich in Richtung meines Vaters, bevor er seine Aufforderung, Benjo etwas zu essen zu holen, vor dessen Eltern wiederholen konnte.

„Ich komme mit", erklärte Benjo zu meiner Überraschung. Zusammen begaben wir uns zum Büfett und häuften uns von allem ein bisschen auf die Teller. „Schau mal, wollen wir uns da drüben hinsetzen?" Ich nickte.

Die Situation wurde immer skurriler. Benjo hatte damals den Kontakt zu mir abgebrochen. Nicht schleichend, sondern von einer Sekunde auf die nächste und mit einer grausamen Entschlossenheit, die ich niemals für möglich gehalten hätte. Wochenlang hatte ich gelitten wie ein Hund. Es war erst besser geworden, als ich aufs Internat gewechselt hatte. Und jetzt tat er so, als wäre nichts gewesen, saß neben mir auf dem Sofa und verschlang sein Essen mit einem Appetit, als wäre es seit Tagen die erste Mahlzeit.

„Hast du im Flugzeug nichts bekommen?", fragte ich in einem so verletzten Tonfall, dass ich vor Schreck zusammenzuckte.

Benjo ließ die Gabel sinken und wandte sich mir zu. „Hör mal, Anna, für mich ist die Situation auch nicht leicht." Er sah auf seine Hände. „Ich habe mich damals ziemlich kindisch verhalten. Ich war wütend und verletzt, aber ich hätte mit dir *reden* müssen." Er sah auf. „Als ich dann endlich so weit war, das zu begreifen, warst du verschwunden. Nicht einmal in den Ferien habe ich dich gesehen."

Täuschte ich mich, oder schwang in seiner Stimme ein leiser Vorwurf mit?

„Ich habe Freunde besucht", sagte ich tonlos. Oder hatte die Ferien im

Internat verbracht. Warum hätte ich auch nach Hause kommen sollen, wenn niemand da war, der sich darüber gefreut hätte?

Benjo nickte. „Hör zu, mir ist klar, dass der Augenblick hierfür längst vorbei ist, aber ich möchte trotzdem, dass du weißt, dass ... es mir leidtut."

Mir versagte die Stimme. „Es tut *dir* leid?", fragte ich heiser.

„Ich kann dir nicht sagen, wie sehr", sagte Benjo.

Ich blickte auf meinen Teller. Krampfhaft versuchte ich die Tränen zurückzuhalten. Plötzlich war ich wieder das vierzehnjährige Mädchen, das sich nichts sehnlicher wünschte, als dass sein bester Freund sich wieder mit ihm vertrug. „Mir tut es auch leid", flüsterte ich.

Aus den Augenwinkeln konnte ich sehen, dass Benjo lächelte.

Es war geradezu lächerlich, wie mühelos wir zu unserem alten Geplänkel und den alten Neckereien zurückfanden. Stunden später ließ ich meinen Blick durch den Raum schweifen. Ich war so vertieft in meine Unterhaltung mit Benjo gewesen, dass ich gar nicht mitbekommen hatte, wie sich der Empfang nach und nach aufgelöst hatte.

„Wo sind denn deine Eltern?", fragte ich verwundert. Meine waren ebenfalls verschwunden. Benjo zog einen Schlüssel aus seiner Hosentasche. „Sind gegangen, als du Nachtisch geholt hast. Den Ersatzschlüssel haben sie mir hiergelassen. Damit ich sie später nicht aufwecken muss."

Ich lächelte. Seine Eltern waren also schon seit einer halben Ewigkeit weg, und er war lieber bei mir geblieben. „Und meine Eltern?"

„Die haben soeben die letzten Gäste verabschiedet", tönte Mutters Stimme von der Tür. „Was ist mit euch beiden, seid ihr hier festgewachsen?"

Ich unterdrückte den Impuls, die Augen zu verdrehen. Meine Eltern wirkten viel nahbarer, sobald Benjo in der Nähe war. Das war schon so gewesen, als wir noch Kinder gewesen waren. Meine Mutter fing sogar an zu scherzen. Ich erinnerte mich, dass Benjo diese Wirkung auf viele Menschen hatte, aber dass meine stocksteifen Eltern dazugehörten, hatte mich immer verblüfft.

Benjo sprang auf und griff nach seiner Jacke, die er achtlos über die Sofalehne geworfen hatte. Jedem anderen hätte meine Mutter hierfür das Fell über die Ohren gezogen, aber bei Benjo machte sie eine Ausnahme.

„Vielen Dank für den netten Abend, Frau Kronenberg. Herr Kronenberg." Er gab meinen Eltern die Hand. „Das war eine tolle Feier."

Mutter lächelte. „Wir danken dir, dass du da warst." Sie legte mir eine schmale Hand auf die Schulter. „Anna bringt dich noch zur Tür."

„Wir danken dir, dass du da warst", flötete ich in sein Ohr, als wir die Eingangshalle erreicht hatten.

„Nicht so frech, Murmel." Er drehte mich zu sich, sodass ich ihm in die Augen sehen musste. Mein Mund war mit einem Mal ganz trocken. *Murmel*, das war sein Spitzname für mich gewesen. Damals, als wir noch Kinder und beste Freunde gewesen waren.

„Ich gebe mir Mühe, Benjo", stotterte ich.

„*Benjo …* " Er sah mich nachdenklich an. „Weißt du, dass mich seit einer Ewigkeit niemand mehr so genannt hat?" Er räusperte sich. „Ja, dann. Es war schön, dich wiederzusehen."

„Das fand ich auch."

Verlegen lächelten wir einander an. Ich streckte ihm meine Hand entgegen, doch Benjo ignorierte sie und zog mich stattdessen in eine Umarmung. Ich schnappte nach Luft. Er roch so vertraut … *nach Sonne und Regen und frischer Wäsche, die im Wind trocknete.*

„Also dann", murmelte ich nach einer Weile und machte mich los.

Benjo nickte. „Also dann." Er drehte sich um und öffnete die Tür. Eiskalte Luft strömte herein. Auf der Schwelle zögerte er. Schließlich wandte er sich noch einmal um. „Anna, bitte sag mir, wenn du das nicht möchtest, aber ich würde dich gern wiedersehen. Wir könnten essen gehen. Reden. Den Schlüssel der Wagners unter der Fußmatte austauschen. So was in der Art."

Mein Mund verzog sich wie von selbst zu einem Lächeln. „Wie könnte ich diesen Aussichten widerstehen?"

## *Fünf*

„Ich will alles wissen. Jedes Detail." Louise und ich saßen uns in der „Stulle" gegenüber, einem entzückenden kleinen Café in der Carmerstraße.

Ich nahm einen Schluck von meinem Milchkaffee. „Da gibt es nichts zu erzählen. Wie es aussieht, haben wir uns wieder vertragen." Ich unterdrückte ein Lächeln. Ich wollte nicht gar so offensichtlich zeigen, wie sehr ich mich darüber freute.

„Also seid ihr jetzt wieder Freunde?" Louise hatte ihre Ellenbogen auf dem Tisch aufgestützt und das Kinn auf ihre gefalteten Hände gelegt.

„So weit würde ich nicht gehen. Aber wir reden miteinander." Ich schnitt ein Stück von meinem warmen Haferflockenbrot ab, das üppig mit Kräuterquark, Rührei, Salsiccia, Feta und jungem Spinat belegt war. Einer ungewöhnlichen Kombination, die absolut köstlich schmeckte.

Louise ließ nicht locker. „Findest du nicht, dass das alles ein ziemlich großer Zufall ist? Erst die alte Dame und dann Benjo." Sie begann in ihrem

Müsli zu rühren. „Zwanzig Jahre lang habt ihr keinen Kontakt. Dann kommt die alte Dame, erzählt etwas von dir und Benjo, und peng – steht er vor deiner Tür." Sie beugte sich zu mir herüber. „Fast wie im Märchen."

Ich lachte. „Seit wann glaubst du an Märchen?"

„Du glaubst also nicht, dass da was dran sein könnte?", fragte Louise.

„Du meinst an der Theorie, dass Benjo der Mann meines Lebens ist?" Ich schnitt ein weiteres Stück von meinem Brot ab. „Nein. Ich habe gestern jede Sekunde genossen. Aber die Vorstellung, Benjo zu küssen ..." Ich schüttelte den Kopf. „Das wäre so, als würde ich meinen Bruder küssen."

Louise sah mich einen Augenblick skeptisch an, dann zuckte sie mit den Schultern und griff nach ihrem Orangensaft.

NACH DEM FRÜHSTÜCK begleitete ich sie mit der Buslinie 109 zum Flughafen Tegel. „Es ist so schön, dich wieder lächeln zu sehen", sagte sie zum Abschied. Sie drückte mich an sich, und ich winkte ihr zu, bis sie durch den Eingang zur Sicherheitskontrolle verschwunden war.

Draußen vor der Tür blieb ich einen Moment stehen und atmete die kalte, klare Luft ein. Der Tag war genauso schön wie gestern, mit einem strahlend blauen Himmel, an dem keine Wolke zu sehen war. Ich überlegte, ob ich Sabine anrufen sollte. Seit der Trennung von Gregor hatte sie mich ein paarmal gefragt, ob ich etwas mit ihr unternehmen wollte, doch ich hatte immer abgeblockt. Während ich unschlüssig auf mein Handy blickte, kündigte ein Piepen den Eingang einer neuen Nachricht an.

*Du entscheidest: Den Hausschlüssel der Wagners austauschen oder ein Spaziergang im Britzer Garten und danach essen?*

Ich grinste und begann zu tippen. *Erst Spaziergang, dann essen, dann Schlüssel.*

Es piepte erneut. *Wann und wo?*

Ich sah auf meine Uhr. *Um 15 Uhr am Eingang Mohriner Allee?*

*Ich sehe dich als Erster.*


„DAS SCHAF HAT MICH GEBISSEN." Mit vorwurfsvoller Miene streckte mir Benjo seinen Zeigefinger entgegen.

Ich warf einen prüfenden Blick darauf, konnte jedoch nichts erkennen. „Vielleicht solltest du deine Hände zur Abwechslung mal waschen. Sie haben die gleiche Farbe wie das Tierfutter."

„Na warte ..." Benjo griff sich ein Stück aus seiner Schachtel und bewarf mich damit. Kreischend ergriff ich die Flucht. Doch ich kam nicht weit. Nach wenigen Metern hatte er mich eingeholt. „Hab ich dich!", rief er lachend und schlang von hinten seine Arme um mich, wie er es früher so oft getan hatte. Einen Moment lang verharrte ich wie erstarrt. Dann lockerte sich sein Griff, und ich drehte mich langsam zu ihm um. Unsere Blicke trafen sich, und seine Miene wurde ernst. Auf einmal schien ihm bewusst zu werden, dass er mich noch immer in seinen Armen hielt. Abrupt ließ er mich los und vergrub die Hände in den Taschen seiner Jacke. „Ist das kalt", murmelte er. „Komm, wir gehen weiter." Ohne mich noch einmal anzusehen, setzte er sich wieder in Bewegung.

Ich blinzelte ein paarmal, dann schloss ich zu ihm auf. Einige Sekunden lang stapften wir schweigend nebeneinander durch den Schnee. Die Hände immer noch in den Taschen und den Blick unverwandt geradeaus gerichtet, versetzte mir Benjo einen Stups mit der Seite. Ich brauchte einen kurzen Moment, dann stupste ich zurück. Etwas kräftiger, als er es getan hatte. Aus den Augenwinkeln sah ich ihn lächeln.

Wir durchquerten den Rhododendronhain, wo der Pfad so schmal war, dass wir hintereinander laufen mussten, und erreichten schließlich den Weg, der einmal um das Wasser herumführte, sich aber über Brücken und Stege verkürzen ließ. Ich war noch ganz klein gewesen, als der Britzer Garten für die Bundesgartenschau angelegt worden war. Mit seiner Seenlandschaft, seinen Bachläufen und Quellen, seinen weitläufigen Wiesen, den Blumenhainen und Themengärten gehörte er für mich zu den schönsten Parkanlagen in Berlin. War er bis in den Spätsommer und Herbst hinein ein leuchtendes Farbenmeer, so verwandelte er sich mit dem ersten Schnee in eine weiß glitzernde Märchenlandschaft.

„Schade, dass die Parkbahn im Winter nicht fährt", sagte Benjo unvermittelt. „Weißt du noch, früher? Wir haben immer ganz hinten gesessen und gespielt, wir wären Forscher. Auf Expedition in Gebieten, die noch nie ein Mensch vor uns betreten hatte." Er lächelte verschmitzt.

Ich hob eine Augenbraue. „Dann hast du kein Bahnverbot mehr?"

Benjo warf mir einen überraschten Blick zu. „Das ist hundert Jahre her, Murmel. Welcher Mensch ist denn so nachtragend?" Sein Lächeln vertiefte sich. „Außerdem ist der Lokführer bestimmt nicht mehr im Dienst. Er war doch damals schon uralt."

„Das kam uns nur so vor." Ich grinste, als ich daran dachte, wie sein gepflegter Schnauzbart vor Empörung gezittert hatte. „Sich so aufzuregen, nur weil du *auf* dem Dach gefahren bist …"

SPÄTER saßen wir nebeneinander auf der Schaukel. Die Ketten quietschten leise, während wir sachte vor- und zurückpendelten. Noch glühte die Sonne als orangefarbener Feuerball am Himmel, doch die Dämmerung setzte bereits ein. „Wann genau beginnt denn jetzt dein nächster Job?", fragte ich.

„Im Juni", antwortete Benjo.

Meine Wangen fingen vor Freude an zu brennen. „Und du bist noch so lange in Berlin?"

Er sah mich belustigt an. „Willst du mich loswerden?"

Ich schüttelte heftig den Kopf. „Nein, aber deine Mutter hatte mir erzählt, dass du nur ein paar Tage da seist. Über Weihnachten."

Benjo nickte. „So war es auch geplant. Aber dann hat sich der Zeitplan für den Auftrag verschoben."

Eine Weile schaukelten wir schweigend nebeneinanderher. „Wo wirst du wohnen?", fragte ich.

„Ich dachte, bei dir."

Ich schnappte nach Luft, und Benjo brach in lautes Lachen aus.

„Idiot!", murmelte ich lächelnd.

Benjo stieß sich mit den Füßen vom Boden ab. „Nein, ich wohne bei dem Vater eines Freundes, der mit seiner Verlobten auf Weltreise ist. Er hat ein Cottage hier ganz in der Nähe und ist heilfroh, dass jemand danach schaut, solange er weg ist. Morgen siedle ich um."

„Und was hast du vor?", fragte ich. „Sechs Monate sind eine lange Zeit."

Benjo sprang mit einem Satz von der Schaukel und landete federnd auf dem Boden. „Ich werde ein Buch schreiben."

„*Du?*" Verdattert starrte ich ihn an.

Benjo schmunzelte. „Ja, ich. Schon vergessen? Schreiben ist mein Beruf." Er hielt mir die Hand hin. „Komm, es wird gleich dunkel, und ich komme um vor Hunger."

Es war kurz nach sechs, als wir mit vor Kälte geröteten Wangen das „Neni" betraten. Das Restaurant lag im zehnten Stock und bot, zumindest im Hellen, einen atemberaubenden Blick über den Zoo. Bis auf einen kleinen Tisch am Fenster, an dem gerade ein Paar bezahlt hatte, waren alle Plätze belegt. Nachdem wir hoch und heilig versprochen hatten, bis um zwanzig Uhr fertig zu sein, durften wir bleiben. Wir bestellten Falafel und Rote Bete aus dem Ofen zur Vorspeise, den Jerusalem-Teller für Benjo und Burger mit Süßkartoffelpommes für mich und dazu eine Flasche Grauburgunder.

„Nun erzähl mal", sagte ich, nachdem ein lässiger junger Mann in Chinos und Jeanshemd die Getränke serviert hatte, „Was für ein Buch willst du schreiben?"

Benjo warf mir einen amüsierten Blick zu. „Es geht um Liebe." Für einen Moment sah er wieder aus wie vierzehn. „Jetzt bist du sprachlos, stimmt's?"

Ertappt zuckte ich mit den Schultern. „Ich gebe zu, ich hätte mit etwas gerechnet wie ‚1000 Dinge, die du besser nicht machen solltest – aber seit wann hörst du auf das, was deine Mutter dir sagt‘?" Ich kicherte.

Benjo lachte. „Du übertreibst. So schlimm bin ich nicht. Ich bin älter geworden. Vernünftiger." Er fuhr mit dem Zeigefinger durch die Flamme der Kerze.

„Es geht also um Liebe", nahm ich das Thema wieder auf, als die Vorspeisen vor uns hingestellt wurden.

Benjo führte die Gabel an den Mund und schloss für einen Moment genießerisch die Augen. „Das schmeckt fantastisch. Probier mal." Gespannt sah er zu, wie ich den ersten Bissen nahm. „Und?"

„Hervorragend!", sagte ich, und Benjo nickte zufrieden. Ich schluckte die rote Bete hinunter, die mit Räucherlachs, Schmand und Meerrettich angerichtet war, und nippte an meinem Wein. „Aber jetzt lass dir nicht alles aus der Nase ziehen. Erzähl mir von deinem Projekt."

„‚Projekt‘ ist ein bisschen hoch gegriffen. Bis jetzt ist es nur eine Idee." Seine Augen fixierten einen Punkt hinter meinem Kopf. „Weißt du, Anna, ich bin es leid, durch die Welt zu touren und in Zelten zu schlafen. Ich meine, ich bin vierunddreißig. Ich bin langsam zu alt dafür. Dass sich mein nächster Auftrag verschiebt, ist wie ein Wink des Schicksals. Wenn ich es jetzt nicht versuche, dann tue ich es womöglich nie." Er lehnte sich ein Stück zurück, damit der Kellner seinen Teller abräumen konnte.

„Und warum gerade ein Buch über die Liebe?", fragte ich neugierig. Als wir noch befreundet waren, hatte Benjo alles Mögliche im Kopf gehabt, aber sicher keine Mädchen.

„Das war nicht meine Idee." Er lachte leise. „Mein Verlag hat einen Wettbewerb ausgeschrieben. Wer die beste Kurzgeschichte über die Liebe einreicht, erhält den Auftrag für ein ganzes Buch." Er sah mich treuherzig an. „Tja, wie es aussieht, brauche ich jetzt nur noch eine gute Story. Und das ziemlich schnell, der Abgabetermin ist schon in zehn Tagen."

Während ich ihm zuhörte, kam mir der Anruf der Verlegerin in den Sinn, von der Sabine erzählt hatte. Die mich für ihr Buch gewinnen wollte. Noch mehr Liebesgeschichten … Der Markt schien wirklich groß zu sein. Aber wer wusste das besser als ich.

Der Kellner kam mit den Hauptspeisen an unseren Tisch. Während wir aßen, durchfuhr mich plötzlich ein Gedanke. Er war unerhört, absolut unmöglich, aber dennoch … Ich hob den Kopf und sah Benjo an. „Dir ist es ernst damit, oder? Mit der Schriftstellerei, meine ich?"

Benjo, der gerade sein Weinglas zum Mund führte, hielt inne. „Warum fragst du das?"

Ich winkte ab. „Nur so. Vielleicht, weil ich immer dachte, dass dir dein Job Spaß macht."

Er zuckte mit den Schultern. „Das war auch so. Und jetzt ist es eben anders." Er beugte sich zu mir herüber, bis seine Nase beinahe meine berührte. „Murmel?", fragte er leise.

„Ja?", fragte ich ein wenig atemlos.

Er grinste. „Darf ich deine Pommes aufessen?"

„Dann willst du den Schlüssel der Wagners heute nicht mehr vertauschen?" Benjo und ich standen auf dem Bürgersteig vor meiner Wohnung. Lächelnd schüttelte ich den Kopf. Ich musste allein sein, um in Ruhe nachzudenken.

„Was ist mit morgen?"

„Ich weiß nicht", sagte ich, in Gedanken meilenweit entfernt, „dafür müsste ich extra raus nach Grunewald. Und findest du nicht, dass wir inzwischen aus dem Alter raus sind?"

Benjo lachte laut auf. „Ich meine doch nicht den Schlüssel. Ich wollte wissen, ob wir uns morgen sehen."

*Oh.* „Zwei Abendessen bei Kerzenschein hintereinander? Ich weiß nicht, ob ich so viel Romantik verkrafte."

Benjo lächelte verschmitzt. „Um ehrlich zu sein, hatte ich gehofft, du könntest mir helfen, meine Sachen zu schleppen. Ich ziehe doch morgen um. Ich habe hier sonst nicht so viele Freunde."

*Freunde.* Ich ließ mir das Wort auf der Zunge zergehen.

„Okay", sagte ich und grinste wie ein Honigkuchenpferd.

Ist etwas mit Ihnen? Sie sind heute so anders."

Es war der nächste Morgen. Sabine saß neben mir in der Sitzecke in meinem Büro und schaute mich prüfend an.

„Nein, alles gut", sagte ich abwesend. „Sind wir fertig?"

Sabine nickte und klappte ihren Kalender zu. Mit einem letzten nachdenklichen Blick stand sie auf und ging zur Tür. „Sabine?", rief ich ihr hinterher.

Sie drehte sich zu mir um. „Ja?"

„Wie hieß noch mal der Verlag, der dieses Buch mit uns machen wollte?"

Sie blieb wie angewurzelt stehen. Ihre rechte Augenbraue schoss in die Höhe. „Milford & Behrends."

„Könnten Sie mir bitte die Nummer heraussuchen?"

Ich legte den Telefonhörer auf und lehnte mich zurück in meinen Sessel. Frau Richter hatte begeistert reagiert, als ich ihr sagte, dass ich es mir anders überlegt hätte. Sie hatte nicht nach den Gründen gefragt, sie wollte nur wissen, wie schnell ich vorbeikommen konnte, um den Vertrag zu unterschreiben und den Autor kennenzulernen, der meine Geschichten zu Papier bringen sollte. In Gedanken ließ ich das Gespräch Revue passieren.

„Ich muss den Autor nicht kennenlernen, Frau Richter. Ich kenne ihn bereits."

„Ich verstehe nicht …"

„Sagt Ihnen der Name Benedikt Kürten etwas?"

„Ein Benedikt Kürten ist bei uns unter Vertrag. Aber den werden Sie nicht meinen, der schreibt Reiseführer."

„Doch, den meine ich. Ich möchte, dass *er* das Buch schreibt."

Frau Richter schwieg einen Moment. „Hören Sie, wir haben hier jede Menge ausgezeichnete, sehr talentierte Autoren mit viel Erfahrung, die …"

„Es tut mir sehr leid, aber ich muss darauf bestehen. Entweder Herr Kürten schreibt das Buch, oder wir vergessen die Sache."

Am Ende hatten wir uns auf einen Kompromiss verständigt. Benjo sollte ein Exposé ausarbeiten und eine Leseprobe abliefern. War beides gut, würde er den Auftrag bekommen. Wenn nicht, würde ich mit einem Autor ihrer Wahl zusammenarbeiten. Das Angebot erschien mir fair – wer kaufte schon gern die Katze im Sack? Mithilfe meines Repertoires würde ich schon dafür sorgen, dass Benjos Geschichte alle Zweifler verstummen ließ. Und dann würde er das Buch schreiben und ein erfolgreicher Schriftsteller werden. Genau, wie er es sich erträumt hatte. Bei dem Gedanken an die freudige Überraschung auf seinem Gesicht wurde mir warm ums Herz.

Mit einem zufriedenen Lächeln drückte ich auf den Knopf der Freisprechanlage. „Sabine, verschieben Sie bitte sämtliche Termine. Sagen wir, ab übermorgen. Wir gehen dieses Jahr früher in die Weihnachtsferien."

Zehn Sekunden später stand Sabine vor meinem Schreibtisch. Ihre sonst so rosige Gesichtshaut war ungewöhnlich blass. „Ich will jetzt sofort wissen, was mit Ihnen los ist! Muss ich mir Sorgen machen? Sagen Sie mir, dass Sie nicht krank sind und sterben müssen."

Ich machte große Augen. „Ich bin nicht krank und muss nicht sterben."

Sabine atmete erleichtert aus. „Frau Kronenberg, seit Jahren liege ich Ihnen in den Ohren, dass Sie Urlaub machen sollen. Und jetzt, wo Sie es wirklich tun, weiß ich gar nicht, was ich sagen soll." Sie lächelte mich an. „Wo fahren Sie denn hin?"

„Oh, ich fahre nicht weg", sagte ich. „Ich helfe nur … einem Freund."

Das Cottage lag versteckt in einem kleinen Tal, umgeben von schneebedeckten Kiefern- und Eichenwäldern. Mit seinen verwitterten Steinmauern und der von Geißblatt überwucherten Tür schien es geradewegs aus den Cotswolds zu stammen. Aus dem Schornstein stieg Rauch in den Abendhimmel, und zwischen blau geblümten Vorhängen schimmerte weiches Licht hervor. Hier also würde Benjo die nächsten sechs Monate leben. Ich lächelte. Gab es einen wundervolleren Ort, um über die Liebe zu schreiben?

Zwei Stunden später hatte sich meine Euphorie beträchtlich gelegt. Während ich auf der gepolsterten Bank in der Küche saß und meinen schmerzenden Nacken rieb, fragte ich mich, warum ich nicht auf einem Umzugsunternehmen bestanden hatte. Ich warf Benjo einen vorwurfsvollen Blick zu. „Wie kommt es, dass du so viele Sachen hast, wenn du *nie* da bist?"

Benjo lachte. „Hättest du mir geholfen, wenn ich es dir gesagt hätte?"

Vorsichtig drehte ich den Kopf von links nach rechts, wobei mir ein leises Wimmern entfuhr.

„Jetzt komm schon, Anna, sei nicht böse. Möchtest du ein Glas Wein?" Ohne meine Antwort abzuwarten, holte er eine Flasche des australischen Shiraz, den wir zuvor kistenweise ins Haus geschleppt hatten.

Besänftigt von der Aussicht auf ein Glas Rotwein, ließ ich meinen Blick durch den Raum schweifen, der genauso heimelig wirkte wie alles, was ich bisher von dem Cottage gesehen hatte. Es gab einen Tisch aus Kiefernholz, an dem eine Großfamilie Platz gefunden hätte, einen altmodischen Gasherd, über dem gusseiserne Töpfe und Pfannen hingen, und eine Tür, die nach draußen in einen kleinen ummauerten Garten führte.

„Warst du schon einmal hier?", erkundigte ich mich, während ich beobachtete, wie sich Benjo mit schlafwandlerischer Sicherheit zwischen den Küchenschränken hin- und herbewegte und einen Flaschenöffner, zwei Weingläser und mehrere bunt glasierte Teller zum Vorschein brachte.

„Schon oft", warf er mir über die Schulter zu. „Das erste Mal, als Christian seinen achtzehnten Geburtstag gefeiert hat." Er lachte leise. „Siehst du das Brandloch in der Tischplatte? Das stammt von ihm."

Mit dem Zeigefinger tastete ich über die runde Kerbe. Jemand hatte sich mit einigem Geschick daran zu schaffen gemacht, doch die Vertiefung war immer noch deutlich sichtbar. Ich versuchte mir vorzustellen, wie meine Mutter reagiert hätte, wenn *ich* versehentlich ein Loch in *ihren* Küchentisch gebrannt hätte.

„Und? Hat er die Sache überlebt?", war alles, was mir dazu einfiel.

Benjo kam mit einem Tablett an den Tisch und grinste. „Das schon. Allerdings war es der letzte Geburtstag, den wir hier feiern durften. Hast du

Hunger?" Er stellte einen Teller mit Parmaschinken und getrüffelter Salami vor mich hin, dazu einen Korb mit knusprigem Baguette, gesalzene Butter und eine offene Flasche Olivenöl, aus der ein fruchtig-aromatischer Duft stieg, gefolgt von Schälchen mit Paprika, die mit Frischkäse gefüllt waren, eingelegten Champignons und getrockneten Tomaten. Erst jetzt wurde mir bewusst, dass ich seit Stunden nichts mehr gegessen hatte, und ich nickte so heftig, wie es mein geschundener Nacken zuließ.

Benjo hob mit einer feierlichen Geste sein Weinglas. „Auf dich, Anna! Schön, dass du da bist, und vielen Dank, dass du mir geholfen hast." Sein Blick fixierte meinen rechten Oberarm. „Ich muss schon sagen, für einen Hungerhaken kannst du ganz schön mit anpacken."

Ich schnaubte. „Ich nehme das mal als Kompliment", sagte ich und trank einen Schluck von dem Wein, der nach reifen Johannisbeeren und einem Hauch von Schokolade schmeckte.

„Das war absolut köstlich." Angenehm ermattet ließ ich mich zurücksinken und musste unwillkürlich gähnen.

„Bist du müde?", fragte Benjo. „Soll ich dir ein Taxi rufen?"

„Das ist lieb von dir. Aber vorher muss ich dir noch etwas sagen."

Ein erschrockener Ausdruck huschte über sein Gesicht. „Ja?"

„Es geht um deine Geschichte", sagte ich. Mit einem Mal war ich befangen und wusste nicht, wie ich anfangen sollte. *Hör zu, Benjo, vergiss den Wettbewerb. Zufällig will mich dein Verlag als Ideengeberin für ein anderes Buch, und deshalb darfst du es jetzt schreiben. Ist das nicht fantastisch?* Plötzlich war ich mir nicht mehr sicher, ob meine Idee wirklich so gut war. Was, wenn er mir übel nahm, dass ich mich einmischte?

Benjo beugte sich vor und stützte seine Ellenbogen auf die Tischplatte. „Anna?", fragte er leise.

Ich holte tief Luft. Es nützte nichts, ich musste es ihm sagen. „Nun, du hast ja vielleicht gehört, dass ich eine Partneragentur besitze. Und es gibt Menschen, die mich deswegen für eine Expertin in ... ähm ... Liebesangelegenheiten halten."

Um Benjos Mundwinkel zuckte es, und ich spürte, wie ich rot wurde. „Ich wiederhole nur, was die Leute sagen", verteidigte ich mich trotzig.

Benjo lachte laut auf. „Murmel, warum hörst du nicht auf rumzueiern und fragst mich einfach?"

Erschrocken hob ich das Kinn. „Was soll ich dich fragen?"

„Na, ob du mir helfen kannst." Benjos Stimme wurde weich. „Das ist es doch, was du fragen möchtest, oder?"

Ich räusperte mich. „Ich möchte dir wirklich gern helfen."

Benjo lehnte sich zurück und sah mich voller Wärme an. „Dann erzähl mir von den Menschen, die zu dir kommen", bat er. „Von den Momenten, die dich am meisten berührt haben."

„Willst du sie aufschreiben?", fragte ich von jäher Hoffnung erfüllt. Vielleicht hatte ich mir vollkommen umsonst Sorgen gemacht.

Benjo schüttelte den Kopf. „Nein. Ich könnte nur ein wenig Inspiration brauchen." Er sah aus dem Fenster. „Ich muss meine eigene Geschichte finden. Ich muss herausfinden, was für ein Schriftsteller ich sein kann. Ob ich *überhaupt* ein Schriftsteller sein kann."

Ich betrachtete sein Profil, und meine Brust wurde eng vor Scham und schlechtem Gewissen und dem Gefühl, alles falsch gemacht zu haben. Was war ich nur für ein Idiot. Mir wurde klar, dass ich die Situation vollkommen falsch eingeschätzt hatte. Benjo wollte keine Unterstützung. Er wollte etwas über sich herausfinden, etwas, das nur er allein und aus eigener Kraft herausfinden konnte. Wie hatte ich nur eine Sekunde glauben können, Benjo würde die Vereinbarung gutheißen, die ich mit seinem Verlag getroffen hatte? Zum Glück war es noch nicht zu spät …

## *Sieben*

Als am nächsten Morgen die ersten Sonnenstrahlen durch die Vorhänge meines Schlafzimmers fielen, stand ich auf und zog mich an, um der Verlegerin einen Besuch abzustatten.

Der Verlag Milford & Behrends hatte seinen Sitz in einer zuckergussfarbenen Villa am Ufer der Spree. Ich war schon häufiger mit dem Fahrrad daran vorbeigefahren, ohne jedoch zu ahnen, dass sich hinter der hübschen Fassade Benjos Arbeitgeber verbarg. Jetzt, im Dezember, war die ausladende Tanne im Vorgarten mit Lichterketten geschmückt.

Am Empfang wurde ich von einer mürrisch aussehenden jungen Dame begrüßt. „*Wen* wollen Sie sprechen?", fragte sie ungläubig, nachdem ich ihr mein Anliegen genannt hatte.

„Frau Richter", wiederholte ich.

„Ohne Termin?" Sie musterte mich, als wäre ich eine Geisteskranke. „Tut mir leid, ohne Voranmeldung ist da nichts zu machen."

In diesem Moment kündigte ein silberner Glockenton das Eintreffen des Fahrstuhls an. Die Türen glitten auseinander, und eine attraktive Frau Anfang vierzig trat heraus. Die Empfangsdame nahm augenblicklich Haltung an.

„Hallo, Anja", begrüßte die Frau sie mit warmer Stimme. Sie nickte mir flüchtig zu und legte eine schmale weiße Hand auf den Empfangstresen. „Seien Sie bitte so reizend und bestellen Sie mir ein Taxi."

„Selbstverständlich", sagte Anja und warf mir einen schadenfrohen Blick zu. Es dauerte ein paar Sekunden, bis der Groschen fiel. Schnell wandte ich mich nach der Frau um, die bereits dem Ausgang zustrebte.

„Frau Richter?", rief ich aufgeregt. „Warten Sie bitte, ich muss etwas Dringendes mit Ihnen besprechen."

Die Frau drehte sich zu mir um. „Kennen wir uns denn?"

„Wir haben telefoniert. Mein Name ist Anna Kronenberg."

Frau Richter starrte mich eine Sekunde lang an. Dann hoben sich ihre kirschrot geschminkten Lippen zu einem strahlenden Lächeln. „Frau Kronenberg! Welch schöne Überraschung!"

Aus den Augenwinkeln bemerkte ich, wie der Empfangsdame die Gesichtszüge entglitten. Ich unterdrückte das kindische Verlangen, ihr die Zunge herauszustrecken, und reichte Frau Richter die Hand, die sie mit beiden Händen ergriff und herzlich schüttelte. „Anja, sagen Sie meinen Termin ab. Frau Kronenberg und ich haben etwas Wichtiges zu besprechen."

FRAU RICHTER führte mich in ein Eckbüro im obersten Stock, das in etwa die Größe meines Wohnzimmers hatte. Durch die breite Fensterfront bot sich ein atemberaubender Blick auf die Spree, die in der Morgensonne glitzerte wie flüssiges Silber.

Es klopfte an der Tür, und ein junger Mann betrat das Zimmer. Nachdem Frau Richter eine Kanne Oolongtee und dazu Gebäck bestellt hatte, nahmen wir Platz und plauderten über das Wetter, bis der junge Mann das Gewünschte gebracht und sich zurückgezogen hatte.

„Also?", fragte sie. „Was kann ich für Sie tun?" Plötzlich schien ihr ein Gedanke zu kommen. „Bringen Sie mir den Vertrag zurück?" Lächelnd beugte sie sich vor und schenkte Tee in zwei zierliche Porzellantassen ein.

Mit dem Anflug eines schlechten Gewissens schüttelte ich den Kopf. „Leider nein. Wir müssen die Sache abblasen."

Frau Richter hielt einen Moment inne. „Warum erzählen Sie mir nicht in Ruhe, was passiert ist?", sagte sie.

Ich verspürte nicht das geringste Verlangen dazu, doch ich wusste, dass ich es ihr schuldig war, und so erklärte ich ihr in knappen Worten, worum es ging. „Benedikt Kürten ist ein Freund von mir. Er hat mir erzählt, dass er sich beruflich verändern möchte. Ich dachte, ich tue ihm einen Gefallen, wenn ich ihm zu dem Auftrag für ‚Liebe' verhelfe. Doch das Gegenteil ist der Fall, er würde das Buch niemals schreiben. Er hat mir deutlich zu verstehen gegeben, dass er seine eigenen Geschichten schreiben will. Dass er wissen möchte, ob ein Schriftsteller in ihm steckt. Um das herauszufinden, will er an Ihrem Wettbewerb teilnehmen. Verstehen Sie?"

„Mhm", sagte Frau Richter nachdenklich und trank einen Schluck von ihrem Tee, „ich kenne Herrn Kürten nicht besonders gut, aber nach allem, was ich über ihn gehört habe, befürchte ich, dass Sie recht haben. Die Sache hat nur einen Haken … es gibt keinen Wettbewerb."

„Was?" Mir wurde eiskalt.

Frau Richter seufzte. „Sie können sich nicht vorstellen, was für Einsendungen wir erhalten haben." Sie schüttelte den Kopf. „Das Ganze war von vornherein eine Schnapsidee. Ein so wichtiges Projekt wie ‚Liebe' von einem *Wettbewerb* abhängig zu machen … Wenn ich damals schon an Bord gewesen wäre, wäre das nicht passiert."

„Sie haben den Wettbewerb abgesagt?", fragte ich.

„Nicht direkt." Frau Richter hüstelte. „Irgendeinen *Sieger* wird es schon geben. Der Preis wird nur sehr viel kleiner ausfallen als ursprünglich geplant. Wir arbeiten gerade an der Kommunikation nach außen." Sie lächelte schief. Eine Weile herrschte Stille, in der ich versuchte, das Gehörte zu verarbeiten. Benjo versprach sich so viel von diesem Wettbewerb. Wie würde er reagieren, wenn er erfuhr, dass er keine Bedeutung mehr hatte?

Plötzlich sah Frau Richter auf. „Natürlich", sagte sie leise. „Warum bin ich nicht eher darauf gekommen!"

„Worauf?", erkundigte ich mich vorsichtig.

Sie lächelte mich an. „Na, darauf, dass Herr Kürten den Wettbewerb gewinnt. Wir lassen einfach alles beim Alten und tun so, als würde der Wettbewerb weiterhin existieren." Sie zwinkerte mir zu. „Benedikt Kürten gewinnt und erhält den Auftrag für das Buch. Genial. Was sagen Sie dazu?"

Ich sagte gar nichts, denn ich war sprachlos.

Frau Richter redete munter weiter. „Der Einsendeschluss ist nächste Woche." Sie sprang auf, ging zu ihrem Schreibtisch, auf dem sich die Manuskripte stapelten, zog einen Kalender hervor und fing an zu blättern. „Im Januar geben wir den Sieger bekannt." Sie sah kurz auf, um mir ein verschwörerisches Lächeln zuzuwerfen, und vertiefte sich wieder in den Kalender. „Das fertige Manuskript für ‚Liebe' erwarten wir im April. Das schaffen Sie doch mit links, oder?"

Endlich fand ich meine Sprache wieder. „Herr Kürten ist derjenige, um den es hier geht."

Frau Richter hielt inne. „Ich verstehe, dass Herr Kürten Ihr Freund ist.

Glauben Sie mir, ich halte viel von ihm, er ist ein großartiger Reisebuchautor, aber bei diesem Projekt geht es um Ihre Geschichten, Frau Kronenberg. Sie haben selbst gesagt, dass Herr Kürten rausmöchte aus der Reisesparte. Dies ist *seine* Chance. Wenn wir das hier durchziehen, wird nächstes Jahr jeder seinen Namen kennen. Und dann kann er seine eigenen Geschichten schreiben."

Ich schüttelte den Kopf. „Es geht nicht. Herr Kürten würde sich niemals darauf einlassen."

„Deshalb dürfen Sie es ihm ja auch nicht sagen. Lassen Sie ihn in dem Glauben, dass er es allein geschafft hat, und das nächste Mal wird er es wirklich allein schaffen." Sie legte ihre Hände auf meine Schultern. „Lassen Sie nicht zu, dass er diese Chance verpasst."

Ich schloss die Augen und schluckte. Plötzlich wusste ich nicht mehr, was richtig war und was falsch. Wann war ich die Freundin, die ich ihm sein wollte? Wenn ich ablehnte und seine Hoffnungen zerstörte? Oder wenn ich ihm zu einem Start verhalf, zu der Möglichkeit, über sich hinauszuwachsen?

„Über das Wichtigste haben wir noch gar nicht gesprochen", sagte ich. „Wie soll ich ihn dazu bekommen, *meine* Geschichten aufzuschreiben?"

Frau Richter lächelte. „Erzählen Sie ihm Ihre Geschichten. Wenn wirklich ein Schriftsteller in ihm steckt, wird er nicht widerstehen können."

„Und wenn die Story nicht gut ist, die er einreicht? Was ist dann?"

Frau Richter seufzte. „Wenn Herr Kürten wirklich nicht schreiben kann, wovon ich nicht ausgehe, tun wir ihm und uns keinen Gefallen, wenn wir ihn *gewinnen* lassen. Dann werden wir einen anderen Autor finden müssen." Sie streckte mir die Hand hin. „Was haben Sie zu verlieren? Im besten Fall wird Herr Kürten seinen Traum leben. Im schlechtesten Fall denkt er, er hätte bei einem Schreibwettbewerb verloren."

Ich zögerte noch einen Moment, dann schlug ich ein.

„Was schleppst du denn da mit dir herum?" Neugierig betrachtete Benjo die kleine mit Efeuranken verzierte Holzkiste, die ich schützend vor meine Brust gepresst hatte.

„Willst du mich nicht erst mal hereinbitten?", fragte ich.

Benjo trat einen Schritt zur Seite, sodass ich hineinschlüpfen konnte. Im Inneren des Cottages war es angenehm warm, und es duftete nach Tomaten und italienischen Kräutern.

„Komm, stell die Kiste ab und gib mir deinen Mantel, und dann ab mit dir vor den Kamin. Ich hab uns etwas zu essen gemacht."

Dankbar ließ ich mich in das Wohnzimmer zu der gemütlichen Sitzecke führen, die um das knisternde Feuer herum gruppiert war. Ich stellte die Holzkiste vor mich auf den Boden und sank in die weichen Kissen. Benjo nahm eine Decke von einem Fußhocker und breitete sie über mich. Dann lächelte er mir zu und verschwand in Richtung Küche.

Erschöpft schloss ich die Augen. Der Tag war anstrengend gewesen. Nach dem Besuch bei Frau Richter war ich zurück in die Agentur geeilt, um die letzten Termine für dieses Jahr hinter mich zu bringen. Doch sosehr ich mich auch bemüht hatte, den Ausführungen meiner Klienten zu lauschen, waren meine Gedanken immer wieder zu dem Gespräch mit der Verlegerin zurückgekehrt. Zu der Vereinbarung, die wir getroffen hatten. Auch wenn mein Kopf sagte, dass ich das Richtige tat, änderte das nichts an dem unguten Gefühl, das seitdem an mir nagte. Ich hatte Benjo gerade erst wiedergefunden, und schon hütete ich ein Geheimnis, das er mir um die Ohren fegen würde, wenn er je davon erfuhr. *Wenn* er je davon erfährt, dachte ich und presste entschlossen die Lippen zusammen.

„Alles klar bei dir? Du wirkst so nachdenklich", holte mich Benjos Stimme zurück in die Realität.

Ertappt fuhr ich zusammen. „Ich hab dich gar nicht kommen hören."

„Das kann nicht daran liegen, dass ich so leise war", sagte Benjo und grinste. Er stellte ein Tablett auf den Sofatisch und reichte mir einen Teller. „Hier, selbst gemacht, also sei gnädig mit mir."

Staunend betrachtete ich die Pizza, auf der sich Rucola, Parmaschinken und Parmesan zu einem raffinierten Kunstwerk türmten. Vorsichtig nahm ich ein Stück und biss hinein. „Die schmeckt fantastisch!", rief ich.

Eine Weile aßen wir schweigend. Benjo hatte eine Flasche Rotwein aufgemacht, mit dem wir die Pizza hinunterspülten, und den herrlich altmodischen Plattenspieler angestellt. Ich wusste nicht, was es war: das Essen, der Wein, die knisternden Gitarrenklänge, das Prasseln des Feuers – jedenfalls wich mit jeder Minute, die verging, die Beklommenheit, die mich seit heute Morgen erfüllt hatte, und schließlich fühlte ich mich rundum zufrieden.

Es gibt keinen Ort auf dieser Welt, wo ich gerade lieber wäre, dachte ich.

„Möchtest du noch irgendetwas? Eis oder Schokolade oder vielleicht beides?" Benjo machte Anstalten aufzustehen.

„Auf keinen Fall!", rief ich und strich über meinen Bauch.

Benjo ließ sich wieder zurücksinken. „Freut mich, dass ich dich satt bekommen habe."

Ich brauchte eine Sekunde, um mich daran zu erinnern, warum ich hergekommen war. Dann richtete ich mich auf und griff nach der Holzkiste, die zu meinen Füßen stand.

„Ah", sagte Benjo. „Die mysteriöse Truhe. Verrätst du mir jetzt, was es damit auf sich hat?"

Ich setzte ein geheimnisvolles Lächeln auf und strich mit den Fingern über die Oberfläche. „Hier drin befindet sich das Wunder der wahren Liebe." Benjo schaute so verdutzt drein, dass ich lachen musste. „Okay, eigentlich sind es nur Briefe." Ich griff in die Kiste und förderte Dutzende Briefe zutage. „Die sind alle von ehemaligen Klienten. Du wolltest, dass ich dir meine Geschichten erzähle. Die Momente, die mich am meisten berührt haben. Sie sind alle hier drin."

„Und du willst sie wirklich mit mir teilen?", fragte Benjo leise.

„Ja", sagte ich. „Das will ich."

Während es draußen wieder anfing zu schneien, sprachen wir darüber, wie wir die nächsten Tage gestalten wollten. Es war nicht mehr viel Zeit bis zum Abgabetermin, und bislang hatte Benjo nicht eine Zeile zu Papier gebracht. Doch das schien ihn nicht weiter zu beunruhigen. „Jetzt habe ich ja dich", meinte er. „Sobald es dunkel wird, koche ich für uns, wir essen zusammen, und dann machen wir es uns vor dem Kaminfeuer gemütlich, und du liest mir aus den Briefen vor."

„Und was machen wir tagsüber?"

„Wir?", fragte Benjo und grinste.

„Ich habe die Agentur ein paar Tage eher geschlossen", gestand ich ihm. „Damit ich mehr Zeit habe, dir zu helfen."

Benjo wurde augenblicklich wieder ernst. „Wirklich?" Er tastete nach meiner Hand und berührte sie. Seine Haut fühlte sich kühl an und ein bisschen rau. Unvermittelt sprang er auf. „Es ist warm hier drin, oder? Stört es dich, wenn ich für einen Moment das Fenster aufmache?" Ohne meine Antwort abzuwarten, stürmte er zum Fenster und riss es auf. Eiskalte Luft strömte herein. Ich kuschelte mich unter die Decke und betrachtete seinen Rücken in dem schwarzen T-Shirt. Die breiten Schultern, den sonnenverbrannten Nacken. Wieder fiel mir auf, dass von seiner früheren Schlaksigkeit nichts übrig geblieben war. So vertraut mir seine Augen waren, so fremd war mir sein Körper. Der Gedanke irritierte mich, und ich versuchte schnell an etwas anderes zu denken.

Benjo schloss das Fenster, kam zurück zum Sofa und blieb vor mir stehen. „Ich habe nachgedacht", sagte er und sah zu mir herunter. „Warum ziehst du nicht hier ein, bis ich die Geschichte geschrieben habe?" Er machte eine ausholende Geste mit dem Arm. „Du hast frei, es gibt ein Gästezimmer, und die Umgebung ist wunderschön. Wie gemacht für einen Urlaub." Er grinste schief. „Im Ernst, es gibt traumhafte Wanderwege. Wir gehen spazieren, reden über die Briefe. Ich erzähle dir, was mir durch den Kopf geht, welche Ideen ich für meine Geschichte habe, und du sagst mir, was du davon hältst. Und wenn ich schreibe, machst du es dir auf der Couch gemütlich und liest, oder du tust einfach das, worauf du Lust hast. Was meinst du?" Er fuhr sich mit beiden Händen durch das weizenblonde Haar, bis es in alle Richtungen abstand, und sah mich an wie ein kleiner Junge.

Ich musste nicht eine Sekunde nachdenken. „Okay", sagte ich und lächelte. „Okay." Benjo atmete geräuschvoll aus, und mir gefiel der Gedanke, dass er die Luft angehalten hatte, während er auf meine Antwort wartete.

## *Acht*

Als ich am nächsten Morgen die Augen öffnete, war es noch früh. Den noch hielt ich es keine Sekunde länger im Bett aus. Benjo und ich hatten vereinbart, uns um siebzehn Uhr im Cottage zu treffen. Er müsse vorher noch etwas erledigen, hatte er mir erklärt, und so nutzte ich die Zeit, um meine Wohnung zu putzen, bis sie blitzte. Zuletzt warf ich die verschrumpelte Zitrone weg, die noch immer im Kühlschrank vor sich hin gammelte, und wischte ihn sauber. Dann sortierte ich die Post, die in den letzten Tagen liegen geblieben war. Aus einem mit Knöpfen verzierten Umschlag, der so reizend aussah, dass er nur von der Papeterie „Luiban" stammen konnte, zog ich eine Karte hervor. Auf der Vorderseite war ein Dackelwelpe zu sehen, der das Köpfchen auf die Vorderpfoten gelegt hatte und mit großen braunen Augen zum Fotografen hochblickte. *Entschuldigung* stand in goldenen Lettern darüber. Neugierig klappte ich die Karte auf. Heraus fiel ein Foto. Es zeigte zwei Menschen in einem Lokal. Die beiden saßen an einem Tisch mit einer rot-weiß karierten Tischdecke, vor ihnen stand ein Teller Spaghetti. Der Mann schaute verschämt nach links, die Frau nach rechts, während sie durch die Lippen das Ende derselben Nudel einsogen. Lächelnd legte ich das Foto beiseite und las den kurzen handschriftlichen Text, der in der Innenseite der Karte stand.

> Liebe Frau Kronenberg,
> ich war ein alter Narr. Beinahe hätte ich die Liebe verpasst. Ich danke Ihnen, dass Sie mir die Leviten gelesen haben. Auch im Namen von Christina.
> Ihr Richard van Eyk

Gerührt klappte ich die Karte zu und stellte sie auf meinen Schreibtisch. Wer hätte das gedacht …

Und auf einmal hatte ich keine Ruhe mehr, drinnen zu hocken. Ich musste an Nora Rittbach denken, die sich so sehr danach sehnte, wieder glücklich zu sein. Kurz entschlossen streifte ich meinen Mantel über und griff nach Mütze und Schal.

Fünfzehn Minuten später stieg ich am Savignyplatz aus der S-Bahn und ging über das Kopfsteinpflaster zum „Bücherbogen". Die Fachbuchhandlung mit ihren Schwerpunkten Architektur, Kunst und Fotografie war der Ort, an dem ich mit meiner Suche nach Nora Rittbachs großer Liebe beginnen wollte. In unserem Gespräch hatte sie mir verraten, dass sie hier Trost und Zuflucht gefunden hatte, nachdem der Skandal um sie seinen Höhepunkt erreicht hatte. Ich schlenderte von Bogen zu Bogen und blätterte in wunderschönen Bildbänden, während ich unauffällig die Menschen in meiner Umgebung beobachtete. Dabei fiel mein Blick auf einen schlanken Herrn im dunkelblauen Wintermantel. Ich stellte mich neben ihn und nahm ein Buch zur Hand. Dabei streifte ich wie zufällig seinen Arm.

„Pardon", entschuldigte ich mich.

Der Mann drehte sich zu mir. „Nichts passiert", sagte er freundlich und fuhr fort, die Titel auf den Einbänden zu studieren. Fehlanzeige. Ich stellte das Buch zurück an seinen Platz und schlenderte weiter. Zwei Stunden später, in denen ich die Gesichter Dutzender Menschen gemustert hatte, stellte ich meine Suche ein. Weil ich das Geschäft nicht verlassen wollte, ohne etwas zu kaufen, griff ich nach einem Buch über Fotografie, von dem ich hoffte, dass es Sabine gefallen würde, und ging zur Kasse. Über meinem Kopf donnerte eine S-Bahn vorüber. So laut, dass der Boden unter meinen Füßen zu vibrieren schien. Erschrocken ließ ich das Buch fallen. Ich bückte mich, um es aufzuheben. Dabei stieß ich mit dem Kopf gegen etwas Hartes. „Aua", sagte ich und richtete mich auf.

Der Mann, der wie aus dem Nichts aufgetaucht war und sich ebenfalls nach dem Buch gebückt hatte, rieb sich die Stirn. „Das hat wehgetan." Er lächelte schief. „Ich hoffe, Sie verzeihen mir. Ich hatte die allerbesten Absichten, das müssen Sie mir glauben."

Mein Blick wanderte von einem anziehenden Lächeln zu einem Paar grauer Augen, in denen ein belustigtes Funkeln glomm. Ich setzte zu einer Erwiderung an, doch stattdessen begann ich zu taumeln.

„Hoppla", hörte ich die Stimme des Mannes wie aus weiter Ferne. Hinter meiner Stirn begann es zu pochen. Ich sah Millionen schwarzer Punkte, die sich langsam zu einem Bild zusammenfügten. Da war ein Strand, einsam und endlos lang, donnernde Wellen, davor zwei Menschen in Winterjacken, die sich eng umschlungen hielten. Der Schwindel ließ nach.

„Geht es wieder?", fragte der Mann besorgt. „Versprechen Sie mir, dass Sie nicht umfallen, wenn ich Sie loslasse?"

Ich nickte. „Dürfte ich Ihren Namen erfahren?", fragte ich. „Und ein Foto von Ihnen machen?"

„Bitte?", fragte er überrascht. „Hören Sie, Sie sind eine reizende junge Dame, aber wie wir die Sache auch drehen und wenden: Sie sind jung und ich bin ein älterer Herr. Ich könnte Ihr Vater sein."

„Das Foto ist nicht für mich", gestand ich. Ich griff in die Innentasche meines Mantels und holte eine Visitenkarte hervor.

Er studierte die Inschrift. „Schicksalsagentur", murmelte er. Auf einmal trat ein Ausdruck des Erkennens auf sein Gesicht. „Ich habe von Ihnen gelesen. Und was wollen Sie jetzt von mir?"

ALS ICH EINE STUNDE SPÄTER in meine Wohnung zurückkehrte, war ich bester Laune. Es kam nicht oft vor, dass meine Suche so schnell zum Erfolg führte. Auch nicht, dass ich mich mit dem Menschen unterhielt, den ich für meinen Klienten gefunden hatte. Seit Gregors Verrat wählte ich dafür andere Wege.

Schmunzelnd musste ich an meine erste Observation zurückdenken. Damals war es alles andere als komisch gewesen, aber heute entbehrte es nicht einer gewissen Komik, wie ich mich im Versuch, unsichtbar zu sein, an Mauern gedrückt oder in Schaufensterauslagen gestarrt hatte. Aufgeflogen war ich trotzdem.

Es war im Ägyptischen Museum gewesen, als mir die Gabe ein Bild von einem Klienten zeigte, vereint in einem innigen Kuss mit der jungen Frau, die gerade neben mir die Büste der Nofretete bewunderte. Mein Handy umklammernd und auf den richtigen Augenblick für eine heimliche Aufnahme wartend, folgte ich ihr durch die Ausstellung und später durch die halbe Stadt. Ich hoffte, sie würde mich zu ihrer Wohnung führen, damit ich auf diese Weise ihre Kontaktdaten herausfinden konnte. Plötzlich überholte mich eine Gruppe Jugendlicher. In dem Gemenge verlor ich die Frau aus den Augen. Erschrocken beschleunigte ich meine Schritte. Da trat sie so unvermittelt aus einem Hauseingang, dass ich beinahe in sie hineingestürmt wäre.

„Warum folgen Sie mir?", erkundigte sie sich mit zusammengekniffenen Augen. Während ich ihr stotternd von meiner Agentur und dem Klienten berichtete, der die Liebe ihres Lebens war, spiegelte ihre Miene die unterschiedlichsten Emotionen wider. Ärger, Misstrauen, Staunen und schließlich Aufregung und Freude.

„*Sie sind das!*", rief sie atemlos. „Und Ihr Klient ist wirklich der *Eine* für mich? Aber warum sprechen Sie mich nicht einfach an?"

„Ich bin nicht gut darin, auf Menschen zuzugehen", gab ich kleinlaut zu. Sie sah mich mitfühlend an. „Leider sind Sie auch nicht gut darin, Menschen zu observieren."

„Ich weiß", antwortete ich betrübt.

Die Frau überlegte einen Moment. „Wenn das so ist, warum beauftragen Sie dann keinen Ermittler, der Ihnen die unangenehmen Dinge abnimmt?"

Verblüfft sah ich sie an. Einen Ermittler? Auf die Idee war ich noch gar nicht gekommen. Gleich am nächsten Morgen machte sich Sabine in meinem Auftrag auf die Suche und fand schließlich Maria, eine ehemalige Polizistin, die ein erfolgreiches Ermittlungsbüro betrieb.

Aber vielleicht, so schoss es mir jetzt durch den Kopf, brauche ich Marias Dienste nicht länger. Im „Bücherbogen" war ich schließlich auch allein zurechtgekommen …

Der Gedanke an die Begegnung mit dem netten Herrn brachte mich wieder auf Frau Rittbach zurück. Ich überlegte kurz, ob ich Sabine bitten sollte, einen Termin mit ihr im neuen Jahr zu vereinbaren. Doch da wir bereits im Weihnachtsurlaub waren und ich Frau Rittbach sofort informieren wollte, nahm ich mein Handy zur Hand und schrieb selbst eine E-Mail. Ich hängte das Foto an, das der Mann mir erlaubt hatte zu machen, und verschickte die Nachricht.

Nachdem das erledigt war, holte ich meine alte dunkelblaue Reisetasche aus dem Keller und begann zu packen.

ALS ICH AUS DEM HAUS TRAT, wartete eine Überraschung auf mich. Auf dem Bürgersteig stand Benjo, mit dem Rücken gegen einen dunkelgrünen Jaguar gelehnt, die Hände in den Taschen verborgen. Bei seinem Anblick machte mein Herz einen kleinen Hüpfer. „Was machst du denn hier?", rief ich ihm zu. „Wollten wir uns nicht im Cottage treffen?"

Benjo richtete sich auf und kam auf mich zu, ein breites Lächeln auf den Lippen. Statt einer Antwort griff er nach meiner Reisetasche. „Du hast dir ganz schön Zeit gelassen, Murmel. Ist das alles, was du mitnimmst?" Er zog eine Augenbraue hoch. „Wie lange willst du bleiben, einen Tag?"

Ich kicherte wie ein kleines Mädchen. Benjo stellte meine Tasche in den Kofferraum des Jaguars und hielt mir die Beifahrertür auf. „Gnädige Frau."

Mein Blick fiel auf die cognacfarbenen Ledersitze mit den geschwungenen Initialen. Ungläubig starrte ich ihn an. „Was machst du mit Vaters Wagen?"

Benjo grinste. „Er hat ihn mir förmlich aufgedrängt." Er drückte mich sanft auf den Sitz, schloss die Tür, ging um den Wagen herum und stieg ein. „Nur geliehen, versteht sich", sagte er, während er sich festschnallte. „Bis mein nächster Job losgeht. Ich habe ihn gerade abgeholt."

„Wann ... wie ...?", stotterte ich. Mehr brachte ich nicht heraus.

„Auf dem Empfang", sagte Benjo fröhlich und startete den Motor. „‚Du brauchst etwas Anständiges, Junge', hat er gesagt, nicht so einen *Mietwagen*. Komm die Tage vorbei, dann gehen wir in die Garage und suchen dir einen aus."

Ich stieß geräuschvoll die Luft aus. Es hätte mich nicht gewundert, wenn sie als Rauchschwaden aus meinem Mund gekommen wäre. Benjo warf mir einen Seitenblick zu. Ich konnte sehen, wie er in sich hineinschmunzelte.

„Wenn du lieb bist", sagte er, „lass ich dich eine Macke hineinfahren."

Weil wir keine Lust hatten zu kochen, beschlossen wir, uns auf dem Weg etwas zum Abendessen zu besorgen. „Und nach dem Essen lesen wir den ersten Brief", sagte Benjo.

„Das ist die traurigste Geschichte, die ich je gehört habe." Benjo, der sich auf der Couch mir gegenüber ausgestreckt hatte, richtete sich auf. „Ich meine, er *wusste*, dass sie krank war. Warum hat er sie überhaupt angesprochen? Warum hat er zugelassen, dass sie sich ineinander verliebten?"

Ich ließ den Brief sinken, den ich ihm gerade vorgelesen hatte. Obwohl ich die Geschichte kannte, musste ich schlucken, bevor ich antworten konnte. „Weil er wissen wollte, wie sich die wahre Liebe anfühlt. Und wenn auch nur für ein paar Augenblicke."

Benjo schüttelte den Kopf und schnaubte. „Aber er war vorher doch auch zufrieden. Alles war gut. Und jetzt leidet er wie ein Hund."

„Ja, aber er schreibt auch, dass er dankbar ist. Dass er keinen Tag missen möchte, den er mit ihr verbringen durfte."

„Blödsinn." Benjo sprang auf und begann erregt auf und ab zu gehen. Draußen war es bereits dunkel, und die Schatten des Kaminfeuers spielten auf seinem Gesicht. „So langsam verstehe ich, warum du deinen Klienten nur das Foto gibst. Du willst nicht dafür verantwortlich sein, welchen Schaden du anrichtest."

Sein beißender Ton traf mich mitten ins Herz. Als Benjo begriff, was er gerade gesagt hatte, kam er zu mir herüber. „Verzeih mir, das war blöd. Ich weiß, dass du keine Wahl hast. Trotzdem, es erscheint mir manchmal so wahnsinnig ungerecht."

Ich legte kurz meine Hand auf seine, um ihm zu zeigen, dass ich ihm nichts nachtrug. Er hatte ja recht. Es *war* ungerecht.

„Wie auch immer", sagte er. „*Meine* Geschichte soll fröhlich sein. Das weiß ich jetzt. Fröhlich und romantisch und mit einem Happy End. Meinst du, du könntest nur noch die Briefe vorlesen, die in diese Richtung gehen?"

Benjo sah mich so flehentlich an, dass ich lächeln musste.

„Ich denke, das lässt sich einrichten." Ich erzählte ihm von der Karte, die ich heute bekommen hatte, und von der Begegnung im „Bücherbogen".
Er schmunzelte. „Das ist doch schon mal ein guter Anfang."

SPÄTER führte mich Benjo die Holztreppe hinauf in den ersten Stock, wo das Gästezimmer lag. Er ging vor mir her, meine Reisetasche über die Schulter geworfen, als würde sie nur ein paar Gramm wiegen. Ich gähnte herzhaft. Ich war so müde, dass ich kaum noch geradeaus schauen konnte.
„Hier ist es." Er öffnete eine Tür in dem schmalen, niedrigen Flur und ließ mich eintreten. Mir entfuhr ein Laut des Entzückens. Das Zimmer war geräumiger, als ich erwartet hatte, mit gemütlichen Schrägen ringsherum und dicken Holzbalken an der Decke. Es gab ein Kingsize-Bett mit duftiger weißer Baumwollwäsche. Unter einer Schräge stand eine Kommode mit einem ovalen Spiegel, daneben ein alter handbemalter Bauernschrank. Auf dem Parkettboden lag ein dicker, flauschiger Teppich.
„Das Badezimmer ist nebenan", sagte Benjo. „Wenn irgendwas ist, ruf einfach. Ich schlafe gegenüber." Er wies mit dem Daumen hinter sich. „Also dann ...", sagte er, ohne sich von der Stelle zu rühren.
„Also dann ...", erwiderte ich. Wir sahen einander an und mussten beide grinsen.
In seine Augen trat ein mutwilliges Funkeln. „Weißt du noch, als du früher bei mir übernachtet hast? Wir haben in einem Bett geschlafen."
Ich lachte. „Na ja, *geschlafen* haben wir eigentlich nicht." Erst als ich die Worte ausgesprochen hatte, wurde mir ihre Doppeldeutigkeit bewusst. Ich spürte, wie meine Ohren anfingen zu glühen. „Ich meine, weil wir die ganze Nacht geredet haben ...", fügte ich kläglich hinzu.
Benjo biss sich auf die Unterlippe und lächelte. „Wie auch immer, wenn du Sehnsucht nach mir bekommst, weißt du ja jetzt, wo du mich findest."
„Ja, danke", erwiderte ich so würdevoll, wie es mir möglich war.

## *Neun*

Am nächsten Morgen wurde ich von einem lauten Klopfen an der Tür geweckt. Im nächsten Moment stand Benjo im Raum, barfuß, in alten Jeans und einem dunkelblauen Pullover. „Entschuldige, Murmel, ich wollte nur nachschauen, ob du noch lebst."
Ich rieb mir die Augen und gähnte. „Wieso? Wie spät ist es denn?"
„Kurz nach elf", kam es schmunzelnd zurück.

Ich fuhr senkrecht auf. Das war doch nicht möglich! Ich hatte über zwölf Stunden geschlafen. Das letzte Mal, dass ich so lange geschlafen hatte, war … ich konnte mich nicht erinnern, überhaupt einmal so lange geschlafen zu haben. Plötzlich wurde mir bewusst, dass Benjo mich immer noch anschaute und ich ein uraltes rosafarbenes T-Shirt trug, auf dessen Brust ein glitzernder Paulchen Panther prangte. Schnell raffte ich die Bettdecke vor meinem Oberkörper zusammen, doch sein belustigter Blick sagte mir, dass es dafür zu spät war.

„Wenn du runterkommst, frühstücken wir", sagte Benjo und wandte sich zum Gehen. „Ich habe Pfannkuchen mit Blaubeeren gemacht. Und – Anna?"

„Ja?"

„Lass das T-Shirt ruhig an. Es gefällt mir." Das Kopfkissen prallte an der Tür ab, die er lachend hinter sich geschlossen hatte.

NACH DEM FRÜHSTÜCK zeigte mir Benjo das Arbeitszimmer, in dem er an seiner Geschichte schreiben würde. Es war ebenfalls im ersten Stock, sehr hell und zweckmäßig eingerichtet mit einem großen modernen Schreibtisch, einer nougatfarbenen Ledercouch und zahlreichen Bücherregalen, in denen sorgfältig beschriftete Aktenordner standen.

Langsam ging ich an den Schränken vorbei und studierte die Inschriften auf den Ordnerrücken. „Versicherungen, Steuern, Haus, Buchführung", las ich laut vor. „Was hast du noch gleich gesagt, was Christians Vater macht?"

Benjo lachte leise. „Hannes war Partner in einem großen Wirtschaftsprüfungsunternehmen." Er trat zum Schreibtisch und nahm ein gerahmtes Foto in die Hand. „Aber er hat sich schon vor Jahren zur Ruhe gesetzt, sein Stadthaus verkauft und ist in das Cottage gezogen. Hier, das ist er. Zusammen mit Winnie, mit der er gerade auf Weltreise ist."

Ich ging zu ihm und sah über seine Schulter. Winnie war eine sehr attraktive Blondine um die vierzig. Mein Blick glitt zu dem Mann an ihrer Seite, einem groß gewachsenen Herrn mit silbergrauen Schläfen und einem jugendlichen Lächeln. Und plötzlich überschlug sich alles. Ich erstarrte. Mir wurde schwindlig. Die Ränder meines Blickfeldes verschwammen, und das vertraute Ziehen hinter meiner Stirn setzte ein.

„Ach, du lieber Himmel", stöhnte ich, als das Bild in meinem Kopf Gestalt annahm.

„Anna, ist alles in Ordnung mit dir?", fragte Benjo besorgt.

Ich nickte matt. „Es war nur … die Gabe. Sie hat mir ein Bild gezeigt."

Benjo sah mich an. „Von Hannes?"

Ich nickte wieder.

Er fuhr sich mit der Hand über das Gesicht. „Und ich nehme an, dass die andere Person nicht Winnie war."

„Nein."

„Ach, du lieber Himmel."

Eine Weile sagte keiner ein Wort. Doch irgendwann brach ich das Schweigen. „Wann soll die Hochzeit denn stattfinden?"

„In einer Woche", sagte Benjo tonlos. „In London." Er reichte mir seine Hand. „Komm, ich brauche frische Luft."

WIR WANDERTEN DRAUFLOS, entlang an knorrigen Kiefern, bis wir einen gewundenen Weg erreichten, der uns an einsamen Wiesen und Feldern vorbeiführte. Die Hände in den Manteltaschen vergraben, dachte ich über das Bild nach, das in meinem Kopf entstanden war. Ich wusste nicht, was mich mehr erschreckt hatte: den Vater von Benjos Freund zu sehen oder *sie*.

„Und was machen wir jetzt?", riss mich Benjo aus meinen Gedanken.

Ich sah ihn an. „Was sollen wir schon machen? Wir müssen es ihm sagen."

Benjo presste die Lippen zusammen. „Du hast recht. Wenn wir nach Hause kommen, rufe ich ihn an." Er holte tief Luft. Sein Atem bildete weiße Dampfwölkchen. „Was ist mit der Frau? Kennst du sie?"

Ich nickte. „Ja. Und du kennst sie auch. Es ist Louise."

„Louise? Deine Louise, die jetzt in Zürich lebt?" Benjo schüttelte den Kopf. „Wow. Dazu fällt mir nichts mehr ein."

ZWEI STUNDEN SPÄTER tigerte ich zwischen Wohnzimmer, Flur und Küche hin und her, während ich darauf wartete, dass Benjo von seinem Telefonat zurückkehrte. Meine Gedanken überschlugen sich. Was war, wenn Hannes Benjo nicht glaubte? Eine Möglichkeit, die durchaus in Betracht zu ziehen war. Was, wenn er Winnie trotzdem heiratete und ignorierte, dass in Zürich die Liebe seines Lebens wartete? Mich durchlief ein Schauer. Egal, was Hannes sagen oder tun würde, ich konnte das Geheimnis nicht für mich behalten. Ich musste Louise davon erzählen. Aber erst würde ich abwarten, wie Benjos Gespräch verlief.

Ich hörte, wie oben eine Tür zuschlug. Im nächsten Moment kam Benjo die Treppe heruntergestapft. Ich öffnete den Mund, doch ehe ich etwas sagen konnte, war er schon an mir vorbeigestürmt. Im Laufen schnappte er sich seine Winterjacke, die an einem Haken im Flur hing.

ICH FAND IHN IM GARTEN, wo er mit einer Axt auf ein Stück Holz einschlug. Eine Weile beobachtete ich, wie er immer neue Scheite aus einem

Korb nahm und sie zu Kleinholz verarbeitete. Schneeflocken landeten in seinem Haar und auf seinen Schultern.

„Das Gespräch ist wohl nicht so gut gelaufen?", erkundigte ich mich vorsichtig.

„Hmpf."

Die Kälte drang durch meinen Wintermantel. Ich stellte den Kragen hoch und begann von einem Bein aufs andere zu hüpfen, um mich aufzuwärmen.

Benjo hielt inne und funkelte mich an. „Kannst du bitte damit aufhören?"

„Erst wenn du aufhörst, auf das arme Stück Holz einzuhacken. Es kann nun wirklich nichts dafür."

Benjo sah mich einen Augenblick lang finster an. Dann ließ er die Axt sinken. „Du hast recht."

Ich atmete erleichtert auf. „Was ist denn passiert?", fragte ich ihn.

Benjo sah auf seine Fußspitzen. „Hannes hat gelacht und gesagt, ich solle aufhören, seinen Cognac zu trinken."

Ich verkniff mir ein Lächeln. „Und dann?"

„Und dann hat er gesagt, ich solle auf sein Haus aufpassen und mich ansonsten aus seinen Angelegenheiten raushalten. Nur nicht ganz so höflich."

Ich versuchte angemessen ernst zu schauen.

„Findest du das lustig?", fragte Benjo.

Ich schüttelte heftig den Kopf und zog mir meinen Schal über den Mund.

Er sah zum Himmel. „Sie findet es lustig." Dann lehnte er die Axt gegen die Hauswand und wandte sich mir zu. „Weißt du, was ich lustig finde?"

Sein Gesicht hatte einen Ausdruck angenommen, den ich von früher kannte. Hektisch sah ich mich nach einer Fluchtmöglichkeit um. Doch es war zu spät. Mit einem einzigen Satz war er bei mir und hielt mich fest. Im nächsten Moment spürte ich etwas unglaublich Kaltes, Nasses meinen Nacken hinunterlaufen. Ich kreischte auf und wand mich und versuchte mit aller Kraft zu entkommen. Benjo ließ mich los und trat einen Schritt beiseite. Ich sah, dass er sich vor Lachen kaum noch auf den Beinen halten konnte. Ohne länger auf die eisige Kälte auf meiner Haut zu achten, bückte ich mich, nahm eine Handvoll Schnee hoch und formte eine Kugel.

Benjo beobachtete mich belustigt. „Das machst du eh nicht, Anna. So gut kenn ich dich."

Selten hatte ich so viel Genugtuung verspürt, als sein überlegener Gesichtsausdruck unter einer Schicht aus pudrigem Neuschnee verschwand. Doch meine Freude währte nur kurz. Der nächste Schneeball riss mir die Mütze vom Kopf.

„Ha!", rief Benjo und lachte. Seine Augen leuchteten.

Na warte, dachte ich und bückte mich nach meiner Mütze. Ich drehte mich ein wenig, damit er nicht sah, wie ich in Windeseile Schnee hineinschaufelte. Dann richtete ich mich auf und ging langsam auf ihn zu. Sein Blick wanderte von meinem Gesicht zu meinen Händen und wieder zurück.

„Denk nicht einmal dran", sagte er.

Ich tat so, als würde ich die Mütze sinken lassen. Doch schon im nächsten Moment streckte ich mich, um sie ihm über den Kopf zu ziehen.

Und dann ging alles ganz schnell, plötzlich fand ich mich der Länge nach im Schnee wieder. Benjo kniete über mir, sein Gesicht nur wenige Zentimeter von meinem entfernt. „Gibst du auf?". Er grinste.

„Niemals", sagte ich.

Ein überraschter Ausdruck trat auf sein Gesicht. Dann gab er mir einen Kuss auf die Nasenspitze. „Komm, Schneemädchen", sagte er und sprang auf. „Lass uns schauen, ob wir dich aufgetaut bekommen."

ICH BLIES in einen Berg von duftendem Schaum und beobachtete, wie die glitzernden Seifenblasen durch die Luft des Badezimmers schwebten. Unten in der Küche hörte ich Benjo mit Töpfen und Tellern hantieren. Mein Magen begann zu knurren. Seit Benjo in meinem Leben aufgetaucht war, benahm ich mich nicht nur wie ein Kind, das sich kichernd im Schnee wälzte, ich futterte auch noch wie ein Scheunendrescher. Mit einem Grinsen auf dem Gesicht tauchte ich unter.

„NA? IST DIR WIEDER WARM?" Benjo musterte mich lächelnd, als ich, bekleidet mit einer alten Jogginghose und einem dicken Pullover, die Küche betrat. An den Füßen trug ich zwei paar Socken. Er selbst hatte nur kurz geduscht. Seine Haare waren noch feucht und kringelten sich an den Seiten, was so niedlich aussah, dass mir ganz warm ums Herz wurde.

„Und ob. Ich fühle mich wie neugeboren." Ich spähte in den Topf, der auf dem Gasherd munter vor sich hin blubberte.

Benjo nahm einen Löffel aus der Schublade und tauchte ihn in die Soße. Dann pustete er einmal und hielt ihn mir hin. „Bitte schön. Aber verbrenn dich nicht."

Ich kostete und schluckte genießerisch. „Darf ich dich behalten?"

Ein seltsamer Ausdruck trat in seine Augen, allerdings nur für einen kurzen Moment. Dann drehte er sich schnell um, nahm zwei tiefe Teller aus dem Schrank und drückte sie mir in die Hand.

„Hier", brummte er, „mach dich lieber nützlich."

Beim Essen nahmen wir das Thema Hannes und Louise wieder auf. Benjo war der Ansicht, dass wir nichts weiter tun konnten, als abzuwarten. Er war dagegen, Louise anzurufen. „Warum die Pferde scheu machen, Anna? Was hat Louise davon, wenn sie es erfährt? Warum willst du sie unglücklich machen? Hannes wird in einer Woche seine Verlobte heiraten."

Als ich weiterhin zögerte, weil ich überzeugt war, dass Louise ein Recht auf die Wahrheit hatte, schlug er vor, die Entscheidung zu vertagen. Er hatte nur noch wenige Tage bis zum Abgabetermin seiner Geschichte, und ich sah ein, dass wir keine Energie mehr auf andere Dinge verschwenden durften.

AN DIESEM ABEND las ich Benjo einen langen Brief vor. Er war sehr romantisch und hatte ein Happy End, genau so, wie er es sich gewünscht hatte. Nachdem ich geendet hatte, sagte Benjo in einem wehmütigen Tonfall, der mich aufhorchen ließ: „Die Liebe schreibt die schönsten Geschichten."

Bislang hatte ich Benjo nicht nach den Frauen in seinem Leben gefragt. Vielleicht weil ich angenommen hatte, dass es keine gab. Schließlich hatte er nie jemanden erwähnt, und welche halbwegs normale Frau würde schon zulassen, dass ihr Mann Tage und Nächte mit einer anderen verbrachte, und sei es nur, um zu arbeiten? Doch jetzt war ich neugierig geworden.

„Heißt das, du hast die Richtige noch nicht gefunden?", fragte ich.

Benjo antwortete nicht sofort. „Doch", sagte er schließlich.

Der Schlag kam aus dem Nichts und traf mich vollkommen unvorbereitet. Etwas wallte in meinem Bauch hoch. Ein wildes Gefühl, zornig und verletzt und traurig. Warum hatte er mir nicht von ihr erzählt?

„Nur stellte sich heraus, dass sie das anders sah." Er zuckte mit den Schultern und lächelte ironisch.

„Das tut mir leid", stotterte ich und wurde abermals überwältigt von den Empfindungen, die mich überrollten. Diesmal war es Erleichterung, gemischt mit Scham, dass ich so fühlte. Ich warf ihm einen verstohlenen Blick zu. Benjo sah aus wie immer. Doch mein Herz klopfte auf einmal wie verrückt. Fast erwartete ich das vertraute Ziehen hinter meiner Stirn, das ein neues Bild ankündigte. Ein Bild von Benjo und mir. Doch die Sekunden verstrichen, ohne dass etwas passierte. Ich atmete ein paarmal tief durch. Du siehst Gespenster, sagte ich zu mir. Benjo und ich. Das ist lächerlich.

„Und? Wie sieht es bei dir aus?", erkundigte sich Benjo.

Ich zog unwillkürlich die Decke enger um mich. „Es gibt niemanden. Meine einzige Beziehung ist fünf Jahre her. Sein Name war Gregor. Vielleicht hast du von ihm gehört."

Als ich aufsah, meinte ich, ein kurzes Blitzen in seinen Augen gesehen zu haben. „Meine Mutter hat da was erwähnt. Ein ganz schöner Idiot."

Ich nickte. „Absolut. Ein richtiger Doofmann war das."
Benjo lachte schallend. „Komm schon, Murmel, das kannst du besser!"
Erstaunt sah ich ihn an. „Was meinst du?"
„Du solltest ihn *richtig* beschimpfen, ihm Schimpfnamen geben, das hilft. Versuch es mal."
„So wie Dödel, meinst du?"
Benjo verdrehte die Augen. „Ich seh schon, so wird das nichts. Na schön, ich fang an." Er räusperte sich. „Arschloch!", brüllte er dann so laut, dass ich vor Schreck zusammenzuckte. Er sah mich auffordernd an. „Jetzt du!"
„Mistkerl", sagte ich versuchsweise.
Benjo grinste. „Schon besser. Nur ein bisschen lauter."
„Schwein!"
„Gut so. Weiter."
„Pissnelke!", rief ich. Langsam kam ich in Fahrt. „Gregor, du miese Ratte! Du verlauster Schimpanse! Du elender Schuft!" Ich sprang auf und boxte mit den Fäusten in der Luft herum. „Hörst du mich, Gregor?!", schrie ich. „Ich habe eine Nachricht für dich. Sie lautet *Arschgeige!*"
„Anna?"
Mit glühenden Wangen sah ich ihn an. „Ja?"
„Ich bin stolz auf dich."

AM NÄCHSTEN NACHMITTAG lag ich in eine Decke gekuschelt auf der Couch und las. Die Dämmerung hatte bereits eingesetzt, das Kaminfeuer knisterte, und Benjo war im Arbeitszimmer und schrieb. Immer wieder musste ich an gestern Abend zurückdenken, als ich unter seiner Anleitung Schimpfnamen für Gregor gesucht hatte, und dabei stahl sich ein breites Lächeln auf mein Gesicht.
„Jetzt hast du aber genug gefaulenzt, junge Dame." Wie aus dem Nichts war Benjo vor mir aufgetaucht und nahm mir das Buch aus der Hand.
„He!", rief ich empört.
Doch Benjo war schon auf halbem Weg in die Küche. „Komm schon!", rief er mir zu. „Wir kochen zusammen. Du darfst die Kartoffeln schälen."
„Wie großzügig", murmelte ich, während ich ihm folgte.
Ich nahm den Sparschäler entgegen und setzte mich an den Tisch, auf dem ein Berg Kartoffeln auf mich wartete. Während ich mich an das Schälen machte, entzündete Benjo den Gasherd, stellte einen großen Topf auf die Flamme und gab einen großzügigen Schuss Olivenöl hinein. Als das Öl anfing zu brutzeln, legte er zwei Scheiben Bauchspeck hinein. Dann schnitt er mit geübten Handbewegungen Zwiebeln und Knoblauch und half mir

danach mit den Kartoffeln. Nachdem er die Zutaten angedünstet, mit Meersalz gewürzt und mit Rindfleischbrühe aufgefüllt hatte, stellte er den Herd klein. „So, das muss jetzt zwanzig Minuten köcheln", erklärte er und fragte dann unvermittelt: „Warum laden wir nicht ein paar Freunde von dir ein?"

Überrascht riss ich die Augen auf. „Was? Jetzt?"

Er zuckte mit den Schultern. „Warum nicht? Die Suppe können wir niemals allein aufessen."

Ich schüttelte protestierend den Kopf. „Es ist Freitagabend, noch dazu zwei Wochen vor Weihnachten. Da haben doch alle was vor. Außerdem wüsste ich, ehrlich gesagt, gar nicht, wen ich anrufen sollte."

Er hielt inne und maß mich mit strengem Blick. „Murmel, es kann nicht sein, dass du keine Freunde hast."

Ich ließ den Kopf hängen. „Nach der Sache mit Gregor war mir eben nicht danach, unter Leute zu gehen."

Er sah mich nachdenklich an. „Du bist hier bei mir."

„Das ist etwas anderes."

Seine Mundwinkel zuckten. „Ich fühle mich geschmeichelt. Trotzdem, es wird doch irgendjemanden geben, mit dem du gern einen Abend verbringen möchtest."

„Sabine", fiel es mir plötzlich wie Schuppen von den Augen, und ich hob erleichtert den Kopf. „Meine Assistentin."

Benjo lächelte. „Wen noch?"

Ich dachte nach. „Die alte Dame. Und Rita und Elisabeth."

Er hob fragend die Augenbrauen. Also erzählte ich ihm von meiner Begegnung mit der alten Dame und ihren Freundinnen. Nur den Part, der ihn betraf, ließ ich aus. Nachdem ich zum Ende gekommen war, sah er mich einen Augenblick lang belustigt an. „Anna, du schaffst es immer wieder, mich zu überraschen." Er räusperte sich. „Also schön, dann hätten wir Sabine, die alte Dame, Rita und Elisabeth. Ich schlage vor, du rufst sie an, und ich kümmere mich in der Zwischenzeit um die Suppe."

ES WAR SCHIER UNGLAUBLICH – alle hatten Zeit.

Zuerst kam Sabine. „Was ist denn mit Ihnen passiert, Frau Kronenberg?", fragte sie. „Sie sehen so strahlend aus!"

Ich schnaubte. „Jetzt kommen Sie erst mal rein, Sabine."

Sie folgte mir in den Flur, wo Benjo bereits darauf wartete, ihren Mantel in Empfang zu nehmen. Bei seinem Anblick wurden ihre Augen noch größer.

Es schellte erneut, und mein Herz machte einen Satz. Ich lief zur Tür und riss sie auf. „Mein liebes Kind!", rief die alte Dame und umarmte mich so lange, dass mein Körper ein einziges Kribbeln war. „Ich freu mich so, dass wir uns wiedersehen." Sie lächelte ihr wundervolles Lächeln.

Hinter ihr erschienen Elisabeth und Rita. „Wo ist denn der Goldjunge?", fragte Rita nicht gerade leise.

Mit einem charmanten Lächeln kam Benjo an die Tür. „Hab ich da gerade meinen Namen gehört?", scherzte er.

Rita musterte ihn von oben bis unten und nickte mir anerkennend zu. Mit einer eleganten Bewegung schlüpfte sie aus ihrem Mantel, legte ihn Benjo über den Arm und verschwand im Inneren des Cottage.

Er sah mich an und hob eine Augenbraue. „Goldjunge, hm?"

ES WURDE EIN WUNDERVOLLER ABEND. Benjo erzählte lustige Anekdoten von seiner Tätigkeit als Reisebuchautor. Es stellte sich heraus, dass Elisabeth die meisten Orte, über die er geschrieben hatte, schon besucht hatte, und bald waren sie in eine angeregte Unterhaltung über Land und Leute vertieft. Irgendwann klatschte Rita in die Hände und verkündete, sie wollte tanzen.

Ich machte große Augen. „Dann sollte ich wohl andere Musik auflegen."

Rita lachte. „Doch nicht hier, Kindchen, wir fahren in die Stadt."

Ich sah auf meine Uhr. Es war schon nach eins. „Was, jetzt noch?"

„Wann denn sonst!", rief Elisabeth.

Sabine tat es ihr nach. „Tanzen, tanzen!", sang sie fröhlich vor sich hin.

„Benjo, rufen Sie uns bitte ein Taxi." Rita sah ihn auffordernd an.

Benjos Augen suchten meinen Blick. Ich zuckte mit den Schultern, und ein breites Grinsen erhellte sein Gesicht. „Meine Damen, gehen wir tanzen."

DER TÜRSTEHER wusste nicht, wie ihm geschah. „Sind das Freunde von dir?", fragte er Benjo, den er offensichtlich kannte.

Benjo legte einen Arm um Rita und einen um Elisabeth und lachte. „Die besten, die man sich vorstellen kann."

Im Inneren des kleinen Klubs war es laut, heiß und stickig. Musik hämmerte aus den Lautsprechern. Rita, Elisabeth und Sabine stürzten sich sofort ins Gedränge. Die alte Dame war nicht mitgekommen. Sie hatte mich zum Abschied lange umarmt und ihre Einladung, sie zu besuchen, wiederholt.

„Möchtest du etwas trinken?", fragte Benjo.

Ich nickte. „Einen Caipirinha, bitte."

„Kommt sofort, gnädige Frau."

Während ich darauf wartete, dass er mit den Getränken zurückkehrte, beobachtete ich die Menschen um mich herum. Sie bewegten sich zur Musik, lachten, schrien gegen den Lärm an, flirteten. Selbst die Leute an der Bar wippten mit den Füßen. Schutz suchend drückte ich mich gegen die Wand. Seitdem wir den Klub betreten hatten, fühlte ich mich unbehaglich und fehl am Platz. Wie aus dem Nichts war meine alte Unsicherheit zurückgekehrt. Die vielen fröhlichen Menschen schüchterten mich ein.

Endlich kam Benjo zurück und drückte mir ein Glas in die Hand.

„Fühlst du dich nicht wohl?", fragte er.

„Ich habe Angst zu tanzen", gestand ich ihm.

Benjo lachte nicht. „Warum?"

„Weil ich es nicht kann", erwiderte ich. „Und dann sehen mich alle an, und ich fühle mich schrecklich."

Behutsam nahm mir Benjo das Glas aus den Fingern und stellte es ab. Dann fasste er mich an den Händen und führte mich in Richtung Tanzfläche.

„Was soll das werden?", fragte ich erschrocken.

Benjo nahm meine Hände und legte sie sich um den Hals. Dann fasste er mich um die Taille. „Entspann dich, Anna."

Ich schnaubte. *Entspannen*. Nichts leichter als das. Ich schloss die Augen.

Ein neues Lied setzte an. Der Rhythmus brandete durch meinen Körper. Versuchsweise begann ich mich zu bewegen. Erst langsam, dann ein bisschen schneller. Ich spürte Benjos Hände auf meinem Körper, sein Kinn an meiner Stirn. Fühlte mich sicher, geborgen, eins mit der Musik. Und dann gab es nur noch uns beide. Anna und Benjo. Beste Freunde. Als ich die Augen öffnete, lächelte er, und ich lächelte zurück.

NACHDEM wir Sabine mit dem Taxi zu Hause abgesetzt hatten, fuhren wir weiter zur Wohnung von Rita und Elisabeth. Es war fünf Uhr morgens. Die Stadt schlief noch. Die Straßen lagen still und friedlich da, und vereinzelt wirbelten Schneeflocken umher.

„Vielen Dank für den wunderschönen Abend", sagte Elisabeth, nachdem wir ausgestiegen waren. „Ich habe mich gefühlt, als wäre ich wieder zwanzig." Sie kicherte.

„Wir wollen mal nicht übertreiben", sagte Rita und grinste. Dann drückte sie mich an sich. „Vergessen Sie bloß nicht, ihn zu küssen!", flüsterte sie deutlich hörbar in mein Ohr. Meine Augen wurden groß, doch ich erwiderte nichts. Benjo und ich sahen den beiden alten Frauen nach, wie sie durch das schmiedeeiserne Tor verschwanden.

„Anna?", fragte er leise.

„Mhm?"

„Warum solltest du nicht vergessen, mich zu küssen?"

Ich lächelte. „Weil du mein bester Freund bist."

## Zehn

Die Sonne stand schon hoch am Himmel, als ich am nächsten Tag erwachte. Ich schlug die Decke zurück und krabbelte aus dem Bett. Dann zog ich mir einen Pullover über und ging zum Fenster. Der Himmel war tiefblau, und der Schnee im Garten glitzerte, dass es eine Freude war.

Im Flur hielt ich inne. Aus Benjos Zimmer war kein Laut zu hören. Auf Zehenspitzen schlich ich hinunter in die Küche, um Frühstück zu machen.

Eine halbe Stunde später klopfte ich zaghaft an seiner Tür. Ich wartete einen Moment, dann drückte ich die Klinke hinunter. Die Vorhänge waren zurückgezogen, Sonne strömte herein, und das Bett war frisch gemacht. Verwirrt sah ich mich um. Plötzlich kam mir ein Gedanke. Ich stieg über das üppig beladene Frühstückstablett, das ich auf dem Boden abgestellt hatte, und lief ins Arbeitszimmer.

„Hier bist du!"

Benjo sah von seinem Laptop auf. „Guten Morgen", sagte er gut gelaunt. „Ich konnte nicht schlafen, da hab ich an meiner Geschichte weitergearbeitet."

„Ach ja?" Neugierig trat ich näher. Doch bevor ich über seiner Schulter etwas erkennen konnte, hatte er den Laptop auch schon zugeklappt und sich zu mir umgedreht. „Später. Ich muss noch ein bisschen daran feilen." Er schnupperte. „Rieche ich da etwa Kaffee?"

NACH DEM FRÜHSTÜCK entschuldigte sich Benjo. „Ich muss weitermachen, Anna, es läuft gerade so gut. Sei mir nicht böse, ja?" Er goss sich noch eine Tasse Kaffee ein, schnappte sich eine Flasche Orangensaft, die er sich unter den Arm klemmte, und verschwand Richtung Arbeitszimmer.

Nachdem ich abgespült und die Küche aufgeräumt hatte, beschloss ich, in die Stadt zu fahren. Ich nahm den Schlüssel von Vaters Jaguar vom Haken und machte mich auf den Weg. Von unterwegs rief ich Sabine an und verabredete mich mit ihr zu einem Kaffee. Sie schlug als Treffpunkt das „House of Small Wonder" vor, in dem ich bislang noch nicht gewesen war.

Das House of Small Wonder machte seinem Namen alle Ehre: Nachdem wir die Wendeltreppe in den ersten Stock erklommen hatten, fanden wir uns in einer Art verwunschenem Gewächshaus wieder – bunte Glasfenster an den Wänden, grüne Pflanzen, wohin das Auge blickte, und Vögel, die über die Tapete schwirrten. Dazu eine spitz zulaufende Decke aus alten Fensterscheiben, die von innen zu leuchten schienen.

„Ich wusste gar nicht, dass du so gern tanzt", begann Sabine, nachdem unsere Getränke serviert worden waren. Im Laufe der gestrigen Nacht waren wir zum Du übergegangen. Es fühlte sich so natürlich an, dass mir im Nachhinein unbegreiflich war, warum wir so lange damit gewartet hatten.

„Ich auch nicht", erwiderte ich und grinste.

Sabine grinste ebenfalls. „Kann es sein, dass ein gewisser Benjo daran nicht ganz unschuldig ist?"

„Es ist nicht so, wie du denkst."

„Was denke ich denn?", fragte sie keck.

„Na, dass aus uns ein Paar werden könnte", sagte ich.

„Läge ich damit so falsch?", fragte sie sanft.

Ich stellte meine Tasse auf dem Tisch ab und sah sie an. Und dann erzählte ich ihr, wie wir zusammen aufgewachsen waren, was mir seine Freundschaft bedeutet hatte. „Benjo war mein Zuhause. Seine Eltern waren so ganz anders als meine, die nie da waren. In meinen Augen war Rosalie die beste Mutter der Welt. Ich kann mich nur an einen einzigen Tag erinnern, an dem sie nicht gelächelt hat. Es war im Sommer, kurz nach Benjos siebtem Geburtstag, wir spielten im Garten Räuber und Gendarm. Nach einiger Zeit wurde es Benjo langweilig, und so kam er auf die Idee, mit seinem neuen BMX-Rad den Abhang am Ende der Straße hinunterzufahren. Ich bat ihn, es nicht zu tun, doch er lachte nur. Und schon hatte er das Rad aus der Garage geholt und rollte los. Ich lief hinter ihm her und sah gerade noch, wie er den Berg hinunterraste, dabei das Bremsen vergaß und in einen parkenden Wagen krachte. Ich schrie so laut, dass aus den umliegenden Villen die Leute auf die Straße kamen. Dann rannte ich los. Noch bevor ich ihn erreicht hatte, kam Rosalie. Als sie Benjo erblickte, der wie eine zerbrochene Puppe auf dem Boden lag, wurde sie totenblass. Mit einem erstickten Laut ließ sie sich neben ihn auf die Knie fallen und tastete nach seinem Puls."

Sabine schlug sich eine Hand vor den Mund. „Was ist dann passiert?"

„Ein Nachbar rief den Rettungsdienst. Ich stand noch da und heulte Rotz und Wasser, als der Krankenwagen mit Benjo schon längst hinter der nächsten Biegung verschwunden war. In meinem Kopf hallten die Worte nach, die Rosalie zu mir gesagt hatte, bevor sie zu ihm in den Krankenwagen gestiegen war. ‚Du bist seine Freundin, Anna. Du musst auf ihn achtgeben, wenn er es nicht besser weiß.' "

„Wie gemein!", protestierte Sabine. „Du warst doch noch ein Kind."

„Sie meinte es nicht so. Hinterher, nachdem bei Benjo eine leichte Gehirnerschütterung und zwei geprellte Rippen diagnostiziert worden waren, brachte mir Rosalie Schokolade und entschuldigte sich. Sie habe vor Sorge nicht mehr klar denken können. Es sei unfair gewesen, mir Vorwürfe zu machen, und ob ich ihr verzeihen könne. Statt einer Antwort stürzte ich mich in ihre Arme. Doch auch wenn Rosalie mich von jeder Schuld freigesprochen hatte, wusste ich insgeheim, dass sie recht gehabt hatte."

Sabine runzelte die Stirn. „Wie meinst du das?"

„Ich war immer die Vernünftigere von uns beiden. Deshalb machte ich es nach Benjos Unfall zu meiner Aufgabe, ihn zu bremsen, wenn er allzu waghalsige Pläne schmiedete. Unzählige Male sagte er mir, ich sei eine Langweilerin. Doch das Glitzern in seinen Augen verriet mir, dass er es insgeheim genoss, wenn ich mich um ihn sorgte. Durch mich wurde er ruhiger, allerdings ohne seine Unbekümmertheit zu verlieren. Und das war auch gut so", fügte ich hinzu und lächelte. „Sonst hätte ich nie erfahren, wie man im Wald Baumhäuser baute und wie viel Spaß es machte, sich von den Ästen der alten Trauerweide in den See zu stürzen."

Sabine sah mich nachdenklich an. „Das klingt alles so zauberhaft", sagte sie leise. „Aber wie kam es zu dem Bruch zwischen euch?"

„Es passierte auf dem Sommerfest seiner Eltern." Wie immer, wenn ich an den Tag zurückdachte, fing mein Puls an zu rasen. „Benjo war vierzehn, genau wie ich. Am Vortag hatte er sich fürchterlich mit seinem Bruder Timo gestritten, aber er wollte mir nicht verraten, worum es ging. Ich dachte darüber nach, als ich auf der Veranda saß, dem festlichen Treiben zusah und darauf wartete, dass Benjo mit dem versprochenen Pullover für mich zurückkam. Es war kühl geworden, und ich war beschwipst von dem Champagner, den wir getrunken hatten, als niemand hingesehen hatte. Doch statt Benjo kam Timo und fragte mich, ob ich mit ihm spazieren gehen wollte. Und weil ich heimlich in ihn verliebt war, folgte ich ihm hinunter zum See. Dort küsste er mich plötzlich, und der Kuss stürzte mich in ein ziemliches Gefühlschaos. Monatelang hatte ich mir nichts sehnlicher gewünscht, doch in dem Moment, als es passierte, verflog der Zauber. Ich erkannte, dass ich mir meine Verliebtheit nur eingebildet hatte. Und als ich mich von ihm löste, hörte ich hinter mir das Knacken eines Zweiges. Ich drehte mich um und sah Benjo, der mich mit kreidebleichem Gesicht anstarrte."

„Er ist euch gefolgt", stellte Sabine erschrocken fest.

Ich nickte. „Ich war wie erstarrt. ‚Das macht ihr wohl besser unter euch aus', hörte ich Timo sagen, bevor er sich umdrehte und im hohen Gras verschwand. Die Situation überforderte mich, ich verstand nicht, was in diesem Moment passierte. Auf der einen Seite Timo, der mich küsste und anschließend davonlief, als hätte es diesen Kuss nie gegeben. Auf der anderen Seite Benjo, der wie aus dem Nichts aufgetaucht war und kein Wort sprach. Eine Zeit lang standen wir uns gegenüber. Dann drehte er sich langsam um. Ich wollte den Arm nach ihm ausstrecken, ihn aufhalten, ihn anflehen, bei mir zu bleiben und mit mir zu reden. Stattdessen stand ich da wie gelähmt und beobachtete, wie er sich von mir entfernte. In den Tagen danach klingelte ich an seiner Haustür Sturm. Ich war davon überzeugt, dass er mir verzeihen würde. Es war unvorstellbar, dass unsere Freundschaft an einem einzigen dummen Fehler zerbrechen sollte. Doch jedes Mal, wenn ich klingelte, sagte Rosalie mit bekümmerter Miene, dass er mich nicht sehen wollte. Wenn ich anrief, legte er auf. Begegneten wir uns auf der Straße, senkte er den Kopf und ging an mir vorbei. Aber erst als er nach den Sommerferien in der Schule seinen Platz tauschte, damit er nicht mehr neben mir sitzen musste, begriff ich, wie ernst es war. Ich tat so, als würde mich das alles nichts angehen, doch in der Nacht weinte ich mich in den Schlaf. Am nächsten Morgen bat ich meine Mutter um ein Gespräch. Zwei Wochen später saß ich im Zug nach München. Auf dem Weg in das Internat, in dem sie selbst ihren Abschluss gemacht hatte. Ein Jahr später habe ich Benjo noch einmal gesehen. Ich war in den großen Ferien nach Hause gekommen und wollte gerade durch unser Tor gehen, als er mit einem Mädchen die Straße heraufgelaufen kam. Sie lachten zusammen. Ich stand stocksteif da, die Hände um das Gitter geschlungen, unfähig, mich zu rühren. Ich weiß nicht, was mich mehr verletzte: dass er so unbeschwert mit jemandem scherzte, während er mich nicht mehr sehen wollte, oder dass er mich so schnell ersetzen konnte. Ich drehte mich um und rannte den Weg zurück zu unserem Haus. Danach unternahm ich nie wieder den Versuch, mit ihm zu reden."

Sabine schwieg einen Moment. „Umso schöner, dass ihr jetzt wieder Freunde seid", sagte sie schließlich.

„Ja", gab ich ihr recht. „Und du kannst dir nicht vorstellen, wie gut sich das anfühlt."

NACHDEM wir das Café verlassen hatten, entschlossen wir uns zu einem Bummel. Wir schlenderten über die Friedrichstraße, Sabine erstand Nagellack, einen Schal und bunte Ringelhandschuhe und ich ein T-Shirt für Benjo. Schließlich verabschiedeten wir uns. Sabine nahm die Bahn, während ich mit Vaters Wagen in den Supermarkt fuhr und so viele Lebensmittel einkaufte, als hätte der Wetterbericht einen verheerenden Schneesturm vorausgesagt, der das Cottage für Wochen von der Außenwelt abschneiden sollte.

Es dämmerte schon, als ich mit dem Schlüsselbund im Mund und einer riesigen Kiste in den Händen den Flur betrat. Benjo kam mir entgegen. Er nahm mir die Einkäufe ab, holte den Rest aus dem Auto und verstaute alles in der Küche.

„Wie bist du vorangekommen?", fragte ich, während ich mich erschöpft auf einen Stuhl sinken ließ.

„Fantastisch. Ich bin so gut wie fertig."

*Jetzt schon?* Ein Gefühl der Enttäuschung strömte durch meinen Körper. Wenn die Geschichte fertig war, hieß das, dass ich keinen Grund mehr hatte, länger zu bleiben …

„Jetzt schau nicht so", sagte Benjo. „Freu dich lieber für mich."

„Das tue ich", beeilte ich mich zu sagen. „Ich bin nur … überrascht."

Benjos Lachfältchen vertieften sich. „Ich bin selbst überrascht. Ich hatte eine Idee, und plötzlich konnte ich nicht mehr aufhören zu schreiben. Es war, als führten meine Finger ein Eigenleben. Ich kam gar nicht mehr mit."

Seine Aufregung war so ansteckend, dass ich meine Enttäuschung vergaß. „Wann bekomme ich die Geschichte zu lesen?"

„Äh, wenn ich ganz fertig bin."

Plötzlich kam mir meine Vereinbarung mit Frau Richter in den Sinn, die ich in den letzten Tagen erfolgreich verdrängt hatte. Die Verlegerin erwartete eine *wahre* Liebesgeschichte. Eine, die meinen Klienten passiert war. „Dann verrat mir wenigstens, worum es geht", bettelte ich.

Benjo hob einen Zeigefinger an die Lippen. „Ich mach dir ein Angebot. Morgen Abend führe ich dich zum Essen aus, sozusagen zum Abschluss, und danach lese ich dir meine Geschichte vor."

Ich nickte matt. Der Einsendeschluss war erst nächste Woche. Theoretisch blieb noch genügend Zeit, um Anpassungen vorzunehmen, damit Frau Richter den Etikettenschwindel nicht bemerkte. Vorausgesetzt, ich konnte Benjo davon überzeugen. Nur, wie sollte ich das anstellen, ohne ihm die Wahrheit zu sagen? Sollte ich behaupten, dass sein Text sich nicht gut las? Dass er keine Magie verströmte? Magie, die jedoch den Liebesgeschichten meiner Klienten innewohnte? Ich biss mir auf die Unterlippe und betete, dass es nicht so weit kommen würde.

Gegen acht rief ich Benjo zum Abendessen herunter. Ich hatte Spaghetti in einer Soße aus Kokosmilch, rotem Chili und Limettensaft gemacht, dazu in Knoblauch und Ingwer gebratene Garnelen, das Ganze garniert mit klein gehacktem Basilikum und frischer Minze. Als er sich an den Tisch setzte, hatte er dieses Leuchten in den Augen, das sein ganzes Gesicht zum Strahlen brachte. Er war unverschämt gut gelaunt, und es war offensichtlich, dass er mehr als zufrieden mit seiner Arbeit war. Dennoch war er interessiert und aufmerksam. Er fragte mich, was ich in der Stadt gemacht hatte und wie es mit Sabine lief. Er freute sich wie ein Kind über das T-Shirt, das ich ihm mitgebracht hatte, und lobte meine Kochkünste, bis ich ganz verlegen wurde.

„Geh ruhig wieder nach oben", sagte ich, nachdem wir fertig gegessen hatten. „Aufräumen kann ich auch allein."

Benjo lächelte. „Warte kurz, ich habe auch etwas für dich." Er drehte sich um, und ich hörte, wie er die Treppe hinaufrannte.

Eine Minute später war er zurück. Mit großen Augen blickte ich auf das schwere ledergebundene Fotoalbum in seinen Händen.

„Das wollte ich dir schon vor langer Zeit geben. Genau genommen vor zwanzig Jahren." Er hob den Deckel. „Bist du bereit?"

Ich nickte gespannt und rückte näher an ihn heran. Seidenpapier raschelte.

„Sind wir das?", fragte ich lachend, als ich das erste Foto sah: zwei pummlige Babys, die zusammen auf einer Decke im Wohnzimmer von Benjos Eltern lagen. Im Hintergrund waren Louise und Rosalie zu sehen.

Benjo nickte. Auf dem nächsten Foto waren wir etwa ein Jahr alt. Es war Winter, wir hielten uns an der Hand und grinsten unter unseren Pudelmützen in die Kamera. Es folgten Fotos von Kindergeburtstagen, auf denen wir, die Münder mit Kuchen und Schokolade verschmiert, nebeneinandersaßen und aus vollem Halse lachten. Wir wurden älter, drei, vier. Ich schob einen Puppenwagen, und Benjos Hand ruhte wie selbstverständlich auf meiner Schulter, sodass wir aussahen wie die Miniaturausgabe einer glücklichen Familie. Der erste Schultag. Voller Stolz umklammerten wir unsere Schultüten, die orangeroten Käppis lässig in die Stirn gezogen. Benjo und ich als Kommunionkinder, die strahlenden Gesichter übersät mit roten Punkten, eine Erinnerung an die Windpocken, die wir gerade hinter uns gebracht hatten.

Ich blätterte weiter. Benjo und ich beim Zelten, wie wir Stockbrot über ein Lagerfeuer hielten. Beim Rodeln auf dem Teufelsberg, hintereinander auf dem Schlitten, meine Arme um seine Taille geschlungen, mein Kinn auf seiner Schulter.

Viel zu schnell erreichte ich die letzte Seite. Meine Finger zitterten, als ich die Konturen des Fotos nachzog. Es war unser letzter gemeinsamer Sommer. Wir saßen auf dem Steg am See. Unsere Füße baumelten im Wasser. Benjo hatte einen Arm um meine Schulter gelegt. Ich hielt meinen Kopf seitlich, mein Mund ganz nah an seinem Ohr, ein Lächeln auf den Lippen. Offensichtlich flüsterte ich ihm gerade etwas zu. Wir waren so vertraut miteinander. So jung. So glücklich. Erst jetzt bemerkte ich, dass mir eine Träne über die Wange rann. Mit dem Handrücken wischte ich sie weg. Dann sah ich Benjo an. „Für mich?", flüsterte ich.

Er nickte kaum merklich.

„Danke." Ich griff nach seiner Hand und drückte sie. Noch nie hatte ich ein schöneres Geschenk erhalten. Mein Herz schmerzte vor Glück, dass es kaum zu ertragen war. Ich hatte vergessen, wie es sich anfühlte. Wie *wir* uns anfühlten.

DEN GANZEN SONNTAG ÜBER bekam ich Benjo kaum zu Gesicht. Ab und zu schlich ich mich nach oben, öffnete die Tür zum Arbeitszimmer einen Spalt und beobachtete, wie er am Schreibtisch saß, während seine Finger über die Tasten flogen. Dann schloss ich lautlos die Tür und tapste zurück ins Wohnzimmer. Draußen war es schon dunkel, als Benjo zur Tür hereinkam. „Schau mal, frisch aus dem Drucker." Er wedelte mit einem dünnen Stoß Papier vor meiner Nase herum und zog ihn sofort zurück, als ich danach greifen wollte. „Finger weg!" Er lachte. „Erst essen wir zu Abend. Das Taxi holt uns in einer Stunde ab."

WIR FUHREN in die Knesebeckstraße. Benjo half mir aus dem Wagen, und wir betraten ein kleines italienisches Restaurant, das für seine schmackhafte Küche bekannt war. Das Restaurant war gut besucht, doch wir hätten genauso gut allein sein können. Wir redeten und redeten, ließen die letzten Tage Revue passieren und lachten Tränen über die Nacht im Klub. „Du hast getanzt, als gäbe es kein Morgen", sagte Benjo und sah mich so zärtlich an, dass ich schlucken musste. Er griff über den Tisch nach meiner Hand. „Anna, ich bin so froh, dass ich dich wiederhabe."

Ich blinzelte, um die Tränen zurückzuhalten, die mir plötzlich in die Augen stiegen. „Ich auch", flüsterte ich erstickt.

Benjo räusperte sich. „Ich muss dir etwas sagen. Über die Nacht am See."

Ich erstarrte. Meine Brust wurde eng, und mein Herz fing an zu rasen.

„Der Grund, warum ich damals so abweisend war, warum ich kein Wort mit dir geredet habe …" Er sah auf unsere verschlungenen Hände.

„Hallo Anna." Zuerst begriff ich gar nicht, dass ich gemeint war. Dann wandte ich mich langsam um.

„Gregor", brachte ich tonlos hervor, und mein Herz gefror zu Eis. „Entschuldige … ich muss …"

Der Moment überforderte mich. Ich stieß mich vom Tisch ab, erhob mich, mein Stuhl fiel krachend zu Boden. Dann stürzte ich hinaus ins Freie.

Draußen stützte ich mich an einem Baum ab und atmete einige Male tief durch. *Gregor, Gregor*, hämmerte es in meinen Ohren. Was machte er hier? Warum sahen wir uns gerade jetzt wieder? In meinem Kopf dröhnte es.

Auf einmal bemerkte ich, wie ein Mantel um meine Schultern gelegt wurde. Ich blickte auf und sah Benjo.

„Danke", murmelte ich und lehnte mich gegen ihn. Er nahm mich in die Arme und drückte mich an sich. Lange standen wir so da.

Plötzlich registrierte ich aus den Augenwinkeln eine Bewegung. *Gregor.* Er war uns nach draußen gefolgt. „Anna? Komm schon, lass uns bitte reden."

Ich gab vor, ihn nicht zu hören. Ich sah weiter Benjo an. Traurig, verwirrt, verzweifelt. Benjo nahm mein Gesicht in seine Hände. Sie waren groß und kräftig und warm. Sein Blick glitt über meine Augen, meine Nase, zu meinem Mund. Er lächelte, und sein Lächeln offenbarte ein derartiges Ausmaß an Gefühlen, dass mir schwindlig wurde. *Ich halte dich*, las ich darin. *Ich bin für dich da. Als dein Freund. Als der Mann, der dich liebt. Wenn du mich lässt.* Dann beugte er sich zu mir herunter und küsste mich.

Etwas in mir brach auf, und jede Erinnerung daran, vorher schon einmal geküsst worden zu sein, löste sich auf. Stattdessen durchströmte mich die plötzliche Gewissheit, dass alles, was in meinem Leben geschehen war, alles, was ich erlebt hatte, nur dazu da gewesen war, um mich jetzt und hier in Benjos Arme zu führen.

Ich erwachte mit der Erinnerung an die letzte Nacht. Mein Körper fühlte sich wunderbar leicht an, und meine Lippen waren geschwollen vom Küssen. Himmel, dachte ich und lächelte.

Benjo lag hinter mir, sein Gesicht in meinem Nacken vergraben, sein Atem warm auf meiner Haut, sein Arm um meine Taille geschlungen. Ich drehte mich zu ihm und gab ihm einen Kuss auf die Nasenspitze.

Er öffnete die Augen und lächelte mich verschlafen an. „Hallo, meine Liebste", sagte er, und mein Herz zog sich zusammen vor Glück.

Es war Montag, der 12. Dezember, und heute schien zum ersten Mal seit Tagen nicht die Sonne. Der Himmel war weiß wie ein frisch gewaschenes Laken. Doch das Wetter war uns egal, uns zog nichts nach draußen. Wir frühstückten im Bett, fütterten uns gegenseitig mit Croissants, küssten uns nach jedem Bissen wie verliebte Teenager, sahen uns immer wieder an, schüttelten den Kopf und grinsten.

„Worüber schmunzelst du?", fragte Benjo, den Kopf auf meinem Bauch.

„Über die Ironie des Schicksals", sagte ich. „Da weiß ich genau, wer füreinander bestimmt ist, und renne selbst wie ein blindes Huhn umher."

Er grinste. „Sei nicht so streng mit dir. Immerhin bist du ein ziemlich niedliches Huhn. ... Aua, hau mich doch nicht! ... Na warte!" Er küsste mich, erst spielerisch, dann voller Leidenschaft, bis wir erneut die Welt um uns herum vergaßen.

SEHR VIEL SPÄTER stützte sich Benjo auf einen Ellenbogen und sah mich verträumt an. „Ich wusste es schon damals. Das mit uns."
Verständnislos starrte ich ihn an. „Wie, du meinst früher?"
Er nickte. „Du hattest keine Ahnung von meinen Gefühlen für dich?"
Ich schüttelte heftig den Kopf. „Wovon redest du, Benjo?"
Benjo begann mir seine Geschichte zu erzählen. Er war gerade vierzehn geworden, als er anfing, mich mit anderen Augen zu betrachten. Er hatte sich in mich verliebt, und zwar so plötzlich und heftig, dass er glaubte, ich müsste genauso empfinden. Nach Monaten des Hoffens und Wartens beschloss er, mir seine Gefühle zu gestehen. Er wählte dafür den Tag des Sommerfestes seiner Eltern. Den ganzen Vortag über strich er wie Falschgeld durchs Haus, bis Timo ihn fragte, was zum Teufel mit ihm los sei. „Und ich verwirrter, liebeskranker Idiot erzählte es ihm." Benjo schnaubte. „Dabei hätte ich es wirklich besser wissen müssen."
„Und weiter?", flüsterte ich.
„Timo lachte mich aus. Er sagte, du wärst in *ihn* verliebt und dass das jeder wüsste außer mir. Da habe ich ihm eine geknallt und bin abgehauen."
Ich fühlte grimmige Genugtuung in mir aufsteigen. „Gut so, und dann?"
„Am nächsten Morgen, als unsere Eltern uns in den Garten schickten, um die Tische und Stühle aufzubauen, zischte er mir zu, du wüsstest längst von meinen Gefühlen und sie wären dir egal. Mir war klar, dass er log, denn so warst du nicht. Dann ging er über den Rasen davon, und ich sah ihn erst wieder, als er dich an die Hand nahm und zum See führte."
Ich schloss die Augen. Mir war übel, denn nun wurde mir bewusst, dass Timo mich nur aus einem Grund zum See gebracht hatte. Er wollte, dass Benjo uns folgte. Das war seine Rache für die Ohrfeige, die ihm sein jüngerer Bruder verpasst hatte. Was er mir damit antat, war egal.
Benjo fuhr fort: „Am nächsten Tag wollte er mir die Aktion als brüderliche Fürsorge verkaufen. Er hätte mir nur zeigen wollen, wie du wirklich bist."
*Bitte was?* Ich fuhr zornig auf, doch Benjo hielt mich zurück. „Ich habe ihm nicht geglaubt, Anna. Trotzdem. Es änderte nichts an der Tatsache, dass du in ihn verliebt warst und nicht in mich. Und dass ich das auf diese Weise erfahren musste."
Ich senkte den Blick. „Ich weiß", sagte ich leise. „Dabei liebte ich ihn nicht einmal. Nicht richtig."
Eine Weile waren nur unsere Atemgeräusche zu hören. So viel Schmerz,

so viel Kummer lag in ihnen. Irgendwann sah ich auf. „Hast du deshalb nie mit mir gesprochen? Weil du wütend warst?"

Benjo ließ sich Zeit. Als er antwortete, klang seine Stimme belegt. „Am Anfang schon. Aber selbst mir wurde irgendwann klar, dass du nichts für deine Gefühlte konntest. Ich meine, wer hätte sich schon freiwillig in *Timo* verliebt?" Er lächelte schief. „Jedenfalls beschloss ich eines Tages, dass ich genug geschmollt hatte …"

Vor Überraschung setzte ich mich auf. „Du wolltest dich mit mir vertragen? Aber wieso bist du nicht auf mich zugekommen?"

„Es ging einfach nicht. Ich sah dich am Tag nach den Sommerferien an unserem Platz in der ersten Reihe sitzen, und ich wollte zu dir gehen, mich neben dich setzen, fragen, ob du noch mit mir befreundet sein wolltest, aber meine Füße gehorchten mir nicht." Er schluckte. „Ich machte auf dem Absatz kehrt, rannte zur Toilette und heulte Rotz und Wasser. Als ich wieder herauskam, lief mir Annika über den Weg, und ich bettelte sie an, ihren Platz mit mir zu tauschen." Er sah mich an und lächelte traurig. „Und dann warst du plötzlich fort. Ich habe bestimmt tausend Briefe an dich angefangen … aber nicht einen abgeschickt. Ich habe mich so geschämt."

„Wenn ich gewusst hätte …" Ich konnte nicht weitersprechen. Die Tränen liefen jetzt nur so über meine Wangen. Wir hatten so viele Jahre vergeudet.

Benjos Gesicht war ebenfalls tränenüberströmt. Er beugte sich vor und küsste mich zart auf die Lippen. „Lass uns von jetzt an alles richtig machen, Anna." Er zog mich in seine Arme und drückte mich an sich, als wollte er mich nie wieder loslassen.

„Kein Schweigen mehr?", schniefte ich an seinem Hals.

„Nie mehr", kam es erstickt zurück.

Ich schlang meine Arme um seinen Nacken. „Und kein Fortlaufen", sagte ich und lachte und weinte gleichzeitig.

WIR WURDEN von einem lautem Gepolter geweckt. „Jemand zu Hause?", dröhnte eine tiefe Stimme aus dem Erdgeschoss.

Benjo war sofort hellwach. „Das ist Hannes." Mit einer schnellen Bewegung schlüpfte er aus dem Bett.

„Hannes?", flüsterte ich erschrocken. „Was macht der hier? Sollte er nicht in London sein und seine Hochzeit mit Winnie vorbereiten?"

Benjo hob in einer Geste komischer Verzweiflung die Schultern. „Das werden wir gleich herausfinden." Er ging nach unten.

Als ich zehn Minuten später ins Wohnzimmer stolperte, erwartete mich die nächste Überraschung. Zwischen Benjo und dem großen, gut aussehenden Mann, den ich von dem Foto aus dem Arbeitszimmer kannte, saß ... *Louise.*

„Ich muss mich setzen", sagte ich.

Nachdem Hannes jedem von uns ein Glas Cognac eingegossen hatte, erzählte er, dass ihm nach dem Telefonat mit Benjo dessen Worte nicht mehr aus dem Kopf gegangen waren. Er lächelte mich beschämt an. „Verstehen Sie mich nicht falsch, meine Liebe, aber ich hatte bis dahin noch nichts von Ihnen gehört. Also setzte ich mich hin und googelte Ihre Agentur."

Was er gelesen hatte, hatte ihn äußerst nachdenklich gestimmt. Versuchsweise hatte er Louises Namen in den Rechner eingegeben, und wenige Minuten später hatte er ihre Anschrift in Zürich in der Hand gehalten. „Ich saß vor dem PC und überlegte. Ich glaubte nicht wirklich daran, dass diese Frau, die ich noch nie gesehen hatte, die Liebe meines Lebens sein sollte. Doch ich wollte die Sache auch nicht einfach auf sich beruhen lassen. Ich musste mich mit eigenen Augen davon überzeugen, dass es Humbug war. Ich erklärte Winnie, ich hätte noch eine Überraschung für unsere Hochzeit vorzubereiten, und setzte mich in den nächsten Flieger."

„Und dann stand er plötzlich vor meiner Tür", nahm Louise den Faden auf.

Hannes küsste sie auf die Wange. „Ich wollte sie nur einmal anschauen und mich dann auf den Weg zurück machen. Schließlich wollte ich mir nicht irgendwann eingestehen müssen, den Fehler meines Lebens begangen zu haben. Doch dann sahen wir uns in die Augen, und ich vergaß, dass ich eigentlich direkt wieder gehen wollte."

„Und Winnie?" Es war das erste Mal, dass sich Benjo zu Wort meldete.

Hannes winkte ab. „Ich habe sie angerufen. Sie wird darüber hinwegkommen. Eigentlich kann sie sogar froh sein. Winnie ist nicht die Frau, die sich mit einer Rolle als Zweitbesetzung zufriedengeben würde."

Ich schlug die Augen nieder. Diese plötzliche Gleichgültigkeit dem früheren Partner gegenüber hatte ich schon häufiger erlebt. Das war auch ein Grund, warum ich meinen Klienten nur ein Foto und den Namen gab.

„Und was habt ihr jetzt vor?", fragte Benjo.

Hannes und Louise sahen sich an und kicherten. „Wir haben nicht die geringste Ahnung", sagte Louise.

Benjo gab mir mit einer Handbewegung zu verstehen, dass ich ihm nach draußen folgen sollte. „Entschuldigt uns bitte für einen Moment."

Im Flur legte er seine Hände auf meine Schultern und sah mich an. „Du meine Güte. Sind die Paare, die du zusammenbringst, alle so?"

„Das sind noch nicht einmal die schlimmsten "

Er lächelte spitzbübisch. „Da könntest du recht haben", sagte er und gab mir einen langen Kuss.

„Hab ich etwas verpasst?"

Benjo und ich fuhren auseinander, als wären wir Teenager, die von ihren Eltern beim Knutschen hinter dem Autoscooter ertappt wurden.

Louise sah von mir zu Benjo und grinste. „Das wurde aber auch Zeit", sagte sie. „Kann mir bitte jemand zeigen, wo die Toilette ist?"

NACH DEM ABENDESSEN wollten Hannes und Louise direkt ins Bett. Weil sie morgen in aller Frühe den Flieger nach Paris kriegen mussten, sagte Louise und errötete.

Hannes klopfte Benjo zum Abschied auf den Rücken. „Danke, mein Junge. Für alles. Und bleib ruhig erst mal im Cottage." Er warf Louise einen verträumten Blick zu. „Ich könnte mir vorstellen, dass wir länger unterwegs sind. Rom und Venedig sind schließlich auch immer eine Reise wert."

Er musterte uns, wie wir Hand in Hand im Flur standen. „Weiß meine Nichte eigentlich von euch?", fragte er. Als Benjos Gesichtsausdruck starr wurde, zuckte er nur mit den Achseln, warf sich eine quietschende Louise über die Schulter und machte sich unter Ächzen an den Aufstieg nach oben.

„WARUM sollte seine Nichte von uns wissen?", fragte ich Benjo beiläufig, nachdem die beiden verschwunden waren.

Er zog mich ins Wohnzimmer und drückte mich auf die Couch.

„So schlimm?" Eine unbestimmte Angst hatte von mir Besitz ergriffen.

„Überhaupt nicht." Er setzte sich neben mich. „Sara und ich haben uns über Christian kennengelernt. Er hat mich bei einem Job besucht und brachte sie mit. Sie blieb. Wir waren ein knappes Jahr zusammen, dann war es vorbei." Er hob den Kopf und sah mich an. „Glaub mir, es hat keine Bedeutung. Und außerdem ist es schon länger her."

„Wie viel ist ‚länger her'?", erkundigte ich mich.

„Fünf Monate."

„Das ist nicht besonders lange." Ich verschränkte die Arme vor der Brust.

„Lange genug. Komm schon, Anna, hör auf damit."

„Womit?"

Benjo lachte und gab mir einen Kuss auf die Nase. „Eifersüchtig zu sein. Erstens hast du keinen Grund, und zweitens … hast du keinen Grund."

Ich grummelte noch ein bisschen vor mich hin, aber nach dem dritten Kuss legte ich meine Hände um seinen Nacken, und wir sanken zusammen auf das Sofa.

Die nächsten Tage kamen mir wie in einem Traum vor. Viel zu schön, um wahr zu sein. Ab und an bat ich Benjo, mich zu kneifen, was er mit diebischer Freude tat. Es war inzwischen nicht mehr ganz so kalt draußen, und es regnete häufig. Der Himmel war grau, und der blendend weiße Schnee hatte sich in hässlichen Matsch verwandelt. Doch das störte uns nicht. Wenn es draußen stürmte und hagelte und der Wind ächzend um das Cottage blies, war es drinnen umso gemütlicher. Wir waren wie berauscht von der Nähe des anderen, konnten nicht voneinander lassen, nicht einmal aneinander vorbeigehen, ohne einander zu berühren. Die Zeit mit Benjo wurde die glücklichste Zeit meines Lebens.

Doch an diesem einen späten Abend sollte sie ein plötzliches Ende nehmen. Draußen ging die Welt unter, grelle Blitze zuckten über den nachtschwarzen Himmel, und wir saßen im Wohnzimmer und spielten Monopoly, als Benjo eine beiläufige Bemerkung über seinen Verlag machte. Ich spürte, wie mir mit einem Mal alle Farbe aus dem Gesicht wich. „Wir haben den Abgabetermin vergessen!" Ich ließ vor Schreck die Würfel fallen.

Benjo fing sie mit einer geschickten Bewegung auf und lächelte. „Haben wir nicht, ich habe die Geschichte noch rechtzeitig gemalt."

Betroffen schaute ich ihn an. „Ohne mir etwas zu sagen?"

Ein zärtlicher Ausdruck trat auf sein Gesicht. „Du hast schon geschlafen, mein Schatz."

Ich sprang erregt auf. „Das ist doch kein Grund! Du *wusstest*, dass ich die Geschichte vorher hören wollte! Du wolltest sie mir vorlesen!"

Benjo hob verwundert beide Augenbrauen. „Tut mir leid, Anna. Es ist so viel passiert, da erschien mir das alles auf einmal nicht mehr so wichtig. Aber das ist doch auch egal. Ich les sie dir einfach jetzt vor."

*„Dafür ist es zu spät!"*

Die Gedanken in meinem Kopf gingen wild durcheinander. Ich sah Frau Richter vor mir, wie sie in ihrem Büro am Schreibtisch saß, vor ihr Benjos Text, und mit gerunzelter Stirn zum Telefonhörer griff. *Wollen Sie mich auf den Arm nehmen, Frau Kronenberg?*, hörte ich sie sagen. *Die Geschichte kann unmöglich aus Ihrem Repertoire stammen. Wenn Sie Herrn Kürten nicht überzeugen können, die Erlebnisse Ihrer Klienten aufzuschreiben, müssen wir einen anderen Autor finden.* Ich atmete hektisch ein und aus.

„Anna", sagte Benjo. „Gibt es irgendetwas, das du mir sagen möchtest?"

Ich biss mir auf die Unterlippe und sah stumm aus dem Fenster. Mir war schlecht, und mein Herz hämmerte heftig gegen meine Rippen. Ich holte tief Luft und wandte mich zu ihm um. „Der Wettbewerb existiert nicht. Ich habe dich die ganze Zeit belogen."

Eine kleine Falte erschien über Benjos Nasenwurzel. „Ich verstehe nicht ... du hast doch gar nichts damit zu tun."

„Doch. Das habe ich. Dein Verlag ist auf mich zugekommen."

„Milford & Behrends ist auf *dich* zugekommen?"

Ich nickte. „Die Einsendungen waren angeblich nicht zu gebrauchen, das Projekt drohte zu scheitern. Da riefen sie in der Agentur an." Wieder atmete ich tief durch. „Mir gegenüber wurde erst einmal kein Wettbewerb erwähnt, nur, dass der Verlag meine Geschichten wollte."

„Und dann?", fragte Benjo.

„Ich habe gesagt, dass ich nicht zur Verfügung stünde." Ich sah auf, begegnete seinem Blick. „Dann habe ich dich getroffen. Du hast mir von dem Wettbewerb erzählt. Von deinem Wunsch, Schriftsteller zu werden. Du warst so voller Sehnsucht, damals, im Restaurant."

Benjo schloss die Augen. „Und da dachtest du dir, du hilfst ein bisschen nach." Er öffnete die Augen und fixierte mich. „Wie wolltet ihr es anstellen? Sollte ich glauben, dass ich den Wettbewerb gewinne? Dass ich deswegen den Auftrag für das Buch bekomme?"

Irgendwie brachte ich ein Nicken zustande. Benjo fuhr sich mit den Händen über das Gesicht, dann stand er auf und blickte müde auf mich herab. „Und der Preis war, dass ich *deine* Geschichten aufschreibe. Ich habe dir gesagt, dass ich das nicht will. Hast du gedacht, dass ich meine Meinung ändere, wenn du mir nur genügend von deinen Briefen vorliest?"

Ich sah zu Boden. „Ich wollte, dass du glücklich bist."

Er sog scharf die Luft ein. „Du denkst, *das* hätte mich glücklich gemacht?"

*Es tut mir so leid*, versuchte ich zu sagen, doch dann sah ich in seine Augen, und die Worte blieben mir im Hals stecken. Da war keine Wärme mehr in ihnen. Nicht das geringste Gefühl für mich. Ich begann zu zittern. Und als ich dachte, es könnte nicht mehr schlimmer werden, sah mich Benjo ein letztes Mal an, öffnete die Haustür und verschwand wortlos.

## *Zwölf*

Benjo kam nicht zurück. Ich wartete, bis der Morgen anbrach, dann packte ich meine Sachen. Es war noch keine Woche her, da hatten Benjo und ich uns etwas versprochen. *Kein Schweigen mehr, kein Fortlaufen.* Und nun war es genau das, was eingetreten war. Ich sah mich ein letztes Mal um, dann öffnete ich die Haustür und ging durch den kalten Schneeregen zu meinem Wagen.

Obwohl es erst früher Vormittag war, war es draußen so dunkel, dass ich die Scheinwerfer anstellen musste. So fuhr ich eine Weile umher, dachte nicht, fühlte nicht, blickte nur stoisch geradeaus.

Auf einmal bemerkte ich, dass mir die Straße, in der ich mich befand, vertraut vorkam. Ohne mir dessen bewusst zu sein, hatte ich den Weg zu Rita und Elisabeth eingeschlagen. Mich überkam eine bleierne Müdigkeit. Ich parkte am Seitenrand, stellte den Motor aus und presste meine Stirn gegen das Lenkrad.

Irgendwann klopfte es am Fenster. Ich hob den Kopf und blickte in die Augen von Elisabeth, die mich durch die Scheibe hindurch besorgt anschaute. Hinter ihr konnte ich Rita ausmachen, die einen roten Regenschirm über ihrem Kopf hielt. Ob sie mich aus dem Fenster ihrer Wohnung gesehen hatten? Kraftlos nestelte ich am Griff, bis die Tür einen Spalt aufsprang. Rita drückte ihrer Freundin den Schirm in die Hand, schob sich zu mir durch und öffnete meinen Gurt. Wie eine Ertrinkende klammerte ich mich an ihr fest.

WIEDER SASS ICH AUF DEM SOFA im Wohnzimmer, vor mir einen Becher mit starkem süßem Tee. Ich wünschte mir so sehr, die alte Dame wäre ebenfalls da. Ihre Abwesenheit empfand ich wie einen körperlichen Schmerz.

„Ach Kindchen", murmelte Elisabeth und strich mir sanft über den Rücken. „Was ist denn bloß passiert?"

„Er ist weg", sagte ich mit brechender Stimme. „Ich liebe ihn. Und jetzt ist er weg." Meine Schultern begannen zu beben, und mir liefen Tränen über das Gesicht.

„Das hält ja kein Mensch aus." Rita stand auf. „Geben Sie mir seine Nummer. Ich ruf ihn jetzt an."

„*Nein!*" Mein erschrockener Schrei gellte durch den Raum.

Rita hob beide Hände. „Okay", sagte sie langsam. „War ja nur eine Idee."

Mein Körper, der sich für eine Sekunde angespannt hatte, sackte erneut in sich zusammen. „Ich habe ihn hintergangen", flüsterte ich mit erstickter Stimme. „Ich habe Benjo hintergangen."

Rita sah mich aufmerksam an. „Wie das?"

Ich schluckte schwer und sah von einer zu anderen. „Versprechen Sie mir, dass Sie mich noch gernhaben, wenn ich es Ihnen erzähle?"

MIT EINEM LAUT, der beinahe an Enttäuschung grenzte, ließ sich Rita zurück in die Kissen fallen. „Du meine Güte. Und ich dachte schon, Sie hätten etwas *Schlimmes* angestellt."

Sosehr ich Rita mochte, als moralische Instanz erschien sie mir nicht geeignet, und so sah ich voller Sorge zu Elisabeth. Sie lächelte. „Wie ich das sehe, haben Sie einen Fehler gemacht", sagte sie. „Aber Sie haben aus Freundschaft gehandelt. Und deshalb wird er Ihnen verzeihen."

Mein Herz machte einen Satz. „Meinen Sie?", fragte ich hoffnungsvoll.

„Ich bin mir ganz sicher."

Ich sah zu Rita. „Und was glauben Sie?"

„*Ich* glaube, dass er inzwischen längst wieder im Cottage sitzt und sich fragt, wo Sie bleiben."

Elisabeth hielt sich erschrocken die Hand vor den Mund. „Sie hat recht. Schnell, Sie müssen ihn anrufen."

Ich griff nach meiner Tasche, so schnell, dass sie aus meinen Händen glitt und sich der Inhalt über den Boden verstreute. Mit fliegenden Fingern stopfte ich alles wieder zurück, bis nur noch das Handy auf dem Teppich lag. Ich betrachtete das dunkle Display. „Es ist ausgeschaltet", sagte ich. Kaum hatte ich die letzte Ziffer des PIN-Codes eingegeben, als auch schon ein Piepen ertönte. Und dann noch eins und noch eins. Mich durchströmte eine solche Erleichterung, dass mir schwindlig wurde. „Er hat versucht anzurufen!", rief ich. „Fünfmal. Und eine Nachricht hat er auch geschrieben. *Anna, wo bist du? Komm zurück, ich bin nicht ich selbst, wenn du nicht bei mir bist.*"

EINE HALBE STUNDE SPÄTER erreichte ich das Cottage. Die Tür öffnete sich in dem Moment, als ich auf den Klingelknopf drücken wollte. Und dann stand er wieder vor mir. Benjo. Wir sahen uns an. Im nächsten Augenblick lagen wir uns in den Armen und küssten uns, immer und immer wieder. Dann zog er mir die nasse Jacke aus, hob mich hoch, schloss die Tür mit dem Fuß und trug mich hinauf ins Schlafzimmer.

AM NÄCHSTEN MORGEN saßen wir beim Frühstück. Ohne ein Wort zueinander zu sagen, hatten wir uns zusammen auf die Bank gekuschelt.

Schließlich war es Benjo, der den Anfang machte. „Ich war so wütend letzte Nacht, dass ich wie ein Wahnsinniger zum Verlag gerast bin. Ein Glück, dass es noch Stunden dauerte, bis er aufmachte. Als Frau Richter kam, hatte ich mich wieder im Griff."

Kleinlaut strich ich über seine Wange. „Warst du denn gar nicht böse auf mich? Ich meine, Frau Richter hat nur ihren Job getan."

Benjo griff nach meiner Hand und hielt sie an seiner Wange fest. „Doch", räumte er ein. „Das war ich. Anfangs. Aber sobald ich wieder klar denken konnte, war es Sara, die ich am liebsten gepackt und geschüttelt hätte."

Ich runzelte die Stirn. „Du warst wütend auf … *deine Exfreundin?*"

Benjo schloss kurz die Augen. „Ja", sagte er. „*Sie* war der Grund, warum ich an dem Wettbewerb teilnehmen wollte."

Mir entfuhr ein überraschter Laut. Er streichelte abwesend mit dem Daumen über meine Hand und fuhr er fort: „Sie liebte mich. Doch sie hasste, was ich tat. Das Reisen, die Unterkünfte, die Menschen um uns herum. Sie wollte, dass ich meine Arbeit aufgebe. Stattdessen sollte ich mit ihr zurück nach Deutschland gehen und mir einen *vernünftigen* Job suchen. Sesshaft werden." Er lachte freudlos. „Als ich ihr erklärte, dass das nicht infrage käme, schrie sie mich an, ich wäre ein kleiner Junge, der vor dem wirklichen Leben davonliefe. Und irgendwann, als wir müde waren vom vielen Streiten, sah sie mich ganz ruhig an und sagte: ‚Du kannst es nicht, Benedikt, nicht wahr? Etwas anderes, als in Zelten zu schlafen und darüber zu schreiben?' Dann drehte sie sich um und ging. Doch es war zu spät. Ich hatte begonnen zu zweifeln, fragte mich, ob sie recht haben könnte."

Ich betrachtete sein zerstrubbeltes weizenblondes Haar, und ein Gefühl der Zärtlichkeit durchflutete mich.

„Deshalb der Wettbewerb", flüsterte ich. Deshalb sein Wunsch, das Buch zu schreiben. Um sich und der Welt und vielleicht auch Sara zu beweisen, dass er kein kleiner Junge war, der nicht erwachsen werden wollte.

Draußen prasselte der Regen gegen die Fensterscheiben. Es war mir unbegreiflich, wie Sara, wenn sie ihn geliebt hatte, all diese Dinge zu ihm hatte sagen können. Andererseits ... sie hatten bewirkt, dass er an dem Wettbewerb teilnahm. Sosehr ich Sara verübelte, wie sie Benjo behandelt hatte – wenn sie keine Zweifel in ihm geweckt hätte, wäre er nicht auf die Idee gekommen, sein Talent als Schriftsteller auf die Probe zu stellen, und es wäre nie zu der Vereinbarung zwischen seinem Verlag und mir gekommen.

„Was denkst du gerade?", fragte Benjo.

Ich schmiegte mich an ihn. „Dass wir ohne den Wettbewerb vielleicht niemals zueinandergefunden hätten."

Benjo sah mich ernst an. „Anna, es war um mich geschehen in der Sekunde, in der ich dich wiedergesehen habe. Als du mir die Tür geöffnet hast, auf dem Empfang deiner Eltern ... Du standest vor mir, und all meine Gefühle für dich, die ich so lange verdrängt hatte, brachen hervor. So oder so, ich hätte dich nicht noch einmal entwischen lassen."

Wir küssten uns, und es fühlte sich so an, als wäre mein Herz nicht groß genug, um all die Liebe und das Glück zu fassen, das ich in diesem Augenblick empfand.

IRGENDWANN rappelten wir uns auf, um die Küche aufzuräumen.

„Wie ging es eigentlich mit Frau Richter weiter?", erkundigte ich mich, während ich mit lautem Geklapper die Teller in der Spülmaschine verstaute. Wie man es auch drehte und wendete, Benjo hatte keine meiner Geschichten beim Verlag eingereicht, sondern seine eigene, und für etwas anderes stand er auch nicht zur Verfügung. Wenn Frau Richter das nicht bereits beim Lesen seines Textes begriffen hatte, dann wusste sie es spätestens jetzt. Damit war der Wettbewerb, der sowieso nur noch auf dem Papier bestanden hatte, nicht mehr existent. Benjos Geschichte verschwand im Nirwana, und mir blieb keine andere Wahl, als mit einem anderen Autor zusammenzuarbeiten.

Benjo, der mit dem Rücken gegen den Kühlschrank lehnte, verzog das Gesicht. „Irgendwann kam sie. Als sie mich sah, lächelte sie und sagte: ‚Kommen Sie, Herr Kürten, wir gehen in mein Büro, dort können Sie so viel rumschreien und Krach machen, wie Sie wollen.'" Er begann zu grinsen. „Sie hat mir damit ziemlich den Wind aus den Segeln genommen. ‚Sie dürfen mir gern die Meinung sagen', hat sie gesagt, ‚aber zuerst rede ich.' Und dann hat sie mir von eurem Plan erzählt und von deinen vielen Bedenken. Und was für eine tolle Frau du seist und dass ich mich sehr glücklich schätzen könnte, dich in meinem Leben zu wissen."

„Tatsächlich?", fragte ich erstaunt. Dann hielt ich inne und runzelte die Stirn. „Warte mal, das klingt ja so, als hätte sie dich fast schon erwartet."

Benjo lachte. „So war es irgendwie auch. Sie hatte meine Geschichte gelesen und wusste, du würdest mir früher oder später die Wahrheit sagen."

Ich musterte ihn verwirrt. „Ach ja?"

Er küsste mich auf die Nasenspitze. „Lies die Geschichte."

Einen Augenblick lang starrte ich ihn einfach nur an, dann ging ein Ruck durch meinen Körper, und ich spurtete los.

„Sie liegt im Arbeitszimmer auf dem Schreibtisch!", rief er mir hinterher.

Ich hatte schon die Hälfte der Stufen erklommen, als mir etwas einfiel. Sofort machte ich auf dem Absatz kehrt und lief zurück in die Küche.

„Erst muss ich dir noch etwas sagen", flüsterte ich und hauchte ihm kleine, zarte Küsse auf die Lippen. „Es tut mir so leid, dass ich es vermasselt habe."

Er fasste mich um die Taille. „Wer sagt, dass du etwas vermasselt hast?"

Ich hielt den Atem an. „Nein?!"

Benjo lächelte. „Ich werde das Buch schreiben. Eine Anthologie mit Kurzgeschichten meiner Wahl."

Einen Moment lang konnte ich ihn nur ansehen. „Benjo", stammelte ich, „das ist wundervoll! Ich freu mich so für dich."

Ganz sanft nahm Benjo mein Gesicht zwischen seine Hände. „Ich liebe dich", flüsterte er. Seine Lippen senkten sich auf meine.

„Was ist mit deiner Geschichte?", murmelte ich zwischen zwei Küssen.

Ich hörte sein leises Lachen. „Wenn ich mich richtig erinnere, haben wir vereinbart, dass ich sie dir vorlese."

WIR LAGEN ANEINANDERGEKUSCHELT im Bett. Draußen regnete es immer noch in Strömen. Benjo ließ die letzte Seite seiner Geschichte sinken.

„Was sagst du?", fragte er leise.

„Du hast über uns geschrieben", brachte ich schließlich hervor. „Unsere Freundschaft, die Nacht am See, unser Wiedersehen."

Mühsam versuchte ich Ordnung in das Chaos meiner Gedanken zu bringen. Ich war überrascht. Und schockiert. Benjo hatte andere Namen benutzt. Trotzdem … jeder, der uns kannte, würde wissen, um wen es in der Geschichte wirklich ging. Dennoch war ich tief berührt. Von der Art und Weise, wie er über uns geschrieben hatte. Seiner Liebe zu mir, die in jedem Wort mitschwang. Zwanzig Jahre lang hatte er mich vermisst. Genau wie ich ihn. Kein Wunder, dass Frau Richter zu dem Schluss gekommen war, dass ich ihm unser Geheimnis beichten würde. Alles andere hätte nicht in das Bild gepasst, das Benjo von unserer Freundschaft gezeichnet hatte. Ich schniefte. Ich hatte gar nicht bemerkt, dass ich angefangen hatte zu weinen.

„Ach Anna." Benjo küsste mir die Tränen aus dem Gesicht. „Seit ich dich wiederhabe, frage ich mich, wie ich vorher durchs Leben gekommen bin." Er nahm meine Hand und streichelte sie. „Ich liebe dich, Anna, vermutlich schon seit ich denken kann, und ich werde nie damit aufhören."

## *Dreizehn*

Es war der 18. Dezember, und Sabine war zu Besuch im Cottage.

„Benjo liebt dich. Du liebst ihn. Und jetzt arbeitet ihr gemeinsam an einem Buch, das den Titel ‚Liebe' trägt." Sie sah mich mit ehrfürchtigem Staunen an. „Das ist so romantisch, dass mir die Worte fehlen!"

Ich grinste und rührte in meiner Tasse. Benjo war in die Stadt gefahren, um mit Frau Richter ein paar Details zu seinem Buchvertrag zu besprechen. Mir war schleierhaft, wie sie es angestellt hatte, ihn zu überzeugen, doch bevor er aufgebrochen war, hatte er bedeutungsvoll in Richtung der kleinen Holzkiste mit den Briefen geschaut, die noch immer in einem Regal im Wohnzimmer stand. Es sah so aus, als würde Frau Richter am Ende doch das ganze Paket bekommen: Benjo als Autor und dazu die Geschichten meiner Klienten. Mein Grinsen wurde breiter.

Sabine nahm sich eines der Vanillekipferl, die ich am Morgen gebacken hatte, und probierte ein Stück. „Gott sei Dank", sagte sie Sekunden später. „Wenn die jetzt auch noch schmecken würden, wäre ich wirklich am Ende."

Kommentarlos nahm ich ihr das angebissene Plätzchen aus der Hand, steckte es mir in den Mund und kaute versuchsweise darauf herum. „Du lieber Himmel, die sind ja grauenhaft! Bis Heiligabend bekomme ich die hoffentlich besser hin."

Sabine sah mich neugierig an. „Was habt ihr denn vor an Heiligabend?"

„Wir feiern im Cottage", verkündete ich. „Nur Benjo, ich und der Kamin."

Sie seufzte. „Das klingt toll. Benjo hat nicht zufällig noch einen Bruder? Außer Timo, meine ich?"

Ich schüttelte den Kopf. Plötzlich kam mir in den Sinn, wie wenig ich eigentlich über Sabine wusste. Sie arbeitete seit beinahe sechs Jahren für mich, und mir war nicht einmal bekannt, ob sie allein lebte oder einen Freund hatte. Mich überkam ein schlechtes Gewissen. „Heißt das, du hast niemanden? Möchtest du mir davon erzählen?"

Sie trank einen Schluck von ihrem Kaffee. „Da gibt es nicht viel. Ich bin mit Eltern aufgewachsen, die sich so geliebt haben, dass es kaum auszuhalten war. Sie haben ständig und überall herumgeknutscht." Sie lachte. „Irgendwann habe ich aufgehört, meine Freundinnen zu uns nach Hause einzuladen, weil es mir so peinlich war. ‚Könnt ihr euch nicht ignorieren, wie andere Eltern auch?', habe ich des Öfteren geschrien. Doch sie haben nur gelacht und gesagt, wenn ich älter werde, würde ich anders darüber denken." Sie rührte mit dem Löffel in ihrer Tasse. „Und so war es auch. Ich wurde älter, lernte Jungs kennen, doch irgendetwas fehlte mir in meinen Beziehungen immer. Wir sahen uns nie so an, wie meine Eltern sich ansahen. Mit dieser festen Gewissheit, dass man angekommen ist." Sie runzelte die Stirn. „Einmal habe ich trotzdem eine Ausnahme gemacht. Er hieß Max, war drei Jahre älter als ich und studierte Medizin. Er war all das, was ich nicht war: zurückhaltend, nachdenklich, belesen. Vielleicht war es der Gegensatz, der ihn anzog. Jedenfalls verliebte er sich in mich, und ich sehnte mich zum damaligen Zeitpunkt so sehr danach, jemanden zu haben, der meine verregneten Sonntage mit mir verbrachte, dass ich auf seine Annäherungsversuche einging. Wir wurden ein Paar, und ich redete mir ein, dass die Schmetterlinge schon noch kommen würden."

„Was sie nicht taten."

„Nein. Tag für Tag sah ich die Liebe in seinen Augen und hasste mich dafür, dass ich nicht das Gleiche empfand. Nach zwei Jahren machte Max mit mir Schluss. ‚Meine Gefühle reichen nicht länger für uns beide', sagte er zum Abschied." Sie sah mich ernst an. „Ich hätte es besser wissen müssen, Anna. Liebe ist das, was meine Eltern haben. Was deine Klienten fühlen. Was du mit Benjo hast. Entweder will ich das oder gar nichts."

In die Stille, die auf ihr leidenschaftliches Bekenntnis folgte, mischte sich der Klang des Radios, das ich leiser gestellt hatte.

„Hast du deshalb bei mir angefangen?", fragte ich. „Weil du gehofft hast, bei der Arbeit dem Richtigen zu begegnen?"

Mit einem Mal wirkte sie verlegen. „Ehrlich gesagt wusste ich gar nichts von der Stellenanzeige, als ich damals zu dir kam. Ich war als Klientin zu dir gekommen. Das Ganze war ein Missverständnis."

Ich machte große Augen. „Wirklich?! Warum hast du nichts gesagt?"

„Du standest in der Tür und hattest gerade eine Bewerberin verabschiedet, als ich die Treppe hinaufging. Du hast automatisch angenommen, dass ich die Nächste sei, und mich hereingebeten. Und dann hast du auch schon so leidenschaftlich von deiner Arbeit erzählt. Von den Paaren, die du bereits zusammengebracht hast. Ich weiß noch genau, was ich damals dachte: ‚Durch dich wird die Welt schöner.' Und ich wollte Teil dieser Welt sein."

Ich brauchte einen Moment, bis ich das Gehörte verdaut hatte. „Aber warum hast du das Missverständnis nie aufgeklärt? Ich weiß, unser Verhältnis war früher nicht das engste, aber wenn ich gewusst hätte, dass du auf der Suche nach dem Mann deines Lebens warst, hätte ich dir doch geholfen."

„Ich weiß es nicht." Sie griff nach einem Keks und betrachtete ihn von allen Seiten. „Vielleicht weil ich Angst hatte, dass ich, wenn ich mich verliebe, so richtig und wahrhaftig, auch so backen werde."

Statt einer Antwort nahm ich ebenfalls ein Plätzchen aus der Schale und bewarf sie damit. Lachend wich sie dem Geschoss aus. „Nein, im Ernst, ich kann es nicht erklären. Ich hatte plötzlich das Gefühl, dass der richtige Augenblick für mich noch nicht gekommen ist. Aber wenn es so weit ist, werde ich es wissen, und dann bist du die Erste, die es erfährt."

ALS BENJO am Abend nach Hause kam, saßen Sabine und ich noch immer im Wohnzimmer, unterhielten uns und lachten. Wir hatten wunderbare Stunden zusammen verbracht, und ich hatte sie genutzt, um endlich mehr über die Freundin zu erfahren, die Sabine mir geworden war.

„Als wenn ich es geahnt hätte." Grinsend hielt er eine Papiertüte hoch, aus der ein mehlbestäubtes Baguette hervorlugte. „Wer hat Lust auf Antipasti?"

NACH einem sehr leckeren und vergnüglichen Abendessen sahen Benjo und ich Arm in Arm zu, wie Sabine zu ihrem schwarzen Mini lief. Sie warf uns eine Kusshand zu, stieg ein und brauste davon. Benjo und ich tranken noch ein Glas Rotwein zusammen, dann gingen wir ins Bett.

ALS DAS TELEFON LÄUTETE, war es noch dunkel im Zimmer. Schlaftrunken tastete ich nach meinem Handy. Es war kurz nach eins in der Nacht.
„Was ist los?", murmelte Benjo neben mir.
„Bestimmt verwählt." Ich gähnte, sah auf das Display und runzelte die Stirn. Eine Handynummer mit ausländischer Vorwahl, die mir nichts sagte. Widerstrebend nahm ich das Gespräch entgegen. „Hallo?", nuschelte ich.
„Hallo? Frau Kronenberg? Hier ist Madeleine. Madeleine Clary."
Ich setzte mich auf. „Madeleine? Ist alles in Ordnung mit Ihnen?"
Sie sagte etwas auf Französisch, was ich nicht verstand.
„Jetzt mal ganz langsam und von vorn. Wo sind Sie?"
„In der Rue Pierre Semard."
„Und was machen Sie da?"
„Ich warte."
„Auf was?"
„Das ist die falsche Frage. Sie müssen fragen, auf wen ich warte."
Ich seufzte. „Also schön. Auf wen warten Sie, Madeleine?"
„Auf den Mann meines Lebens."
Spätestens jetzt war ich hellwach. „Ich habe Ihnen doch gesagt, ich melde mich, wenn ich ihn gefunden habe."
„Ich konnte nicht warten. Also habe ich getan, was Sie auch tun. Ich war an den Plätzen, die mir etwas bedeuten, und dort habe ich ihn gefunden."
„Aha. Und wo genau war das?"
„Auf dem Eiffelturm." In ihrer Stimme klang Triumph mit.
„Madeleine, lassen Sie uns die Sache bitte abkürzen. Schicken Sie mir ein Foto von ihm, und ich schaue es mir an."
„Ich habe kein Foto von ihm."
Ich stöhnte. „Du meine Güte, dann machen Sie eben eins."
„Und wie, bitte schön?"
„Mit der Kamera Ihres Handys, zum Beispiel?" Ich merkte, dass meine Stimme ungeduldig geworden war.
Meine Klientin seufzte. „Sie verstehen mich nicht, Anna. Ich habe gesagt, dass ich ihn getroffen habe, nicht, dass ich ihn kenne. Ich kann mich nicht einfach vor ihn stellen und ihn fotografieren. Nein, Sie müssen nach Paris kommen und ihn sich ansehen. Das ist schließlich ein Notfall."

Ich hatte schon eine abschlägige Antwort auf den Lippen, als ich Benjos Fingerspitzen an meinem Nacken spürte. „Lass uns fahren", flüsterte er.

WIR NAHMEN DEN ICE um sechs Uhr morgens vom Berliner Hauptbahnhof. Am frühen Nachmittag fuhren wir in den Gare de l'Est ein. Madeleine, der ich verboten hatte, in der Nacht weiter das Hotel zu observieren, in dem der geheimnisvolle Fremde wohnte, holte uns am Bahnsteig ab. Auf dem Weg zum Taxistand schwatzte sie fröhlich auf uns ein. „Ich habe Ihnen ein Zimmer im George V reserviert, das kennen Sie ja schon", teilte sie mir mit.

Die Straßen zu unserem Hotel waren heillos verstopft. Madeleine nutzte die Zeit, um von ihrer Begegnung mit dem Fremden auf dem Eiffelturm zu erzählen. „Wir standen auf der höchsten Aussichtsplattform nebeneinander und genossen den Ausblick. Plötzlich drehten wir uns gleichzeitig zueinander um und sahen uns in die Augen. Mir wurde schwindlig, genau wie Ihnen. Und dann ... war er auf einmal verschwunden."

„Sie haben ihn in der Menge verloren?", fragte Benjo.

„Nur für einen Moment. Dann tauchte er hinter einer Gruppe Japaner wieder auf." Sie lächelte. „Den Rest des Tages bin ich ihm durch die Stadt gefolgt. Wir waren in Notre-Dame, im Louvre, sind über die Champs-Élysées gelaufen ... ich glaube, er ist Amerikaner", fügte sie verträumt hinzu.

Benjo und ich warfen uns einen amüsierten Blick zu.

„Gegen neun Uhr abends", fuhr sie unbeeindruckt fort, „hat er in einem Bistro etwas gegessen und ist danach zurück in sein Hotel. Dort ist er geblieben, bis ich Sie angerufen habe." Sie sah mich an und strahlte. „Und jetzt sind Sie ja da. Zum Glück!"

Am Empfang des Hotels wurde Madeleine wie eine alte Bekannte begrüßt, was sie vermutlich auch war, dann zog sie uns mit sich fort in den strahlend schönen Nachmittag. Es waren nur vier Kilometer bis zu dem Hotel, in dem der Amerikaner wohnte, und so beschlossen wir, zu Fuß zu gehen.

Zielstrebig führte uns Madeleine durch die Straßen, bis wir das „Hotel du Pré" erreicht hatten, ein kleines Hotel mit weinroten Markisen und schmiedeeisernen Balkonen. *„Voilà"*, sagte sie, als wir davor standen.

Wir betraten die Lobby, und Madeleine steuerte auf den Empfang zu. Sie wechselte ein paar Worte mit einem sympathisch aussehenden älteren Herrn und kam aufgeregt zurück. Ihre Wangen glühten. „Der Portier ruft ihn auf seinem Zimmer an und sagt ihm, dass hier ein Telegramm für ihn liegt."

Der ältere Herr griff zum Telefon. Madeleine begann, auf ihren Fingerspitzen herumzukauen. „Ogottogottogott, ich halte das nicht aus", murmelte sie vor sich hin. Ihre Aufregung war so ansteckend, dass ich selbst nervös wurde. Der Portier legte den Hörer auf und rief uns etwas zu.

Und dann war er da. Ich wusste nicht, wie ich mir Madeleines Traumprinzen vorgestellt hatte, aber sicher nicht so. Zunächst sah ich ihn nur von hinten: Chucks, alte Jeans und ein verwaschenes graues T-Shirt, eine Tätowierung, die sich einen breiten Nacken hinaufzog, und darüber volles schwarzes Haar, das am Hinterkopf zu einem Dutt zusammengebunden war. Als der Portier ihm das Telegramm überreichte, erklärte er mit tiefer und ein wenig rauer Stimme, der Name darauf sei nicht seiner. Dann drehte er sich um. Er sah aus wie ein Rockstar. Sein markantes Gesicht war zur Hälfte von einem schwarzen Vollbart bedeckt. Unter buschigen Augenbrauen leuchteten überraschend sanfte haselnussbraune Augen.

Ich hörte, wie Madeleine neben mir hektisch ein- und ausatmete. „Und?", flüsterte sie mir zu.

Ich blickte sie bedauernd an und schüttelte stumm den Kopf.

Madeleines Enttäuschung war so groß, dass sie beinahe greifbar war. Sie hatte wirklich geglaubt, dass sie ihre Liebe gefunden hatte, und für einen kurzen Moment hatte ich mich von ihrer Euphorie anstecken lassen.

Wir setzten sie an ihrer Wohnung im sechsten Arrondissement ab, und ich versprach ihr, so bald wie möglich mit der Suche nach ihrer *wahren* Liebe zu beginnen. Danach fuhren Benjo und ich weiter in unser Hotel.

AM NÄCHSTEN TAG erkundeten Benjo und ich Paris. Wir schlenderten die Champs-Élysées entlang, sahen von der Pont Alexandre III hinab auf die träge dahinfließende Seine, besuchten den Invalidendom und liefen kreuz und quer durch Montparnasse.

„Der erste richtige Roman, den ich gelesen habe, spielte in Paris", sagte ich gedankenverloren, als wir vom 56. Stock des Tour Montparnasse auf die Stadt hinunterblickten. „Er hieß ‚Désirée'. Die Titelheldin war die Verlobte Napoleons und wurde später Königin von Schweden."

„Kein schlechter Lebenslauf für eine Seidenhändlerstochter aus Marseille", erwiderte Benjo und zog mich an sich.

„Du hast das Buch gelesen?", fragte ich ungläubig.

Er schüttelte den Kopf. „Nein, aber du hast mir davon erzählt."

„Wann?"

Er zuckte mit den Schultern. „Vor einer Ewigkeit."

„Und das weißt du noch?"

„Anna", sagte er ernst. „Natürlich."

Statt einer Antwort stellte ich mich auf die Zehenspitzen und küsste ihn

voller Zärtlichkeit. Als wir uns voneinander lösten, wisperte er in mein Ohr: „Habe ich dir heute eigentlich schon gesagt, wie zauberhaft du bist?"
„Ja", flüsterte ich zurück, „aber sag es mir ruhig noch mal."
„Du bist zauberhaft."

## Vierzehn

Während unserer zweitägigen Abwesenheit war das Wetter in Berlin umgeschlagen. Die Sonne schien, als wir aus dem Zug stiegen, die Luft war kalt und klar, und es roch nach Schnee. Wir beschlossen spontan, unser Gepäck in Schließfächern zu verstauen und einen Spaziergang über den Weihnachtsmarkt zu machen, bevor wir ins Cottage fuhren.

Benjo sah durch seine Sonnenbrille zum Himmel. „Ich glaube, wir bekommen doch noch weiße Weihnachten."

In der Stadt herrschte hektisches Treiben. Dick eingemummelte Menschen hasteten auf der Suche nach letzten Geschenken durch die Straßen. Von irgendwoher wehte Weihnachtsmusik zu uns herüber. An einem Stand kaufte mir Benjo einen Paradiesapfel. Verzückt knabberte ich an der roten Glasur. Der Geschmack erinnerte mich an glückliche Kindheitstage.

Benjo beugte sich vor und küsste mich auf die Lippen. „Mhm", murmelte er genießerisch, nahm mein Gesicht in beide Hände und küsste mich erneut.

Plötzlich spürte ich, wie sich sein Körper versteifte. Im nächsten Moment hörte ich eine weibliche Stimme in meinem Rücken.

„Hallo Benedikt", sagte sie. „Schön, dich zu sehen."

„Hallo Sara", erwiderte Benjo, ein wenig weiß um die Nase, und ein Gefühl brennender Eifersucht durchzuckte mich. Ich drehte mich um.

Vor mir stand eine Elfe. Eine wunderschöne Elfe mit schwarzem Pagenkopf, eisblauen Augen und einer Haut wie schimmernde Seide. Sie sah von ihm zu mir und lächelte. „Willst du uns nicht vorstellen, Benedikt?"

Benjo presste die Lippen zusammen und legte einen Arm um mich. „Anna, das ist Sara." Als er sich ihr zuwandte, wurde seine Stimme deutlich kühler. „Sara, das ist Anna. Meine Freundin."

Sara lächelte unbeirrt weiter und zeigte ihre perlweißen Zähne. Sie schlüpfte aus ihrem roten Wildlederhandschuh und hielt mir ihre rechte Hand hin. „Ich freu mich, dich kennenzulernen, Anna."

Das Bild kam aus dem Nichts. Es war wie ein Schlag in den Magen. Ich ging in die Knie. *Benjo*, dachte ich, dann wurde es schwarz um mich.

Ich öffnete die Augen, und für einen Moment war alles gut. Benjo war bei mir. Er saß an meiner Seite und hielt meine Hand. Dann setzte die Erinnerung ein, und mein Herz zerfiel zu Staub.

„Du bist wach." Benjos Gesicht war vor Sorge zerfurcht. „Wie geht es dir?"

Ich antwortete nicht. Wir waren im Cottage, und ich lag im Bett. Ich hatte keine Ahnung, wie ich hergekommen war, und es war mir auch egal. Alles war mit einem Mal egal.

„Bitte, sag mir, was los ist!", flehte Benjo. In seinen Augen schimmerten Tränen. Er drückte meine Hand so fest, dass es hätte wehtun müssen, doch ich spürte nichts. „Ich hatte solche Angst um dich. Vorhin, in der Stadt ... du hast dir ans Herz gefasst und gewimmert, dass mir das Blut in den Adern gefroren ist." Er zog mich an sich und vergrub sein Gesicht an meinem Hals.

Ich blickte auf seine zerzausten blonden Haare. Ein Gefühl loderte in mir auf, so wild und zärtlich und traurig, dass es die Leere in meinem Inneren für einen Moment verdrängte. Ich räusperte mich, versuchte zu sprechen. „Ich muss dir etwas sagen", stieß ich hervor. „Die Gabe ... Sie hat mir ein Bild gezeigt. Von Sara ... und ... dir." Meine Stimme erstarb. Ich wandte den Blick ab, weil ich es nicht länger ertrug, ihn anzusehen.

„Das ist ein Scherz!" Er fasste mich an den Schultern. „Ein Irrtum!"

Ich schüttelte den Kopf. „Du verstehst nicht. Die Gabe irrt sich nicht."

Benjo fuhr sich durch die Haare. „Herrgott, Anna, und wenn du uns hundertmal zusammen gesehen hast: Ich liebe dich. Und nur dich." Er griff nach meiner Hand und hielt sie fest. „Das ändert rein gar nichts."

Ungläubig starrte ich ihn an. „Es ändert alles, Benjo. Sara ist die Frau, die für dich bestimmt ist."

Alle Farbe wich aus seinem Gesicht. „Hörst du mir nicht zu?", stieß er hervor. „Ich liebe dich, Anna. *Dich!* Nicht Sara. *Sie* habe ich nie geliebt."

„Warum warst du dann mit ihr zusammen?" Auf einmal war ich unendlich müde.

„Weil ich einsam war, verdammt. Selbst wenn Sara die einzige Frau auf dieser Welt wäre, glaub mir, ich würde nicht mehr mit ihr zusammenkommen." Er klang so überzeugend. Doch ich wusste, dass ich mich davon nicht beeindrucken lassen durfte. Ich hatte sie gesehen. Sara war die Frau seines Lebens, seine Seelenverwandte. Mir blieb keine Wahl, ich musste ihn freigeben. Ich hatte zwanzig Jahre ohne ihn überstanden, ich würde auch den Rest schaffen. Bei dem Gedanken erstarb etwas in mir.

Benjo musterte mich. „O nein", sagte er mit finsterem Gesichtsausdruck. „Das tust du nicht, Anna. Du gibst uns nicht auf. Das lass ich nicht zu."

Er küsste mich, presste mich an sich, küsste meinen Hals, meine Lippen.

Ich wollte ihn wegschieben, doch ich konnte nicht. Stattdessen drängten wir aneinander, umklammerten uns, ungestüm, fieberhaft, verzweifelt.

Er umfasste mein Gesicht mit beiden Händen und sah mir in die Augen. *Du und ich, Anna. Und niemand sonst.*

ZERKNITTERTE LAKEN, mittendrin Benjo, schlafend. Er atmete unruhig, seine Lippen bewegten sich. Ich sah ihn an. Unendlich lange. Versuchte mir jedes Detail einzuprägen, damit ich davon zehren konnte. Später, wenn ich ohne ihn war. Ich musste mich beeilen. Wenn er wach wurde, war es zu spät. Er würde mich nicht gehen lassen. Ich streckte die Hand aus, um ihn ein letztes Mal zu berühren. Dann drehte ich mich um und verließ das Schlafzimmer, das Cottage. Es war ein Abschied für immer. Noch nie war mir etwas so schwergefallen.

Schneeflocken fielen auf mein Gesicht, als ich durch die Stille der Nacht zu meinem Wagen stolperte. Dann saß ich im Auto und konnte nicht aufhören zu zittern. *O Gott. Was soll ich nur tun?*

Meine Finger in der Manteltasche ertasteten ein Stück Papier. Ich zog es heraus und faltete es auseinander. Die Ziffern verschwammen beinahe vor meinen Augen. Ich musste mehrmals ansetzen, dann endlich ertönte das Freizeichen. Die alte Dame meldete sich sofort. Ihre Stimme klang warm und freundlich. „Sind Sie das, Anna?", fragte sie sanft.

„Es ist etwas passiert", flüsterte ich.

„Mein liebes Kind, warum kommen Sie nicht her und erzählen mir davon?"

DIE AUTOFAHRT verschwamm in einem wirren Nebel aus Gedanken und Gefühlen. „Warum?", schrie ich gegen die Windschutzscheibe an. *Warum?*, hämmerte es in meinem Kopf, bis die ersten Sonnenstrahlen durch die Wolken brachen. Ich verstand es nicht.

Dörfer und Weinberge des Nahelandes rauschten an mir vorbei. Schließlich hielt ich vor der Adresse an, die mir die alte Dame genannt und die ich in mein Navi eingegeben hatte. Mein Kopf sank schwer auf das Lenkrad. Heiße Tränen liefen meine Wangen hinab. *Reiß dich zusammen, Anna.* Mit dem Ärmel wischte ich mir das Gesicht trocken. Dann stieg ich aus und passierte zu Fuß das Tor, das zum Weingut der alten Dame führte.

Das Haupthaus war zweistöckig, mit pfirsichfarbenen Holzläden vor den Fenstern. Es wurde flankiert von mehreren gepflegt wirkenden Wirtschaftsgebäuden. Ich erblickte grüne Hecken, einen Gemüsegarten, der jetzt im Winter mit Vlies geschützt war, und dahinter Kastanien und Obstbäume.

Plötzlich öffnete sich die Haustür, und ehe ich wusste, wie mir geschah, stürmten zwei kleine Kinder heraus auf den kopfsteingepflasterten Hof. Als sie mich bemerkten, hielten sie abrupt inne. Das ältere, ein Junge von vielleicht sechs Jahren, rief mit heller Stimme. „Großmutter? Kommst du mal?"

Einen Augenblick später erschien die alte Dame im Türrahmen. „Mein liebes Kind", begrüßte sie mich und breitete die Arme aus, und kopflos stürzte ich mich hinein. Sie führte mich in eine große Küche, kochte Tee und ließ mich reden.

„Verstehen Sie?", flüsterte ich schließlich. „Ich hatte keine Wahl. Ich *musste* gehen." Gequält schloss ich die Augen. Durch die Dunkelheit spürte ich, wie sich die Hand der alten Dame auf meine legte. Sofort wurden meine Finger von einem vertrauten Kribbeln erfasst. Ich öffnete die Augen und begegnete ihrem Blick.

„Meine liebe Anna", sagte sie. „Benjo *weiß* um Ihre Gabe und was es bedeutet, dass Sie eine andere Frau an seiner Seite gesehen haben. Trotzdem will er bei Ihnen sein. Weil er Sie liebt. Er hat keine Bedenken, zumindest nicht, was seine Gefühle angeht." Ihre Stimme wurde noch weicher. „Sie glauben wahrscheinlich, dass Sie seinem Glück im Weg stehen würden, wenn Sie ihn nicht verließen?"

Ich nickte kaum merklich, und die alte Dame strich über meinen Handrücken. „Ich verstehe Sie. Doch Benjo trifft seine eigenen Entscheidungen, hat sie längst getroffen. Und er hat sich für Sie entschieden."

Das Kribbeln auf meiner Haut wurde intensiver.

„Aber wie kann ich denn bei ihm bleiben?", flüsterte ich. Mit dem Wissen, dass Sara die Frau war, die an seine Seite gehörte.

Ich sah die alte Dame an, mit all den widerstreitenden Gefühlen in meiner Brust. Ruhig erwiderte sie meinen Blick, und erneut beschlich mich das Gefühl, dass sie bis auf den Grund meiner Seele schauen konnte.

„Wie könnten Sie *nicht* bei ihm bleiben?", fragte sie.

Mein Puls beschleunigte sich. Konnte es wahr sein? Durften wir wirklich zusammen sein, wenn das sein ausdrücklicher Wunsch war?

Die alte Dame erhob sich. „Denken Sie darüber nach, mein Kind. Bei einem Spaziergang. Ich glaube, wir können etwas frische Luft brauchen."

Wir verließen das Weingut und erreichten nach kurzer Zeit einen Wald, der mit seinen knorrigen Eichen und den moosbedeckten Wurzeln und Flechten geradewegs aus einem Märchenbuch zu stammen schien. Wir sprachen nicht, doch das Schweigen zwischen uns war nicht drückend, sondern entspannt und angenehm. Nachdem wir ungefähr eine Stunde lang gelaufen waren, machten wir Rast. Wir setzten uns auf eine sonnenbeschienene Bank, von der sich uns ein fantastischer Blick auf die Nahe und die gegenüberliegenden Weinberge bot, und aßen Streuselkuchen, den die alte Dame uns als Wegzehrung eingepackt hatte. Auf einmal merkte ich, wie hungrig ich war, und es dauerte nicht lange, bis ich alles bis auf den letzten Krümel verputzt hatte. Anschließend traten wir den Rückweg an. Die Sonne schien durch die Zweige und malte goldene Kreise auf den Waldboden, ein Vogel sang, und ganz in der Nähe gurgelte ein Bach.

„Darf ich Sie etwas fragen?", erkundigte ich mich, als der Hof der Familie wieder in Sichtweite gekommen war.

„Alles, was Sie möchten", entgegnete die alte Dame.

Ich holte tief Luft. „Wir kennen uns kaum, und trotzdem sind Sie für mich da. In der Nacht, als wir uns das erste Mal begegnet sind – da haben Sie *mich* gerettet, nicht andersherum. Und jetzt auch wieder, hier. Wieso tun Sie das für mich, eine Fremde?"

„Weil ich Sie sehr gern habe, mein Kind." Die alte Dame griff nach meiner Hand und drückte sie. „Und deshalb …" Sie strich mit dem Daumen über die Innenfläche meiner Hand. Augenblicklich fing meine Haut an zu kribbeln, und ein Gefühl der Gelassenheit strömte durch meinen Körper, das mir sagte, dass alles gut werden würde. „Spüren Sie das?"

Ich nickte mit angehaltenem Atem.

„Das ist *meine* Gabe", sagte die alte Dame. „Damals, in der Bahn … Sie waren so unglücklich. Es stimmt nicht, dass ich *Sie* gerettet habe. Das haben Sie selbst getan. Aber ich konnte Ihnen Trost schenken. Ihre Seele zur Ruhe kommen lassen, damit Sie die Kraft fänden, über alles nachzudenken."

Ich sah sie an. Und in dieser Sekunde verstand ich alles. Warum ich mich ihr von Anfang an verbunden gefühlt hatte. Das Kribbeln auf meiner Haut, wann immer sie mich berührte. Warum sie mit keiner Wimper gezuckt hatte, als ich ihr von meiner Gabe erzählt hatte. Ich dachte daran, in welchem Zustand ich bei der alten Dame angekommen war. Als eine traurige Hülle, die ein bisschen nach mir aussah. Ich hatte mich darauf eingestellt, nie wieder froh zu werden. Und jetzt, nur ein paar Stunden später, dachte ich daran, das Schicksal Schicksal sein zu lassen.

Ich drückte ihre Hand. „Danke", sagte ich schlicht.

BEIM ABENDESSEN stellte mir die alte Dame ihre Familie vor. Ihren Mann Lorenz, der mir eine warme, schwielige Hand reichte und mich anlachte, wobei Millionen Fältchen um seine Augenwinkel erschienen. Ihren Sohn Michael und ihre Schwiegertochter Julia. „Und diese kleinen Schelme hier sind Noah und Laura." Sie wies auf ihre beiden Enkel, die ich bei meiner Ankunft bereits kennengelernt hatte. Sie lächelten mich schüchtern an.

Michael sah mich freundlich an und reichte mir den Brotkorb. „Fehlt nur noch Vaters Schwester, dann ist die Familie komplett. Tante Adele lebt bei uns auf dem Hof. Im Moment ist sie allerdings auf einer Kreuzfahrt. Sie kommt am ersten Weihnachtstag zurück."

*Weihnachten.* Es waren nur noch zwei Tage bis dahin. Plötzlich musste ich daran denken, welche Pläne Benjo und ich für Heiligabend geschmiedet hatten. Wir hatten den Abend im Cottage verbringen wollen, mit Fondue und Rotwein und Küssen vor dem Kaminfeuer. Konnte ich zu ihm ins Cottage zurückkehren, als wäre nichts gewesen? Als hätte es das Bild nie gegeben, das mir die Gabe gezeigt hatte? Einfach, weil wir beide es so wollten?

„Sie sehen so aus, als brauchten Sie noch ein wenig Zeit, um sich über die Situation klar zu werden", sagte die alte Dame in die Flut meiner Gefühle hinein. „Das ist in Ordnung, mein Kind. Früher oder später werden Sie eine Entscheidung treffen müssen, aber niemand verlangt von Ihnen, dass Sie es heute tun. Bleiben Sie, und verbringen Sie das Fest mit uns."

„Ja", bekräftigte Lorenz. „Bleiben Sie. Solange Sie wollen."

Michael und Julia nickten, und meine Kehle wurde plötzlich sehr eng. Die Aufrichtigkeit und Herzlichkeit in ihren Gesichtern fegte meine Bedenken fort, dass ich zur Last fallen könnte, und zurück blieb ein Gefühl von Geborgenheit, das sich wie eine warme Decke um meine Schultern legte.

„Vielen Dank", sagte ich mit belegter Stimme. „Ihnen allen. Ich bleibe sehr gern noch etwas, wenn ich darf."

## *Fünfzehn*

Als die ersten Sonnenstrahlen durch die hölzernen Fensterläden drangen, hatte ein merkwürdiges Gefühl von mir Besitz ergriffen. Ich hatte nicht viel geschlafen, und körperlich war ich ausgelaugt bis zur Erschöpfung. Doch mein Geist war hellwach und bis aufs Äußerste gespannt.

Fast mein ganzes Leben lang hatte ich an das Schicksal geglaubt. Nie wäre mir in den Sinn gekommen zu ignorieren, was die Gabe mir eingab. Doch jetzt, wo ich den Gedanken zugelassen hatte, mit Benjo zusammen sein zu dürfen, entfaltete er einen Sog, dem ich mich nicht entziehen konnte.

„Haben Sie gut geschlafen?", begrüßte mich die alte Dame, als ich kurze Zeit später die Küche betrat. Ich nickte und nahm auf dem Stuhl Platz, den mir ihr Enkel Noah zurechtgerückt hatte, bevor er sich wieder neben seine Schwester setzte. Seine Eltern waren offensichtlich schon unterwegs, zwei benutzte Gedecke deuteten darauf hin.

„Bei uns auf dem Weingut beginnt der Arbeitstag früh", erklärte Lorenz auf meinen fragenden Blick.

Der kleine Noah aß das letzte Stück seines Brotes. „Können wir jetzt losgehen?", bettelte er.

Lorenz schmunzelte. „Die Labradorhündin von unseren Nachbarn hat Welpen bekommen", erklärte er mir, während er aufstand und seinen Stuhl zurückschob. „Wir gehen hin, um sie uns anzuschauen."

Laura nickte begeistert und krabbelte von ihrem Kinderstuhl. Als die drei verschwunden waren, senkte sich eine friedliche Stille über den Raum. Ich dachte an die Gespräche zurück, die die alte Dame und ich seit meiner Ankunft geführt hatten. An ihre Berührung, die so viel bewirkt hatte.

„Wann haben Sie es gemerkt?", fragte ich. „Dass Sie eine Gabe besitzen?"

Die alte Dame legte die Stirn in Falten und lehnte sich in ihrem Stuhl zurück. „Ich muss ungefähr fünf gewesen sein. Da gab es dieses Mädchen. Mathilda. Sie war zwei oder drei Jahre älter als ich und wohnte mit ihrem Vater nebenan. Ihre Mutter hatte die Familie verlassen, um mit einem anderen Mann zusammen zu sein. Seitdem wollte sie nicht mehr reden. Nicht mehr spielen. Nicht mehr essen. Sie wurde so dünn, dass sie aussah, als könnte sie jeden Moment auseinanderbrechen. Als ihr Vater nicht mehr ein noch aus wusste, entschied er, in die Stadt zu fahren, um den Doktor zu holen. Weil Mathilda zu schwach war, um allein zu bleiben, brachte er sie zu uns. Ich erinnere mich, wie er in der Tür stand, in seinen Armen das Kind, so blass, als wäre es ein Geist. Er trug Mathilda ins Wohnzimmer und legte sie auf unser Sofa. Im Schein des Kaminfeuers konnte ich den Kummer sehen, der sich tief in seine Züge gegraben hatte. Mit geschlossenen Augen lag sie auf dem Sofa. Ihr Atem ging flach." Die alte Dame machte eine kurze Pause, dann fuhr sie fort. „Auf einmal spürte ich das drängende Verlangen, Mathilda zu trösten. Als ich einen Schritt auf sie zu machte, sagte meine Mutter, sie sei krank und ich solle sie schlafen lassen. ‚Aber ich möchte ihre Hand halten', bettelte ich. Mathildas Vater erlaubte es. Ich setzte mich also zu dem Mädchen. ‚Hallo', flüsterte ich und griff nach Mathildas Hand. Ich spürte, wie ein Kribbeln durch meine Finger lief und sich auf ihre übertrug. Plötzlich schlug sie die Augen auf. Eine Ewigkeit lang sahen wir uns an. Ihre Haut wurde mit jeder Sekunde, in der ich sie berührte, wärmer. Die Blässe verschwand aus ihrem Gesicht. Ihre Lippen, die trocken und aufgesprungen waren, öffneten sich. ‚Hallo', erwiderte sie leise. Sofort war ihr Vater an ihrer Seite, nahm sie in die Arme und wiegte sie, als wäre sie ein Baby. Tränen liefen über sein Gesicht. Über ihre Schulter sah er mich an. ‚Ich weiß nicht, wie du das gemacht hast', sagte er, ‚aber ich danke dir dafür.'"

Die alte Dame räusperte sich. „Seitdem habe ich viele Menschen getröstet. Auch diejenigen, bei denen eigentlich kein Trost mehr möglich war."

Mir kam ein Gedanke. „Bei Ihnen selbst wirkt die Gabe nicht, oder?"

Sie schüttelte den Kopf. „Nein. Ich war traurig in meinem Leben, sehr sogar. Doch ich fand Freunde, gründete eine Familie, begegnete wunderbaren Menschen. Menschen wie Ihnen, mein liebes Kind."

Ihre Worte stimmten mich sehr nachdenklich. „Nach dem Scheitern meiner Beziehung mit Gregor habe ich es als bittere Ungerechtigkeit empfunden, dass meine Gabe nur anderen Menschen nützte, nicht mir selbst", gestand ich. „Ich bin so im Selbstmitleid versunken, dass ich das Glück meiner Klienten nicht mehr sehen wollte und sie gezwungen habe, das Treffen mit dem Partner, den ich für sie gefunden hatte, selbst zu arrangieren. Ich habe meine Gabe als Bürde gesehen, nicht als Geschenk. Das war ein Fehler, das weiß ich jetzt."

Ich hatte lange für diese Erkenntnis gebraucht, und jetzt, wo ich sie gewonnen hatte, fühlte ich mich wie befreit.

Wir saßen immer noch am Tisch und redeten, als Lorenz und die Kinder von ihrem Ausflug zurückkehrten. Mit roten Wangen und leuchtenden Augen berichteten Noah und Laura atemlos von den Welpen. Den Nachmittag über spielte ich mit ihnen im Garten Verstecken, bis die Sonne hinter den Hügeln verschwand und die alte Dame uns zum Abendbrot hineinrief.

Beim Essen war die ganze Familie um den Tisch versammelt. Michael und Julia ließen sich von ihren Kindern berichten, was sie den Tag über erlebt hatten. Als es Schlafenszeit wurde, brachte Michael die beiden ins Bett, und auch ich verabschiedete mich kurze Zeit später, weil mir die Augen in immer kürzer werdenden Abständen zufielen.

UND DANN stand der Heilige Abend vor der Tür. Am Vormittag schmückte Lorenz mit den Kindern den Baum, während wir anderen in der Küche Salat wuschen, Gemüse schnibbelten, kochten, buken und brieten, bis das ganze Haus von köstlichen Düften erfüllt war. Die alte Dame und ich arbeiteten nebeneinander, als hätten wir nie etwas anderes getan. Während ich Teig ausrollte und mit Mehl bestäubte, um zum ersten Mal in meinem Leben Brot zu backen, ertappte ich mich dabei, wie ich still vor mich hin lächelte. Ich sah auf und begegnete ihrem Blick. „Geht es?", fragte sie.

Ich wischte meine Hände an dem weißen Tuch ab, das ich um die Hüften gebunden hatte, und nickte. Die alte Dame legte mir eine Hand auf die Schulter. „Der Anfang ist am schwersten. Danach geht es wie von selbst."

Ich war mir bewusst, dass sie nicht vom Brotbacken redete.

„Ich habe mich entschieden", sagte ich. „Ich gehe zurück, sobald ich den Mut dafür aufbringe."

DIE BESCHERUNG fand nach Einbruch der Dämmerung statt. Die Klänge von „Stille Nacht, Heilige Nacht" erfüllten das Wohnzimmer, die alte Dame läutete ein silbernes Glöckchen, und eine Sekunde später stürmten Noah und Laura in Richtung Weihnachtsbaum, an dessen Fuß sich die Geschenke türmten, eingeschlagen in goldschimmerndes Papier. Mit großen Augen und offenen Mündern schüttelten sie die Pakete, dann lösten sie ehrfürchtig die glitzernden Schleifen. Bald war der ganze Raum erfüllt von glücklichem Kinderlachen. Eine Holzeisenbahn wurde aufgebaut, ein Dreirad Probe gefahren, ein Zauberkasten unter lautem Gekicher ausprobiert. Mein Blick glitt zu den Erwachsenen, die dem Spiel der Kinder folgten. Wenn Benjo jetzt hier wäre, dachte ich voller Sehnsucht.

Da schellte es an der Tür. „Ah", sagte die alte Dame, „das werden die Kinder aus dem Dorf sein. Ein alter Brauch hier auf dem Hof. Machen Sie bitte auf? Ich bin sofort bei Ihnen."

Ich nickte, ging zur Haustür und öffnete sie.

„Hallo Anna", begrüßte mich Benjo. Für einen langen Moment sahen wir uns in die Augen. „Wir waren verabredet", sagte er leise. „Schon vergessen? Nur du und ich und der Kamin."

Ich starrte ihn an, und wilde Freude schoss durch meinen Körper.

„Benjo! Wie schön, dass Sie da sind", hörte ich die alte Dame hinter mir sagen. Sie trat auf ihn zu und umarmte ihn.

„Sie haben gewusst, dass er kommt?", fragte ich verdattert.

„Geahnt", sagte sie und schmunzelte. „Geht schon hinein, ihr beiden, ich komme gleich nach."

Ich war so überwältigt von meinen Gefühlen, dass ich keinen klaren Gedanken fassen konnte. Natürlich, ich hatte die Entscheidung getroffen, zu ihm zurückzukehren. Doch dass er jetzt vor mir stand ... Wie in Trance schlug ich den Weg zum Wohnzimmer ein, Benjo an meiner Seite. Warme, nach Kaminfeuer duftende Luft schlug uns entgegen.

Als Lorenz uns in der Tür stehen sah, kam er zu uns herüber. „Sie müssen Benjo sein", sagte er herzlich. Eine Sekunde später standen auch Michael und Julia bei uns und begrüßten Benjo, als gehörte er zur Familie.

Dann war es Zeit für das Abendessen. Jemand hatte ein weiteres Gedeck aufgelegt. Vielleicht war es auch die ganze Zeit über da gewesen, ich hatte den Überblick verloren. Benjo und ich saßen nebeneinander und rutschten verlegen auf unseren Stühlen herum.

Nach dem Dessert brachte Julia die Kinder ins Bett. Ich sah ihnen nach, wie sie sich an der Tür noch einmal umdrehten und uns zuwinkten.

Plötzlich spürte ich Benjos Mund an meinem Ohr, seinen Atem auf meiner Haut. „Können wir uns unterhalten?", fragte er leise.

DAS HERZ KLOPFTE mir bis zum Hals, als ich Benjo auf die Terrasse führte. Vielleicht führte er auch mich, ich wusste es nicht. Der Mond schien hell am nachtschwarzen Himmel, und Millionen und Abermillionen von Sternen funkelten auf uns herab.

„Als ich erwachte und du fort warst", sagte Benjo plötzlich in die Stille hinein, „da wusste ich, wie sich die Hölle anfühlen muss. Ich konnte an nichts anderes mehr denken, als dass ich dich zurückbekommen musste." Er schüttelte den Kopf. „Anna, du bist mein Leben. Mein Zuhause. Und ich bin stolz auf den Mann, der ich neben dir bin."

Unsere Blicke verfingen sich ineinander. Seine Hand tastete nach meiner, und in dem Moment, in dem sich unsere Finger berührten und langsam miteinander verschränkten, seufzten wir beide vor Erleichterung, weil es sich so richtig anfühlte. Sein Daumen strich über meine Hand. „Ich liebe dich mit jeder Faser meines Ichs. Und wenn du mich auch liebst, bleib bei mir. Ich weiß, was dich das kostet, doch ich bitte dich. Bleib bei mir."

Meine Beine gaben unter mir nach, und er fing mich auf und hielt mich fest, als wollte er mich nie wieder loslassen. Eine Ewigkeit schauten wir einander in die Augen. Dann nickte ich. „Ja", flüsterte ich.

## *Epilog*

*Elf Monate später*

Ich warf einen kurzen Blick durch den Vorhang und ließ ihn schnell wieder zufallen. „Bist du aufgeregt, mein Schatz?" Benjo legte seine Hände auf meine Schultern. Ich nickte. Milford & Behrends hatte zu einem Empfang eingeladen, und alle waren gekommen, um den überwältigenden Erfolg von „Liebe" zu feiern. Das Buch hatte seit seiner Veröffentlichung alle Verkaufsrekorde gebrochen und stand nun auf dem ersten Platz der Bestsellerliste.

Ich atmete tief durch. „Als Frau Richter meinte, es wäre eine schöne Idee, wenn ich auch etwas vortrage, hatte ich keine Ahnung, dass so viele Menschen kommen würden", sagte ich kläglich.

Benjo lachte und gab mir einen Kuss auf die Nasenspitze. „Keine Angst, Anna. Du musst nicht allein da raus. Ich bin bei dir."

„Ich weiß", sagte ich leise. „Bitte küss mich noch einmal, ja?"

Er tat mir den Gefallen, und erst als begeistertes Klatschen an mein Ohr drang, bemerkte ich, dass sich der Vorhang geöffnet hatte. Mit klopfendem Herzen wandte ich mich dem Publikum zu. Es waren viele bekannte Gesichter da. Die alte Dame, Rita und Elisabeth, Louise und Hannes, Sabine, Nora Rittbach und ihr frisch angetrauter Ehemann. Alle lächelten mir zu.

„Viel Glück, Anna", raunte Benjo in mein Ohr, bevor er sich in den Hintergrund zurückzog. Mit weichen Knien ging ich zum Pult.

„Es war an meinem siebten Geburtstag", begann ich, „als sich meine Gabe zum ersten Mal bemerkbar machte. Sie brachte zwei befreundete Kinder, Franziska und Sebastian, zusammen. Die beiden waren ebenfalls sieben, und so sollte es noch zwanzig Jahre dauern, bis sie sich das Jawort gaben. Seitdem habe ich viele weitere Menschen zusammengeführt. Zunächst eher zufällig, später gezielt in meiner eigenen Agentur. Doch es bedurfte eines anderen, um zu erkennen, dass diese Geschichten erzählt werden wollten."

„Damit bin ich gemeint!", rief Frau Richter. „Nur damit Sie es wissen!"

Ich wartete, bis sich das Gelächter im Saal gelegt hatte, dann fuhr ich fort. „Benjo hat lange überlegt, welche Geschichten er in der Anthologie erzählen wollte. Schließlich hat er sich für zwölf entschieden. Es sind schöne Geschichten, traurige, lustige ... und jede für sich ist einzigartig. Genau wie die Liebe." Ich lächelte. „Doch *ich* möchte Ihnen heute eine andere Geschichte erzählen. Eine, die Sie nicht in dem Buch finden werden."

In den nächsten Minuten erzählte ich dem gebannt lauschenden Publikum, wie ich Madeleine Clary kennengelernt hatte, wie sie mich Wochen später angerufen hatte, wie ich mit Benjo nach Paris geeilt war. An der Stelle, als sich der verwegen aussehende Amerikaner als Enttäuschung herausstellte, ging ein kollektives Aufseufzen durch die Menge. „Sie kam darüber hinweg", sagte ich, „und im Sommer trafen wir uns wieder, auf der Hochzeit eines befreundeten Paares. Die Trauung fand im Garten eines Barockschlosses statt. Es war wie im Märchen. Ein Teppich aus Sommerblumen führte zu einem kleinen Pavillon, in den Ästen der Bäume waren Seidenbänder befestigt, ein Streichquartett spielte. Ich saß neben Benjo und meiner Freundin Sabine. Im letzten Moment schlüpfte Madeleine zu uns in die Reihe und ließ sich neben uns sinken. ‚Sie kommen', flüsterte Benjo, und wir wandten die Köpfe. Der Pfarrer ging voraus. Er war jung, Anfang dreißig vielleicht, und äußerst attraktiv. Das war mein letzter klarer Gedanke, dann wurde mir schwindlig. Hinter meiner Stirn setzte das vertraute Ziehen ein, ich sah winzige Punkte, die sich zu einem Bild zusammenfügten. *Das darf doch nicht wahr sein*, dachte ich und fasste nach Benjos Hand. Er beugte sich zu mir. ‚Was ist los?', fragte er leise.

Ich wies auf den Pfarrer. Benjos Augen weiteten sich. ‚Für wen?' Ich nickte in Richtung Madeleine. Sie betrachtete den jungen Pfarrer mit einem Gesichtsausdruck, der nicht von dieser Welt war. ‚Was sollen wir jetzt tun? Er ist Pfarrer, ein Mann Gottes. Ich weiß nicht, wie es dir geht, aber ich will nicht in die Hölle kommen.' Der junge Pfarrer sah stirnrunzelnd zu uns hinüber. Er war es offensichtlich nicht gewohnt, dass bei seinen Trauungen getuschelt wurde. Da blieb sein Blick an Madeleine hängen, und ein merkwürdiger Ausdruck glitt über seine Züge. Er stockte mitten im Satz und schüttelte benommen den Kopf. Benjo lachte. ‚Wann warst du das letzte Mal in der Kirche, Anna?', fragte er mich amüsiert, und dann erklärte er mir den Unterschied zwischen einem katholischen und einem evangelischen Pfarrer." Es dauerte eine Weile, bis das Lachen im Publikum sich gelegt hatte. „Meine Damen und Herren", sagte ich. „Ich wünschen Ihnen einen wunderbaren Abend. Und wenn Sie noch Fragen an Madeleine haben, sie ist heute Abend hier." Ich zwinkerte ihr zu. „Zusammen mit ihrem Verlobten."

„Das haben Sie grossartig gemacht", begrüßte uns die alte Dame, nachdem Benjo und ich von der Bühne gekommen waren. Sie umarmte uns beide.
    Rita, Elisabeth und Sabine, die hinter ihr standen, nickten heftig. „Ich bin so stolz auf euch", sagte Louise und betupfte sich mit dem Taschentuch, das Hannes ihr gereicht hatte, die Augenwinkel. Ich grinste. Nachdem die Anspannung von mir abgefallen war, konnte ich gar nicht mehr aufhören zu strahlen. Sogar meine Eltern waren gekommen. Ob wegen Benjo oder mir, konnte ich nicht sagen, aber sie waren da.
    „Und? Haben Sie es sich überlegt?" Frau Richters Wangen glühten vor Begeisterung. „Mit der Fortsetzung ‚Noch mehr Liebe' könnten Sie nahtlos an den Erfolg anknüpfen und …"
    Benjo und ich schüttelten beide den Kopf. „Nein danke!", riefen wir wie aus einem Mund.
    Frau Richter seufzte. „Ich hatte befürchtet, dass Sie das sagen. Also schön. Dann eben das andere Projekt. Wie war noch mal der Titel?"
    Benjo und ich tauschten einen verschwörerischen Blick. „‚1000 Dinge, die du besser nicht machen solltest'", sagte Benjo. „Aber seit wann", ergänzte ich, „hörst du auf das, was deine Mutter dir sagt?"

Es war kurz vor Mitternacht, als Benjo und ich zum Ausgang schlenderten. Nach der Hitze im Saal war die Nachtluft angenehm kalt und klar. Für einen flüchtigen Moment schloss ich die Augen und atmete tief durch. Als ich die Augen wieder öffnete, entdeckte ich unter einer Straßenlaterne ein Paar, das sich mit einer solchen Leidenschaft küsste, dass mir ganz warm ums Herz wurde. Ich sah genauer hin. Der Mann hatte etwas an sich, das mir vertraut vorkam. Seine schlanke Statur, die Linie seines Halses, die Haltung des Kopfes ... woher kannte ich ihn nur? Und die Frau? Wo hatte ich den schwarzen Pagenkopf schon einmal gesehen?

„Timo!", rief Benjo. Das Paar fuhr sofort auseinander. Als sie uns entdeckten, winkten sie und kamen zu uns herüber.

„Hallo Anna", sagte Timo. Er schob seine Begleitung ein Stück in meine Richtung. „Sara kennst du ja bereits."

„Hallo", begrüßte mich Sara.

Meine Kinnlade sackte hinunter. Mit offenem Mund starrte ich von einem zum anderen, bis mein Blick erneut an Timo hängen blieb. Er sah Benjo so ähnlich! Wie hatte ich das vergessen können?

Plötzlich erstarrte ich. Die Erkenntnis traf mich mit der Wucht einer Abrissbirne.

„Alles in Ordnung?", fragte Benjo besorgt.

Ich drehte mich zu ihm um. „Das warst nicht du", flüsterte ich. „Das Bild, das ich gesehen habe. Das warst nicht du."

Benjo schüttelte den Kopf. „Ich weiß", sagte er.

„Aber wie ...?"

Er zuckte mit den Schultern. „Es konnte einfach nicht stimmen. Ich liebe dich, Anna, wie kann da eine andere die Frau meines Lebens sein? Andererseits hattest du mir gesagt, dass die Gabe nicht irrt. Also musstest *du* dich irren." Er wies auf seinen Bruder. „Der da war die einzig logische Erklärung. Es dauerte ein paar Monate, bis der Groschen bei mir fiel, aber danach ließ mir der Gedanke keine Ruhe mehr, dass du *ihn* gesehen haben könntest anstatt mich. Mein Problem war nur, dass Timo in München arbeitete und Sara in Berlin war. Ich konnte meinen Verdacht also nicht sofort überprüfen."

„Er bombardierte mich mit Anrufen", mischte Timo sich ein. „Jahrelang hatte mein Bruder nur das Nötigste mit mir gesprochen, weil er mich für das Ende eurer Freundschaft verantwortlich machte, und auf einmal sagte er mir, dass ich nach Berlin kommen müsste. Wir verabredeten uns für letzten Samstag. Benjo holte mich am Flughafen ab, und wir fuhren direkt los, um Sara zu treffen, die Benjo unter einem Vorwand in ein Café bestellt hatte."

„Und dann?", fragte jemand gespannt, und ich begriff, dass ich es war, die gefragt hatte.

„Dann", erzählte Timo mit einer Stimme, die ganz verträumt klang, „sahen wir uns die Augen. Und seitdem gehe ich dorthin, wo sie hingeht." Er sagte das ganz ernst, was ihn mir beinahe sympathisch machte.

„Wie auch immer", ergriff Sara das Wort. „Wir sind Benedikt und dir so dankbar. Ohne euch wären wir uns wahrscheinlich nie begegnet."

Timo zog sie ganz eng an sich. „Aber ihr seid nicht böse, wenn wir jetzt wieder verschwinden, oder?" Dann wandten sie sich ab, und wir sahen zu, wie sie Hand in Hand die Straße hinunterliefen.

Benjo legte seine Arme um mich. Ein Gefühl von Zärtlichkeit, gemischt mit Erleichterung, durchflutete meinen Körper. Wie hatte ich nur jemals annehmen können, dass Sara an seine Seite gehörte? „Ich danke dir."

„Heißt das, du heiratest mich jetzt?"

„Hei…", ich verschluckte mich und sah ihn sprachlos an.

Benjo grinste. „Na, was denn sonst?"

Ich schluckte erneut. Tränen stiegen mir in die Augen. Er hob eine Hand und streichelte über meine Wange. „Ist das ein Ja?", fragte er zärtlich.

Ich nickte und lachte. „Ja! Ja, ja, ja!"

Benjo hob mich hoch und wirbelte mich herum. „Ich liebe dich so sehr!"

Der Mond schien auf die Spree und verwandelte den Fluss in ein silbernes Band. In der Ferne begannen die Kirchenglocken Mitternacht zu läuten. Er neigte sich zu mir herunter und küsste mich. Ich spürte seine Lippen auf meinen, und plötzlich begann sich die Welt um mich herum zu drehen. Erst langsam, dann immer schneller. Ein Ziehen setzte hinter meiner Stirn ein, die Ränder meines Blickfeldes verschwammen …

Und dann sah ich sie, eine kleine Kapelle, umgeben von Kiefern. Die schwere, eisenbeschlagene Holztür öffnete sich, und ein Brautpaar trat heraus in den Sonnenschein. Die Frau sah mich an. Als sich unsere Blicke trafen, nickte sie und lächelte. Die Farben verblassten, und das Bild verschwamm.

„Benjo", sagte ich.

Er sah mich fragend an.

„Nicht so wichtig", sagte ich und verlor mich erneut in seinem Kuss.

*„Schon als ich klein war, liebte ich nichts mehr als Märchen und Geschichten."*

## Hanna Linzee

Die Liebe zu Büchern, so erzählt die 1979 geborene und in der Nähe von Münster aufgewachsene Hanna Linzee, verdanke sie ihrer Mutter. Bezeichnenderweise ist es auch ein Erlebnis mit ihrer Mutter, das für die Entstehung von Hanna Linzees Debütroman eine wichtige Rolle spielt: „Es gehört zu meinen frühesten Kindheitserinnerungen, dass ich mit meiner Mutter vor einem kleinen Brillengeschäft in der Innenstadt von Münster stehe. Es ist kalt, und es nieselt. Mit uns wartet ein Dutzend Menschen, denn der Besitzer lässt seine Kunden nur nacheinander eintreten. Als wir endlich an der Reihe sind, bin ich erstaunt, in dem Geschäft keine Brillen zu sehen. Schnell wird klar, warum: Meine Mutter darf sich ihre Brille nicht selbst aussuchen. Der Besitzer betrachtet ihr Gesicht, wendet sich ab und kommt mit einem Modell zurück, das so fantastisch zu ihr passt, dass sich jede weitere Diskussion erübrigt. Diese kleine Episode hat mich nachhaltig beeindruckt. Sie hatte etwas Zauberhaftes an sich, und schon als ich klein war, liebte ich nichts mehr als Märchen und Geschichten. Mit dreißig Jahren beschloss ich, selbst eine zu schreiben."

Doch Hanna Linzee, die nach Bankausbildung und BWL-Studium heute mit Mann und Sohn in Kaarst lebt, „merkte schon nach den ersten Seiten, dass der Wille allein nicht ausreichte. Mir fehlte das Handwerkszeug". Sie belegte Schreibkurse, las Schreibratgeber – und knapp fünf Jahre nach dem ersten Satz war „Für immer auf den ersten Blick" fertig: „Ein modernes Märchen über eine junge Frau mit einer besonderen Gabe. Vererbt von ihrem Großvater, der ein Brillengeschäft besaß …"

# Ein tiefer Fall

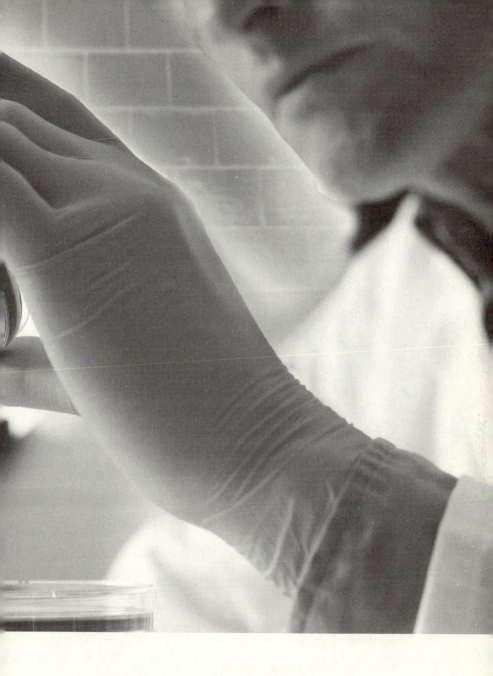

# Bernhard Kegel

Hermann war nicht besonders schreckhaft, kaum aber hatte er die Tür zu seinem Büro abgeschlossen, ließ ihn ein Knacken zusammenzucken. Wieder lauschte er. Ein leises Rauschen und Gluckern. Er hatte das Institut schon oft spät verlassen, doch noch nie hatte er diese seit Jahren vertraute Umgebung als derart unwirklich erlebt, ja, unheimlich.

# Prolog

Eine tief hängende Wolkendecke lag über dem Campus. Windböen trieben das erste Laub vor sich her. Mondlose Dunkelheit. Nur auf der Leibnizstraße, am Botanischen Garten und entlang der gepflasterten Wege, die durch das parkartige Gelände führten, schufen Straßenlaternen kleine Inseln der Helligkeit. Während der warmen Jahreszeit wurden sie zur tödlichen Falle für unzählige lichtverliebte Insekten. In dieser kalten Oktobernacht gab es jedoch weder Kleingetier noch Menschen.

Vom Sportforum kommend, wo er mit mäßigem Erfolg einige Mülleimer inspiziert hatte, trottete allerdings, wie nahezu jede Nacht um diese Zeit, ein Fuchs den Schwarzen Weg entlang, offensichtlich das einzige lebende Wesen weit und breit. Auf den Bürgersteigen war niemand zu sehen, der Musäusplatz zwischen der Mensa und den Fakultätenblöcken verlassen, die angrenzenden Parkplätze leer, sogar die Enten und Möwen waren verschwunden. Ihr Tummelplatz, der „See der Biologen", wäre in dieser dunklen Nacht nur ein von Sträuchern und Bäumen gesäumtes schwarzes Loch in der Grünfläche des Campus gewesen, wenn in dem dahinter aufragenden Hochhausturm nicht noch hinter zwei Fenstern Licht gebrannt und sich in seinem Wasser gespiegelt hätte.

Dass auf dem Campus bis tief in die Nacht gearbeitet wurde, war nichts Ungewöhnliches, ob in den physikalischen Instituten, bei den Germanisten oder, wie heute, im Biologiezentrum. Wer auf einen geregelten Arbeitstag pochte, hatte in der Wissenschaft nichts verloren. Im Stundenabstand mussten in Labors Versuche kontrolliert, Proben entnommen und Messapparaturen abgelesen werden, an Schreibtischen wurde über Veröffentlichungen und Vorträgen gebrütet. Die Wege des Fuchses kreuzten sich daher gelegentlich mit denen erschöpfter Forscher, die zu nachtschlafender Zeit mit gesenktem Kopf ihr Auto ansteuerten, was ihn weder von seinen nächtlichen Patrouillengängen abhielt noch dazu veranlasste, eine andere Route einzuschlagen. In der Regel waren es die Menschen, die sich bei diesen nächtlichen Begegnungen überrascht zeigten. Der Fuchs hatte sein Gegenüber meist schon frühzeitig bemerkt. Es war ein erfahrenes Tier, das mit fast sieben Jahren ein für Stadtfüchse biblisches Alter erreicht hatte.

Es war nun fast an der nächsten Station seines Weges angelangt, den großen Abfalltonnen auf der Rückseite der Mensa II, als plötzlich ungewöhnliche Geräusche zu hören waren, gedämpfte Schreie, ein Poltern, das Klirren von Glas. Sie kamen aus den oberen Stockwerken des Biologiezentrums.

Der Fuchs spitzte die Ohren, verharrte für einen Moment unbeweglich an Ort und Stelle und schnupperte in die Nacht. Natürlich hatte er keine Ahnung, dass die Geräusche Teil einer Kette von Ereignissen waren, die die Stadt Kiel, ihre Universität und zahllose Wissenschaftler in aller Welt über Wochen in Atem halten sollten und in der ihm eine kleine, aber nicht unwichtige Rolle zugedacht war. Für den Fuchs ging es in diesem Moment einzig und allein darum, wie das seltsame Gepolter einzuschätzen war. Sollte er auf seinen Abstecher zu den Mensaabfällen verzichten oder ihn verschieben? Er verharrte, minutenlang. Bis wieder Stille eingekehrt war.

Gerade als er seinen Weg wie gewohnt fortsetzen wollte, fuhren im obersten Stock des Hauses plötzlich zwei Rollos in die Höhe und gaben einen erst schmalen, dann immer breiter werdenden hellen Lichtstreifen frei. Kurz darauf erschien an einem der Fenster eine mit einem weißen Laborkittel bekleidete menschliche Gestalt. Ihre Hand ruhte auf dem Fenstergriff, doch sie blieb zunächst reglos und schien nur nach draußen in die Dunkelheit zu starren. Kurz darauf zerriss ein Krachen die nächtliche Stille, so laut, dass es bis hinunter auf den Schwarzen Weg zu hören war. Jemand rüttelte heftig an einem Fenster, das schon lange nicht mehr geöffnet worden war.

Der Fuchs hatte mit gesträubten Nackenhaaren ausgeharrt, doch als sich der große Fensterflügel endlich mit einem lauten Quietschen nach innen bewegte, reichte es ihm. Er fiel in leichten Trab und lief, immer schneller werdend, zum Mensaparkplatz und weiter bis zum Biologiezentrum. Das helle Licht brannte noch immer. Das Fahrrad, das an einem der den Weg zum Eingang säumenden Stahlbögen angeschlossen war, beachtete er nicht, genauso wenig wie die beiden Pkws, die hinter dem Biologiezentrum parkten. Er wollte nur noch weg. Und da alles, was nach dem Öffnen des Fensters geschah, völlig geräuschlos vor sich ging, sah er auch den in diesem Moment aus dem zwölften Stock herabstürzenden menschlichen Körper nicht. Er hörte nur den dumpfen Laut, als etwas hinter ihm auf ein Dach des Flachbaus aufschlug, zuckte zusammen und blickte nach oben zur Dachkante. Wenige Meter dahinter ragte der Hochhausturm empor. Das Fenster, an dem die Gestalt gestanden hatte, war offen, der Raum nach wie vor hell erleuchtet. Davon abgesehen, war nichts Ungewöhnliches zu erkennen.

Doch wenige Augenblicke nach dem Aufprall kroch ein beunruhigender Geruch auf den Fuchs zu, der von Sekunde zu Sekunde stärker wurde. Er kam vom Dach, und es roch nach Mensch und immer intensiver nach Blut.

Gleichzeitig hörte er ein seltsames Geräusch in der Dunkelheit. Ein papiernes Etwas flatterte wie ein riesiger Schmetterling vom Himmel und blieb nur wenige Meter vor ihm auf dem Boden liegen. Einen Moment zögerte er, doch bald siegten Neugier und der Zorn über die Belästigung. Er lief hin, schnupperte daran, biss wütend in das blau-weiße Ding hinein, schüttelte es knurrend, rannte damit zum Botanischen Garten und verschwand im Gebüsch.

## 1

Hermann Pauli schreckte hoch, verschlafen und alarmiert zugleich. Ein reales Ereignis oder ein Traum – er erinnerte sich dunkel, intensiv geträumt zu haben –, irgendetwas hatte dazu geführt, dass eine hohe Dosis Adrenalin durch seine Gefäße raste und er nun desorientiert und mit weit aufgerissenen Augen um sich blickte, als hätte er im Schlaf den eisigen Atem des Leibhaftigen im Nacken gespürt. Aber er sah nur die vertrauten Umrisse von Bücherregalen und Sammlungsschränken und beruhigte sich. Er war im Institut, in seinem Arbeitszimmer hoch über dem Campus der Universität, und er war mit dem Kopf auf den Unterarmen am Schreibtisch eingeschlafen. Kein Grund zur Aufregung.

Doch ein hartnäckiges Gefühl der Bedrohung blieb. Vermutlich war er allein im Haus. Als er nach dem Abendessen zurück ins Institut gekommen war, hatte zwar im obersten Stock schräg über seinen eigenen Räumen noch Licht gebrannt, im FORSCHUNGSOLYMP DER CHRISTIAN-ALBRECHTS-UNIVERSITÄT, wie eine Zeitung erst kürzlich getitelt hatte. Frank Moebus und seine Mitarbeiter waren immer die Letzten, die im Biologiezentrum das Licht löschten. Mittlerweile dürfte aber auch in diesem Labor Ruhe eingekehrt sein.

Hermann presste die Augenlider zusammen und streckte sich. Wie lange hatte er geschlafen? Er berührte die Leertaste, um den Rechner aufzuwecken. Es war kurz nach Mitternacht, genau 0.12 Uhr. Geisterstunde.

Was hatte ihn geweckt? Hatte er etwas gehört? Er schloss die Augen. Es war, als schwebte der Nachhall noch im Raum, eine gespensterhafte Erinnerung an irgendein lautes Geräusch. Wahrscheinlich hatte nur sein innerer Wecker geklingelt, eine Stimme der Vernunft, die ihm zugeflüstert hatte, dass es höchste Zeit war, nach Hause und ins Bett zu gehen.

Neben einem Fenster mit elektronenmikroskopischen Aufnahmen verschiedener Tintenfischaugen präsentierte der Bildschirm den kümmerlichen Ertrag dieses Abends. Die wenigen Textzeilen, die er geschrieben hatte, erinnerten ihn daran, dass er mit seiner Arbeit nicht sehr weit gekommen war.

Dabei war er schwer im Verzug und hatte sich viel vorgenommen. Sein Kollege Raymond Holmes legte ein Arbeitstempo vor, mit dem er kaum mithalten konnte. Schneller als erwartet hatte der Neuseeländer aus dem fernen Wellington einige detaillierte Artbeschreibungen gemailt. Natürlich kannte Hermann die Tiere und ihre Anatomie, er hatte sie schließlich selbst gefunden. Doch viele Einzelheiten waren auch für ihn neu, weil sie ihm damals nach der Riesenwelle bei seiner ersten, notgedrungen oberflächlichen Untersuchung am Strand der neuseeländischen Halbinsel Kaikoura entgangen waren. Außerdem wartete das Manuskript mit einer großen Überraschung auf. Ray hatte eine der neuen Kalmararten nach ihrem Entdecker *Mastigoteuthis paulii* genannt, eine nette Geste und eine große Ehre dazu.

Hermann, der mit seiner Forschungsgruppe Arbeiten über die Leuchtorgane und Augen der Tiere zu Rays Veröffentlichung beizusteuern plante, sah sich also unter Zugzwang, und an diesem Abend hatte er endlich Boden gutmachen wollen. Doch dann hatte er den verhängnisvollen Entschluss gefasst, seine Tochter anzurufen, und was als kurzer Gruß und Lebenszeichen gedacht war, hatte sich unversehens zum abendfüllenden Krisengespräch entwickelt. Ausgerechnet heute hatte ihm Marion unter Tränen eröffnen müssen, dass sie ihren Freund verlassen und mit ihrem kleinen Sohn nach Kiel zurückkehren werde. Aus der Wohnung sei sie bereits ausgezogen und lebe seit Tagen bei einer Freundin. Ihr Entschluss sei unwiderruflich. Brigitte würde sich im Grabe umdrehen. Ihrer über alles geliebten Tochter stand ein aufreibendes Leben als alleinerziehende Mutter bevor. An konzentrierte Arbeit war nach dieser Nachricht nicht mehr zu denken gewesen.

Hermann seufzte und überflog, was er geschrieben hatte, immerhin eine halbe Seite. Er befand sie sogar für brauchbar und speicherte den Text ab.

Ein Geräusch ließ ihn herumfahren. Was war das? Er starrte in Richtung Tür, lauschte in die nächtliche Stille. War das Geräusch von draußen oder aus dem Haus gekommen? Das merkwürdige Gefühl der Bedrohung, das er nach dem Aufwachen verspürt hatte, war wieder da. Kurz entschlossen ging er zur Tür, riss sie, energischer als nötig, auf und blickte nach rechts und links den beleuchteten Flur entlang. Nichts. Oder doch? Ein Sammelsurium leiser Geräusche, ein Rauschen und Glucksen. Vielleicht waren es die Heizungsrohre, fiel ihm ein.

Kopfschüttelnd trat er zurück ins Zimmer und schloss die Tür. War er derart überreizt? Er schaltete den Computer aus und griff nach seiner Jacke.

HERMANN war nicht besonders schreckhaft, kaum aber hatte er die Tür zu seinem Büro abgeschlossen, ließ ihn ein Knacken zusammenzucken. Wieder lauschte er, und wieder hörte er nur dieses leise Rauschen und Gluckern.

Er hatte das Institut schon oft spät verlassen – seit Brigittes Tod gab es niemanden, der zu Hause auf ihn wartete –, doch noch nie hatte er diese seit Jahren vertraute Umgebung als derart unwirklich erlebt, ja, unheimlich. Während er an den verschlossenen Türen von Mitarbeiterbüros und Laborräumen vorbeilief, ärgerte er sich über die vertane Zeit, darüber, dass er eingeschlafen war, und über diesen idiotischen Traum, der ihn noch immer gefangen hielt, sodass er sich vorkam wie in einem billigen Horrorstreifen.

Etwa auf halbem Weg zum Treppenhaus traf ihn plötzlich etwas im Gesicht. Er blieb wie angewurzelt stehen. Zögernd strich er sich mit der Hand über die Wange und rieb dann seine Fingerkuppen aneinander. Sie waren feucht. Oben an der Decke war auf den ersten Blick nichts zu erkennen, aber dann traf ihn ein weiterer Tropfen, und er trat rasch zur Seite. Das Geräusch, das seine Schuhsohle dabei verursachte, ließ ihn nach unten schauen. Er hatte in einer Wasserlache gestanden. Wieder legte er den Kopf in den Nacken und entdeckte einen Fleck, der feucht glänzte. Es tropfte aus der Decke.

Seine erste Reaktion war Erleichterung. Auf seine Sinne war Verlass. Er hatte sich die Geräusche nicht eingebildet. In der Decke waren sicher allerlei Kabel und Rohre verlegt, und eines davon musste undicht sein. Sollte er den Hausmeister oder den technischen Dienst alarmieren? Nein, er würde sie morgen früh anrufen. Noch wirkte das Leck nicht so bedrohlich, dass er die Verantwortlichen mitten in der Nacht aus dem Schlaf reißen müsste.

Er zögerte noch einen Moment, dann lief er weiter, die Augen auf den Boden gerichtet, um nach weiteren Wasserlachen Ausschau zu halten. Als er die Tür zum dunklen Treppenhaus erreichte, entspannte er sich etwas. Es war wirklich nur ein kleines lokales Leck. Das Haus kam eben in die Jahre.

Er blieb vor der Tür stehen und zögerte. Es kam ihm vor, als wäre das Rauschen hier lauter geworden. Er beschloss, unten beim Pförtner einen Zettel zu hinterlassen, damit morgen früh sofort gehandelt werden könnte.

Seine Finger befanden sich nur wenige Zentimeter vom Türgriff entfernt, als hinter ihm plötzlich mit lautem Knall eine der Deckenlampen zersprang. Hermann riss unwillkürlich die Arme hoch, um sich zu schützen. Das Flurlicht flackerte, erlosch kurz und ging dann wieder an.

„Verdammt!" Auf die Nachtruhe der Techniker konnte er wohl doch keine Rücksicht nehmen.

Er wollte schon die Tür zum Treppenaufgang öffnen, als er erstarrte. Unter dem Türblatt hatte sich eine Wasserlache gebildet. Noch ein Leck? Vorsichtig drückte er die Klinke nach unten.

„Ach du lieber Himmel!" Im Treppenhaus war es stockfinster, das aus dem Flur einfallende Licht reichte aber, um zu erkennen, dass er es mit weit mehr als nur einem tropfenden Hahn zu tun hatte. Jetzt wusste er, woher das Rauschen gekommen war. Wasser ergoss sich aus dem obersten Stock und lief um den Schacht mit den beiden Fahrstühlen herum über die steinernen Stufen nach unten. Was war da oben los?

Er drehte um, kehrte in sein Büro zurück und rief den Technischen Notdienst. Danach atmete er einmal tief durch und überlegte, ob er Frank Moebus informieren sollte. Der Schaden schien in seinen Räumen aufgetreten zu sein. Nein, noch nicht. Erst würde er sich selbst ein Bild machen.

An einem Haken neben der Tür hing der Schlüssel zu Franks Etage. Für Notfälle wie diesen hatten sie die Schlüssel ausgetauscht.

HERMANN öffnete die Tür zum Treppenhaus und betätigte den Lichtschalter. Die Lämpchen neben den Aufzugtüren glimmten, als wäre nichts geschehen. Konnte er den Fahrstuhl gefahrlos benutzen? Er schüttelte den Kopf und stieg lieber, dicht an die Wand gelehnt, die Stufen hinauf. Der Wasserfluss schien nachgelassen zu haben. Bei Licht sah die Situation nicht mehr ganz so dramatisch aus.

Er erreichte die Tür zu Moebus' Forschungsolymp und wollte sie aufschließen, aber sie war nicht abgeschlossen. Merkwürdig. Hermann zögerte, trat dann aber doch in den unbeleuchteten Flur, dessen Boden vor Nässe glänzte. Ein muffiger Geruch stieg ihm in die Nase. Er befand sich jetzt direkt über seinem eigenen Büro. Franks Zimmer lag hier, und das Sekretariat. Ansonsten Labors, wenn er sich recht erinnerte. Es sah aus, als hätte sich das Wasser auf dem gesamten Stockwerk ausgebreitet und wäre dann unter der Tür hindurch ins Treppenhaus geflossen. Er lief ein paar Schritte in den Flur hinein und blieb dann im Dunkeln stehen, weil er es nicht wagte, die Beleuchtung anzuschalten. Erst wollte er wissen, woher das Wasser kam. Außerdem drang aus dem Gang, der weiter vorn nach rechts abzweigte, Licht. War er doch nicht allein im Haus?

„Hallo!", rief er mit belegter Stimme. „Ist da jemand?"

Keine Antwort. Außer leisem Plätschern und Tropfgeräuschen war nichts zu hören. Hermann schluckte. Langsam einen Fuß vor den anderen setzend, ging er weiter. Der Boden war nass, überall stand das Wasser, aber die große Masse war offenbar abgeflossen. Das spräche gegen einen Rohrbruch.

0.56 Uhr. Wo blieben die Techniker? Ihm fiel ein, dass die Eingangstür abgeschlossen war. Hoffentlich waren sie so schlau, den Hausmeister zu alarmieren oder irgendjemand anders, der einen Schlüssel hatte. Er tastete nach seinem Handy und vergewisserte sich, dass er erreichbar war.

Noch ein paar Schritte, und er würde den nach rechts abzweigenden Gang einsehen können. An der Ecke blieb er stehen. Ein Stück weiter fiel helles Licht durch eine offene Tür. Kam das Wasser von dort?

Das Klirren von Glas. „Hallo! Ist noch jemand da?"

Plötzlich nahm er auf dem Boden eine Bewegung wahr, begleitet von einem leisen Platschen. In einer der Pfützen zappelte etwas. Er trat näher, hockte sich auf die Zehenspitzen und griff danach. Es war kaum fingerlang und so glitschig, dass er zweimal zufassen musste. Dann lag es auf seiner ausgestreckten Hand und begann, sich zwischen seinen Fingern zu winden: ein Schlammspringer, ein kleines, ziemlich possierliches Fischchen, das in tropischen Gezeitenzonen lebte. Hermann brauchte nur den Arm auszustrecken, um ein zweites Tier aufzuheben. Er sah sie überall, Schlammspringer und Zebrafische, die meisten in der Nähe der Tür, durch die gerade eine Kröte in den Flur hüpfte, weiter hinten noch eine. Mein Gott, dachte Hermann erschrocken. Jetzt wusste er, welcher Raum da offen stand.

Mit den beiden lebenden Schlammspringern in der Hand richtete er sich auf und bewegte sich vorsichtig weiter, um keines der Tiere zu zertreten.

Als er auf der Türschwelle stand und nach links in den von Leuchtstoffröhren erhellten Raum blickte, schlug ihm das Herz bis zum Hals. Es war kalt. Eines der Fenster stand sperrangelweit offen. Was war hier geschehen?

Es war nicht nur ein Gefäß zerborsten, es waren viele. Das Wasser stand überall. In der Raummitte war ein Stahlregal zur Hälfte umgestürzt und auf ein zweites gefallen, das sich dadurch bedenklich zur Seite geneigt hatte. Aquarientrümmer türmten sich auf dem Boden, ein heilloses Durcheinander von Schläuchen, Pumpen und gefährlich aussehenden Glassplittern.

Überall zappelten und hüpften Franks Tiere herum. Er hatte ein goldenes Händchen für die Zucht – seine eigenen Worte. Je schwieriger, desto besser. Alles dahin. Hermann war fassungslos. Er hatte einen technischen Defekt erwartet, kein Schlachtfeld. Seine Arme sanken kraftlos nach unten, die beiden Schlammspringer fielen zu Boden. Konnte ein solches Regal von selbst zusammenbrechen? Wieso brannte das Licht? Und warum standen Tür und Fenster offen? Hier hatte sich blinde Zerstörungswut ausgetobt.

An einer Stelle trieben Schlieren im Wasser, die sich ein Stück weiter zu einer dunklen Wolke verdichteten. Nein, nicht dunkel, die Wolke war dunkelrot. Das sah aus wie … Hermann schnappte nach Luft, als er hinter der schräg stehenden Regalreihe einen Schuh entdeckte. Und in dem Schuh einen Fuß, ein Bein mit einer durchnässten Jeans. Er musste in den Raum treten, um mehr erkennen zu können. Glas knirschte und brach unter seinen Sohlen. Dann sah er einen weißen Laborkittel und noch viel mehr Blut.

Als ihm klar wurde, dass der Kopf des Mannes bis zum blutgetränkten Hemdkragen in einem zersplitterten Aquarium steckte, schrie Hermann auf. Der Anblick traf ihn so unerwartet, dass er nach hinten wankte. Er trat dabei auf irgendetwas Weiches, rutschte aus und musste sich an dem ohnehin bedenklich wackligen zweiten Regal festhalten, um nicht zu Boden zu stürzen. Fast hätte er es vollends umgerissen. Ein Aquarium mit kleinen, fast durchsichtigen Fischen, das noch auf der obersten Regalreihe stand, rutschte ihm entgegen. Wasser schwappte über seinen Rand und ergoss sich über seine Jacke. Dann stürzte es mit lautem Geklirr zu Boden.

Er rettete sich hinaus in den Flur und lehnte sich heftig atmend gegen die Wand. Was sollte er tun? Hektisch begann er, in seinen Taschen nach dem Telefon zu suchen. Aber seine Hände waren feucht, an der rechten klebte noch der Schleim der Schlammspringer, und als er das Handy herauszog, flutschte es ihm wie ein Stück Seife aus der Hand. Er versuchte nachzufassen, gab dem Gerät aber nur einen weiteren Stoß, sodass es in hohem Bogen in den verwüsteten Raum und ins Wasser fiel, wo es nahezu unerreichbar zwischen spitzen Glasscherben landete.

„Scheiße! Das gibt's doch nicht." Er rannte los.

Unten, an seinem Schreibtisch, nach dem Anruf bei der Polizei, zweifelte er kurz daran, dass nur wenige Meter über ihm ein Mensch verblutet war. Er hielt vor Schreck die Luft an. Verblutet? Vielleicht lebte der Mann ja noch. Es war ein Mann, dessen war er sich sicher, aber wer? Er hatte ihn nur von hinten gesehen und völlig kopflos reagiert. Am Telefon hatte er von einem Toten gesprochen, nein, gestammelt, aber jetzt wurde ihm klar, dass er gar nicht wusste, ob der Mann wirklich tot war. Panik überkam ihn. Er musste noch einmal hinauf.

Hermann betrat mit zusammengepressten Lippen den Raum. Er stieg vorsichtig über Aquarientrümmer und Metallregale, um zu dem blutüberströmten Opfer zu gelangen. Er hatte noch nie so viel Blut gesehen. Es war ausgeschlossen, dass der Mann bei diesem Blutverlust noch lebte. Sein Gesicht lag halb im Wasser auf dem Kies, der den Boden des Aquariums bedeckte, und war kaum zu erkennen. Die nassen Haare klebten an Kopfhaut und Gesicht. Hermann griff nach der Hand des Mannes, die schlaff herabhing. Kein Puls. Er konnte nichts für ihn tun.

Wer war das? Etwa Frank Moebus selbst? Schuhe und Hose halfen nicht weiter. Die Haare waren nass, ihre Farbe nicht zu erkennen. Frank war ein dunkler, fast mediterraner Typ. Die meisten Frauen fanden ihn attraktiv. Auch die Länge der Haare gab keinen Aufschluss. Der Mann trug einen Laborkittel, gehörte also wahrscheinlich zu Franks Arbeitsgruppe. Er müsste ihn kennen. Hermann kannte alle, wenn auch nicht jeden mit Namen.

Sein Blick fiel auf einen Schlammspringer, der neben seinen Schuhen halb aus dem Wasser gekrochen war und aufgeregt schluckte. Dem Menschen war nicht mehr zu helfen, wohl aber den Tieren, dachte er.

Er sah sich um, griff nach einem Kescher, der auf einem der Regalböden lag, und machte sich sofort auf die Jagd. Die Tiere unterzubringen war nicht schwierig, zwei große Regale waren unversehrt geblieben und mit ihnen etliche Aquarien, leer oder mit denselben Tieren besetzt, die sich auf dem Boden herumtrieben. Das größte Problem waren die scharfen Glasscherben, die überall herumlagen. Er war sich durchaus darüber im Klaren, dass er sich merkwürdig verhielt, aber das kümmerte ihn nicht. Viel wichtiger war, dass er auf diese Weise endlich der ihn quälenden Ohnmacht entkam.

HERMANN hatte jedes Zeitgefühl verloren und wusste nicht, wie lange er schon mit dem Einsammeln der entkommenen Tiere beschäftigt war, als durch das offene Fenster das Schlagen einer Autotür zu hören war. Er blickte auf und stakste vorsichtig über die Glastrümmer hinweg zum Fenster.

Ein Lieferwagen hatte auf dem Parkplatz gehalten. Zwei Männer stiegen aus und wuchteten schwere Werkzeugtaschen aus dem Wageninnern. Die Techniker. Er hatte sie vollkommen vergessen. Es war 1.42 Uhr. Seit seinem Anruf war weit mehr als eine Stunde vergangen.

Wie in Trance begab er sich durch den Flur zu den Aufzügen. Mittlerweile hatte er das Licht angeschaltet und keine Bedenken mehr, den Fahrstuhl zu benutzen. Jeden Moment müsste die Polizei eintreffen. Als er unten aus der Kabine trat, hörte er das Martinshorn. Vor der gläsernen Eingangstür suchte er mit klammen Fingern in seiner Hosentasche nach dem Schlüsselbund.

Die Techniker, die mit ihren Taschen vor der Tür standen und ihre Zigaretten austraten, wussten nicht, wohin sie zuerst schauen sollten. Auf die Fahrzeuge, die nun in rascher Folge und mit lautem Geheul auf den Parkplatz fuhren – ein Streifenwagen der Polizei, Sekunden später die Feuerwehr, ein Rettungswagen und ein Auto mit der Aufschrift NOTARZT –, oder auf diese triefende bleiche Gestalt, die ihnen die Tür öffnete.

„Sie sind ja wirklich von der ganz schnellen Truppe", sagte Hermann und sah ostentativ auf die Uhr. „Es tut mir leid, aber ich fürchte, hier gibt es nichts für Sie zu tun." Er deutete mit einer Kopfbewegung auf die herannahenden Polizisten und Sanitäter. „Das ist ein Fall für die da."

„Guten Morgen." Einer der Polizisten hatte sie erreicht. Er musterte Hermann und die beiden anderen Männer. „Wer von Ihnen hat uns angerufen?"

„Ich", krächzte Hermann heiser. „Ich bin Hermann Pauli."

„Wo …"

„Oben", unterbrach ihn Hermann, dem vor Erleichterung die Knie schwach wurden. Endlich war er nicht mehr allein. „Zwölfter Stock."

Ein Sanitäter kam auf ihn zu und legte einen Arm um seine Schulter. „Kommen Sie", sagte er. „Sie sind ja völlig durchnässt. Im Wagen haben wir Decken. Ruhen Sie sich einen Moment aus."

Hermann wurde auf den Vorplatz hinausgeführt, wo er nach ein paar Schritten noch einmal stehen blieb und sich umdrehte. „Passen Sie bitte auf die Tiere auf!", rief er den Beamten hinterher. Dann fiel sein Blick auf die beiden Techniker, die unschlüssig vor der Tür standen. „Sie können wieder nach Hause gehen", sagte er.

FÜNFZEHN MINUTEN SPÄTER ging Hermann mit dem Sanitäter zurück ins Institut. Einer der Polizeibeamten sicherte die Eingangstür und nickte ihnen zu, als sie das Gebäude betraten. Der zweite Beamte, zwei Männer von der Feuerwehr, ein Sanitäter und der Notarzt waren oben am Tatort. Noch immer stand das Fenster weit offen.

Der Sanitäter hatte Hermann im Wagen in eine warme Decke gehüllt und ihm ein kreislaufstabilisierendes Mittel und heißen Tee verabreicht. Jetzt fühlte er sich stark genug, um den grauenhaften und unbegreiflichen Realitäten auf Franks Etage wieder ins Auge zu blicken. Man würde ihm Fragen stellen wollen. Kaum hatte er mit seinem Begleiter den Fahrstuhl verlassen, stieg ihm jedoch wieder die feuchte Luft in die Nase, und sein Herz begann wie wild zu schlagen. Er zögerte, merkte, dass er doch erschöpft war. In wenigen Tagen würde er seinen sechzigsten Geburtstag feiern, ein Alter, in dem man besser auf sich achtgeben sollte.

„Ist alles in Ordnung?", fragte der Sanitäter besorgt.

„Jaja", antwortete er und spürte gleichzeitig, dass nichts in Ordnung war.

Die Etagentür stand offen, aus dem Flur vor ihnen drang Gemurmel. Kurz darauf kamen ihnen der Polizist und der Notarzt entgegen.

„Ah, da sind Sie ja", begrüßte ihn der Beamte, ein hoch aufgeschossener Mann Anfang vierzig. „Haben Sie sich ein wenig erholen können?"

Hermann nickte und zog die Decke eng um seinen Körper. Ihn fröstelte.

„Tja", fuhr der Polizist fort, „kein schöner Anblick. So etwas sehen auch wir nicht alle Tage. Kennen Sie den Toten?"

Hermann verzog gequält das Gesicht. „Ich bin ziemlich sicher, dass ich ihn kenne oder kennen müsste, aber ... ich habe nicht gewagt, ihn anzufassen."

„Vielleicht könnten Sie ... Ich weiß, dass es spät ist, aber ich muss Sie leider bitten, noch etwas zu bleiben."

Hermann nickte wieder. „Wenn Sie nichts dagegen haben, würde ich mir gern etwas Trockenes anziehen. Mein Büro ist nur ein Stockwerk tiefer, Zimmer 1107. Außerdem muss ich den Dekan informieren."

Der Polizist sah ihn fragend an. „Den Dekan?"

„Professor Kurt Assmann. Er leitet die mathematisch-naturwissenschaftliche Fakultät. Er sollte erfahren, was hier geschehen ist."

„In Ordnung." Der Polizist schrieb sich den Namen auf, ließ sich auch Hermanns Personalien und Telefonnummer geben. „Wir haben Verstärkung angefordert. Außerdem wird jeden Moment die Kriminalpolizei eintreffen."

„Sie glauben, dass der Mann ermordet wurde?"

Der Beamte zuckte die Schultern und wandte sich zum Gehen. „Ach, noch eine Frage. War außer Ihnen noch jemand im Haus?"

„Bis ich hier hochkam, dachte ich, ich wäre allein."

„Verstehe. Und die Eingangstür?"

„War abgeschlossen."

„Warum waren Sie noch hier?"

„Ich habe gearbeitet und ..." Hermann zögerte. Es war ihm peinlich. „Ich bin am Schreibtisch eingeschlafen."

Der Polizist musterte ihn und nickte. „Danke. Die Kollegen von der Kripo werden sicher noch Fragen an Sie haben. Gehen Sie ruhig in Ihr Büro."

HERMANN stand in Unterwäsche vor der geöffneten Schranktür und hob den Kleidersack mit dem Anzug heraus. Seine Schuhe und die völlig durchnässten Socken hatte er zum Trocknen auf den lauwarmen Heizkörper gelegt. Es kam häufig vor, dass im Laufe eines Tages irgendwelche Verpflichtungen anstanden, die formelle Kleidung erforderten, aber anstatt sich schon zu Hause entsprechend anzuziehen, hielt er lieber im Institut ein sauberes Hemd samt Binder und einen Anzug bereit. Jetzt war ihm jedes Kleidungsstück recht, nur trocken und warm musste es sein. Am Ende sah er in seinem Anzug aus, als finge dieser Abend für ihn erst richtig an. Doch er fiel nur erschöpft in seinen Stuhl, beugte sich über die Schreibtischplatte, stützte die Stirn auf beide Hände und verharrte so minutenlang.

Dann schrieb er drei Namen auf ein Blatt Papier: *Kurt Assmann, Herbert*

*Wiesheu* ... und, ja natürlich, *Frank Moebus*. Er schlug das Telefonverzeichnis auf. Zuerst Assmann, den Dekan.

Er ließ es endlos klingeln und versuchte es dann noch einmal. Er wählte neu. Bei Wiesheu, dem Direktor des Zoologischen Instituts, meldete sich eine Maschine. Hermann hatte von beiden nur die Festnetznummern, also versuchte er es wieder. Dann erreichte er sie kurz hintereinander. Er kam sofort zur Sache. Beide reagierten mit fast denselben Worten.

„Das ist entsetzlich", stöhnte Assmann. „Ich mache mich auf den Weg."

Kurz darauf jammerte auch Wiesheu mit seiner hohen Stimme: „Das ist ja entsetzlich. Ich komme so schnell es geht."

„Warte mal, Herbert ... Der Tote ist noch nicht identifiziert. Ich konnte sein Gesicht nicht erkennen. Es besteht die Möglichkeit ... es ist nicht auszuschließen, dass ..." Hermann konnte es nicht aussprechen.

„Du glaubst doch nicht etwa, dass es Moebus ist? Er ist doch in Brüssel, hast du das vergessen? Er ist gestern früh geflogen und kommt, glaube ich, erst morgen zurück. Es kann nicht Moebus sein."

„Mein Gott, du hast recht!", rief Hermann. Was für eine Erlösung. Es ging um irgendeinen Fördertopf der EU, den Frank anzapfen wollte.

Es klopfte.

„Ich muss Schluss machen. Da ist jemand an der Tür. Wahrscheinlich die Kriminalpolizei." Hermann legte auf und atmete tief durch. „Ja, herein!"

Es war der Polizist. Man habe den Leichnam jetzt geborgen. Ob er für einen Moment nach oben kommen könne.

„Ja, natürlich." Hermann erhob sich. „Ich komme."

Er schlüpfte barfuß in seine nassen Schuhe und folgte dem Beamten durch den Flur und in den Fahrstuhl. Er würde nicht in Franks bleiches Gesicht blicken müssen, das erleichterte ihm diesen Gang, aber er hatte Angst vor dem Toten, vor dem Anblick der furchtbaren Verletzungen an dessen Hals.

Doch man hatte ihn neben der Etagentür in einen Metallsarg gelegt und ein Tuch über ihn gedeckt. Neben dem Sarg warteten ein Mann und eine Frau.

Als „Erste Kriminalhauptkommissarin Anne Detlefsen" stellte der Polizist die Frau vor. „Sie wird die Ermittlungen der Sonderkommission leiten."

Sie streckte Hermann die Hand zum Gruß hin. „Professor Pauli", sagte sie.

Er ergriff ihre Hand, hatte aber kaum mehr als einen flüchtigen Blick für sie. Seine ganze Aufmerksamkeit galt dem Sarg und seinem Inhalt.

„Sind Sie bereit?", fragte die Kripobeamtin. Mit zusammengepressten Lippen nickte er. „Gut, dann bringen wir es hinter uns."

Sie trat einen Schritt zurück. Der Mann, der neben ihr gestanden hatte, bückte sich, ergriff das Tuch und zog es vorsichtig nach unten. Haare wurden sichtbar, die an einer bleichen Stirn klebten, ein klaffender Schnitt oberhalb der rechten Braue, Augen, die halb geschlossen waren. Ein Bluterguss auf den Wangenknochen, dann die Nase, der Mund, das Kinn. Hermann hielt die Luft an. „Ich glaube, das reicht", sagte die Beamtin. Der Mann ließ das Tuch los und trat zur Seite.

„Ich …" Der Tote sah stark verändert aus, aber Hermann kannte ihn. Er spürte, wie seine Augen feucht wurden, wandte sich ab und kniff die Lider zusammen. Die Polizistin hielt ihm ein Taschentuch hin, er nahm es dankbar entgegen und schnäuzte sich die Nase. „Armer Kerl", murmelte er mit gebrochener Stimme. „Ja, ich kenne ihn. Das ist Dr. Moritz Barthelmess. Einer von Moebus' Assistenten. Er habilitierte."

„Vielen Dank, Professor", sagte die Kripobeamtin, während sie sich den Namen notierte. „Sie haben uns sehr geholfen."

Hermann wischte sich über die Augen. „So ein junger Mann."

Sie trat neben ihn. „Als Assistent hatte Dr. Barthelmess hier doch sicher irgendwo ein Büro, oder?"

„Die Büros liegen alle auf der anderen Seite."

Auf ihr Zeichen hin setzte sich der Polizist, der die ganze Zeit dabeigestanden hatte, in Bewegung.

„Und was geschieht jetzt mit ihm?", fragte Hermann die Kripobeamtin.

„Die Staatsanwältin hat die Überstellung in die Gerichtsmedizin angeordnet."

„Die Staatsanwältin?"

Sie deutete mit einer Kopfbewegung auf eine große, schlanke Frau, die in dem Gedränge vor der offenen Tür stand und sich mit einem Mann unterhielt. In Kiel schien die Verbrechensbekämpfung fest in Frauenhand zu sein.

„Professor Pauli, ich würde mich gern einen Moment mit Ihnen unterhalten", fuhr die Kommissarin fort. „Vielleicht in Ihrem Büro? Danach können Sie nach Hause gehen."

„Ja, nach Hause. Ich glaube, das würde mir jetzt guttun."

ER BOT IHR einen seiner Stühle neben dem Mikroskoptisch an, rollte dann seinen Schreibtischstuhl durch den halben Raum und stellte ihn neben ihren.

„Was für eine grauenhafte Nacht", seufzte Hermann und begann, die Schnürsenkel seiner Schuhe zu öffnen. „Sie müssen entschuldigen. Sie sind nass. Ich muss sie ausziehen. Ich werde morgen krank im Bett liegen."

Sie hatte die Beine übereinandergeschlagen, hielt das Notizbuch in der einen Hand und einen Bleistift in der anderen. „Erzählen Sie mir von dieser Nacht. Was haben Sie getan? Was hat Sie veranlasst, nach oben zu gehen?"

Er holte tief Luft und begann zu erzählen. Gelegentlich unterbrach sie ihn, um Fragen zu stellen, etwa ob es im Hause üblich sei, so spät noch zu arbeiten, wer einen Schlüssel für die Eingangstür des Zentrums besitze und wie die Schlüsselvergabe generell geregelt sei.

Er überlegte. „Jeder Hochschullehrer hat einen Schlüssel, sicher auch einige der Angestellten, das müssten Sie aber besser den Hausmeister fragen. Darüber hinaus hat jede Arbeitsgruppe je nach Größe ein oder zwei Schlüssel, die intern nach Bedarf vergeben werden."

„Die Eingangstür war abgeschlossen, sagen Sie. Eine zweite Person, mindestens eine weitere muss es ja gegeben haben, kann das Haus also nur mit einem Schlüssel verlassen haben."

„Im Prinzip schon. Aber sehen Sie, da unten gibt es weitere Ausgänge. Und viele Fenster."

„Meine Kollegen überprüfen das. Wer gehört eigentlich alles zu so einer Arbeitsgruppe, wie viele Personen?"

„Oh, das ist sehr unterschiedlich. Meine Arbeitsgruppe zum Beispiel besteht aus mir, einer technischen Assistentin, zwei Doktoranden, die über Drittmittel beziehungsweise Stipendien finanziert werden, einem weiteren, der als wissenschaftlicher Mitarbeiter auch Lehraufgaben zu erfüllen hat, und, warten Sie, drei, nein, vier Studenten, die gerade an ihren Abschlussarbeiten sitzen. Die Zahl schwankt naturgemäß."

„Ziemlich unübersichtlich", kommentierte sie.

„Finden Sie?" Er lachte. Es tat ihm gut, über alltägliche Dinge zu reden. „Unsere Gruppe ist guter Durchschnitt. Es gibt aber wesentlich größere."

„Die von Professor Moebus zum Beispiel?"

Er hob die Augenbrauen. Zum ersten Mal fiel dieser Name. „Das ist die größte. Ich würde sagen: mit Abstand. Für einen Außenstehenden ist diese Gruppe wirklich kaum zu übersehen. Franks Leute belegen mehr als eine Etage. Er hat eine Sekretärin, zwei technische Assistenten, er hat Postdocs – promovierte Wissenschaftler aus dem Ausland, die vorübergehend in seinem Labor arbeiten –, zwei wissenschaftliche Mitarbeiter und ich weiß nicht wie viele Doktoranden und Studenten."

„Herr Barthelmess hatte einen Hausschlüssel in der Hosentasche."

„Er war Franks wissenschaftlicher Assistent, ein hochbegabter und äußerst fleißiger junger Mann, wie mir berichtet wurde. Moebus hat großen Zulauf."

„Barthelmess war also Angestellter der Hochschule."

„Ja."

Die Kommissarin überflog ihre Notizen. „Sie sagten, die Tür des Raumes sei offen gewesen, als Sie nach oben kamen. Das Licht brannte. Was war mit dem Fenster? Haben Sie es geöffnet?"

„Um Gottes willen, warum hätte ich das tun sollen? Ich habe nur versucht herauszufinden, ob der Mann noch lebt. Sonst habe ich nichts angerührt."

„Haben Sie eine Idee, warum das Fenster offen stand, bei diesem Wetter? Ich habe natürlich keine Ahnung von der Forschung hier, aber draußen ist es kalt, nur knapp über null Grad. Ist das nicht gefährlich für die Tiere, die da gehalten werden? Diese seltsamen Fischchen mit den großen Augen, die wie Grundeln aussehen, das sind doch tropische Tiere, nicht wahr?"

„Frau Detlefsen, ich bin beeindruckt. Sie liegen goldrichtig."

Sie lächelte. „Ich bin Taucherin, gelegentlich, im Urlaub."

„Das sind Schlammspringer, nahe Verwandte der Grundeln. Über ihren Becken hingen spezielle Lampen, damit sie es warm und feucht haben. Sie dürften alle kaputtgegangen sein. Und was das Fenster angeht … Ich hatte keine Gelegenheit, darüber nachzudenken, aber Sie haben vollkommen recht. Es hätte niemals offen stehen dürfen. Das ist kein Raum, den man hin und wieder kräftig durchlüftet, jedenfalls nicht mitten in einer ungewöhnlich kalten Oktobernacht. In diesem Raum herrschen konstante Temperaturen. Hier werden keine Zierfische gezüchtet, sondern Versuchstiere, jedenfalls hauptsächlich. Ich könnte Ihnen Kollegen nennen, die halten in ihren Labors die seltsamsten Viecher. Einfach so. Wir sind Zoologen. Es gehört irgendwie dazu, dass man mit Tieren umgeht, dass man sich an ihnen erfreut."

Sie sah sich um. „Sie halten hier keine Tiere", stellte sie fest.

„Das stimmt. Ich gehe lieber raus, wenn ich Natur erleben will. Außerdem … die Tiere, mit denen ich arbeite, sind schwer zu halten. Da erübrigt sich jeder Versuch. Sie leben im offenen Meer oder in der Tiefsee."

„Tintenfische", sagte Anne Detlefsen mit einem Lächeln im Gesicht.

Hermann war baff. „Woher wissen Sie das?"

„Ich sagte ja, ich interessiere mich für das Leben im Meer. Meine beruflichen Verpflichtungen lassen mir nicht viel Zeit dafür, aber ich habe damals mit großem Interesse verfolgt, was in Neuseeland geschehen ist. Dieser riesige Kalmar, den Sie entdeckt haben. Wie hieß er doch gleich?"

„Mesonychoteuthis oder Kolosskalmar."

„Nein." Sie lachte kurz. „Ich meine nicht den wissenschaftlichen Namen. Sie hatten doch einen eigenen Namen für ihn."

„Der Rote."

„Richtig. Der Rote. Ich fand das sehr geheimnisvoll."

Sie schwiegen einen Moment lang. Die überraschende Wendung ihres

Gesprächs hatte Hermann ein wenig in Verlegenheit gebracht. Es ging doch hier nicht um ihn. „Jedenfalls müssten Sie Moebus selbst fragen, wenn er wieder im Institut ist."

„Er ist nicht da?"

„Nein, er ist in Brüssel und kommt wohl erst morgen wieder. Mein Gott, das wird ein Empfang werden. Er wird außer sich sein, wenn er sieht, was hier geschehen ist. Er muss unbedingt vorab informiert werden, damit er nicht aus allen Wolken fällt." Das war ein ziemlich unerfreulicher Gedanke, mit dem Hermann sich möglichst nicht länger aufhalten wollte. „Tja, das mit dem Fenster ist wirklich seltsam. Und ... wenn ich darüber nachdenke ... da ist noch etwas. Die Rollos. Ich müsste mich sehr wundern, wenn in dem Raum nicht auch eine konstante Photoperiode gefahren wird."

„Sie meinen, Tag und Nacht hatten eine bestimmte Dauer. Die Lampen werden über eine Zeitschaltuhr gesteuert."

„Genau. Die Tiere bekommen ausschließlich Kunstlicht, die Rollos sind daher immer unten."

„Ich verstehe, worauf Sie hinauswollen."

„Jemand hat die Rollos hochgefahren, um das Fenster zu öffnen. Ich kann mir kaum vorstellen, dass Barthelmess das getan hat. Auf diese Idee wäre niemand aus der Arbeitsgruppe gekommen, der noch ganz bei Sinnen ist."

„Vielleicht ist das der Punkt. Vielleicht war eine Situation eingetreten, in der die eisernen Regeln nicht mehr galten oder nicht mehr wichtig waren."

„Sie spielen auf die Auseinandersetzung an, die Prügelei, wie immer man das nennen will. Barthelmess hatte Kampfspuren im Gesicht, nicht wahr?"

Anne Detlefsen hatte den Bleistift an der Spitze angefasst, fixierte einen Punkt an der Decke und tippte sich mit dem hinteren Ende nachdenklich gegen die Lippen, eine reizende Geste, die Hermann sofort auffiel. „Lüften wäre natürlich das Naheliegendste gewesen, scheidet als Grund aber offenbar aus. Wozu sonst öffnet man nachts die Fenster?"

„Vielleicht um etwas hinauszuwerfen?"

Die Kommissarin nickte und holte ihr Handy aus der Manteltasche. „Jens, ich möchte, dass die Umgebung des Gebäudes abgesucht wird, jeder Zentimeter. Vor allem die Seite, auf der das offene Fenster liegt. Was?" Sie runzelte die Stirn, hörte zu und wandte sich dann an Hermann. „Mein Kollege sagt, auf dieser Seite liege das Dach der Untergeschosse."

„Da hat er recht."

„Dann eben das Dach. Nein, ich weiß nicht, wie ihr da raufkommt." Sie warf Hermann einen fragenden Blick zu, aber der schüttelte bedauernd den Kopf. „Versucht es vom Hochhaus aus. Vielleicht gibt es einen Zugang.

Ich will sofort Bescheid haben, wenn ihr etwas findet." Die Kommissarin ließ ihr Handy sinken, behielt es aber in der Hand. „An der rechten Seite des verwüsteten Raumes befindet sich eine Tür. Sie ist verschlossen und elektronisch gesichert. Man kommt nur mit einer speziellen Codekarte hinein. Wissen Sie, was dahinterliegt?"

„Das ist die Schatzkammer", antwortete Hermann, der in Gedanken noch mit dem Fenster beschäftigt war. „So nennt Moebus seinen Kulturenraum. Er arbeitet ja hauptsächlich mit Mikroorganismen und Bakterien."

„Ist das der Ort, wo er diese merkwürdigen Zellen, die er entdeckt hat, aufbewahrt? Die ihn so berühmt gemacht haben. Es sind doch Zellen?"

„Ja, aber ich habe diesen Raum noch nie betreten."

Anne Detlefsen nickte und schien einen Moment zu überlegen. Dann klemmte sie den Stift an ihr Notizbuch und erhob sich. „Ich glaube, für heute habe ich Sie lange genug belästigt, Professor. Ich werde bestimmt noch einmal auf Sie zukommen, vielleicht schon morgen. Gehen Sie nach Hause, und ruhen Sie sich aus. Sie haben mir sehr geholfen."

„Sie belästigen mich nicht", versicherte er ihr.

Dann klopfte es hektisch. „Hermann?" Unverkennbar Wiesheus Stimme.

„Ein Kollege von Ihnen?", fragte Anne Detlefsen.

„Professor Wiesheu, der Institutsdirektor. Komm rein, Herbert."

Die Tür ging auf, und Wiesheu und Assmann stürmten herein.

„Mein Gott, was für ein Chaos. Draußen warten schon die Reporter, und drinnen durchkämmen Dutzende von Polizisten die unteren Stockwerke." Der kleine, etwas übergewichtige Wiesheu mit seinem schütteren grauen Haar hatte vor Erregung rote Flecken im Gesicht. Dann sah er, dass Hermann nicht allein war, und blieb abrupt stehen.

Assmann, den Hermann kaum kannte, wirkte ähnlich strapaziert. „Oh, Verzeihung, ich wusste nicht …"

„Wir sind gerade fertig geworden." Die Kommissarin stellte sich vor und begrüßte die beiden Professoren mit Handschlag.

„Ist das nicht alles grauenhaft?", stöhnte Wiesheu unter permanentem Kopfschütteln. „Es ist Moritz Barthelmess."

„Ich weiß", erwiderte Hermann. „Herbert, bitte erwarte jetzt keinen Bericht von mir. Ich bin restlos erledigt. Ich muss nach Hause."

„Natürlich. Das verstehe ich. Geh nur." Wiesheu legte Hermann, der sich im Sitzen die Schuhe überzog, die Hand auf den Rücken. „Was für ein Glück, dass du im Haus warst. Stell dir vor, wir hätten diese Katastrophe erst morgen früh entdeckt, das ganze Gebäude voller Menschen." Er schüttelte erneut den Kopf.

„Haben Sie einen Wagen, Professor Pauli?", fragte Anne Detlefsen.

„Ich bin mit dem Fahrrad da."

Sie lächelte. „Na, das muss jetzt wohl nicht mehr sein. Ich werde veranlassen, dass ein Streifenwagen Sie nach Hause bringt."

Hermann zögerte. Eigentlich wäre er lieber mit dem Fahrrad gefahren. Er wollte jetzt allein sein. Der kalte Fahrtwind hätte helfen können, die düsteren Gedanken aus seinem Kopf zu vertreiben. Aber seine Sachen waren nass und im Anzug konnte er nicht fahren. Also nahm er das Angebot an.

## 2

Wie oft hatte Hermann sich schon geärgert, wenn er morgens das charakterlose Hochhaus betrat, eine dieser architektonischen Sünden, die zu Tausenden im ganzen Land zu besichtigen waren. Die zwei Stunden Schlaf, die er hinter sich hatte, waren keine gute Voraussetzung, um das Biologiezentrum an diesem Morgen positiver zu sehen. Er war mit bohrenden Kopfschmerzen aufgewacht, hatte Halsschmerzen und möglicherweise sogar Fieber. Kurz vor dem Verlassen der Wohnung hatte ihn auch noch Herbert Wiesheus aufgeregter, ja verzweifelter Anruf erreicht. „Was?" Hermanns Aufschrei musste im ganzen Haus zu hören gewesen sein. „Noch einer?" Der Albtraum ging weiter. Zwei Tote, junge Mitarbeiter am Anfang ihrer Karriere, darüber konnte man nicht einfach zur Tagesordnung übergehen.

Sein Auto hatte er neben einem halben Dutzend Polizeifahrzeugen auf dem Parkplatz hinter der Mensa abgestellt. Jetzt lief er mit klopfendem Herzen auf den Eingang zu und auf das, was Wiesheu am Telefon als „Belagerungszustand" bezeichnet hatte. Auf dem kleinen Vorplatz des Zentrums hatten sich zahlreiche Menschen versammelt. Es mussten an die zweihundert Personen sein, viele davon Schaulustige und Katastrophentouristen, die noch nie ein Universitätsinstitut von innen gesehen hatten. Doch die jungen Gesichter der Studenten dominierten. Einige sprachen mit Reportern, die ihnen ihre Aufnahmegeräte entgegenstreckten. Pressefotografen und zwei Kamerateams dokumentierten die allgemeine Betroffenheit. Überall betretene Gesichter, Ratlosigkeit, sogar Tränen.

In Absprache mit der Polizei hatte sich die Universitätsleitung entschlossen, alle Veranstaltungen im Biologiezentrum bis auf Weiteres abzusagen.

Hermann sah Polizisten, die auf dem Dach des Flachbaus standen, darunter auch einige Gestalten in weißen Overalls, die suchend herumliefen. Dort oben hatte man den zweiten Toten in den frühen Morgenstunden gefunden, genau unterhalb des offenen Fensters, und wie bei Barthelmess war jede Hilfe zu spät gekommen: Johannes Hilpert, ein weiteres Mitglied der Moebus-Gruppe. Hermann hatte auch ihn gekannt: ein bescheidener, fast schüchterner junger Mann, der an seiner Promotion gearbeitet hatte. Hilpert hinterließ eine Frau und zwei kleine Kinder.

Hermann drängelte sich durch die Menge zur Eingangstür. Zwei Polizisten, die das Geschehen draußen aufmerksam verfolgten, öffneten ihm.

„Endlich! Ich bin froh, dass du da bist", empfing ihn Wiesheu atemlos. „Deine Vorlesung fällt aus. Alles fällt aus. Wie sollen wir unter solchen Umständen einen geordneten Lehrbetrieb aufrechterhalten? Überall Polizei. Sie durchsuchen die Arbeitsräume der beiden ..." Wiesheu sah aus, als wäre er durch ein Fegefeuer gegangen, und wahrscheinlich kam das, was er an diesem Morgen erleben musste, für einen Mann Mitte sechzig, der sein Leben mit der Erforschung von Schmetterlingspopulationen zugebracht hatte, einem Höllenfeuer auch ziemlich nah. „Wir haben übrigens eine Versammlung für alle Mitarbeiter des Hauses anberaumt. Man kann sie doch nicht alle im Unklaren lassen. Wir müssen ihnen sagen, was geschehen ist."

„Ja, das ist sicher richtig." Hermann ließ seinen Blick durch das Foyer schweifen, das ihm plötzlich fremd vorkam.

Ein Bär von einem Mann, der in einen langen dunklen Wollmantel gehüllt war, löste sich aus einer Gruppe und kam auf ihn zu. „Professor Pauli?", fragte er. „Hauptkommissar Becker. Frau Detlefsen möchte Sie noch einmal sprechen. Ich könnte Sie später mitnehmen."

Hermann nickte. Er war kaum in der Lage, einen klaren Gedanken zu fassen, und hatte ohnehin nicht damit gerechnet, dass ihm heute ein normaler Arbeitstag bevorstehen würde. „Wir haben gleich eine Betriebsversammlung. Danach stehe ich Ihnen zur Verfügung."

„Gut, so lange haben wir hier eh noch zu tun. Ich hole Sie gegen elf in Ihrem Büro ab." Becker griff in die Innentasche seines riesigen Mantels und zog eine Karte hervor. „Rufen Sie mich an, wenn es später werden sollte."

Als der Kommissar sie verlassen hatte, beklagte sich Wiesheu fast im Flüsterton: „Sie haben uns nicht mehr in den Raum gelassen. Aber man hat uns versichert, dass er so schnell wie möglich wieder freigegeben wird."

„Wenn du mich brauchst, Herbert, ich bin in meinem Büro."

„Moment, fast hätte ich es vergessen." Wiesheu nahm Hermann am Arm und zog ihn zwei Schritte zur Seite. „Wir müssen Moebus informieren. Bisher war noch keine Gelegenheit dazu. Als der zweite Tote auftauchte, waren wir alle völlig geschockt. Kannst du das nicht übernehmen? Seine Sekretärin hat die Nummer des Hotels. Bitte, Hermann. Ihr seid doch befreundet."

Befreundet? Er sagte nichts und hoffte, Wiesheu werde sein Schweigen als Absage deuten. Doch der Institutsdirektor ließ nicht locker.

„Ich weiß, du hattest eine schreckliche Nacht, Hermann, aber wir dürfen nicht länger warten. Du kennst ihn doch. Er wird außer sich sein, wenn wir ihn nicht sofort informieren, und er hat ja auch ein Recht darauf. Wir haben gleich die Versammlung, und ich muss ..."

Wiesheu und Moebus waren bei diversen Gelegenheiten aneinandergeraten, meist wegen institutsinterner Kleinigkeiten, etwa dem Zugang zum Kopierraum oder der Bewilligung von Reisemitteln. Schon nach wenigen Begegnungen hatte Frank ein vernichtendes Urteil über den kleinen Zoologen gefällt und sich fortan wenig Mühe gegeben, seine Verachtung zu verbergen.

„Na gut, ich erledige das", antwortete Hermann widerwillig.

Wiesheu stand die Erleichterung ins Gesicht geschrieben. „Ich danke dir sehr. Die Versammlung beginnt um halb zehn. Habe ich das schon gesagt? Es wäre schön, wenn du dabei wärst."

IHR SEID DOCH BEFREUNDET. Dieser Satz ging ihm nicht mehr aus dem Kopf. Schwang da nicht eine gehörige Portion Misstrauen mit?

Nicht zum ersten Mal beschäftigte ihn der Gedanke, sein Verhältnis zu Frank Moebus könnte weniger von Freundschaft und Sympathie als von Neid und Konkurrenz geprägt sein. Was, wenn andere – seine Kollegen und die Studenten – genau diesen Eindruck gegenüber der Polizei zum Ausdruck brächten? Er empfand zwar nichts dergleichen, aber das müsste ja nichts heißen. Er könnte sich etwas vormachen, könnte ein Opfer seiner Verdrängungskünste geworden sein. Frank Moebus war berühmt, ein Weltstar, Hermann hatte von diesem Ruhm nur gekostet, und wenn er ehrlich war, hatte ihm diese Kostprobe nicht nur missfallen, obwohl er gern den Anschein erweckte. Wie gut sie ihm getan hatte, war ihm erst im Nachhinein klar geworden. Wünschten sie sich das nicht alle? Dass man ihnen zuhörte. Dass man sich für sie und ihre Arbeit interessierte. Aber der Mythos Moebus lebte. Die Zeitschriften *Science* und *Nature* hatten seine Arbeit zur wissenschaftlichen Entdeckung des Jahres gewählt. Er wurde als zukünftiger Nobelpreiskandidat gehandelt, mit Ehrungen und Preisen überhäuft und konnte sich vor Vortragseinladungen kaum retten. Die Stadt Kiel dankte ihm mit Empfängen und Auszeichnungen. Sogar einen Wagen samt Fahrer stellte man ihm zur Verfügung. Dieser Wagen, der ihn seitdem Tag für Tag ins Institut brachte, war das sichtbarste Zeichen dafür, dass Frank Moebus in einer anderen Liga spielte und sie alle weit hinter sich gelassen hatte.

Hermann hatte große Zweifel, ob er diesem kühlen, erfolgsverwöhnten und brillanten Mann jemals nähergekommen wäre, hätten sie sich nicht unter Umständen kennengelernt, die nichts mit Wissenschaft und Universitäten zu tun hatten. Ihn und Frank Moebus verband ein Geheimnis. Sie teilten eine Leidenschaft und gemeinsame Erfahrungen, von denen wahrscheinlich kaum jemand wusste. Er ging damit nicht hausieren. Es war ein wichtiger, unverzichtbarer Teil seines Privatlebens geworden, eine Energie- und Inspirationsquelle. Nach Jahrzehnten, in denen seine alte Gibson und der Verstärker im Keller seines Hauses verstaubt waren, spielte er wieder Gitarre. Und Frank war ein beachtlicher Tenorsaxofonist.

Verantwortlich für die ungewöhnlichen Umstände, unter denen er seinem neuen Kollegen begegnete, war Ben Bartelt gewesen, genannt Bennie, sein alter Kumpel aus Studienzeiten und Schlagzeuger der Electric Hookers, einer Band, die unter anderem Songs von John Lee Hooker nachspielte und damals in Göttinger Studentenkreisen einen legendären Ruf genossen hatte.

„Genial!", hatte Bennie in dem ihm eigenen Überschwang gejubelt, als Hermann ihm vorgeschlagen hatte, die Electric Hookers wiederzubeleben. „Eine Reunion. Ich bin dabei!" Er schleppte mittlerweile einige Pfunde Übergewicht mit sich herum und hatte, im Vergleich zu früher, kaum noch Haare auf dem Kopf. Seine Energie und Begeisterungsfähigkeit hatten ihn aber nicht verlassen. Er war verheiratet, hatte drei Kinder und eine gut gehende internistische Praxis in der Lübecker Innenstadt. Sie nutzten einen mit allen Schikanen ausgestatteten, großzügigen Kellerraum in seinem Haus.

Seit nunmehr zwei Jahren lud Hermann jeden zweiten Samstag seinen Verstärker und die Gitarre ins Auto und machte sich schon am frühen Vormittag auf den knapp einstündigen Weg nach Lübeck. Meist kehrte er erst am späten Abend zurück. Der dilettantische Krach, den er mit seinem alten Freund produzierte, bereitete ihm großes Vergnügen. Zuerst spielten sie nur zu zweit, und Bennie übernahm, mehr schlecht als recht, auch den Gesangspart. Dann, ein paar Wochen nach ihrem ersten Treffen, gelang es ihm, den ehemaligen Bassisten und Sänger der Electric Hookers ausfindig zu machen. Peter Dorfler, den sie wegen seiner geringen Größe Floh genannt hatten, lebte als Architekt in Hamburg. Der harte Kern der Electric Hookers hatte wieder zusammengefunden.

Monatelang ließen sie nicht einen einzigen Termin aus. Dann, an einem heißen Spätsommertag, flackerte plötzlich die Glühbirne, die über der Studiotür angebracht war. Jemand hatte geklingelt. Bennies Frau konnte nicht öffnen, sie war mit den Kindern nach Hamburg gefahren.

Bennies Augen begannen zu leuchten. „Ich habe eine Überraschung für euch. Besonders für dich, Hermännchen." Er grinste und kam hinter seinem Schlagzeug hervor. „Du wirst dich wundern. Wir haben heute einen Gast."

Hermann warf Peter einen fragenden Blick zu, bekam aber nur ein Achselzucken zur Antwort. Mit einem Lachen verschwand Bennie durch die Tür.

Minuten später waren von der Treppe Stimmen zu hören. Der Hausherr erschien in der Tür. „Darf ich vorstellen: *the one and only* Frank Moebus."

Bennie trat zur Seite und gab den Blick auf den Gast frei: schwarzer Anzug, schwarzer Rollkragenpullover, makellos rasiert, in der Rechten einen abgenutzten Instrumentenkoffer, in der Linken eine kleine Ledertasche, keine Spur von Verlegenheit und auf den Lippen ein amüsiertes Lächeln. „Guten Tag allerseits", sagte er und stellte Koffer und Tasche ab.

Hermann klappte die Kinnlade herunter. „Das gibt's doch nicht." Er stellte die Gitarre in den Ständer, um ihn zu begrüßen. „Ich wusste gar nicht …"

„Ich auch nicht", fiel Moebus ihm ins Wort. „Ben hat mir nichts gesagt. Er hat von einer Überraschung gesprochen."

„Ihr kennt euch?", fragte Peter.

Der Gast nickte. „Wir sind seit ein paar Wochen Kollegen."

„Er sitzt einen Stock über mir", erklärte Hermann. „Wir hatten aber bisher noch keine Gelegenheit, uns länger zu unterhalten."

Peter verdrehte die Augen. „Noch ein Professor. Das hat mir gerade noch gefehlt." Er kam grinsend auf den Gast zu und schüttelte ihm die Hand. „Willkommen bei den Electric Hookers. Ich heiße Peter."

„Frank."

Hermann fühlte sich ein wenig unwohl in seiner Haut. Da schneite urplötzlich dieser junge Kollege in sein Privatleben, seit Kurzem eine Weltberühmtheit, und duzte sich mit seinen beiden ältesten Freunden. Bisher waren sie sich kaum begegnet. „Ich heiße Hermann." Er streckte ihm die Hand hin.

Moebus griff zu. „Freut mich. Offenbar teilen wir mehr als nur das Interesse an der Wissenschaft, Hermann. Freut mich sehr."

„Ich bin völlig perplex. Woher kennt ihr euch?"

Bennie grinste. „Wir kennen uns über meine Frau."

„Über Elisabeth?"

„Ja, sie ist meine Schwester", sagte Frank schmunzelnd. „Ich war jahrelang in den USA, in der Nähe von Boston, sodass wir uns kaum sehen konnten. Seit ich wieder in Deutschland bin, besuchen wir uns aber regelmäßig. Das heißt, meistens bin ich hier. In meiner Wohnung stapeln sich immer noch die Umzugskartons. Bei einem dieser Besuche hat Ben mir sein Studio gezeigt und von euch erzählt, den Electric Hookers."

„Von Elisabeth wusste ich schon, dass er früher Saxofon gespielt hat", erzählte Bennie. „Ich habe nachgehakt, und als ich dann mehr erfuhr, war mir sofort klar, dass Frank mal zu uns stoßen müsste. Er war früher genauso verrückt wie wir, ist durch die Klubs getingelt und hat mit der Musik zum Teil sein Studium finanziert."

Frank winkte lachend ab. „Das ist lange her."

„Manchmal ist die Welt wirklich ein Dorf." Verwundert schüttelte Hermann den Kopf. Noch war er sich nicht sicher, ob diese Überraschung ihm wirklich gefiel.

Bennie drängte. „Kommt! Lasst uns endlich anfangen."

Frank ließ die Schnallen seines Instrumentenkoffers aufschnappen und beförderte ein prachtvolles Selmer Tenorsaxofon zutage. Sie schauten zu, wie ihr Gast mit ruhigen, routinierten Bewegungen sein Instrument nahm, das Rohrblatt befeuchtete und das Mundstück aufsteckte. Als er die ersten Töne blies, lief Hermann eine Gänsehaut über den Rücken.

„Wow", sagte Peter nur und warf Hermann einen überraschten Blick zu.

Frank reagierte mit einem Lächeln. „Was sollen wir spielen?"

„Wie wär's mit ‚Georgia'?", schlug Bennie vor.

„Sehr gute Idee."

„Na dann los." Bennie schlug die Sticks gegeneinander und gab ein Tempo vor. *„One, two, three, four ..."*

Dann spielten sie „Georgia on My Mind". Peter sang, was seine raue Stimme hergab, Frank steuerte ein sehnsüchtiges Solo bei, und obwohl Hermann sich konzentrieren musste, um in der langen Akkordfolge nicht die Orientierung zu verlieren, hatte er das beglückende Gefühl, dass ihnen zum ersten Mal seit Langem wieder ein wirklich starkes Stück Musik gelang.

Sie spielten noch ein halbes Dutzend weitere Songs. Die Stimmung lockerte sich zusehends. Zwischen den Songs lachten sie viel. Auch Frank gab sich gut gelaunt. Niemand, der ihn nicht kannte, wäre auf die Idee gekommen, einen der berühmtesten Wissenschaftler der Welt vor sich zu haben.

„Der ist doch viel zu gut für uns", sagte Peter, als Frank nach zwei Stunden wieder gegangen war. Er musste nach Bremerhaven. Bevor er dem Ruf nach Kiel gefolgt war, hatte er zwei Jahre lang am dortigen Alfred-Wegener-Institut für Polar- und Meeresforschung gearbeitet, und es war die *FS Polarstern*, das berühmte Forschungsschiff des Instituts, gewesen, die auf einer ihrer Expeditionen ins Nordpolarmeer die für Frank schicksalhafte Probe an die Oberfläche geholt hatte.

„Zu gut?", antwortete Bennie. „Unsinn. Wie kommst du darauf? Es hat ihm genauso viel Spaß gemacht wie uns."

Bennie sollte recht behalten. Es dauerte nur ein paar Wochen, dann war aus dem gelegentlichen Gast ein neues Mitglied der Electric Hookers geworden. Wann immer sich die Gelegenheit bot, fuhren die beiden Kieler Professoren nun zusammen nach Lübeck. Plötzlich hatten sie viel Zeit, sich zu unterhalten. Und Frank sorgte dafür, dass es bald reichlich Gesprächsstoff gab. So kollegial und unkompliziert er sich bei den Hookers gab, so forsch und polternd trat er an seinem neuen Arbeitsplatz auf. Es dauerte kein halbes Jahr, bis er sich nicht nur Herbert Wiesheu zum Feind gemacht hatte.

Es klopfte, und im nächsten Moment erschien Daniels Oberkörper zwischen Rahmen und Türblatt. „Störe ich?"

Hermann saß an seinem Schreibtisch und schüttelte den Kopf. „Nein, ich habe mich schon gefragt, wo du bleibst. Ich müsste eigentlich telefonieren, aber komm rein."

„Ich bin unten hängen geblieben und habe mit ein paar Leuten geredet", sagte der junge Mann, während er hinter sich die Tür schloss.

Hermann sah ihn erstaunt an. Daniel, der sonst in T-Shirts mit Aufschriften wie Rettet die Wale! oder Wäre die Welt eine Bank, hättet ihr sie längst gerettet erschien, trug einen Anzug. „Heute so förmlich?"

„Keine Angst, es wird nicht zur Gewohnheit werden. Ich war gestern Abend zu einer Hochzeit eingeladen und habe bei Freunden in der Stadt geschlafen." Daniel lebte in einer Art Landkommune nördlich von Kiel. „Hier ist ja die Hölle los."

„Im wahrsten Sinne des Wortes. Du weißt, was geschehen ist?"

„Ich habe es schon beim Frühstück im Radio gehört. Die Namen der Toten habe ich allerdings erst hier erfahren. Ich kann es noch gar nicht glauben. Stimmt es, dass du die Toten gefunden hast?"

„Erzählt man sich das? Barthelmess habe ich gefunden. Ich habe gestern noch lange hier gearbeitet."

„Und Johannes hat sich aus dem Fenster gestürzt? Jemand hat mir erzählt, dass man ihn draußen auf dem Dach gefunden hat."

„Ja, das habe ich auch gehört. Wie er da hingekommen ist, weiß ich nicht."

Daniel setzte sich. Sie schwiegen einen Moment.

Sie kannten sich seit anderthalb Jahren. Daniel Kambacher, geborener Berliner, hatte seinen Master in Hamburg gemacht und anschließend auf der Suche nach einem Doktorandenplatz auch bei ihm vorgesprochen. Hermann hatte den Jungen sofort gemocht, nicht nur weil er, wie sich schnell herausgestellt hatte, Taucher war und seine Liebe zu den Cephalopoden teilte. Sie waren übereingekommen, dass Daniel, der nach eigener Auskunft „gerade nichts anderes zu tun hatte", ein paar Wochen in seinem Labor hospitieren sollte, um die Arbeit mit dem Elektronenmikroskop zu lernen. Als dann bei Hermann die Stelle für einen wissenschaftlichen Mitarbeiter frei geworden war, hatte es niemanden gegeben, dem er sie lieber angeboten hätte. Charlotte, seine langjährige biologisch-technische Assistentin, hatte Daniel sofort ins Herz geschlossen. Sie nannte ihn, auch wegen seiner blonden Haare, ihr Sonnenscheinchen, und das war er auch. Immer guter Laune, immer hilfsbereit und engagiert. Dabei hatte er durchaus seine Ecken und Kanten. Wenn es um Artenschutz ging, um gentechnisch veränderte Pflanzen und Tiere oder die Patentierung von Leben, verstand er absolut keinen Spaß.

„Sag mal, Daniel ... du kanntest die beiden doch. Hast du eine Ahnung, was dort oben vorgefallen sein könnte? Haben sie dir irgendetwas erzählt?"

Es dauerte eine Weile, bis Daniel antwortete. Hermann bemerkte erst jetzt, dass dem jungen Mann Tränen über die Wangen liefen.

„Ich weiß nicht." Daniel schniefte und wischte sich mit dem Unterarm übers Gesicht. „Mit Johannes war ich gut befreundet. Ich kenne auch seine Frau und die Kinder. Wir haben manchmal die Wochenenden zusammen verbracht, sind an die Nordsee gefahren oder so." Er zog ein Taschentuch aus der Hosentasche und schnäuzte sich. „Moritz war ehrlich gesagt nicht so mein Fall. Er war mir zu ... eingleisig. Er hatte nur seine Karriere im Kopf. Darüber hinaus war für ihn nichts von Bedeutung. Man konnte mit ihm nur über die Aufsätze der neuesten *Nature*-Ausgabe reden und erntete mitleidige Blicke, wenn man sie nicht gelesen hatte. Er war ... ja, er war wie sein Chef. Oh ... Entschuldigung."

Hermann lachte. „Ich werde nicht weitererzählen, was du von unserem Star hältst. Außerdem hast du ja nicht ganz unrecht." Er wurde wieder ernst. „Hat Johannes mal etwas erwähnt? Die beiden haben sich offenbar geprügelt. So etwas geschieht doch nicht aus heiterem Himmel. Es muss eine Vorgeschichte geben." Wenn kein Dritter beteiligt gewesen war. Hermann ermahnte sich, diese Möglichkeit nicht außer Acht zu lassen. „Ich habe den Raum gesehen. Ein Schlachtfeld. Da hat sich irgendetwas entladen."

Daniel zuckte die Achseln. „Ich habe natürlich auch schon darüber nachgedacht. Da war nichts, nichts Besonderes jedenfalls. Über Moritz hat Johannes nie ein Wort verloren. Vielleicht sagt das ja auch etwas aus, aber ich habe mir darüber keine Gedanken gemacht. Ich weiß, dass Regina, seine Frau, Moritz gar nicht mochte, und auf Moebus war sie erst recht nicht gut zu sprechen. Sie gab ihm die Schuld, dass Johannes so wenig Zeit für ihre Kinder blieb. Klar, manchmal klagte er über die Arbeitsbelastung, den Druck, Ergebnisse zu liefern. Er wurde ja aus DFG-Mitteln bezahlt und hatte nur drei Jahre Zeit. Der Ton, der in der Arbeitsgruppe herrschte, machte ihm zu schaffen. Auf dem Olymp kann es wohl ziemlich unangenehm werden, wenn die Dinge nicht so laufen, wie Moebus sich das vorstellt. Ich weiß nicht. Vielleicht muss man auf diesem Niveau so sein."

„Das finde ich nicht", widersprach Hermann. Ihm war schon aufgefallen, dass viele Studenten Frank eine seltsame Mischung aus panischer Furcht und grenzenloser Bewunderung entgegenbrachten. „Wurde Johannes vielleicht von Moritz irgendwie tyrannisiert?"

„Das kann ich mir nicht vorstellen."

„Kannte Moritz die Frau von Johannes?"

Daniel stutzte. „Du meinst, die beiden könnten …" Er schüttelte den Kopf und fand sein Grinsen endlich wieder. „Nein … niemals. Hast du dir mal die Frauen angesehen, mit denen Moritz so abhing? Das passt überhaupt nicht. Ganz abgesehen davon, dass Moritz für Regina ein rotes Tuch war. Sie fand ihn arrogant und konnte ihn nicht ausstehen. Das hat sie mir mal gesagt."

„War nur so ein Gedanke", brummte Hermann.

„Über den ganz aktuellen Stand bin ich allerdings nicht im Bilde."

„Wie meinst du das?"

„Na ja, in letzter Zeit habe ich die beiden kaum gesehen."

„Ich denke, ihr wart befreundet. Habt ihr euch gestritten?"

„Ach, nein, einfach so … es hatte mit seiner Arbeit zu tun."

„Wieso? Was ist damit?"

„Wir haben doch in der Arbeitsgruppe schon darüber diskutiert. Ich halte die Synthetische Biologie für extrem gefährlich."

„Moment mal." Hermann war verwirrt. Er konnte sich gut an ihre Diskussion erinnern. Es war um Craig Venter gegangen, diesen vor Selbstbewusstsein strotzenden Amerikaner, der schon bei der Sequenzierung des menschlichen Genoms für viel Aufregung gesorgt und nun das erste Bakterium mit synthetisch erzeugter DNA präsentiert hatte. Daniel hatte sich furchtbar aufgeregt und mal wieder das Ende der Welt nahen sehen. Hermann hielt die apokalyptischen Vorstellungen seines Assistenten zwar für maßlos übertrieben; warum eine wachsende Zahl von Biologen die Welt unbedingt mit synthetischen Organismen bevölkern wollte, war aber auch für ihn ein Rätsel. „Was hatte Johannes denn mit Synthetischer Biologie zu tun?", fragte er.

„Er war Molekularbiologe. Er sollte die Moebus-Zellen verändern." Daniel hatte schon rote Wangen, wie immer wenn er sich über ein Thema ereiferte. „Er sollte sie sequenzieren und dann synthetisch erzeugte Gene einführen. Wie weit er damit gekommen ist, kann ich nicht sagen. Moebus ist überzeugt, dass dies mit seinen Zellen viel problemloser funktionieren wird, weil sie so einfach strukturiert sind, leichter als bei Bakterien."

Hermann schaute Daniel ungläubig an. Der Junge war über Franks Vorhaben besser informiert als er selbst. „Und du hast Johannes kritisiert."

„Ich habe ihm gesagt, was ich davon halte, ja. Das ist doch Wahnsinn. Sie wissen so gut wie nichts über diese Zellen und wollen schon an ihnen herummanipulieren. Das ist doch unverantwortlich."

„Und wie hat Johannes reagiert?"

„Na ja, wie das so seine Art war. Er ging mir seitdem aus dem Weg."

„Wann hat dieses Gespräch denn stattgefunden?"

„Vor zwei Monaten vielleicht. Es ist noch nicht so lange her."

Es klopfte. Charlottes Lockenkopf erschien in der Tür. „Guten Morgen, die Herren. Die Versammlung fängt an. Kommt ihr mit?"

„Oh, das hätte ich fast vergessen." Hermann warf einen Blick auf den Zettel mit der Nummer von Franks Hotel, die er sich noch von der Sekretärin besorgt hatte. Jetzt war es zu spät.

## 3

Während der unter Hochstress stehende Herbert Wiesheu im ersten Stock des Biologiezentrums anhob, die Studenten und Mitarbeiter des Hauses über die Ereignisse der vergangenen Stunden aufzuklären, traf sich die „Soko Olymp" zwei Stockwerke darüber, um sich einen ersten Überblick über den Stand der Ermittlungen zu verschaffen. Um vier in der Mitte zusammengestellte Tische hatten sich etwa fünfzehn Personen versammelt, eine der größten Sonderkommissionen, die sich in der Landeshauptstadt je konstituiert hatte.

Seit dem Morgen hatte Polizeidirektor Hans-Joachim Grube, der Chef der Bezirkskriminalinspektion Kiel, aus höchsten Kreisen von Politik und Gesellschaft Signale empfangen, die ihm wohl bedeuten sollten, dass man es hier mit einem ganz außergewöhnlichen Fall zu tun habe, der höchste Priorität genießen müsse und das beste verfügbare Personal erfordere. Die tragischen Ereignisse im Biologiezentrum betrafen einen der prominentesten Bürger der Stadt, ja des ganzen Landes, und man war seitens der zuständigen Behörden fest entschlossen, alles nur Menschenmögliche zu tun, um Schaden von Professor Dr. Frank Moebus abzuwenden.

Polizeidirektor Grube aber behielt die Nerven, verbat sich alle Einmischungsversuche von außen und blieb bei seiner schon in der Nacht getroffenen Entscheidung, die Leitung der Ermittlungen der 53-jährigen Anne Detlefsen zu übertragen. Sie war Erste Kriminalhauptkommissarin, hatte sich als Leiterin des Kommissariats 1 für Tötungsdelikte bereits große Verdienste in der Verbrechensbekämpfung erworben und wurde wegen ihrer besonnenen Art in Kollegenkreisen sehr geschätzt. Dass sich diese Frau zudem für Meeresbiologie interessierte, war ihm unbekannt.

Anne Detlefsen schaute in die Runde und wartete, bis alle Kollegen saßen und sich mit Kaffee versorgt hatten. Diese Polizistenhorde in ein Universitätsinstitut einfallen zu sehen, bereitete ihr ein seltsames Unbehagen. Die menschlichen Abgründe, mit denen diese Männer und Frauen sich tagtäglich konfrontiert sahen und die sie mit sich herumschleppten, schienen so gar nicht hierherzupassen. Der Raum, in dem sie sich versammelt hatten, die ganze Atmosphäre des Hauses, in dem sie sich seit Stunden aufhielten, die vielen jungen Leute, all das hatte Anne in eine eigentümlich melancholische Stimmung versetzt. Sie fühlte sich wie damals, in ihrer eigenen Studienzeit, mit der sie ausschließlich positive Erinnerungen verband. Sie hatte sogar mal mit dem Gedanken gespielt, an der Hochschule zu bleiben und eine wissenschaftliche Laufbahn einzuschlagen. Aber es war anders gekommen. Sie war Mutter geworden, hatte schnell Geld verdienen und sich nach ihrer Scheidung eine sichere Existenz aufbauen müssen. Sie hatte es als Frau bis zur Kommissariatsleiterin gebracht, zwei Kinder großgezogen und allen Grund, stolz auf sich zu sein, und doch nagte immer wieder ein Hauch von Zweifel an ihr, ob sie die richtigen Entscheidungen getroffen hatte. Wie meist drängte sie diese Gedanken aber beiseite und versuchte, sich auf ihren Fall zu konzentrieren. Sie freute sich auf diese Arbeit.

Dass die beiden Toten ausgerechnet aus dem Labor von Frank Moebus stammten, hatte bei ihr sofort die Alarmglocken schrillen lassen. Sie war gespannt darauf, diesen berühmten Mann kennenzulernen. Schon das Gespräch mit Hermann Pauli hatte ihr Vergnügen bereitet, kein Vergleich mit den einsilbigen Idioten, mit denen Polizisten sich oft konfrontiert sahen.

Dann der Tatort. Abgesehen von Diebstahlsdelikten war die Universität ein nahezu verbrechensfreier Raum. Von Anfang an hatte Anne das Gefühl, dass sie hier kriminalistisches Neuland betraten und die Hintergründe des Geschehens nicht in den üblichen Zusammenhängen zu suchen waren. Sie hatte sich vorgenommen, diesen Gedanken im Klein-Klein der täglichen Ermittlungsarbeit nie zu vergessen.

Sie räusperte sich. „Wir möchten anfangen. Wo ist die Staatsanwältin?"

„Sie verspätet sich um ein paar Minuten", erwiderte Hauptkommissar Jens Becker, ein alter Kollege und Weggefährte, der zu ihrer Rechten saß. Im Vergleich zu ihm, einem riesigen, schwergewichtigen Mann, wirkte sie mit ihren eins siebzig regelrecht zierlich.

„Gut. Wir haben keine Zeit zu verlieren und sollten deshalb schon mal beginnen, ein wenig zu sortieren. Vorab ist sicher eines festzuhalten: Diesem Fall wird in der Öffentlichkeit außergewöhnlich großes Interesse entgegengebracht werden. Zwei Tote im Labor des gegenwärtig vielleicht prominentesten deutschen Wissenschaftlers, die noch dazu, so viel kann man nach dem ersten Eindruck wohl sagen, unter einigermaßen rätselhaften Umständen ums Leben gekommen sind. Jede unserer Handlungen und Entscheidungen wird mit Argusaugen überwacht werden. Also, was haben wir? Bitte korrigieren Sie mich, wenn ich etwas vergessen sollte. Da wären zunächst die kriminaltechnischen Untersuchungen des Tatorts, soweit sie bisher vorliegen. Wir haben mit Hermann Pauli gesprochen, der Moritz Barthelmess gefunden und die Polizei angerufen hat, mit Regina Hilpert, der Frau von Johannes Hilpert, und mit mehreren Mitarbeitern von Professor Moebus. Ist diese Liste der Arbeitsgruppe vollständig?" Sie hielt ein Blatt Papier hoch.

„Ich denke schon", antwortete Bertram Hollinger, ein etwa vierzigjähriger bulliger Mann, der ihr genau gegenübersaß. „Die Gruppe umfasst inklusive Moebus selbst dreizehn Mitglieder, wenn man alle Master- und Bachelorstudenten mitzählt. Dazu kommen die Sekretärin und zwei technische Assistentinnen. Insgesamt also sechzehn Personen. Mit acht haben wir gesprochen. Nach unserem Treffen machen wir weiter."

„Gibt es, soweit wir das bislang überblicken, Personen im Zentrum, mit denen wir noch unbedingt sprechen sollten?"

Wieder ergriff Hollinger das Wort. „Wir haben uns bisher auf Frank Moebus und seine Leute konzentriert, aber gerade auf der Ebene der Doktoranden und Studenten scheint es zwischen den verschiedenen Arbeitsgruppen viele Kontakte zu geben. Aufgrund der Aussagen haben wir begonnen, eine Liste der Freunde und Bekannten der Toten aufzustellen. Allein hier im Haus gibt es mindestens fünf Personen, die uns möglicherweise mehr über die beiden Toten erzählen können als die Leute aus der Moebus-Gruppe. Die meisten dürften im Augenblick unten im Hörsaal sitzen."

„Gut. Versucht noch heute möglichst mit allen zu reden. Das erspart uns viel Fahrerei. Wer von unseren Leuten ist unten im Hörsaal?"

„Semmrich", antwortete Becker.

„Bertram, ruf ihn an und gib ihm die Namen durch. Er soll sie im Anschluss an die Versammlung ausrufen und bitten, sich bei uns zu melden."

Hollinger nickte, stand mit der Liste in der Hand auf und verließ den Raum. Kurz bevor die Tür sich wieder schloss, schlüpfte eine groß gewachsene dunkelhaarige Frau herein. Sie signalisierte, dass man sich nicht stören lassen und fortfahren solle. Anne deutete wortlos auf den Stuhl zu ihrer Linken, den sie für die Staatsanwältin frei gehalten hatte.

„Gibt es in der Biografie von Moritz Barthelmess und Johannes Hilpert irgendwelche Auffälligkeiten?", fuhr sie fort.

„Nichts, gar nichts." Ein älterer Beamter mit grauen Haaren und Brille schüttelte den Kopf. „Beide kommen aus bürgerlichen Verhältnissen. Hilperts Eltern sind Lehrer, der Vater von Barthelmess ist Arzt, die Mutter Hausfrau. Alle vier Elternteile leben noch, ebenso die Geschwister. Soweit wir bisher wissen, keine familiären Katastrophen, keine längeren Krankenhausaufenthalte, null Vorstrafen. Dr. Barthelmess wurde in Nürnberg geboren, hat in Erlangen, Hamburg und Southampton studiert und ist zusammen mit Professor Moebus aus Bremerhaven nach Kiel gekommen, also vor gut zwei Jahren. Sein Spezialgebiet waren ex…", er blickte über seine Brille hinweg in sein Notizbuch und kämpfte sich dann Silbe für Silbe voran, „ex-tre-mo-phi-le Bakterien, was immer das sein mag. Hilpert war ein paar Jahre jünger und scheint der Bodenständigere von beiden gewesen zu sein. Er wurde in einem Dorf bei Freiburg geboren, ist in Freiburg zur Schule gegangen und hat auch dort studiert, seit vier Jahren war er verheiratet, hatte zwei Kinder. Er war Biochemiker und mit seiner Familie erst vor einem halben Jahr nach Kiel gekommen und zu der Arbeitsgruppe gestoßen."

„Na bitte!", rief ein breitschultriger Mann, der aussah, als besuchte er zweimal täglich ein Fitnessstudio. Er saß zwei Plätze neben dem Brillenträger. „Das könnte doch was sein. Barthelmess war der Platzhirsch, und Hilpert, der Neuling, drohte ihm seinen Platz streitig zu machen."

„Das ist eine interessante Theorie, Herr Kollege, aber sie kommt viel zu früh." Anne schüttelte den Kopf. „So weit sind wir noch nicht."

Einige grinsten und warfen sich amüsierte Blicke zu. Kommissar Schwarzenau, ein großer Fan der Schwarzenegger-Filme, der von vielen Kollegen nur Arnie genannt wurde, war für seine Schnellschüsse bekannt.

„Haben wir irgendetwas vergessen?" Die Kommissarin schaute fragend in die Runde. Niemand sagte etwas. Kopfschütteln. „Also gut. Ich denke, wir sollten uns zunächst auf die Frage konzentrieren, womit wir es hier eigentlich zu tun haben. Mit den Folgen einer Schlägerei und einem Selbstmord? Oder mit zwei Morden? Letzteres würde bedeuten, dass mindestens eine weitere Person beteiligt war."

„Soviel wir wissen, war nur Hermann Pauli im Haus", sagte Hollinger, der inzwischen wieder an seinen Platz zurückgekehrt war.

Sofort ergriff Becker das Wort. „Wir alle haben doch den Raum gesehen. Das war eine wüste Keilerei. Wenn Pauli dafür verantwortlich war, müsste er Kampfspuren aufweisen. Außerdem ist er nicht mehr der Jüngste. Wie soll er mit zwei jungen Männern fertiggeworden sein?"

„Vielleicht hatte er es erst mit dem einen und dann mit dem anderen zu tun", sagte jemand. „Sie müssen nicht zur selben Zeit gestorben sein."

„Ich habe mit Pauli gesprochen", schaltete sich Anne ein. „Er war geschafft, aber nichts deutete darauf hin, dass ihm irgendetwas wehtat. Im Gesicht und an seinen Händen war nichts zu erkennen. Glauben Sie im Ernst, dass dieser Mann kaltblütig zwei Menschen umbringt, um kurz danach seelenruhig die Polizei anzurufen, vom fehlenden Motiv gar nicht zu reden? Aber gut, vielleicht verfügt er über Kräfte und Fähigkeiten, von denen wir nichts ahnen. Klarheit könnte nur eine ärztliche Untersuchung bringen, ich wäre da aber vorsichtig. Es kann sein, dass wir seine Hilfe noch dringend brauchen. Wir sollten ihn nicht unnötig gegen uns aufbringen."

„Das mit dem fehlenden Motiv sehe ich ein wenig anders", meinte der ältere Beamte, der sich mit den Biografien der Toten beschäftigt hatte. „Pauli hat doch damals diesen riesigen Kalmar entdeckt, in Neuseeland."

„Stimmt", bestätigte die Kommissarin. „Den Roten."

„Genau. Ich weiß es noch so genau, weil mein Sohn damals völlig verrückt nach diesem Vieh war. Pauli war einige Zeit ziemlich bekannt. Es gab Sendungen über ihn im Fernsehen, und er tauchte in Talkshows auf. Dann kam Moebus, und er verschwand in der Versenkung."

„Wenn er es nicht verwinden kann, dass Moebus ihm den Rang abgelaufen hat, hätte er sich doch den Chef selbst vorknöpfen müssen und nicht seine Mitarbeiter", wandte Becker ein.

„Pauli kommt später zu uns ins Präsidium", sagte seine Chefin. „Vielleicht kann ich ihn vorsichtig überreden, sich untersuchen zu lassen."

Zum ersten Mal ergriff die Staatsanwältin das Wort, Susanne Leistenbrink. „Ich warne dringend davor, weitere prominente Wissenschaftler der Universität vor die Öffentlichkeit zu zerren. Wenn es Verdachtsmomente gibt, muss dem natürlich nachgegangen werden, aber bitte mit äußerster Diskretion und Vorsicht. Sie wissen doch, es bleibt immer etwas hängen."

„Was sagt die Technik zur möglichen Beteiligung Dritter?", fragte Anne.

Ein etwa vierzigjähriger glatzköpfiger Mann mit dunkler Hautfarbe, der tief in seinen Stuhl gesunken war, brachte sich ohne besondere Eile in eine aufrechte Sitzposition. „Ah, also doch", brummte er. „Ich habe mich schon gefragt, ob unsere Dienste hier gar nicht mehr gefragt sind."

Die Soko-Chefin schmunzelte. Sie kannte Sammy Nkoulou seit Jahren.

„Nun ..." Er kratzte sich seinen kahlen Schädel. „Wir haben massenhaft Fingerabdrücke gefunden, von mindestens acht Personen. Sie zuzuordnen dürfte eine Weile dauern. Beim Fingerabdruckidentifizierungssystem ist erwartungsgemäß Fehlanzeige, der Computer kennt keinen einzigen. Wir bewegen uns hier halt nicht im üblichen Milieu. Die nach dem gegenwärtigen Stand interessantesten Abdrücke haben wir auf dem Fenstergriff und dem Schalter, der die Rollos betätigt, gefunden. Sie stammen von derselben Person. Vorbehaltlich der Nachprüfung im Labor würde ich sagen, sie stammen von dem armen Kerl, den wir unten auf dem Dach gefunden haben."

„Das spräche eindeutig für Selbstmord", warf Becker ein.

„Es sei denn, dass sich jemand große Mühe gegeben hätte, es wie Selbstmord aussehen zu lassen."

„Wie das denn?"

„Ganz einfach: Jemand, der selbst Handschuhe trug, könnte die Finger von Hilpert auf den Schalter und den Fenstergriff gedrückt und ihn dann aus dem Fenster geworfen haben. Hilpert könnte dabei schon tot oder bewusstlos gewesen sein, oder einfach nur außer Gefecht. Vorstellbar wäre es."

„Halten wir vorerst fest, dass wir die Beteiligung Dritter nicht ausschließen können", fasste die Soko-Chefin zusammen. „Gibt es noch etwas?"

„Das will ich meinen." Nkoulou bückte sich und beförderte eine Tüte zutage. Becker kniff die Augen zusammen. „Was ist das?"

„Ein Handy. Wir haben es auf dem Fußboden gefunden."

„Es könnte einem der beiden Toten gehört haben."

„Hmhm." Nkoulou schüttelte den Kopf. „Hilperts Handy lag auf seinem Schreibtisch. Das von Barthelmess steckte noch in seiner Hosentasche."

„Da haben wir ihn doch. Das ist er, unser dritter Mann", sagte jemand.

„Vorsicht", mahnte Anne. „Wir wissen nicht, wie lange es da schon gelegen hat. Wo habt ihr es gefunden?"

„Wie gesagt, es lag auf dem Boden, im Wasser. Und bemerkenswerterweise lag es auf einer großen Glasscherbe. Es ist also mit großer Sicherheit erst nach der Verwüstung des Raumes da hingelangt. Es funktioniert noch. Es dürfte nicht besonders schwer sein herauszufinden, wem es gehört."

„Wann, glauben Sie, werden Sie so weit sein?"

„In ein, zwei Stunden."

„Na, das sind doch ausnehmend gute Nachrichten", sagte die Staatsanwältin zufrieden und erhob sich. „Ich muss Sie jetzt leider verlassen. Der Oberstaatsanwalt erwartet meinen Bericht."

Unruhe kam auf. Ein Polizeibeamter hatte den Raum betreten und Hollinger etwas ins Ohr geflüstert.

Becker warf einen Blick auf seine Uhr und stellte fest, dass es schon Viertel nach elf war. Vor fünfzehn Minuten war er mit Pauli verabredet gewesen.

Außerdem brauchte er dringend eine Toilette. Er beugte sich zu seiner Nachbarin. „Anne, ich muss Pauli Bescheid sagen, dass ich mich verspäte. Ich wollte ihn um elf ins Kommissariat mitnehmen."

„Beeil dich. Ich brauche dich hier."

Als Becker den Raum verließ, erhob sich auch Hollinger. „Die Versammlung ist beendet. Unten warten Leute, die mit uns sprechen möchten."

Anne nickte. „Sehr gut, das hat Vorrang. Wir kommen hier auch bald zum Schluss. Ich würde sagen, wir setzen uns um fünf noch mal in der Blume zusammen." Mit „Blume" meinte sie die Bezirkskriminalinspektion Kiel in der Blumenstraße, einen burgähnlichen Backsteinbau. Sie wartete, bis auch Hollinger den Raum verlassen hatte, bevor sie den Faden wiederaufnahm. „Mit der Beziehung der beiden Toten zueinander beschäftigen wir uns heute Nachmittag. Bis dahin wissen wir auch, was die weiteren Vernehmungen ergeben haben. Jetzt bliebe noch die Frage zu klären, ob und wie mögliche Tatbeteiligte ins Zentrum und wieder hinaus gelangt sein könnten."

„Mit einem Schlüssel", schlug jemand vor. „Für Profis wäre es wohl auch ohne Schlüssel kein großes Problem gewesen."

„Vom Dach des Flachbaus hätte man zur Not herunterspringen können, auf den Rasen", ergänzte ein anderer. „Für geübte Kletterer hätte es sicher noch bessere Wege gegeben. Die Tür zum Dach war offen. Man kann sie allerdings nur von innen öffnen. Aber auch das wäre für Profis kein Hindernis gewesen."

„Ich höre immer ,Profis'. Was für eine Art von Profis soll das gewesen sein?", fragte der Grauhaarige. „Das organisierte Verbrechen, die Mafia?"

„Da oben stehen eine Menge teurer Gerätschaften herum", gab Arnie Schwarzenau zu bedenken.

„Aber doch nicht in diesem Raum. Da gab es nur Aquarien."

„Trotzdem sollten wir sicherstellen, dass nichts gestohlen wurde."

„Wir kümmern uns darum", sagte ein Mitarbeiter Hollingers.

Anne tippte sich mit dem Bleistift gegen die Unterlippe. „In dem Raum hinter den Zuchten befindet sich etwas, was wahrscheinlich wertvoller ist als alle Geräte zusammen." Alle sahen sie gespannt an. „Die Moebus-Zellen", setzte sie hinzu.

„Ist das die Entdeckung, die er gemacht hat?"

„Genau, wenn ich es richtig verstanden habe, handelt es sich um eine bisher unbekannte Form von Leben."

„Die Tür kann nur mithilfe einer Codekarte geöffnet werden", erläuterte Nkoulou. „Sie war fest verschlossen und vollkommen intakt. Da hat niemand versucht, gewaltsam einzudringen. Eine Codekarte steckte in der Außentasche von Hilperts Kittel."

„Sind Sie drin gewesen?", fragte die Kommissarin.
„Nein."
Anne nickte. „Wir holen das nach, wenn Moebus wieder da ist." Sie stutzte und blickte sich irritiert um. „Hört ihr das auch? Was ist das?"
Von irgendwoher erklang leise Musik. „Ein Handy", sagte jemand.

ER HÄTTE sich die Raumnummer merken sollen, dachte Jens Becker, als er von der Toilette zurückkam. Irgendetwas wie R225. Oder war es R235? Als er endlich den Polizeibeamten sah, der vor der Tür stand, verging eine gefühlte Ewigkeit. In Wirklichkeit waren es nur fünf Minuten. Er lehnte sich gegen die Wand und griff sofort nach seinem Handy. Er suchte die Nummer von Hermann Pauli heraus und drückte auf die Taste mit dem grünen Telefonhörer. Er musste lange warten, bis er ein undeutliches „Jaaa?" hörte.

„Hauptkommissar Becker hier. Sie haben sicher gemerkt, dass ich mich verspäte, Professor. Ich kann mich nur entschuldigen. Vor zwölf, halb eins schaffe ich es bestimmt nicht. Ich rufe noch mal an, wenn wir fertig sind."

Als Antwort war nur ein tiefes Brummen zu hören.

Becker atmete ein paarmal tief durch, bevor er dem Beamten an der Tür zunickte und wieder in den Raum trat. Ein Dutzend Augenpaare glotzten ihn an, als wären ihm plötzlich Hörner gewachsen.

„Was ist? Warum starrt ihr mich so an?" Becker schüttelte verwundert den Kopf und setzte sich wieder an seinen Platz.

„Hast du telefoniert?", fragte Anne.

„Habe ich dir doch gesagt. Ich musste Pauli anrufen."

„Und? Hast du ihn erreicht? Was hat er gesagt?"

Er zuckte die Achseln. „Nichts. Ich glaube, er war sehr beschäftigt."

Nkoulou brach in wieherndes Gelächter aus.

„Sammy, bitte reißen Sie sich zusammen", wies die Kommissarin ihn zurecht. „Woher hast du die Nummer?", fragte sie, an Becker gewandt.

„Er hat sie mir gegeben, heute Morgen. Kann mir jetzt endlich mal ..."

„Ruf ihn an!"

Becker presste die Lippen zusammen, holte sein Handy aus der Tasche und betätigte die Wahlwiederholung. Sekundenbruchteile später brummte es auf dem Tisch vor Nkoulou. Musik erklang.

„Was zum Teufel ...?" Becker brach den Anruf ab. Er wurde blass. „Verdammt ... es ist Paulis Handy."

„Wir könnten ihn vorübergehend festnehmen", sagte der ältere Beamte, der Sigmund Bock hieß.

Anne nahm ihn scharf in den Blick. „Kannst du dich erinnern, was die

Staatsanwältin gesagt hat? Ich teile diese Ansicht. Damit das ganz klar ist: Professor Pauli wird wie geplant im Präsidium erscheinen, und dann sehen wir weiter. Ich bin zutiefst davon überzeugt, dass wir uns auf eine falsche Fährte begeben, wenn wir uns auf Pauli einschießen. Wir brauchen ihn, dringend. Wir müssen Zugang zu den Interna des Instituts erhalten. Sigmund, ich möchte, dass du mit zwei Kollegen das private Umfeld von Johannes Hilpert erkundest. Fangt noch mal bei seiner Frau an. Sie soll euch Freunde und Verwandte nennen. Seht nach, ob er in der Wohnung einen Schreibtisch hatte. Haben wir seinen Computer?"

„Haben wir", bestätigte Becker. „Viel Vergnügen dem, der sich da durchkämpfen muss. Sein Laptop ist randvoll mit Grafiken, Tabellen, Protokollen und kryptischen englischen Texten. Viele Dateien sind passwortgeschützt."

„Darum kümmert sich Dirk", erklärte Anne. „Ein anderes Team nimmt sich Moritz Barthelmess vor. Wir brauchen einen Durchsuchungsbeschluss für seine Wohnung."

Schwarzenau hob seinen muskelbepackten Arm. „Das übernehmen wir."

„Gut. Jens bringt Pauli ins Präsidium und übernimmt seine Vernehmung. Für alle anderen gilt: Spätestens in zwei Stunden möchte ich alles auf dem Schreibtisch haben, was zu den Moebus-Zellen und zu Frank Moebus selbst aufzutreiben ist. Außerdem will ich wissen, ob in letzter Zeit irgendwo etwas über Einbrüche in Forschungseinrichtungen aktenkundig geworden ist. Vielleicht ist da eine Bande am Werk. Die Soko trifft sich wieder um fünf, im Anschluss an die Pressekonferenz. Also dann."

## 4

Während in Kiel im Laufe des Vormittags die Wolkendecke aufriss und die Sonne durchkam, begann es in der belgischen Hauptstadt heftig zu regnen. Frank Moebus saß gegen 11.15 Uhr an einem Fenstertisch im Speisesaal seines Brüsseler Hotels. Er stocherte in seinem Obstteller herum, spießte schließlich ein Melonenstück auf und lauschte den Ausführungen des elegant gekleideten älteren Herrn, der ihm gegenübersaß. Der Mann sprach Englisch mit stark französischem Akzent.

„Ich kann mir beim besten Willen nicht vorstellen, dass Ihnen jemand Steine in den Weg legen wird", sagte Professor Pierre Resnais, Chef der Europäischen Wissenschaftsstiftung, der eigens aus Straßburg angereist war. „Aber auch ein Frank Moebus muss sich an das übliche Prozedere halten."

Frank schnaubte verächtlich. Sein Antrag gab in jeder Hinsicht erschöpfend Auskunft. Zweifellos wurde sein Vorgehen von einigen als Zumutung empfunden, schon deshalb würden sie ihn mit kleinlichen Fragen löchern. Er war jedoch nicht bereit, darauf Rücksicht zu nehmen, heute schon gar nicht. Wer Großes erreichen wollte, musste bereit sein, unkonventionelle Wege zu gehen. Das war diesen Betonköpfen aber schwer zu vermitteln.

„Im Winter liegt das Gebiet unter einer dicken Eisdecke", sagte er. „Eine Probennahme ist dann unmöglich. Die Entscheidung muss bald fallen, sonst verliere ich ein ganzes Jahr. Die *Polarstern* ist in wenigen Tagen vor Ort."

Professor Resnais verzog missbilligend das Gesicht. „Ich verstehe Ihre Ungeduld. Sie sind jung und haben da einen spektakulären Fisch an der Angel, um den Sie die ganze Welt beneidet, aber …"

„Die anderen schlafen nicht, Pierre. Die Amerikaner planen für das kommende Frühjahr eine eigene Expedition, auch in Moskau tut sich was."

„Ich weiß. Trotzdem: Hören Sie auf meinen Rat. Alle Kollegen erkennen Ihre außergewöhnliche Leistung an. Es gibt niemanden, der sich nicht darüber freute, dass diese bahnbrechende Entdeckung, auf die viele gewartet haben, einem Europäer gelungen ist. Aber die Mitglieder des Ausschusses mögen es nicht, wenn man ihnen derart die Pistole auf die Brust setzt."

Frank bückte sich, öffnete seine Aktentasche und entnahm ihr ein Schreiben. Er hatte diesen Tag generalstabsmäßig geplant und alle Trümpfe in der Hand. Dieses eher informelle Treffen war nur der Auftakt einer ganzen Reihe von Gesprächen und Meetings. Der Höhepunkt war ein Abendvortrag im hoffentlich überfüllten Auditorium der Brüsseler Universität. Die Botschaft, die er zu verkünden hatte, traf auf großes Interesse: „Wir sind nicht allein."

„Von Drängen kann keine Rede sein", sagte er und tippte auf das Schreiben. „Sie haben diesen Brief gelesen, Pierre. Er liegt meinem Antrag bei. Dr. Wehrmann, der wissenschaftliche Leiter der Forschungsfahrt, kennt unsere Pläne in- und auswendig und er erklärt darin, dass die *Polarstern* sich exakt in dem fraglichen Gebiet aufhalten wird, um seismische Messungen durchzuführen und nach hydrothermaler Aktivität zu suchen. Weiterhin versichert er, dass die *Polarstern* über die notwendige Ausrüstung verfügt, um Proben vom Meeresboden zu nehmen, diese fachmännisch zu lagern und sicher nach Bremerhaven zu bringen. Wehrmann war schon bei der letzten Expedition dabei. Er weiß genau, was er zu tun hat, und die Mission kann zu diesem Zweck problemlos um ein paar Tage verlängert werden. Alles, was fehlt, ist grünes Licht für die Bereitstellung der erforderlichen Mittel. Also …" Frank sah sein Gegenüber an. „Wo ist das Problem?"

Pierre Resnais lächelte säuerlich. „Es gibt gewisse Regeln."

„Ich kenne die Regeln, ich habe sie immer respektiert und werde das auch in Zukunft tun. Aber diesmal verlange ich eine Ausnahme."

„Sie haben doch die Zellen. Wozu brauchen Sie so schnell …"

„Wir haben zweifellos einen Vorsprung, aber der muss verteidigt und ausgebaut werden." Frank zog seinen Stuhl näher heran. „Ich sag Ihnen was, Pierre. Da unten wartet noch viel mehr, und ich werde derjenige sein, der es findet. Ich habe die Methode und jetzt in Kiel auch die Leute dafür."

Resnais schenkte Tee nach. „Da ist noch etwas, was Sie nicht auf die leichte Schulter nehmen sollten, Frank. Mir sind die Klagen einiger namhafter Kollegen zu Ohren gekommen, die trotz mehrerer Bitten nun bereits seit Monaten darauf warten, die Zellen zu bekommen. Warum …"

„Entschuldigen Sie die Störung …" Ein Angestellter des Hotels war unbemerkt an ihren Tisch getreten. „Professor Moebus?"

„Ja, das bin ich." Frank warf dem jungen Mann einen zornigen Blick zu. „Was gibt es denn?"

„Ein Anruf für Sie."

„Sie sehen doch, dass wir in einer wichtigen Besprechung sind."

„Es heißt, es sei sehr wichtig. Aus Kiel, ein Professor Pauli."

„Sagen Sie ihm, ich rufe zurück, sobald ich kann."

„Gehen Sie nur", meinte Resnais. „So viel Zeit muss sein. Ich warte."

Frank stand auf und folgte dem Mann zur Rezeption.

Es dauerte fast zehn Minuten, bis er zurückkam. Er war blasser als zuvor, hielt den Kopf gesenkt und wirkte verstört.

Resnais stand auf. „Was ist los? Ist etwas passiert?"

„Ja." Frank ließ sich auf seinen Stuhl fallen und starrte aus dem Fenster. „Es hat einen … Unfall gegeben", sagte er stockend. „In meinem Labor."

„Ist jemand zu Schaden gekommen?"

„Zwei meiner besten Mitarbeiter." Frank sah Resnais an. „Sie sind tot."

„Tot? Mein Gott!", stieß Resnais bestürzt hervor. „Was ist geschehen?"

„Ich weiß es nicht. Niemand weiß es."

„Das ist ja furchtbar." Der Franzose senkte den Blick und suchte nach Worten. „Bitte, machen Sie sich wegen der Beratungen keine Sorgen. Ich werde die Kollegen informieren. Jeder wird Verständnis haben, wenn wir den Termin unter diesen Umständen verschieben."

„Nein!" Franks Kopf fuhr herum. Er starrte sein Gegenüber an. „Auf gar keinen Fall. Wir machen alles wie geplant. Ich nehme morgen früh die erste Maschine. Ich kann in Kiel jetzt ohnehin nichts ausrichten."

„Sind Sie sicher?"

„Absolut. Ich bestehe darauf."

„Wie Sie wollen." Resnais griff nach seinem Mantel. „Ich muss jetzt gehen. Wir sehen uns in einer Stunde. Ich werde mich dafür einsetzen, dass Sie Ihre Mittel bekommen."

„In einer Stunde", wiederholte Frank und nickte.

AUF DER FAHRT zur Bezirkskriminalinspektion in der Blumenstraße wurde kaum ein Wort gesprochen. Der hünenhafte Hauptkommissar, der mit seinem Kopf fast an die Wagendecke stieß, konzentrierte sich auf den lebhaften Verkehr, während Hermann mit seiner Erschöpfung kämpfte. Nicht das Telefonat mit Frank Moebus, das ihn nur im Vorfeld Nerven gekostet hatte, sondern die Versammlung hatte ihn mitgenommen.

Wiesheu hatte seine Sache gut gemacht. Er hatte sich an die wenigen bekannten Fakten gehalten, dankenswerterweise darauf verzichtet, Hermanns Rolle in dem nächtlichen Geschehen überzubetonen, und ansonsten an alle Mitarbeiter appelliert, jetzt zusammenzustehen und sich gegenseitig zu unterstützen. Ein Kriminalbeamter hatte die Namen einiger Studenten und Doktoranden verlesen, mit denen die Polizei sprechen wollte. Darunter war auch der Name von Hermanns Assistenten gewesen. Daniel war erst blass geworden, hatte sich dann aber bereitwillig gemeldet und war schließlich mit dem Beamten und einem halben Dutzend Kommilitonen verschwunden. Sicher wollten sie ihn über seine Beziehung zu Johannes befragen.

Sein Gespräch mit Anne Detlefsen war Hermann in angenehmer Erinnerung geblieben, deshalb sah er ihrem Treffen eigentlich mit positiven Gefühlen entgegen, soweit das unter diesen Umständen überhaupt möglich war. Er war sehr daran interessiert, dass die Ermittlungen vorankämen. Umso irritierter war er deshalb, als er die Kommissarin zunächst lange Zeit gar nicht zu Gesicht bekam. Man führte ihn in ein kleines Vernehmungszimmer, nahm seine Fingerabdrücke, und dann begann Jens Becker, ihn minutiös nach dem Ablauf des gestrigen Abends zu befragen. Ob man ihn etwa verdächtige, fragte Hermann empört und bekam nur zu hören, dass er nun einmal der einzige Zeuge sei und es auf jede Kleinigkeit ankomme. Kurzzeitig erwog er sogar, einen Anwalt anzurufen, entschied sich dann aber dagegen und versuchte, alle Fragen so kurz und präzise wie möglich zu beantworten. Becker war nicht unfreundlich oder gar unverschämt, nur von einer geradezu penetranten Detailbesessenheit. Es kam Hermann so vor, als müsste er über jede Minute dieser verfluchten Nacht Rechenschaft ablegen. Er fragte nach Frau Detlefsen, der er das alles schon einmal erzählt habe. Sie werde ihn im Anschluss befragen, hieß es.

GEGEN 14.30 UHR wurde er dann in ein großes, helles Büro geführt, in dem Anne Detlefsen schon auf ihn wartete. Becker flüsterte seiner Vorgesetzten ein paar Worte ins Ohr, übergab ihr einen Zettel, den sie kurz überflog, und verließ dann den Raum. In Hermann rumorte es. Ob man ihn jetzt für einen Mörder halte, schleuderte er der Kommissarin entgegen. Er sei ja zu jeder Mitarbeit bereit, aber diese Art der Befragung …

„Bitte setzen Sie sich, Professor", forderte sie ihn mit einem entwaffnenden Lächeln auf. Sie hatte sich umgezogen und trug jetzt ein marineblaues Kostüm, das ihre blonden Haare und blauen Augen wesentlich besser zur Geltung brachte als der strenge dunkle Hosenanzug, den sie noch bei ihrer letzten Begegnung getragen hatte. „Es tut mir leid, wenn wir Ihnen Unannehmlichkeiten bereitet haben. Kann ich Ihnen einen Kaffee anbieten?"

„Ja, das können Sie", schnaubte Hermann und ließ sich in einen bequemen Stuhl fallen, der zu einer kleinen Sitzgruppe gehörte.

Anne Detlefsen stellte eine Tasse vor ihm auf den kleinen Tisch und nahm ihm gegenüber Platz. „Ich fürchte, bevor wir zu dem kommen, was ich eigentlich mit Ihnen besprechen will, muss ich Ihr Martyrium zunächst noch ein wenig verlängern."

Auf seiner Stirn bildeten sich tiefe Falten. „Was denn noch?"

„Ich falle gleich mit der Tür ins Haus. Würden Sie sich einer kurzen ärztlichen Untersuchung unterziehen?"

„Wie bitte?" Er glaubte, sich verhört zu haben.

„Ein paar Türen weiter wartet ein Arzt. Ich versichere Ihnen, es dauert keine zehn Minuten. Ich würde Sie nicht darum bitten, wenn es nicht in Ihrem eigenen Interesse wäre."

Er stellte die Kaffeetasse auf den Tisch. „Ich dachte …"

„Professor Pauli." Sie sah ihn ernst an. „Bitte!"

Offenbar wollte oder konnte sie ihn zu dieser Untersuchung nicht zwingen, doch etwas an dieser Frau machte ihn gefügig. Er hatte nichts zu verbergen. Und er vertraute ihr. „Also gut. Wenn es der Wahrheitsfindung dient."

Sie begleitete ihn in das Untersuchungszimmer und wieder zurück. Er musste sich bis auf die Unterhosen ausziehen, sich zweimal langsam um sich selbst drehen, wurde abgehört, hier und da betastet und war wieder entlassen. Was das sollte, war ihm ein Rätsel. Aber der Arzt und auch die Kommissarin, die vor der Tür gewartet hatte, schienen zufrieden zu sein. „Nichts, keine Schramme", sagte der Arzt zu ihr. „Er hat einen Infekt, leicht erhöhte Temperatur, nichts Ernstes."

Als sie wieder in ihrem Büro saßen, holte sie zum zweiten Streich aus. „Da wäre leider noch etwas."

„Wollen Sie mich zum Narren halten?"

„Nein, leider nicht. Sie könnten mir dabei helfen, ein, zwei Ungereimtheiten in Ihrer Aussage auszuräumen."

„Ungereimtheiten?"

Sie schaltete ein Diktiergerät an und nannte Ort, Uhrzeit und seinen Namen. „Sie haben mir gestern gesagt, dass Sie in dem Raum, in dem der Tote lag, nichts angefasst hätten."

„Ja, das stimmt."

„Warum sind dann an mehreren Stellen Ihre Fingerabdrücke gefunden worden? Vor allem an einem der Regale."

„Ich ... ich weiß nicht." Fingerabdrücke? Fieberhaft dachte er nach. „Das, äh ... ja, das muss passiert sein, als ich die Tiere eingefangen habe. Vielleicht habe ich mich irgendwo abgestützt. Ich habe nicht darauf geachtet. Und dann ..." Er fasste sich an die Stirn. „Richtig ... einmal bin ich gestolpert und musste mich festhalten. Dabei ist ein volles Aquarium heruntergestürzt. Der ganze Inhalt hat sich über mich ergossen."

Sie stand auf, trat an ihren Schreibtisch und griff nach etwas, hielt es aber so in der Hand, dass Hermann es nicht erkennen konnte. „War das bei Ihrem ersten Besuch am Tatort?", fragte sie.

„Nein, beim zweiten, nachdem ich die Polizei alarmiert hatte. Es hört sich vielleicht seltsam an, aber ich fühlte mich so schrecklich ohnmächtig und musste irgendetwas tun. Da habe ich angefangen, die Tiere einzufangen."

Sie setzte sich wieder und verbarg den Gegenstand in ihrer Hand. „Dieser Anruf. Von wo aus haben Sie den getätigt?"

„Aus meinem Büro. Das Handy war mir oben aus der ... Mein Gott", er schüttelte den Kopf, „das habe ich auch vergessen zu erzählen. Da sehen Sie mal, in was für einer Verfassung ich bin. Ich hatte den Schleim dieser Schlammspringer an der Hand, und das Telefon ist mir weggerutscht und ins Wasser gefallen. Es muss noch da oben liegen. Ich war völlig konfus. Dann bin ich runtergerannt und habe von meinem Schreibtisch aus angerufen."

„Was ist das für ein Handy?"

„Ein iPhone. Ein Geschenk meiner Tochter."

„Ist es dieses hier?"

„Ich weiß nicht. Darf ich mal sehen?" Sie reichte es ihm über den Tisch. Er wischte über das Display. „Ja", bestätigte er und zeigte ihr ein Foto eines balzenden *Sepia-apama*-Männchens, das er selbst in Südaustralien aufgenommen hatte. „Das ist meins."

Anne Detlefsen lächelte. „Wissen Sie was? Jetzt können wir endlich zum angenehmeren Teil unserer Unterhaltung übergehen."

ERST FIEL ES HERMANN SCHWER, sich auf ihren Plauderton umzustellen. Als sie das Tier auf seinem Handydisplay als Australische Riesensepie identifizierte, begann er sich zu entspannen. Sie wollte etwas von ihm, das war offensichtlich. Noch war ihm nicht klar, wohin die Reise ging, aber er war neugierig geworden und beschloss mitzuspielen.

Als sie aufstand und mit einer Ausgabe der Zeitschrift *Nature* zurück an ihren Tisch trat, wusste er, worauf sie hinauswollte. Auf dem Titelblatt war eine elektronenmikroskopische Schwarz-Weiß-Aufnahme zu sehen, ein unregelmäßig geformtes rundliches Gebilde, dessen Inneres aus einer strukturlosen, körnigen Masse bestand. Darunter die für *Nature* ungewöhnliche Überschrift: „WE ARE NOT ALONE" – Wir sind nicht allein. Es war die Ausgabe, in der vor gut anderthalb Jahren Franks epochemachender Aufsatz über die von ihm entdeckten Zellen erschienen war. Es ging also um Frank Moebus.

„Hat eigentlich mittlerweile jemand mit Professor Moebus gesprochen?"

„Ich habe mit ihm gesprochen. Heute Vormittag, nach der Versammlung."

Sie zog überrascht die Augenbrauen hoch. „Sie? Wäre das nicht die Aufgabe des Direktors gewesen?"

Hermann leerte seine Kaffeetasse, um sich mit der Antwort einen Moment Zeit lassen zu können. Das gespannte Verhältnis zwischen Wiesheu und Frank ging die Polizei nichts an. „Ich habe Professor Wiesheu angeboten, das Gespräch zu übernehmen", antwortete er schließlich.

„Und wie hat Professor Moebus die Nachricht aufgenommen?"

„Er war geschockt, verständlicherweise. Er war fassungslos und hat eigentlich kaum etwas gesagt. Ich glaube, es hat ihm die Sprache verschlagen."

„Bricht er seine Reise ab?"

„Nein, er kommt morgen früh mit der ersten Maschine. Er hat heute ein paar wichtige Termine, abends einen großen Vortrag an der Brüsseler Universität. Das wird ihn auf andere Gedanken bringen."

„Hm." Sie sah ihn aufmerksam an. „Was ist Frank Moebus für ein Mensch? Wie würden Sie ihn beschreiben?"

Hermann zuckte die Achseln. „Was soll ich sagen ... Er ist jung, brillant, sehr ehrgeizig, steckt voller Energie und Ideen. Die Studenten lieben ihn, weil seine Begeisterung ansteckend wirkt und weil er gezeigt hat, dass diese Welt noch viele spektakuläre Überraschungen bereithält. Gleichzeitig fürchten sie ihn, weil er kein Blatt vor den Mund nimmt und sehr ungeduldig ist. Für die Universität ist er ein großer Gewinn, nicht nur wegen seiner Entdeckung. Aber er ist auch ein ... wie soll ich sagen, ein ganz normaler Mensch, eigentlich recht unkompliziert."

Sie musterte ihn und nickte dann. „Wissen Sie, ich habe versucht, seinen Aufsatz zu lesen." Sie deutete auf das *Nature*-Heft. „Ich würde gern verstehen, womit dieser Mann sich beschäftigt und warum seine Entdeckung eine so außergewöhnlich große Resonanz gehabt hat. Aber es hat keinen Sinn. Ich bin kaum über den ersten Absatz hinausgekommen. Das sind alles böhmische Dörfer für mich. Von meinem Englisch will ich gar nicht reden."

„Nun ja, *Nature* ist eine Fachpublikation, die wichtigste, die es gibt. Die Beiträge richten sich nicht an ein Laienpublikum."

„Ja, das habe ich gemerkt. Könnten Sie mir vielleicht helfen? Was hat es mit diesen Moebus-Zellen auf sich?"

„Sie können sich das morgen alles aus erster Hand berichten lassen."

„Ich würde es aber gern von Ihnen hören."

Er seufzte. „Was wollen Sie wissen?"

„Alles." Da war es wieder, dieses Lächeln, dem er kaum etwas entgegenzusetzen hatte. „Alles, was Sie für wichtig und interessant halten."

„Also gut." Er erwiderte ihr Lächeln. „Es ist eine spannende Geschichte. Ich beginne sie hoch oben im Norden, zwischen Grönland und dem Mündungsdelta der Lena im östlichen Sibirien. Dort, auf dem Grund des Nordpolarmeers, erstreckt sich der Gakkel-Rücken, ein gigantisches Gebirgsmassiv von eintausendachthundert Kilometern Länge, mächtiger als die Alpen, mit Tälern, die bis in fünfeinhalbtausend Meter Tiefe reichen, und Gipfeln, die nur sechshundert Meter unter der Wasseroberfläche liegen."

„Gakkel? Was für ein seltsamer Name."

„Ein russischer Ozeanograf, Jakow Jakowlewitsch Gakkel. Dieses Gebirge mit seinem zentralen Grabenbruch ist der nördlichste Teil des Mittelatlantischen Rückens."

„Das ist die Zone, wo die Kontinentalplatten auseinanderdriften und neuer Meeresboden entsteht."

Hermann nickte. „Ganz genau. Wenn die Kontinentalplatten sich schnell bewegen, ist das meist mit hoher vulkanischer Aktivität verbunden. Entlang der Mittelozeanischen Rücken zieht sich daher eine lange Kette von Vulkanen, besonders deutlich etwa in Island, wo der Grabenbruch an Land mitten durch die Insel verläuft. Für den Gakkel-Rücken trifft das allerdings nur bedingt zu. Man sagt, er ist ultralangsam, weil die Platten sich hier pro Jahr nur um wenige Millimeter auseinanderbewegen. Vor allem im Osten des Rückens herrscht nahezu Stillstand. Deshalb ging man lange davon aus, dass hier keine vulkanische Aktivität existiert. Dagegen sprach schon die Wassertiefe von über dreitausend Metern. Der hohe Druck sollte Vulkanausbrüche eigentlich unmöglich machen."

„Das klingt so, als wäre man inzwischen anderer Meinung."

„Allerdings. 1999 registrierte man einen Schwarm von über zweihundertfünfzig starken Erdbeben. Über einen Zeitraum von acht Monaten rumpelte es ordentlich, und zwar ausgerechnet im scheinbar toten Osten des Gakkel-Rückens. Zwei Jahre später gelang es Forschern aus Bremerhaven durch Zufall, andauernde Vulkanaktivität zu messen. Deren Ausmaße entdeckte man allerdings erst Jahre später, auf einer deutsch-amerikanischen Expedition des Eisbrechers *Oden*, mit an Bord war Frank Moebus, damals noch aufseiten der amerikanischen Kollegen. Er arbeitete zu dieser Zeit in der Woods Hole Oceanographic Institution, einer der bedeutendsten Forschungseinrichtungen dieser Art in der Welt. Bodenproben und die Aufnahmen einer Spezialkamera aus viertausend Meter Tiefe bewiesen, dass das Gebiet über viele Quadratkilometer unter einer dicken Ascheschicht liegt."

„Vulkanasche? Am Meeresboden?"

„Ja, das Ergebnis eines pyroklastischen Stroms, also heftigster Explosionen mit großen Mengen Gas, die ausreichen, um das Magma in kleinste Teilchen zu zerstäuben. Das Bild, das man sich vom Gakkel-Rücken gemacht hatte, wurde durch diese Entdeckung völlig auf den Kopf gestellt. Dazu kam aber noch etwas anderes, und das muss vor allem anderen Moebus' Interesse geweckt haben. Man hatte den Gakkel-Rücken für eine hydrothermale Wüste gehalten. Doch wo immer man nun nachsah, überall strömte heißes, mit Mineralien gesättigtes Wasser aus dem Boden. Die berühmten Schwarzen und Weißen Raucher. Das war außerordentlich faszinierend, denn es gibt eine Theorie, nach der das Leben in der Umgebung solcher heißen Tiefseequellen entstanden sein könnte. Die Erforschung der Schwarzen Raucher steckt aber noch in den Anfängen, man kennt sie ja erst seit 1977. Das Sensationelle ist, dass es in ihrer Nähe von Leben wimmelt, obwohl nicht ein Sonnenstrahl dorthin gelangt."

Sie nickte aufgeregt. Entweder war sie eine hervorragende Schauspielerin, oder sie war wirklich interessiert. „Ich kenne die Bilder dieser langen Würmer ohne Mund und Darm, die man dort gefunden hat. Und die von den kleinen weißen Krebsen, die da massenhaft herumwuselten. Aber ich habe nie verstanden, wie diese Tiere sich ernähren."

„Genau das ist das Besondere an diesen Lebensgemeinschaften. Ihre Basis wird nicht wie sonst von grünen Pflanzen gebildet, die mithilfe der Sonnenenergie Fotosynthese betreiben, sondern von Bakterien, die ihre Energie aus chemischen Stoffen gewinnen, die in dem heißen, durch die Schlote aufsteigenden Wasser enthalten sind. Wenn diese Verbindungen mit dem kalten Tiefseewasser in Berührung kommen, fallen sie aus. Das ist das dunkle Zeug, das diesen Quellen ihren Namen gegeben hat. Die Würmer, von denen Sie gesprochen haben, tragen Unmengen dieser Mikroben in ihren Körpern, als Symbiosepartner. Die Bakterien speichern die von ihnen gewonnene Energie und geben sie an die Würmer weiter. Sie kommen aber auch frei vor und bilden auf dem Meeresboden große Matten. Auf die hatte es Frank Moebus abgesehen, als er mit der *Polarstern* zu einer zweiten Expedition aufbrach, diesmal vom Alfred-Wegener-Institut in Bremerhaven. Er hoffte, neue, bislang unbekannte Bakterienarten zu finden, das ist sein Spezialgebiet. Die fand er dann auch. Aber er entdeckte noch etwas anderes ..."

„Die Moebus-Zellen." Anne Detlefsen tippte auf das Titelblatt der *Nature*-Ausgabe. „Was macht diese Zellen so besonders?"

„Das Besondere ist ihre Biochemie. Es sind sehr urtümliche Wesen, die im Schatten des Lebens, wie wir es bisher kannten, überlebt haben. Daher kommt der Begriff Schattenbiosphäre, den Moebus gern verwendet. Alle Lebensformen, die wir bis dahin kannten, vom einfachsten Bakterium bis zum Menschen, enthalten DNA als Erbsubstanz, sogar der genetische Code, den sie verwenden, ist bis auf wenige Ausnahmen identisch. Das kann man nur erklären, wenn man einen gemeinsamen Ursprung annimmt. Die Moebus-Zellen repräsentieren jedoch eine andere Form von Leben. Sie enthalten keine DNA, sondern RNA wie manche Viren, ein ähnliches, aber etwas anders gebautes Makromolekül. Sie könnten eine Art Vorläufer des bekannten Lebens sein, schon seit Jahren gibt es die von vielen akzeptierte Theorie, dass die ersten einfachen Organismen RNA als Informationsspeicher verwendeten. Der Siegeszug der DNA begann erst später. Die Moebus-Zellen könnten den Beweis liefern."

„‚Wir sind nicht allein.'" Die Kommissarin deutete wieder auf die Zeitschrift. „Jetzt verstehe ich, was dieser Satz zu bedeuten hat."

„Ja, das ist eine wirklich fundamentale Entdeckung. Möglicherweise tut sich uns eine vollkommen neue Welt auf. Moebus ist überzeugt, dass es noch viele weitere Typen dieser Zellen gibt. Er will bald danach suchen. Wir stehen vor spannenden Erkenntnissen, vor völlig neuen Einblicken."

„Und Professor Moebus ist der Einzige, der diese Zellen besitzt", sagte die Kommissarin nachdenklich. „Gewissermaßen ein Monopol. Ruft das nicht Neider auf den Plan? Es gibt doch sicher viele Forscher, die sonst was dafür geben würden, in ihren Besitz zu kommen."

„Vergessen Sie das." Hermann schüttelte den Kopf. „Für interessierte Forscher gibt es einen viel einfacheren Weg. Als Autor von *Nature* hat Moebus sich verpflichtet, die Zellen auch anderen Arbeitsgruppen zur Verfügung zu stellen. Überspitzt heißt das: Wer damit arbeiten möchte, muss im Grunde nur zum Telefon greifen."

„Wirklich? Das ist allerdings interessant."

„Das ist gute wissenschaftliche Praxis. Ergebnisse müssen bestätigt oder widerlegt werden. Auch die von Frank Moebus."

„Dann können wir seine Kollegen von der Verdächtigenliste streichen."

„Gibt es denn schon so eine Liste?", fragte Hermann und verbarg sein Gähnen hinter der vorgehaltenen Hand.

NEIN, DACHTE ANNE DETLEFSEN SPÄTER, als ihr angesichts der müden Gestalten, die sich im Beratungszimmer des Kommissariats einfanden, Hermann Paulis Frage wieder einfiel. Sie hatte ihm natürlich keine Antwort gegeben. Eine solche Liste gab es nicht einmal im Ansatz.

Zusammen mit Staatsanwältin Susanne Leistenbrink hatten sie und Jens Becker gerade die größte Pressekonferenz hinter sich gebracht, die sie in ihrer Laufbahn je erlebt hatte, ein ziemlich unerfreulicher, gerade mal halbstündiger Termin, denn viel zu berichten gab es nicht. Davon brauchten sie zwanzig Minuten, um die Ereignisse der vergangenen Nacht zu schildern, so wie sie sich bislang darstellten. Fragen, die auf Verdächtige und die mögliche Beteiligung Dritter abzielten, schmetterten sie mit dem Hinweis auf die laufenden Ermittlungen ab. Morgen würde sie in der Zeitung lesen, dass die Polizei weitgehend im Dunkeln tappe.

Die Wahrheit war noch deprimierender. Nirgendwo zeigte sich auch nur die Andeutung eines Silberstreifs am Horizont. Eine Inventur in den Räumen der Moebus-Arbeitsgruppe hatte ergeben, dass jedes der teuren Geräte noch an seinem Platz stand. Von einer Diebesbande, die sich auf Einbrüche in wissenschaftliche Einrichtungen spezialisiert hatte, war nirgendwo etwas bekannt. Pauli hatte sich mit glaubwürdigen Erklärungen aus der Schusslinie gebracht. Und Regina Hilpert, die Frau von Johannes Hilpert, eine ihrer wichtigsten Informationsquellen, hatte einen Nervenzusammenbruch erlitten und war auf Weisung des Notarztes in ein Krankenhaus eingeliefert worden.

Fast alle der am Tatort sichergestellten Fingerabdrücke konnten mittlerweile den beiden Toten und anderen Mitgliedern der Arbeitsgruppe Moebus zugeordnet werden. Der Abgleich war jedoch noch nicht beendet. Für eine Beteiligung Dritter gab es weiterhin keine Beweise. Die Erklärung für das, was geschehen war, musste also innerhalb der Arbeitsgruppe oder im privaten Leben der beiden Toten zu suchen sein.

Bertram Hollinger fasste die Ergebnisse der Vernehmungen im Biologie zentrum so zusammen: „Barthelmess und Hilpert müssen ziemlich gegensätzliche Typen gewesen sein, aber keiner, mit dem wir gesprochen haben, wusste von irgendwelchen gravierenden Konflikten. Vor Zeugen ist es zwischen den beiden nie zum Streit gekommen, auch wenn sie hier und da mal unterschiedlicher Meinung waren. Vor allem Johannes Hilpert wäre dafür auch gar nicht der Typ gewesen. Kurz: Es ist kein Grund erkennbar, warum die beiden derart übereinander hergefallen sein sollten. Hilpert war eindeutig der beliebtere von beiden. Das könnte schlicht am Alter gelegen haben. Barthelmess war vierunddreißig und kurz vor dem Absprung. Er bemühte sich um eine Juniorprofessur, und alle waren sicher, dass er sie aufgrund seiner Qualifikation und mithilfe von Professor Moebus auch bald irgendwo bekommen hätte. Hilpert war dagegen erst achtundzwanzig, arbeitete an seiner Doktorarbeit und stand den studentischen Mitgliedern der Arbeitsgruppe deshalb näher. Entscheidend für seine Position in der Gruppe dürfte Barthelmess' Status als langjähriger Mitarbeiter von Professor Moebus gewesen sein. Fachlich war er offenbar top. Das Wort ‚arrogant' fiel nicht, war aber wohl gemeint, wenn bei dem einen oder anderen die Rede davon war, dass Barthelmess von sich und seinen Qualitäten ziemlich überzeugt gewesen sei. Er hatte häufig wechselnde Partnerschaften, keiner wusste, ob er momentan fest liiert war. Bei Festen und Gruppenaktivitäten, wie Ausflügen und Exkursionen, tauchte er immer wieder mit anderen Begleiterinnen auf."

„Lebte er allein?", fragte die Kommissarin.

Arnie Schwarzenau, der die Durchsuchung der Wohnung übernommen hatte, erwachte zum Leben. „Ja, er hatte eine Zweizimmerwohnung. Eine Junggesellenbude, wie sie im Buche steht. Seinen Computer haben wir Dirk Hansen übergeben. Die Kollegen sind noch immer vor Ort. Eine Schublade im Wandregal war voll mit Fotos. Wir sind dabei, sie durchzusehen."

„Hm." Die Kommissarin sah wieder Hollinger an. „Und Hilpert?"

Hollinger blickte auf seine Notizen. „Ein stilles Wasser. Und ein Familienmensch. Bescheiden, zurückhaltend, ruhig und eher verschlossen. Alles in allem wohl ein angenehmer Kollege. Wie gesagt, er war der beliebtere von beiden. Seine Freizeit gehörte offenbar ausschließlich der Familie. Privaten Kontakt hatte keiner zu ihm, das trifft aber auch auf Barthelmess zu. Bis auf die Jüngsten, die Studenten, pflegen die Mitglieder der Arbeitsgruppe untereinander kaum privaten Umgang."

Einen Moment lang herrschte Schweigen. Die Staatsanwältin begann, mit ihrem Stift ungeduldig auf die Tischplatte zu klopfen. „Das ist nicht viel", sagte sie schließlich, blickte vorwurfsvoll in die Runde. „Das ist gar nichts."

Hollinger wechselte einige Blicke mit seinen Nachbarn, die an den Vernehmungen beteiligt gewesen waren. „Vielleicht … Da wäre noch …"
Der Kopf der Staatsanwältin fuhr zu ihm herum. „Ja?"
„Es ist nichts Konkretes … aber mehrere Arbeitsgruppenmitglieder und vor allem die Sekretärin Frau Schaumann, die so etwas wie die gute Seele der Gruppe zu sein scheint, sagten aus, dass Johannes Hilpert sich in letzter Zeit mehr und mehr zurückgezogen und häufig deprimiert gewirkt habe."
„Ich dachte, er war ohnehin nicht gerade sehr mitteilsam."
„Ja schon, aber einige hatten das Gefühl, dass er ihnen in den letzten Wochen regelrecht aus dem Weg gegangen ist. Und seine Frau sei gar nicht mehr aufgetaucht. Am Anfang sei sie bei Festen immer dabei gewesen."
„Und warum?" Susanne Leistenbrink klang gereizt. „Irgendjemand wird doch wissen, was in diesem Mann vorgegangen ist. Sie müssen mit seiner Frau reden. Sie ist vielleicht die Einzige …"
„Sie ist im Krankenhaus", erklärte Sigmund Bock scharf.
„Das weiß ich. Aber wann …"
„Nicht vor Montag. Ich war ja heute Morgen kurz bei ihr, und schon da ging es ihr schlecht, verständlicherweise. Sie hat ununterbrochen geweint. Die Ärzte sagen, sie braucht ein paar Tage absolute Ruhe."
„Und wir brauchen Ergebnisse."
Anne, die eine Weile schweigend zugehört hatte, sagte jetzt in ruhigem, sachlichem Ton: „Also, dann am Montag. Und morgen klapperst du, Sigmund, mit ein paar Leuten die Gegend um den Campus ab. Frag die Anwohner, ob ihnen gestern Nacht irgendetwas aufgefallen ist."
Der grauhaarige Beamte hatte die Brille abgenommen und massierte seine Nasenwurzel. „Da wohnt doch kaum einer", murmelte er. Klinkenputzen gehörte normalerweise nicht zu seinem Aufgabengebiet.
„Ja, ich weiß." Anne war klar, was sie dem dienstältesten Mitarbeiter zumutete. „Aber wenn jemand die Nadel im Heuhaufen findet, dann du. Vielleicht gab es einen nächtlichen Jogger, jemanden, der nicht schlafen konnte und spazieren gegangen ist, was weiß ich. Und veranlasse, dass die Presse einen entsprechenden Aufruf veröffentlicht. Wer etwas gesehen oder gehört hat, soll sich bei uns melden. Wir dürfen nichts unversucht lassen."

ALS HERMANN endlich wieder seine Wohnung betrat, hatte er nur noch zwei Wünsche: zu baden und danach ins Bett zu gehen. Deshalb steuerte er sofort das Badezimmer an, drehte den Wannenhahn auf und kippte eine Verschlusskappe Erkältungsbad ins Wasser. Sofort roch es im Bad nach Fichtennadeln. Er kochte sich in der Küche einen Pfefferminztee, stellte die heiße Tasse im Bad auf die Wanneneinfassung, drehte das Wasser ab und kletterte in das schaumbedeckte Wasser. „Ahhh ..." Er schloss die Augen. Was für eine Wohltat.

Kaum lag er richtig, musste er an den Nachmittag auf dem Polizeirevier denken, an das enervierende Verhör und an Anne Detlefsen. Hätte er sich weigern sollen, als sie ihm eine ärztliche Untersuchung nahegelegt hatte? Welchen Sinn hatte das gehabt? *Keine Schramme*, hatte der Arzt danach gesagt, und die Kommissarin war sichtlich erleichtert gewesen. Jetzt verstand er. Sie hatten wissen wollen, ob er an der Prügelei beteiligt gewesen war, ob er Verletzungen hatte. Hermann Pauli unter Mordverdacht. Was für eine absurde Vorstellung.

Wie es wohl Frank jetzt ging? Am Telefon war er zuerst verärgert und dann seltsam gefasst gewesen. Als hätte er mit so etwas gerechnet. Unsinn. Was hätte er denn sagen sollen?

Während er mit der Kommissarin gesprochen hatte, war Hermann klar geworden, wie wenig er eigentlich über den aktuellen Stand von Franks Forschung wusste. Natürlich hatte er die berühmte Veröffentlichung gelesen, mit Frank auf ihren gemeinsamen Autofahrten darüber gesprochen, seine Vorträge gehört und die Diskussionen verfolgt, dann aber hatte er irgendwann den Anschluss verloren. Er dachte an das Gespräch mit Daniel, an Johannes Hilpert und die Synthetische Biologie. Daran, dass er nichts davon gewusst hatte. Er nahm sich vor, Frank nach dem Stand seiner Forschung zu fragen. Hatten er und Hilpert die RNA der Moebus-Zellen mittlerweile sequenziert oder waren sie dabei auf Schwierigkeiten gestoßen? Seit anderthalb Jahren arbeiteten sie daran. Warum gab es noch keine Publikation?

Es klingelte an der Wohnungstür. Hermann stöhnte. „Ich komme!", rief er durch die offene Badezimmertür. Er trocknete sich notdürftig ab, zog den Bademantel über, schlüpfte in seine Hausschuhe und lief den Flur entlang. Wieder klingelte es.

„Ja doch!" Er drückte die Klinke herunter und öffnete die Tür. „Was ..."

„Huch! Papa, was ist mit dir? Störe ich?"

„Marion. Entschuldige ... ich ... Hättest du nicht anrufen können?"

„Das habe ich, mehrmals. Hörst du deinen Anrufbeantworter nicht ab?"

Neben seiner Tochter stand eine große Reisetasche. Auf ihrem Rücken hing ein prall gefüllter Rucksack, und mitten auf ihrer Brust linste ein Kinderkopf aus einem Baby Carrier. Emil starrte seinen Großvater an.

„Opa nass", sagte der Zweijährige und zeigte auf Hermanns Haare.

„Können wir heute Nacht bei dir bleiben?", fragte Marion, bevor sich ihre Anspannung löste und sie in Tränen ausbrach.

## 5

Die Nacht endete um kurz vor sechs. Emil hatte nach dem Aufwachen beschlossen, die ungewohnte Umgebung zu erkunden, und war dabei auf die angelehnte Tür zum Schlafzimmer gestoßen. Er tapste in den dunklen Raum, krabbelte auf Hermanns Bett und hockte sich direkt vor das Gesicht seines schlafenden Großvaters.

Der säuerliche Kloakengeruch, der von seinem Enkel ausging, weckte Hermann. Er blinzelte, verzog das Gesicht und wälzte sich stöhnend auf die andere Seite. „Marion", rief er heiser, gefolgt von einem Hustenanfall, „dein Sohn sitzt auf meinem Kopfkissen und stinkt bestialisch!" Keine Reaktion. „Kaka stinkt", bestätigte Emil.

Als auch der zweite Versuch, seine Tochter zu alarmieren, fehlschlug, klemmte Hermann sich seinen vor Vergnügen quiekenden Enkel unter den Arm, hob eine der Windeln auf, die überall in der Wohnung herumlagen, legte ihn auf den Läufer im Badezimmer und begann, ihn mit angehaltenem Atem auszuwickeln. In der Wanne stand noch das Badewasser vom Vorabend, das er benutzte, um dem Kleinen den Po zu waschen. „Kalt!", kreischte der und weckte endlich seine Mutter, die kurz darauf verschlafen in der Tür erschien und Hermann ihren Sohn mit den Worten entführte: „Was machst du denn da? Willst du, dass er sich erkältet?"

Beim Frühstück betonte sie, dass sie ihrem Vater nicht länger als nötig zur Last fallen und so schnell wie möglich wieder in ihren eigenen vier Wänden wohnen wolle. Und Hermann berichtete ihr, was im Biologiezentrum geschehen war. Zum ersten Mal seit der verhängnisvollen Nacht bekam er so etwas wie Trost und Mitgefühl.

Später saß er allein am Küchentisch und las den Artikel der *Kieler Nachrichten* über die Vorkommnisse, der, abgesehen von Betroffenheitsbekundungen aus Politik, Universität und Gesellschaft, nichts Neues enthielt. Die Polizei gehe von schwierigen und langwierigen Ermittlungen aus.

Hermann stand auf, packte die Lebensmittel zurück in den Kühlschrank und wollte sich ins Schlafzimmer begeben, um sich anzuziehen, da sah er Emil vor dem Regal im Wohnzimmer hocken und mit einer prächtigen Nautilusschale spielen. Hermann zögerte und ging dann neben ihm auf die Knie.

„Haputt machen?", fragte Emil, schüttelte die Schale wie eine Rassel.

„Nein, Süßer, nicht kaputt machen", antwortete Hermann. „Wenn du sie dir ans Ohr hältst, kannst du das Meer hören."

„Meea", wiederholte Emil ernst und bestaunte das Ding in seinen Händen.

Marion war neben sie getreten und blickte lächelnd auf sie herab. „Sag mal, Papa, was ich dich noch fragen wollte … Was hast du eigentlich für kommenden Donnerstag geplant?"

„Was ist denn am Donnerstag?"

„Fragst du das im Ernst?"

„Ich weiß wirklich nicht, was du meinst."

„Na, denk mal nach." Grinsend wandte sie sich ab. „Vielleicht fällt es dir ja noch ein."

Wie schön sie geworden ist, dachte er, als er ihr nachblickte und sich an Brigittes federnden Gang erinnert fühlte. Aber was war nur am Donnerstag?

SEIN FAHRRAD stand noch immer vor dem Biologiezentrum, daher beschloss er, den Bus zu nehmen. Er hatte es nicht eilig.

Als er die Haltestelle erreicht hatte und auf den Bus wartete, fiel es ihm plötzlich ein. Du lieber Himmel, wie peinlich. Donnerstag war sein Geburtstag. Und er hatte sich um nichts gekümmert, nichts vorbereitet. Dabei war es nicht irgendein Geburtstag. Er wurde sechzig. Er musste natürlich etwas arrangieren, einen kleinen Umtrunk im Institut, das würde am wenigsten Umstände machen. Und abends vielleicht ein nettes Essen zu Hause, im kleinen Kreis. Mit Peter, Bennie und seiner Frau. Die beiden Freunde würde er morgen sehen. Sollte er auch Frank dazubitten, oder war das zu privat? Er kannte ihn jetzt seit zwei Jahren, und doch wurde ihm in solchen Momenten klar, dass er noch immer nicht wusste, wo er ihn einordnen sollte, in seinen Freundes- oder nur in den Kollegenkreis.

Rings um das Zentrum herrschte fast wieder Normalität. Den am Rande des Mensaparkplatzes abgestellten Polizeiwagen sah er erst auf den zweiten Blick. Sie waren also noch immer im Haus. Das Foyer war menschenleer. Der Lehrbetrieb würde erst am Montag wiederaufgenommen werden.

Auch oben auf seiner Etage herrschte die Ruhe des Wochenendes. Er schloss sein Büro auf und schaltete wie jeden Morgen Espressomaschine und Computer an. Vielleicht schaffte er es sogar, ein wenig zu arbeiten.

Er hatte schon seinen Aufsatztext geladen, um weiter daran zu arbeiten, als er sich plötzlich anders entschied und „PubMed" aufsuchte, die gigantische Literaturdatenbank der US National Institutes of Health. In das Suchfeld gab er den Namen *Frank Moebus* ein.

Eine Liste mit 138 Einträgen erschien. Donnerwetter. Hermanns eigene Literaturliste war zwar nicht viel kürzer, aber er war schließlich auch zwanzig Jahre älter. Wie hatte Frank nur in so kurzer Zeit derart viele Veröffentlichungen zustande gebracht? Der Mann war ein Arbeitstier.

Er klickte sich von Seite zu Seite, fand es aber schwierig, am Bildschirm die Übersicht zu behalten. Deshalb druckte er sich die Liste aus. Sie umfasste sieben Seiten, die er neben- und untereinander auf seinem Schreibtisch ausbreitete. Seine bislang produktivsten Jahre hatte Frank eindeutig in den USA verbracht. In der modernen laborintensiven Biologie war es üblich, dass unter der Überschrift eines Aufsatzes zehn, zwanzig Autoren und mehr aufgeführt wurden. Nur in großen Teams aus mehreren Forschergruppen waren die erforderlichen Arbeiten überhaupt zu bewältigen. In diesen Autorenlisten rückte Franks Name mit den Jahren immer weiter nach vorn, um schließlich am Anfang oder ganz am Ende zu stehen – ein untrügliches Zeichen dafür, dass er zum federführenden Wissenschaftler aufgestiegen war. Viele seiner Aufsätze waren in renommierten Zeitschriften erschienen. Der Bruch war mit dem Ruf nach Kiel gekommen. Kein Wunder. Als Gastforscher setzte man sich ins gemachte Nest, nutzte eine eingespielte Infrastruktur. Einen Lehrstuhl zu übernehmen war etwas völlig anderes. Es bedeutete ein eigenes Labor und damit einen kompletten Neuanfang.

Oben auf der ersten Seite der Liste stand die Arbeit, die ihn berühmt gemacht hatte. Sie war wenige Monate nach seinem Umzug nach Kiel erschienen. *„Second Life: A New RNA Organism from the Gakkel Ridge"* – Zweites Leben: Ein neuer RNA-Organismus vom Gakkel-Rücken. Darunter eine Liste von vier Autoren, Frank Moebus an erster Stelle.

Doch nur in zwei der zwölf Arbeiten, die danach erschienen waren, ging es um die Moebus-Zellen. Frank, der in beiden Fällen als alleiniger Autor fungierte, hatte sie Hermann gleich nach Erscheinen in sein Postfach gelegt. Der wusste daher, dass sie keine neuen Forschungsergebnisse enthielten, sondern den aktuellen Stand der Tiefseemikrobiologie darstellten.

Er hatte sich also nicht getäuscht: Es gab nur die *Nature*-Arbeit. Er hatte nichts verpasst. Franks Umzug nach Kiel lieferte dafür zwar eine Erklärung, aber seltsam blieb es schon, dass diese spektakuläre erste Veröffentlichung im Verlauf von anderthalb Jahren keinen einzigen Nachfolger gefunden hatte. War Frank auf Schwierigkeiten gestoßen? Und was war mit den Kollegen? Sicher hatte er die Zellen an andere kooperierende Arbeitsgruppen weitergegeben.

Hermann ging die Liste noch einmal im Einzelnen durch und markierte einige der älteren Aufsätze, die ihn besonders interessierten. Viele waren frei im Internet erhältlich. Er druckte sie aus, begann zu blättern und hatte sich bald in einer Arbeit festgelesen, die kurz nach Franks erster Expedition zum Gakkel-Rücken erschienen war.

Hermann staunte, als er auf eine geradezu prophetische Passage stieß, die

Jahre vor Franks erfolgreicher Expedition mit der *FS Polarstern* entstanden war. „Die Verhältnisse am Gakkel-Rücken, so wie sie sich nach den hier präsentierten ersten Ergebnissen darstellen, bieten für das Überleben archaischer Lebensformen ideale Bedingungen", hatte Frank geschrieben. „Wenn irgendwo auf der Welt eine bisher verborgen gebliebene Schattenbiosphäre überlebt hat, dann in diesem Gebirgszug inmitten der seit Jahrmillionen isolierten Wassermasse des Eurasischen Beckens." Er sollte recht behalten.

Das Telefon klingelte. „Ja, Pauli?"

„Ich bin's. Hast du Zeit? Kann ich einen Moment runterkommen?"

Hermann erstarrte. „Frank! Äh ... ja, natürlich, komm nur." Er hörte ein Klicken, als am anderen Ende der Leitung aufgelegt wurde.

Sein Blick fiel auf die Ausdrucke, die seinen Schreibtisch bedeckten. Rasch stapelte er die Papiere aufeinander, verstaute sie in einer Schublade.

Frank betrat nach einem kurzen Klopfen den Raum. Er war wie so oft ganz in Schwarz gekleidet. Trauerkleidung. Sein wächsern blasses Gesicht mit dem dunklen Bartschatten bildete einen erschreckenden Kontrast dazu. Hermann hatte mit Wutausbrüchen gerechnet, nicht mit Verzweiflung und Resignation. Frank Moebus sah aus wie ein geschlagener Mann.

Hermann sprang auf, lief um den Schreibtisch herum auf ihn zu und widerstand dem Impuls, ihn zu umarmen. Stattdessen legte er ihm seine Hand auf die Schulter und schob ihn sanft zu einem Stuhl. „Setz dich."

Frank ließ sich kraftlos fallen. „Ich musste mal raus", sagte er leise und verbarg sein Gesicht. „Ich habe es da oben nicht mehr ausgehalten."

„Ich kann verstehen, dass dir oben die Decke auf den Kopf fällt."

Frank sprach mit gesenktem Kopf. „Dein Anruf gestern ... ich habe das Gefühl, er ist gar nicht zu mir durchgedrungen. Ich hatte den Kopf voll und so viel zu tun, einen Termin nach dem anderen. Ich musste es irgendwie verdrängen. Und dann heute dieser Schock. In der Zeitung stand etwas von einem Kampf, aber ich hatte keine Ahnung, wie es hier aussieht. Das ist eine Katastrophe. Du hast nichts davon gesagt, dass sie alles verwüstet haben."

„Ich wollte dich nicht unnötig beunruhigen und war selbst in keiner guten Verfassung."

Frank verzog das Gesicht. „Du hast sie gefunden, habe ich gehört."

„Ja, Barthelmess. Als ich gehen wollte, tropfte es draußen im Flur von der Decke, und durch das Treppenhaus floss Wasser. Da bin ich nach oben, um nachzusehen. Manchmal wünschte ich, ich hätte es nicht getan. Dass es noch einen zweiten Toten gibt, habe ich erst am nächsten Morgen erfahren."

Frank schien mit seinen dunklen Augen durch ihn hindurchzublicken. „Ich fühle mich so ausgelaugt, Hermann, völlig leer. Das kenne ich gar nicht von mir. Dieses Ausmaß an Zerstörung habe ich nicht erwartet. Ich will arbeiten, will endlich vorankommen und mich nicht noch einmal mit diesem Mist beschäftigen müssen. Wieder Handwerker, wieder Lärm und Dreck. Ich weiß nicht, wie ich das überstehen soll. Vielleicht sollte ich mich auf die *Polarstern* absetzen. Ich habe die Mittel bekommen, weißt du. Ich habe sie tatsächlich bekommen. Der Weg ist frei. Ich werde bald neues, frisches Material vom Gakkel-Rücken bekommen. Wir könnten Geschichte schreiben. Und jetzt ... ich muss wieder ganz von vorn anfangen."

Als hätte ihn ein eiskalter Windhauch angeweht, wich Hermann unwillkürlich zurück. Er redet nur von sich, dachte er. Trieft vor Selbstmitleid. Was ist mit den Toten und ihren Angehörigen? Kein Mitgefühl oder Bedauern. Er musste sich abwenden, um seine Irritation nicht zu verraten. „Was kann da passiert sein?", fragte er. „Was ist bei euch los? Es waren deine Leute."

Ein Ruck ging durch Franks Körper. Sein Gesicht, die Lippen, die eben noch gezittert hatten, als kämen ihm gleich die Tränen, alles schien zu gefrieren. Er sah Hermann aus kalten Augen an. „Ich habe keine Ahnung."

„Du bist ihr Chef gewesen. Wer soll es denn sonst wissen, wenn nicht du?"

Franks Augen verengten sich zu Schlitzen. „Höre ich da einen Vorwurf? Ich sage es noch einmal: Ich weiß nicht, was da geschehen ist. Ich kannte Moritz seit vielen Jahren und nichts, gar nichts hat darauf hingedeutet, dass mit ihm irgendetwas nicht stimmt. Bei Hilpert genauso. Glaubst du, ich hätte nicht darüber nachgedacht? Es gab keine Auseinandersetzungen, keinen Streit, nicht in meiner Gegenwart. Ich zermartere mir den Kopf, was in die beiden gefahren sein könnte. Und ich sage dir noch etwas, auch auf die Gefahr hin, dass du mich verurteilst: Es ist mir egal, warum sie es getan haben. Ich habe gelesen, die Polizei schließt nicht aus, dass Dritte an diesem Desaster beteiligt waren. Aber wenn das nicht der Fall war, und ich wüsste nicht, wer das gewesen sein sollte ... wenn es also nur die beiden waren, die da durchgedreht sind, dann habe ich dafür nicht das geringste Verständnis. Es war unverantwortlich und durch nichts zu rechtfertigen. Vielleicht konnte Moritz nicht die Finger von Hilperts Frau lassen, obwohl ich mir das bei diesem grauen Mäuschen kaum vorstellen kann. Was weiß ich ... Wenn sie sich unbedingt prügeln mussten, warum auch immer, dann bitte nicht in meinem Labor. Das nehme ich ihnen übel. Ich weiß, das ist alles andere als korrekt, aber ich kann nicht anders." Er blickte Hermann direkt in die Augen. „Das sage ich nur dir. Niemand anderem. Klar? Ich erwarte gar nicht, dass die Leute mich verstehen. Aber du ..."

Hermann sah ihn schweigend an. Jetzt saß der Frank Moebus vor ihm, mit dem er gerechnet hatte. Damit konnte er besser umgehen als mit diesem

Häufchen Elend, das Frank noch wenige Minuten zuvor gespielt hatte. Er hatte sogar ein gewisses Maß an Verständnis für seine Sicht der Dinge.

„Du denkst, es war etwas Privates? Bei euch ist nichts vorgefallen?"

„Fängst du schon wieder an? Was soll denn vorgefallen sein?"

„Natürlich fange ich wieder an. Ich will wissen, was passiert ist. Was ich da oben gesehen habe, war grauenhaft, eine der schlimmsten Erfahrungen meines Lebens. Das wird mich noch lange verfolgen. Barthelmess ist einen schrecklichen Tod gestorben, und Hilpert ... er hat sich offenbar aus dem Fenster gestürzt, ein Vater von zwei kleinen Kindern. Warum?"

„Ich würde sagen, das herauszufinden überlässt du am besten der Polizei." Frank sah auf die Uhr. „Oh, ich muss hoch. Ich treffe mich gleich mit der Kriminalhauptkommissarin."

„Was ist mit morgen bei Bennie?" Hermann bedauerte, dass ihr Gespräch so schiefgelaufen war. „Kommst du mit?"

Statt zu antworten, stand Frank auf und ging rasch Richtung Tür. Mit der Klinke in der Hand zögerte er. „Nein, Hermann, ich glaube nicht. Es gibt jetzt unendlich viel zu tun und ich brauche auch mal etwas Zeit für mich. Ihr werdet vorerst ohne mich auskommen müssen."

Hermann hätte Franks Entscheidung akzeptiert, aber nicht das, was auf die Absage folgte, nicht diesen herablassenden Blick, den er ihm zuwarf, bevor er den Raum verließ. Spielt eure lächerlichen Spielchen in Zukunft allein, schien er zu sagen. Es war ohnehin weit unter meinem Niveau.

ANNE DETLEFSEN UND JENS BECKER standen vor der offenen Tür des Sekretariats, als Frank Moebus aus dem Fahrstuhl auf sie zueilte und sie per Handschlag begrüßte.

„Entschuldigen Sie, ich habe Sie warten lassen", sagte er mit einem liebenswürdigen Lächeln. „Sie müssen entschuldigen, ich bin etwas durcheinander. Gehen wir in mein Büro." Er deutete nach links. „Ich ertappe mich immer wieder dabei, dass ich einfach nicht wahrhaben will, was passiert ist. Ein schrecklicher Verlust. Die beiden waren meine besten Mitarbeiter. Ihr Tod wirft uns um Monate zurück. Wissen Sie denn mittlerweile, wie sie zu Tode gekommen sind?"

Moebus hatte schnell gesprochen, in einem einzigen hastigen Wortschwall. Anne war überrascht. Beherrschtes, souveränes Auftreten, etwas, was sie von einem Mann dieses Kalibers erwartet hatte, sah anders aus.

„Wollen wir das nicht lieber drinnen besprechen?", erwiderte sie.

Er schloss sein Büro auf. „Sie haben recht. Bitte schön."

Ein riesiger Schreibtisch, dahinter ein deckenhohes, mit Aktenordnern,

Büchern und diversen Ablagesystemen vollgestopftes Bücherregal und vor dem Fenster ein einfacher weißer Labortisch mit sechs Stühlen.

Sie setzten sich an den Tisch und tauschten ein paar Höflichkeiten aus. Moebus beklagte, dass er bisher noch nicht die Zeit gefunden habe, den angrenzenden Botanischen Garten zu besuchen, obwohl er doch quasi vor der Institutstür liege. Auch von der Stadt habe er noch nicht viel gesehen. „Daran sehen Sie schon: Bei uns wird viel gearbeitet."

„Die Anstrengung hat sich offenbar gelohnt", sagte Anne. „Mit der Entdeckung der Moebus-Zellen ist Ihnen doch ein Coup gelungen."

„Nun ja, in der Tat. Ich kann mich nicht beklagen. Zu so einem Erfolg gehört natürlich immer auch ein wenig Glück. Und jahrelange intensive Forschungsbemühungen, nicht nur von mir, sondern auch von vielen Kollegen."

„Sie waren lange in den USA."

Er nickte. „Fünf Jahre. Eine fantastische Zeit, die leider viel zu schnell vergangen ist."

„Haben Sie sich eigentlich schon davon überzeugt, dass Ihre Schützlinge wohlauf sind?", fragte Becker. „Haben sie alles gut überstanden?"

Moebus legte die Stirn in Falten. „Meine Schützlinge?"

„Mein Kollege meint Ihre Zellen", erklärte Anne. „Niemand von uns hat bisher den Raum betreten, der an den Kulturenraum grenzt. Sie nennen ihn Ihre Schatzkammer. Wir haben uns gefragt, ob in diesem Raum vielleicht der eigentliche Grund für den tragischen Zwischenfall zu suchen ist."

„Sie meinen, jemand könnte versucht haben, dort einzubrechen? Dr. Barthelmess hatte eine Codekarte. Er hatte von Anfang an jederzeit Zugang."

„Wer noch?"

„Nur er, eine biologisch-technische Assistentin, die sich um die Kulturen kümmert, und ich."

„Johannes Hilpert nicht?"

„Nein."

„Warum nicht?"

„Der Personenkreis sollte möglichst klein gehalten werden. Wir kultivieren dort seltene Stämme von Bakterien und Archaeen, die es nirgendwo sonst auf der Welt gibt. Von den Moebus-Zellen gar nicht zu reden. Das sind Werte, die kaum zu beziffern sind."

„Könnte Barthelmess versucht haben, einige dieser Werte außer Haus zu schaffen? Und Hilpert hat ihn dabei überrascht?", fragte Becker.

„Ausgeschlossen. Für Dr. Barthelmess lege ich meine Hand ins Feuer."

„Und Hilpert? Er war erst ein paar Monate bei Ihnen."

„Ach, das ist doch absurd. Ich habe Johannes Hilpert eingestellt, weil er hervorragend qualifiziert war und mir von Kollegen als gewissenhaft und blitzgescheit empfohlen worden war. All das hat sich bewahrheitet. Er hat die Arbeit in meinem Labor als Auszeichnung und große Herausforderung verstanden und, mit Verlaub, das ist auch so. Wir haben hier Möglichkeiten geschaffen, die zumindest für deutsche Verhältnisse ganz außerordentlich sind. Das war ihm natürlich bewusst. Deshalb ist er hierhergekommen."

„Kann es sein, dass Hilpert unter großem Druck stand, vielleicht unter zu großem?", erkundigte sich die Kommissarin.

„Worauf wollen Sie hinaus? Wir stehen alle unter Druck. Wir befinden uns in Konkurrenz mit Arbeitsgruppen in der ganzen Welt, die über mindestens so viel Mittel und Gehirnschmalz verfügen wie wir. Damit lernt man zu leben, oder? Dem einen gelingt das schneller, dem anderen langsamer. Und wer damit Schwierigkeiten hat, wird sich früher oder später nach einem anderen Betätigungsfeld umsehen müssen. Hilpert gehörte nicht zu denen, die über einen Ausstieg nachdachten, das kann ich Ihnen versichern. Außerdem hatte er gerade erst begonnen. Er hat sich gut eingefügt bei uns und fühlte sich wohl, jedenfalls ist mir nichts Gegenteiliges zu Ohren gekommen."

„Kein Streit, keine Rivalitäten?", fragte Becker. „Alles war in Ordnung?"

„Wenn Sie es so ausdrücken wollen: ja."

„Irgendeinen Grund oder Anlass für eine ausgesprochen heftige Auseinandersetzung muss es aber doch gegeben haben", beharrte Becker. „Wir haben keinen Beweis für eine Beteiligung Dritter. Können Sie sich vorstellen, warum die beiden derart aneinandergeraten sind?"

„Nein, das habe ich doch schon gesagt." Moebus zuckte die Achseln. „Das Privatleben meiner Mitarbeiter interessiert mich allerdings nicht."

„Sie glauben, es gab private Gründe?"

„Ich weiß es nicht, aber das ist das Einzige, was mir einfallen will."

„Sie haben uns noch nicht verraten, ob Sie in Ihrer Schatzkammer schon nach dem Rechten gesehen haben", sagte Anne. „Das wäre uns sehr wichtig. Wir müssten das sonst jetzt nachholen."

Moebus schien amüsiert. „Sie stellen sich das etwas zu einfach vor. Aber ... ja, ich habe nachgesehen. Natürlich. Ich kann Sie beruhigen: In meiner Schatzkammer ist alles in Ordnung."

„Uns müssen Sie nicht beruhigen", brummte Becker. „Es sind *Ihre* Zellen."

Der Ton des Hauptkommissars missfiel dem Professor augenscheinlich. Seine Miene verfinsterte sich. „Da wir gerade davon sprechen: Wie lange soll dieser unsägliche Belagerungszustand eigentlich noch andauern? Er behindert unsere Arbeit. Meine Mitarbeiter und ich sind völlig blockiert."

Anne hatte mit dieser Frage gerechnet. „Die Pflege der Tiere war ja gewährleistet, solange einer unserer Beamten dabei war, aber ich habe in dieser Sache vor unserem Aufbruch noch mit der Staatsanwaltschaft telefoniert. Die beiden Beamten werden heute abgezogen, vielleicht sind sie schon weg. Sie können ab sofort wieder über Ihre Räume verfügen."

Moebus nickte befriedigt. „Gut. Haben Sie noch weitere Fragen?"

„Vorerst nicht. Das heißt ... eine Bitte hätte ich. Könnte ich Ihre Zellen mal sehen?" Sie lächelte und fügte rasch hinzu: „Natürlich nur wenn es nicht zu viele Umstände macht."

Der Professor lachte auf. Die Bitte schien ihn weniger zu überraschen als Becker, der seiner Kollegin von der Seite einen fragenden Blick zuwarf. „Es macht sogar sehr große Umstände, mehr, als Sie denken", antwortete Moebus. „Aber ..." Er schaute kurz auf die Uhr und erwiderte dann ihr Lächeln. „Nun gut. Einen kurzen Blick können wir ja mal riskieren."

Sie erhoben sich. Moebus trat an den Schrank, entnahm ihm einen Laborkittel und zog ihn über. „Sie müssten sich bitte auch verkleiden."

Sie gingen ins Vorzimmer, wo Moebus ihnen zwei Kittel und Plastiküberzieher für ihre Schuhe gab. Die beiden vor den Labors postierten Polizisten waren verschwunden, ebenso die Absperrbänder.

Gleich darauf standen sie vor dem Kulturenraum. Moebus öffnete die Tür. Das Fenster war geschlossen, die Rollos heruntergefahren, ansonsten sah der Raum nahezu unverändert aus. Nur das Wasser war abgepumpt worden. Überall lagen Scherben. Vorsichtig staksten sie durch den verwüsteten Raum. Es knirschte bei jedem Schritt. Moebus zog seine Codekarte aus einer Kitteltasche und steckte sie in den Schlitz. Ein grünes Lämpchen leuchtete auf. „Jetzt brauchen wir die Überzieher." Alle drei bückten sich und steckten ihre Schuhe in die hellgrünen Plastiküberzüge.

„Gut", sagte Moebus. „Also dann." Er öffnete die Tür.

Anne war überrascht, wie groß die Schatzkammer war. Genau genommen waren es zwei Räume, beide an Böden und Wänden weiß gekachelt und durch eine Glastür voneinander getrennt. Der erste Raum enthielt sechs weiße summende Schränke unterschiedlicher Größe und einen Tisch, auf dem zahlreiche Gestelle voller beschrifteter Glasröhrchen standen.

Moebus hatte in der Mitte des Raumes Aufstellung genommen und breitete die Arme aus. „Das hier sind unsere Brutschränke. Was darin aufbewahrt wird, ist quicklebendig und soll sich vermehren", erläuterte er.

Anne trat vor einen der Klimaschränke und musterte die Digitalanzeige, die sich neben diversen Knöpfen und Anschlüssen in einem türkisfarbenen Bedienelement befand. Sie zeigte fünfundachtzig Grad Celsius.

„In diesem Schrank herrschen wirklich fünfundachtzig Grad?"
„Erstaunlich, nicht wahr? Darin sind hyperthermophile Arten, zumeist Archaeen, mit einem Temperaturoptimum von über achtzig Grad."
„Und in diesen Schränken bewahren Sie auch Ihre Moebus-Zellen auf?"
„Nein, leider nicht. Das wäre zu schön." Moebus lächelte milde. Er deutete auf die Glastür. „Folgen Sie mir bitte."
In dem zweiten Raum war es deutlich kälter. Er wurde von zwei Stahlkonstruktionen beherrscht, die aussahen wie Miniaturraffinerien, verwirrende 3-D-Puzzles aus glänzenden Rohren, Säulen, Hähnen und Ventilen.
„In der Tiefsee herrschen enorme hydrostatische Drücke von mehreren Hundert Atmosphären. Glücklicherweise können viele der dort lebenden Mikroorganismen auch bei Luftdruck existieren, sonst wäre es unmöglich, sie in unseren Brutschränken zu kultivieren. Einige sind aber sehr anspruchsvoll. Sie vermehren sich nur bei einem Umgebungsdruck von mindestens vierhundert Atmosphären. Den bieten wir ihnen in dieser Spezialapparatur."
„Sie meinen, die Zellen sind da drin?" Becker klang ungläubig.
„Allerdings. Ich nehme an, Sie verstehen jetzt, warum ich vorhin von großen Umständen sprach."
„Und was passiert, wenn man sie da rausholt?", fragte Anne.
„Die Zellen würden aufhören, sich zu teilen, und nach ein paar Stunden oder Tagen sterben. Wenn die Druckentlastung zu plötzlich erfolgt, ist schon nach wenigen Minuten Schluss."
„Man hätte sie also gar nicht so ohne Weiteres stehlen können."
„Wenn man es auf lebende Zellen abgesehen hätte, nein."
„Woher wissen Sie denn, dass sie noch da sind?", hakte Becker nach.
„Ganz einfach. Ich habe eine Probe entnommen. Sie wird gerade fürs Elektronenmikroskop präpariert. Um ganz sicher zu sein. Eine erste Kontrolle im Phasenkontrastmikroskop hat aber schon gezeigt, dass alles in Ordnung ist. Meinen Zellen geht es gut."

„Nun", fragte Anne, als sie sich mit Becker auf dem Rückweg in die Blumenstraße befand. „Was hältst du von ihm?"
„Ich kann ihn nicht ausstehen. ‚Meine Zellen'." Becker ahmte den Ton des Professors nach. „,Er hat die Arbeit in meinem Labor als Auszeichnung und große Herausforderung verstanden und, mit Verlaub, das ist sie auch.' Der Kerl hält sich für den lieben Gott persönlich."
„Wie kommst du darauf? Ich fand ihn ganz umgänglich." Der Mann war sich seiner herausragenden Stellung bewusst, was man ihm kaum vorwerfen konnte.

„Ich weiß nicht", brummte Becker. „Vielleicht bin ich auch nur enttäuscht. Wir kommen keinen Schritt voran. Wenn uns nicht bald irgendein Zufall zu Hilfe kommt, sehe ich schwarz. Warum wolltest du diese Zellen sehen?"

„Reine Neugier. So eine Gelegenheit kommt nie wieder."

„Viel war von ihnen ja nicht zu sehen."

„Nein, aber es war doch interessant, oder etwa nicht?" Sie blickte aus dem Seitenfenster. „Von Moebus erfahren wir jedenfalls nichts. Er wird sich immer vor seine Leute stellen, und falls der Haussegen in seiner Gruppe schiefhängt, wäre er der Letzte, der davon etwas nach außen dringen ließe."

„Und die Diebstahltheorie können wir endgültig vergessen."

„Ja, das scheint mir auch so. Vielleicht haben Dirk und Bertram etwas herausgefunden. Wir sollten uns morgen zusammensetzen." Sie gähnte. „Sonntag muss ich ausschlafen. Und ich brauche Zeit zum Nachdenken."

„Wie wär's, wenn wir zusammen essen gehen würden, Anne? Einfach so. Ich lade dich ein. Ich finde, wir haben uns das verdient. Es ist bald fünf …" Er drehte kurz den Kopf und warf ihr einen verstohlenen Blick zu.

Sie war blass geworden. „Jens", sagte sie nur. „Bitte …"

Der Hüne am Steuer zuckte die Achseln. Warum versucht er es immer wieder, dachte sie. Als wüsste er nicht genau, was sie antworten würde.

## 6

Sie saßen um den kleinen runden Tisch in Annes Büro: Jens Becker, Sigmund Bock, Dirk Hansen, Bertram Hollinger und die Soko-Leiterin.

„Nun gut." Anne sah in die Runde. „Barthelmess war auf dem Absprung und kannte Moebus seit Jahren; er dürfte gegenüber dem Druck, der da herrscht, weitgehend immun gewesen sein. Vielleicht hatte Johannes Hilpert darunter zu leiden. Wir müssen mehr über sein Verhältnis zu Moebus und Barthelmess herausbekommen, und die Einzige, die uns weiterhelfen kann, ist seine Frau. Sigmund, sie kennt dich. Ich möchte, dass wir sie gleich am Montagmorgen zusammen besuchen."

„Mir fällt da noch was ein", sagte Hollinger. „Ihr müsst sie unbedingt nach dem Laborbuch ihres Mannes fragen. Das von Barthelmess lag auf seinem Schreibtisch, die letzten Eintragungen stammen vom Todestag. Aber Hilperts Laborbuch scheint verschwunden zu sein. Wir haben das ganze Büro auf den Kopf gestellt. Vielleicht hat er es mit nach Hause genommen."

„Was versprichst du dir davon?", fragte die Kommissarin. „Steht da nicht nur seitenweise Wissenschaftschinesisch drin?"

„Bei Barthelmess ist das so. Aber es ist doch merkwürdig, dass Hilperts Aufzeichnungen unauffindbar sind. Die anderen Mitglieder der Arbeitsgruppe haben uns bestätigt, dass jeder ein Laborbuch führen muss."

Anne nickte und machte sich eine Notiz. „Du hast recht. Das müssen wir klären. Ich hoffe ohnehin, dass Frau Hilpert uns gestattet, den Schreibtisch und den privaten Computer ihres Mannes zu durchsuchen. Ich würde die arme Frau ungern mit einem Durchsuchungsbeschluss überfallen. Hat die Befragung der Anwohner schon was ergeben?"

Bock verdrehte die Augen. „Nichts hat sie ergeben, gar nichts. Das war gestern ein frustrierender Tag. Aber wir machen weiter."

„Vielleicht hab ich da was." Alle wandten sich überrascht Becker zu.

„Warst du nicht mit Anne bei Moebus?", fragte Bock.

„Es war Zufall." Er senkte den Blick. „Reiner Zufall", wiederholte er leise.

Mit gerunzelter Stirn sah Anne ihn an. Sie war entsetzt gewesen, als Jens am Morgen ihr Büro betreten hatte. Er war eine halbe Stunde zu spät gekommen, sah furchtbar aus und roch nach Schweiß und Alkohol. Sie wusste, dass es ihm nicht gut ging, aber dass er sich vor ihr und seinen Kollegen derart gehen ließ, schockierte sie. Wenn er so weitermachte, würde er sie zwingen zu handeln. War es das, was er wollte?

FÜR JENS BECKER war viel zusammengekommen, zu viel. Erschöpfung hatte ihn am Ende dieser Horrorwoche überfallen, als er die Tür seiner Wohnung hinter sich geschlossen hatte. Die Zurückweisung durch Anne und der Ärger darüber, dass er sie überhaupt noch einmal gefragt hatte, waren ganz und gar überflüssig gewesen. Früher waren sie ab und zu ins Kino gegangen, hatten zusammen gelacht und sich viel erzählt. Aber zu der Zeit hatte er noch mit seiner Frau zusammengelebt.

Nach seiner Scheidung war Anne, inzwischen zur Leiterin ihres Kommissariats aufgestiegen, wie ausgewechselt. Ihre Treffen wurden seltener und hörten schließlich ganz auf. Natürlich spürte sie, dass er sich mehr von ihr erhoffte. Und dann zog sie eines Tages den Schlussstrich, freundlich, korrekt. Nur seine Begriffsstutzigkeit zwang sie dazu, ihr Nein noch etliche Male zu wiederholen. Er trank, jeden Tag, jede Woche ein wenig mehr. Normalerweise trank er nur Wein und Bier, doch gestern Abend hatte er zu härteren Sachen gegriffen. Um neun war er so betrunken, dass die Fernsehbilder vor seinem Auge verschwammen. Ihm war übel und schwindlig, und er drohte schier zu platzen vor Wut, auf sich, auf seine Exfrau, auf Anne und auf diesen eitlen, selbstverliebten Überflieger Frank Moebus, der seinen Mitarbeitern das Leben zur Hölle machte. Schließlich griff er nach seinem Mantel, torkelte das Treppenhaus hinunter und verließ das Haus.

Zwei Stunden lang irrte er herum, schnappte gierig frische Herbstluft, um wieder einen klaren Kopf zu bekommen, schlug mal diese, mal jene Richtung ein und wechselte die Straßenseite, wenn ihm jemand entgegenkam. Irgendwann fiel sein Blick auf ein Straßenschild: OLSHAUSENSTRASSE. Er befand sich in der Nähe des Universitätscampus. Er sah auf die Uhr. Mitternacht. Etwa um diese Zeit musste es passiert sein. Plötzlich hatte er ein Ziel vor Augen. Seine Dienststelle, die Kollegen, der Fall, das war seine Welt, das Einzige, was ihm Halt gab. Versuchte er, seiner peinlichen Flucht vor dem häuslichen Gefängnis im Nachhinein irgendeine Rechtfertigung zu geben? Er dachte nicht weiter darüber nach und lief die Straße entlang.

Aus dem Studentenwohnheim kam laute Musik. Kurz dahinter, auf der Fußgängerbrücke, die über die Stadtautobahn führte, herrschte wieder Ruhe, und endlich sah er das Hochhaus. Er folgte dem Weg, passierte die Sportanlagen und fragte sich, was er hier suchte, an einem Freitagabend gegen Mitternacht, allein. Zwischen zwei kleinen Seen, zweihundert Meter vom Biologiezentrum entfernt, blieb er minutenlang stehen und starrte den hoch aufragenden dunklen Betonkasten an. Wartete er auf eine Eingebung?

Im Augenwinkel nahm er eine Bewegung wahr und blickte nach links. Zuerst konnte er nichts erkennen, doch dann sah er es wieder. Ein Tier, hundegroß. Es trottete den Weg entlang, der auf ein modernes rundliches Gebäude neben dem Biologiezentrum zuführte. Ein Fuchs. Das Tier schien völlig arglos. Nur zwanzig Meter weiter inspizierte es einen Mülleimer.

„Ach, haha, der Fuchs. Da ist er ja wieder."

Becker fuhr herum. Wenige Meter entfernt stand ein alter Mann, in jeder Hand eine prall gefüllte Plastiktüte. Er hatte ihn nicht kommen hören.

„Mann, haben Sie mich erschreckt!", fuhr er ihn an.

„Entschuldigung. Ich dachte, Sie hätten mich gehört. Ich habe mich nur so gefreut. Der Fuchs und ich, wir sind quasi alte Bekannte, wissen Sie. Der Bursche treibt sich fast jeden Abend hier herum. Da ... jetzt wird es ihm zu bunt. Jetzt rennt er weg. Muss seinen Bau irgendwo dahinten haben, vielleicht im Botanischen Garten."

Jeden Abend? Langsam dämmerte Becker, was der Alte gesagt hatte. Schlagartig war er nüchtern. „Sie sind öfter hier, um diese Zeit?"

„Wenn ich nicht schlafen kann, ja. In meinem Alter ist das manchmal schwierig. Ich wohne dahinten." Der Mann machte eine vage Geste in die Richtung, aus der auch Becker gekommen war. „Und wenn ich keine Ruhe finde, gehe ich hierher. Dann laufe ich meine große Biege, und meistens schlafe ich danach wie ein Murmeltier."

Du wohnst nirgendwo, dachte Becker. Höchstens auf einem Matratzenlager, in Pappkartons. „Und unterwegs ..." Er zeigte auf die Tüten mit Pfandflaschen.

Der Mann sah ihn wachsam an. „Ich verdiene mir ein paar Cent dazu. Na und? Die Leute werfen sie weg." Er musterte ihn misstrauisch. „Und was machen Sie hier? Sind Sie vom Wachschutz?"

Becker zeigte ihm seinen Dienstausweis. „Kriminalpolizei."

Der Alte zuckte zusammen.

„Keine Angst. Sie können so viele Flaschen sammeln, wie Sie wollen. Das interessiert mich nicht. Ich will nur wissen, ob Sie in der Nacht zum Donnerstag auch hier waren."

„Ich weiß nicht. Vielleicht."

„Denken Sie nach! Haben Sie jemanden gesehen oder etwas gehört? Etwa um dieselbe Zeit."

„Was war denn los in dieser Nacht?"

„Nichts Besonderes. Nur ein Mordfall."

„Scheiße, verdammte." Der Alte wich zwei Schritte zurück. „Lasst mich bloß in Ruhe. Davon weiß ich nichts. Damit habe ich nichts zu tun."

„Das behauptet niemand. Also, ist Ihnen was Ungewöhnliches aufgefallen? Ich kann Sie auch mit aufs Revier nehmen, wenn Ihnen das lieber ist."

„Nein. Ich überleg ja schon." Zögernd streckte der Mann die rechte Hand mit der Plastiktüte aus und deutete auf das Biologiezentrum. „Da oben, in dem Hochhaus, brannte Licht, sehr hell, und ein Fenster stand offen."

Becker traute seinen Ohren kaum. Ein Zeuge, ausgerechnet heute hatte er einen Zeugen gefunden. „Und?", drängte er. „Weiter! Was noch?"

„Nichts weiter. Hat mich nur gewundert. Ist ja sonst nicht offen."

„Was haben Sie gemacht?"

„Was soll ich gemacht haben? Meine übliche Runde, sonst nichts." Er warf Becker einen ängstlichen Blick zu.

„Kommen Sie. Da ist doch noch was."

Der Alte trat von einem Fuß auf den anderen. „Da war ein Mann."

Becker riss die Augen auf. „Ein Mann? Was für ein Mann?"

„Er ist hier langgerannt, diesen Weg, Richtung Stadt. Ich stand dahinten." Er deutete auf den Schwarzen Weg, wo der Fuchs den Mülleimer untersucht hatte. „Er ist gerannt, als ob der Teufel hinter ihm her wäre. Ich dachte, jetzt joggen diese Spinner schon um Mitternacht. Und dann auch noch in Mantel und Anzug."

„Verdammt. Es gab also doch noch eine dritte Person", stellte Anne fest.

„Vorsicht! Der Mann muss nichts mit unserem Fall zu tun haben."

„Ich bitte dich, Sigmund. Er wurde in unmittelbarer Nähe des Zentrums gesehen, zur Tatzeit. Was willst du denn noch?"
„Beweise."
„Er rannte. Der war auf der Flucht. Normalerweise reicht das für eine Festnahme."
„Ich bin gespannt, wie du den ausfindig machen willst."
„Jetzt wissen wir wenigstens, wonach wir die Leute fragen müssen. Nach einem Mann im Anzug. Ich glaube kaum, dass da um diese Zeit noch mehr Menschen unterwegs waren. Wie sah er aus? Wie alt war er?"
Becker hatte dem Wortwechsel schweigend zugehört. Jetzt schüttelte er den Kopf. „Normal, das war alles, was ich herausbekommen konnte. Weder besonders groß noch klein, weder dick noch dünn."
„Hm, könnte dein Zeuge ihn identifizieren?", fragte Bock.
„Das glaube ich kaum. Es war dunkel, und der Mann war mindestens zwanzig, dreißig Meter entfernt." Becker zögerte einen Moment, bevor er es aussprach. „Dieser Mann im Anzug ... ich weiß nicht, wie es euch geht, aber ich musste sofort an Frank Moebus denken."
„Unmöglich. Pass auf, was du sagst." Annes Einwurf war schärfer ausgefallen als beabsichtigt. „Ich weiß, dass du ihn nicht ausstehen kannst, du hast es ja deutlich zum Ausdruck gebracht. Aber Moebus kommt als Tatbeteiligter nicht infrage. Nimm das bitte zur Kenntnis. Moebus war in Brüssel. Er hat am Mittwochvormittag in Hamburg für den Flug um 6.50 Uhr eingecheckt und ist Freitag früh zurückgeflogen. Wir haben das überprüft. In Brüssel hatte er einen Termin nach dem anderen, abends einen Vortrag im Audimax der Universität vor Hunderten von Leuten. Dirk hat Fotos davon im Internet gefunden. Du hast uns einen wertvollen Hinweis geliefert, Jens, aber halte dich bitte in Zukunft mit solchen Äußerungen zurück."
„Man wird ja wohl noch einen Gedanken äußern dürfen."
„Diesen nicht." Sie warf ihm einen scharfen Blick zu und drehte sich dann ostentativ zu Bock. „Ihr müsst eure Befragungen intensivieren. Such dir alle Kollegen zusammen, die verfügbar sind. Am Montag erwarte ich den Bericht der Gerichtsmediziner. Und für den Nachmittag ist wieder eine Pressekonferenz angesetzt. Bis dahin müssen wir Ergebnisse vorzuweisen haben, sonst reißen sie uns bald den Kopf ab."

PETER WAR SCHON AUF DEM WEG zurück nach Hamburg, während Bennie und Hermann es sich auf dem Sofa gemütlich gemacht hatten und an ihrem Bier nippten. Ihre Session hatte sich heute mühsam dahingeschleppt. Songs, die sie sonst mitgerissen und begeistert hatten, klangen heute uninspiriert.

Der Funke wollte einfach nicht überspringen. Frank hatte an allen Ecken und Enden gefehlt, das war die bittere Wahrheit. Zu viert waren sie besser.

„Meinst du, er kommt gar nicht mehr?", fragte Bennie nach einer Weile.

„Das weiß ich nicht. Ehrlich gesagt bin ich momentan nicht besonders gut auf ihn zu sprechen." Hermann erzählte von ihrem Gespräch.

„Mein Gott, sei nicht so mimosig, Hermann. Elisabeth und ich haben die Berichterstattung aufmerksam verfolgt. Bei Frank ist gerade eine verdammte Bombe hochgegangen, und die Sache nimmt ihn ziemlich mit. Davon muss er sich erst mal erholen. Ist doch klar, dass er in dieser Situation Wichtigeres zu tun hat, als mit uns hier herumzustümpern."

Bennie hatte ja recht. Frank war ein Gutteil seiner mühsam aufgebauten wissenschaftlichen Existenz um die Ohren geflogen, und er schmollte hier wegen eines Blickes, der seine Qualitäten als Gitarrist infrage gestellt hatte.

„Ehrlich, Hermann. Ich glaube, Frank geht's richtig dreckig. Elisabeth macht sich große Sorgen um ihn. Sie ist heute zu ihm gefahren."

„Sie ist bei Frank?"

„Hab ich das nicht erzählt?"

„Verstehen sich die beiden?"

Bennie sah ihn an. „Verstehen? Machst du Witze? Ich glaube, es gibt kein zweites Geschwisterpaar auf der Welt, das sich derart viel zu erzählen hat. Sie besuchen sich mindestens einmal in der Woche und telefonieren jeden Tag. Eli und ihr kleiner Bruder: Das ist schon speziell."

„Das wusste ich gar nicht", sagte Hermann verblüfft.

„Hast du dich nie gefragt, warum Frank ausgerechnet nach Kiel gegangen ist? Das ist ja nicht gerade der Mittelpunkt der Welt."

„Du meinst ..."

„Er hat es natürlich nie gesagt, aber ich glaube, es ist so. Eli hat mir bestätigt, dass sie darüber gesprochen haben, als es um die Entscheidung darüber ging, ob er den Ruf annimmt. Er wollte in ihrer Nähe sein."

„Das ist ja ein Ding. Darauf wäre ich nie gekommen."

„In Woods Hole, wo er zuletzt war, hätten sie ihn wohl mit Kusshand genommen, aber er hat abgesagt."

„Er hat *was*?" Hermann sah Bennie mit großen Augen an. „Ich dachte, er hatte da drüben so eine tolle Zeit. Ich würde da nicht lange überlegen. Eine bessere Adresse kann man sich als Meeresbiologe kaum wünschen."

„Ich glaube, es hatte auch mit einer unglücklichen Liebe zu tun."

Hermann hatte noch nie darüber nachgedacht, er hatte es einfach hingenommen, dass Frank nicht verheiratet war. Jahrelang war er von einer Universität zur nächsten gezogen, hatte immer wieder wochenlange Forschungsreisen unternommen und lebte für seine Arbeit. Er wäre nicht der Einzige, den dieses wissenschaftliche Globetrotterdasein davon abgehalten hätte, eine feste Partnerschaft aufzubauen.

„Eli hat die Frau kennengelernt, als sie ihn besucht hat, und erzählte, dass sie ihren Bruder noch nie so glücklich und entspannt erlebt habe. Die Frau hieß Judy, eine bildhübsche Afroamerikanerin. Eine Schauspielerin und Sängerin. Frank ist im Grunde seines Herzens eben doch ein Künstler."

„Und warum hat es mit den beiden nicht geklappt?"

„Weiß ich nicht. Mittlerweile ist sie mit einem anderen verheiratet, was ihn wohl schwer getroffen hat. Sie lebt in Boston." Bennie wirkte plötzlich ernst. „Manchmal bin ich regelrecht eifersüchtig, wenn ich Eli und Frank zusammen erlebe. Ich glaube, man nennt so ein Verhältnis symbiotisch, oder? Fragt sich nur, wer da von wem abhängig ist. Vermutlich ist der Vater schuld. Er muss ein schrecklicher Tyrann gewesen sein. Ich habe ihn nur zwei-, dreimal gesehen, Eli hat aber viel erzählt. Die beiden Kinder sind bei ihm aufgewachsen, die Mutter ist relativ früh gestorben. Da mussten sich die Kinder verbünden."

Sie saßen schweigend nebeneinander und tranken.

„Okay", sagte Bennie nach einer Weile und schlug sich mit den Händen auf die Oberschenkel. „Ich glaube, ich geh mal in die Küche und schieb ein paar Pizzen in den Ofen. Die Kinder haben sicher Hunger, und ich auch."

„BRUNO?!", brüllte Frank Moebus. Endlich hatte er ihn am Telefon. Tagelang hatte eine dichte Wolkendecke den Kontakt mit der *Polarstern* erschwert. „Mein Empfang ist schlecht. Kannst du mich verstehen?"

„Ja, um Gottes willen, schrei nicht so. Ich höre dich ausgezeichnet."

„Entschuldigung. Ich bin so froh, dass ich dich erreiche. Wo seid ihr jetzt?"

Dr. Bruno Wehrmann, der wissenschaftliche Leiter der *Polarstern*-Expedition, gab ihm die Koordinaten durch, die Frank sofort auf eine große Seekarte des Nordpolarmeeres übertrug, die vor ihm auf dem Tisch lag. Das Forschungsschiff war noch nicht so weit gekommen, wie er gehofft hatte.

„Hast du schon Nachricht von Pierre Resnais oder der Europäischen Wissenschaftsstiftung? Ich bekomme das Geld. Wir haben grünes Licht."

„Gratuliere. Nein, bisher ist noch nichts gekommen. Wir brauchen natürlich eine offizielle Bestätigung, aber noch haben wir ja Zeit. Erst müssen wir es überhaupt bis zum Gakkel-Rücken schaffen. Wir haben hier noch ein umfangreiches Programm zu absolvieren. Und das Wetter macht mir Sorgen. Die Prognose ist miserabel."

„Wann, glaubst du …"

„Frag mich nicht. Du kennst ja den Kapitän. Der lässt sich nicht drängen."
„Ich will ja nur eine grobe …"
„Frühestens in zehn Tagen. Aber nagel mich nicht darauf fest. Und fall mir nicht weiter auf den Wecker, hörst du."
Frank biss sich auf die Lippen. Zehn Tage, frühestens … Das war keine gute Nachricht. Er hatte mit höchstens einer Woche gerechnet. „Ich verspreche, dich nicht mehr zu löchern. Ich kann's nur kaum noch abwarten."
„Mach dir mal keine Sorgen. Wenn die Finanzierung geregelt ist, wirst du deine Proben schnell bekommen. Ich muss jetzt Schluss machen."
Nur wann, dachte Frank. Und was heißt schnell? „Okay, bis bald, Bruno", verabschiedete er sich. Dann trat er ans Fenster und sah auf den Campus hinunter. Aus dem Flur drangen Stimmen und das Klirren von Glas durch die geschlossene Tür.
In fünf Tagen, am Donnerstag kommender Woche, erschien die neue *Nature*-Ausgabe, und seit gestern wusste er, dass es darin auch um ihn gehen würde. Nach Monaten der Ruhe geschah plötzlich alles gleichzeitig. Noch hatte er nicht einmal ansatzweise verkraftet, was er in seinem Labor gesehen hatte, da drohte schon der nächste Schlag.
Aber er war zäh. Eine Antwort, an der sich die *Nature*-Autoren die Zähne ausbeißen würden, hatte er auch schon formuliert. Sie sollten nicht glauben, dass er einknicken würde. Noch hatte er Reserven. Es lief auf einen Wettlauf mit der Zeit hinaus, und darin war er ja geübt. Nur das Wetter über dem Nordpolarmeer bereitete ihm Kopfzerbrechen. Alles war auf die Probenausbeute der *Polarstern* ausgerichtet.

## 7

Regina Hilpert war eine zierliche Frau mit schulterlangem dunkelblonden Haar, das sie zu einem Pferdeschwanz zusammengebunden hatte. Als ein Arzt die beiden Kriminalbeamten in das Krankenzimmer führte, blieb sie mit auf dem Schoß gefalteten Händen auf einem Stuhl am Fenster sitzen und würdigte die Besucher kaum eines Blickes. Sie antwortete zwar bereitwillig auf alle Fragen, blickte aber starr geradeaus in den Garten, als würde sie nur mit sich selbst sprechen.
Ihre Familie schien ziemlich isoliert und in Kiel noch nicht richtig angekommen zu sein. Auf die Frage nach Freunden ihres Mannes waren ihr nach längerem Nachdenken nur zwei Namen eingefallen, Bekannte von Bekannten, mit denen Johannes Hilpert ab und zu Squash gespielt hatte. Mit Freund-

schaft habe das nicht viel zu tun gehabt, betonte sie. Seine alten Kumpel habe Johannes in Freiburg zurückgelassen. Seit sie in Kiel lebten, habe es für ihn nur die Wissenschaft und seine Familie gegeben. Er sei eben ein eher stiller und introvertierter Mensch gewesen. Ihr und ihrem Mann sei von Anfang an klar gewesen, dass es in Kiel nicht leicht werden würde. Johannes' Vertrag sei über zwei Jahre gegangen, mit einer Option für ein weiteres Jahr, das Ziel sei der Doktortitel gewesen. Kiel sei eine Durchgangsstation, mehr nicht. Doch wie schwer ihr das Leben als Hausfrau und Mutter in einer fremden Stadt fallen würde, habe sie nicht geahnt, immerhin sei sie studierte Biologin und gewohnt zu arbeiten. Das alles erzählte sie in teilnahmslosem Tonfall.

Erst als der Name Frank Moebus fiel, erwachte sie zum Leben. Sofort schienen ihre blauen Augen Funken zu sprühen. „Sie haben mit ihm gesprochen? Und ... was hat er gesagt?"

„Er hat keine Erklärung für das, was vorgefallen ist", antwortete Anne.

„Und natürlich glauben Sie ihm."

„Wir haben bislang keinen Grund, es nicht zu tun", erwiderte Sigmund Bock.

Regina Hilperts Augen wurden feucht. „Dieser Mann hat uns ins Unglück getrieben. Er ist ein egoistisches, machtversessenes Arschloch. Und sein bescheuerter Assistent war auf demselben Weg wie er."

„Sie meinen Moritz Barthelmess."

Sie nickte.

„Was heißt ‚ins Unglück getrieben'? Was hat er getan?"

„Was er getan hat?", rief sie empört. „Er hat Johannes unter Vortäuschung falscher Tatsachen nach Kiel gelockt. Er hat einen Dummen gesucht."

„Geht es etwas genauer? Von welchen falschen Tatsachen sprechen Sie?"

Die junge Frau wischte sich die Tränen aus dem Gesicht. „Er suchte einen RNA-Spezialisten, wenn Ihnen das etwas sagt, jemanden, der das Genom dieser verfluchten Zellen analysiert, die ihn berühmt gemacht haben. Für Johannes, für uns alle klang das nach einer unglaublichen Chance. Dass Moebus ausgerechnet ihn ausgewählt hat, erschien uns wie ein Wunder. Johannes war gut, das war nicht das Problem, aber er war nicht so der strahlende Siegertyp, wenn Sie verstehen, was ich meine. Wahrscheinlich konnte Moebus sich kaum retten vor Bewerbungen. Johannes musste diese Chance ergreifen, und wir, seine Familie, wollten bei ihm sein. Für mich bedeutete das, dass ich auf absehbare Zeit nur für die Kinder da sein würde, aber ich habe ihm zugeraten." Sie verbarg ihr Gesicht, drückte ein Taschentuch auf die Augen und krümmte sich zusammen.

„Und dann?", fragte Bock leise.

Sie presste die Augen zusammen und holte tief Luft. „Dann kam Johannes hier an, und das molekularbiologische Labor, in dem er arbeiten sollte, existierte gar nicht. Was es gab, waren zwei leere Räume und eine Menge Kisten mit Laborutensilien und den modernsten und teuersten Geräten, die man sich nur vorstellen konnte. Und ein paar Studenten, die darauf warteten, dass endlich jemand, der sich auskannte, mit dem Auspacken beginnen würde."

„Und was hat Professor Moebus dazu gesagt?"

„Es vergingen ein paar Tage. Moebus war damals viel unterwegs, und Johannes brauchte ein wenig Zeit, bis er sich überhaupt traute, ihn darauf anzusprechen. Sie müssen das verstehen, Johannes hatte gerade mal eine Masterarbeit geschrieben. Er war neu in der Arbeitsgruppe und unsicher. Und Moebus ist ein Gigant. Immer wieder kann man lesen, dass er als zukünftiger Nobelpreiskandidat gehandelt wird. Im Vorfeld war er überaus liebenswürdig gewesen, aber in dem Moment, als Johannes über seine Arbeit sprechen wollte, reagierte er ziemlich schroff. Johannes war geschockt. Angeblich fiel Moebus aus allen Wolken und verwies auf den Ausschreibungstext, in dem vom Aufbau eines molekularbiologischen Labors die Rede war. Was man daran missverstehen könne. Aber Johannes und ich hatten uns nicht vorstellen können, dass er am absoluten Nullpunkt beginnen sollte – schließlich war seine Zeit ja begrenzt, zwei, bestenfalls drei Jahre. Das ist doch kein Job für einen Doktoranden. Für den ist jeder einzelne Tag kostbar."

„Und wie ging es weiter?"

„Na ja, bis alles reibungslos funktionierte, vergingen Wochen. Johannes arbeitete wie ein Wahnsinniger, oft bis tief in die Nacht. Die Kinder sah er eigentlich nur noch am Wochenende. Er kam immer mit dicken Papierstapeln nach Hause, die er lesen wollte, und wurde von Woche zu Woche unruhiger. Manchmal hatte er Panikattacken, konnte nicht schlafen. Im Nu war ein Vierteljahr vergangen, und er hatte die Zellen, die er analysieren sollte, noch nicht einmal zu Gesicht bekommen."

„Und wie wirkte sich das alles auf sein Verhältnis zu Moebus und Barthelmess aus? Gab es Spannungen?"

„Und ob. Moebus machte Druck, ihm dauerte das alles zu lange. Sie sahen sich nur zwei-, dreimal in der Woche, und dann fragte er nach den Fortschritten und halste Johannes neue Aufgaben auf. Mir gegenüber tat Johannes so, als wäre das alles ganz normal, aber ich hatte das Gefühl, dass er vor seiner Familie davonlief, und begann, ihn zu kritisieren. Ich weiß, es war falsch, aber ich konnte nicht anders. Ich war selbst überlastet und nahe daran zu verzweifeln. Dafür begann ich Moebus zu hassen. Dass er ihn so ausnutzte und Johannes sich das klaglos gefallen ließ, ihn sogar noch verteidigte, machte mich wahnsinnig. Manchmal wollte ich ihn schütteln. Früher war Johannes immer der ruhende Pol in unserer Beziehung gewesen, hier hatte ich das Gefühl, er entwickelt sich zu einem einzigen Nervenbündel. Moebus hat unserer Familie den Vater genommen." Sie schluckte und sah einen Moment wieder aus dem Fenster. „Wenn wenigstens etwas dabei herausgekommen wäre, hätte ich das vielleicht noch hinnehmen können. Aber es schien gar nichts voranzugehen. Und die Uhr tickte unerbittlich. In anderthalb Jahren hätte er über seine Arbeit Rechenschaft ablegen müssen."

„Wo stand er denn zuletzt mit seiner Arbeit?", fragte Anne. „Sie sagten, nach drei Monaten hatte er die Moebus-Zellen noch nicht zu Gesicht bekommen. Hat sich das geändert? Womit hat er sich beschäftigt?"

Regina Hilpert zuckte die Achseln. „Ehrlich gesagt, so genau weiß ich das nicht. Ich habe seine Arbeit verflucht und nicht mehr danach gefragt. Ich glaube, er hat begonnen, verschiedene bakterielle RNAs zu synthetisieren. Ich bin mir nicht sicher, ob er mit den Zellen gearbeitet hat. Moebus tat immer sehr geheimnisvoll. Er hat diese Zellen gehütet wie seinen Augapfel. Ich weiß, dass Johannes sich darüber geärgert hat, dass er noch immer keinen Zugang zu den Bakterienkulturen hatte."

„Seine Kollegen haben uns erzählt, dass er sich in letzter Zeit stark zurückgezogen hatte", sagte Bock. „Gab es irgendeinen Vorfall, der die Situation zugespitzt hat? Vielleicht mit Dr. Barthelmess?"

„Ich weiß nicht, mir kam das wie ein kontinuierliches Bergab vor. Mit Moritz konnte Johannes von Anfang an nicht. Er kam einfach mit dessen großspuriger Art nicht klar, und ich konnte ihn gut verstehen, ich fand diesen Typen ekelhaft. Er hielt sich für unwiderstehlich. Meine Ablehnung muss ihn wohl irgendwie gereizt haben, denn bei einer Geburtstagsparty fing er plötzlich an, mich massiv anzumachen. Ich fand das so unangenehm, dass ich seitdem nie wieder zu gemeinsamen Aktivitäten der Arbeitsgruppe gegangen bin, wenn ich wusste, dass er dabei sein würde."

Bock und Anne sahen einander an. „Hat Ihr Mann davon gewusst?"

„Er war nicht dabei, niemand hat das mitbekommen, und ich habe es ihm nicht erzählt. So wichtig war es nun auch wieder nicht."

„Wie haben Sie ihm denn erklärt, dass Sie bei Feiern der Arbeitsgruppe lieber zu Hause geblieben sind?"

„So oft wird da nicht gefeiert, und meistens ergab sich das, weil eines der Kinder krank war oder weil ich mich nicht wohlgefühlt habe."

„Dr. Barthelmess und Ihr Mann hatten an jenem Abend offenbar eine heftige Auseinandersetzung. Könnte das der Grund gewesen sein?"

„Sie meinen, dass Johannes eifersüchtig war?" Jetzt zeigte sich auf ihrem

Gesicht ein zaghaftes Lächeln. „Nein, ausgeschlossen. Sie kannten Johannes nicht. Er war nicht der Typ, der sich um eine Frau prügelt."

„War Ihr Mann schon einmal in psychiatrischer Behandlung oder bei einem Therapeuten? Alles spricht dafür, dass er Selbstmord begangen hat."

Ihr Kopf fuhr herum, und sie starrte Bock hasserfüllt an. „Wie kommen Sie dazu, so etwas zu behaupten? Wir hätten das geschafft. Wir ..." Sie sackte schluchzend in sich zusammen.

Anne warf einen Blick auf die Uhr. Sie hatten die Witwe lange genug strapaziert. „Eine Frage noch, Frau Hilpert, dann lassen wir Sie in Ruhe. Wissen Sie, ob sich das Laborbuch Ihres Mannes in Ihrer Wohnung befindet?"

„Nein, sein Laborbuch habe ich nie gesehen."

„Dürfen wir im Schreibtisch Ihres Mannes danach suchen? Es wäre sehr wichtig für uns. Außerdem müssten wir uns den Rechner Ihres Mannes ansehen, am besten bei uns auf der Dienststelle. Natürlich bekommen Sie ihn zurück. Wir machen nur eine Kopie der Festplatte. Alles, was wir finden, wird absolut vertraulich behandelt."

Regina Hilpert nickte. „Ich sage meiner Mutter Bescheid, sie passt auf die Kinder auf. Ich weiß nicht, wie lange ich noch hierbleiben muss. Vielleicht kann ich am Mittwoch nach Hause."

Anne erhob sich. „Was werden Sie jetzt tun?", fragte sie.

„Ich weiß nicht. Wahrscheinlich werde ich nach Freiburg zurückgehen."

AUF DER NACHMITTÄGLICHEN SITZUNG der Sonderkommission stellte Anne die vorliegenden Untersuchungsgutachten vor. Die Obduktionsberichte und die von Experten des Landeskriminalamts durchgeführten DNA-Analysen ließen an Deutlichkeit kaum zu wünschen übrig.

Die Frage nach der Todesursache war in beiden Fällen eindeutig zu beantworten. Ein Sturz aus dem zwölften Stock eines Hochhauses ist mit nahezu hundertprozentiger Wahrscheinlichkeit tödlich. Und Moritz Barthelmess war an seinem enormen Blutverlust gestorben. Durch sein Körpergewicht hatte die scharfkantige Aquariumscheibe seine Halsschlagader zur Hälfte durchtrennt. Möglicherweise hatte er beim Aufprall das Bewusstsein verloren und war dann nach außen verblutet.

Beide waren nicht alkoholisiert gewesen. Im Blut von Johannes Hilpert war allerdings eine Substanz nachgewiesen worden: Trimipramin, ein Wirkstoff verschiedener rezeptpflichtiger Antidepressiva, die gegen Schlafstörungen und Ängste verschrieben werden. Offenbar hatte er das Medikament regelmäßig genommen. Trimipramin hat erhebliche Nebenwirkungen. Es sediert stark und kann das vegetative Nervensystem beeinträchtigen.

„Wusste Frau Hilpert, dass ihr Mann Psychopharmaka nimmt?", fragte die Staatsanwältin.

„Sie hat nichts dergleichen erwähnt", antwortete Anne. „Sie hat aber von Schlafstörungen und Panikattacken gesprochen. Sie wollte uns deutlich machen, wie schlecht es ihrem Mann ging, seit er bei Moebus war, und sie war dabei sehr offen. Warum hätte sie verschweigen sollen, dass er Tabletten nimmt? Nein, ich glaube nicht, dass sie es wusste."

„Es wäre also denkbar, dass er in noch schlechterer Verfassung war, als seine Frau dachte. Möglicherweise war er akut suizidgefährdet."

„Das glaube ich nicht." Die Soko-Chefin schüttelte den Kopf. „Frau Hilpert reagierte heftig, als das Wort Selbstmord fiel. Offenbar war sie in keiner Weise darauf vorbereitet. Sie sagte, ihr Mann sei früher ruhig und ausgeglichen gewesen. Früher, das heißt in diesem Fall vor nicht einmal einem Jahr. Warum hat sich seine Verfassung hier in Kiel so rapide verschlechtert?"

Jens Becker räusperte sich. Er sah heute aus wie aus dem Ei gepellt, trug einen Anzug und ein blütenweißes Hemd und wirkte ausgeschlafen wie lange nicht. Anne war sofort aufgefallen, dass er sich große Mühe gab, den verheerenden Eindruck vom Sonnabend vergessen zu machen.

„Ein Auslöser fehlt", sagte Becker, „eine Zuspitzung, eine Situation, die ihm keinen Ausweg ließ. Vielleicht hat Barthelmess ihn provoziert, zum Beispiel indem er eine abfällige Bemerkung über Hilperts Frau fallen ließ. Sie waren müde und gereizt. Die Sache eskalierte. Sie prügeln sich, Hilpert rastet aus, entwickelt ungeahnte Kräfte und schleudert Barthelmess durch den Raum, sodass der in diesem zerberstenden Aquarium stecken bleibt. Er erkennt, was er getan hat, sieht das viele Blut und ahnt, dass Barthelmess sterben wird. Vielleicht hat er sogar noch versucht, ihm zu helfen. Und dann steht er allein inmitten der Trümmer und begreift, dass er auf allen Ebenen versagt hat, als Vater, als Wissenschaftler und als Mensch. Er schämt sich, ist verzweifelt. Sein Blick fällt auf den Schalter, der die Rollos nach oben befördert, und plötzlich weiß er, wie er alldem entkommt."

„Ja", stimmte Anne nach einem Moment des Schweigens zu. „So könnte es gewesen sein. Wir werden es möglicherweise nie erfahren."

Die beiden Toten wiesen jede Menge Hämatome im Gesicht, auf den Armen und am Oberkörper auf, Kratzer am Hals und auf den Wangen, die typischen Hinterlassenschaften einer Schlägerei. Nach den Analysen des LKA-Labors hatten beide Blut und Hautpartikel des jeweils anderen an der Kleidung und unter den Fingernägeln.

„Was ist mit dem Zeugen, den Jens aufgetan hat?", fragte Hollinger.

„Wenn er am Tatort war, hat er keinerlei Spuren hinterlassen", antwortete

Anne. „Sammy konnte die letzten bisher nicht identifizierten Fingerabdrücke Professor Moebus und einem gewissen Daniel Kambacher zuordnen."

Hollinger nickte. „Das ergibt Sinn. Kambacher arbeitet im Haus. Wir haben schon am Donnerstag mit ihm gesprochen. Er war mit Hilpert befreundet und hat ausgesagt, dass er den Kulturenraum mehrmals betreten habe."

„Seine Frau hat diesen Namen nicht erwähnt, als wir sie nach den Freunden ihres Mannes gefragt haben", brummte Sigmund Bock.

„Vielleicht doch nur eine Institutsbekanntschaft", meinte Hollinger. „Was wissen wir eigentlich über den Todeszeitpunkt?"

„Wahrscheinlich nur wenige Minuten bevor Pauli eintraf. Eine dritte Person hätte ihm eigentlich direkt in die Arme laufen müssen, es sei denn, dass sie sich schon früher entfernt hätte." Anne überlegte. „Was ist mit den Familien der Toten, Eltern, Geschwistern?"

Ein junger Beamter meldete sich zu Wort. „Mit den Familien haben die Kollegen vor Ort gesprochen. Da herrscht großes Entsetzen und Ratlosigkeit. Weder die Eltern noch die Schwester von Moritz Barthelmess haben je von einem Johannes Hilpert gehört, und umgekehrt war es genauso. In Hilperts Familie wusste man, dass es hier in Kiel für Johannes nicht richtig rundlief, dass er viel arbeiten musste, aber das war auch alles."

„Verdammt noch mal." Die Kommissarin schlug mit der Hand auf den Tisch. „Irgendjemandem muss der Mann sich doch anvertraut haben."

„Der hat offenbar alles in sich hineingefressen", brummte Arnie Schwarzenau. Er berichtete von zwei sportbegeisterten Kollegen von Barthelmess, die wie er Assistenten im Biologiezentrum waren. Die drei haben ab und zu gemeinsam gejoggt und gingen zu Europapokalspielen des THW Kiel. „Ich habe keine Ahnung, ob das typisch für Wissenschaftler ist, aber einen großen Freundeskreis hatte Barthelmess nicht. Wir versuchen jetzt herauszubekommen, wer auf den vielen Fotos zu sehen ist, die wir in seiner Wohnung gefunden haben. Hansen und ich wollten uns im Anschluss zusammensetzen, um das mit den privaten E-Mails abzugleichen. Vielleicht kommen wir auf diese Weise weiter. Eine Frau ist ziemlich häufig zu sehen."

Anne fluchte leise. Wahrscheinlich führte auch das nur in eine Sackgasse. Es war zum Verzweifeln. Selten hatte sie in einem Fall ermittelt, bei dem sie derart auf der Stelle traten. Jens hatte wahrscheinlich recht: Es war um Nichtigkeiten gegangen. Ein Wort hatte das andere ergeben, eine Beleidigung war auf die nächste gefolgt. Ein anfangs harmloser privater Streit hatte sich hochgeschaukelt. Alles in ihr sträubte sich gegen diese Schlussfolgerung, doch trotz intensiver Ermittlungen hatten sie nichts finden können, was gegen diesen Ablauf sprach. Wieder rief sie sich den Gedanken in Erinnerung, der ganz am Anfang ihrer Ermittlungen gestanden hatte. Sie war sich so sicher gewesen, hier auf andere als die üblichen Hintergründe zu stoßen. Aber welche?

Sie zuckte zusammen, als eine tiefe Stimme zu hören war. Sie gehörte zu Kriminaldirektor Hans-Joachim Grube, dem weißhaarigen Leiter der Bezirkskriminalinspektion Kiel, ihrem Chef. „Gibt es noch weitere Wortmeldungen?", fragte er und blickte in die Runde. „Nicht? Dann schlage ich vor, Sie gehen jetzt alle wieder an Ihre Arbeit. Die Staatsanwältin, Frau Detlefsen und ich werden beratschlagen, wie wir weitermachen, und uns eine Strategie für die Pressekonferenz zurechtlegen."

EINE HALBE STUNDE SPÄTER war die Soko Olymp nur noch Geschichte. Das Kommissariat 1 sollte weiter versuchen, die Hintergründe des Falles aufzuklären. Alle anderen Beamten aber würden an ihre Arbeitsplätze zurückkehren, auch Dirk Hansen. Anne protestierte vergeblich. Man brauche dringend jemanden, der über außergewöhnliche Computerkenntnisse verfüge, argumentierte sie, aber Grube blieb hart.

Auf der anstehenden Pressekonferenz wollte man weitgehend der Darstellung von Jens Becker folgen, auch wenn Anne eindringlich darauf hinwies, dass für sie dieser Fall noch nicht abgeschlossen war.

Es war überdeutlich, dass Polizeileitung und Staatsanwaltschaft die Sache vom Tisch haben wollten, auch wenn Fragen offenblieben. Die könne man in Ruhe bearbeiten, wenn die Öffentlichkeit das Interesse verloren habe, stellte Grube fest. Die Akte Barthelmess/Hilpert war so gut wie geschlossen.

SEIT IHRE KINDER aus dem Haus waren und studierten, lebte Anne allein in ihrer Dreizimmer-Altbauwohnung. Normalerweise genoss sie diesen Zustand. Sie empfand ihn als einen Luxus, den sie sich nach vielen anstrengenden Jahren als berufstätige, alleinerziehende Mutter verdient hatte, und es kam so gut wie nie vor, dass sie sich zu Hause einsam und deprimiert fühlte. Doch an diesem Abend lag sie auf dem Sofa in ihrem Wohnzimmer, hatte ein Glas Rotwein neben sich auf dem Boden stehen und sehnte sich nach männlicher Gesellschaft, nach jemandem, der sie in die Arme nahm.

Seit der Trennung vom Vater ihrer Kinder hatte sie zwei, drei Affären gehabt, die im besten Fall anderthalb Jahre gehalten hatten. Entweder hatten die Kinder nicht mitgespielt, oder ihre beruflichen Belastungen hatten zu unüberbrückbaren Differenzen geführt. Den letzten Versuch hatte sie kurz vor ihrem fünfzigsten Geburtstag abgebrochen. Damit war das Thema für sie erledigt gewesen, und sie hatte kaum etwas vermisst. Nur manchmal, an Tagen wie heute, sehnte sie sich nach einem Arm, der sie hielt.

Seltsamerweise fiel ihr Hermann Pauli ein, aber natürlich kam auch der nicht infrage, nicht während laufender Ermittlungen, obwohl er ihr vom ersten Moment an gefallen hatte. Offenbar war sie die Einzige in der Inspektion, für die dieser Fall noch nicht beendet war. Fühlte sie sich so allein, weil ihr der Rückhalt im eigenen Team fehlte? Grube schätzte sie sehr, das wusste sie. Umso gravierender war die unverhohlene Kritik, die er heute geäußert hatte, die Art, wie er die Initiative an sich gerissen und die Sitzung beendet hatte. Sie wurde das unangenehme Gefühl nicht los, von ihrem Chef vor versammelter Mannschaft vorgeführt worden zu sein.

Sie griff nach dem Block, der neben dem Sofa auf dem Boden lag. Darauf hatte sie alles aufgelistet, was ihr zu dem Fall durch den Kopf gegangen war, und in der Mitte des Blattes standen drei Worte, die sie umkringelt hatte: *Mann im Anzug*.

## 8

„Darf ich einen Moment um Ruhe bitten." Herbert Wiesheu war auf einen Stuhl gestiegen und blickte lächelnd auf die Köpfe der Menschen herab, die sich in dem Labor versammelt hatten. Das Stimmengewirr von mehr als dreißig Personen füllte den Raum. Fast alle hatten Sektgläser in der Hand. Die beiden Labortische, die sonst in der Raummitte standen, waren vor die beiden großen Fenster gerückt und in Büfetttische verwandelt worden. Es gab verschiedene Kuchen, Schüsseln mit Salaten und Knabberzeug und zwei große Platten mit belegten Brötchen. Charlotte hatte sich selbst übertroffen.

Schon am Montag war Hermann von seiner kollektiv grinsenden Arbeitsgruppe verboten worden, sich um irgendetwas zu kümmern, was mit dieser Feier zusammenhing. Jetzt wusste er, warum. Das Ausmaß dieses „kleinen Umtrunks" war für ihn eine überwältigende Überraschung.

Endlich herrschte Ruhe im Raum. „Liebe Kollegen, liebe Mitarbeiter, liebe Studenten", hob Wiesheu an. „Und vor allem: mein lieber Hermann. Wo ist er? Ah, dahinten. Komm her. Ach", er machte eine wegwerfende Handbewegung, „ich steige doch lieber runter."

Hermann, der sich in einer Zimmerecke mit Marion, Daniel und Charlotte unterhalten hatte, schlängelte sich durch die Reihen seiner Geburtstagsgäste, bis er Wiesheu erreicht hatte, der mittlerweile von seinem Stuhl geklettert war. Auf Hermanns rechtem Arm saß Emil.

„Ah, ich sehe, du hast uns noch Biologennachwuchs mitgebracht. Reizend. Sehr schön. Also, noch einmal: mein lieber Hermann." Wiesheu räusperte sich. „Dieses Haus macht gerade schwere Zeiten durch. Da kommt es natürlich sehr gelegen, dass wir uns heute zu einem überaus erfreulichen Anlass zusammenfinden. Ich weiß aus eigener leidvoller Erfahrung, dass man das mit dem erfreulichen Anlass als Betroffener möglicherweise anders sieht. Sechzig Jahre alt zu werden ist schließlich kein Pappenstiel, das muss man erst einmal verkraften. Aber es ist dein großer Ehrentag, Hermann, und den wollen wir feiern. Ich kann kaum glauben, wie schnell die Zeit vergangen ist – wir beide haben hier ja fast zur selben Zeit angefangen. Ich sehe uns noch als frischgebackene junge Professoren durchs Nordseewatt stiefeln, um Material für die zoologischen Praktika zu sammeln. Ich kann nur sagen, und ich denke, das gilt für alle Kollegen hier im Haus, es war ein Vergnügen, ja eine Ehre, mit dir über so viele Jahre zusammenarbeiten zu dürfen. Wir haben dich als hervorragenden Wissenschaftler und akademischen Lehrer kennengelernt." Er wandte sich Hermann zu und ergriff seine Hand. „Im Namen des Direktoriums und aller Kollegen gratuliere ich dir von Herzen."

Stürmischer Beifall.

Jetzt war es wohl an Hermann, etwas zu sagen. „Vielen Dank, lieber Herbert, vielen Dank euch allen. Ich bin überwältigt. Übrigens, nicht dass ihr denkt, ich würde auf meine alten Tage noch einmal Vaterfreuden genießen." Er sah den Kleinen an und lächelte. „Das ist Emil, mein Enkel. Er ist stolze zwei Jahre alt. Seine Mutter steht dahinten. Marion, zeig dich mal."

Seine Tochter hob schüchtern die Hand. Ihr Gesicht glühte.

„Ich freue mich sehr, dass Sie, dass ihr alle gekommen seid", fuhr Hermann fort. „Was soll ich noch sagen? Dass es hier so aussieht, dass es nicht nur Erdnussflips gibt und ihr nicht nur ein Glas Sekt in die Hand gedrückt bekommt, ist ausschließlich Charlotte Reising, Daniel Kambacher und den anderen Mitgliedern meiner Arbeitsgruppe zu verdanken. Vielen Dank, ihr seid großartig. Ich will keine lange Rede halten. Das Büfett ist eröffnet."

Er setzte Emil auf dem Boden ab, gab ihm einen sanften Klaps auf den Hintern und verfolgte, wie sein Enkel schnurstracks den Schokoladenkuchen ansteuerte. Von links näherten sich mehrere Kollegen, die ihm offenbar persönlich gratulieren wollten. Sogar Assmann, der Dekan, war gekommen. Hermann richtete sich auf und sah ihnen lächelnd entgegen. Es war nicht so, dass er gezielt nach ihm Ausschau gehalten hätte, aber er registrierte sehr wohl, dass Frank Moebus sich nicht unter den Gratulanten befand.

Als Frank Moebus mit einem würfelförmigen Päckchen und einer Tafel Schokolade in der Hand schließlich doch noch erschien, hatte sich der Raum schon zur Hälfte geleert.

Hermann war bislang kaum dazu gekommen, etwas zu essen. Er hatte Glückwünsche entgegengenommen, ein Geschenk nach dem anderen auf den Tisch gelegt, mit einem guten Dutzend Kollegen und Mitarbeitern geplaudert und sich über Emil amüsiert, der offenbar einen grandiosen Vormittag erlebte. Wieder und wieder war sein Lachen zu hören, weil sich immer einer der vielen Erwachsenen fand, der den blond gelockten kleinen Jungen mit dem schokoladenverschmierten Gesicht bespaßte.

Seine Mutter hatte sich seit einer Stunde nicht aus ihrer Laborecke herausbewegt und schien sich glänzend mit Daniel zu unterhalten. Dabei hatten ihre Augen mit der Zeit ein derart verräterisches Brigitte-Strahlen angenommen, dass Hermann ihr hin und wieder einen unsicheren Blick zuwarf, weil er nicht wusste, was er von dieser intensiven Kontaktaufnahme halten sollte.

Als er endlich die Zeit fand, einige Salatreste auf einen gebrauchten Pappteller zu löffeln, sah er Frank in der Tür stehen. Er war selbst überrascht, wie sehr er sich darüber freute. Sie hatten sich seit Freitag letzter Woche nicht mehr gesehen. „Frank", begrüßte er ihn. „Wie schön."

„Es tut mir leid, früher ging es nicht."

„Das Essen ist wohl schon fast alle. Aber Kuchen gibt es noch."

Frank schüttelte den Kopf. „Danke."

„Aber ein Glas Prosecco muss sein." Hermann suchte einen Platz für seinen Teller und schenkte seinem Gast und sich selbst ein. Sie stießen an.

„Herzlichen Glückwunsch." Frank überreichte ihm die Schokolade und das Päckchen. „Ich weiß, im Grunde bist du ein Rocker, aber diesen Klassiker muss man einfach lieben."

Hermann stellte sein Glas ab und riss das Geschenkpapier auf. „Ah, wunderbar. Eine Miles-Davis-Box."

„In meinen Augen *die* Miles-Davis-Sammlung. Vielleicht ist auch das ein oder andere Stück für die Hookers dabei."

Hermann sah ihn an. „Heißt das, dass du bald wieder zu uns stößt?"

„Natürlich." Franks Gesicht wurde ernst. „Hör mal. Neulich ... ich war vielleicht ein wenig schroff. Tut mir leid. Nimm's bitte nicht so ernst. Das Ganze ist ein schrecklicher Albtraum, da sagt man schon mal Sachen ..."

„Geschenkt, Frank. Wirklich. Mach dir keine Gedanken."

„Ich möchte nicht, dass auch noch unsere Freundschaft darunter leidet."

Hatte er *Freundschaft* gesagt? „Schon vergessen. Wir würden uns sehr freuen, wenn du bald wieder mitmachst. Wir haben dich vermisst."

Franks Miene hellte sich auf. Er trank einen Schluck aus seinem Glas. „Du musst mal nach oben kommen. Der Raum sieht wieder aus wie neu."

„Das ging aber schnell. Für die Polizei scheint die Sache beendet zu sein."

„Fast. Diese Kommissarin hat mich angerufen. Die Ermittlungen laufen auf kleinerer Flamme weiter. Um die Hintergründe aufzuklären." Frank wandte sich lächelnd nach links. „Nanu, wen haben wir denn da?"

Marion war mit Emil auf dem Arm näher gekommen. „Entschuldige, ich will nicht stören. Ich glaube, wir sollten uns auf den Heimweg machen. Emil muss ins Bett, und ich erledige dann den Einkauf für das Abendessen." Sie musterte Frank interessiert. Ihr Gesicht war erhitzt, die Wangen gerötet.

Hermann fragte sich, ob das am Prosecco lag oder an ihrer langen Unterhaltung mit Daniel. „Darf ich vorstellen", sagte er. „Meine Tochter Marion. Das ist mein Kollege Frank Moebus."

„Ich habe schon viel von Ihnen gehört."

Frank lächelte. „Sehr erfreut."

NUR WENIGE KILOMETER ENTFERNT saß Anne allein in ihrem Büro in der Blume am Schreibtisch und betrachtete eine Auswahl der Fotos, die Arnie Schwarzenau in der Wohnung von Moritz Barthelmess sichergestellt hatte. Sie nahm eines nach dem anderen von einem dicken Stapel und legte es dann auf einem zweiten wieder ab: Aufnahmen von verschiedenen Marathonläufen, Berlin, Hamburg, London, New York, junge Frauen und Männer in Badekleidung, die an irgendwelchen Urlaubsstränden in die Kamera lächelten, Familienfotos. Jedem, der die Erste Kriminalhauptkommissarin gut kannte, wäre sofort aufgefallen, wie unkonzentriert sie zu Werke ging. Tatsächlich war das Ganze eine Art Beschäftigungstherapie, um sich von neuen Misserfolgen abzulenken. Das Laborbuch von Johannes Hilpert war nirgends zu finden, es galt als verschollen. Und erst vor wenigen Minuten hatte ihr ein sichtlich entnervter Bertram Hollinger über seine vergebliche Suche nach dem Mann im Anzug Bericht erstattet.

Zweieinhalb Tage lang hatten Hollinger und zwei Mitarbeiter des K1 systematisch jedes Büro in den Universitätsgebäuden an der Leibnizstraße aufgesucht, doch keiner der dort Befragten hatte angegeben, vor einer Woche zu nachtschlafender Zeit über den Campus gerannt zu sein.

Anne warf das Foto, das sie in der Hand hielt, achtlos auf den Schreibtisch und schüttelte stumm den Kopf. Sie trat hoffnungslos auf der Stelle. Mit ihrem Beharren auf weiteren Ermittlungen stand sie allein auf weiter Flur, selbst ihre Kollegen im K1 zeigten sich zunehmend irritiert, auch wenn niemand etwas sagte. Der Fall wurde immer verworrener, und sie hatte nicht die geringste Idee, an welcher Stelle sie ansetzen, was sie noch überprüfen könnten. Das Laborbuch von Hilpert war unversehens zu einem wichtigen Beweisstück mutiert, doch wo sollten sie danach suchen? Hatte es jemand vernichtet oder beiseitegeschafft?

In dieser Woche, die einen Tiefpunkt ihrer bislang makellosen Karriere markierte, hatte sie viel nachgedacht und war zu einem Ergebnis gekommen, das sie niemandem zu erläutern wagte: Frank Moebus war die Schlüsselfigur in diesem Spiel, das fehlende Teil des Puzzles. Doch wie sie dieses Teil auch drehte und wendete, es passte einfach nicht ins Bild.

Am liebsten hätte sie die gesamte Arbeitsgruppe samt ihrem Chef verhaftet und nächtelang verhört, bis endlich einer die Nerven verlieren und auspacken würde. Vielleicht wäre das die Sekretärin; die gute Seele der Gruppe, hatte Hollinger sie genannt, mit der wollte sie ohnehin noch einmal sprechen. In diesem Moment beschloss sie, dass dies außerhalb deren vertrauter Umgebung stattfinden sollte, nicht im Biologiezentrum, sondern hier in ihrem kahlen Vernehmungszimmer.

Anne seufzte, nahm einen kleinen Stapel Fotos in die Hand, den Arnie und seine Leute mit einer Büroklammer zusammengeheftet hatten, und legte die Aufnahmen nebeneinander auf den Schreibtisch. Auf allen Bildern war dieselbe auffallend hübsche junge Frau Anfang zwanzig zu sehen.

Drei Aufnahmen waren interessant. Auf einem Bild war sie zusammen mit Moritz Barthelmess zu sehen. Sie saßen nebeneinander auf einer Parkbank. Die junge Frau hatte ihren Arm um Barthelmess gelegt und zog ihn offenbar an sich. Kein Zweifel, die beiden waren gut miteinander bekannt.

Auf einem zweiten Bild sah man die Frau beim Beachvolleyball an einem breiten Sandstrand. Sie sprang mit nach oben gestreckten Armen am Netz hoch, um einen Angriffsball abzublocken. Anne zog eine Schublade ihres Schreibtisches auf und nahm eine Lupe, um sich das Bild genauer anzusehen. Ja, kein Zweifel, sie kannte diesen Strand. Er lag nur ein paar Kilometer entfernt, auf der anderen Seite der Förde, im Hintergrund war das Marine-Ehrenmal in Laboe zu erkennen.

Das dritte Bild war in einem Sportstadion aufgenommen worden. Man konnte eine Anzeigentafel erkennen und am rechten Bildrand eine Kugelstoßanlage. Die junge Frau war eine von vieren, die knappe Tops mit Startnummern trugen, darunter sah man ihre nackten muskulösen Bäuche. Sie schienen noch außer Atem zu sein, hatten sich die Arme um die Schultern gelegt und blickten lachend in die Kamera. Ein Staffelteam?

Anne griff zum Telefon. „Die Frau ist Leichtathletin", sagte sie, als Arnie Schwarzenau abgehoben hatte. „Möglicherweise hier in Kiel. Auf einem Bild ist sie am Laboer Strand zu sehen."

„Ja, das heißt aber nicht, dass sie in Kiel lebt. Es soll Leute geben, die bei uns an der Ostsee ihren Urlaub verbringen."

„Ich möchte trotzdem, dass ihr die hiesigen Sportvereine abklappert. Findet heraus, wo es größere Leichtathletik-Abteilungen gibt. Die Mädels sehen mir nicht nach Freizeitsportlerinnen aus."

„Wird erledigt", erwiderte Schwarzenau und legte auf.

Kaum hatte sie sich wieder den Fotos zugewandt, rief Dirk Hansen an.

„Ah, Dirk, ich wollte Sie auch sprechen. Was hat die Untersuchung von Hilperts Computer ergeben? Können Sie schon etwas sagen?"

„Deshalb rufe ich an. Ich habe ein paar Hundert private E-Mails durchgesehen und ... tja, Fehlanzeige. Manchmal beschwert er sich über das hiesige Wetter und klagt, dass er so viel arbeiten muss und seine Kinder kaum noch sieht, das ist alles. Nichts über Auseinandersetzungen mit Barthelmess oder Moebus, nichts über Probleme in der Familie. Im Gegenteil, er schreibt über Ausflüge mit seiner Frau und den Kindern, über ein gemeinsames Wochenende auf Sylt oder eine Hafenrundfahrt in Hamburg. Da war übrigens noch jemand dabei, ein Freund namens Daniel. Muss ein Kollege sein. In einer Mail an seine Eltern schreibt Hilpert, Daniel arbeite eigentlich über Tintenfische, kenne sich aber auch bestens im Nordseewatt aus. Er habe mit den Kindern Muscheln und Würmer ausgegraben. Ich musste an diesen Institutsfreund denken, von dem Hollinger neulich gesprochen hat, der, dessen Fingerabdrücke wir gefunden haben. Seinen Namen habe ich vergessen."

„Er arbeitet im Biologiezentrum, ja, Tintenfische sind doch aber eigentlich Paulis ... Moment ..." Sie suchte in einem der dicken Aktenstapel, die auf ihrem Schreibtisch lagen, bis sie eine Liste der Institutsmitarbeiter gefunden hatte. „Hier. Kambacher, Daniel. Tatsächlich. Kambacher ist der Assistent von Hermann Pauli. Das scheint dann aber doch mehr als eine Institutsbekanntschaft gewesen zu sein. Ich werde mir mal Bertrams Protokoll raussuchen. Und was schreibt Hilpert über seine Arbeit?"

„Die kommt nur am Rande vor, die Adressaten sind ja keine Kollegen. Mit denen hat er über seinen Uni-Rechner kommuniziert. Für mich ist das praktisch unlesbar, weil die Inhalte so speziell sind. In den privaten Mails heißt es nur: ‚Komme langsamer voran als gedacht, aber es wird schon werden.' Wenn man das liest, fragt man sich wirklich, warum der Mann sich umgebracht hat. Es gibt nicht den geringsten Anhaltspunkt."

„Mist!", rief Anne. „War sonst noch was?"

„Ich werde noch die anderen Dateien durchsehen."

„Aber sehen Sie zu, dass der Chef nichts davon merkt."

„Keine Sorge. Der lässt sich so gut wie nie hier blicken." Hansen legte auf.

Anne überlegte einen Moment, dann suchte sie sich das Vernehmungsprotokoll von Daniel Kambacher heraus. Er war offenbar nicht nur ein Freund von Johannes Hilpert gewesen, sondern von der ganzen Familie. Sie rief Regina Hilpert an. „Detlefsen, Kriminalpolizei."

„Was wollen Sie noch? Ich denke, die Ermittlungen wurden eingestellt."

Die Feindseligkeit, die Anne aus diesen Worten entgegenschlug, kam völlig unerwartet. Sie verlor kurz den Faden. „Ich, äh ... die Sonderkommission wurde aufgelöst, das stimmt. Aber die Ermittlungen laufen weiter. Es gibt noch ungeklärte Fragen."

„Was denn für Fragen? Dieselben, die diese Reporter stellen, die hier anrufen? Mein Mann hat Moritz umgebracht und sich dann aus dem Fenster gestürzt. So stand es in der Zeitung, und so hört es mein Sohn im Kindergarten, jeden Tag. Wenn ich ihn abhole, ist er jedes Mal in Tränen aufgelöst."

Anne presste die Lippen aufeinander. „Es ... es tut mir aufrichtig leid, das zu hören. Wir können die Berichterstattung der Presse leider nicht beeinflussen. Der Polizeidirektor hat es mit Sicherheit nicht so formuliert. Was an diesem Abend geschehen ist, wissen wir nicht. Genau darum geht es."

„Kommen Sie bitte zur Sache. Ich habe wenig Zeit."

„Sagt Ihnen der Name Daniel Kambacher etwas?"

„Natürlich, Daniel ist ein Kollege meines Mannes."

„Und offenbar mehr als ein guter Bekannter. Das konnten wir jedenfalls den Mails Ihres Mannes entnehmen. Warum haben Sie ihn nicht erwähnt?"

„Ich ... wir haben ihn schon länger nicht mehr gesehen, die Kinder und ich. Leider. Ich mochte ihn. Johannes und er haben sich irgendwie überworfen, schon vor einiger Zeit. Seitdem gab es keinen Kontakt mehr. Vielleicht habe ich deswegen nicht an ihn gedacht."

„Und warum haben sich die beiden überworfen?"

„Keine Ahnung. Er hat es mir nicht erzählt."

„Wann war dieser Streit?"

„Vor zwei Monaten ungefähr, es kann aber auch länger her sein."

„Ich danke Ihnen, Frau Hilpert. Ich halte Sie auf dem Laufenden."

Anne atmete tief durch. Dann nahm sie sich das Vernehmungsprotokoll vor. Es deckte sich weitgehend mit dem, was sie eben gehört hatte. Auch Kambacher hatte von einem Streit gesprochen, ohne einen Grund anzugeben. Sie machte sich eine Notiz.

Das Essen war auf 19 Uhr angesetzt, damit auch Emil noch daran teilhaben konnte, als es aber endlich so weit war und die Gäste sich an den großen Tisch setzten, war es bereits kurz nach acht.

„Ahhh!" Der Ausruf drang aus vier Kehlen gleichzeitig. Hermann war, mit einer Küchenschürze bekleidet und dem Bräter in den Händen, in der Tür erschienen. Er stellte ihn auf den gedeckten Tisch und lüftete den Deckel.

Bennie beugte sich nach vorn und sog den Duft ein. „Hm, da läuft einem ja das Wasser im Mund zusammen. Ich tippe auf Ossobuco."

„Genau", bestätigte Hermann. „Dazu Karottenrisotto. Elisabeth, du zuerst. Ich glaube, du bist noch nie bei mir zum Essen gewesen, oder? Eine Schande eigentlich. Marion, übernimmst du den Wein?"

Bennies attraktive Frau lächelte und reichte ihm ihren Teller. „Gern."

Hermann hatte Elisabeth oft genug gesehen, ohne dass ihm je eine besondere Ähnlichkeit mit Frank Moebus aufgefallen wäre. Heute sprang sie ihm ins Auge. Dieselbe Haarfarbe, dieselben dunklen Augen. Doch die Arroganz, die sich bei ihrem Bruder mitunter störend bemerkbar machte, ging ihr vollkommen ab. Hermann hatte sich vorhin noch gefragt, ob sie Frank von diesem Essen erzählt haben könnte. Ihre liebenswürdige Art hatte seine Bedenken jedoch rasch zerstreut. Falls sie sich darüber gewundert hatte, dass ihr Bruder nicht eingeladen war, ließ sie es sich nicht anmerken.

„Ich wünsche guten Appetit", sagte Hermann, als alle Teller gefüllt waren.

Marion hob Emil, der auf dem Boden mit seinem Feuerwehrauto gespielt hatte und schon ziemlich müde wirkte, auf ihren Schoß. Es wurde angestoßen, und die Gäste griffen nach ihrem Besteck.

„Na, schläft er?", fragte Hermann eine Stunde später, als Marion aus dem Gästezimmer zurückkehrte.

„Tief und fest. Er war todmüde. Ich mach uns mal einen Espresso."

„Für unseren Jubilar bitte mindestens einen doppelten!", rief Bennie. „Er hat schon zwei Mal gegähnt."

Hermann lachte. „Ja, Entschuldigung. War ein anstrengender Tag. Ich hätte nie gedacht, dass so viele Leute kommen. Einen Teil der Geschenke musste ich im Büro lassen, weil ich sie gar nicht alle transportieren konnte." Er stand auf und ging zu seiner Stereoanlage. „Hört mal! Das hier hat mir Frank geschenkt. Ein Muss, hat er gesagt, auch für alte Rocker wie uns." Er legte eine CD ein und drückte auf die Play-Taste. Ein Bläser-Thema ertönte, von Bass und Schlagzeug mit einem schnellen Swing-Rhythmus unterlegt.

„Immer diese Versuche, uns zum Jazz zu bekehren. Er kann's einfach nicht lassen", kommentierte Peter und lauschte.

Hermann setzte sich wieder auf seinen Stuhl. „Frank meinte, da könnten vielleicht auch Stücke für uns drauf sein."

„Er will also weiter mitmachen?", fragte Bennie.

Hermann nickte. „Auf jeden Fall."

„Na also, hab ich dir doch gesagt. Es macht ihm Spaß."

Marion kam mit den ersten beiden Espressotassen aus der Küche und stellte sie auf den Tisch. „Über wen redet ihr?"

„Über Frank Moebus", antwortete Hermann. „Ich habe ihn dir heute vorgestellt. Er ist übrigens Elisabeths Bruder."

„Ach, das wusste ich gar nicht. Ein sehr gut aussehender Mann."

„Das ist dir aufgefallen? Ich dachte, du hättest nur Augen für meinen Assistenten gehabt."

„Das ist doch was ganz anderes. Daniel ist wirklich sehr nett."

„Und zehn Jahre jünger als du."

„Na und? Ich habe ja nicht vor, ihn zu heiraten."

„Frank ist auch noch zu haben." Lachend musste sich Bennie eines Ellenbogenstoßes seiner Frau erwehren.

„Ein arbeitswütiger Professor in der Familie reicht." Marion warf einen Seitenblick auf ihren Vater. „Aber falls ihr alten Knacker es genau wissen wollt: Wir haben zwar nur ein paar Worte gewechselt, doch der Mann könnte mir tatsächlich gefallen. Im Nachhinein war ich erstaunt, wie charmant und gut gelaunt er war."

Elisabeth hob die Augenbrauen. „Wieso?"

„Na ja, er hat doch offenbar eine Menge Ärger am Hals."

„Die Sache ist ausgestanden", erklärte Bennie. „Die Polizei hat die Akten geschlossen."

„Daran habe ich jetzt gar nicht gedacht. Ich meinte diesen offenen Brief in *Nature*. Die Zeitschrift war heute in deiner Post, Papa. Als Emil geschlafen hat, habe ich drin geblättert und bin zufällig darauf gestoßen."

„Was für ein Brief? Wovon redest du?"

„Am besten, du liest es selbst. Ich habe nur die Hälfte verstanden. Es geht um irgendwelche Zellen, die er nicht rausrückt. Die Zeitschrift liegt dahinten neben dem Sofa."

„Ach nö ...", stöhnte Peter. „Hört auf mit diesem Wissenschaftsscheiß."

Der Brief interessierte Hermann brennend, aber seine Gäste würden sich ohnehin bald verabschieden. Bis dahin müsste er eben seine Neugier zügeln. „Pit hat recht", sagte er. „Das ist vermutlich was für Spezialisten. Ich sehe es mir morgen an. Lasst uns über was anderes reden. Oder ... wir sind zu fünft. Wie wär's, wenn wir den Abend mit ein paar Runden Doppelkopf ausklingen ließen? Ich habe schon ewig nicht mehr gespielt."

Bennie, Pit und Marion waren sofort begeistert. Nur Elisabeth reagierte zurückhaltend. Während Hermann die Karten aus dem Wohnzimmerschrank holte, warf sie einen besorgten Blick auf die Zeitschrift.

ALS SICH DIE GÄSTE gegen Mitternacht verabschiedet hatten, schickte Hermann Marion ins Bett. Sie sah sehr müde aus. „Lass doch einfach alles stehen", schlug er vor. „Geh schlafen. Wir räumen morgen auf." Sie nickte und verschwand zu seiner Erleichterung sofort im Bad.

Kaum hatte seine Tochter die Tür zu ihrem Zimmer geschlossen, holte er das *Nature*-Heft und legte es auf seinen Nachttisch im Schlafzimmer. Er putzte sich die Zähne, kroch unter die Bettdecke und schlug endlich die Zeitschrift auf. Er ahnte, was er dort lesen würde. Marion hatte es angedeutet: *… Zellen, die er nicht rausrückt.* Sein Herz klopfte, während seine Augen über die Zeilen flogen und bei einer Liste von acht Namen hängen blieben, den Unterzeichnern des Briefes, der internationalen Crème de la crème der Marinen Mikrobiologie. Der Ton war höflich, aber bestimmt, und die Botschaft unmissverständlich: So, lieber Frank Moebus, geht es nicht.

Der Vorwurf traf Hermann mit Wucht. Er ließ die Zeitschrift sinken und starrte auf die Bettdecke. Das war überaus schwerwiegend, nahezu beispiellos, und es würde einen Schatten auf das Institut werfen, auf die ganze Universität. Einen verdienten, ja berühmten Kollegen vor der wissenschaftlichen Öffentlichkeit der ganzen Welt derart an den Pranger zu stellen … zu einem solchen zweifellos folgenreichen Schritt entschloss man sich nur, wenn man zuvor alle anderen Möglichkeiten ausgeschöpft hatte. Frank musste sie über Monate ignoriert haben. Warum hatte er es so weit kommen lassen? Wie konnte er nur so dumm sein? Er hatte sich eines fundamentalen Verstoßes gegen gute wissenschaftliche Praxis schuldig gemacht, daran gab es keinen Zweifel. Warum rückte er die Zellen nicht heraus? Immerhin hatte Hermann jetzt eine Erklärung dafür, warum niemand in der Welt über diese Zellen publizierte, niemand außer Frank.

Hermann versuchte sich zu beruhigen. Hatte Frank heute Vormittag schon von dem Brief gewusst? Natürlich, *Nature* hatte es ihm sicher angekündigt, ihn vielleicht sogar zu einer Stellungnahme aufgefordert. Im Nachhinein musste Hermann Marion recht geben. Es war kaum zu fassen, wie entspannt und gut gelaunt Frank gewirkt hatte. Dabei steckte sein Hals bereits in der unsichtbaren Schlinge. Er war unter Inkaufnahme unabsehbarer Konsequenzen auf Konfrontationskurs gegangen. Er hätte die Zellen herausgeben müssen. Wissenschaft beruhte auch und nicht zuletzt auf Vertrauen.

# 9

Im voll besetzten Besprechungsraum des Kommissariats 1 herrschte am späten Freitagnachmittag ungewohnte Stille. Alle waren minutenlang mit der Lektüre eines Textes beschäftigt, den Sigmund Bock verteilt hatte. Das auf rotes Papier gedruckte, in einer Klarsichthülle steckende Original, an dessen oberem Rand man in dicken schwarzen Lettern das Wort „NoSyn" erkennen konnte, lag in der Mitte des Tisches.

Nur Anne, Sigmund Bock und Bertram Hollinger wussten, worum es ging, und lasen das Papier nun ein zweites und drittes Mal. Die anderen hatten nur von einem Überraschungsfund gehört, der ihren Fall in neuem Licht erscheinen lasse. Irgendwann am Nachmittag war Bock mit dem roten Blatt Papier im Büro der Chefin erschienen, und kurz darauf hatte Unruhe im Kommissariat geherrscht. Hollinger war gerufen worden, der schon ein paar Minuten später wieder hinausgestürmt war, alle Fragen der Kollegen ignoriert hatte und ins Biologiezentrum gefahren war. Die Chefin selbst hatte sich bis zu diesem kurzfristig anberaumten Treffen jede Störung verbeten, um in Ruhe die Vernehmungsprotokolle studieren zu können. Gab es tatsächlich eine Wende, mit der niemand von ihnen mehr gerechnet hatte?

„Sind wir so weit?" Anne gab Bock ein Zeichen.

„Okay, für alle, die es noch nicht wissen …", erklärte er. „Wir haben das Flugblatt in der Wohnung von Johannes Hilpert gefunden." Sein Arbeitszimmer ist winzig, eine bessere Kammer mit einem kleinen Schreibtisch, auf dem kaum noch Platz für einen Pott Kaffee war, ringsum Wandregale, bis unter die Decke vollgepackt. Wir hatten gerade mit der Durchsicht begonnen, als Hilperts Frau am Mittwochmorgen aus dem Krankenhaus zurückkehrte. Sie war sehr ungehalten. Sie wollte uns nicht länger in der Wohnung haben und hat uns aufgefordert, alles in Kartons zu verpacken und mitsamt den Kisten zu verschwinden. Wir haben die Sachen in die Blume geschafft und durchgesehen, deswegen sind wir erst jetzt darauf gestoßen."

Arnie Schwarzenau kratzte sich ratlos den kurz geschorenen Schädel. „Kann mir mal jemand erklären, was das überhaupt ist: Synthetische Biologie?" Er erntete zustimmendes Gemurmel.

Dirk Hansen meldete sich zu Wort. Der junge Computerexperte hatte sich auf Annes Bitte für eine halbe Stunde losgeeist. „Wenn ich es richtig verstanden habe, geht es dabei um die Erzeugung quasi künstlicher Lebewesen", sagte er zögernd. „Man setzt im Labor Gene oder ganze Genome zusammen und bringt diese dann in Zellen ein."

Im Raum war hier und da Stöhnen zu hören. DNA, Gene, Genome, für die meisten Beamten waren das böhmische Dörfer.

Anne blickte ernst in die Runde. „Stöhnen hilft uns nicht weiter, meine Herren. Es kann in diesem Fall nicht schaden, wenn wir unsere Schulkenntnisse in Biologie ein wenig auffrischen."

Aus der Mimik ihrer Mitarbeiter sprach alles andere als Begeisterung. Nachhilfeunterricht in Biologie war nicht gerade das, was sie an einem späten Freitagnachmittag zu ihren vorrangigen Aufgaben zählten. Die Skepsis, die Anne in einigen Gesichtern zu erkennen glaubte, teilte sie durchaus. Im Grunde bezweifelte sie sogar, dass dieses Flugblatt irgendetwas mit ihrem Fall zu tun hatte. Sie hatte mit Hermann Pauli über Moebus und seine Arbeit gesprochen. Der Begriff Synthetische Biologie war dabei nicht gefallen.

„Ich dachte immer, dieses Verändern von Genen heißt Gentechnologie", bemerkte Jens Becker, der neben Anne saß.

„Ich glaube, den Unterschied macht die Herkunft der Gene." Hansen verlagerte sein Gewicht nach vorn. „Ich habe das so verstanden: Bei der Gentechnologie, wie sie bisher praktiziert wird, werden vorhandene Gene verändert oder von einer Tier- oder Pflanzenart in eine andere versetzt. In der Synthetischen Biologie wird das alles gewissermaßen am Reißbrett geplant und dann im Labor eine künstliche DNA hergestellt."

„Warum die immer Gott spielen müssen ...", kommentierte einer.

Hansen nickte. „Die Sache ist tatsächlich umstritten. Es gibt nicht wenige Kritiker, die glauben, dass unsere Welt auf solche Wesen nicht vorbereitet ist. Keiner kann sagen, wie Pflanzen und Tiere auf diese neuen, künstlich hergestellten Konkurrenten reagieren werden."

„Mit unseren beiden Toten hat das aber nichts zu tun, oder?", fragte Arnie.

„Da wäre ich mir nicht so sicher."

Anne wurde hellhörig. „Was wollen Sie damit sagen, Dirk?"

„Na ja, ich sollte mir doch die Computer der Toten vornehmen. Viel ist dabei nicht herausgekommen, eines aber ist mir aufgefallen: Johannes Hilpert hat massenhaft Materialien und Aufsätze zusammengetragen und, nach Themen sortiert, in Ordnern abgelegt. Einer, der bei Weitem umfangreichste, heißt ‚Synthetische Biologie'. Das war der Grund, warum ich mich ein bisschen informiert habe."

„Sie meinen, Hilpert hat selbst betrieben, was Sie erklärt haben?"

„Das weiß ich nicht. Er hat sich aber zweifellos für Synthetische Biologie interessiert und intensiv damit beschäftigt. Wenn er nicht schon länger auf diesem Gebiet geforscht hat, würde ich sagen, er hatte es vor."

„Hm ..." Anne tippte mit dem Kugelschreiber gegen ihre Lippen. Warum hatte Pauli nichts davon gesagt? War die Synthetische Biologie auch ein Arbeitsfeld von Frank Moebus, oder hatte Hilpert im Stillen sein eigenes Süppchen gekocht? Worin hatte eigentlich seine Arbeit bestanden? „Bertram", sagte sie schließlich, „habt ihr bei den Vernehmungen der Moebus-Leute auch nach deren Arbeitsthemen gefragt?"

Hollinger verneinte. „Ehrlich gesagt bin ich nicht davon ausgegangen, dass so etwas für uns von Bedeutung ist."

„Dann übernehmen Sie das, Dirk. Lassen Sie sich von Bertram eine Liste der Arbeitsgruppenmitglieder geben und versuchen Sie herauszufinden, womit die sich im Einzelnen befassen. Meinen Sie, Sie schaffen das?"

„Ich werd's versuchen." Der junge Mann zuckte die Achseln.

Anne wandte sich wieder an Hollinger, der kurz vor ihrem Treffen aus dem Biologiezentrum zurückgekehrt war. „Kannten die anderen das Flugblatt?"

„Ich hatte nicht viel Zeit und habe nur mit einigen wenigen reden können", antwortete er. „Ich glaube aber, die Sache ist ziemlich klar. Die meisten kannten es. Es hat vor drei oder vier Wochen im Haus herumgelegen. Offenbar gab es deswegen aber keine größeren Diskussionen. Einer meinte, es komme andauernd vor, dass zu irgendwelchen umstrittenen Themen Flugblätter kursierten. Er würde dem keine Beachtung schenken."

„Hilpert hat dem Flugblatt Beachtung geschenkt", gab Anne zu bedenken.

„Ich finde das auch auffällig", stimmte ihr Jens Becker zu. „Es werden zwar keine Namen genannt, aber wenn das stimmt, was Hansen uns berichtet hat, dann könnte das Flugblatt an Hilpert gerichtet gewesen sein."

„Und an andere", fügte Anne hinzu. „Möglicherweise an Moebus selbst. Ohne ihn hätte Hilpert so etwas doch gar nicht in Angriff nehmen können."

Becker nickte. „Er hat das Flugblatt nicht weggeworfen, weil er sich angesprochen fühlte."

„Oder bedroht." Bock hielt seine Kopie vor sich in die Luft. „Vielleicht ist der aggressive Ton ja typisch für diese Art von Pamphleten, für mich klingt das aber alles andere als harmlos. Hier, zum Beispiel der vorletzte Satz: ‚Sollte diese auf die Erzeugung synthetischer Organismen abzielende Forschung unverändert weitergeführt werden, wird das Aktionsbündnis nach Mitteln und Wegen suchen, um diese gefährliche Forschung zu behindern und wenn möglich zu stoppen, in Kiel und anderswo.'" Er blickte auf. „Das ist eine Drohung, oder etwa nicht?"

Hollinger legte die Stirn in Falten. „Ich weiß nicht, Sigmund, das sind Studenten, junge Leute, die schießen verbal schon mal übers Ziel hinaus. Sicher hat es zu anderen umstrittenen Themen ähnlich klingende Flugblätter gegeben, aber passiert ist nie etwas."

„Vielleicht ist diesmal etwas aus dem Ruder gelaufen."

„Also, ich finde, wir sollten die Sache ernst nehmen", schaltete sich Anne ein. „Gibt es Hinweise auf die Verfasser? Aktionsbündnis NoSyn ... vielleicht sind das gar keine Studenten."

„Danach habe ich natürlich gefragt", erwiderte Hollinger. „Niemand hatte von NoSyn gehört oder wusste, wer dahinterstecken könnte. Alle gingen aber davon aus, dass das Flugblatt aus der Studentenschaft kommt."

„Mir lässt da etwas keine Ruhe." Anne griff nach ihrem Mobiltelefon. „Gib mir mal die Handynummer von Pauli, Jens. Ich möchte ihn anrufen."

HERMANN hatte sich durch den ganzen Tag gequält. Die Nachwirkungen der gestrigen Feierlichkeiten steckten ihm noch in den Knochen. Außerdem hatte ihm die Sache mit dem *Nature*-Brief keine Ruhe gelassen. Da er sich auf kaum etwas anderes konzentrieren konnte, beschloss er, nach Hause zu gehen und seine Arbeit auf das Wochenende zu verschieben.

In diesem Moment meldete sich sein Handy.

„Frau Detlefsen! Was verschafft mir die Ehre?", rief er überrascht und erfreut zugleich und wunderte sich über sich selbst. Freute er sich wirklich über den Anruf einer Kriminalkommissarin?

„Nur eine kurze Frage. Ich hoffe, ich störe Sie nicht."

„Sagen Sie nicht, dass schon wieder irgendwo Fingerabdrücke von mir aufgetaucht sind. Der Fall ist doch wohl abgeschlossen."

„Nicht ganz, wir arbeiten noch an einigen Details."

„Details welcher Art, wenn ich fragen darf?"

„Sagt Ihnen der Name NoSyn etwas?" Sie buchstabierte das Wort.

„Nein, nie gehört. Was soll das sein?"

„Eine Initiative von Studenten, jedenfalls vermuten wir das. Sie haben ein Flugblatt verfasst, auf das wir gestoßen sind. Es setzt sich sehr kritisch mit Synthetischer Biologie auseinander."

„Ja, ein umstrittenes Gebiet. Und?"

„Das Flugblatt lag in der Wohnung von Johannes Hilpert. Ist Ihnen zufällig bekannt, ob Hilpert und Professor Moebus auf diesem Gebiet gearbeitet haben oder vorhatten, das zu tun?"

Er zögerte einen Moment, weil ihm plötzlich das Gespräch mit Daniel wieder einfiel. „Warum wenden Sie sich nicht an Frank Moebus selbst?"

„Das werde ich, aber ehrlich gesagt, bei ihm verstehe ich nur Bahnhof. Sie können die Dinge so erklären, dass auch ein Laie versteht, worum es geht."

„Ja, wissen Sie, es ist seltsam, dass Sie danach fragen. Offenbar gibt es tatsächlich Pläne in dieser Richtung. Ich habe erst kürzlich davon erfahren."

„Von Professor Moebus?"
„Nein, von meinem Assistenten."
„Daniel Kambacher."
„Ja." Er war verblüfft. „Woher kennen Sie ihn?"
„Er war mit Johannes Hilpert befreundet. Sie sagten, Sie hätten nichts davon gewusst. Die Pläne sind also noch nicht allgemein bekannt?"
„Nein, das heißt, ich weiß nicht ..." Sein Kopf war träge, und ihre Fragen kamen so schnell. „Für mich waren sie neu, aber das will nichts heißen."
„Und woher wusste Ihr Assistent davon?"
„Von Johannes Hilpert, nehme ich an. Hören Sie", er rieb sich über sein müdes Gesicht, „Sie stellen mir lauter Fragen, die andere viel besser beantworten könnten. Ich hatte eine anstrengende Woche und ..."
„Kein Problem", unterbrach sie ihn. „Sie haben mir schon sehr geholfen. Ich melde mich, wenn es etwas Neues gibt. Vielen Dank." Sie legte auf.

Hermann schüttelte irritiert den Kopf. Ein merkwürdiger Anruf. Er kam sich vor wie ein nützlicher Idiot, dem man nur ein wenig Honig ums Maul schmieren muss, damit er bereitwilligst Auskunft gibt. *Sie können die Dinge so erklären, dass auch ein Laie versteht, worum es geht.* Unfassbar, dass er auf so etwas hereinfiel. Hermann kämpfte gegen das unangenehme Gefühl an, eine Dummheit begangen zu haben.

„Daniel Kambacher." Anne blickte in die neugierigen Gesichter ihrer Kollegen. „Das ist allerdings interessant."
„Ich erinnere mich an ihn", sagte Hollinger. „Ein sympathischer junger Mann. Der Tod seiner Kollegen hat ihm zu schaffen gemacht."
„Hilpert und er waren gute Freunde. Bis es vor einigen Wochen zu einem Zerwürfnis kam. Im Vernehmungsprotokoll steht leider nichts darüber. Warum haben die beiden sich zerstritten? Hast du ihn nicht danach gefragt?"
Schuldbewusst senkte Hollinger den Blick. „Also, ehrlich gesagt ... wenn es nicht im Protokoll steht ..."
„Okay", unterbrach sie ihn. „Dann sollten wir das schleunigst nachholen."
„Hat er ein Alibi?", fragte Jens Becker. „Wo war er zur Tatzeit?"
Hollinger hob ratlos die Schultern. Er hatte mit zu vielen Menschen im Biologiezentrum geredet, um sich an jede Einzelheit erinnern zu können.
Anne hingegen, die das Vernehmungsprotokoll gerade noch einmal gelesen hatte, wusste Bescheid: „Er war auf einer Hochzeitsfeier, bis in die frühen Morgenstunden. Anschließend hat er bei Freunden in der Stadt übernachtet. Er wohnt auf dem Land."
„Jetzt erinnere ich mich", sagte Hollinger. „Die Feier fand in einem Restau-

rant statt, gar nicht weit vom Campus. Ich kenne den Laden ... Moment ..."
Er schlug sich mit der Hand gegen die Stirn. „Ich fasse es nicht. Wie konnte ich das nur vergessen. Seine Kleidung. Ich habe am Tag nach der Tragödie und der Hochzeitsfeier mit ihm gesprochen. Er hat selbst gesagt, dass er nicht nach Hause gefahren sei, sondern bei Freunden übernachtet habe. Er konnte sich also nicht umziehen. Ratet mal, was er anhatte."

Anne riss die Augen auf. „Nein ..."

„Der Mann im Anzug", murmelte Becker verblüfft.

„Aber er ist doch auf dieser Hochzeit gewesen", wandte Sigmund Bock ein. „Wie kann er da gleichzeitig über den Campus gerannt sein?"

„Wie gesagt, das Restaurant ist nicht weit weg, zu Fuß vielleicht zwanzig Minuten. Wir sollten das überprüfen. Er könnte sich abgesetzt haben, um ins Biologiezentrum zu gehen, und danach ist er zurückgerannt."

Plötzlich redeten alle durcheinander.

Anne verschaffte sich mit kräftiger Stimme Gehör. „Ich werde mich mit dem Polizeidirektor und der Staatsanwältin in Verbindung setzen. Wir müssen herausfinden, ob Kambacher das Flugblatt verfasst hat. Wenn ja, hätten wir sogar die Andeutung eines Motivs, zumindest für einen Streit mit Johannes Hilpert. Vielleicht hat der in Sachen Synthetische Biologie mit Barthelmess zusammengearbeitet, und die Konfliktlinien verlaufen ganz anders, als wir gedacht haben. Kambacher hat Pauli von diesen Plänen erzählt, er wusste also eher und besser Bescheid als sein Chef. Wir haben seine Fingerabdrücke vom Tatort, und ob sein Alibi wasserdicht ist, bleibt abzuwarten. Vielleicht hat jemand gesehen, wie er sich von der Feier entfernt hat."

Endlich kam wieder Bewegung in den Fall, und sofort fühlte sie sich voller Energie und Tatkraft. Das Bild veränderte sich und wurde neu zusammengesetzt. Noch waren die Verhältnisse viel zu undurchsichtig, aber vielleicht würde sich bald auch ein Platz für das letzte und wichtigste Puzzleteil finden: für Frank Moebus. Anne saß am Tisch und verteilte Aufgaben.

WENIG SPÄTER hielten Hollinger und ein junger Kollege vor dem Lokal, in dem die Hochzeitsfeier stattgefunden hatte. Sie beugten sich über einen Stadtplan und besprachen den kürzesten Weg zum Biologiezentrum. Beide blickten noch einmal auf ihre Armbanduhren. Dann betrat Hollinger das Lokal, während sein Kollege zügig in Richtung Campus marschierte.

Gut zehn Minuten später stand Hollinger wieder auf der Straße, sah auf die Uhr und zündete sich eine Zigarette an. Er musste nicht lange warten. Kaum hatte er die Kippe ausgetreten, sah er seinen Kollegen schon angerannt kommen. Er hatte knapp 22 Minuten gebraucht, vierzehn vom Restaurant zum Biologiezentrum, und acht zurück, dabei sei er nur ganz locker gelaufen, berichtete der junge Beamte. Wäre er beide Strecken gerannt, hätte er wohl keine Viertelstunde gebraucht.

„Komm", sagte Hollinger zufrieden. „Wir haben Glück. Die Hochzeiter wohnen ganz in der Nähe, nur ein paar Ecken weiter."

Ihre Glückssträhne hielt an. Das junge Paar war zu Hause und fiel aus allen Wolken, als Hollinger ihnen erklärte, man ermittle in einem Tötungsdelikt. Ein Gast ihrer Hochzeitsfeier werde verdächtigt, an einem Gewaltverbrechen beteiligt gewesen zu sein. Sie zeigten ihnen ein Foto von Kambacher.

Die Gesichtszüge des Mannes entspannten sich, als er auf das Foto blickte. „Der und Gewalt? Das ist doch ein schlechter Scherz. Das ist Daniel. Wir spielen zusammen Fußball. Daniel kann keiner Fliege etwas zuleide tun."

„Ich habe von einem Verdacht gesprochen", betonte Hollinger. „Sie können uns helfen, ihn auszuräumen. Er war also auf Ihrer Feier?"

„Allerdings. Und er ist fast bis zum Schluss geblieben. Wir haben noch einen Absacker zusammen getrunken, gegen drei, halb vier, schätze ich. Dann ist er mit einem Mannschaftskameraden nach Hause gegangen."

„Ist Ihnen irgendetwas Ungewöhnliches an ihm aufgefallen?"

„Nein, er war ganz normal."

„Ist er allein oder in Begleitung gekommen?"

„Allein", antwortete die Frau mit einem kleinen Lächeln. „Daniel ist hübsch, nett, geistreich, amüsant. Alles, was man sich nur wünschen kann. Aber mit den Frauen scheint es nicht so recht zu klappen."

„Hat er das Restaurant im Lauf des Abends mal verlassen?"

„Fragen Sie das im Ernst? Glauben Sie, wir haben nichts Besseres zu tun gehabt, als die Anwesenheit unserer Gäste zu kontrollieren? Das war unsere Hochzeitsfeier. Es waren um die hundert Leute da."

Hollinger nickte. „Haben Sie vielleicht eine Liste Ihrer Gäste?"

„Natürlich haben wir die, aber ..." Der Ehemann sah Hilfe suchend zu seiner Frau. „Ich weiß nicht ... Das waren unsere besten Freunde, unsere Familien. Ich will ihnen keine Unannehmlichkeiten bereiten."

„Das verstehe ich natürlich. Wir werden Ihre Gäste nicht belästigen. Es geht um zwei, drei kurze Fragen, und dann verschwinden wir wieder. Sie würden uns die Arbeit sehr erleichtern. Und wenn Ihr Freund unschuldig ist, wie Sie sagen, kann das für ihn nur von Vorteil sein. Es könnte ihn entlasten. Wenn nicht ...", Hollinger zuckte die Achseln, „dann hätten Sie uns geholfen, eine schwere Straftat aufzuklären. Zwei Menschen sind gestorben."

Zehn Minuten später bestiegen die Beamten ihren Wagen und fuhren wieder zurück in die Blume. Auf dem Rücksitz lag eine am Computer geschriebene zweiseitige Tabelle mit den Namen, Adressen und Telefonnummern fast aller Hochzeitsgäste. Das Paar war offenbar bestens organisiert.

Im Kommissariat wurde die Liste kopiert und an drei Teams verteilt. In Anbetracht der fortgeschrittenen Tageszeit beschlossen die Kollegen allerdings, mit den Befragungen erst am Samstagmorgen zu beginnen.

Die zogen sich dann bis in den Nachmittag hin, so lange, bis Anne die drei Teams zurück in die Bezirkskriminalinspektion beorderte. Zwar gab es auf der Liste noch immer einige Namen ohne Häkchen, doch diese Lücken könnten sie auch noch in der kommenden Woche schließen. Die Tendenz war klar und entsprach den Erwartungen. Fast alle Befragten, auch die, die ihn nicht kannten, bezeugten, dass Daniel Kambacher auf der Hochzeitsparty gewesen war. Niemand konnte sich erinnern, ihn längere Zeit vermisst zu haben. Andererseits wollte sich auf Nachfragen auch niemand darauf festlegen, dass Kambacher den ganzen Abend über tatsächlich anwesend gewesen war. Mit anderen Worten: Sein Alibi war nicht allzu viel wert. Er war ohne Begleitung gekommen und hätte sich in einem günstigen Moment ohne Weiteres für eine halbe oder Dreiviertelstunde entfernen können, ohne dass es jemandem aufgefallen wäre.

Sein Handy schnarrte am Sonntagmorgen kurz nach sieben. Hermann wurde aus tiefstem Schlaf gerissen und brauchte ein paar Sekunden, bis er begriff, was das für ein Geräusch war. Er stützte sich auf einen Ellenbogen und griff nach dem Gerät. „Ja?", meldete er sich heiser.

„Entschuldigen Sie, dass ich störe. Ich weiß, es ist noch früh. Aber", er hörte die brüchige Stimme einer jungen Frau, „mein Name ist Elke Nannen. Ich wohne mit Daniel Kambacher zusammen. Ich soll Sie anrufen, hat Daniel gesagt. Oder vielmehr, er hat es gebrüllt."

„Warum? Was ist passiert?" Hermann war jetzt hellwach.

„Die Polizei war hier. Mit einem Durchsuchungsbeschluss. Sie haben Daniels Zimmer auf den Kopf gestellt und ihn mitgenommen."

„Mitgenommen?"

„Ja. Verhaftet. Warum, wissen wir nicht. Wir haben nur was von einem Flugblatt aufgeschnappt, aber was das heißen soll … keine Ahnung. Sie haben den Computer eingepackt und Daniel rausgeführt. Er hat uns zugerufen, dass wir Sie anrufen sollen. Immer wieder. ‚Ihr müsst Pauli anrufen.'"

„Was kann ich tun?" Flugblatt? Er dachte an den Anruf Anne Detlefsens.

„Ich weiß nicht."

„Danke, dass Sie mich informiert haben."
„Rufen Sie uns an, wenn Sie etwas erfahren. Wir machen uns Sorgen."
„Natürlich. Danke noch mal."

ALS MARION kurz nach acht mit Emil auf dem Arm in die Küche kam, saß Hermann am Tisch und starrte aus dem Fenster.
„Du bist schon auf?", fragte sie.
„Hm ...", brummte er.
„Ist irgendwas?"
„Ich habe einen Anruf bekommen."
„Und? Schlechte Nachrichten?"
„Das kann man wohl sagen."
Marion setzte Emil auf dem Boden ab und ließ sich auf einen der Küchenstühle sinken. „Was ist passiert?"
„Die Polizei hat Daniel verhaftet."
„Was? Warum?" Marion war blass geworden.
„Ich weiß nicht, warum. Es liegt nahe, dass es in irgendeinem Zusammenhang mit den Todesfällen im Institut steht."
„Das kann doch nur ein Irrtum sein. Wir müssen dringend irgendwas tun." Marion sprang auf. „Er braucht Hilfe. Daniel ist doch kein Mörder."
„Natürlich nicht. Das ist lächerlich. Rat mal, worüber ich nachdenke."
Marion lief ein paar Schritte auf und ab. „Du kennst doch diese Kommissarin. Du hast von ihr erzählt. Sie hat dir gefallen, hast du gesagt. Ruf sie an. Sprich mit ihr. Versuch herauszufinden, was man ihm vorwirft."
„Daran habe ich auch schon gedacht. Sie hat mich gestern auf dem Handy angerufen, aber ich habe nachgesehen, ihre Nummer wird nicht angezeigt. Ist natürlich geheim. Wenn ich mich erst zu ihr durchfragen muss, werden sie mich sicher abwimmeln. Die Chefin einer Mordkommission kriegt man nicht so leicht ans Telefon."
„Versuch's doch wenigstens mal."
Er schien aus seiner Starre zu erwachen. „Vielleicht hast du recht."
Eigentlich war die Tatsache, dass man seinen Assistenten verhaftet hatte, schockierend genug. Doch was ihm vor allem zu schaffen machte, was ihn quälte und zu immer neuen Selbstvorwürfen trieb, war das Gefühl, maßgeblich zu Daniels Verhaftung beigetragen zu haben. Womöglich hatte er ihn durch seine verfluchte Geschwätzigkeit in Teufels Küche gebracht. Er schleppte sich ins Wohnzimmer und suchte aus dem Telefonbuch die Nummer der Bezirkskriminalinspektion heraus. Der Anruf würde nichts bringen, da war er sich sicher, reiner Aktionismus, ein hilfloser Versuch, etwas gutzu-

machen. Umso erstaunter war er, als er sofort zur Hauptkommissarin durchgestellt wurde. Er erschrak fast, als er plötzlich ihre Stimme hörte.

„Oh! Ich hätte nicht gedacht, dass ich Sie an den Apparat bekomme."

„Warum nicht?", antwortete Anne Detlefsen. „Ich spreche immer wieder gern mit Ihnen, Professor. Ehrlich gesagt, ich hatte so ein Gefühl, dass Sie sich melden würden, und habe entsprechende Anweisungen gegeben."

„Umso besser." Hermann musste sich zwingen, ruhig zu bleiben. Er wollte nicht wie ein wütender Vater klingen, der sich nach dem Verbleib seines Sohnes erkundigte. „Sagten Sie nicht, dass Sie mich anrufen würden, wenn es etwas Neues gibt?"

„Ja, das habe ich gesagt, und es gilt auch weiterhin. In diesem speziellen Fall allerdings nicht. Ich kann Sie schlecht im Voraus über polizeiliche Maßnahmen in Kenntnis setzen. Ich nehme doch an, Sie rufen wegen Ihres Assistenten an. Wer hat Sie informiert? Seine Mitbewohner?"

Er ignorierte die Frage. „Wie kommen Sie dazu, ihn zu verhaften? Wo ist er? Was liegt gegen ihn vor?"

„Das kann ich Ihnen leider nicht sagen, aber gehen Sie davon aus, dass wir unsere Arbeit ernst nehmen. Zu einer solchen Maßnahme greifen wir nur, wenn dringende Verdachtsmomente vorliegen. Er ist übrigens nicht verhaftet, sondern vorübergehend festgenommen worden. Falls der Ermittlungsrichter keinen Haftbefehl ausstellt, ist er spätestens am Dienstagmorgen wieder auf freiem Fuß. Das wird davon abhängen, was er uns zu sagen hat."

„Aber warum?" Hermann brüllte wider Willen. „Mit welcher Begründung? Und was hat es mit diesem Flugblatt auf sich?"

„Beruhigen Sie sich, Professor. Daniel Kambacher hat dieses Flugblatt verfasst, wir haben es auf seiner Festplatte gefunden. Es enthält massive Drohungen. Darüber hinaus kann ich Ihnen keine Auskünfte erteilen. Sie müssen das verstehen. Herrn Kambacher geht es gut, falls Sie das beruhigt."

„Sagen Sie mir wenigstens, ob das alles mit den Todesfällen zu tun hat?"

Sie zögerte. Hermann meinte förmlich zu spüren, wie sie nach einer möglichst unverfänglichen Formulierung suchte. „Gibt es denn noch etwas anderes, was uns interessieren könnte?", fragte sie schließlich.

„Unsinn. Ich sage Ihnen eins: Ich halte große Stücke auf diesen Jungen, und wenn er Schaden nimmt, seine Karriere behindert wird oder irgendetwas an ihm hängen bleibt, werde ich Ihnen die Hölle heißmachen. Das verspreche ich Ihnen. Was immer Sie ihm vorwerfen: Er ist unschuldig."

„Ich nehme es zur Kenntnis. Setzen Sie sich immer so für Mitarbeiter ein?"

„Nur wenn sie es verdienen. Guten Tag." Er beendete das Gespräch.

ANNE BETRAT DEN KLEINEN RAUM neben dem Vernehmungszimmer. Sigmund Bock und Bertram Hollinger empfingen sie mit einem Kopfschütteln.

Durch den Einwegspiegel konnte sie Jens Becker und Daniel Kambacher sehen, die sich im Nachbarraum an einem Tisch gegenübersaßen. Kambacher, der wie schlafend mit dem halben Oberkörper auf der Tischplatte gelegen hatte, richtete sich gerade auf. Es gehe ihm gut, hatte sie noch zu Pauli gesagt. Mittlerweile sah der junge Mann müde aus. Seine Augen glänzten feucht, als hätte er geweint. Die Vernehmung dauerte schon Stunden.

Hinter dem Kürzel NoSyn verbargen sich nur vier Personen, das hatten sie ziemlich schnell herausgefunden: Kambacher, der sich selbst als Initiator und wichtigsten Ideengeber der Gruppe bezeichnete, und drei Studenten, die das von ihm verfasste Flugblatt mit ihm diskutiert, den fertigen Text dann kopiert und überall auf dem Campus verteilt hatten. Kambacher räumte auch ein, sich mit Johannes Hilpert gestritten zu haben. Mehr war allerdings nicht aus ihm herauszubekommen. Er weigerte sich, die Namen der beteiligten Studenten zu nennen, und bestritt vehement, irgendetwas mit den nächtlichen Ereignissen im Biologiezentrum zu tun zu haben.

„Wie Sie wollen." Beckers Stimme drang blechern aus einem kleinen Lautsprecher. „Dann fangen wir eben noch einmal von vorn an."

Kambacher stöhnte. „Ich habe Ihnen alles gesagt."

„Dieser Streit mit Johannes Hilpert. Worum ging es da genau?"

Kambacher biss sich auf seine Unterlippe. „Um seine Arbeit."

„Wieso? Was störte Sie daran?"

„Das habe ich schon drei Mal erzählt."

„Ich will es aber noch einmal hören."

„Er hat mir irgendwann erzählt, dass Moebus die nach ihm benannten Zellen verändern will."

„Und das gefiel Ihnen nicht."

„Nein, das gefiel mir ganz und gar nicht. Man hat diese Zellen gerade erst entdeckt und weiß fast nichts über sie. Und trotzdem will Moebus sie manipulieren. Und er hat Hilpert als seinen Handlanger benutzt. Ich war entsetzt, wie unkritisch und unreflektiert Johannes an die Sache heranging. Er weigerte sich, über den Sinn des Projekts zu diskutieren, er machte dicht. Deshalb wollten wir diese Pläne öffentlich machen."

„Sie nennen aber keine Namen."

„Das wäre der nächste Schritt gewesen. Im nächsten Flugblatt wären wir konkreter geworden und hätten auch Namen genannt."

„Und was wäre dann gekommen? Brandbomben, Sabotage? Es heißt doch:

‚Das Aktionsbündnis wird nach Mitteln und Wegen suchen, um diese potenziell gefährliche Forschung zu behindern und wenn möglich zu stoppen.'"

„Ja, aber doch nicht mit Gewalt, schon gar nicht gegen Menschen. Das sind so Sprüche …"

„Und an jenem Donnerstagabend sind Sie ins Institut gegangen, um Johannes Hilpert noch einmal zur Rede zu stellen. Ist Ihnen Barthelmess dabei in die Quere gekommen?"

„Nein." Kambacher verzog gequält das Gesicht. „Ich habe die Hochzeitsfeier nie verlassen. Wie oft soll ich das noch sagen? Das ist doch verrückt. Wie hätte ich denn wissen sollen, dass er um diese Zeit noch im Institut ist?"

„Vielleicht hat er es Ihnen gesagt. Da Sie an dem Abend in der Nähe waren, sahen Sie eine Möglichkeit, an ihm ein Exempel zu statuieren."

„Nein, verdammt!" Er schlug mit der flachen Hand auf den Tisch. „Es gibt Zeugen. Fragen Sie doch die anderen Gäste."

„Das haben wir getan. Niemand kann bezeugen, dass Sie den ganzen Abend über anwesend waren. Und vom Restaurant ins Biologiezentrum braucht man nur ein paar Minuten. Geben Sie's doch endlich zu. Man hat Sie auf dem Campus gesehen. Und am Tatort haben wir Ihre Fingerabdrücke gefunden. Wie lange wollen Sie noch leugnen?"

„Das ist doch Wahnsinn. Ich sage kein Wort mehr."

„Er war's nicht", flüsterte Bock in dem kleinen Nachbarraum und schüttelte zur Bekräftigung den Kopf. „Jede Wette. Er sagt die Wahrheit."

Anne nickte nachdenklich und wandte sich zum Gehen. „Wir werden sehen. Vorläufig machen wir weiter, und bis morgen behalten wir ihn auf jeden Fall hier. Gönnt ihm eine kleine Pause und fragt ihn dann über Johannes Hilpert aus. Was hat der getrieben, und warum ging es ihm zunehmend schlechter? Vielleicht hat er Kambacher vor ihrem Streit etwas erzählt. Gebt mir sofort Bescheid, wenn sich etwas Neues ergibt."

## 10

Hermann schaffte es erst am frühen Nachmittag in sein Institutsbüro. Um sich auf andere Gedanken zu bringen, rief er einige Wissenschaftler-Weblogs auf. Er hatte sie seit Tagen nicht besucht. Sie wurden von Wissenschaftlern aus aller Welt unterhalten und normalerweise waren ihre Themen vielfältig. Doch von dieser Vielfalt war diesmal nichts zu sehen, im Gegenteil. Wo immer die Urheber saßen, ob in London, Frankfurt, Sydney, New York oder Schanghai, es schien nur ein Thema zu geben. Mit Erscheinen der neuen

*Nature*-Ausgabe am Donnerstag war eine Bombe geplatzt. Der Ton der Blogs war zum Teil so scharf, dass Hermann der Atem stockte. Er hatte damit gerechnet, dass Franks Verhalten und der offene Brief eine Menge Staub aufwirbelten. Dass die Reaktionen aber derart heftig ausfielen, hatte er nicht erwartet.

„Da steckt mehr dahinter. Er hat doch offensichtlich große Schwierigkeiten mit seinen Zellen", stellte ein User namens Nucleus fest. „Ich wundere mich schon seit Langem. Wo bleibt die Sequenz der Moebus-Zellen? Oder wenigstens Ausschnitte davon? Mich würde wirklich brennend interessieren, was Moebus dazu zu sagen hat."

„Mich auch", murmelte Hermann und griff unwillkürlich in seine Schreibtischschublade, in der die Publikationsliste von Frank sowie die beiden Listen von Barthelmess und Hilpert lagen, die er sich mittlerweile auch aus „PubMed" ausgedruckt hatte. Und es gibt noch weitere Fragen, von denen ihr gar nichts ahnt, dachte er. Warum zum Beispiel hat Frank, dieser Perfektionist, die anspruchsvolle molekularbiologische Laborarbeit einem Anfänger und Nobody wie Hilpert übertragen, und wieso ist auch aus dessen Feder nichts erschienen? Was plant Moebus darüber hinaus?

„Jetzt ist die Katze aus dem Sack", behauptete ein Kommentator. Sein Beitrag war erst zwanzig Minuten alt. „Er will die Zellen für sich behalten und hat einen Patentantrag gestellt. Lest seine Stellungnahme unter *www.frankmoebus.de*. Sie ist seit einer halben Stunde im Netz. *Nature* druckt sie nächste Woche."

Hermann hielt den Atem an. Frank hatte eine Stellungnahme geschrieben? Aufgeregt folgte er dem Link. Frank hatte eine eigene Website, von der er bis zu diesem Moment nichts gewusst hatte. Sie war professionell gestaltet, mit vielen Extras, doch was ihn interessierte, sprang ihm sofort auf der Begrüßungsseite ins Auge: Franks Antwort auf den *Nature*-Brief.

> Sie erheben schwere Vorwürfe gegen meine Person. Sie werfen mir vor, gegen gute wissenschaftliche Praxis verstoßen und Absprachen missachtet zu haben. Es tut mir leid, wenn ich durch mein Verhalten andere Menschen verletzt oder geschädigt haben sollte, und ich entschuldige mich dafür in aller Form.
>
> Der Vorwurf, ich hätte die von mir entdeckten Organismen, die sogenannten Moebus-Zellen, trotz mehrfacher Aufforderungen nicht an andere interessierte Labors weitergegeben, trifft zu. Für dieses Verhalten gab es folgende drei Gründe:
>
> 1. Kurz nach Einreichung unseres Manuskripts bei *Nature* erhielt ich einen Ruf auf den Lehrstuhl für Evolutionsbiologie der Christian-Albrechts-Universität in Kiel. Der Umzug von Bremerhaven nach Kiel, die Planung

und Überwachung der Umbauten, die dort erforderlich waren, der Aufbau einer Arbeitsgruppe und die Einrichtung eines molekularbiologischen Labors haben mich über viele Monate derart in Anspruch genommen, dass ich mich außerstande sah, den vielen Anfragen bezüglich der Moebus-Zellen nachzukommen, zumal wir

2. mit der anspruchsvollen Pflege und Haltung dieser barophilen Zellen völliges Neuland betraten. Sie ist überaus aufwendig und schwierig, erfordert einen hohen personellen und technischen Aufwand und ist bis heute nicht befriedigend gelöst. Noch wissen wir viel zu wenig über die Ansprüche dieser urtümlichen Organismen, und leider erwies sich die von uns entwickelte Spezialapparatur, in der die Zellen unter hohem Druck gehalten werden, als störanfällig. Jede Probenentnahme und vor allem jeder Transport verringerte die Zahl an lebenden Zellen und deren Vitalität, sodass wir uns entschlossen, vor allem anderen, also auch vor einer Weitergabe, an der Lösung dieser methodischen Probleme zu arbeiten.

3. Gleichzeitig mit der Veröffentlichung unserer Daten wurden beim Europäischen Patentamt mehrere Patente beantragt. Diese betreffen sowohl die Zellen selbst als auch die von uns entwickelten Verfahren zu ihrer Gewinnung und Isolierung sowie die Hochdruckapparatur, in der sie gehalten werden. Diese Patentverfahren werden voraussichtlich im Verlauf der kommenden drei Monate abgeschlossen werden. Mittlerweile haben wir die Apparatur weiterentwickelt und die Haltungsbedingungen wesentlich besser im Griff. Zudem erwarten wir neues Probenmaterial von der Originalfundstelle. Sollten wir mit den interessierten Labors Einigung erzielen, wird einer Weitergabe der Zellen in naher Zukunft nichts mehr im Wege stehen.

Kopfschüttelnd schaltete Hermann den Rechner aus. Er hatte genug gesehen, genug gelesen. Patentierung der Zellen, Kollegen in der ganzen Welt, die das Nachsehen hatten und nur gegen Bares in Besitz der Zellen gelangen sollten ... Mit der guten alten Wissenschaft, die er immer noch hochhielt, hatte das nichts mehr gemein. Jetzt war auch klar, was die Synthetische Biologie mit Franks Arbeit zu tun hatte. Die Moebus-Zellen, eine Jahrhundert-, wenn nicht Jahrtausendentdeckung, waren für Frank nichts weiter als ein Chassis, ein geeigneter Behälter für die Erschaffung synthetischer Labororganismen. Wenn dieser Plan aufging, verschaffte er sich ein Monopol in einer Zukunftstechnologie, dessen Wert noch gar nicht abzuschätzen war.

ALS HERMANN gegen neun Uhr abends am Zentrum für Molekulare Biowissenschaften vorbei Richtung Leibnizstraße schritt, wirbelten Fragen durch seinen Kopf. Wie konnte Frank sich nur auf ein derartiges Wagnis einlassen und alles, auch seine beispiellose Karriere, aufs Spiel setzen?

Er drehte sich um, schaute zurück zum Hochhaus, und wie immer seit jener Nacht hefteten sich seine Augen unwillkürlich an das Fenster, aus dem Johannes Hilpert in den Tod gestürzt war. Das Fenster war dunkel, die Rollos heruntergelassen, aber Hermann fiel auf, dass ein paar Räume weiter Licht brannte. Frank war noch im Haus.

Eine Welle von Wut kochte in ihm hoch. Menschen waren gestorben, Daniel verhaftet, Kollegen in aller Welt debattierten in großer Aufregung, nicht wenige forderten seinen Kopf – und da oben, auf dem Olymp, schaltete und waltete dieser Mann und ließ anscheinend alles an sich abprallen. Hermann gab sich einen Ruck und lief auf das Hochhaus zu. Er würde ihn jetzt zur Rede stellen. Er wollte endlich wissen, was hier gespielt wurde.

Sein Schwung trug ihn zurück ins Zentrum, hinein in den Aufzug und hinauf in die zwölfte Etage, vor Franks Bürotür. Er klopfte. Nichts.

Er klopfte kräftiger und drückte die Klinke nach unten. Im Büro brannte Licht, aber es war leer. Er schloss die Tür und sah zum Ende des Flurs. Etwas fiel polternd zu Boden. Jemand fluchte. Das war Franks Stimme.

Hermann lief weiter. Als er das Ende des Flurs erreicht hatte, sah er die Tür, die offen stand, das helle Licht der Leuchtstoffröhren. Er trat näher und spähte in den Kulturenraum. Nichts erinnerte an das Drama, das hier stattgefunden hatte. Das Fenster war geschlossen, die Metallregale an Ort und Stelle. Er trat einen Schritt vor. Die Tür zur Schatzkammer stand offen. Er konnte Klimaschränke erkennen und einen Tisch, auf dem Glasgefäße standen. Er lief an den Regalen mit den Aquarien vorbei und trat ein. Es war das erste Mal, dass er diesen Raum betrat, in dem nichts Geheimnisvolles zu erkennen war. Dahinter schloss sich ein weiterer Raum an. Dort kniete Frank auf dem gekachelten Boden und betrachtete irgendein längliches Metallteil.

Hermann klopfte gegen die Tür. „Hast du an einem Sonntagabend nichts Besseres zu tun?"

Frank fuhr herum. Sein Gesicht war von blankem Entsetzen gezeichnet.

„Entschuldige", stammelte Hermann. „Ich wollte dich nicht erschrecken."

Frank sackte in sich zusammen. Er saß jetzt auf dem Boden, stützte sich mit einem Arm ab, wandte das Gesicht stumm zur Wand.

„Ich habe von unten Licht bei dir gesehen. Ich dachte, ich frag dich mal, ob wir vielleicht zusammen essen wollen, wenn du nichts Besseres vorhast."

Frank schwieg noch immer, sah ihn nicht an. In der rechten Raumhälfte lagen Werkzeuge und zahlreiche Metallröhren auf dem Boden, die aussahen, als gehörten sie zu irgendeiner komplizierten Apparatur.

„Ich habe zu tun", murmelte Frank.

„Schade." Hermann hielt kurz inne. „Ich finde, es gäbe einiges zu besprechen." Er sah sich um. Die Schatzkammer. Irgendwo hier musste sie sein, die größte biologische Entdeckung des Jahrhunderts. Wo hält er die Zellen?, dachte Hermann.

Sein Blick fiel auf die Metallröhren. Sie waren sehr massiv. Ein Satz aus Franks Antwortbrief fiel ihm ein. ... *die von uns entwickelte Spezialapparatur, in der die Zellen unter hohem Druck gehalten werden* ... Das musste sie sein, zerlegt in mehrere Dutzend Einzelteile.

„Wo sind deine Zellen, Frank?"

Der hob den Arm und deutete wortlos auf einen dicken Metallzylinder, der in der Raumecke stand.

„Zeig sie mir. Ich will sie sehen."

Jetzt hob Frank den Kopf und starrte ihn mit weit aufgerissenen Augen an. Er ist verrückt geworden, dachte Hermann entsetzt. Er dreht durch. Er sah, wie Franks Rechte sich um das Metallteil schloss, das vor ihm auf dem Boden lag, und wich unwillkürlich einen Schritt zurück.

„Fängst du jetzt auch noch an!", brüllte Frank plötzlich. „Wer hat dir erlaubt, hier einzutreten?" Er richtete sich auf.

„Ich will wissen, was los ist. Was hat das zu bedeuten?" Hermann zeigte auf die Einzelteile der Apparatur. „Ich will die Zellen sehen."

„Das geht nicht so einfach."

„Warum nicht? Man kann sie im Phasenkontrastmikroskop sehen. Kannst du dich nicht mehr an deine eigene Veröffentlichung erinnern?"

Frank stand jetzt breitbeinig vor ihm, das schwere Metallteil in der Hand. „Sieh dich vor!", zischte er. „Ich bin nicht zu Späßen aufgelegt."

„Das hier ist kein Spaß. Wirf das Ding weg, und zieh mir verdammt noch mal eine Probe. Zeig sie mir."

Wie unter Schmerzen verzog Frank das Gesicht. „Verschwinde endlich."

„Du brauchst Hilfe. Du bist am Ende deiner Kräfte. Sieh dich doch an."

Mit lautem Gepolter fiel das Metallteil auf den Kachelboden.

„Kannst du das nicht verstehen? Wenn ich dich unterstützen soll, muss ich sie sehen. Wo ist das Problem?"

„Wo das Problem ist?" Franks Stimme überschlug sich. „Es gibt keine Zellen mehr, nicht eine einzige. Null, zero. Das wolltest du doch hören, oder?"

„Was? Seit wann?"

Frank stöhnte laut, wandte sich ab und lief mit gesenktem Kopf durch den kleinen Raum. „Also gut." Er schien zu einer Entscheidung gekommen zu sein. „Du gibst ja doch keine Ruhe. Seit ein paar Wochen schon."

„Wie bitte? Du hast seit Wochen keine Moebus-Zellen mehr und ... Mein Gott ... das ist ..."

Frank blieb direkt vor ihm stehen. „Ja? Raus damit! Das ist was? Betrug? Ich habe gelogen. Ja. Na und? Was hätte ich denn tun sollen? Mit Büßermiene vor die Welt treten und sagen, tut mir leid, wir haben zwar eine tolle Entdeckung gemacht, waren aber unfähig, sie am Leben zu erhalten?"

„Natürlich. Was denn sonst?"

Frank grinste. „Ja, du hättest das getan. Der ehrliche Hermann hätte sich vor der Welt zum Deppen gemacht, nur um bei der Wahrheit zu bleiben."

„Das hätte doch jedem anderen auch so gehen können. Niemand weiß, was diese Zellen brauchen, um zu überleben."

„Doch, ich. Ich weiß es. Ich wusste, dass diese Zellen in der Umgebung der Schwarzen Raucher zu finden sein würden, und jetzt weiß ich auch, wie man sie am Leben erhält, wie man diese verdammten Biester dazu bringt, sich zu teilen. Leider etwas zu spät. Ich habe Lehrgeld zahlen müssen, das lässt sich manchmal nicht vermeiden. Aber jetzt bin ich bestens vorbereitet, glaub mir, und in zwei, drei Wochen bekomme ich neues Material, massenhaft neue, lebende Moebus-Zellen. Die Besatzung der *Polarstern* ist bei der Arbeit, jetzt, in diesem Moment. Verstehst du, was ich damit sagen will?"

„Ich sehe nur einen Grund mehr, der Öffentlichkeit die Wahrheit zu sagen."

Frank lachte. „Jaja. Natürlich. Ich hätte es wissen müssen. Es überfordert dein ach so ausgeprägtes Moralempfinden, wenn man nicht sofort klein beigibt, nicht wahr? Wenn man kämpft und versucht, eine Durststrecke, für die man nicht einmal verantwortlich ist, irgendwie zu überstehen, zur Not auch mithilfe einer kleinen Notlüge. Ich hatte gehofft, dass ich nicht in diese Situation kommen würde. Wirklich. Ich hab's nicht gern gemacht, das kannst du mir glauben. Die Zellen begannen zu sterben und ich konnte es nicht aufhalten. Deswegen werde ich mich jetzt aber nicht hinstellen und vor aller Öffentlichkeit sagen: Ich hab's nicht gepackt. Den Gefallen tue ich euch nicht. Ein paar Wochen muss ich das aushalten, diesen Druck, diese Anfeindungen. Ich werde alles vorbereiten, und dann wird es in dieser verdammten Apparatur bald wieder wimmeln von den kleinen Zellen, und kein Hahn wird mehr danach krähen, was war. So ist es doch, oder? Es sei denn …" Sein Gesicht war jetzt nur Zentimeter von Hermanns entfernt. „Jetzt liegt mein Schicksal in deiner Hand. Bringst du es über dich, für einen Kollegen ein paar Wochen lang zu schweigen? Schaffst du das?"

Hermann hielt dem bohrenden Blick stand, aber er hatte keine Antwort. Er wusste nur, dass er Franks Anblick keine Sekunde länger ertragen konnte. Ohne ein Wort zu sagen, drehte er sich um und verließ den Raum.

„Bleib stehen!", rief Frank ihm hinterher. „Was wirst du tun? Du kannst dich nicht einfach davonmachen. Mitgefangen, mitgehangen."

Hermann ging unbeirrt weiter. Er wollte nur noch weg.

Zu Fuß lief er nach Hause und trank unterwegs in einer Kneipe noch zwei Glas Bier. Das Handy, das auf dem Heimweg ununterbrochen geklingelt hatte, war jetzt ausgeschaltet. Auch zu Hause klingelte das Telefon, aber er ging nicht dran und zog schließlich sogar den Stecker aus der Wand.

Marion war zum Glück schon im Bett. Auf dem Küchentisch lag ein Zettel: *Frank Moebus hat angerufen. Sehr aufgeregt!! Er ist im Institut. Du sollst unbedingt zurückrufen.*

Später kontrollierte er noch einmal sein Handy. Acht Anrufe. Und eine SMS: Ich halte das aus, also kannst Du es auch. Nur ein paar Wochen. Bitte!! Dein Frank.

Lass mich in Ruhe, antwortete er. Es gibt nichts zu bereden. H. Lügner.

## 11

Arnie Schwarzenau jubelte. „Wir haben sie!"

„Sie? Welche sie?", fragte Anna.

„Na, die Bekannte von Barthelmess, die von den Fotos. Sie heißt Katrin Scheering und ist im TSV Kronshagen aktiv. War mal Deutsche Juniorenmeisterin über zweihundert Meter und mit der Staffel."

„Und? Kann die Frau uns weiterhelfen?"

„Ich glaube schon. Sie sollten selbst mit ihr sprechen. Wir haben sie im Uni-Sportzentrum an der Olshausenstraße getroffen, wo sie trainiert, und jetzt will sie ohnehin in die Stadt. Wir könnten sie mitnehmen und in der Blume ihre Aussage aufnehmen. Sie hätte Zeit und nichts dagegen."

„Na gut. Wenn Sie meinen. Bringen Sie sie her."

„Sie sitzt schon im Wagen. In einer Viertelstunde sind wir da."

Anne legte auf und vertiefte sich wieder in ein Vernehmungsprotokoll. Jens Becker und Sigmund Bock hatten Daniel Kambacher stundenlang vernommen, doch abgesehen von einigen Details zu seiner Auseinandersetzung mit Johannes Hilpert und vagen Angaben über dessen Arbeit war nicht viel dabei herausgekommen. Seine Festnahme drohte in einem Fiasko zu enden.

Mit Hermann Pauli dürfte sie es sich wohl verscherzt haben, vom Polizeidirektor gar nicht zu reden. Umso willkommener wäre es natürlich, wenn sie nun unverhofft Hilfestellung aus einer ganz anderen Richtung bekämen.

Ein paar Minuten später klopfte es, und die junge Frau stand vor ihr.

„Guten Tag, Frau Scheering, freut mich sehr. Bitte setzen Sie sich. Wissen Sie, dass wir lange nach Ihnen gesucht haben?"

Katrin Scheering zuckte schuldbewusst die Achseln. „Das hat Ihr Kollege auch schon gesagt. Ich hatte nicht das Gefühl, dass ich irgendwie helfen könnte. Sonst hätte ich mich gemeldet."

„Es tut mir sehr leid, was mit Ihrem Freund passiert ist."

„Ja, es ist schrecklich. Ich habe erst Tage später davon erfahren. Eine Freundin hat es mir erzählt." Sie verfolgte, wie die Kommissarin ein Aufnahmegerät auf den Tisch legte und anschaltete.

„Für das Protokoll", erklärte Anne und diktierte Ort, Uhrzeit und Namen. „Sie waren mit Moritz Barthelmess gut befreundet?"

„Ja und nein." Sie lächelte ein wenig verlegen. „Wir waren sehr vertraut miteinander und mochten uns, aber ..."

Anne glaubte zu verstehen. Die beiden hatten sich gelegentlich getroffen und Sex miteinander gehabt. „Sie waren nicht fest liiert."

„Nein, dafür sind wir beide nicht geschaffen."

„Kannten Sie Johannes Hilpert, den Kollegen von Moritz Barthelmess?"

„Das war der andere Tote, nicht wahr? Moritz hat ihn ein paarmal erwähnt. Er hielt nicht besonders viel von ihm."

Anne wurde hellhörig. „Menschlich oder fachlich?"

„Fachlich, glaube ich, ich weiß es aber nicht genau. Was er von seiner Arbeit und dem Institut erzählte, hat mich nie besonders interessiert."

„Dass er in der Arbeitsgruppe von Moebus gearbeitet hat, wussten Sie?"

„Natürlich, das war ihm ungeheuer wichtig. Man könnte fast sagen, er sonnte sich in Moebus' Ruhm. Seit er diese Stelle in Aussicht hatte, hörte das allerdings auf. Es schlug fast ins ..."

„Moment ... er hatte eine Stelle in Aussicht?"

„Ja, eine Juniorprofessur. Als ich ihn das letzte Mal gesehen habe, vor vier Wochen etwa, war die Sache schon so gut wie perfekt."

Dass Barthelmess' Abgang aus Kiel so unmittelbar bevorgestanden hatte, war Anna neu. „Und seit er von dieser Zusage wusste, hat er sich anders über Professor Moebus geäußert?"

„Ich hatte den Eindruck. Ja. Vielleicht war es auch nur Zufall. Er machte jedenfalls ab und zu abfällige Bemerkungen, über diesen Johannes und über Moebus. Dann gab's irgendwann die Geschichte von dem großen Knall, der angeblich bevorstünde."

„Was für ein Knall?"

„Keine Ahnung. Wissen Sie, ich habe es schon Ihrem Kollegen gesagt, Moritz hat den Mund immer ganz schön voll genommen. Meistens fand ich das ganz liebenswert. Ich mochte ihn eben. Manchmal konnte er einem aber auch auf die Nerven gehen. Wenn es mir zu viel wurde, habe ich nur noch mit halbem Ohr zugehört. Bei ihm war immer alles sensationell."

„Aber er hat gesagt, dass ein Knall bevorstünde? Was kann er damit gemeint haben? Könnte sein Tod ..."

Die junge Frau erblasste. „Mein Gott, dieser Gedanke ist mir noch gar nicht gekommen." Sie schüttelte den Kopf. „Ich habe keine Ahnung, was er gemeint hat. Ich hatte diese Bemerkung vollkommen vergessen, bis mich Ihr Kollege nach Moritz' Chef fragte und wie sie miteinander auskamen."

„Und? Wie kamen sie miteinander aus?"

„Gut. Sie kannten sich seit Jahren und duzten sich. Moebus hat ihn nach Kiel geholt. Aber dann muss irgendetwas passiert sein. Oder er hatte einfach genug davon, in Moebus' Schatten zu stehen."

„Er hat Ihnen nie erzählt, was ihn störte?"

„Nein, ich sage doch, das alles spielte zwischen uns kaum eine Rolle. Wenn wir zusammen waren, wollten wir in erster Linie Spaß haben."

„Das ist Ihr gutes Recht. Immerhin hat er Ihnen von diesem Knall erzählt."

„Ja schon, aber ich weiß nichts darüber. Nur dass es irgendwie mit seinem Chef zu tun hatte."

„Bitte versuchen Sie sich zu erinnern, Frau Scheering. Das könnte sehr wichtig für uns sein. In welchem Zusammenhang fielen diese Äußerungen?"

Katrin Scheering legte den Kopf in den Nacken und stöhnte. „Ach, er hatte sich über irgendetwas geärgert, glaube ich. Jedenfalls schimpfte er darüber, dass Moebus immer auf einem so hohen Ross sitze. Bald sei das vorbei, sagte er, es werde einen riesengroßen Knall geben, den man um den ganzen Erdball werde hören können. ‚Was meinst du?', habe ich noch gefragt. ‚Eine Explosion?' Er hat gelacht. ‚Nein, einen Knall anderer Art', sagte er. Er könne nicht darüber sprechen, aber wenn es passiere, würde ich schon wissen, was er gemeint habe. Damit war das Thema erledigt. Tut mir leid."

„Sie haben uns sehr geholfen, Frau Scheering. Und vielleicht fällt Ihnen sogar noch mehr ein. Das ist oft so. Geben Sie uns dann bitte Bescheid."

Als die junge Frau den Raum verlassen hatte, saß Anne noch minutenlang still da und dachte nach. Standen die beiden Todesfälle in Zusammenhang mit diesem mysteriösen Knall? Was könnte Barthelmess gemeint haben? Auf die anderen Mitglieder der Arbeitsgruppe setzte sie wenig Hoffnung, war aber nun sehr gespannt darauf, was Moebus' Sekretärin ihr erzählen würde. Von ihrem Chef abgesehen, war sie die einzige Person, die mehr über die Interna des Olymps wissen könnte. Gut, dass sie die Frau schon vorgeladen hatte. In dem undurchdringlichen Nebel, der die Ereignisse im Biologiezentrum verhüllte, zeichneten sich erste schemenhafte Umrisse ab.

SEIT SONNTAGABEND gegen 21 Uhr galt für Hermann eine neue Zeitrechnung, zum zweiten Mal innerhalb von nur zehn Tagen, und wieder hatte diese Zäsur damit zu tun, dass er unaufgefordert Franks Etage betreten hatte. Den Schock vom ersten Mal hatte er noch nicht überwunden. Beim zweiten Mal hatte es ihm den Boden unter den Füßen weggezogen. Der sichere Boden, auf dem er stand, das war, solange er denken konnte, die Welt der Wissenschaft, ihre Fakten und Gesetze. Selbst in seinen dunkelsten Stunden, nach dem Krebstod seiner Frau, hatte diese Welt ihm Halt gegeben. Seit gestern wusste er nicht mehr, ob der Boden ihn noch tragen würde.

Hermanns Ärger über sich selbst war maßlos, ja, er verfluchte seine Entscheidung, gestern noch einmal umgedreht zu sein und das Gespräch mit Frank gesucht zu haben. Nur dadurch hatte er zu seinem Mitwisser werden können, zu einem Komplizen wider Willen. Wäre er nach Hause gegangen, hätte er heute zufrieden und unbelastet ins Institut gehen können, und Frank wäre mit seinen Machenschaften allein geblieben, wie er es verdiente. So aber galt einer seiner Sätze, die Hermann nicht mehr aus dem Kopf gingen. *Mitgefangen, mitgehangen.* Er durchschaute Franks perfide Strategie. Durch sein Geständnis hatte er ihn mit ins Boot geholt. Wie ein Ertrinkender, der seinen Retter zu sich ins Wasser zieht. *Ich habe gelogen. Ja. Na und?*

Nun gab es kein Zurück mehr, nun steckte er mittendrin in einem Schlamassel, aus dem es keinen Ausweg zu geben schien, und mit jeder Minute, die verging, ohne dass er etwas tat, versank er tiefer im Morast. Wie in Trance hatte er die Lehrveranstaltungen des Vormittags absolviert und fluchtartig den Hörsaal verlassen. Nun saß er an seinem Schreibtisch und hatte die Tür von innen verschlossen, unfähig zu einer Entscheidung, zerrissen zwischen zwei Möglichkeiten, die ihm beide nicht behagten. Den Hörer hatte er neben das Telefon gelegt.

Schon seit Wochen gab es keine Moebus-Zellen mehr. Hermann stockte der Atem, wenn er sich vorstellte, wie viel Nerven und Chuzpe dazugehörten, unter diesen Voraussetzungen noch den erfolgreichen Wissenschaftler zu mimen. Wie konnte ein Mensch das aushalten?

Er lehnte sich nach vorn und stützte seine Stirn auf die Handballen. Sollte er mit seinem Wissen an die Öffentlichkeit gehen, war er nicht sogar dazu verpflichtet? Wenn er handeln wollte, dann müsste er es gleich tun, am besten noch heute oder morgen, sonst würde man ihn fragen, warum er so lange gebraucht habe, um einen offensichtlichen Regelverstoß anzuzeigen. Aber an welche Öffentlichkeit sollte er sich überhaupt wenden? An die Presse? Ausgeschlossen. Das war eine der wenigen Fragen, die er schnell und eindeutig beantworten konnte. Hier ging es um eine wissenschaftsinterne Angelegenheit, über die die Wissenschaftler selbst zu Gericht sitzen müssten.

Sollte er mit dem Universitätspräsidenten sprechen oder mit Wiesheu? Wollte er wirklich, dass ausgerechnet sein Name für alle Zeiten mit Franks Abstieg verbunden bliebe? Es würde einen Riesenskandal geben, und er wäre der Whistleblower, der Informant. Blieb nicht immer auch am Überbringer schlechter Nachrichten etwas hängen? Viele, innerhalb und außerhalb des Wissenschaftsbetriebs, würden es ihm übel nehmen, wenn er an Franks Stuhl rüttelte. Es gäbe Widerstände, mächtige Instanzen würden sich einschalten, die das Ganze lieber unter Ausschluss der Öffentlichkeit klären oder ganz unter den Teppich kehren würden. Und immer wäre er derjenige, der den Stein ins Rollen gebracht hätte. Sicher, manche würden ihm anerkennend auf die Schulter klopfen, andere ihm aber unterstellen, dass er sich nur profilieren wollte. Wollte er sich in den wenigen aktiven Jahren, die ihm noch blieben, einer solchen Belastung aussetzen? Je länger er darüber nachdachte, desto sicherer wurde er, dass die Antwort Nein lauten müsste. Es war sein Leben, und er wollte es nicht im Schützengraben eines Krieges um Prinzipien verbringen.

Selten hatte er sich so einsam gefühlt. Er glaubte, mit niemandem über sein Dilemma reden zu können, niemanden damit belasten zu dürfen, jedenfalls keinen seiner Kollegen. Vielleicht würde sich jemand, der Frank nicht so nahestand, leichter damit tun. Nichts würde ihn selbst aber der Notwendigkeit entheben, sich in dieser Sache zu positionieren. Er musste sich entscheiden – für oder gegen Frank Moebus.

Er legte den Hörer zurück auf die Gabel, weil ihn das leise Piepen des Telefons zu nerven begann. Dann stieß er einen tiefen Seufzer aus und stand auf, um sich einen Kaffee zu machen.

War Franks Vergehen wirklich so gravierend, dass die ganze Welt davon erfahren müsste? Er spielte auf Zeit. Sollte die *Polarstern* in wenigen Wochen tatsächlich mit frischem Zellmaterial aus dem Nordpolarmeer zurückkehren, würde niemand auf den Gedanken kommen, dass Frank gar keine Zellen mehr besessen und seine Antwort auf den *Nature*-Brief eine dreiste Lüge enthalten hatte. Nur Hermann müsste mit diesem Wissen leben.

Er merkte, wie bereitwillig er sich diesen Gedanken überließ, wie sehr es ihn entlastete, wenn er nach Gründen suchte, die sein Schweigen rechtfertigten. Frank war keineswegs aus dem Schneider, auch wenn er sein Wissen für sich behielt. Seine im Netz veröffentlichte Erklärung stieß in den Blogs auf nahezu einhellige Ablehnung. Viele sahen darin eine Kriegserklärung. Warum sollte Hermann zusätzlich Öl ins Feuer gießen?

Das Telefon klingelte und riss ihn aus seinen Gedanken. Er hielt den Atem an. Wenn es Frank wäre, würde er einfach wieder auflegen. Er griff nach dem Telefonhörer. „Pauli", sagte er so unbeteiligt wie möglich. Im nächsten Moment verzog sich sein Gesicht zu einem breiten Grinsen. „Daniel!", rief er. „Wo bist du? Haben sie dich freigelassen?"

„Ja, vor zwei Stunden. Ich bin jetzt zu Hause."

Hermann fiel ein Stein vom Herzen. „Mann, bin ich froh. Das ist endlich mal wieder eine gute Nachricht. Wie geht es dir?"

„Na ja, wie heißt es so schön, den Umständen entsprechend. Jetzt geht es mir gut. Aber die letzten zwei Tage waren die schlimmsten meines Lebens. Sie wollten mir den Tod von Johannes und Moritz Barthelmess anhängen. Aber sie konnten mir nichts nachweisen. Heute Morgen haben sie mich noch verhört, dann ging plötzlich alles ganz schnell."

„Ich bin froh, dass du wieder zu Hause bist. Jetzt erhol dich erst mal. Du musst morgen nicht kommen, wenn dir nicht danach ist."

„Danke für das Angebot, aber das geht nicht. Wir planen für die nächsten Tage eine Aktion vor dem Zentrum."

Hermann runzelte die Stirn. „Eine Aktion?"

„Lass dich überraschen. Wir werden demonstrieren."

„Meinst du, das ist eine gute Idee, wo du gerade erst …"

„Ich bin entschlossener denn je, gegen diese größenwahnsinnigen Pläne vorzugehen. Ich lasse mich nicht einschüchtern, und den anderen geht es genauso. Ich glaube, wir werden eine Menge Leute zusammenkriegen."

„Welche Pläne? Sprichst du von Moebus? Sei vorsichtig. Da ist im Augenblick einiges im Gang und …"

„Ich weiß. Darum geht es ja. Im Netz rumort es, aber hier hat kaum einer was davon mitbekommen. Ich habe den Eindruck, es wird totgeschwiegen, um Moebus nicht zu beschädigen. Wir wollen das ändern. Wir sehen uns dann morgen, okay? Mach's gut."

Es knackte in der Leitung. Hermann starrte auf den Hörer. Demonstrationen gegen Frank Moebus. Das hatte ihm gerade noch gefehlt.

Auf dem Handy war kein Anruf mehr eingegangen. Offenbar war seine Botschaft angekommen. Oder Frank war anderweitig beschäftigt. Was jetzt wohl in ihm vorging? Hermann zog die Schreibtischschublade auf und blickte nachdenklich auf die Veröffentlichungslisten, die er ausgedruckt hatte. Johannes Hilperts nur vier Einträge umfassende Liste lag obenauf.

Hatte er vom Verlust der Zellen gewusst? Natürlich. Er hatte doch mit den Moebus-Zellen gearbeitet, wenngleich die Ergebnisse dieser Arbeit nie dokumentiert worden waren. Wie hätte ihm verborgen bleiben sollen, dass ihr Zustand sich kontinuierlich verschlechterte, bis zum finalen Zusammenbruch der gesamten Population? Ihr Wohlergehen war Grundlage und Voraussetzung seiner Arbeit gewesen. Ohne die Zellen hatte er vor dem Nichts gestanden. Und welche Rolle hatte Barthelmess gespielt?

Auf einen Schlag war Hermann hellwach. Bisher hatte er sich viel zu sehr in seinem eigenen Dilemma verfangen, um die beiden Katastrophen miteinander in Verbindung zu bringen, doch innerhalb eines Wimpernschlags erschien ihm die Situation nun in einem ganz neuen Licht. Hatte einer der beiden Jungforscher mit Frank unter einer Decke gesteckt, und der andere war dahintergekommen? War das der Grund für den tödlich verlaufenen Streit gewesen? Diese Sicht auf die Tragödie ließ viele Fragen offen. Vielleicht sollte er mit Anne Detlefsen darüber reden. Seit ihrem Telefonat und Daniels Verhaftung war er zwar nicht gut auf die Kommissarin zu sprechen, trotzdem war sie ihm sympathisch gewesen, sehr sogar.

Hermann war wie elektrisiert. In seinem Kopf überstürzten sich die Gedanken. Ihm kam eine weitere Idee, der er sofort nachgehen wollte. Er suchte die Arbeit über die Moebus-Zellen heraus. Warum sprach alle Welt immer nur von Frank? Was war mit den anderen Autoren? Im Kopf der Arbeit standen vier Namen: Frank Moebus, Simon Gerstecke, Hans-Heiner Fischer und Bruno Wehrmann. Für einen Moment war Hermann verwirrt. Er hatte die Arbeit gelesen, doch jetzt sah er zum ersten Mal genauer hin. Wie war es möglich, dass er von keinem der drei Koautoren je gehört hatte, bei einer derart bedeutenden Entdeckung? Frank hatte die Namen nie erwähnt.

Hermann rief die Website des Alfred-Wegener-Instituts für Meeresforschung auf, das in der Arbeit als Adresse aller vier Autoren genannt wurde. Er brauchte nicht lange, um herauszufinden, wo sich die Expeditionsberichte früherer Fahrten aufrufen ließen. In der Arbeit las er das genaue Datum nach. Sekunden später hatte er die Route der Expedition ARK-XXIII/4 auf dem Bildschirm. Die *Polarstern* war im August vom isländischen Reykjavík aus in See gestochen und dann durch die weitgehend eisfreie Nordwestpassage um Grönland herum in die Ostsibirische See gefahren. Anfang Oktober hatte das Schiff den Gakkel-Rücken erreicht. Dort sollte der Tauchroboter zum Einsatz kommen, das sogenannte ROV.

In den wöchentlichen Berichten las Hermann den ersten der drei Namen, die ihn interessierten, Dr. Bruno Wehrmann. Er war der Expeditionsleiter dieser historischen Fahrt gewesen. Im Mitarbeiterverzeichnis des Instituts fand Hermann den Namen wieder. Wehrmann war Sedimentologe, hatte mit Mikrobiologie also nur am Rande zu tun. Warum Frank ihn in die Autorenliste aufgenommen hatte, war für Hermann nicht ersichtlich. Er vermutete, dass Wehrmann sich als wissenschaftlicher Leiter der Expedition in besonderer Weise für Franks Anliegen starkgemacht hatte, was dieser mit einer Koautorenschaft belohnt hatte.

Wer sich hinter den anderen beiden Autoren verbarg, war wesentlich schwieriger zu ermitteln. Hermann brauchte über eine Stunde und etliche Suchanfragen, bis er im Netz endlich auf den Namen Hans-Heiner Fischer stieß: in einem Interview, das Frank Moebus kurz nach Erscheinen seines Aufsatzes dem britischen *New Scientist* gegeben hatte.

„Ohne Hans-Heiner Fischer hätten wir unsere Proben nicht an die Oberfläche bekommen", hatte er gesagt. „Sie wären zusammen mit dem ROV für immer am Gakkel-Rücken geblieben, und wer weiß, wann es nach einem solchen Verlust eine zweite Expedition gegeben hätte. Da unten herrschen ziemlich unberechenbare Strömungsverhältnisse. Beim Aufstieg kurz nach der entscheidenden Probennahme wurde der Tauchroboter plötzlich gegen die Schlote benachbarter Schwarzer Raucher gedrückt und verklemmte sich. Über zwei Stunden lang haben die Techniker alles versucht, ohne Erfolg. Erst Hans gelang es, das ROV wieder freizubekommen. Ohne ihn wüssten wir bis heute nicht, welche Schätze da unten auf uns warten."

Auch Fischer war kein Mikrobiologe, sondern Ingenieur. Hermann fand heraus, dass er heute für eine kalifornische Firma arbeitete, die spezielle Mini-ROVs entwickelte. Bei der Rettung der Proben mochte Fischer sich unschätzbare Verdienste erworben haben, an ihrer Analyse und damit an der eigentlichen Entdeckung der Moebus-Zellen war er sicher nicht beteiligt.

Es wurde schon dunkel, als Hermann sich auf die Suche nach dem dritten Koautor machte. Simon Gerstecke war der Einzige der drei, dessen Name ihm vage bekannt vorkam, und als er noch einmal einen Blick auf Franks Veröffentlichungsliste warf, wusste er auch, warum. Die beiden hatten mehrere Arbeiten zusammen publiziert. Die letzte datierte wenige Monate vor der Expedition der *Polarstern* zum Gakkel-Rücken. Endlich. Simon Gerstecke schien Franks eigentlicher Partner gewesen zu sein, auch er ein Experte für Marine Mikrobiologie, der ebenfalls an der ersten Forschungsfahrt zum Gakkel-Rücken teilgenommen hatte. Trotz seines deutsch klingenden Namens war er Amerikaner, Hermann konnte ihn jedoch weder unter den Mitarbeitern der Woods Hole Oceanographic Institution finden noch im Verzeichnis des Alfred-Wegener-Instituts. Was war aus ihm geworden?

Gerstecke war wie Frank ein ehrgeiziger Vielschreiber. Die lange Liste seiner Publikationen brach allerdings vor ungefähr drei Jahren ab, mit ebenjener letzten Arbeit über Bakterienmatten, die er zusammen mit Frank verfasst hatte. Obwohl Hermann alle seine Möglichkeiten, im Internet zu suchen, ausschöpfte, gelang es ihm nicht, die Arbeitsstelle Gersteckes ausfindig zu machen. Schließlich kehrte er auf die Website von Woods Hole zurück und durchforstete das News-Archiv. Als er endlich fündig wurde, stockte ihm der Atem.

„*Young Microbiologist Died in Car Accident in Germany*" – Junger Mikrobiologe stirbt bei Autounfall in Deutschland. Die Meldung umfasste nur drei Zeilen. Wenige Tage nach der Rückkehr der *Polarstern* aus dem eisigen Norden war der als Gastforscher am Alfred-Wegener-Institut weilende Simon Gerstecke bei einem schweren Verkehrsunfall in der Nähe von Bremerhaven ums Leben gekommen.

Hermann ließ sich gegen die Rückenlehne seines Schreibtischstuhls fallen. Noch ein Toter. Das konnte doch nicht wahr sein.

## 12

Kim Chin Ho, ein koreanischer Doktorand, war der Letzte, der an diesem Tag die zwölfte Etage verließ. Jedenfalls dachte er das. Gegen 22.30 Uhr löschte er das Licht im Flur und machte sich auf den Weg ins nahe gelegene Studentenwohnheim. Er ahnte nicht, dass sein sonst so umtriebiger Professor, der das Büro an diesem Tag kaum verlassen hatte, noch immer in seinem unbeleuchteten Zimmer am Schreibtisch saß und in das Dunkel seines Büros starrte.

Das unerwartete Zusammentreffen mit Hermann Pauli am gestrigen Abend hatte Frank Moebus aus der Bahn geworfen. Seit dem Tag, an dem er einen Pakt mit dem Teufel eingegangen war, bestand sein Leben zunehmend aus einem kräftezehrenden Auf und Ab zwischen Euphorie und panischer Angst.

Lange hatte er nur die berauschende Luft seines triumphalen Erfolges geatmet und alles andere darüber vergessen. Er hatte sie so tief inhaliert, dass er selbst glaubte, das Lob und die Bewunderung zu verdienen. Seine Kraft und seine Möglichkeiten schienen grenzenlos zu sein, und wenn ihn in seltenen Momenten der Erschöpfung Zweifel überkamen, wurden sie vom nächsten, nach einem seiner brillanten Vorträge aufbrausenden Beifall weggespült. Falls das nicht reichte, erinnerte er sich daran, dass es nur noch eine Frage der Zeit war, bis er seine faszinierenden Ideen über die Entstehung des Lebens in allen Einzelheiten durch Fakten untermauern könnte. Er wusste, dass es so kommen würde. Die Schattenbiosphäre existierte, und sie war komplexer, als es die größten Optimisten für möglich hielten.

Doch je länger dieser Höhenflug andauerte, je länger er sich an Ehrungen und Beifall berauschte, desto häufiger wurden die Zeichen, dass es so nicht weitergehen und die Zahl der Zweifler steigen würde. Irgendwann müsste er um seine Position kämpfen, und dann könnte es für ihn um alles gehen. Immer häufiger meldete sich die Angst, und nachdem Hermann zum denkbar ungünstigsten Zeitpunkt in seiner Schatzkammer aufgetaucht war, blieb diese Angst sein ständiger Begleiter. Sie presste ihn in seinen Schreibtischstuhl und machte ihn handlungsunfähig. Seit jener denkwürdigen Nacht vor zwei Wochen hatte sich der Wind gedreht, und Frank fürchtete, dass dieser Wetterwechsel sich als unumkehrbar erweisen könnte.

Den düsteren Visionen, die ihn heimsuchten, hatte er nur ein Mantra entgegenzusetzen, das er schon den ganzen Tag vor sich hin murmelte: Du darfst nicht aufgeben. Mach weiter, immer weiter, wie in jener Nacht. Du musst durchhalten, bis die *Polarstern* zurück ist. Nicht aufgeben …

Ausgerechnet Hermann. Ein hoffnungslos altmodischer Mann, wie aus der Zeit gefallen, war zu seinem einzigen Mitwisser geworden. Ob er auch eine andere Erklärung geschluckt hätte? Aber die Apparaturen hatten demontiert auf dem Boden gelegen und er hatte das sehr wohl registriert, deshalb hatte er die Zellen ja sehen wollen. Da waren Frank nur Sekunden geblieben, um sich zu entscheiden, und im Nachhinein war er eigentlich zufrieden gewesen mit seiner Erklärung, weil sie Hermann an einer empfindlichen Stelle erwischt hatte. Trotzdem war nicht klar, wie er sich verhalten würde. Bisher hatte er offenbar nichts unternommen. In Wirklichkeit hatte er auch keine Ahnung, aber er hatte jetzt Witterung aufgenommen.

Und ausgerechnet Hermann hatte auch die Leiche finden müssen, in jener Nacht, die Frank, was immer ihm noch bevorstand, nie vergessen würde. Als hätte das Schicksal beschlossen, ihrer beider Leben verhängnisvoll miteinander zu verknüpfen. Er konnte nur noch warten, wie Hermann sich entscheiden würde. Ein Wort von ihm und …

Er presste die Augenlider zusammen. Du darfst dich nicht aufgeben. Denk nach, und mach weiter, immer weiter. Wie in jener Nacht. Erinnere dich an das Gefühl, das du hattest angesichts immer neuer Herausforderungen, und denk daran, wie du sie gemeistert hast. Nur so geht es.

Tatsächlich erinnerte er sich, als wäre es gestern gewesen. Jeder Schritt, jeder Gedanke hatte sich unauslöschbar in sein Gedächtnis eingebrannt. Ihm traten fast die Tränen in die Augen, als er sich wieder in Hannover aus dem Flugzeug steigen sah. Wie zuversichtlich er gewesen war.

Es ist 19.02 Uhr. Seine Maschine aus Zürich ist zwar mit ein paar Minuten Verspätung gelandet, aber er macht sich keine Sorgen. Jetzt, da er die ersten Etappen erfolgreich hinter sich gebracht hat, gibt es dafür keinen Grund mehr. Hier in Hannover wartet ein schneller Wagen auf ihn, und wenn er gegen zehn oder halb elf am Ziel ist, wird er für das, was er sich vorgenommen hat, mehr als genug Zeit haben.

Er durchquert ohne Eile die Abfertigungshalle. Er hat nur einen kleinen Rucksack dabei, in dem sich die wichtigsten Unterlagen für die Gespräche und Verhandlungen befinden, die er morgen zu führen hat. Das Gepäck und seinen Rechner hat er im Hotel in Brüssel gelassen. Er hatte eingecheckt, die Sachen im Zimmer abgestellt und, da er schon seit fünf auf den Beinen gewesen war und noch Zeit gehabt hatte, zwei Stunden geschlafen. Danach nahm er unten im Hotelrestaurant ein ausgiebiges Mittagessen ein und trat dann auf die belebte Straße hinaus, ein x-beliebiger Tourist, der sich in den Trubel der Metropole stürzte. Zwei Straßenecken weiter rief er sich ein Taxi und fuhr damit wieder zum Flughafen Brüssel-Zaventem.

Die Abfertigungshalle in Hannover ist voller Menschen – wenn ihn ausgerechnet heute jemand hier erkennen würde, hätte er wohl ein Riesenproblem. Sein Blick ist deshalb starr geradeaus gerichtet. Als er den Schalter der Mietwagenfirma erreicht, hat sich aber natürlich gar nichts ereignet, und er lässt sich Schlüssel und Wagenpapiere aushändigen. Schließlich steht er im Parkhaus vor der eleganten silbergrauen Limousine. Er setzt sich ans Steuer. Beim Verstellen des Rückspiegels fällt ihm auf, dass seine Hand zittert.

Aus Vorsicht war er in Zürich zwischengelandet. Während der quälend langen Wartezeit verfluchte er seine übertriebene Vorsicht, die ihn diese umständliche Anreise hatte wählen lassen. Er wäre fast durchgedreht, als er, um die Zeit totzuschlagen, immer wieder dieselben Gänge entlanglief. Aber ein Direktflug nach Hamburg war ihm einfach zu riskant erschienen. Es ist ausgeschlossen, dass jemand seine Pläne durchschaut, niemand wird versuchen, seine Wege nachzuvollziehen. Aber wozu unnötige Risiken eingehen?

Er ist ein Mann der Tat, und in diesem Moment, als er Richtung Autobahn fährt und seinem Ziel mit jeder Sekunde näher kommt, spürt er seine Entschlossenheit besonders intensiv. Alles ist auf das eine Ziel ausgerichtet, auf das, was heute Nacht getan werden muss. Ja, es gibt nichts außer ihm und seinem Vorhaben. Er hat an alle Eventualitäten gedacht und sich, wie immer, minutiös vorbereitet. Planung ist alles. Seine Zielstrebigkeit und die unerschütterliche Überzeugung, jeder Herausforderung gewachsen zu sein, haben ihn dahin gebracht, wo er jetzt steht.

Seltsam, im Grunde weiß er gar nicht, wann das anfing, wann er auf diese

Straße des Erfolges einbog, um sie nie wieder zu verlassen. Wenn er über diese Fähigkeiten nicht schon immer verfügt hat, müssen sie unmerklich in ihm gewachsen sein, wahrscheinlich in Woods Hole oder in Harvard, wo er und seine Kollegen am Vorabend der Bekanntgabe der Nobelpreisträger Wetten darüber abschlossen, hinter welcher Tür ihres Flurs wohl das Telefon läuten werde. Dort war er Teil einer Elite, für die Selbstzweifel ein Fremdwort ist. Aus heutiger Sicht klingt es grotesk, dass er für seinen Vater, diesen sturen alten Sack, ein ewiger Träumer war, der sich willenlos hin und her treiben ließ, er hielt es ihm oft genug vor, solange er noch Macht über ihn hatte. Erst versuchte er, ihm das Saxofonspiel zu vermiesen, später das Biologiestudium und die Marine Mikrobiologie. Für den Alten waren das nur Flausen, brotlose Kunst. Im Alter war er dann nur noch eine lächerliche Figur. Frank hat ihm nie eine Träne nachgeweint.

Am Straßenrand taucht ein Schild auf. H<small>AMBURG</small> 140 K<small>ILOMETER</small>. Er lächelt, summt einen Miles-Klassiker vor sich hin, lenkt den Wagen auf die Überholspur und tritt das Gaspedal durch.

K<small>NAPP EINE</small> S<small>TUNDE SPÄTER</small> hat er Hamburg erreicht und rast, umgeben vom Lichtermeer des Hafens, auf die Einfahrt des Neuen Elbtunnels zu. Als der Sprecher nach den Nachrichten einen Konzertmitschnitt von Bill Evans ankündigt, aufgenommen beim diesjährigen JazzBaltica-Festival, jubelt er und dreht die Lautstärke hoch. Sofort trommeln seine Finger auf dem Lenkrad den Rhythmus der Musik. Er hat nicht die geringsten Zweifel daran, dass alles weiter nach Plan verlaufen wird. Dank dem schnellen Wagen hat er Zeit gutgemacht.

Als er vor sich die lange Kette der Bremslichter aufleuchten sieht, denkt er sich nichts dabei, er reduziert die Geschwindigkeit und lässt den Wagen ausrollen. Normalerweise sind Staus für ihn eine Tortur, die er, wenn möglich, weiträumig umfährt, die Abfahrt für die Alternativroute über die Elbbrücken liegt aber bereits hinter ihm. Um diese Zeit kann es sich nur um eine unbedeutende Verzögerung handeln. Er schließt für einen Moment die Augen und überlässt sich ganz der Musik. Hin und wieder blinzelt er. Noch ist der Tunnel nicht zu sehen.

Nach zehn Minuten hat er kaum fünfzig Meter zurückgelegt, und unter sein Wohlgefühl mischt sich Ungeduld. Als es ein Stück vorangeht, steuert er nach links, um an den anderen Wagen vorbeischauen zu können. Hundert Meter weiter erkennt er die Tunneleinfahrt, davor blinken etliche Blaulichter. Vielleicht ein Unfall. Er blickte auf die Uhr, immer wieder. Schon fünfzehn Minuten. Das hätte niemals passieren dürfen, nicht heute. Warum ist er nicht über die Brücken gefahren? Er könnte schon raus sein aus Hamburg. Er wird von Minute zu Minute nervöser, muss schließlich sogar das Radio ausschalten, weil ihm die Musik auf die Nerven geht. „Scheiße!", flucht er und schlägt mit der Faust auf das Lenkrad ein. „Scheiße, Scheiße, Scheiße!"

Minutenlang bewegt sich nichts, und langsam bekommt er in seiner geräumigen Limousine Platzangst. Er hupt, will schreien. Sein Problem ist ja nicht Kiel, sondern der City Night Line nach Köln, der um Punkt 0.31 Uhr den Hamburger Hauptbahnhof verlässt. Daran muss er sich orientieren. Wenn er Kiel nicht rechtzeitig erreichte, wäre das zwar überaus ärgerlich und all die Mühen dieses verrückten Tages, das Hin und Her quer durch Europa, der Mietwagen und die vielen Kilometer auf der Autobahn wären vergeblich gewesen. Aber noch haben sich die werten Kollegen ja nicht gerührt, noch zögern sie, ihre per Mail und am Telefon geäußerten Drohungen wahr zu machen und ihn öffentlich an den Pranger zu stellen. Doch bevor es so weit ist, bietet sich ihm sicher eine zweite Chance. Viel verheerender wären die Folgen, wenn er den Zug verpasste und seine Termine nicht wahrnehmen könnte. Deshalb muss er um halb eins in Hamburg am Bahnhof sein. Um 6.44 Uhr geht es dann von Köln weiter nach Bruxelles-Midi. Und um elf wartet Resnais im Hotel auf ihn. Er muss weiter, sofort, sonst ...

Er umklammert das Lenkrad, konzentriert sich auf seinen Atem, versucht sich zu beruhigen, aber es ist hoffnungslos. Ohne etwas wahrzunehmen, starrt er aus dem Fenster und merkt, wie die Anspannung aus seinem Körper weicht. Er hat keine Kraft mehr. Er ist am Ende. Was für ein Irrsinn. Er hat sich verrannt. Das ganze Vorhaben ist von Anfang an nichts anderes als ein Akt der Verzweiflung gewesen. Der langsame, aber unaufhaltsame Niedergang des Frank Moebus, denkt er bitter und legt die Stirn auf das Lenkrad. Er ist ein Getriebener, der nicht wahrhaben will, dass er längst am Ende ist.

Warum hat Hilpert ihn nicht nach Brüssel begleitet? In seiner Gegenwart hätte er sich nie mit einem so wahnwitzigen Plan beschäftigt. Wie konnte er sich nur diese Schlafmütze ins Team holen, diesen geborenen Versager? Sicher, er hat ihn sich gezielt ausgesucht, genau so sollte der Mann sein, am besten mit Frau und kleinen Kindern, einer, der, wenn es hart auf hart kommt, viel zu verlieren hat. Er wollte keinen zweiten Moritz, der immer unverschämter wird, je näher sein Abschied rückt. Er wollte jemanden, den er formen kann, der sich führen lässt und keine Fragen stellt. Hat Hilpert vielleicht geredet? Ist Moritz deshalb so aufsässig? Ahnt er etwas, oder sind das nur Begleiterscheinungen seines Abnabelungsprozesses? Glücklicherweise sind die beiden sich nicht grün, er hat es vorhergesehen, auch das ein Teil des Plans. Wenn Hilpert irgendwann Verdacht schöpfte, sollte er nicht zu

Moritz rennen, um ihm sein Herz auszuschütten, sondern zu ihm, zu Frank Moebus, seinem berühmten Mentor, damit er rechtzeitig gegensteuern könnte. Nein, Hilpert hat sich, wenn überhaupt, zu Hause ausgeweint.

Sein Niedergang hat jedoch nicht erst mit Hilpert begonnen, das weiß er, sondern viel früher, vielleicht schon mit Judys Entscheidung, nicht mit ihm zurück nach Deutschland zu gehen. Seit ihrer Trennung ist kein Tag vergangen, an dem er nicht an sie gedacht hätte, an ihre Stimme, ihren Geruch, ihre Energie, ihren starken, warmen jungen Körper, und nicht selten spürt er, dass er an diesem lauen Sommerabend in Boston, an dem Judy ihm unter Tränen ihre Entscheidung mitteilte, nicht nur die Liebe seines Lebens, sondern auch einen Teil von sich selbst verloren hat.

Als nach anderthalb Jahren in Bremerhaven ein Angebot der Amerikaner kam, war es zu spät. Judy hatte ihm zwischenzeitlich ein Foto geschickt, das sie in einem schneeweißen Brautkleid zeigte. Niemals hätte er wieder dort leben und arbeiten können.

Er suchte Halt in seiner Arbeit und stürzte sich mit Simon in mehrere Projekte gleichzeitig. Aber dann verunglückte Simon und starb, und in einem Moment der Schwäche, in dem er der Versuchung nachgab, weil ihm klar wurde, wie leicht alles gehen würde, nahm das Verhängnis seinen Lauf. Unter dem Eindruck von Simons Tod und der plötzlichen Leere, die ihn umgab, stellte er die Weichen neu, und er stellte sie, wie er jetzt zu wissen glaubt, falsch. Seitdem ist er nur noch damit beschäftigt, den Zug, den er umgeleitet hat, nicht gegen die Wand fahren zu lassen.

Dieser Idiot, kaum wieder an Land, rast er mit seinem BMW in den Tod. Warum? Wie konnte er ihm das antun? Erst die Trennung von Judy und dann das. Er war nicht stark genug, um sich davon nicht aus der Bahn werfen zu lassen. Judy hätte ihn vor Dummheiten bewahrt, und mit einem Simon an seiner Seite wäre er auch ohne Moebus-Zellen ein geachteter und vielversprechender Wissenschaftler geworden. Die Suche nach der Schattenbiosphäre war ihre gemeinsame große Leidenschaft, und nach ihrer ersten Expedition in nordpolare Gewässer waren sie sich sicher, dass diese anderen Lebensformen, wenn überhaupt, zwischen den Schloten der neu entdeckten Schwarzen Raucher am Gakkel-Rücken zu finden sein würden …

Ein lautes Hupen lässt ihn aufschrecken. Er dreht sich um. Der Mann, der im Wagen hinter ihm am Steuer sitzt, gestikuliert wild. Frank blickt nach vorn, kneift ungläubig die Augen zusammen, und im nächsten Moment begreift er. Vor ihm ist Platz, die Einfahrt in den Tunnel ist frei. Er sieht auf die Uhr: 21.45 Uhr. Noch kann er es schaffen. Er wird rasen müssen, es wird um Minuten gehen, aber er kann es schaffen. Zweifel und Resignation weichen einer grimmigen Entschlossenheit. Er ist wieder in Position, und Ruhm und Triumph und ein Happy End, alles ist wieder möglich.

Er verdrängt jeden Gedanken an Judy und Simon und fährt auf die Tunneleinfahrt zu.

## 13

Anne saß an ihrem Schreibtisch und machte sich Notizen für die bevorstehende Vernehmung von Irene Schaumann, als das Telefon klingelte. Sie sah auf dem kleinen Display, dass der Anruf von Dirk Hansen kam.

„Was gibt's, Dirk? Ich hab nicht viel Zeit."

„Ich mach's kurz. Ich sollte doch herausfinden, womit sich die Leute in der Moebus-Arbeitsgruppe beschäftigen. Gestern bin ich ins Biologiezentrum gefahren und habe mir erklären lassen, worum es im Einzelnen geht."

„Und?", drängte Anne.

„Tja, das Ergebnis ist ziemlich überraschend, selbst für einen Laien wie mich. Die forschen an verschiedenen Arten von Bakterien und an sogenannten Archaeen. Die Namen sind reinste Zungenbrecher. Viele stammen aus der Umgebung von Schwarzen Rauchern. Und jetzt kommt's: Niemand in der Gruppe beschäftigt sich mit den Moebus-Zellen, außer dem Chef selbst, das vermute ich zumindest."

„Kein Einziger?", fragte die Kommissarin verblüfft nach. „Sind Sie sicher? Und was ist mit Barthelmess und Hilpert?"

„Barthelmess arbeitete seit Jahren über Archaeen. Und das Thema von Hilperts Doktorarbeit lautet: ‚Sequenzierung und Synthese mikrobieller RNA'. Allgemeiner geht's kaum. Dass er keinen Zugang zu den Kulturen und keine eigene Codekarte hatte, spricht dagegen, dass er mit den Zellen gearbeitet hat. Ich finde das verwirrend. Hätten Sie nicht auch erwartet, dass die halbe Arbeitsgruppe über diese Zellen forscht, bei dem Wirbel, der darum gemacht wurde? Keiner hat diese Wunderzellen je gesehen."

Anne machte sich ein paar Notizen, die sie mit Fragezeichen versah: *Keine Forschung an den Moebus-Zellen?? Nur Moebus selbst? Codekarte?*

„Immerhin kann man bei Hilperts Themenstellung vermuten", fuhr Hansen fort, „dass die Synthese von Anfang an Teil seiner Arbeit war."

„Danke, Dirk. An Ihnen ist wirklich ein Forscher verloren gegangen. Jetzt muss ich aber leider Schluss machen."

„Okay. Ich maile Ihnen dann noch die Liste mit den Themen der Arbeitsgruppe und einigen kurzen Kommentaren."

Merkwürdig ... Sie ließ den Hörer langsam sinken. Geradezu mysteriös. Da hatten Moebus und seine Leute exklusiv einen dicken Fisch an der Angel, um den sie die halbe Welt beneidete, und abgesehen vom Chef selbst schien sich niemand darum zu kümmern. Was hatte das zu bedeuten?

Wieder klingelte das Telefon. Diesmal war es der Pförtner. „Frau Schaumann ist auf dem Weg zu Ihnen", meldete er.

Anne legte auf und schloss für einen Moment die Augen, um sich zu konzentrieren. Die nächsten Minuten würden darüber entscheiden, ob in diesen verfluchten Fall noch einmal Bewegung käme oder nicht.

IRENE SCHAUMANN hatte sich in Schale geworfen, das war nicht zu übersehen; sie wollte einen guten Eindruck machen. Schon bei der Begrüßung auf dem Flur wirkte sie derart nervös, dass Anne von ihrem ursprünglichen Vorhaben, sie in den Vernehmungsraum zu führen, abließ. Stattdessen blieben sie im Büro und tranken frischen Latte macchiato. Das schien die Frau ein wenig zu entspannen.

Anne bemühte sich um einen unaufgeregten Ton, als ginge es nur um ein paar unbedeutende Routinefragen, die noch zu klären wären, und erkundigte sich nach dem Rückzug von Johannes Hilpert, den die Sekretärin gegenüber Hollinger angedeutet hatte. Irene Schaumann bestätigte ihre früheren Aussagen, hatte aber keine Erklärung für die Veränderungen, die ihr an dem Doktoranden aufgefallen waren. Sie habe den jungen Mann gemocht und sich manchmal Sorgen um ihn gemacht, erklärte sie. Vielleicht habe zu Hause etwas nicht gestimmt, mit seiner Frau oder den Kindern.

Dann fragte Anne nach der Arbeitsatmosphäre insgesamt und ob sich da in der Gruppe Moebus etwas verändert habe in letzter Zeit.

Irene Schaumann seufzte und senkte den Kopf, als wäre das genau die Frage, auf die sie bangen Herzens gewartet hatte. Tränen kullerten über ihre Wangen. Sie öffnete ihre Handtasche, um ein Taschentuch zu entnehmen.

„Wissen Sie, Frau Kommissarin, am Anfang, ich meine, während der ersten anderthalb Jahre, gab es so viel Optimismus bei uns. Immer mehr junge Leute stießen dazu, voller Tatendrang. Professor Moebus schien sie magisch anzuziehen. Die Gruppe wuchs, und es herrschte eine Aufbruchstimmung, wie ich sie noch nie erlebt habe. Professor Moebus verbreitete großen Enthusiasmus und steckte die jungen Leute damit an. Und ich ... ich bin achtundfünfzig, und wahrscheinlich ist das die letzte Station in meinem Arbeitsleben, ich war nur glücklich, dass ich ein Teil davon sein durfte."

„Aber es blieb nicht so."

„Nein. Leider nicht."

„Würden Sie sagen, dass Professor Moebus hohe Ansprüche stellt? Setzt er seine Leute unter Druck?"

„Nein … ich weiß nicht. Er … er kann schon ziemlich laut werden."

„Ist er gegenüber Johannes Hilpert laut geworden?"

Irene Schaumann presste die Lippen aufeinander und nickte. „Worum es dabei ging, weiß ich nicht, aber man hat sein Brüllen bis auf den Flur gehört, bis ins Vorzimmer, durch die geschlossene Tür. Mehrfach. Aber das war nicht nur bei Herrn Hilpert so."

„Sondern? Bei wem noch?"

Sie senkte den Kopf. „Dr. Barthelmess. Sie stritten sich häufig in letzter Zeit. Dass die beiden sich derart in die Haare kriegen würden, hätte ich nie gedacht. Sie schienen so vertraut miteinander zu sein. Ein eingespieltes Team. Aber dann … Was vorgefallen ist, weiß ich nicht. Wenn Sie mich fragen, würde ich sagen, dass Dr. Barthelmess es gegenüber Professor Moebus an dem gebotenen Respekt fehlen ließ. Im Lauf der Zeit haben diese Auseinandersetzungen die ganze Atmosphäre vergiftet. Ich hatte die ganze Zeit ein ungutes Gefühl, als ob sich da was zusammenbraute. Professor Moebus war so verändert, so unnahbar geworden."

„Sind Johannes Hilpert und Dr. Barthelmess mal aneinandergeraten?"

„Nein, nicht dass ich wüsste. Aber sie mochten sich nicht besonders."

„Was heißt, sie mochten sich nicht? Wie hat sich das geäußert?"

„Na ja, man sah die beiden nie zusammen. Dr. Barthelmess hat es einem in letzter Zeit auch nicht leicht gemacht, ihn zu mögen. Er war sehr kurz angebunden und begegnete uns allen nur noch von oben herab. Vielleicht hat Herr Hilpert mehr darunter gelitten als andere, er war sehr sensibel. Ich habe aber nie bemerkt, dass die beiden sich öffentlich gestritten haben."

„So wie Barthelmess und Professor Moebus."

„Ja, dass da was nicht stimmte, haben alle mitbekommen. In den zwei, drei Wochen vor dieser Tragödie sind sie sich regelrecht aus dem Weg gegangen, und Dr. Barthelmess ist nur noch im Institut erschienen, wenn er Lehrveranstaltungen hatte. Er hätte uns ja ohnehin bald verlassen."

„Hat er Ihnen gegenüber mal von einem großen Knall gesprochen, der bevorstünde? Vielleicht hat er sich auch anders ausgedrückt."

„Nein."

„Und Sie wissen wirklich nicht, worum es bei diesen Auseinandersetzungen mit Professor Moebus ging?"

„Ich …" Sie biss sich auf die Lippen. „Einmal habe ich etwas gehört. Ich bin den Flur entlanggegangen und an seiner Tür vorbeigekommen, an der

Tür von Professor Moebus, und ... da habe ich die Stimme von Dr. Barthelmess gehört."

„Was hat er gesagt?"

„Viel habe ich nicht verstanden. Ich lausche doch nicht. ‚Ich verstehe überhaupt nicht mehr, was hier los ist!', hat er gerufen. Er muss direkt hinter der Tür gestanden haben und war offenbar ziemlich außer sich. Dann rief er: ‚Warum tust du das, Frank? Und wo bleiben die Ergebnisse? Was soll ich den Kollegen noch sagen? Sie fragen mich seit Monaten. Was treibt dieser Kerl eigentlich?'" Sie schüttelte den Kopf. „Diese Sätze sind mir seitdem nicht mehr aus dem Sinn gegangen."

„Hm. Und was hat Professor Moebus gesagt?"

„Ich weiß nicht. Ich habe nur ein Brummen gehört."

„‚Was treibt dieser Kerl eigentlich?' Wen kann er damit gemeint haben?"

Keine Antwort. Achselzucken.

„Ist das wirklich alles? Mehr haben Sie nicht gehört?"

Kopfschütteln, Tränen.

EIN PAAR TÜREN WEITER saß Jens Becker an seinem Schreibtisch und starrte auf einen Monitor. Seinen Mund umspielte ein zufriedenes Lächeln.

Eigentlich war er restlos geschafft, er hatte das ganze Wochenende durchgearbeitet. Den Sonntag hatte er im Vernehmungsraum mit diesem renitenten Studenten verbracht. Doch dass Kambacher der Mann im Anzug war, hatte auch er nicht mehr geglaubt. Aber wer war es dann? Er hatte das unangenehme Gefühl, dass man der Aussage des Alten, dem er nachts begegnet war, keine Bedeutung mehr beimaß. Kriminaldirektor Grube ohnehin nicht, der hätte den Fall lieber heute als morgen zu den Akten gelegt. Nur Anne hielt die Ermittlungen mit einer Beharrlichkeit am Leben, die langsam verzweifelte Züge annahm. Nach Kambachers Entlassung hätte endgültig Schluss sein müssen. Doch Anne machte weiter und griff nach jedem Strohhalm; erst hatte sie diese Sportlerin ausfindig gemacht, und jetzt wollte sie sich die Sekretärin unbedingt selbst vornehmen. Was erhoffte sie sich von dieser Frau?

In Beckers Augen war der Mann im Anzug nach wie vor der Schlüssel zur Lösung dieses Falles. Plötzlich war ihm seine erste spontane Vermutung wieder eingefallen. Er hatte einen Moment nachgedacht und sich dann sofort an den Computer gesetzt. Der Gedanke an Moebus verlieh ihm neue Kräfte. Wenn es ihm doch noch gelänge, dieses arrogante Arschloch abzuschießen, würde ihm das unendliches Vergnügen bereiten.

Was er auf dem Monitor sah, ließ ihn grinsen. Es gab täglich vier Direktflüge von Brüssel nach Hamburg und zurück, der letzte landete um 21.10 Uhr. Moebus hätte also genügend Zeit gehabt. Er hätte am Donnerstag mit der ersten Maschine um 6.50 Uhr wieder nach Brüssel fliegen können. Welchen Sinn ein solches Manöver hätte haben sollen, stand allerdings auf einem anderen Blatt. Doch im Augenblick interessierte Becker nur eines: Moebus hätte zur Tatzeit in Kiel sein können. Er könnte der Mann im Anzug gewesen sein. Becker überlegte einen Moment, dann suchte er die Nummer der Lufthansa heraus und griff zum Telefon.

ALS HERMANN seine Vorlesung gehalten hatte und in sein Büro zurückkehrte, empfing ihn der Lärm von Trillerpfeifen und Sprechchören. Sogar durch das Isolierglas der geschlossenen Fenster war er zu hören. Daniel und seine Aktivisten machten Ernst.

Hermann wollte wissen, was dort unten vor sich ging. Also ruckelte er und zog, bis sich das reparaturbedürftige Fenster mit einem Geräusch, das ihm durch Mark und Bein ging, öffnen ließ. Das Pfeifkonzert war ohrenbetäubend. Er staunte, wie viele es waren. Die Zahl der Demonstranten lag bei mindestens sechzig. Mit ihren selbst gemalten Transparenten in der Hand hatten sie eine Art Spalier gebildet, sodass jeder, der ins Haus wollte, durch ihre Mitte gehen musste.

KEIN PATENT AUF LEBEN! WISSENSCHAFT, BLEIB SAUBER! KEINE GEHEIMWISSENSCHAFT AN UNIVERSITÄTEN! KEIN SYNTHETISCHES LEBEN!, stand auf den Spruchbändern und Plakaten. Daniel, mit dem Hermann am Morgen ein paar Worte gewechselt hatte, hatte die Aktion eine Mahnwache genannt, und er hatte angekündigt, dass sie so lange vor dem Biologiezentrum ausharren würden, bis ihre Forderungen erfüllt wären.

„Moe-bus, gib die Zel-len raus", skandierten die Demonstranten jetzt, „sonst ist bald der O-fen aus!"

Hermanns Lippen formten stumm die Silben. Schließlich sprach er sie leise mit und grinste dabei. Er hätte nicht übel Lust, es mit denen da unten laut herauszubrüllen. Vielleicht hätte er dann endlich ein Ventil für all den Frust gefunden, den er in sich spürte.

Frank hatte nichts mehr von sich hören lassen, und langsam wurde Hermann dieses Schweigen unheimlich. In welcher Verfassung war Frank? Im Lauf der Zeit hatte er reichlich studentischen Zorn auf sich gezogen, aber dass eine respektable kleine Demonstration sich derart lautstark gegen einen einzelnen Hochschullehrer richtete, war ein Novum auf dem Kieler Campus.

Hermann riss sich los, lehnte das Fenster an und setzte sich an seinen Schreibtisch. Er hatte gerade die Veröffentlichung über die Moebus-Zellen in die Hand genommen, von der er nun wusste, dass Frank sie allein verfasst hatte, als das Telefon klingelte. Es war Wiesheu, der Institutsdirektor.

„Hast du gesehen, was sich da vor dem Zentrum abspielt?"

„Natürlich, gesehen und gehört. Ich bin ja nicht taub."

„Wir müssen etwas unternehmen."

„Und was schwebt dir da vor?"

„Das grenzt an Nötigung, Hermann. Es traut sich ja keiner mehr ins Haus."

„Du denkst doch nicht etwa daran, die Polizei zu rufen?"

„Ich sehe keine andere Möglichkeit. Wir müssen einen geordneten Lehrbetrieb gewährleisten."

„Lass die Polizei bitte aus dem Spiel. Von denen hatten wir mehr als genug im Haus. Dieses kleine Happening müssen wir einfach aushalten. Außerdem ... haben sie nicht recht? Du weißt, worauf ihre Proteste anspielen."

Er konnte hören, wie Wiesheu nach Luft schnappte. „Ich muss mich sehr wundern. Ausgerechnet du sagst das, Hermann, ein Freund von Moebus."

„Sie fordern nur, was wir immer predigen oder predigen sollten. Ehrliche, saubere Wissenschaft. Vielleicht haben wir darauf in unseren Lehrveranstaltungen zu wenig Wert gelegt."

„Natürlich weiß ich, worum es geht", meinte Wiesheu. „Ich habe den Brief in *Nature* gelesen. Ich kenne auch Moebus' Antwort und war, gelinde gesagt, entsetzt. Das alles bestätigt mich in meinen schlimmsten Befürchtungen und wird uns noch lange beschäftigen. Aber so geht das nicht. Das ist Anarchie."

„Weißt du, ob er im Haus ist?"

„Natürlich ist er da. Wir haben ihn durch einen Hintereingang hereingelassen. Er hätte ein Praktikum leiten sollen, die Veranstaltung wurde aber so massiv gestört, dass er sie abbrechen musste."

Draußen schwoll der Lärm zu einem lauten Jubelchor an. Hermann blickte unwillkürlich zum Fenster. „Was ist das denn?", stieß er hervor. Vom blauen Herbsthimmel war nichts mehr zu sehen. Irgendetwas Großes, Weißes hatte sich zwischen ihn und die Außenwelt geschoben. „Herbert ..."

„Warte mal einen Moment", unterbrach ihn der Direktor. Hermann hörte eine Stimme im Hintergrund. Dann einen Aufschrei Wiesheus: „Was? Hermann, bist du noch dran? Sie sind irgendwie aufs Dach gekommen und haben ein großes Transparent enthüllt, höre ich gerade. Ich muss raus und mit ihnen reden. Das können wir auf keinen Fall zulassen. Du solltest dir das auch ansehen. Zusammen können wir sie vielleicht zur Vernunft bringen."

„Ich komme." Hermann sprang auf.

WENIGE MINUTEN SPÄTER stand Wiesheu mit hängenden Schultern auf dem Schwarzen Weg, starrte fassungslos auf die oberen Stockwerke des Hochhauses und schüttelte wie unter Zwang den Kopf. „Das geht zu weit", sagte er nun schon zum dritten Mal. „Ich rufe jetzt die Polizei."

„Sei doch vernünftig, Herbert. Du machst die Sache damit doch nur noch größer." Hermann konnte sich von dem Anblick kaum losreißen. Sie mussten Tag und Nacht gearbeitet haben, um so etwas herzustellen.

Das Transparent bedeckte die ganze Breite und die oberen drei Stockwerke des Hauses. Das Bemerkenswerteste war allerdings nicht seine Größe, sondern der in dicken Großbuchstaben geschriebene Text, der daraufstand: HIER WIRD GEGEN GUTE WISSENSCHAFTLICHE PRAXIS VERSTOSSEN. WENN DIE GÖTTER SICH NICHT AN DIE REGELN HALTEN, WIRD DER OLYMP BALD ZUM VULKAN.

Eins musste man ihnen lassen: Sie hatten Humor.

Wiesheus Handy flötete. „Ja?", fragte er heiser. Dann schwieg er, und Hermann hörte nur noch eine erregte Stimme aus dem kleinen Telefon. Das Gesicht des Institutsdirektors lief langsam rot an. „Sie sind mir zuvorgekommen. Ich stehe gerade vor dem Haus und war im Begriff, das Gleiche zu tun ..."

„Und?", fragte Hermann gespannt, als Wiesheu das Telefon sinken ließ.

„Es ist zu spät, Moebus hat gerade die Polizei angerufen." Wortlos setzte sich der Direktor in Bewegung. „Komm. Sie werden gleich hier sein. Wir müssen verhindern, dass es zu Handgreiflichkeiten kommt."

ANNE hatte ihre Schilderung der Vernehmung von Irene Schaumann beendet. Die entscheidenden Sätze spielte sie jetzt vor.

*„Warum tust du das, Frank?"*, quäkte die Stimme der Sekretärin aus dem winzigen Lautsprecher des Diktiergerätes. *„Und wo bleiben die Ergebnisse? Was soll ich den Kollegen noch sagen? Sie fragen mich seit Monaten. Was treibt dieser Kerl eigentlich? ..."*

Anne stoppte die Wiedergabe und spielte die Passage ein zweites Mal ab. Dann lehnte sie sich zurück und wartete gespannt auf die Reaktionen der drei Männer, die mit ihr am Besprechungstisch saßen. Einen Moment herrschte Schweigen. Hoffnungsvoll sah sie von einem zum anderen, doch das Einzige, was sie auf den Gesichtern ihrer Mitarbeiter lesen konnte, war Skepsis. Sie wusste, was sie dachten: Wir sind dir gefolgt, so lange es ging, Anne. Lass es jetzt gut sein. Hör auf, bevor du dich verrennst. Du hast alles versucht.

Das private Drama, das sie der Presse präsentiert hatten – ganz auszuschließen war es natürlich nicht. Ein eifersüchtiger, labiler Ehemann, der rotsieht, dieses Szenario hatte man so oft erlebt, dass alle bereit waren, es zu schlucken. Aber dieser Fall war anders. Es ging um Wissenschaft, um Forscherkarrieren, um eine Welt, die ihnen fremd war. Sie musste versuchen, die anderen zu überzeugen, sie noch einmal wachrütteln. Eine innere Stimme sagte ihr, dass in den Worten, die Irene Schaumann aufgeschnappt hatte, die Antworten auf all ihre Fragen zu finden waren.

„Fällt euch gar nichts dazu ein?", fragte sie nach einer Weile. „So schwer es euch fällt, ich möchte, dass wir noch mal alles auf den Tisch legen. Ein letzter Versuch. Es sind noch einige wichtige Details ans Licht gekommen."

„Ich weiß nicht, Anne." Sigmund Bock warf Bertram Hollinger und Jens Becker einen Blick zu. „Meinst du nicht, wir sollten die Sache einfach ruhen lassen?"

„Seht ihr denn nicht, dass wir ganz dicht dran sind? Wir haben immer vermutet, dass es in der Gruppe heftige Spannungen gab. Jetzt haben wir die Bestätigung. Moebus und Barthelmess haben sich gestritten, dass die Fetzen flogen. Das ist eine Überraschung, oder seht ihr das anders? Wir haben uns immer auf Barthelmess und Hilpert konzentriert, Moebus steckte aber mittendrin in diesem Konflikt. Die große Frage ist: Worum ging es dabei? ‚Ich verstehe überhaupt nicht mehr, was hier los ist!', hat Barthelmess auch noch gerufen. Was verstand er nicht? Auf welche Ergebnisse wartete er? Und wen meinte er mit ‚Kerl'?"

Hollinger seufzte. „Der Einzige, der uns das erklären könnte, ist Moebus selbst. Und der wird nichts sagen."

„Da ist noch etwas. Hansen hat mir berichtet, was er über die Arbeitsgebiete der Gruppe herausgefunden hat. Nach allem, was ihr über Moebus wisst … woran, glaubt ihr, arbeiten seine Leute?"

„An diesen Zellen natürlich", antwortete Hollinger.

„Eben. Das Merkwürdige ist aber: Genau das ist nicht der Fall. Hansen hat herausgefunden, dass außer Moebus keiner in der Gruppe über die neuen Zellen forscht. Barthelmess hat ohnehin andere Interessen verfolgt. Die anderen arbeiten mit Tiefseebakterien. Und sogar in Hilperts Themenstellung kommen die Moebus-Zellen nicht vor."

„Wie bitte?", rief Becker aus. „Jetzt verstehe ich gar nichts mehr."

Anne stutzte, dann sah sie ihn mit großen Augen an. „Was hast du gesagt?"

Becker machte ein verwirrtes Gesicht. „Ich begreife nicht, wieso …"

„Nein. ‚Jetzt verstehe ich gar nichts mehr', hast du gesagt. Genau wie Barthelmess. Erinnert ihr euch? ‚Ich verstehe überhaupt nicht mehr, was hier los ist!', hat er gerufen. Vielleicht hat er ja dasselbe gemeint wie Jens."

Die anderen sahen ihre Chefin verständnislos an.

„Versteht ihr denn nicht?" Ihr Gesicht glühte vor Aufregung. ‚‚Wo bleiben die Ergebnisse? Was soll ich den Kollegen sagen?' Das könnte sich doch auf die Moebus-Zellen beziehen. Er hat sich wie Jens gewundert, dass da nichts kommt, keine Ergebnisse. Wenn niemand forscht, kann man auch nichts herausfinden. Hermann Pauli hat mir erklärt, dass Moebus das Erbgut seiner Zellen sequenzieren will. Ich glaube, er hat es sogar angekündigt."

„Du redest schon wie diese Wissenschaftler", murrte Becker.

„Er wollte die Abfolge der Erbbausteine ermitteln, ihre Sequenz, um die Verwandtschaft mit anderen Zellen zu klären. Und ..." Hastig griff sie nach dem Ausdruck von Hansens Liste. „Das Thema von Hilpert hieß: ‚Sequenzierung und Synthese mikrobieller RNA'. Da steht es: Sequenzierung. Hilpert war der Mann, der das machen sollte. Deshalb hat Moebus ihn nach Kiel geholt. Das hat uns doch auch seine Frau gesagt." In ihrem Kopf drehte sich die Gedankenmaschine in rasender Geschwindigkeit. Es kam ihr vor, als würde plötzlich ein schwerer dunkler Vorhang zur Seite gezogen. ‚‚Was treibt der Kerl eigentlich?' Damit könnte Hilpert gemeint gewesen sein. Er sollte die Ergebnisse liefern, aber er hat es offenbar nicht getan, warum auch immer. Sagte die Sportlerin nicht, dass Barthelmess nichts von seinem Kollegen hielt, dass er über ihn hergezogen ist? Er verachtete Hilpert, weil der mit seiner Arbeit nicht zu Potte kam. Und es ärgerte ihn, dass er dauernd die neugierigen Fragen der Kollegen beantworten musste. Er hatte keine Erklärung dafür, warum die Ergebnisse so lange auf sich warten ließen. Mein Gott, das ergibt alles Sinn."

„Anne, jetzt komm mal wieder auf den Boden", sagte Bock. „Ich verstehe, was du meinst, aber was bringt uns das?"

„Was uns das bringt?" Ihre Antwort fiel schärfer aus als gewollt. „Ich werde dir sagen, was das bringt, Sigmund. Zum ersten Mal beginne ich zu verstehen, was da los war, die Hintergründe. Ich gehe jede Wette ein, dass die beiden nicht wegen irgendeines harmlosen Flirts mit Hilperts Frau aneinandergeraten sind, sondern wegen dieser Geschichte."

„Aha", erwiderte Bock ungerührt. „Und das kannst du auch beweisen."

„Beweisen, beweisen. Zuerst will ich mal verstehen."

„Gut, jetzt haben wir verstanden. Wissen wir deshalb, was an diesem Abend geschehen ist? Nur darum geht es doch."

Anne starrte ihn an. Er hatte natürlich recht. Alles in ihr war in Aufruhr, drängte voran, und Bock zwang sie zu einer Vollbremsung. „Okay. Okay. Bleiben wir auf dem Boden. Beschäftigen wir uns mit den Dingen, die noch nicht ins Bild passen. Mit der Codekarte zum Beispiel. Wenn meine Theorie stimmt und Hilpert in Moebus' Plänen so eine wichtige Rolle spielte, warum hatte er dann keine eigene Codekarte?"

„Wieso?" Hollinger hatte die Stirn in Falten gelegt. „Er hatte doch eine."

„Er hatte eine? Wie kommst du darauf?"

„Als wir ihn fanden, steckte eine Codekarte in seinem Kittel. Du kannst es nachlesen." Die beiden anderen nickten.

„Ich …" Sie war verwirrt. Wie war das möglich? Hatte sie einen Fehler gemacht? Moebus, Barthelmess und eine technische Assistentin hatten eine Karte. Das wusste sie genau. Sie begann, in den Unterlagen zu blättern.

„Du musst nicht nachschauen, Anne. Es ist definitiv so. Die Karte steckte in seiner Kitteltasche. Glaub mir." Hollinger sah sie besorgt an.

„Und warum haben wir das nie weiterverfolgt? Hilpert hatte keine eigene Karte. Ich kenne die Vernehmungsprotokolle in- und auswendig. Moebus hat ausgesagt, dass nur er, Barthelmess und eine Assistentin eine Karte hatten. Wir haben sogar nachgefragt, erinnerst du dich, Jens? Er sagte, dass der Kreis an Leuten, die Zugang hätten, möglichst klein gehalten werden sollte, wegen der wertvollen Kulturen."

„Das stimmt", bestätigte Becker verblüfft. „Es kann also nicht Hilperts Karte gewesen sein."

„Verdammt!", fluchte Anne. „Wir haben nicht aufgepasst."

Bock schüttelte verständnislos den Kopf. „Auf die Gefahr hin, mich zu wiederholen: Ist das wirklich so wichtig? Vielleicht hat sich Hilpert einfach eine Karte geholt, wenn er in den Raum wollte."

„Das klingt für mich ganz plausibel", stimmte Hollinger zu.

Anne war noch nicht überzeugt. „Er wollte offenbar die Schatzkammer betreten oder hatte es schon getan. Vielleicht hat er sich die Karte einfach genommen. Das könnte sogar ein möglicher Grund für den Streit gewesen sein. Barthelmess könnte ihn dabei überrascht haben, wie er sich Zugang verschaffen wollte, und hat ihn zur Rede gestellt."

„Ich verstehe nicht, warum du so erpicht darauf bist, dauernd über den Hergang zu spekulieren. Es gab keine dritte Person. Barthelmess und Hilpert sind tot. Also ist das ohne jede Bedeutung", sagte Bock.

Anne fühlte sich plötzlich müde und ausgelaugt. Sie hatten sich verzettelt, und sie fühlte sich jetzt außerstande, die Fäden wieder zu entwirren. „Mir reicht's für heute. Ich muss erst mal darüber nachdenken. Aber glaubt nicht, dass ich euch damit in Ruhe lasse. Wir haben unsere Hausaufgaben nicht gemacht. Das müssen wir nachholen. Bertram, kümmerst du dich darum, wie das mit den Codekarten gehandhabt wird?"

Hollinger nickte schweigend.

Sie erhoben sich, nur Becker blieb sitzen. „Was ist, Jens?", fragte Anne.

„Bitte wartet noch einen Augenblick. Sigmund hat davon gesprochen, dass es keinen Dritten gab. Für mich ist das weiterhin eine offene Frage."

Bock stöhnte und ließ sich auf den harten Holzstuhl fallen. „Jetzt komm bitte nicht wieder mit deinem Mann im Anzug."

„Doch, allerdings. Erinnert ihr euch an meine erste Vermutung, wer dieser Mann gewesen sein könnte?"

„Natürlich", sagte Anne. „Ich erinnere mich sogar daran, dass ich nichts mehr davon hören wollte."

Becker presste die Lippen zusammen. „Ich weiß, dass es Moebus war. Ich kann es nur noch nicht beweisen."

„Drehen jetzt hier alle durch?", fragte Bock. „Moebus war in Brüssel."

„Jeder verrennt sich eben auf seine Weise", erwiderte Becker trotzig. „Ich will nur, dass ihr diese Möglichkeit nicht völlig außer Acht lasst. Ich weiß, sie klingt unwahrscheinlich. Aber wir haben es mit einem außergewöhnlichen Mann zu tun. Ich habe mir mal die Flugpläne angesehen. Moebus ist am Mittwochmorgen nach Brüssel geflogen, da gibt es keinen Zweifel. Er hätte dann aber ohne Weiteres noch am Abend mit einem Direktflug nach Hamburg fliegen können und früh am nächsten Tag zurück. Er wäre dann zur Tatzeit in Kiel und trotzdem am Donnerstagmorgen um kurz nach acht wieder in Brüssel gewesen."

„Das ist doch verrückt", meinte Bock. „Warum sollte er das getan haben?"

„Vielleicht um sich ein Alibi zu verschaffen?"

„Willst du uns weismachen, er hätte einen Mord geplant?"

„Was er genau vorhatte, kann ich nicht sagen. Alles, was ich weiß, ist, dass er die Möglichkeit dazu hatte. Und es würde erklären, warum wir den Mann im Anzug bisher nicht finden konnten."

Jens mochte zu Depressionen neigen, seine Abneigung gegen Moebus war irrational und für Anne nicht nachvollziehbar. Sie kannte ihn aber gut genug, um zu wissen, dass er kein Spinner war. Der Ernst, mit dem er seine Gedanken vortrug, blieb auf sie nicht ohne Wirkung. „Das lässt sich doch herausfinden", sagte sie.

„Hab ich schon versucht."

„Und?"

„Fehlanzeige. Die Direktflüge am Mittwochabend und Donnerstag früh hat er nicht genommen, jedenfalls nicht unter seinem Namen."

Sie sahen sich einen Moment in die Augen. „Okay", sagte sie schließlich und nickte. „Mach weiter."

Dann drehte sie sich um und verließ den Raum.

## 14

Skandal um Uniprofessor weitet sich aus, lautete die Schlagzeile. Darunter stand: „Etwa zweihundertfünfzig Studenten demonstrierten gestern vor dem Biologiezentrum der Universität gegen die Forschungspraktiken von Kiels prominentestem Wissenschaftler."

„Skandal? Welcher Skandal?" Anne starrte auf die Zeitungsüberschrift und konnte es kaum fassen. „Das kann doch nicht wahr sein. Demonstrationen gegen Frank Moebus, und ich erfahre das erst aus der Presse. Die Kollegen von der Bereitschaftspolizei waren doch vor Ort. Hat denn von denen niemand auch nur einen Funken Verstand im Kopf?"

„Sieh dir mal das Foto hier an", sagte Bock, der Anne mit der heutigen Ausgabe der *Kieler Nachrichten* die Stimmung verdorben hatte. „Erkennst du ihn? Ein alter Bekannter."

Natürlich hatte sie ihn erkannt. In der kleinen Demonstrantengruppe, die das Foto zeigte, war Daniel Kambacher kaum zu übersehen. Seine Festnahme und die stundenlangen Vernehmungen hatten ihn offenbar wenig beeindruckt. Ein zweites Bild am Ende des Zweispalters interessierte Anne jedoch viel mehr. Es zeigte ein riesiges Transparent, das die oberen Stockwerke des Hochhausturmes verhüllte.

„Merkwürdig. Verstehst du das, Sigmund? Wogegen haben die eigentlich demonstriert? Um Synthetische Biologie schien es nicht zu gehen."

„Doch, auch." Bock war schon auf dem Weg zur Tür. „Lies den Artikel. Er wird dich bestimmt interessieren. Offenbar gibt es unter den Wissenschaftlern große Unruhe. Moebus weigert sich, seine Zellen herauszugeben."

Anne war sofort so in den Zeitungstext vertieft, dass sie nicht hörte, wie Bock hinter sich die Tür schloss.

Mit fast einwöchiger Verspätung erfuhr nun auch die Kriminalpolizei von dem *Nature*-Brief und den gegen Frank Moebus erhobenen Anschuldigungen. Der Artikel versetzte Anne in höchste Aufregung. Er resümierte sowohl den Brief und Moebus' Antwort als auch die zum Teil heftigen Reaktionen aus Wissenschaftskreisen. Der Knall, ging es ihr sofort durch den Kopf. Das ist der große Knall, von dem Barthelmess gesprochen hat.

Nach der Lektüre lief sie im Büro auf und ab und versuchte, Ordnung in ihre Gedanken zu bringen. Wahrscheinlich hatte Barthelmess gewusst, dass Moebus seine Zellen anderen Wissenschaftlern vorenthielt. Und aus der eigenen Gruppe kamen keine Ergebnisse. Daher seine plötzliche Geringschätzung, diese Verachtung, von der die Sekretärin erzählt hatte. *Ich ver-*

*stehe überhaupt nicht mehr, was hier los ist!*, hatte er gerufen. Und: *Warum tust du das, Frank? Was soll ich den Kollegen noch sagen?* Natürlich, sie hatten auch Barthelmess darauf angesprochen, in Telefongesprächen und Mails, nicht nur auf die ausbleibenden Ergebnisse, sondern auch auf die Weigerung seines Chefs, die Zellen herauszugeben. Irgendwann war er es leid gewesen, darauf zu antworten. Er hatte gewusst, dass die internationale Forschergemeinschaft sich ein solches Verhalten nicht endlos bieten lassen würde. Irgendwann müsste es eine Reaktion geben.

Obwohl es noch eine Fülle von Fragen gab, spürte Anne, dass sie der Wahrheit immer näher kam. Das Drama im Biologiezentrum musste irgendetwas mit diesen geheimnisvollen Zellen zu tun haben. Nicht einmal Moebus' Mitarbeiter hatten sie im Original zu Gesicht bekommen. Warum? Auch bei Johannes Hilpert hatte sich alles um die Zellen gedreht. Er hatte eine fremde Codekarte bei sich gehabt. Sigmund könnte mit seinem Einwand recht haben, dass das ein völlig normaler Vorgang gewesen war, aber vielleicht war es ja kein Zufall gewesen, dass Hilpert sich ausgerechnet zu einem Zeitpunkt Zutritt zur Schatzkammer hatte verschaffen wollen, an dem sein Chef für mehrere Tage im Ausland gewesen war. Was hatte er vorgehabt?

Anne kämpfte gegen den Impuls, Hermann Pauli anzurufen. Immer häufiger musste sie an diesen Mann denken, und meistens hatten diese Gedanken nichts mit ihrem Fall zu tun. Jetzt könnte er ihr vieles erklären, es war jedoch zu früh für einen Anruf. Nach der vorübergehenden Festnahme seines Assistenten war sie wahrscheinlich ein rotes Tuch für ihn.

Stattdessen rief sie Dirk Hansen an und bat ihn, sich ein wenig im Netz umzusehen. Es war klar, dass eine Vernehmung oder gar Vorladung von Frank Moebus im Augenblick nicht infrage kam. Aber sie mussten wissen, was da vor sich ging.

FRANK MOEBUS stand in seinem Büro am gekippten Fenster und lauschte mit eisiger Miene den Sprechchören, die vom Eingang des Zentrums bis in den obersten Stock zu hören waren. Trotz des Polizeieinsatzes am Vortag hatten sich heute sogar an die hundert Demonstranten versammelt, und sie machten da weiter, wo sie gestern aufgehört hatten.

„Moebus, rück die Zellen raus, sonst gehn bald die Lichter aus!"

Warum kam Wiesheu nicht seiner verdammten Pflicht nach und ließ diese Krawallmacher zum Teufel jagen? Franks Kiefer mahlten. Er hatte mit allem gerechnet, so vieles eingeplant. Aber mit Demonstrationen und aufgebrachten Studenten hatte er nicht gerechnet. Durch ihr Geschrei war jetzt auch die Tagespresse aufmerksam geworden. Bisher hatte sie von dem *Nature*-Brief kaum Notiz genommen, schon heute Morgen aber hatten mehrere Journalisten angerufen und nach seiner Reaktion gefragt.

In dieser verrückten endlosen Nacht vor fast genau zwei Wochen hatte er nicht aufgegeben, obwohl es dafür mehr als genug Gründe gegeben hätte. Sollte er jetzt etwa vor ein paar grölenden Studenten kapitulieren? Er ballte die Hände zu Fäusten. Nein, niemals. Wieder riss ihn seine Erinnerung mit und katapultierte ihn zurück in jene verhängnisvolle Nacht.

Er nimmt die Ausfahrt Kiel-Zentrum, folgt den Schildern und fährt Richtung Universität, eine Strecke, die er nicht kennt. Seit der Einfahrt in den Neuen Elbtunnel sind knapp fünfzig Minuten vergangen.

Er ist gefahren wie der Teufel, immer auf der Überholspur, und die Schilder sagen ihm, dass er in wenigen Minuten am Biologiezentrum ist. Noch kann er es kaum glauben. Erst als er in die Leibnizstraße einbiegt und hinter der Mensa die vertraute Silhouette des Hochhauses sieht, weiß er, dass er es geschafft hat. Er möchte am liebsten einen Triumphschrei zum Himmel schicken. Doch er hält sich zurück. Er weiß genau, er ist erst am Ziel, wenn er sich auf seinem Bett im City Night Line nach Köln ausstrecken kann.

Wie berechtigt seine Zurückhaltung ist, wird ihm klar, als er die menschenleere Leibnizstraße entlangfährt. Nirgends steht ein Pkw, weder am Straßenrand noch auf den Parkplätzen. Hier darf er sein Auto nicht abstellen. Irgendein Wissenschaftler, der lange gearbeitet hat, könnte aus einem der Institute auf die Straße treten, sich über den auffälligen Wagen wundern und sich später daran erinnern. Dieses Risiko will er nicht eingehen.

Dann sieht er, dass ausgerechnet hoch oben im Biologiezentrum noch Licht brennt. Mist, das sind die Räume von Hermann Pauli. Was hat der alte Krake um elf Uhr abends noch im Institut verloren?

Er beschließt, den Wagen irgendwo in der Olshausenstraße stehen zu lassen und dann zu Fuß durch die Grünanlage zu laufen, nein, zu rennen. Ihm bleibt nicht mehr viel Zeit, jede Minute ist kostbar. Vielleicht hat er Glück, und Hermann ist bis dahin auf sein Fahrrad gestiegen und endlich auf dem Weg nach Hause. Er muss aufpassen, dass er ihm nicht über den Weg läuft.

Kurz vor dem Westring, wo wenigstens noch ein paar Fahrzeuge parken, steigt er aus und zieht den Mantel über. Irgendwo Richtung Innenstadt wird eine Party gefeiert. Er hört laute Musik. Er sieht sich um und fängt an zu laufen. Jetzt kann er nicht mehr darüber nachdenken, was passiert, wenn ihn doch jemand sehen sollte. Er ist ohnehin nur ein Avatar, eine geisterhafte Kopie seiner selbst. Das Original sitzt in diesem Moment vor einem Glas Wein in irgendeinem teuren Spezialitätenrestaurant in Brüssel. Falls es wider

Erwarten Probleme gäbe, würde er die Bordkarten von Hin- und Rückflug vorweisen, und im Hotel würde man bezeugen, dass er angekommen war und sein Zimmer bezogen hatte. Sollte jemand behaupten, ihn hier in Kiel gesehen zu haben, würde man ihm kaum glauben.

Es ist kalt, trotzdem beginnt er zu schwitzen. Er ist seit Ewigkeiten nicht mehr gerannt. Im Geiste versucht er, jeden Handgriff durchzugehen, den er gleich ausführen wird. Er will die Apparatur nicht zerstören. Sie muss funktionsfähig bleiben, um später die Proben der *Polarstern* aufzunehmen. Ein paar unfachmännisch geöffnete Ventile, die eine plötzliche Druckentlastung und damit den Tod aller Zellen zur Folge haben, das reicht. Was die Polizei später daraus macht, ob einen dilettantisch durchgeführten Diebstahl oder Sabotage, wird er einfach abwarten. Entscheidend ist allein, dass ihm der Einbruch eine hieb- und stichfeste Begründung dafür liefert, warum er die Zellen nicht weitergeben kann.

Jetzt hat er das Wäldchen erreicht. Er schafft es über die Autobahnbrücke und ignoriert den Protest seiner Gelenke und Muskeln. Es hilft ihm, wenn er sich ablenkt, also geht er noch einmal alles durch. Die Tür könnte ein Problem werden. Er hat keine Ahnung, wie schwer es ist, sie aufzubrechen. Er hat so etwas noch nie getan. Das Brecheisen, das er besorgt hat, liegt in seinem Büro.

Keuchend schleppt er sich über die letzten Meter, vorbei an den Stahlbügeln, wo tatsächlich Hermanns Fahrrad steht. Jetzt gibt es kein Zurück mehr. Die Treppe hinauf. Es ist kurz nach elf. Wenn er den Rückweg zum Auto berücksichtigt, bleiben ihm maximal zwanzig Minuten. Was für ein Wahnsinn. Er ist schweißgebadet, fällt förmlich gegen die gläserne Eingangstür, schließt sie auf, hetzt durch das dunkle Foyer zum Aufzug.

Auf dem Weg nach oben beruhigt sich sein Atem. Die Tür zu seiner Etage ist nicht verschlossen. Unter normalen Umständen würde ihn das maßlos ärgern und eine heftige Standpauke für die Mitarbeiter nach sich ziehen. Jetzt verschwendet er jedoch keinen Gedanken daran und tritt in den Flur. Er wagt es nicht, das Licht anzuschalten, sondern tastet sich an der Wand entlang, schließt die Tür zu seinem Büro auf und steht im nächsten Moment mit dem Rücken an der Wand neben der Garderobe. Seine Augen sind geschlossen, die Brust hebt und senkt sich.

Im Zimmer ist es gerade hell genug, um die Umrisse des spärlichen Mobiliars zu erkennen. Er geht auf Zehenspitzen hinüber zum Schrank, weil er nicht weiß, ob man unten seine Schritte hören kann. Jetzt muss er nur noch tun, was er vorhin im Geiste durchgespielt hat, und dann nichts wie weg. Er öffnet die Tür und … erstarrt.

Vorn, in dem Gang, der zu den Büros seiner Mitarbeiter führt, brennt Licht. Dann hört er Stimmen. „Was hast du denn da in der Hand? Zeig mal her."

Ihm gefriert das Blut in den Adern. Er ist nicht allein. Das war Moritz' Stimme. Ein zweiter Mann antwortet mit unverständlichem Gemurmel.

Sofort verschwindet er wieder in seinem Büro, schließt lautlos und mit angehaltenem Atem die Tür, lehnt das schwere Brecheisen vorsichtig gegen die Wand, stellt die Werkzeugkiste ab und schlägt dann in der Dunkelheit die Hände vors Gesicht. Sein Körper scheint plötzlich Tonnen zu wiegen, und er kann sich nicht mehr auf den Beinen halten. Langsam, mit dem Rücken an die geschlossene Tür gelehnt, sinkt er zu Boden ...

DAS BÜROTELEFON riss Frank aus seinen Erinnerungen. Sicher wieder einer dieser Journalisten. „Ja", meldete er sich.

„Pierre Resnais hier. Guten Morgen, Frank. Schön, dass ich Sie erreiche."

Er wurde blass. Das konnte kein Zufall sein. „Pierre!", rief er betont freudig, schloss rasch das Fenster und eilte an seinen Schreibtisch. „Das ist ja eine Überraschung. Wie geht es Ihnen?"

„Mir geht es gut, danke. Ich will nicht lange um den heißen Brei herumreden. Gerade ist eine außerordentliche Sitzung des Ausschusses, der über Ihren Antrag zu befinden hatte, zu Ende gegangen. Ich habe Ihnen folgende Entscheidung mitzuteilen: Die European Science Foundation hat mich beauftragt, möglichst unverzüglich Ihr Labor aufzusuchen und mich über den Stand Ihrer Forschungen an den Moebus-Zellen zu informieren."

„Ähm ..." Frank blieb buchstäblich die Luft weg. „Ich ... ich verstehe nicht. Sie sind natürlich jederzeit ein gern gesehener Gast bei uns, Pierre, aber was versprechen Sie sich davon? Das ganze Verfahren ist doch schon gelaufen, die Mittel wurden bewilligt."

„Der Ausschuss möchte sich davon überzeugen, dass die Voraussetzungen, die Sie in Ihrem Antrag formuliert haben, auch tatsächlich gegeben sind."

„Was soll das heißen? Welche Voraussetzungen?"

„Ich habe Sie gewarnt, Frank. Ich habe es zumindest versucht. Doch Sie haben es vorgezogen, nicht zu kooperieren, sondern in einer Weise zu reagieren, die von vielen Kollegen als Kampfansage gewertet wird. Das war ein schwerer Fehler. Jetzt haben Sie Ihren Kampf. Sie haben noch eine Chance: Überzeugen Sie mich. Zeigen Sie mir Ihre Zellen, zeigen Sie mir Ihre Ergebnisse und laufenden Untersuchungen, und Sie bekommen Ihr Geld. Fällt mein Bericht negativ aus, werden Ihre Mittel gesperrt."

„Ich werde natürlich mein Möglichstes tun, um den Ausschuss zufriedenzustellen", erwiderte Frank kleinlaut. Er dachte an die *Polarstern*, die das Zielgebiet über dem Gakkel-Rücken in wenigen Tagen erreichen würde. „Wann dachten Sie denn daran, nach Kiel zu kommen?"

„Am kommenden Montag, vorher schaffe ich es nicht. Und ich werde natürlich einen erfahrenen Mikrobiologen mitbringen."

„Gut. Wir werden alles für Sie vorbereiten."

„Es tut mir sehr leid, dass es so kommen musste, Frank."

„Mir auch, Pierre. Mir auch."

Frank legte das Telefon weg, stand mit bleischweren Gliedern auf und schleppte sich wieder zum Fenster. Resnais und die Leute, die hinter ihm standen, machten Ernst, viel schneller als gedacht.

Er musste versuchen, sie irgendwie hinzuhalten. Auf der *Polarstern* wusste man nichts von seinen Problemen, er hatte erst heute Morgen mit Bruno Wehrmann telefoniert. Das Schiff wurde zwar von dichtem Packeis aufgehalten und kam langsamer voran als erhofft, noch aber stand die Ampel auf Grün. Anfang der kommenden Woche werde es so weit sein, hatte Wehrmann gesagt. Er müsste versuchen, Resnais' Besuch hinauszuzögern.

Frank biss sich auf die Unterlippe. Lange würde er diesem Druck nicht mehr standhalten. Aber die Möglichkeit, dass die neuen Proben seine großen Hoffnungen nicht erfüllen könnten, zog er nicht in Betracht.

„Ich stehe vor dem Haus", sagte Marion am Telefon. „Aber lass dir ruhig Zeit. Ich habe nette Gesellschaft, und auch Emil unterhält sich prächtig."

Hermann beeilte sich trotzdem, weil er sie nicht unnötig warten lassen wollte. Doch erst als er zehn Minuten später durch die Glastür ins Freie trat, verstand er, wen seine Tochter mit „netter Gesellschaft" gemeint hatte.

Nachdem sie gestern vom Eingang vertrieben worden waren, hatten sich die Demonstranten heute in einer Reihe entlang der Hauswand aufgebaut. „Wis-sen-schaft hat aus-ge-dient, wenn sie nur dem Prof was bringt!", skandierten sie, und eine der lautesten Stimmen kam aus dem Mund seiner Tochter. Sie stand neben Daniel und hatte ihn untergehakt. Emil thronte auf seinen Schultern, hüpfte im Rhythmus des Sprechchors auf und ab und wedelte mit einem kleinen Plakat herum. Wissenschaft, bleib sauber!, stand darauf.

Hermann stöhnte. Es würde ihm nichts anderes übrig bleiben, als die Reihe der Demonstranten abzuschreiten. Er gab sich einen Ruck und lief los. Er nickte im Vorbeigehen dem ein oder anderen bekannten Gesicht zu und blieb schließlich vor Tochter und Enkel stehen.

Daniels Begrüßungslächeln fiel etwas verlegen aus. Und Emil begann, auf seinen Schultern wild herumzuzappeln, weil er die Aufmerksamkeit seines Großvaters erregen wollte. „Opa, schreien!", rief er.

„Komm, reih dich ein", forderte auch Marion ihn auf.

„Ich dachte, wir wollten einen Spaziergang machen", erwiderte Hermann. Warum brachte sie ihn derart in Verlegenheit? Sie konnte nicht ernsthaft von ihm verlangen, dass er Sprechchöre gegen Frank intonierte. Mit einem eindringlichen Blick versuchte er, ihr den Ernst der Lage zu signalisieren.

Sie hatte ein Einsehen und flüsterte Daniel etwas ins Ohr. Der nickte und beugte sich vor, damit sie Emil von seinen Schultern heben konnte.

Sie gingen am Molekularen Zentrum vorbei und erreichten hundert Meter weiter den Eingang zum Botanischen Garten. Als Marion Emil auf den Boden setzte, lief er sofort auf den Schwarzen Weg, der hier, von Bäumen und einem Gebüschstreifen gesäumt, linker Hand am Garten vorbeiführte. Ein paar Meter weiter verschwand der Kleine im dichten Gebüsch.

„Ich dachte, vielleicht schaffen wir es bis zum Wildgehege", schlug Hermann vor. „Wir waren früher oft dort. Erinnerst du dich? Ein offener Wald mit vielen frei laufenden Wildtieren."

„Ist das nicht viel zu weit?"

„Wir müssten Emil in den Buggy verfrachten. Vielleicht hat er sich ja bald ausgetobt." Während sie langsam weitergingen, legte er Marion seinen Arm um die Schulter und drückte sie an sich. „Danke übrigens, dass du gleich mitgekommen bist."

„Du hast mir gar nichts von der Demonstration erzählt. Daniel sagt, sie wollen so lange durchhalten, bis ihre Forderungen erfüllt sind."

„Welche meint er denn? Sie haben ziemlich viele Forderungen. Saubere Wissenschaft, keine Patente auf Leben, keine Synthetische Biologie."

„Und wie denkst du darüber?"

„Ich finde, sie haben in vielen Punkten recht."

„Dann unterstütz sie."

„Das tue ich im Rahmen meiner Möglichkeiten. Gestern habe ich zum Beispiel versucht zu verhindern, dass Wiesheu die Polizei ruft. Leider hat es dann Moebus getan."

„Dein Freund, der schöne Professor, hat eine Menge Ärger am Hals, was?"

„Ja, das hat er", bestätigte Hermann.

Emil stand plötzlich am Wegesrand und warf ihnen mit einem Triumphschrei einen Kinderarm voll Herbstlaub entgegen. Im nächsten Moment war er wieder im Gebüsch verschwunden.

„Versteckst du dich?", rief Hermann. „Soll ich dich fangen?" Kinderlachen antwortete aus dem Gebüsch. „Na warte", drohte der Opa scherzhaft und tat so, als wollte er Emil folgen. Zwischen den Sträuchern war für ihn aber kein Durchkommen, sodass er wieder zu seiner Tochter auf den Weg trat.

„Komm raus da, Emil!", rief seine Mutter. „Los! Opa will mit uns zu einem Wildgehege gehen. Da gibt es Hirsche und Wildschweine."

Es dauerte etwas, bis Emil ein paar Meter weiter wieder auftauchte. Diesmal hatte er keine Blätter in der Hand, sondern irgendein blaues flaches Ding, das er wie eine Trophäe vor sich hertrug.

„Lass das liegen, Emil. Das ist doch schmutzig", ermahnte ihn Marion.

Aber der Zweijährige dachte gar nicht daran. „Hafunden", verkündete er stolz, marschierte an seiner ignoranten Mutter vorbei und brachte das Ding zu seinem Opa, der es schmunzelnd entgegennahm.

„Was hast du denn da?" Es war ein dickes Heft und hatte wohl schon länger im Gebüsch gelegen. Der blaue Umschlag war fleckig und feucht und wellte sich. Hermann wischte Erdkrümel und Blätter ab. „Ist das etwa eine Schatzkarte?"

Emil strahlte ihn an. „Ich hafunden."

„Was ist das?" Marion kam näher und sah auf das Heft herab.

„Sieht aus, als hätte es ein Tier in der Mangel gehabt. Hier", Hermann zeigte auf einige kleine Löcher und Druckstellen auf dem Umschlag, „das könnten Bissspuren sein." Vorsichtig schlug er ein paar Seiten auf und erkannte chemische Formeln, Konzentrationsangaben, Laborprotokolle. „Das sieht mir nach einem Laborbuch aus."

Marion sah ihren Vater fragend an.

„Jeder, der in einem Labor arbeitet, muss so etwas führen. Meine Leute auch. Darin werden alle Labortätigkeiten eingetragen, alle Versuche, welche Lösungen angesetzt wurden, wann ein Experiment gestartet und ob während der Durchführung etwas verändert wurde, die Ergebnisse. Einfach alles."

„So etwas wirft man doch nicht weg. Jemand muss es verloren haben."

Hermann schlug das Buch zu und richtete sich auf. „Weißt du was?", sagte er zu seinem Enkel. „Wir nehmen es mit."

„Meins", quengelte Emil und streckte die Hände danach aus.

„Ja, du hast es gefunden. Aber vielleicht gehört es jemandem, wir müssen es zurückgeben. Ich lege es hier unten in den Buggy rein. Da ist es sicher."

Emil verfolgte mit Argusaugen, was Hermann mit seiner Fundsache anstellte. Jetzt, da das tolle Ding in seinem Buggy lag, wollte auch er im Buggy sitzen. Doch bis zum Wildgehege schafften sie es an diesem Tag nicht. Sie schlenderten durch die Straßen und redeten. Gegen halb sechs drehten sie um und gingen denselben Weg zurück.

Hermann lief irgendwann vor, um sein Auto zu holen, mit dem Marion zum Institut gefahren war. Vor dem Botanischen Garten hielt er, sie setzten Emil in den Kindersitz und luden den Buggy in den Kofferraum. Sie fuhren nach Hause, und Hermann hielt auf der Straße, damit Marion aussteigen und den bereits schlafenden Emil ins Bett bringen konnte. Die Parkplatzsuche war wie so oft mühsam. Hermann musste fast um den ganzen Schrevenpark herumfahren, bis er endlich eine Lücke entdeckte.

Hier irgendwo muss Frank wohnen, dachte er und sah sich unwillkürlich um. Er war noch nie in seiner Wohnung gewesen. Wenn sie samstags zusammen nach Lübeck fuhren, erwartete ihn Frank immer unten auf der Straße mit dem Instrumentenkoffer auf dem Rücken. Hermann schüttelte leicht den Kopf. Er hatte einen schönen Nachmittag mit seiner Familie verbracht und wollte jetzt nicht an Frank denken.

Er marschierte zurück zu seinem Haus. Dann, er war schon im ersten Stock, fiel ihm ein, dass er vergessen hatte, den Buggy auszuladen. Er stöhnte und drehte um. Erst als er das Gefährt unten im Hausflur neben den Treppenaufgang gestellt hatte, fiel ihm das Laborbuch wieder ein. Kurz entschlossen nahm er es mit nach oben und legte es in seinem Arbeitszimmer auf die Heizung. Er würde sich später noch einmal damit beschäftigen.

Marion war nirgends zu sehen. Auf dem Sofatisch fand er einen Zettel. *Bin heute verabredet. Emil schläft tief und fest, und ich kann nicht länger warten. Pass gut auf ihn auf. Es könnte spät werden. Liebe Grüße Marion.*

Seit sie bei ihm wohnte, war sie erst ein Mal abends ausgegangen, und er gönnte ihr das Vergnügen von Herzen. Das letzte Mal hatte sie sich mit einer Freundin getroffen. Aus irgendeinem Grund war er sich aber sicher, dass sie heute Abend in Begleitung eines Mannes ausging. Und wenn er die letzten Tage und den heutigen Nachmittag Revue passieren ließ, kam dafür eigentlich nur einer infrage.

Seufzend ließ er sich aufs Sofa fallen und tippte auf die Fernbedienung.

BIS INS FERNSEHEN hatte es der Fall Moebus noch nicht geschafft. Das war wohl auch in Zukunft nicht zu erwarten. Hermann gähnte und beschloss, ins Bett zu gehen. Er schaltete den Fernseher aus, stemmte sich mühsam hoch, ging kurz ins Gästezimmer, um nach Emil zu sehen, und dann weiter durch den Flur. Die Tür seines Arbeitszimmers stand offen. Er hatte die Schreibtischlampe angelassen, deren Licht auch auf die Heizung fiel. Dort leuchtete schmutzig blau Emils Fundstück.

Er blieb stehen. Eigentlich war er zu müde. Ach was. Wenigstens einen flüchtigen Blick. Er schritt schnell durch den Raum, griff nach dem Laborbuch und legte es unter die Lampe auf den Schreibtisch. Das Papier hatte sich durch die Heizungsluft noch mehr gewellt. Das Umblättern war mühsam.

Kein Name. Soweit er erkennen konnte, auch keine Jahreszahl. Im Buch standen zwar jede Menge Daten, aber ohne Jahresangabe.

Der Anfang war enttäuschend: massenhaft Abkürzungen, rätselhafte Zahlenkolonnen, Konzentrationsangaben, Geräteeinstellungen. Er blätterte schneller. Die Großbuchstaben *RNA* und *DNA* stachen ihm auf fast jeder Seite ins Auge. Es ging um die Isolierung und Reinigung von Nukleinsäuren. Kein Zweifel: Der Besitzer des Buchs war Biologe oder Biochemiker.

Er blätterte weiter. Plötzlich, es traf ihn wie ein Schlag in die Magengrube, nur ein einziges Wort, in dicken großen Buchstaben quer über eine ganze Seite geschrieben: *SCHEISSE!* Ausrufezeichen. Was sollte das?

Vielleicht war das Buch doch absichtlich weggeworfen worden. Aus Wut und Frustration. Er sah genauer hin. Lateinische Artbezeichnungen fielen ihm auf, sagten ihm aber nichts. Er schaltete seinen Rechner an und gab einige der Namen ein. Es handelte sich um thermophile Mikroorganismen, einige marin, andere stammten aus heißen Quellen auf dem Festland. Damit war im Zentrum eigentlich nur einer befasst.

Er wurde neugierig und suchte nach einer weiteren Art, deren Name oben auf einer Seite stand, doppelt unterstrichen. Der Verfasser hatte *interessant!!* an die Seite geschrieben.

Die Antwort kam prompt. Ein Archaebakterium aus der Tiefsee, das in heißen Quellen des Mittelatlantischen Rückens entdeckt wurde. Erst 2010 kultiviert und beschrieben. In einem Aufsatz von …

Hermann stockte der Atem: „Barthelmess et al. 2010". Er rief die Originalarbeit auf. Erstautor Barthelmess, Moritz, Alfred-Wegener-Institut, Bremerhaven. Dazu sechs Koautoren. Einer davon: Frank Moebus.

Das Laborbuch stammte aus Franks Arbeitsgruppe. Hermann ließ sich gegen die Rückenlehne fallen. Immer ich, dachte er.

Hastig blätterte er durch die hinteren Seiten. Da, wieder ein einziges Wort, das regelrecht auf die Seite geritzt worden war. *SCHWEIN!* Ausrufezeichen. Kurz darauf fand er noch eine dieser Seiten, die so gar nicht in ein Laborbuch passten. Diesmal waren es vier Wörter: *WO SIND DIE ZELLEN?*

Um Hermanns Nachtruhe war es geschehen. Er ahnte nun, wem das Laborbuch einmal gehört hatte, auch wenn ihm völlig rätselhaft war, wie es in das Gebüsch gelangt sein könnte. Er begann, jede einzelne Seite genau anzusehen, machte sich Notizen und markierte Stellen, die ihm besonders wichtig erschienen. Anderthalb Stunden vergingen, bis er begriff, was er da vor sich hatte. Es waren Aufzeichnungen, die als nüchternes Arbeitsprotokoll begannen und sich dann schleichend in ein privates Tagebuch verwandelten. Auf Arbeitsroutine folgte Verwirrung, Ratlosigkeit, schließlich Wut und Enttäuschung. Das Dokument einer wachsenden Verzweiflung.

Und das Laborbuch lieferte noch mehr: den Beweis, dass alles weit schlimmer war, als er bisher angenommen hatte. Viel schlimmer.

Wenn er ehrlich war, hatte er hin und wieder sogar an diese Möglichkeit gedacht, zuletzt als er herausgefunden hatte, dass Frank die berühmte Arbeit nach dem Tod seines Kollegen allein verfasst hatte. Jetzt fügte sich plötzlich alles zusammen, jetzt lag alles auf der Hand.

Frank hatte alle belogen.

Hermann fasste einen Entschluss. Tut mir leid, Frank. Tut mir wirklich leid. Am liebsten hätte er sofort zum Telefon gegriffen, um diese Ungeheuerlichkeit loszuwerden, aber es war halb drei Uhr in der Nacht. Wen könnte er überhaupt anrufen? Und wo blieb eigentlich seine Tochter?

## 15

In der Schillerstraße, auf der anderen Seite des Schrevenparks, war auch Frank Moebus noch wach. Er saß auf seinem Sofa, starrte mit verbissenem Gesicht durch die offene Flügeltür in den dunklen Nachbarraum, in dem nur ein großer moderner Nussbaumtisch mit sechs nie benutzten Stühlen stand, und löffelte mechanisch ein Glas Mangojoghurt aus. Davor war er lange grübelnd durch die Zimmer gelaufen, vorbei an den unausgepackten Kartons, die sich im hinteren Teil der Wohnung stapelten. Als hätte er immer schon geahnt, dass sich das Auspacken nicht lohnen würde.

Aber so war es nicht. In Wirklichkeit war er davon ausgegangen, in Kiel den Rest seines Arbeitslebens zu verbringen. Die Nähe zu Elisabeth spielte eine Rolle dabei, nach Jahren des Umherziehens hatte er aber vor allem das Bedürfnis, endlich zur Ruhe zu kommen und sesshaft zu werden. Er wollte ein Zuhause, wollte Wurzeln schlagen – was ihm mit Judy passiert war, sollte sich niemals wiederholen. Sein Pakt mit dem inneren Teufel, wie er es heute nannte, lag damals erst wenige Monate zurück und belastete ihn nicht. Im Gegenteil, er begann sich auszuzahlen, und was er dafür erhielt, übertraf seine kühnsten Erwartungen. Warum hätte er sich Sorgen machen sollen? Was hatte er schon getan? Zukünftige Ereignisse vorweggenommen. Und die Welt hatte prompt mit überwältigender Bestätigung reagiert. Sie hatte nur auf jemanden wie ihn gewartet und überschlug sich vor Begeisterung.

Er war sorgfältig vorgegangen. Fotos waren in nächtelanger akribischer Kleinarbeit entstanden, Pixel für Pixel, echte Qualitätsarbeit, Fälschungen made in Germany. Über die Fotos würde er nicht stürzen, dachte Frank bitter, während er die letzten Reste des Joghurts aus dem Glas kratzte.

Und doch hatte er Fehler begangen. Sein letzter könnte sich als der folgenschwerste erweisen. Nie hätte er versuchen dürfen, Resnais um eine Verschiebung seines Besuches zu bitten. Die Arbeitsüberlastung nach den beiden Todesfällen war das denkbar schlechteste Argument gewesen. „Nicht schon wieder!", hatte der Franzose erbost geantwortet – immer das gleiche Lied, damit halte er seine Kollegen nun schon seit zwei Jahren hin. Und dann hatte er nachgefragt und gebohrt, und Frank hatte sich gewunden wie ein Wurm am Haken.

Jetzt würde Resnais genauer hinschauen, und damit saß er verdammt noch mal richtig in der Scheiße. Wutentbrannt sprang Frank auf und goss sich mit zitternder Hand einen Maltwhisky ein.

Selbst wenn es ihm gelungen wäre, Resnais zu überzeugen, was hätte er damit gewonnen? Nur einen Hoffnungsschimmer, eine neue Galgenfrist, der weitere folgen müssten, wenn er sich bis zur Rückkehr der *Polarstern* ins Ziel retten wollte. Er war es so leid, war so erschöpft ...

Konnte er dem Franzosen mit derselben Geschichte kommen, die er Hermann erzählt hatte? Oder sollte er noch einmal versuchen, einen Einbruch vorzutäuschen? Aber nein – wenn es keine lebenden Zellen gab, würde der Experte, den Resnais mitbrachte, natürlich die toten, fixierten Zellen sehen wollen, Sequenzdaten, all das, was er vor vielen Monaten angekündigt hatte.

Frank schüttelte den Kopf. Sein Gehirn hörte einfach nicht auf, nach Auswegen zu suchen. Er war Wissenschaftler, seine Synapsen waren so programmiert. Plan A hatte nicht zum gewünschten Ergebnis geführt, also versuchte er auf andere Weise, sein Ziel zu erreichen. So funktionierte Wissenschaft. Hartnäckig bleiben. Wie in jener verhängnisvollen und traumatischen Nacht.

Zurück auf dem Sofa, nippte er an der goldbraunen Flüssigkeit und sah sich wieder in seinem dunklen Büro hocken, die Tür einen Spaltbreit geöffnet ...

ER HÖRT, wie sie miteinander streiten und sich beschimpfen, und starrt dabei wie hypnotisiert auf die Zeiger seiner Armbanduhr, sieht zu, wie das ohnehin kleine Zeitfenster immer weiter zusammenschrumpft. Zuerst hat er noch gehofft, die beiden Männer würden bald aufbrechen. Dann wurde ihm klar, dass die beiden gar nicht daran denken zu gehen. Sie haben sich ineinander verbissen und können nicht voneinander lassen. Ausgerechnet hier und jetzt wollen beide etwas austragen, das schon lange in ihnen schwelt.

Mittlerweile stehen die Zeiger auf fünf vor halb zwölf, und eigentlich müsste er sich schleunigst auf den Weg zu seinem Wagen machen, wenn er den Zug in Hamburg noch erreichen will. Aber er kann nicht.

Er weiß, mit wem er es zu tun hat. Barthelmess hat er sofort erkannt. Der Zweite ist Hilpert. Was hat der um diese Zeit noch im Institut verloren? Nach Brüssel wollte er nicht, doch anstatt sich nun zu Hause um seine Familie zu kümmern, schlägt er sich hier die Nacht um die Ohren.

Offenbar hat Hilpert eine Codekarte. Als Frank das klar wird, erschrickt er und tastet unwillkürlich nach der eigenen Karte, die er immer bei sich hat. Sie befindet sich an Ort und Stelle in der Tasche seines Jacketts.

„Ist das etwa meine?", fragt Moritz. „Woher hast du die?"

„Spiel dich nicht so auf!", antwortet Hilpert aufgebracht. „Ist ohnehin ein Unding, dass ich bis heute keinen Zugang zu den Kulturen habe. Dass ich immer fragen muss. Die Karte lag da auf dem Tisch, wenn du es genau wissen willst. Pass doch besser auf, wenn kein anderer sie benutzen soll."

Idiot, denkt Frank, lässt einfach seine Karte herumliegen.

„Und was hattest du mit meiner Karte vor?"

„Ich arbeite in diesem Labor, falls dir das noch nicht aufgefallen sein sollte. Ich habe hier die gleichen Rechte wie du." Hilpert klingt kämpferisch.

„Offenbar nicht. Sonst hätte er dir eine eigene Karte gegeben."

„Was machst du überhaupt hier?", braust Hilpert auf. „Du lässt dich doch sonst kaum noch blicken. Sitzt wohl schon auf gepackten Koffern, was?"

„Du hast meine Frage nicht beantwortet. Was wolltest du mit der Karte?"

„Ich wollte sie benutzen, was sonst? Ich wollte da rein."

Frank sieht ihn vor sich, diesen schmalen, schüchternen Mann, wie er mit dem Kopf trotzig auf die gesicherte Tür zur Schatzkammer deutet.

„Um was zu tun?", bohrt Moritz weiter.

Frank hat sich umgedreht und kniet jetzt hinter der Tür. Seine rechte Hand hält die Klinke fest, ein Ohr ist gegen den schmalen Türspalt gedrückt, um ja kein Wort zu verpassen. Er wundert sich über Moritz' Hartnäckigkeit. Mit ihm redet er kaum noch ein Wort. Warum interessiert ihn so, was Hilpert vorhat? Moritz ahnt etwas, das hat er schon die ganze Zeit befürchtet. Und Hilpert auch, was will er sonst in der Schatzkammer?

Rasch hält Frank sein Handgelenk mit der Uhr in den schwachen Lichtschein, der durch den Türspalt fällt. Zehn Minuten nach halb zwölf. Es ist zu spät. Er wird seinen Zug in Hamburg nicht mehr erreichen. Aus der Traum. Vorbei. Eine Katastrophe. Er kämpft mühsam gegen das Schwächegefühl an, das ihn zu Boden drückt. Er darf jetzt nicht schlappmachen. Es gibt immer einen Ausweg, und er wird danach suchen, wenn das hier vorbei ist.

Hilpert schweigt.

„Und da wir schon mal dabei sind …", nimmt Moritz den Faden wieder auf. „Mich würde wirklich interessieren, was du überhaupt so treibst, Johannes. Man erfährt ja fast nichts davon. Mal eine RNA aus diesem, mal aus jenem Bakterium, das ist alles. Seit Monaten. Sind das Fingerübungen? Wann kommen endlich Sequenzdaten von den Moebus-Zellen?"

Hilpert lacht. „Das frage ich mich auch."

„Was soll das heißen?"

„Das musst du Moebus fragen. Er lässt mich nicht mit den Zellen arbeiten."

„Du wirst lachen. Ich habe ihn gefragt. Er sagt, du produzierst zu viel Ausschuss, machst zu viele Fehler."

„Dieses Schwein!", schreit Hilpert, und im nächsten Moment scheppert es laut. Frank zuckt zusammen. Irgendetwas ist zu Boden gefallen.

„Hey!", ruft Moritz. „Hör auf zu randalieren. Reiß dich zusammen!"

Hilpert ist jetzt außer sich. „Wo habe ich Fehler gemacht?", brüllt er. „Wann? Wobei? Zeig sie mir."

„Moebus sagt, die Zellen seien einfach zu kostbar, um sie in Untersuchungen zu verschwenden, die noch keine reproduzierbaren Ergebnisse liefern."

„Er lügt. Dieser Mann ist ein Lügner und Sadist."

„Er kann einem auf die Nerven gehen, das stimmt, und falls es dich beruhigt, er wird für seinen Dickkopf vermutlich bald die Quittung bekommen. Aber ein Lügner ist er nicht. Du willst nur von deinen Fehlern ablenken."

Hilpert stößt einen Schrei aus, und wieder fällt ein schwerer Gegenstand auf den Boden. Er scheint am Rand eines Nervenzusammenbruchs zu sein.

„Hör auf damit, Johannes. Was soll das? Beruhige dich!"

Frank bleibt wie gebannt hinter der Tür. Täuscht er sich, oder ist jetzt tatsächlich ein wenig Angst in Moritz' Stimme?

„Ich will mich aber nicht beruhigen, hörst du. Zum ersten Mal, seit ich hier bin, will ich mich nicht beruhigen. Ich werde dir mal was verraten über unseren verehrten Professor: Er ist ein Betrüger, wie ihn die Welt noch nicht gesehen hat. Wenigstens darin ist er wirklich spitze. Ich glaube, es gibt überhaupt keine Moebus-Zellen. Ich glaube es nicht nur, ich weiß es."

Frank hält die Luft an.

„Oha." Moritz lacht schallend. „Das ist ja ein starkes Stück. Wolltest du deshalb da rein? Um dir die Zellen zu holen? Dir ist hoffentlich klar, dass du sofort deine Koffer packen kannst, wenn das rauskommt?"

„Ich will endlich Gewissheit, und dann werde …"

„Hör auf mit dem Blödsinn. Weißt du überhaupt, was du da sagst?"
„Allerdings weiß ich das. Es wäre nicht das erste Mal, dass ich Proben entnehme. Frag dich doch mal selbst. Du kennst ihn doch so gut. Hat er dir die Zellen gezeigt, ich meine, das Original, nicht irgendwelche Fotos? Ha, ich sehe dir an, dass er es nicht getan hat. Es gibt nämlich nichts zu zeigen. Diese Apparatur da drinnen enthält nichts als Wasser."

Einen Moment herrscht Stille, die fast noch bedrohlicher klingt als Hilperts Geschrei. Frank hat es aufgegeben, auf die Uhr zu schauen. Was er soeben erfahren hat, ist von immenser Bedeutung und drängt alles andere in den Hintergrund. Hilpert muss gehen. Frank weiß zwar noch nicht, wie, aber er muss ihn vor die Tür setzen, bevor er zu einer Gefahr wird. Hoffentlich ist es nicht schon zu spät. Er stutzt. Warum sagt Moritz nichts?

„Lass das liegen", sagt Hilpert plötzlich in die Stille.

„Warum? Was ist das?"

„Ich sage, du sollst es liegen lassen." Die Drohung ist unüberhörbar.

„Ah, das ist dein Laborbuch. Lass mal sehen. Hmm, sieht ordentlich aus."

Vorsicht, denkt Frank in diesem Moment. Reiz ihn nicht, Moritz.

„Zum letzten Mal, Barthelmess. Leg es hin. Lass deine Finger davon."

„Komm, wir setzen uns in dein Büro und gehen das Laborbuch zusammen durch. Zeig mir, was du gemacht hast. Vielleicht kann ich ..."

Im nächsten Moment scheint der Kulturenraum zu explodieren. Frank hört einen furchtbaren Schrei, an dem kaum noch etwas Menschliches ist, etwas klirrt, und dann ist da nur noch Stöhnen und Ächzen. Sie kämpfen. Mein Gott, ja, sie kämpfen. Was hat Hilpert nur mit seinem Laborbuch? Warum stellt er sich so an? Offenbar hat er völlig die Beherrschung verloren. „Johannes!", schreit Moritz kurz auf, und diesmal spricht nackte Angst aus seiner Stimme, die in einem Würgelaut erstirbt. Dann ein Schmerzensschrei und noch wilderes Stöhnen. Poltern, Gegenstände fallen zu Boden. Was ist da los? Schreie und ein Lärm, der Frank bis ins Mark trifft, ein ohrenbetäubendes Klirren, Knirschen und Kreischen. Etwas Schweres donnert zu Boden. Das Platschen von Wasser und ein dumpfer Knall. Sekunden später schießt ein Wasserschwall den Flur entlang. Frank schließt im letzten Moment die Tür, bevor es in sein Büro fließt.

Minutenlang steht er da, hält ein Ohr gegen das Holz gepresst. Nichts ist zu hören. Sein Atem geht stoßweise. Er weiß, irgendetwas Schreckliches ist passiert. Warum sagen sie nichts? Er müsste sie doch hören.

Er schaut auf die Uhr: 0.11 Uhr. Wie lange soll er hier noch stehen und warten?

Irgendwann hält er es nicht mehr aus und öffnet mit angehaltenem Atem die Tür, vorsichtig. Er hört Tropfgeräusche, Gluckern, irgendetwas zappelt auf dem Boden. Das Licht brennt noch immer, und er sieht, dass der ganze Flur unter Wasser steht. Es darf nicht in sein Zimmer laufen. Nichts darf darauf hindeuten, dass er hier gewesen ist.

Langsam sinkt der Wasserspiegel. Die Tür steht bald zehn Zentimeter offen, dann zwanzig Zentimeter. Noch immer ist nichts zu hören. Wo sind die beiden? Was ist mit ihnen geschehen? Er muss nachsehen.

Er tritt in den Flur hinaus und setzt vorsichtig einen Fuß vor den anderen. Fische zappeln auf dem Boden. Plötzlich meint er, ein anderes Geräusch zu hören, und erstarrt. Ein leises Wimmern. Jemand weint. Ein Schluchzen.

Langsam geht er weiter. Bis zur Abzweigung des Ganges sind es nur wenige Schritte. Jetzt bewegt sich jemand, er hört das Schwappen des Wassers, Glasscherben knacken und knirschen. Es klingt, als wäre nur noch einer der beiden im Raum. Wer? Und was ist mit dem anderen?

Jetzt hat er die Ecke erreicht und sieht vorsichtig in den abzweigenden Gang. Er ist leer. Aus der offenen Tür des Kulturenraumes fällt Licht. War da eine Bewegung hinter der Tür? Sie versperrt ihm die Sicht, er kann nicht erkennen, was dahinter ist. Das Schluchzen und Jammern ist lauter geworden. Es ist eindeutig nur eine Person, die sich durch den Raum bewegt. Dann hört er ein Knacken und im nächsten Moment ein gleichmäßiges Brummen, das von Schleifgeräuschen begleitet wird. Was ist das?

Wieder das Knacken, und dann erstirbt das Geräusch. Die Rollos, fällt ihm plötzlich ein. Jemand hat die Rollos hochgelassen. Wieder herrscht Stille. Er wartet, aber die Ungewissheit wird von Sekunde zu Sekunde unerträglicher.

Plötzlich ein Krachen, das ihm eine Gänsehaut über den Körper jagt. Dann noch mal. Mit lautem Quietschen wird etwas beiseitegeschoben.

Das Fenster, schreit es in Franks Kopf. Er öffnet das Fenster. Warum? Was soll das? Ein kalter Luftstrom zieht an ihm vorbei. Dann geht er auf Zehenspitzen den Gang entlang, bis er vor der offenen Tür steht.

Zuerst blendet ihn die gleißende Helligkeit, und er erkennt nur ein heilloses Durcheinander von verbogenen und umgestürzten Metallregalen. Ein Bild der Verwüstung, ein Schlachtfeld. Wo sind Moritz und Hilpert?

Dann sieht er seinen Doktoranden gebückt auf der Fensterbrüstung stehen, die eine Hand am Rahmen, in der anderen hält er ein blaues Heft. Er blutet aus mehreren Wunden an Nase, Mund und Stirn und ist kaum wiederzuerkennen, ein Wahnsinniger, der mit weit aufgerissenen Augen in seine Richtung stiert. Jetzt hat er ihn entdeckt, sein Gesicht nimmt einen Ausdruck ungläubigen Staunens an, die Lippen bewegen sich und formen lautlos einen Namen: *Moebus*. Frank wird diesen Blick nie vergessen.

„Nicht", sagt er und will die Hand ausstrecken. Im nächsten Augenblick ist Hilpert verschwunden. Ohne den geringsten Laut.

Zwei Sekunden lang verharrt er, versucht zu begreifen, was geschehen ist, dann wendet er sich ab und rennt ohne Rücksicht auf das aufspritzende Wasser in sein Büro zurück. Er denkt nicht mehr daran, dass hier irgendwo noch ein zweiter Mann sein müsste. Er denkt an nichts, nur an Flucht.

Hastig schlüpft er in seinen Mantel, verwischt mit einem Papiertaschentuch die Fußspuren, die er hinterlassen hat, und will gerade das Büro verlassen, als sein Blick auf das Brecheisen fällt, das neben der Tür an der Wand lehnt. Es gibt einen Grund, warum er hier ist, warum er all das auf sich genommen hat. Die Werkzeuge, die er braucht, sind im Schrank. Und er scheint jetzt allein zu sein. Barthelmess ist offenbar geflohen, über die andere Etagenseite verschwunden. Er starrt das Brecheisen an. Er ist kurz davor, es doch noch zu versuchen, da erwacht er plötzlich wie aus einem Traum. Dass er überhaupt darüber nachdenkt, weiterzumachen, als wäre nichts geschehen, entsetzt ihn. Er ist doch niemand, der über Leichen geht. Kein Mensch überlebt einen Sturz aus dieser Höhe. Und was ist, wenn Barthelmess schon die Polizei gerufen hat?

Er lässt das Brecheisen im Schrank verschwinden, schließt ab, stürzt aus seiner Etage und rennt in großen Sprüngen das Treppenhaus hinunter. Nur weg von hier. Er hetzt weiter, durch das Foyer hinaus in die ungewöhnlich kalte Oktobernacht. Er denkt noch daran, die Tür abzuschließen und den Knauf abzuwischen, bevor er auf den Schwarzen Weg und weiter durch die Nacht rennt. Hermanns Fahrrad, das noch immer vor dem Biologiezentrum steht, beachtet er nicht, und er sieht weder den alten Mann, der im Schutz der Bäume neben einem Mülleimer steht, noch den Fuchs, der mit einem blauen Laborbuch in der Schnauze über die Leibnizstraße läuft.

In diesen Sekunden stirbt Moritz Barthelmess oben im Kulturenraum an seinem Blutverlust. In Hamburg schließt der City Night Line die Türen und verlässt ohne Frank den Bahnhof.

KEUCHEND FÄLLT FRANK in den Fahrersitz, startet den Wagen und fährt los. Ein paar Straßen weiter hält er wieder an, brüllt die Anspannung der letzten Stunden aus sich heraus, hämmert mit beiden Fäusten auf das Lenkrad ein und schlägt dann schluchzend die Hände vors Gesicht. Was für ein Albtraum. Wieder sieht er Hilperts entstelltes Gesicht vor sich, das ihn vorwurfsvoll anschaut. Er sagt sich, dass er nichts dafür kann, dass dieser Mann so schwach war, dass er völlig durchgedreht ist und seine Familie im Stich lässt. Aber es hilft nichts. Er weiß, dass er ihn auf dem Gewissen hat.

Es dauert Minuten, bis Frank sich mit dem beschäftigen kann, was nun vor ihm liegt. Ihm bleiben etwa zehn Stunden. Immerhin, er hat einen schnellen und bequemen Wagen, mit dem er es wahrscheinlich rechtzeitig nach Brüssel schaffen könnte. Er zieht sein Smartphone aus der Tasche, stellt eine Verbindung zum Internet her und macht sich an die Arbeit. Bis zur belgischen Hauptstadt sind es 679 Kilometer. Zu weit. Nach allem, was hinter ihm liegt, wäre es Wahnsinn, eine so lange Nachtfahrt auf sich zu nehmen.

Welche Möglichkeiten bleiben ihm?

Eine Viertelstunde später hat er sie gefunden. Da er keine Sekunde zu verlieren hat, wendet er sofort und fährt über leere Straßen Richtung Autobahn. Münster, Westfalen, ist sein neues Ziel. 368 Kilometer. Um 4.10 Uhr fährt von dort ein Regionalexpress über Duisburg nach Köln, wo er in den Anschlusszug umsteigen kann. Er wäre wie geplant um halb neun in Brüssel und könnte sich für das wichtige Gespräch mit Pierre Resnais noch etwas frisch machen. Der Routenplaner gibt drei Stunden und zwanzig Minuten Fahrzeit an. Er nimmt sich vor, es in höchstens drei Stunden zu schaffen.

Wenn nichts dazwischenkommt, wird er sein Ziel erreichen. Er hat es wieder einmal geschafft, doch er weiß, dass nach dieser Nacht nichts mehr so sein wird wie zuvor.

Am Ende wird seine Fahrt nach Münster doch zu einem Wettlauf mit der Zeit. Er folgt den Schildern, lässt den Wagen einfach auf dem Bahnhofsparkplatz stehen und muss rennen, um den Regionalexpress zu erreichen, der schon auf dem Gleis wartet. Er versucht, nicht einzuschlafen, weil er Angst hat, den Halt in Köln zu verpassen, vertreibt sich die Zeit mit den idiotischen Spielchen, die sein Smartphone zu bieten hat.

Erst im Zug nach Bruxelles-Midi kann er sich für ein paar Minuten einem unruhigen Schlaf überlassen. Ein Taxi bringt ihn ins Hotel. Er atmet auf der Straße einmal tief durch und marschiert durch das Foyer bis zum Aufzug. Ein Mann in Anzug und Mantel wie Dutzende andere auch. Die Damen an der Rezeption sind mit abreisenden Gästen beschäftigt und beachten ihn nicht.

Im Zimmer zieht er sich aus, duscht ausgiebig, wäscht sich die Haare und rasiert sich. Bevor er kurz vor elf das Zimmer verlässt, kontrolliert er sein Aussehen in dem großen Spiegel neben der Garderobe. Er hat es geschafft.

Um fünf Minuten nach elf schreitet er durch das Hotelrestaurant. Resnais sitzt am Fenster, winkt ihm zu und erhebt sich. Frank schließt für ein, zwei Sekunden die Augen, um sich zu sammeln. Er wird diesen Tag überstehen. Aus der Aufmerksamkeit, die ihm zuteilwerden wird, kann er viel Kraft ziehen. Alles hängt davon ab, welchen Eindruck er hinterlässt.

„Pierre, ich freue mich, Sie zu sehen", sagt er, als er den Tisch erreicht hat, und bringt sein schönstes Lächeln zustande.

SCHWERFÄLLIG STAND FRANK AUF, um ein weiteres Mal sein Glas zu füllen. Die Whiskyflasche nahm er gleich mit.

Wenn er die heutigen Telefonate mit dem Gespräch verglich, das sie in Brüssel geführt hatten, wurde überdeutlich, wie dramatisch sich die Rahmenbedingungen verschoben hatten. Heute war kaum noch etwas davon zu spüren, wie wohlgesinnt Resnais ihm in Brüssel gewesen war.

Kurz nach dem Treffen war der Anruf aus Kiel gekommen und er hatte erfahren, dass es nicht nur einen, sondern zwei Tote gab. Alles, was er an diesem Tag in Brüssel getan und gesagt hatte, war eine einzige große Lüge gewesen. Der Schock jedoch, der ihn nach diesem Anruf überfallen hatte, war echt gewesen. Auch Moritz war tot, und nicht er hatte die Polizei gerufen, sondern Hermann Pauli.

Vor zwei Wochen, abends im überfüllten Audimax der Brüsseler Universität, war er noch der bewunderte Star gewesen, heute sah er sich in einen Mehrfrontenkrieg verstrickt, der kaum zu gewinnen war. Es wurde Zeit, den Realitäten ins Auge zu sehen. Er stand auf verlorenem Posten.

Vielleicht hat mir der Tod von Johannes Hilpert noch einen kurzen Aufschub gewährt, dachte Frank. Er hatte ihn unterschätzt und sich von seinem Phlegma täuschen lassen. Aber der Mann war ihm auf die Schliche gekommen, hatte in aller Stille eine Palastrevolte geplant. Und wer weiß, vielleicht hätte er losgeschlagen, sobald der Chef aus Brüssel zurückgekehrt wäre. Er hatte natürlich recht gehabt. In den Hochdruckapparaturen der Schatzkammer befand sich nie etwas anderes als totes, steriles Meerwasser.

## 16

Hermann musste an diesem Tag keine Vorlesungen oder Praktika abhalten, und seine völlig übernächtigte Tochter, die noch später ins Bett gegangen war als er, hatte gleich nach dem Frühstück mit Emil die Wohnung verlassen, um einen Kindergarten in Augenschein zu nehmen. Glücklicherweise hatte Emil sein gestriges Fundstück vergessen und nicht mehr danach gefragt.

Es dauerte nicht lange, bis Hermann das, was er gelesen hatte, wieder in höchste Aufregung versetzte. Natürlich musste die Universität informiert werden, der Präsident, das Dekanat, Wiesheu. Der Fall Moebus war von einer Größenordnung, die alle anging. Er würde eine Menge Staub aufwirbeln, und es wäre besser, wenn Hermann die wichtigen Leute persönlich informierte.

All das wollte er allerdings erst in Angriff nehmen, wenn er sich selbst optimal im Bilde fühlte, und davon war er weit entfernt. Die Sache war einfach zu spektakulär. Er brauchte jemanden, mit dem er darüber reden könnte, jemanden mit ... ja, mit kriminalistischem Gespür. Außerdem warf das Laborbuch ein neues Licht auf die beiden Todesfälle, die eindeutig in die Zuständigkeit der Kriminalpolizei fielen.

Also rief er Anne Detlefsen an und bat sie um eine Unterredung. Etwas, das möglicherweise auch für sie von Interesse sein könnte, sei zufällig in seine Hände geraten, und er brauche dringend ihren Rat. Sie zeigte sich hocherfreut. Das treffe sich gut. Auch sie habe dringende Fragen, bei denen er ihr eine große Hilfe sein könnte. Da er sie weder zu Hause empfangen noch in die Bezirksinspektion gehen wollte, würden sie sich um zwölf Uhr in einem Lokal treffen.

ER WAR EINE VIERTELSTUNDE ZU FRÜH DRAN. Als er an dem Lokal vorbeikam, sah er Anne Detlefsen aber schon am Fenster sitzen und in einer Zeitschrift blättern. Sie hatte ihm den Rücken zugekehrt, sodass er über ihre Schulter blicken und erkennen konnte, was sie las. Es war die heutige *Nature*-Ausgabe, die unter anderem Franks Antwort auf den offenen Brief sowie einen Kommentar der Herausgeber enthielt, der kein gutes Haar am Verhalten des ehemaligen Starautors ließ. Zumindest darüber war die Kommissarin also schon im Bilde.

Hermann klopfte kurz gegen die Scheibe. Sie drehte sich mit gerunzelter Stirn um und antwortete, als sie ihn erkannte, mit einem breiten Lächeln.

„Offenbar haben Sie mittlerweile Gefallen an dieser Lektüre gefunden", sagte er, nachdem sie sich begrüßt hatten. „Als wir uns das letzte Mal gesehen haben, hatten Sie auch eine *Nature*-Ausgabe dabei."

Sie lachte. „Keine Angst. Ich habe nicht vor, Ihnen Konkurrenz zu machen. Ich lese aus rein dienstlichen Gründen."

„Ich kann mir schon denken, was Sie interessiert." Er stellte seinen Rucksack ab und sah sich um. „Möchten Sie einen Kaffee?"

„Gern. Einen Latte macchiato, bitte."

Er ging zur Theke und kam mit den Getränken zurück.

Sie deutete auf die Zeitschrift. „Ich nehme an, Sie haben den Brief von Professor Moebus gelesen."

„Ja, ich kenne ihn."

„Wir sind gestern erst durch Zufall darauf gestoßen. Wie wird diese Geschichte denn an der Universität diskutiert? Er ist ja wohl verpflichtet, die Zellen herauszugeben. Sie selbst haben mir das erklärt."

„Ich erinnere mich." Er zuckte die Achseln. „Tja, was soll ich sagen? Die Studenten demonstrieren. Ansonsten …" Er stockte. Von offizieller Seite war ihm nichts zu Ohren gekommen. „Ansonsten gibt es keine Diskussion. Vielleicht ändert sich das ja noch. Ich bin sogar ziemlich sicher."

Sie lehnte sich zurück und schlug die Beine übereinander. „Worüber wollten Sie denn mit mir sprechen, Professor? Sie sagten am Telefon, etwas, das mich interessieren könnte, sei in Ihre Hände gelangt."

„Ja, das stimmt", bestätigte er zögerlich und öffnete seinen Rucksack. „Es geht um das hier." Er zog das Laborbuch heraus. „Ich habe es am Botanischen Garten im Gebüsch gefunden, besser gesagt, Emil, mein Enkel, hat es angeschleppt. Es muss schon eine Weile da draußen gelegen haben. Sie sehen ja, es hat gelitten."

„Und was ist das?"

„Ein Laborbuch."

Sie hob die Augenbrauen. „Etwa von Johannes Hilpert?"

„Wie kommen Sie darauf?", fragte er verblüfft. „Ja, es gehörte Johannes Hilpert. Ich konnte zwar nirgends einen Namen finden, man kann es aber aus dem Inhalt schließen."

„Im Gebüsch." Sie lachte kurz auf. „Sie haben ja keine Ahnung, wie wir danach gesucht haben. Jetzt habe ich fast das Gefühl, dass wir uns in derselben Sache sprechen wollten."

Sein Gesicht wurde ernst. „Das kann ich mir kaum vorstellen. Es sei denn, dass Sie bereits wüssten, was hier drinsteht. Dieses Buch …" Er wog es in seinen Händen. „Der Inhalt dieses Buches ist purer Sprengstoff."

„Sprengstoff? Wie meinen Sie das?"

„Ich …" Er senkte den Kopf und rieb sich die Stirn. „Ich weiß nicht, wo ich anfangen soll. Sie denken sicher, dass Ihnen das Buch bei der Aufklärung der Todesfälle helfen könnte, und das wird es, da bin ich ganz sicher. Das ist einer der Gründe, warum ich Sie angerufen habe. Ich weiß ja nicht, was Sie über Johannes Hilpert herausgefunden haben, bestimmt haben Sie mit seinen Kollegen und Angehörigen gesprochen. Für mich war es jedenfalls erschütternd zu lesen, wie verzweifelt dieser Mann war, verzweifelt und einsam, sonst hätte er nicht ein solches Laborbuch hinterlassen. Aber …", er sah sie an, „aus dem Buch geht noch etwas anderes hervor."

„Nämlich?"

„Es geht um die Moebus-Zellen … Es gibt sie nicht." Er musste sich räuspern, bevor er weitersprechen konnte. „Sie haben nie existiert."

„Wie bitte?"

„Die Zellen sind eine Erfindung von Moebus." Endlich war es heraus.

„Eine Erfindung?" Die Mimik der Kommissarin verriet ihre Verwirrung. „Wie … wie kommen Sie darauf? Das wäre ja …"

„Das wäre einer der größten Fälschungsskandale, die die Wissenschaft je erlebt hat."

„Entschuldigen Sie, aber ich kann das kaum glauben. Wie können Sie so sicher sein? Das Verhältnis zwischen Hilpert und Moebus war ziemlich gespannt. Vielleicht wollte er seinem Chef nur eins auswischen."

„Mit dem hier?" Er hielt das Laborbuch hoch. „Nein, das war nie für die Öffentlichkeit bestimmt. Lesen Sie selbst. Es ist ein überaus privates Dokument, vor allem in der zweiten Hälfte."

„Und wie ist Hilpert darauf gekommen, dass die Moebus-Zellen nie existiert haben? Vielleicht hat er sich geirrt."

„Ich gebe zu, es ist meine Interpretation. Er schreibt das so nicht, aber seine Aufzeichnungen liefern brisante Hinweise. Man muss natürlich alles nachprüfen. Vielleicht ging es Hilpert wie mir. Man kann eine solche Ungeheuerlichkeit anfangs gar nicht denken. Warten Sie, ich zeige es Ihnen."

Er schlug das Laborbuch auf. Einige Seiten waren mit roten Papierstreifen markiert. Anne Detlefsen rückte auf der gepolsterten Sitzbank näher an ihn heran.

„In den ersten sechs Wochen war er ausschließlich mit dem Aufbau des Labors beschäftigt", erklärte Hermann. „Er hat alles minutiös protokolliert, die Testläufe der verschiedenen Geräte, schließlich die ersten Analysen. Das füllt zwanzig, dreißig Seiten. Dann beginnt er mit ernsthaften Untersuchungen an verschiedenen Mikrobenarten. Er sequenziert und analysiert diverse RNAs und ist sehr zufrieden mit den Ergebnissen. Die Moebus-Zellen tauchen aber nirgends auf. Er kürzt sie mit MZ ab. Sehen Sie, hier unten auf dieser Seite, in der Mitte des Buches, steht das Kürzel zum ersten Mal: *‚MZ Fragezeichen'*. Es sieht aus wie eine flüchtige Notiz und steht in keinerlei Bezug zum Inhalt dieser Seite. Achten Sie auf das Datum. Der Eintrag stammt aus dem Mai dieses Jahres, ist also etwa drei Monate nachdem er hier in Kiel die Arbeit aufgenommen hatte, entstanden. Er beginnt ein neues Projekt. Hier oben steht der Name des Bakteriums. Und vierzehn Tage später", Hermann blätterte weiter zur nächsten roten Markierung, „als er fertig ist, schreibt er wieder: *‚MZ Fragezeichen'*."

„Was heißt das daneben?"

„Es heißt: ‚*M. sagt wieder Nein. Wann?*'"
„Was meint er damit?"
„Ich kann es nur vermuten. Ich glaube, er wollte mit den Zellen arbeiten, und Moebus hat es ihm verweigert. Das geht immer so weiter. In seinen Laboruntersuchungen geht es nicht um die Moebus-Zellen. Dafür nehmen seine Kommentare immer mehr Raum ein. Sehen Sie hier." *SCHEISSE!* war quer über die Seite geschrieben. „Er ist zunehmend frustriert. Er verliert kostbare Zeit. Irgendwann muss er Verdacht geschöpft haben. Hier unten steht es. Wir schreiben jetzt Ende Juli. Das ist wichtig, ich werde Ihnen gleich erklären, warum. ‚*MZ Probe 1, mikrobDNA- und RNA-Nachweis negativ*'. Drei Fragezeichen. Er muss irgendwie an eine Probe der Moebus-Zellen gelangt sein, und sie enthielt weder mikrobielle DNA noch RNA, also keine Organismen. Selbst wenn ihm bei der Probennahme ein Fehler unterlaufen wäre, hätte er RNA-Fragmente finden müssen."

„Aber woher hatte er die Proben? Hilpert hatte doch gar keinen Zugang zur Schatzkammer, nicht mal eine eigene Codekarte."

„Aha, das wusste ich nicht. Aber es passt ins Bild, oder? Wahrscheinlich hat er es heimlich gemacht. Vielleicht ist er irgendwie an die Karte eines Kollegen gekommen."

„Und das ist alles?"

„Nein, er versucht es noch einmal. Zwischendurch finden sich Fragen und Überlegungen zum Ausgang der ersten Untersuchung vom Juli, und er gibt sich immer weniger Mühe, sie zu tarnen oder zu verstecken. Als hätte er mit der ganzen Sache schon abgeschlossen. Er fragt sich, ob er Fehler gemacht habe. Er kann das Ergebnis selbst nicht glauben und wartet auf eine Gelegenheit, es bestätigt zu bekommen. Die erhält er Ende August." Hermann blätterte weiter, bis dicke Lettern zu erkennen waren: *WO SIND DIE ZELLEN?* ‚‚*MZ Probe 2, mikrobDNA- und RNA-Nachweis negativ*'. Und er kommentiert: ‚*Was ist hier los?*'"

„Unglaublich … Eben haben Sie gesagt, es sei wichtig, dass Hilpert die erste Probe im Juli untersucht hat. Warum?"

„Das hat mit einer Auseinandersetzung zu tun, die ich vor ein paar Tagen mit Frank Moebus hatte." Hermann erzählte von seinem abendlichen Ausflug in den Olymp.

„Er hat es zugegeben?", fragte Anne Detlefsen erstaunt.

„Er hockte inmitten der Einzelteile seiner Apparaturen und hat behauptet, dass die Zellen eingegangen seien. Vor ein paar Wochen. Schon das hat mich geschockt, denn gleichzeitig hat er seine Antwort auf den *Nature*-Brief ins Netz gestellt. In der behauptet er, dass die Zellen noch leben. Vor ein paar Wochen, das hieße, dass sie vielleicht Ende August, ganz sicher aber im Juli noch gelebt haben müssen. Hilperts Ergebnisse sagen aber etwas anderes. Ich ziehe daraus den Schluss, dass die Zellen nie existiert haben."

„Puh", stöhnte sie. „Ich muss das alles erst einmal sacken lassen."

„Sie glauben mir nicht?"

„Was heißt glauben? Was Sie mir da erzählen, fällt ohnehin nicht in unsere Zuständigkeit. Das müsst ihr Wissenschaftler unter euch ausmachen. Wir sind es aber gewohnt, nach gerichtsverwertbaren Beweisen zu suchen, wenn wir jemanden überführen wollen. Dieses Laborbuch, so eindrücklich es sein mag, ist kein Beweis." Anne Detlefsen tippte sich in Ermangelung eines Stiftes mit dem Kaffeelöffel gegen die Lippen. „Er hätte doch aber wissen müssen, dass er damit auf die Dauer nicht durchkommt."

„Tja, das ist das große Rätsel. Ein Kollege hat die Fälschung von wissenschaftlichen Daten mal mit dem Doping im Spitzensport verglichen. Ich glaube, es ist ganz einfach: Fälschung und Original liegen heute nur noch ein paar Mausklicks auseinander. Man steht unter gewaltigem Druck, gerät in Versuchung, fängt klein an, kommt damit durch und hält sich dann irgendwann für schlauer als alle anderen. Moebus hat mir gesagt, dass ihm die *Polarstern,* die in diesem Moment im Nordpolarmeer unterwegs ist, neue, frische Zellen mitbringen wird. Vielleicht hat er auf Zeit gespielt und tatsächlich darauf gehofft, dass er im Nachhinein recht bekommt."

Sie saßen einen Moment schweigend nebeneinander und tranken ihren Kaffee aus. Hermann schielte über den Rand seiner Tasse und musterte das Gesicht der Kommissarin. Hatte er sie überzeugt?

„Ich muss jetzt in die Blume zurück", sagte sie schließlich. „Die Kollegen geben sonst noch eine Vermisstenmeldung heraus. Vielen Dank, dass Sie mich informiert haben. Das Laborbuch bringt uns einen entscheidenden Schritt weiter. Wir haben mehrere Aussagen, die sehr gut zu Ihrer Theorie passen. Um es salopp auszudrücken: In der Gruppe Moebus herrschte zunehmend dicke Luft. Vielleicht wissen wir jetzt, warum." Sie legte ihre Hand auf das Laborbuch. „Das nehme ich mit, wenn Sie nichts dagegen haben. Es ist bei uns gut aufgehoben, und wir haben jetzt ein paar Hausaufgaben zu erledigen."

Hermann nickte. „Natürlich. Ich habe es mir auf dem Weg hierher kopiert. Ich dachte mir schon, dass Sie es haben wollen."

„Was werden Sie jetzt tun?"

„Telefonieren", antwortete er und versuchte, sich nicht anmerken zu lassen, wie sehr er bedauerte, dass ihr Gespräch schon beendet war. „Die Sache duldet keinen Aufschub. Ich habe eine lange Liste von Leuten, die ich informieren muss."

Sie schüttelten sich zum Abschied die Hände. „Wir halten uns auf dem Laufenden, ja? Ich wünsche Ihnen viel Glück." Anne Detlefsen wandte sich zum Gehen, hielt aber auf halbem Weg zur Tür inne und drehte sich um. „Ich bin froh, dass Sie mir nicht mehr böse sind. Grüßen Sie Ihren Assistenten und sagen Sie ihm bitte, dass ich seine Haltung und Initiative bemerkenswert finde und dass auch die Polizei vor Fehlern nicht gefeit ist."

Hermann lächelte. „Ich werde es ihm ausrichten."

Drei Stunden später lag das Laborbuch auf dem Schreibtisch von Jens Becker. Anne war zum Polizeidirektor gegangen, um mit ihm die neue Entwicklung zu besprechen. Vorher hatte sie sich selbst ein Bild gemacht und das lange vermisste Buch dann mit der Bitte an Becker weitergereicht, es gründlich durchzusehen, damit ihnen nichts entgehe. Sollten sie Moebus zum Verhör vorladen? Mit welcher Begründung?

Aus der Sicht von Becker hatte sich die Situation durch den wundersamen Fund des Laborbuchs eher verschlechtert als verbessert. Dass Moebus seine Leute terrorisierte, war für ihn keine Überraschung. Er hatte es von Anfang an vermutet. Jetzt konnte man es aus der Perspektive eines Opfers schwarz auf weiß nachlesen, das war der Unterschied. Umso mehr wurmte ihn, dass sie weiterhin nichts gegen diesen Mann in der Hand hatten. Wenn sie ihm nachweisen könnten, dass er zur fraglichen Zeit vor Ort in Kiel gewesen war, sähe die Situation anders aus.

Ohne großes Interesse blätterte er durch Hilperts Laborbuch und ärgerte sich über das unverständliche wissenschaftliche Kauderwelsch. Ab und zu blieb er hängen, wenn Fotografien von verschwommenen schwarzen Balken eingeklebt und mit kryptischen Beschriftungen versehen waren oder einzelne Wörter aus dem Text heraustachen.

Er war auf einer der letzten Seiten angelangt, als ihm ein handgeschriebener Zettel auffiel, den Hilpert in das Buch geklebt hatte. Er war zerknittert und schlecht zu lesen. Wahrscheinlich hatte ihn jemand zusammengeknüllt und dann wieder auseinandergefaltet. Becker konnte Zahlen erkennen, die tabellenartig untereinandergeschrieben waren, dahinter Namen und Abkürzungen, die ihm nichts sagten. In der vorletzten Zeile stand deutlich lesbar: *20.00 Vortrag Audimax*. Darunter ein Datum und die Zahlen *9.55*, daneben das Wort *Rückflug*. Es handelte sich offenbar um Zeitangaben. Ganz unten folgte ein Gekritzel, das wohl eine Unterschrift sein sollte.

Hatte Hilpert Reisepläne gehabt? Vielleicht zu einer Tagung? Den Zettel hatte nicht er geschrieben, das war deutlich zu erkennen.

Beckers Blick blieb noch einmal bei dem Rückflugdatum hängen. Es war der Freitag nach den Ereignissen im Biologiezentrum gewesen. Das Datum weckte sein Interesse. Rückflug von wo? Seine Augen sprangen an den Anfang der Tabelle. Ja, auch da standen ein Datum und eine Uhrzeit, *6.50*. Daneben entzifferte er mit Mühe das Wort *Abflug* und ... *Hamburg*, ja, das hieß *Hamburg*. Das Abflugdatum bezeichnete den Mittwoch vor der Tatnacht. In der nächsten Zeile folgten das Datum vom Donnerstag und eine Reihe von fünf, sechs Terminen.

Becker richtete seinen schweren Körper auf und starrte ungläubig auf den Zettel. Die Flugzeiten kamen ihm bekannt vor. War das möglich?

Er öffnete die Schreibtischtür und begann, fieberhaft nach einem Fax der Fluggesellschaft zu suchen, auf dem man ihm die von Moebus benutzten Flüge bestätigt hatte. Tatsächlich, 6.50 Uhr und 9.55 Uhr, das waren exakt seine Abflugzeiten gewesen, einmal von Hamburg nach Brüssel und zwei Tage später zurück. Es war jeweils die erste Maschine der Brussels Airline gewesen, eines Partnerunternehmens der Lufthansa, das die einzigen Direktflüge anbot.

Becker wandte sich wieder dem Zettel zu. Leider waren gerade die ersten Zeilen kaum zu lesen. Er kniff die Augen zusammen. Das letzte Wort könnte *Lust* heißen. Langsam ergaben die Schnörkel und Linien einen Sinn. Der Satz bestand nur aus drei Worten: *Hätten Sie Lust?*

Als Becker fünf Minuten später auch den ersten Satz entziffert hatte, saß er kerzengerade mit heruntergeklappter Kinnlade da und konnte sein Glück kaum fassen. Dieser unscheinbare Zettel hatte sich als Goldgrube entpuppt. Die ersten Sätze lauteten: *Hier der vorläufige Plan für Brüssel. Wir haben darüber gesprochen. Hätten Sie Lust?* Und er glaubte nun sogar zu erkennen, wer den Zettel unterschrieben hatte. Es war Frank Moebus selbst. Johannes Hilpert hatte ursprünglich also mitfliegen sollen nach Brüssel, jedenfalls hatte es von Moebus' Seite das durchaus freundlich klingende Angebot gegeben. Aus irgendeinem Grund war er dann aber allein geflogen.

Becker musste sich bewegen, sprang auf und lief in seinem kleinen Büro umher. Bisher hatte er alle Flüge überprüft, die am späten Nachmittag und frühen Abend in Hamburg gelandet waren. Als er mit den Direktflügen nicht weitergekommen war, hatte er auch nach Alternativen gesucht, Flüge anderer Gesellschaften, die etwa in Amsterdam oder Stuttgart zwischenlandeten, sowie Flüge nach Bremen oder Hannover. Moebus hatte seinen Zettel zwar als vorläufigen Plan bezeichnet, möglicherweise hatte sich daran aber nicht mehr viel geändert. Am Donnerstag hatten sich seine Termine im Stundentakt bis in den Abend hinein gedrängt, für den Mittwoch war jedoch kein einziger vorgesehen gewesen.

Warum, fragte sich Becker, war dieser viel beschäftigte Mann schon am frühen Mittwochmorgen nach Brüssel geflogen, wenn sein erster Termin erst am späten Donnerstagvormittag gelegen hatte? Das war doch merkwürdig. Hatte er sich eine kurze Auszeit gönnen wollen, einen Tag Sightseeing in einer großen europäischen Metropole? Vielleicht hatte er auf dem Zettel nur die Termine aufgelistet, die auch für Johannes Hilpert interessant gewesen wären.

Angenommen, Moebus hatte am Mittwoch tatsächlich keine Verpflichtungen gehabt, dann wäre das Zeitfenster für eine mögliche Rückkehr nach Kiel viel größer gewesen, als Becker gedacht hatte. Moebus war kurz nach acht Uhr in Brüssel gelandet. Er muss dann in die Innenstadt gefahren sein, denn das Hotel hatte seine Ankunft bestätigt. Wenn er danach bald wieder zum Flughafen aufgebrochen wäre, kämen, großzügig gerechnet, alle Flüge infrage, die Brüssel ab etwa dreizehn Uhr verlassen hatten. Das vergrößerte die Zahl der Möglichkeiten ungemein. Becker machte sich an die Arbeit.

Am Ende blieben fünf Fluggesellschaften, die er der Reihe nach anrief. Jetzt hieß es warten. Die Antworten würden per Fax kommen.

Erbost knallte Hermann den Hörer auf die Gabel und fluchte. Er hatte nicht erwartet, dass seine Anrufe Begeisterungsstürme auslösen würden, aber mit dieser Ablehnung, dieser auf die Einhaltung bürokratischer Vorschriften pochenden Sturheit hatte er nicht gerechnet. Nicht Moebus schien in den Augen seiner Gesprächspartner am Pranger zu stehen, sondern er, der Überbringer der schlechten Nachricht, der es wagte, einen der Großen seiner Zunft anzugreifen. Sie sprachen es nicht aus, Hermann spürte es aber an der Art, wie ein höflicher Gesprächsbeginn in eisiges Schweigen mündete, sobald klar wurde, um wen und was es ging.

Der Universitätspräsident war geradezu sprachlos vor Entsetzen. Er habe Frank Moebus bei verschiedenen Gelegenheiten kennen- und schätzen gelernt, erklärte er schließlich, und könne sich beim besten Willen nicht vorstellen, dass an diesen geradezu irrwitzigen Vorwürfen etwas dran sei. Die Sache müsse natürlich geklärt werden, eigentlich könne es sich aber nur um ein Missverständnis handeln.

Begriffen diese Bürokraten denn nicht, worum es ging? Hatten sie Hermann überhaupt zugehört? Eine der spektakulärsten Entdeckungen der letzten Jahrzehnte im Bereich der Biologie entpuppte sich als Erfindung eines geltungssüchtigen Karrieristen. Alle waren sie Frank auf den Leim gegangen, ohne Ausnahme. Nicht eine kritische oder skeptische Stimme hatte sich erhoben, als seine Mär von der Schattenbiosphäre seinerzeit um die Welt gegangen war. Ein System, das in immer kürzeren Abständen solche Fehlleistungen produzierte, war durch und durch marode. Da halfen nur Offenheit und schonungslose Aufklärung. Der Öffentlichkeit musste deutlich gemacht werden, dass Betrüger in der Wissenschaft keinen Platz hatten.

Hermann stützte den Kopf auf beide Hände und versuchte sich zu beruhigen. Er würde Geduld haben müssen und ein verdammt dickes Fell, wenn er das alles unbeschadet überstehen wollte.

Das Telefon klingelte, und er nahm sofort ab.

„Hermann", hörte er Wiesheus aufgeregte Stimme, „du bist meine letzte Hoffnung. Weißt du, wo Moebus steckt? Ein paar Studenten waren gerade bei mir. Er ist nicht zu seinem Seminar erschienen."

„Nein, ich habe keine Ahnung."

„Frau Schaumann weiß auch nichts. Er ist den ganzen Tag nicht im Institut erschienen, sagt sie, und hat sich auch nicht krankgemeldet. Bei ihm zu Hause nimmt niemand ab, und ich erreiche ihn auch nicht auf dem Handy."

„Tut mir leid, Herbert. Ich weiß nicht, wo er ist."

„Das gibt es doch nicht. Ich verstehe, dass es unangenehm ist, jeden Tag das Haus über einen Hintereingang betreten zu müssen. Er kann doch aber nicht einfach verschwinden und seinen Lehrveranstaltungen fernbleiben."

Es hatte etwas Rührendes, wie Wiesheu um einen reibungslosen Lehrbetrieb bangte. Offenbar hatte er keine Ahnung, was sich da über ihren Köpfen zusammenbraute.

„Hast du gesehen, wie viele Demonstranten es heute sind?", fuhr er fort. „Mindestens dreihundert, würde ich sagen. Ich dachte, sie würden bald die Lust verlieren, stattdessen werden es immer mehr. Und stell dir vor, ein Kollege aus Freiburg hat mich vorhin angerufen. Seit heute wird auch dort demonstriert. Das scheint sich auszubreiten."

„Sie sind über das Internet vernetzt."

„Hast du ihren neuesten Spruch gehört? ‚Plagiat und Datenschmu sind bei uns der letzte Schrei, macht bloß bald die Unis zu, ist doch eh nur Kungelei.' Ganz schön böse, was?"

Hermann lachte. Sie machten es richtig. Man musste es mit Humor nehmen.

„Du lachst. Dein Gemüt möchte ich haben. Wer weiß, wohin das noch führt", jammerte Wiesheu. „Ich hätte nie gedacht, dass so etwas einmal von unserer beschaulichen Kieler Uni ausgehen könnte. Das haben wir ausschließlich diesem Moebus zu verdanken."

Hermann hatte unwillkürlich die sorgenvolle Miene des Direktors vor Augen und zögerte einen Moment. Dann fällte er innerhalb eines Sekundenbruchteils eine Entscheidung. Er hatte es satt, der einsame Rufer in der Wüste zu sein. „Herbert, hast du gerade einen Moment Zeit?"
„Jetzt ist es schlecht. In einer guten Stunde vielleicht. Ich muss erst mal Moebus' Studenten nach Hause schicken und dann noch ein paar Anrufe erledigen. Warum, was gibt's?"
„Ich möchte etwas mit dir besprechen. Persönlich, nicht am Telefon."
„Du klingst so ernst."
„Es ist wichtig, aber es hat Zeit bis nachher. Komm einfach rauf zu mir, wenn du fertig bist, ja? Ich bin im Büro. Dann trinken wir einen Kaffee."
„Du machst mich richtig neugierig."
Herbert ist sicher keine Kämpfernatur, dachte Hermann, nachdem er aufgelegt hatte. Aber er war der Direktor dieses Instituts und ein langjähriger Vertrauter. Wenn man in die Schlacht zog, brauchte man Bundesgenossen.
Dann fiel ihm der Grund von Wiesheus Anruf wieder ein. Wo war Frank?

DAS FAXGERÄT SPRANG AN. Jens Becker stand auf, ging zu dem kleinen Beistelltisch und blickte gespannt auf den Ausdruck, der Zeile für Zeile sichtbar wurde. Scandinavian Airlines boten eine Verbindung von Brüssel nach Hamburg mit Zwischenlandung in Kopenhagen an. Wieder ein Fehlschlag. Der dritte. Noch hatte er zwei Eisen im Feuer.
Er setzte sich wieder an den Schreibtisch und sah auf den Bildschirm. Obwohl er noch nicht wusste, ob und wie Moebus am Mittwoch nach Kiel gekommen war, beschäftigte er sich schon mit der möglichen Rückreiseroute. Er hatte die Seite der Deutschen Bahn aufgerufen und dort tatsächlich eine Verbindung nach Brüssel gefunden, die noch dazu sehr bequem war. Um halb eins in der Nacht verließ ein City Night Line den Hamburger Hauptbahnhof und war früh am Donnerstagmorgen in Köln, von wo ein Anschlusszug direkt nach Bruxelles-Midi fuhr. Moebus wäre früh genug und ausgeruht in Brüssel gewesen, um dort seine Termine wahrzunehmen.
Leider passten die Zugzeiten nicht zur Aussage seines Zeugen. Irgendwann zwischen Mitternacht und ein Uhr, keinesfalls früher. Doch selbst wenn der Alte an diesem Abend besonders schnell unterwegs gewesen wäre und den Mann im Anzug schon kurz nach Mitternacht gesehen hätte, passte es nicht. Wie hätte Moebus in einer halben Stunde nach Hamburg kommen sollen?
Das war nur eines der Probleme, die Becker zu lösen hatte. Ein anderes war die Frage, was Moebus damit bezweckt haben könnte. Eine solche aufwendig getarnte An- und Abreise ergab nur Sinn, wenn er sich damit ein

Alibi hatte verschaffen wollen. Nur wofür, etwa um seine Mitarbeiter umzubringen? So weit wollte Becker nicht gehen. Hatte es mit den Betrugsvorwürfen zu tun, die Hermann Pauli erhoben hatte?

Wieder meldete sich das Faxgerät. Becker wuchtete seinen schweren Körper hoch. Es war seine vorletzte Chance, und eigentlich glaubte er selbst nicht mehr an einen Erfolg. Dann blieb er vor dem Faxgerät stehen, sah hinunter und ... seine Augen wurden größer und größer.

„Jetzt hab ich dich, du Arschloch", murmelte er. Ein Glücksgefühl, wie er es lange nicht mehr erlebt hatte, überschwemmte seinen Körper. Er kam sich vor, als würde er schweben.

Rasch griff er zum Telefon. „Anne, du wirst es nicht glauben. Ich hab ihn. Das Fax von der Swissair ist gerade reingekommen. Er ist am Mittwoch um 15 Uhr von Brüssel nach Zürich geflogen und von da weiter nach Hannover. Ankunft 18.50 Uhr. Jetzt haben wir ihn."

„Von wem redest du? Etwa von Moebus?" Er hörte, wie sie nach Luft schnappte. „Mensch, Jens. Ich ... Nicht zu fassen. Du hast recht gehabt. Unglaublich. Komm sofort rüber, ich trommle die anderen zusammen."

SCHULTERKLOPFEN, Händeschütteln, Gratulationen – für Jens Becker waren die kommenden Minuten ein einziger Triumphzug und ein Labsal für seine Seele. Niemand hatte mit einer solchen Entwicklung gerechnet. Sogar Grube ließ es sich nicht nehmen, ihm persönlich zu gratulieren.

Als der Polizeidirektor das Besprechungszimmer verlassen hatte, erläuterte Becker seine Überlegungen zur möglichen Rückreise von Frank Moebus. „Wir wissen definitiv, dass er am Donnerstag wieder in Brüssel war. Er besitzt kein eigenes Auto, und Flugzeug und Bahn scheiden als Transportmittel aus, ich habe alle Möglichkeiten überprüft. Also bleibt meiner Meinung nach nur ein Mietwagen oder ein Taxi. Das würde auch erklären, wie er von Hannover nach Kiel gekommen ist."

„Weißt du, wie viele Mietwagenunternehmen es gibt?", fragte Arnie Schwarzenau. „Ein halbes Dutzend große, und in jeder Stadt kommen noch etliche kleine und kleinste dazu."

„Stimmt. Aber ich denke, vieles spricht dafür, dass er den Wagen von einer der großen Firmen direkt am Flughafen gemietet hat. An ein Taxi glaube ich nicht, aber ausschließen können wir diese Möglichkeit nicht. Er ist erst kurz vor 19 Uhr in Hannover gelandet, und seine Maschine hatte sogar ein paar Minuten Verspätung. Von Hannover nach Kiel sind es zweihundertfünfzig Kilometer. Er konnte es sich eigentlich nicht leisten, erst in die Stadt zu fahren, um dort bei irgendeiner kleinen Klitsche einen Wagen zu übernehmen. Nein, ich glaube, er hat den Wagen direkt am Flughafen gemietet."

„Und wie ist er wieder nach Brüssel gekommen? Glaubst du, dass er die ganze Strecke gefahren ist?"

„Möglich wäre es, wenn auch nicht sehr wahrscheinlich. Aber eins nach dem anderen."

„Genau", stimmte Anne zu. „Jens hat recht. Wir sollten herausfinden, welche Mietwagenfirmen am Flughafen Hannover vertreten sind, und deren Kieler Niederlassungen einen Besuch abstatten. Dann sehen wir weiter."

„Eine Frage noch", sagte Sigmund Bock. „Warum hat er das getan? Welchen Sinn hatte dieser ganze Aufwand?"

Achselzucken, Kopfschütteln. Auch Becker musste passen.

Anne räusperte sich. „Ich habe da so eine Idee. Sie ist mir heute Mittag gekommen, als ich mit Hermann Pauli geredet habe. Er hat mir erzählt, wie er Moebus in seiner Schatzkammer überrascht hat. Er saß auf dem Boden inmitten der Einzelteile seiner Spezialapparatur, in der sich angeblich die Zellen befanden. Er hatte sie auseinandergenommen. Jens und ich haben diese Apparatur gesehen, eine komplizierte Konstruktion."

„Ja und?", fragte Becker ungeduldig.

„Diese Szene ist mir nicht mehr aus dem Kopf gegangen. Moebus muss sich darüber im Klaren gewesen sein, dass seine Kollegen nicht mehr lange stillhalten würden. Vielleicht hatte er die Absicht, einen Einbruch oder so etwas vorzutäuschen. Dann hätte er eine Erklärung dafür gehabt, dass er die Zellen nicht herausgeben kann."

„Aber es gab keinen Einbruch", wandte Bock ein.

„Richtig." Anne nickte. „Wenn meine Theorie stimmt, muss irgendetwas schiefgegangen sein."

Es dauerte Tage, um Moebus' heimlichem Rückflug auf die Spur zu kommen, aber nur eine Stunde, um das Unternehmen zu finden, bei dem er sich einen luxuriösen Wagen gemietet hatte. Das Auto war über das Internet reserviert worden. Das Netz um Frank Moebus zog sich enger zusammen.

Auffällig waren vor allem zwei Details: die enorme Strecke, die er mit dem Wagen zurückgelegt hatte – über sechshundert Kilometer –, und der Ort seiner Rückgabe. Eigentlich hätte der Wagen am Hauptbahnhof in Hamburg abgegeben werden sollen, so stand es jedenfalls im Vertrag. Tatsächlich war der Firma aber am Donnerstag telefonisch mitgeteilt worden, dass der Wagen viel weiter südlich am Bahnhof von Münster in Westfalen stehe.

## 17

Der Anruf von Anne Detlefsen erreichte Hermann, kurz nachdem er seine Wohnung betreten hatte. Marion und Emil waren nicht zu Hause.

Sie kam sofort zur Sache. „Wissen Sie, wo Frank Moebus sich aufhält?"

Hermann lachte auf. „Sie sind schon die Zweite, die mir heute diese Frage stellt. Ich möchte mal wissen, warum alle Welt denkt, ich wüsste, wo Frank ist. Er pflegt sich bei mir nicht an- oder abzumelden."

„Wir müssen dringend mit ihm reden und haben ihn weder im Biologiezentrum noch zu Hause angetroffen."

„Wegen ..."

„Nein, nicht wegen des Betrugsverdachts. Das ist nicht unsere Sache. Es geht um etwas anderes."

Ging diese Geheimniskrämerei schon wieder los? Er wollte sich schon beschweren, da kam ihm die Kommissarin zuvor. „Im Moment habe ich leider keine Zeit, Ihnen die Hintergründe zu erklären. Ich rufe Sie im Lauf des Abends noch einmal an. Können Sie damit leben?"

„Vergessen Sie es nicht."

„Ich verspreche es. Und wenn Sie etwas hören oder irgendeine Idee haben, wo er sein könnte, dann teilen Sie uns das bitte mit."

„Natürlich, Sie können sich auf mich verlassen. Ich rufe sofort an."

„Bitte mich persönlich. Zu jeder Tages- und Nachtzeit." Sie gab ihm ihre Handynummer. Unter anderen Umständen hätte er sich darüber gefreut.

HERMANN lief ein paar Minuten aufgewühlt von Zimmer zu Zimmer, dann schrieb er Marion einen Zettel und verließ die Wohnung.

Vor der Haustür blieb er kurz stehen, schlug gegen den Wind den Kragen hoch und ging in den Park. Wo ist Frank?, dachte er. Hat er sich abgesetzt?

Schließlich stand er auf der anderen Seite des Parks und blickte auf die Häuserfassaden gegenüber. Er hatte vergessen, sich aus seinem Adressbuch Franks Hausnummer herauszusuchen, also würde ihm nichts anderes übrig bleiben, als sich die Klingelschilder anzusehen. Wahrscheinlich war Frank ohnehin nicht zu Hause. Es war nur ein Versuch, und es war allemal besser, als untätig zu Hause zu sitzen und sich seinen Grübeleien zu überlassen.

Er ging von Hauseingang zu Hauseingang, bis er den Namen Moebus gefunden hatte. Er klingelte. Keine Reaktion. Nach einem weiteren Versuch trat er zurück und blickte nach oben. Nirgendwo brannte Licht.

Hermann überlegte einen Moment, dann zog er sein Handy aus der Manteltasche und begann, eine SMS zu schreiben. Da er darin nicht sehr geübt war, brauchte er mehrere Minuten.

ICH STEHE VOR DEINEM HAUS UND WILL MIT DIR REDEN. FRANK, WO BIST DU? ICH WEISS ÜBER DIE ZELLEN BESCHEID. DIE POLIZEI SUCHT DICH. BITTE, MELDE DICH, ES IST DRINGEND. VIELLEICHT FINDEN WIR ZUSAMMEN EINE LÖSUNG. GRUSS HERMANN

Er erschrak fast, als postwendend die Antwort kam. Er stand noch immer vor Franks Haus, das Telefon in der Hand.

ES GIBT KEINE LÖSUNG.

Er schrieb noch einmal: WO BIST DU?

Keine Antwort.

Immerhin wusste er jetzt, dass Frank noch am Leben war. Er wartete noch ein paar Minuten, bevor er langsam in einem weiten Bogen um den Park herum nach Hause ging.

NUR WENIGE METER von der Stelle entfernt, an der Hermann aus dem Park getreten war, stand ein dunkelblauer Pkw in einem der Parkhäfen. Am Steuer saß ein Mann, der leise in sein Handy sprach.

„Hier ist jemand, der von Haus zu Haus geht und sich die Klingelschilder ansieht. An unserem Objekt hat er geklingelt und dann nach oben geschaut. Jetzt steht er schon eine Weile vor dem Haus und fummelt an seinem Handy herum. Ich glaube, er schreibt etwas, vielleicht eine SMS."

„Wie sieht er aus?", fragte eine Frauenstimme.

„Um die sechzig, hageres, markantes Gesicht, groß, schlank, dunkler Mantel. Er ist aus dem Park gekommen."

„Das könnte Hermann Pauli sein. Er wohnt auf der anderen Parkseite. Ich habe vor einer halben Stunde mit ihm telefoniert. Er hat erst bei Moebus geklingelt und schreibt jetzt eine SMS, sagen Sie? Er versucht, Kontakt mit ihm aufzunehmen."

„Soll ich ihn ansprechen?"

„Nein, bleiben Sie, wo Sie sind. Ich fahre jetzt nach Hause und rufe ihn von dort aus an. Jens wird hier in der Blume die Stellung halten."

DEN ENTSCHLUSS, nicht nach Hause, sondern zum Schrevenpark zu fahren, fasste Anne, kaum dass sie in ihrem Wagen saß. Schon vor ihrem Treffen und erst recht danach hatte sie immer wieder an Hermann Pauli denken müssen. Sie machte sich Sorgen um ihn, weil er so müde und strapaziert ausgesehen hatte. Aber vor allem hatte sie Angst, dass es für einen solchen, quasi dienstlichen Besuch bald zu spät sein könnte. Sie war sicher, dass sie

Frank Moebus finden würden, und ganz egal was er ihnen zu erzählen hatte, sie würden den Fall in absehbarer Zeit zu den Akten legen, so oder so.

Welchen Grund hätte sie dann noch, Hermann Pauli zu treffen?

Was sie sich von ihrem Besuch versprach, der gegen elementare Grundregeln der Polizeiarbeit verstieß, wusste sie nicht, und sie vermied es, darüber nachzudenken, sie wollte sich später nur nicht vorwerfen müssen, eine Gelegenheit verpasst zu haben, die vielleicht nie wiederkommen würde. Sie mochte diesen Mann, und er mochte sie – seine Enttäuschung, als sie ihr Gespräch beendet hatte, um in die Blume zurückzufahren, war ihr nicht entgangen.

Während der kurzen Fahrt durch die Stadt fühlte sie sich seltsam zweigeteilt. Ihr Körper drängte voran, steuerte den Wagen, während ihr Kopf damit beschäftigt war, ein Trommelfeuer von Ausreden und Widerständen niederzuringen, die sich ihr in den Weg stellen wollten. Wenn es jemals zu einem Verfahren kommen sollte, wäre Hermann Pauli einer der wichtigsten Zeugen. Alles, was sich zwischen ihr und diesem Mann entwickeln könnte, müsste zunächst im Geheimen geschehen. *Willst du das? Deinen Job gefährden? Und abgesehen von den möglichen beruflichen Konsequenzen – willst du deinen alternden Körper wirklich noch einmal den prüfenden Blicken eines Mannes aussetzen?* Die bohrenden Fragen setzten ihr zu, ließen sie schwanken, aber sie fuhr weiter.

Bei der Parkplatzsuche verlor sie viel Zeit, kontrollierte schnell im Rückspiegel ihr Aussehen, sprühte ein wenig Parfum auf und rannte zu seinem Haus, in dem nur hinter einem einzigen Fenster Licht brannte, das noch dazu auf der falschen Seite lag. Müsste er nicht schon wieder zu Hause sein? Wie lange brauchte man durch den Park? Sie wagte es nicht zu klingeln. Was, wenn er schon schliefe? Sie stand eine Weile fröstelnd vor dem Haus, lief auf und ab, verlor mit jeder Sekunde ein wenig von ihrer Entschlossenheit. Dann hörte sie Schritte, sah eine große dunkle Gestalt, die näher kam, und endlich verstummten die Stimmen in ihrem Kopf.

„Nanu, Frau Detlefsen, was machen Sie denn hier?", rief Hermann verwundert. „Wollten Sie zu mir?"

Sie zuckte die Achseln und lächelte ein wenig gezwungen. „Ich bin hier in der Nähe vorbeigekommen und ... na ja, plötzlich dachte ich, dass ich Ihnen gern persönlich berichten würde, was sich heute bei uns ereignet hat. Sie werden staunen. Ihr Fund ist Gold wert."

„Gute Idee", erwiderte er und lächelte auch. Er schaute kurz hinauf zu seiner Wohnung. Alle Fenster waren dunkel. Marion war noch immer nicht nach Hause gekommen. „Gehen wir nach oben. Da sind wir ungestört. Und ein Fläschchen Wein wird sich auch finden lassen."

Er wartete nicht auf ihre Antwort, zog den Wohnungsschlüssel aus der Manteltasche, öffnete die Tür und hielt sie der Kommissarin auf.

Sie trat dicht an ihm vorbei in den Hauseingang, und er roch ihr Parfum, spürte ihre Gegenwart so intensiv, dass ihm die Knie zitterten. Er fühlte sich wie ein Teenager beim ersten Date. War sie wirklich nur gekommen, um ihn auf den neuesten Stand der Ermittlungen zu bringen? Um diese Zeit?

„Haben Sie einen Spaziergang gemacht?", fragte Anne Detlefsen, als sie nebeneinander die Treppe hinaufstiegen.

„Ja und nein. Ich war bei Frank Moebus drüben. Er wohnt auf der anderen Parkseite. Aber er war nicht zu Hause."

Sie nickte. „Das habe ich Ihnen ja gesagt. Wir sind ziemlich sicher, dass er die Stadt verlassen hat."

„Sie meinen, er ist ... geflohen? Warum sollte er ..."

„Warum er ausgerechnet jetzt verschwunden ist, weiß ich nicht", sagte Anne Detlefsen, als sie in die Wohnung eingetreten waren und er die Tür geschlossen hatte. Sie zog ihren Mantel aus und hängte ihn über andere Jacken und Mäntel.

Hermann kickte eins von einem halben Dutzend Spielzeugautos aus dem Weg, die auf dem Flurboden herumlagen. „Sie müssen entschuldigen, dass es hier so unordentlich aussieht. Meine Tochter und mein Enkel wohnen vorübergehend bei mir. Da kommt man mit dem Aufräumen kaum hinterher."

„Ich habe auch Kinder", erklärte sie und fügte rasch hinzu: „Aber Ihre beiden sind nicht da, oder? Ich möchte nicht stören."

„Sie haben mir nichts gesagt, aber ich glaube nicht, dass sie heute noch nach Hause kommen." Hermann ging zum Bad und raffte schnell ein paar von Emils dreckigen T-Shirts und Hosen zusammen, die hier den Boden bedeckten.

Anne Detlefsen verfolgte seine Bemühungen mit einem Schmunzeln. „Machen Sie sich bloß keine Umstände, Herr Pauli. Es ist bei mir zwar schon eine Weile her, aber ich kenne das."

Er hatte den Arm voller Kinderwäsche und grinste. „Na gut. Ich geb's auf. Es ist ohnehin hoffnungslos. Das Wohnzimmer ist da drüben. Fühlen Sie sich bitte wie zu Hause. Ich mache uns einen Wein auf."

Als er wenig später eine Flasche Merlot und zwei Gläser auf den mit alten Zeitungen bedeckten Couchtisch abzustellen versuchte, saß sie schon auf dem Sofa und hatte die Beine übereinandergeschlagen.

Er setzte sich, füllte die Gläser, und sie stießen an. „Zum Wohl. Ich hätte nicht gedacht, dass ich heute Abend noch so angenehme Gesellschaft bekommen würde", sagte er. „Auch wenn die Umstände, nun ja ... Vielleicht versuchen wir zur Abwechslung mal zu vergessen, dass Sie Kriminalkommissarin sind und ich ein ehemaliger Verdächtiger bin."

„Darüber haben Sie sich geärgert, nicht wahr?"

„Nur kurz. Dass Sie meinen Assistenten festgenommen haben, hat mich mehr gewurmt."

„Ich hatte das nicht allein zu entscheiden. Aber nach Lage der Dinge blieb uns eigentlich keine andere Wahl. Im Nachhinein tut es mir natürlich leid." Sie lächelte, trank einen großen Schluck und wurde dann ernst. „Wir können gleich auf Ihren Vorschlag zurückkommen, der ganz in meinem Sinne ist." Hermann traute seinen Augen kaum, als er sie leicht erröten sah. „Aber eines muss ich vorher noch loswerden, als Kommissarin, meine ich. Ich habe es Ihnen versprochen."

Sie hatte ihr Glas schon ausgetrunken. Er schenkte nach. „Und das wäre?"

„Ich sagte ja schon, das Laborbuch ist Gold wert für uns. Was wir herausgefunden haben, wird Ihnen allerdings nicht gefallen, fürchte ich: Uns ist mithilfe des Laborbuchs der Nachweis gelungen, dass Moebus noch am Mittwoch von Brüssel aus wieder nach Deutschland geflogen ist, nach Hannover. Von dort hat er einen Mietwagen genommen und war wahrscheinlich in der Nacht zum Donnerstag in Kiel und im Biologiezentrum. Wir haben seit Längerem einen Zeugen, der nach Mitternacht einen Mann in Mantel und Anzug gesehen hat, der über den Campus rannte."

„Wie bitte?" Hermann sah sie fassungslos an. „Ich ... ich verstehe nicht richtig. Er ist am selben Tag zurückgeflogen?"

Sie nickte. „Es gibt nicht den geringsten Zweifel. Noch in der Nacht ist er mit dem Mietwagen nach Münster gefahren und mit dem Zug weiter nach Brüssel. Dort hat er am Donnerstag seine Termine wahrgenommen."

„Das ist ja unglaublich. Hat Frank etwa ... war er ..."

„Was ich Ihnen gesagt habe, ist der Stand unserer Ermittlungen. Alles Weitere hoffen wir von Professor Moebus zu erfahren. Jetzt verstehen Sie sicher, warum wir ihn sprechen müssen."

„Mein Gott, ich kann das gar nicht glauben." Hermann rieb sich verwirrt über das Gesicht. „Er ist in Kiel gewesen ... Demnach hätte ich ihm in der Nacht ja begegnen können."

„Die Lage ist ziemlich ernst." Ihre Stimme schien von weit her zu kommen. „Wenn wir ihn nicht bald finden, werde ich einen Haftbefehl beantragen. Es gibt keinerlei Hinweise darauf, dass er in den Streit der beiden direkt verwickelt war, aber er wird uns einiges erklären müssen."

War Moebus fähig, einen Menschen zu töten?

Sie hatten eine Weile geschwiegen, als Hermann plötzlich ihre Hand spürte, die sich sanft auf seinen Arm legte. „Es tut mir leid. Aber ich dachte, du solltest es wissen. Ich wollte nicht, dass du es aus der Presse erfährst."

Er nickte, nahm ihre Hand von seinem Arm, legte sie an seine Wange und küsste sie. Sie war warm und trocken und roch nach ihrem Parfum.

Sie sahen sich lange an. Nimm mich in den Arm, halt mich fest, schienen ihre Augen zu sagen.

Er rückte näher an sie heran, breitete die Arme aus und zog sie an sich. Sie erschauderte, und er, berauscht von der Wärme und dem Geruch ihres Körpers, hätte heulen können vor Glück. Es war so lange her.

„Dürfen wir das?", fragte er leise, dicht an ihrem Ohr.

„Nein", flüsterte sie. „Aber ich will es."

## 18

Im Kellerstudio von Bennie Bartelt herrschte an diesem Samstagnachmittag schon früh ungewohnte Ruhe. Etliche rote Lämpchen und das leise Brummen der Verstärker signalisierten zwar die Betriebsbereitschaft der Technik, keiner der drei Musiker machte jedoch den Eindruck, dass er die nach wenigen Songs unterbrochene Session wiederaufnehmen wollte. Bennie und Hermann saßen nebeneinander auf dem Sofa, Pit hatte sich in einen Sessel gefläzt und die Füße auf den Tisch gelegt. Alle schienen ausschließlich mit sich und dem ersten Bier dieses Nachmittags beschäftigt zu sein.

„Also, Freunde, wenn ihr meine unmaßgebliche Meinung hören wollt: Sollte Frank auch in Zukunft nicht mehr kommen, müssen wir uns etwas einfallen lassen. Zu dritt finde ich es irgendwie öde", meinte Pit schließlich. „Was ist eigentlich mit ihm? Hat er keine Lust mehr?"

Sie hatten bisher kein Wort über Frank gesprochen, doch Bennie schien irgendetwas zu wissen. Wahrscheinlich von Elisabeth, dachte Hermann. Standen die Geschwister noch in Kontakt miteinander? Er konnte es kaum abwarten, mit Elisabeth zu reden, am besten unter vier Augen. Vielleicht ergab sich später eine günstige Gelegenheit. Er würde mit der Familie essen und über Nacht bleiben. Anne war für heute Abend schon seit Langem verabredet und hatte nicht absagen wollen. Sie würden sich morgen sehen und dann den ganzen Nachmittag und Abend für sich haben.

Er schloss die Augen und gab sich kurz der Erinnerung an die letzten beiden Nächte hin. Anne wusste, wo er heute war, aber wie eng diese samstäglichen Besuche in Lübeck normalerweise mit Frank Moebus verknüpft waren, hatte er ihr verschwiegen.

Zwei Tage waren jetzt ohne jede Nachricht von Frank vergangen. Er hatte weder auf Hermanns Anrufe noch auf seine Kurzmitteilungen reagiert.

Wiesheu war außer sich gewesen. Da sich offenbar mehrere Journalisten bei ihm vergeblich nach Frank erkundigt hatten, stand heute sogar in der Zeitung, dass Moebus' Aufenthaltsort unbekannt sei. Jetzt schien es nur eine Frage der Zeit zu sein, bis das ganze Ausmaß der Affäre ans Licht käme.

„He, was ist los mit euch?", brachte Pit sich in Erinnerung. „Wollt ihr mir nicht antworten? Ihr kennt Frank doch viel besser als ich."

Bennie hob den Kopf und sah Hermann an. „Willst du es ihm sagen?"

Hermann brummte unwillig, dann fasste er das Geschehen in einem einzigen Satz zusammen: „Frank hat Schwierigkeiten."

„Dieser Überflieger? Was denn für Schwierigkeiten?"

„Es geht um Wissenschaft. Das interessiert dich doch nicht."

Pit zog die Augenbrauen zusammen und streckte den Kopf vor, als hätte er sich verhört. Dann nickte er. „Okay, hab verstanden. Danke für die freundliche und erschöpfende Auskunft." Er leerte seine Bierflasche, stand auf, stöpselte seinen Bass aus dem Verstärker, legte ihn in den Instrumentenkoffer und klappte ihn zu. Die anderen beobachteten ihn wortlos. „Ich weiß nicht, was los ist", sagte er, während er zum Garderobenständer ging und dann in seine Lederjacke schlüpfte, „aber die Stimmung hier, die gefällt mir überhaupt nicht. Kann ja mal passieren, aber für heute reicht's mir. Ich mach mich auf den Heimweg. Sagt mir Bescheid, wenn ihr wieder bessere Laune habt." Er öffnete die gepolsterte Studiotür und war im nächsten Moment auf dem Weg nach oben.

„Pit, komm, spiel nicht die beleidigte Leberwurst!", rief ihm Hermann nach. „Ist doch so, oder? Es interessiert dich nicht."

Bennie war aufgestanden und ging ebenfalls zur Tür. „Lass ihn. Vielleicht ist es heute besser so." Er folgte Pit die Treppe hinauf. Hermann hörte, wie sie sich an der Eingangstür verabschiedeten.

Als Bennie in den Keller zurückkam, steuerte er geradewegs den Kühlschrank an, nahm sich ein neues Bier heraus und ließ sich wieder neben Hermann aufs Sofa fallen. „Mich würde übrigens auch interessieren, was los ist", platzte es aus ihm heraus. „Bei euch am Institut herrscht dicke Luft, oder? Elisabeth erzählt mir nichts, und ich hasse es, wenn man versucht, irgendetwas vor mir zu verbergen. Wir haben uns deswegen schon heftig in der Wolle gehabt. Ich merke ihr an, dass sie beunruhigt ist, aber sie streitet es rundweg ab. Manchmal sitzt sie nachts noch stundenlang am Computer, und ich höre sie weinen. Es kann nur mit Frank zu tun haben."

„Hat sie Kontakt zu ihm?"

„Ich nehme es an. Sie hatte immer Kontakt mit ihm, warum sollte sie jetzt keinen haben?"

„Weil er ... er ist verschwunden, Bennie."

„Verschwunden?"

„Ja. Er ist nicht in seiner Wohnung, jedenfalls öffnet er nicht die Tür und geht nicht ans Telefon. Er reagiert weder auf Handyanrufe noch auf Mails."

„Du meinst, er ist abgehauen?" Bennie verzog ungläubig das Gesicht und schüttelte dann den Kopf. „Das glaube ich nicht. Ich kenne Frank auch ein bisschen, und das passt überhaupt nicht zu ihm. Der ergreift doch wegen ein paar demonstrierender Studenten nicht die Flucht. Da müssen noch andere Dinge eine Rolle spielen." Er sah seinen Freund misstrauisch an.

Hermann senkte den Kopf und überlegte. Was konnte, was durfte er Bennie erzählen? Schließlich sagte er: „Es gibt tatsächlich noch mehr", und berichtete von dem Laborbuch.

„Hilpert? Ist das der, der aus dem Fenster gesprungen ist?"

„Ja. Aus seinem Laborbuch geht hervor, dass es mit dem Verhältnis zwischen ihm und Frank nicht zum Besten stand, und irgendwie hat es die Polizei darauf gebracht, dass Frank in der Todesnacht im Institut war."

„Was? Ich denke, er war verreist, als es passierte. Er war doch in ..."

„In Brüssel, ja, das dachten alle. Offenbar ist er aber auf Umwegen heimlich nach Kiel zurückgefahren."

„Na hör mal. Warum hätte er das tun sollen?"

„Ich weiß es nicht."

Bennie lachte. „Also, das ist die verrückteste Geschichte, die ich je gehört habe. Mit der Polizei scheint ein bisschen die Fantasie durchzugehen, was?"

„Sie sind ganz sicher. Es gibt Beweise. Sie suchen ihn."

„Mannomann." Bennie schüttelte den Kopf.

„Meinst du, Elisabeth weiß das alles?"

„Ich habe dir doch gesagt, sie spricht nicht darüber. Brüderchen hier, Brüderchen da, das geht mir schon seit Längerem auf die Nerven."

„Wollen wir nach oben gehen?"

„Du willst mit ihr reden?" Bennies runder Kopf schwankte hin und her. „Ich weiß nicht ... Sie war nicht begeistert, als ich ihr gesagt habe, dass du über Nacht bleibst. Du kannst es ja versuchen, vielleicht hast du mehr Glück als ich."

ALS HERMANN die Küche betrat, wo Elisabeth gerade den Salat wusch, sah er sofort, dass Bennie nicht übertrieben hatte. Sie war erschreckend blass und schien geweint zu haben. Normalerweise begrüßten sie sich herzlich, heute würdigte sie ihn keines Blickes.

„Hallo Elisabeth", sagte er freundlich.

„Habt ihr schon aufgehört?"

„Ja."

Sie machte sich Sorgen, das war nicht zu übersehen, aber was wusste sie? Er beschloss vorerst seinen Vorstoß zu verschieben. „Bitte, Eli, lass mich das machen", sagte er stattdessen.

Sie sah ihn noch immer nicht an, hielt den Kopf gesenkt, sodass ihr Gesicht von den herabfallenden Haaren verdeckt war. Erst wollte sie nicht weichen, dann trat sie doch zur Seite und überließ Hermann wortlos den Platz an der Spüle. Sie öffnete den Hängeschrank und nahm das Geschirr heraus. „Wie geht es Marion und dem Kleinen?", fragte sie.

„Gut, danke. Sie wird bald ausziehen. Außerdem ist sie verliebt."

Bei Marion war Verliebtsein schon immer wie der Einschlag eines Meteoriten gewesen, der ihr Leben völlig durcheinanderwirbelte. In einer langen SMS hatte sie Hermann mitgeteilt, dass sie bei Daniel auf dem Land weile und sich mit dem Gedanken trage, bei ihm einzuziehen. Emil liebe das Landleben, und auch ihr gefalle es.

„Verliebt?" Jetzt hielt Elisabeth inne, ein kleines Lächeln auf den Lippen.

„Ja, ausgerechnet in meinen Assistenten."

„Ach. Von dem war doch schon bei deinem Geburtstag die Rede." Für einen Moment lächelte sie, aber die tiefe Traurigkeit, die in ihr steckte, war nicht zu übersehen. Etwas musste geschehen.

„Elisabeth?"

Ihre Gesichtszüge verhärteten sich. Sie wusste sofort, was er wollte. „Nein, nicht jetzt", entgegnete sie und verschwand mit dem Tellerstapel im Esszimmer nebenan.

Er folgte ihr. „Wir müssen reden, Elisabeth. Frank ist in großen Schwierigkeiten, und ich muss wissen …"

„Nicht jetzt, habe ich gesagt." Aber auch im Lauf des restlichen Abends vermied sie jede weitere Gelegenheit.

AM NÄCHSTEN MORGEN wurde Hermann von einem leisen Klopfen geweckt. Jemand war an der Tür. „Ja?", fragte er verschlafen und warf rasch einen Blick auf seine Armbanduhr. Es war erst kurz nach sieben.

„Ich bin's." Das war Elisabeths Stimme. „Kann ich hereinkommen?"

„Natürlich, ja."

Die Tür öffnete sich, und sie trat in das kleine Gästezimmer. Sie setzte sich auf die Bettkante. „Hast du heute Vormittag etwas vor?"

„Äh, nein. Wieso?"

„Er will mit dir sprechen."

„Wer? Frank?"

Sie nickte.

„Ist er hier?"

„Nein, wir müssen den Wagen nehmen."

„Gut, sehr gut. Ich brauche fünf Minuten."

Elisabeth fiel ihm um den Hals. „Ich mache mir große Sorgen um ihn." Sie schluchzte. „Ich wünsche mir so sehr, dass alles bald ein Ende findet."

Er strich ihr sanft über die Haare. „Was ist mit Bennie?"

„Wir lassen ihn schlafen. Ich lege ihm einen Zettel hin."

Sie nahmen seinen Wagen. Elisabeth hatte nicht gesagt, wohin sie fahren würden, aber kaum hatte sie ihn in östlicher Richtung aus der Stadt gelotst, glaubte er, das Ziel zu kennen.

„Er ist draußen in eurem Haus", sagte er und wunderte sich im Stillen, warum er nicht schon eher darauf gekommen war.

Kurz nach der Wende hatte Bennie in Boltenhagen, einem Seebad an der Mecklenburger Bucht, ein heruntergekommenes altes Strandwaldhaus gekauft und über die Jahre in ein Schmuckstück verwandelt.

Elisabeth nickte. „Was hätte ich machen sollen? Er rief mich an und sagte, er brauche dringend einen Ort, um für ein paar Tage ungestört zu sein."

Um unterzutauchen, traf die Sache wohl besser, dachte Hermann.

Sie wischte sich mit einem Taschentuch über die Augen. „Er hat einen großen Fehler gemacht, nicht wahr?"

„Ich fürchte ja. Nicht nur einen. Aber ich bin sehr froh, dass er es sich anders überlegt hat. Ich habe ihn unzählige Male angerufen, aber er hat nicht reagiert. Seit wann weißt du, dass er mich sprechen will?"

„Wir haben gestern lange telefoniert, und er hat mir endlich alles erzählt. Der Wunsch, dich zu sehen, kam von ihm. Ich musste ihn nicht überreden."

„Weißt du auch, dass er von der Polizei gesucht wird?"

Ihr Kopf fuhr herum, und sie starrte ihn mit weit aufgerissenen Augen an. „Von der Polizei? Warum? Was hat er denn getan?"

Von wegen, alles erzählt. Sie hatte offenbar keine Ahnung. „Es ist wegen der beiden Toten in seinem Labor", erklärte er.

„Damit hat er nichts zu tun", zischte sie.

„Ich hoffe, dass du recht hast."

Nach einer knappen Stunde hatten sie Boltenhagen erreicht. Hermanns Herz begann zu klopfen. Er fürchtete sich vor dem, was nun käme.

Über einen sandigen Weg gelangten sie zu dem gelb gestrichenen Holzhaus. Frank war draußen auf der Veranda und winkte ihnen zu, als erwartete er nette Frühstücksgäste. Sie stiegen aus. Elisabeth lief auf ihren Bruder zu und umarmte ihn. Hermann blieb neben seinem Auto stehen.

„Was ist? Willst du da Wurzeln schlagen?", rief Frank ihm zu. „Komm, ich habe Kaffee gekocht. Wir haben viel zu besprechen."

Als Hermann langsam näher trat, sah er, dass Frank sich verändert hatte. Sein Lächeln wirkte offen, ohne jede Hintertücke. Er sah angeschlagen aus, aber irgendwie auch erleichtert.

„Danke, dass du gekommen bist." Er streckte Hermann die Hand zur Begrüßung hin, doch der ergriff sie nicht. Frank nickte und senkte den Blick. „Keine Angst. Ich habe dir eine Menge zugemutet, aber mit der Lügerei ist Schluss. Wir bringen diese Geschichte jetzt zu einem guten Ende."

Ein gutes Ende, dachte Hermann. Konnte es das überhaupt geben?

EIN DUNKELBLAUER WAGEN, der Hermann und Elisabeth aus Lübeck gefolgt war, hatte im Schutz dichten Gebüschs unter alten Kiefern geparkt.

„Sie sind zu einem Haus in einer Waldsiedlung gefahren", meldete Hollinger in sein Mobiltelefon. „Er hat vor dem Haus auf sie gewartet."

„Wir sind unterwegs", erwiderte Anne. „Unternimm nichts, bis wir da sind. Wenn Moebus sich entfernen sollte, folge ihm unauffällig. Wir beeilen uns."

Anderthalb Stunden dauerte es, bis der Dienstwagen von Anne und Jens Becker hinter dem dunkelblauen Wagen hielt. Sie stiegen sofort aus und gingen zu ihrem Kollegen.

„Und?", fragte Anne gespannt.

„Nichts. Sie sitzen in der Küche und reden. Von da vorn", er zeigte auf einen Baum neben der Auffahrt, „kann man sie durch das Fernglas sehen."

„Gut. Wir warten. Ich setze darauf, dass Pauli ihn zur Vernunft bringt."

Sie warteten fast zwei Stunden. Dann öffnete sich die Haustür, und Hermann Pauli, Elisabeth Bartelt und Frank Moebus traten heraus.

„Jetzt", sagte Anne zu Becker und zog ihn am Ärmel. Sie liefen über die Zufahrt auf das Haus zu.

Hermann sah sie zuerst und erstarrte. „Sie sind mir gefolgt, Frau Kriminalhauptkommissarin!", rief er, als sie nur noch wenige Meter entfernt waren. Es klang etwas vorwurfsvoll, doch wirklich erbost schien er nicht zu sein.

Sie war erleichtert. „Wir wären miserable Polizisten, wenn wir es nicht getan hätten, Herr Professor", erwiderte sie schmunzelnd und nickte den Geschwistern zu. „Frau Bartelt, Professor Moebus."

Elisabeth klammerte sich an den Arm ihres Bruders. Frank ergriff ihre Hand, löste sie von seinem Arm und nickte ihr aufmunternd zu. „Mach dir keine Sorgen, Eli. Es wird alles gut. Lassen Sie in Zukunft bitte den ‚Professor' weg", sagte er dann, an die Kripobeamten gewandt. Er holte tief Luft. „Ich hasse es zwar, alles zweimal erzählen zu müssen, aber bitte ...", er deutete auf die offene Haustür, „bringen wir es hinter uns."

Hermann hatte Elisabeth untergehakt. „Wir gehen so lange am Strand spazieren!", rief er.

Anne nickte und warf ihm in einem unbeobachteten Moment eine Kusshand zu. Zumindest was diesen Fall anging, hatte das Versteckspiel hoffentlich bald ein Ende.

# Epilog

Rasant wie sein Aufstieg zum international gefeierten Forschungsstar verlief auch sein Fall, und nicht seine Kollegen, nicht Wissenschaftsorganisationen, Fachzeitschriften oder demonstrierende Studenten waren dabei die treibende Kraft, sondern Frank Moebus selbst. Nicht einmal eine Woche nach seinem Boltenhagener Gespräch mit Hermann Pauli lud er, zusammen mit der vor Schreck nahezu paralysierten Universitätsleitung, zu einer Pressekonferenz in den Hörsaal.

Wie gewohnt ganz in Schwarz gekleidet, betrat er in Begleitung eines auffallend blassen und nervös wirkenden Universitätspräsidenten den Saal, nahm schwungvoll die Stufen auf das Podium, setzte sich, anscheinend unbeeindruckt von den vielen Menschen, hinter das bereitstehende Mikrofon, räusperte sich, wartete, bis die Unruhe im Saal sich gelegt hatte, faltete ein Blatt Papier auseinander und gab folgende vorformulierte Erklärung ab:

„Sehr geehrte Damen und Herren. Nach wie vor bin ich felsenfest davon überzeugt, dass irgendwo auf dieser Welt primitive RNA-Organismen existieren, die seit Urzeiten überlebt haben, vielleicht an Orten, wo niemand sie erwartet. Irgendein glücklicher Forscher wird sie finden. Ich habe sie nicht gefunden. Was ich vor nunmehr zwei Jahren in meiner Arbeit ‚A Second Life: A New RNA-Organism from the Gakkel Ridge' der Öffentlichkeit präsentiert habe, war reine Erfindung. Moebus-Zellen in der beschriebenen Form haben nie existiert. Sämtliche Abbildungen meiner Arbeit sind am

Computer entstanden, die diesen Zellen zugeschriebenen Eigenschaften habe ich von anderen Mikroorganismen aus demselben Lebensraum übernommen. All das wurde von mir und nur von mir geplant und ausgeführt. Die noch lebenden Koautoren meines Aufsatzes wissen bis heute nichts davon. Was ich getan habe, ist weder zu erklären noch zu rechtfertigen, und der entstandene Schaden ist auch durch eine Entschuldigung meinerseits nicht wiedergutzumachen. Deshalb werde ich keine weiteren Erklärungen abgeben und auch keine Fragen beantworten. Ich trete mit sofortiger Wirkung von meinem Lehrstuhl an der Christian-Albrechts-Universität zurück."

Kaum war das letzte Wort verklungen, erhob er sich und lief schnell auf einen Hinterausgang zu. Ein mit Milchkaffee gefüllter Plastikbecher traf ihn noch am Kopf, den Tumult, der kurz darauf losbrach, die wütenden Rufe, nahm er nur noch als dumpfes Raunen wahr.

DIE STAATSANWALTSCHAFT KIEL erhob keine Anklage gegen Frank Moebus. Der von ihm begangene Betrug war kein Straftatbestand, und eine Beteiligung an dem tödlich verlaufenen Streit von Hilpert und Barthelmess war ihm nicht nachzuweisen, obwohl außer Frage stand, dass er in der Tatnacht im Biologiezentrum gewesen war – er selbst hatte das zugegeben.

Ob er die Forschungsmittel, die ihm unter falschen Voraussetzungen bewilligt worden waren, zurückzahlen oder ob er mit strafrechtlichen Konsequenzen rechnen müsste, war lange Gegenstand intensiver Prüfung, auch aufseiten der Deutschen Forschungsgemeinschaft. Es stellte sich aber heraus, dass in den von ihm eingereichten Anträgen nie auf die Moebus-Zellen abgehoben worden war, sondern ausschließlich auf seine Forschung an „normalen" extremophilen Mikroorganismen, die nach bisherigem Wissensstand nicht zu beanstanden waren. Moebus hatte sich abgesichert.

Im Internet, in der Tagespresse und auf den Straßen deutscher Universitätsstädte entluden sich in den Tagen nach der Pressekonferenz Wut und Enttäuschung. Es dauerte Wochen, bis sich die Unruhe gelegt hatte. Von kosmetischen Reparaturen abgesehen, lief alles so weiter wie bisher. Gegen schwarze Schafe, die es in allen gesellschaftlichen Schichten gebe, sei eben kein Kraut gewachsen.

HERMANN hörte lange nichts von Frank Moebus. Manchmal fragte er sich, was wohl aus ihm geworden war, besonders an Samstagen, wenn er in Lübeck war und gelegentlich Elisabeth sah. Sie war offensichtlich wieder ganz die Alte, deshalb ging er davon aus, dass es ihrem Bruder nicht schlecht ginge. Aber er fragte sie nicht. Ihm war viel wichtiger, dass die Electric Hookers die von Frank verursachten Turbulenzen unbeschadet überstanden, und sein neues Leben mit Anne, seine Arbeit und die bevorstehende Hochzeit seiner Tochter füllten ihn mehr als genug aus. Dank Franks freiwilligem und schnellem Rückzug gelangte seine Rolle in dieser Affäre nie an die Öffentlichkeit.

Irgendwann, nach vielen Monaten, erhielt er eine Mail aus Singapur. Er kannte niemanden dort und wollte sie schon ungelesen löschen, als ihm im Absender das Wort FRANKM auffiel. Sofort öffnete er sie und las: „Hallo, Hermann, mir geht es gut. Biopolis bietet mir alles, was ich brauche, nur (fast) keinen Jazz. Dein Frank"

Biopolis, das fand er schnell heraus, war eine Hightech-Forschungsstadt in Singapur mit Schwerpunkt Medizin und Biotechnologie, die Wissenschaftler aus der ganzen Welt anzog. Frank war also auf die Füße gefallen.

ANFANG DEZEMBER, in einer Zeit, als sich die Wogen im Fall Moebus bereits zu glätten begannen, fanden Mitarbeiter der Straßenreinigung frühmorgens den steif gefrorenen Kadaver eines Fuchses auf der Leibnizstraße. Erst dachten sie, das Tier sei von einem Auto angefahren worden, aber es wies keine äußerlichen Verletzungen auf. Einer der Arbeiter dachte an Tollwut und benachrichtigte die zuständigen Behörden. Ein Veterinärmediziner untersuchte den Kadaver, konnte aber weder Tollwuterreger nachweisen noch eine Verletzung oder andere Krankheiten feststellen. Vermutlich war das hochbetagte Tier schlicht an Altersschwäche gestorben. Seine sterblichen Überreste wurden zu einer Tierkadaverbeseitigungsanlage gebracht.

*„Galileo, Newton, Mendel, Pasteur haben alle – wenn man den Wissenschaftshistorikern glaubt – nach heutigen Maßstäben nicht sauber gearbeitet."*

BERNHARD KEGEL

Während Meeresbiologe Hermann Pauli in seinem ersten Abenteuer „Der Rote" in Neuseeland mit einem Riesenkalmar konfrontiert wird, siedelt Bernhard Kegel die Handlung von „Ein tiefer Fall" an Paulis Arbeitsplatz, der Universität Kiel, an. Diesmal steht ein Kriminalfall im Mittelpunkt, und bei der Einordung der Hintergründe wartet der 1953 in Berlin geborene Autor, selbst promovierter Biologe und zugleich erfolgreicher Wissenschaftspublizist, mit zwei verblüffenden Fakten auf. „Fälschung in der Wissenschaft ist keine neue Erscheinung", erklärt er. „Mendel hat seine Daten vermutlich geschönt, Galileo hat Experimente beschrieben, die er nie durchgeführt hat. Solche Erscheinungen gibt es also schon lange, ein spannendes Thema, das mich allerdings mehr und mehr schockiert hat, als mir das Ausmaß dieses Phänomens in der heutigen Zeit klar wurde." Die zweite Überraschung: „Wissenschaftsfälschung ist kein Straftatbestand. Die Polizei ist nicht im Spiel, auch die Justiz nicht. Es ist ein wissenschaftsinterner Prozess, in dem so etwas aufgearbeitet wird, der sehr lange dauert und keineswegs immer zum Erfolg führt."

Kegel, der seiner Hauptfigur die eigene Liebe zum Jazz mitgegeben hat, sieht auch ein klares Motiv für einen Betrug wie den von Frank Moebus: „Warum muss ein Institutsleiter unbedingt einen Riesenknaller in die Welt setzen? Da kommt die Psychologie ins Spiel, das sind narzisstische Persönlichkeiten, die nie satt sind, immer noch einen draufsetzen wollen und irgendwann den Bogen überspannen."

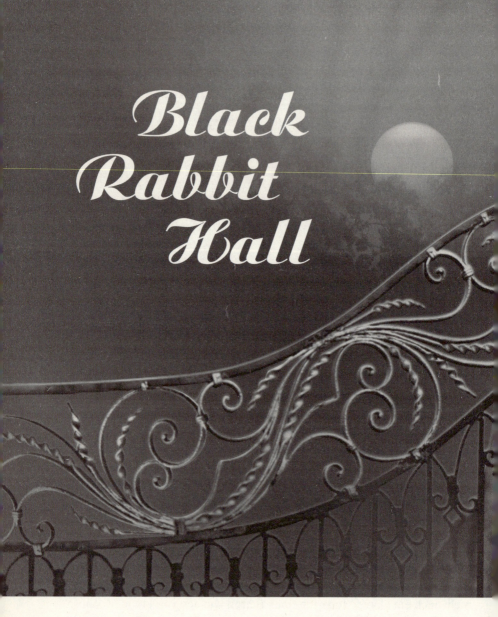

# Eve Chase

Im ersten Moment begreift Lorna nicht, was sie vor sich hat. Dann nimmt das Bild Gestalt an. Ein Pferdeschädel: billardkugelgroße Augenhöhlen, ein langes, geschwungenes Nasenbein. Sie erschauert. Leise und vorsichtig geht sie über den verschlissenen Teppich und späht in andere staubige Vitrinen: ausgestopfte Vögel, Eichhörnchen, Kaninchen. Sie spürt, wie die trüben Augen der Tierpräparate ihr nachblicken, während sie zum Fenster geht, das Handy fest umklammert.

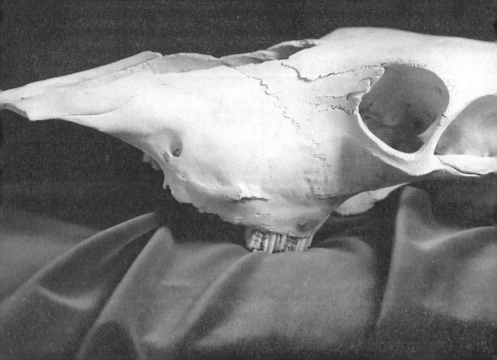

# Prolog
*Amber, Cornwall, am letzten Tag der Sommerferien 1969*

Auf dem Klippenvorsprung fühle ich mich sicher, jedenfalls sicherer als im Haus. Dieser geheime Ort, ein paar Schritte abseits des Küstenwegs nach einer Kletterpartie zu erreichen, ist weit genug von Black Rabbit Halls wachsamen Fenstern entfernt. Ich verharre einen Moment lang auf der Klippe – der Wind peitscht mein Kleid um meine Beine, meine Fußsohlen kribbeln –, dann lasse ich mich vorsichtig, nach Grasbüscheln greifend, hinunter. Das Meer braust in meinen Ohren. Besser nicht nach unten blicken. Noch ein kleiner, beherzter Sprung, und ich throne direkt an der Schwelle zum Himmel.

Springe ich zu weit, ist alles vorbei. Das würde ich nicht tun. Aber die Tatsache, dass ich es könnte, gefällt mir. Dass ich heute eine gewisse Kontrolle über mein Schicksal habe.

An die Felswand gedrückt, schöpfe ich Atem. So viel fieberhaftes Suchen: im Wald, in den Zimmern, treppauf und treppab. Wund gescheuerte Fersen in zu kleinen Turnschuhen. Und noch immer habe ich sie nicht gefunden. Wo *sind* sie nur? Ich lege schützend eine Hand über die Augen und suche die flaschengrünen Gipfel auf der anderen Seite der Bucht ab. Sie sind menschenleer. Bloß Rinder auf den Weiden.

Den Rücken gegen den Fels gepresst, rutsche ich langsam nach unten. Endlich innehalten. Ich kann den Ereignissen dieses Tages nicht länger entfliehen. Das Geräusch der gegen die Felsen schlagenden Wellen lässt meine Wange erneut brennen. Ich blinzle, und da ist das Haus, seine Silhouette hat sich ins Innere meiner Lider gebrannt. Also versuche ich, die Augen offen zu halten, und meine Gedanken verlieren sich am weiten rosafarbenen Himmel. Ich vergesse, dass ich eigentlich weitersuchen sollte. Dass die Minuten schneller vorbeiziehen als Wolken in der Abenddämmerung. Ich kann nur an meine Flucht denken.

Ich weiß nicht, wie lange ich schon dort sitze, als mein Gedankenfluss jäh von einem riesigen schwarzen Vogel unterbrochen wird, der im Sturzflug über die Klippe schießt, so dicht über mir, dass sich seine Krallen beinahe in meinen Haaren verfangen hätten. Instinktiv ducke ich mich, und meine Nase berührt die kühle Haut meiner Knie. Als ich den Kopf wieder hebe, fällt mein Blick auf Treibgut, das unten in der Flut tanzt.

Nein, kein Treibgut. Etwas Lebendiges. Ein Delfin? Oder sind es die Quallen, die schon seit einer Woche in unsere Bucht gespült werden wie eine verlorene Ladung grauer Glasschüsseln? Vielleicht. Ich beuge mich vor und strecke den Kopf über die Kante, um besser sehen zu können. Meine Haare flattern wie wild, mein Herz schlägt schneller, und ich beginne zu ahnen, dass sich etwas Schreckliches dicht unter der schimmernden blauen Oberfläche bewegt, auch wenn ich es nicht erkennen kann. Noch nicht.

## *Eins*
*Lorna, mehr als drei Jahrzehnte später*

Es ist eine von diesen Reisen: Je näher man dem Ziel kommt, desto schwerer kann man sich vorstellen, dass man es wirklich erreichen wird. Es gibt immer noch eine weitere Straßenbiegung. Und es wird immer später. Warmer Sommerregen trommelt aufs Autodach.

„Ich schlage vor, wir lassen es gut sein und fahren in unsere Pension zurück." Jon reckt den Hals, um die Straße, die sich vor der Windschutzscheibe verflüssigt, besser sehen zu können. „Wir genehmigen uns ein Bier und visieren eine Hochzeit irgendwo im Umkreis der M25 an. Was meinst du?"

Lorna malt mit der Fingerspitze ein Haus auf das beschlagene Fenster. „Lass uns lieber noch ein bisschen weiterfahren, Schatz." Ungeachtet der Enttäuschungen, die der Tag bisher gebracht hatte – keine der Örtlichkeiten hatte ihren Erwartungen entsprochen –, ist Lorna ziemlich glücklich. Es hat etwas Berauschendes, mit dem Mann, den sie heiraten wird, durch dieses stürmische Wetter zu fahren. Nur sie beide, ganz gemütlich in ihrem keuchenden kleinen roten Fiat. *Wenn wir alt und grau sind, werden wir uns an diese Reise erinnern.*

„Na toll." Finster blickt Jon auf einen bedrohlichen dunklen Umriss im Rückspiegel. „Alles, was ich jetzt noch brauche, ist ein verdammter Traktor im Nacken." Er hält an einer Kreuzung, an der diverse windgekrümmte Schilder in Richtungen zeigen, die wenig mit den vorhandenen Abzweigungen zu tun haben. „Und wohin jetzt?"

„Haben wir uns etwa verfahren?", fragt sie neckend. Die Vorstellung gefällt ihr.

„Das Navi weiß nicht mehr weiter. Wir sind hier am Ende der Welt. In deinem geliebten Cornwall."

Lorna beugt sich zu ihm hinüber und streicht ihm über den Oberschenkel. Sie weiß, dass er es leid ist, im Regen über unbekannte Straßen zu fahren und eine Hochzeitslocation nach der anderen abzuklappern … und die abgelegenste und versteckteste zum Schluss. Sie kann ihm kaum verübeln, dass seine Geduld langsam erschöpft ist.

Jon hatte ihr an Weihnachten den Antrag gemacht. Für eine ganze Weile hatte ihr das gereicht. Sie genoss es, verlobt zu sein: Sie gehörten zusammen, doch sie entschieden sich noch immer jeden Morgen neu für dieses Zusammensein. Sie wollte dieses unbeschwerte Glück nicht verlieren. Sie hatten ja alle Zeit der Welt.

Das erwies sich als Irrtum. Als Lornas Mutter im Mai unerwartet starb, war das wie eine Mahnung gewesen, nicht länger mit der Hochzeit zu warten. Nichts aufzuschieben.

Jon betätigt die Schaltung und gähnt. „Wie heißt das Anwesen noch mal?"

„Pencraw Hall", sagt sie betont fröhlich, um ihn bei Laune zu halten, denn wenn es nach Jon ginge, würden sie seine weitläufige Familie einfach in ein Partyzelt im Garten seiner Eltern in Essex quetschen.

Er fährt sich durch das weizenblonde Haar mit den sonnengebleichten Spitzen. „Noch ein letzter Versuch?"

Sie strahlt ihn an. Sie liebt diesen Mann.

„Ach, zur Hölle – lass uns hier abbiegen. Die Chancen, dass wir richtigliegen, stehen eins zu vier. Hoffentlich können wir diesen Traktor abschütteln."

Sie schütteln ihn nicht ab.

Auch wenn Lorna durch die Regenbäche, die die Scheiben hinunterlaufen, nicht viel sehen kann, weiß sie, dass dahinter die bewaldeten Täler, die Flussläufe und einsamen kleinen Buchten der Roseland-Halbinsel liegen. Schon als Kind war sie auf diesen Wegen unterwegs gewesen, denn sie hatten fast jeden Sommer in Cornwall verbracht. Sie erinnert sich, wie die Meeresbrise durch das heruntergekurbelte Fenster hereinwehte und die letzten Überreste des Londoner Smogs wegblies – und sie erinnert sich an die Anspannung im Gesicht ihrer Mutter.

„Bist du dir sicher, dass dieser alte Kasten überhaupt existiert, Lorna?" Jons Hände umklammern das Lenkrad, seine Augen sind gerötet vor Anstrengung.

„Er existiert." Sie schlingt ihr langes dunkles Haar zu einem Knoten. Ein paar Strähnen lösen sich und umspielen ihren blassen Hals.

„Noch mal für mich: Wir versuchen also ein altes Herrenhaus zu finden, das du schon mit deiner Mutter besucht hast, als ihr hier im Urlaub wart – richtig?"

„Genau." Sie nickt eifrig. „Pencraw Hall. Ich bin auf einer Internetseite für Hochzeitsplanung darüber gestolpert und hab es sofort erkannt." So viele Dinge sind bereits verblasst – das nach Hyazinthen duftende Lieblingsparfüm ihrer Mutter und wie sie mit der Zunge schnalzte, wenn sie nach ihrer Lesebrille suchte –, doch in den letzten Wochen sind andere, längst vergessen geglaubte Erinnerungen in unerwartet klarer Schärfe zurückgekehrt. Und dies ist eine davon. „Wie Mama auf dieses große alte Haus zeigt. Ihr ehrfurchtsvoller Blick. Das ist irgendwie bei mir hängen geblieben." Sie dreht an dem diamantbesetzten Verlobungsring an ihrem Finger. Mehr Bilder und Erinnerungen steigen auf. Eine rosa gestreifte Tüte mit Karamellbonbons, schwer in ihrer Hand. Ein Fluss. „Ja, ich bin ziemlich sicher, dass es dasselbe Haus ist."

„*Ziemlich?*" Jon schüttelt den Kopf und lacht sein lautes, dröhnendes Lachen. „Meine Güte, ich muss dich wirklich lieben."

Eine Weile fahren sie in einträchtigem Schweigen weiter. Jon wirkt nachdenklich. „Morgen ist unser letzter Tag hier, Liebling."

„Ich weiß." Sie seufzt.

„Nur für den Fall, dass du noch etwas tun wolltest, das gar nichts mit der Hochzeit zu tun hat." Seine Stimme klingt sanft.

Sie lächelt verdutzt. „Was meinst du?"

„Na ja, ich dachte, dass du vielleicht noch irgendetwas … von Bedeutung … besichtigen möchtest?" Er räuspert sich.

Lorna weicht seinem Blick aus. Ihre Finger lösen ihr Haar, sodass es herabfällt und ihre errötenden Wangen verbirgt. „Eigentlich nicht", murmelt sie. „Ich will einfach bloß Pencraw sehen."

Jon seufzt, schaltet und wechselt das Thema. „Und wie waren die Bewertungen?"

Sie zögert. „Na ja, es gibt keine. Keine wirklichen Bewertungen, meine ich. Aber ich habe angerufen und mit einer Frau namens Endellion gesprochen."

„Was ist denn *das* für ein Name?" Er zieht die Augenbrauen hoch.

„Ein kornischer. Sie hat mir erklärt, dass es ein privates Anwesen ist und in diesem Jahr zum ersten Mal vermietet wird. Also gibt es noch keine Bewertungen. Das hat schon seine Richtigkeit, versprochen."

Er lächelt. „Manchmal kannst du ganz schön naiv sein." Er schaut in den Spiegel, und sein Blick verhärtet sich. „Verdammt."

„Was?"

„Dieser Traktor. Zu nah. Zu groß."

Lorna spürt, wie sie zunehmend angespannter wird. Der Traktor sieht tatsächlich bedrohlich groß aus, zumal die Straße sehr eng ist und inzwischen mehr wie ein Tunnel anmutet, gesäumt von Mauern aus massivem Fels und mit einem Baldachin aus verschlungenen Baumwipfeln.

„Beim nächsten Gatter halten wir und versuchen zu wenden", sagt Jon.

„Aber ..."

„Das Haus ist bestimmt wie alle anderen. Und falls es doch was taugt, dann werden wir's uns nicht leisten können."

„Nein. Bei diesem Haus hab ich so ein *Gefühl* ... eine Ahnung."

„Du und deine Ahnungen."

„Du warst auch eine Ahnung." Sie legt die Hand auf sein Knie. Im selben Moment spannen sich die Muskeln in seinem Bein an, und sein Fuß drückt das Bremspedal durch. Und dann scheint alles gleichzeitig zu passieren: Bremsen quietschen, sie schlittern nach links, ein dunkler Umriss, etwas, das über die Straße und in die Büsche springt. Dann gespenstische Stille. Das Prasseln des Regens auf dem Dach.

„Lorna, bist du okay?"

„Ja, ja. Ich bin okay." Mit der Zunge tastet sie das Innere ihres Mundes ab, nimmt den metallischen Geschmack von Blut wahr. „Was ist passiert?"

„Ein Reh. Ziemlich sicher ein Reh. Das war knapp." Jons Hände zittern.

„Oh, Gott sei Dank kein Mensch."

Es klopft an der Fahrertür. Der Traktorfahrer ist ein triefender Berg in einem orangefarbenen Anorak.

Jon kurbelt besorgt das Fenster herunter. „Sorry wegen der harten Bremsung, Kumpel."

„Verfluchtes Wild." Das Gesicht des Mannes erscheint im Fenster. Er späht über Jons Schulter und richtet seine trüben Augen auf Lorna. Sein Blick legt die Vermutung nahe, dass er nicht oft auf zierliche 32-jährige Brünette in gelben Sommerkleidern trifft. „Erst letzten Monat hat es deswegen einen schweren Unfall gegeben."

Jon dreht sich zu Lorna um. „Irgendwer versucht uns etwas zu sagen. Können wir's für heute nicht gut sein lassen?"

Sie weiß, dass sie ihn nicht weiter drängen darf. „Okay."

„Schau nicht so. Wir kommen ein anderes Mal wieder."

Das wird nicht geschehen, das weiß sie. Wenn sie nach Hause kommen, steht in der Baufirma von Jons Familie ein aufwendiges Projekt an, irgendein protziges Penthouse in Bow, und im September beginnt für sie die Schule wieder. Nein, sie werden nicht wiederkommen.

„Man trifft auf dieser Straße nur selten jemanden. Wohin wollen Sie denn?", erkundigt sich der Traktorfahrer und kratzt sich den Stiernacken.

„Wir suchen nach irgendeinem alten Kasten." Jon fahndet im Handschuhfach nach einer Zuckerdosis gegen das Zittern seiner Hände und findet ein steinaltes klebriges Minzbonbon, halb ausgepackt. „Pencraw Hall?"

„Oh." Das Gesicht des Mannes verschwindet in den Tiefen seiner Kapuze. Lorna setzt sich aufrechter hin. „Sie kennen es?"

Ein rasches Nicken. „Wir nennen es Black Rabbit Hall."

„Black Rabbit Hall." Lorna gefällt der Name. „Es ist also hier in der Nähe?"

„Sie stehen praktisch schon auf der Zufahrt."

Lorna strahlt Jon an, der Beinahe-Unfall ist vergessen.

„Noch einmal abbiegen, und nach etwa achthundert Metern erreichen Sie das Anwesen. Sie werden das Schild sehen. Na ja, das sag ich jetzt so – es ist versteckt im Gebüsch, Sie müssen schon die Augen offen halten. Warum wollen Sie dorthin, wenn ich fragen darf?"

„Um herauszufinden, ob es für eine Hochzeit infrage kommt", sagt Jon.

„Eine Hochzeit?" Der Mann bekommt große Augen. „Wenn Sie mich fragen, ist Black Rabbit Hall kein Ort für eine Hochzeit."

„Aha – und warum nicht?", fragt Lorna sichtlich enttäuscht.

„Es ist in keinem guten Zustand. Das Wetter hier nagt an den Häusern, außer man steckt viel Geld hinein. Es heißt, dass auf Black Rabbit Hall schon die Hortensien durch den Boden des Ballsaals wachsen."

„Oh ... Das gefällt mir."

Jon verdreht die Augen. „Bitte ermutigen Sie sie nicht noch."

„Ich muss langsam weiter." Der Traktorfahrer wirkt besorgt. „Passen Sie auf sich auf, ja?"

Sie sehen ihm nach, wie er davonstapft, hören, wie er die Stufen zu seiner Fahrerkabine erklimmt. Lorna weiß nicht, was sie von all dem halten soll.

Jon schon. „Halt dich gut fest! Und halt nach Bambi und seinen Verwandten Ausschau. Wir kehren zurück in die Zivilisation und zu einem schönen kalten Bier. Und das keine Sekunde zu früh."

Lorna legt die Hand fest auf seinen Arm. „Es wäre vollkommen absurd, jetzt umzudrehen. Und das weißt du."

„Du hast doch gehört, was der Typ gesagt hat."

„Wir müssen es selbst gesehen haben, und sei es auch nur, um diese Option zu verwerfen, Jon."

Er schüttelt den Kopf. „Ich hab kein gutes Gefühl dabei."

„Du und deine Gefühle!" Sie versucht, ihn zum Lachen zu bringen. „Komm schon. Das ist die einzige Location, die ich unbedingt sehen will."

Er trommelt mit den Daumen auf dem Lenkrad herum. „Okay, aber dann bist du mir was schuldig."

Sie beugt sich zu ihm hinüber und drückt ihre Lippen auf die warmen Stoppeln seines Kinns. „Und? Ist das vielleicht kein gutes Gefühl?"

Ein paar Minuten später biegt der rote Fiat von der Straße ab und rinnt wie ein Blutstropfen die nasse grüne Zufahrt hinunter. Hinter ihnen schließt sich der Baldachin aus Bäumen.

## Zwei
### Amber, Fitzroy Square London, April 1968

Mama hatte Glück, dass sie bei dem Unfall nicht ernsthaft verletzt wurde. Das sagen alle. Wenn ihr Taxi ein paar Zentimeter weiter nach rechts geschleudert worden wäre, wäre es frontal gegen den Poller in der Bond Street gekracht, anstatt ihn bloß zu rammen.

Trotzdem hat sie zehn Tage später noch immer einen gelb-blauen Bluterguss an der Kniescheibe und ein verstauchtes Handgelenk, das in einer Schiene steckt. Im Moment sitzt sie in dem türkisgrünen Sessel am Wohnzimmerfenster, das Bein auf den Schemel gelegt. Ihr Blick geht ins Leere. Sie sagt, das liege an den Schmerzmitteln. Aber ich weiß, dass Mama davon träumt, wieder auf Black Rabbit Hall zu sein oder auf der Farm ihrer Familie in Maine, an irgendeinem abgelegenen Ort, wo sie in Frieden ihre Pferde reiten kann.

„Kann ich Ihnen noch etwas Tee bringen, Madam?", erkundigt sich Nette, unsere Hausangestellte. „Oder noch ein Kissen?"

„Nein, danke, Nette. Sie sind sehr aufmerksam. Aber ich sitze ganz bequem und habe in den letzten Tagen so viel Tee getrunken, dass ich Angst habe, eine weitere Tasse könnte mir den Rest geben."

Nette räumt die leere Teetasse und den halb aufgegessenen Kuchen ab und stellt alles auf das Silbertablett. Boris wedelt mit dem Schwanz und schenkt ihr seinen schönsten Hundeblick. Auch wenn sie dem Hund eigentlich keine Leckereien geben soll, weiß ich, dass Nette ihn heimlich in der Küche füttert, wenn es niemand sieht. Dafür mag ich sie.

„Komm mal her", sagt Mama zu mir, als Nette gegangen ist. Sie zieht den Klavierhocker zu sich heran und klopft darauf. Ich setze mich hin und lege den Kopf in ihren Schoß. Sie streicht mir übers Haar, und ich fühle mich gleichzeitig wie ihre Vertraute und ihr Baby und könnte ewig so verweilen – oder wenigstens bis zum Mittagessen. Doch dieser Platz wird nicht lange mir gehören: Wir sind zu viele – ich, Barney, Kitty, Papa und mein Zwillingsbruder Toby, wenn er wieder aus dem Internat zurück ist.

„Dein Bein sieht aus wie Wurzelgemüse, Mama."

„Na, vielen Dank auch, Herzchen!"

„Aber dein anderes Bein ist noch immer hübsch", sage ich schnell.

„*Ein* hübsches Bein ist genug. Und das andere sieht viel schlimmer aus, als es ist, wirklich." Sie wickelt sich eine meiner Haarsträhnen um den Finger wie eine dieser Seidentroddeln, mit denen die Vorhänge zurückgebunden werden. So sitzen wir eine Weile da. Draußen lärmt London. „Ich gäbe was darum, wenn ich deine Gedanken lesen könnte."

„Großmama Esme meint, du hättest sterben können." Ich kann nicht aufhören, an den Unfall zu denken.

Sie lächelt, beugt sich über mich, und die Spitzen ihrer kupferroten Haare kitzeln meine Wangen. „Um mich umzubringen, braucht es schon einiges mehr als nur ein Taxi in der Bond Street, Amber." Sie streicht meine Stirn mit der Daumenkuppe glatt. „Sich Sorgen zu machen, ist die Aufgabe einer Mutter. Deine Zeit für all das wird noch kommen."

Ich runzle die Stirn und blicke zu Boden. Ich bin vierzehn und kann mir nicht vorstellen, je eine Ehefrau und Mutter zu sein. Was passiert mit meinem Zwillingsbruder, wenn ich heirate? Was macht Toby dann?

„Kannst du denn weiter auf Knight reiten?", frage ich schnell, um das Thema zu wechseln.

„Ob ich Knight noch reiten kann? Machst du Witze? Ich kann es gar nicht *erwarten*, wieder auf ihm zu reiten. Wenn es sein müsste, würde ich auf einem Bein bis nach Cornwall hopsen, um ihn zu reiten."

Wer Mama kennt, weiß, dass das nicht so unwahrscheinlich ist, wie es klingt.

„Tatsächlich will ich heute Abend mit deinem Vater darüber sprechen, ob wir nicht früher als geplant nach Black Rabbit Hall aufbrechen können."

„Wann früher?"

„Nächste Woche, wenn Peggy das Haus bis dahin fertig vorbereitet hat."

„*Nächste Woche?*" Mein Kopf schnellt von ihrem Schoß hoch. „Aber die Osterferien fangen doch erst in zwei Wochen an!"

„Ein bisschen Unterricht zu verpassen hat noch keinem geschadet, und du lernst auf Black Rabbit Hall viel mehr als in einem stickigen Klassenzimmer am Regent's Park. Abgesehen davon ist die Luft in London wirklich furchtbar. Und dieser unablässige Nieselregen! Hört der denn nie auf?"

„In Cornwall haben wir auch die meiste Zeit Regenmäntel an."
„Ja, aber in Cornwall ist der Regen anders. Auch der Himmel ist anders. Er ist klar, und man kann die Sterne sehen. Sternschnuppen, Amber! Nicht immer dieser Smog." Sie zeigt auf den grauen Dunst draußen vor dem Fenster. „He, mach nicht so ein Gesicht. Dich bedrückt doch noch etwas anderes, oder? Was ist los?"

„In neun Tagen ist Matildas Geburtstagsparty", sage ich leise und sehe im Geiste schon meine Klassenkameradinnen kichernd und in pastellfarbenen Partykleidern in die Orangerie von Kensington Palace spazieren. Und ich denke an Matildas älteren Bruder, Fred, der aus Eton kommen wird und einen Mundwinkel nach oben zieht, wenn er lächelt. Und an Matilda selbst, meine beste Freundin. „Da kann ich unmöglich *nicht* hingehen", füge ich hinzu.

„Das ist schade, ich weiß. Aber es ist bloß eine Party." Ihre Stimme wird sanft. „Du hast noch viele Partys vor dir, Amber. Versprochen."

„Wahrscheinlich."

„Das klingt nicht besonders überzeugt."

Ich bemühe mich, ein miesepetriges Gesicht aufzusetzen, doch eigentlich muss ich lächeln. Meine Freunde aus der Schule werden alle herumkommandiert von ihren Müttern, vornehmen, reizbaren Engländerinnen in steifen Kleidern, die nie im Leben den Kopf zurückwerfen und laut und herzhaft lachen würden. Meine Mutter kann ohne Sattel reiten. Wenn wir auf dem Land sind, trägt sie Jeans. Und sie ist bei Weitem die hübscheste Mutter am Schultor.

„Vergiss nicht, was für ein Privileg es ist, dass wir Black Rabbit Hall noch haben. Ich sage immer zu Papa, dass es der einzig normale Ort in dieser verrückten, schnelllebigen Welt ist. Es ist unser sicherer Hafen, der Ort, an dem wir glücklich sind – oder etwa nicht, Amber?"

Ich zögere. Aus irgendeinem Grunde fühlt es sich so an, als hinge alles von meiner Antwort ab.

Das Unwetter wird gegen sechs Uhr über die Bucht fegen, meint Papa, der in seinem zerknitterten cremefarbenen Anzug auf der Terrasse steht, seinen Filzhut mit einem Finger nach hinten schiebt und schnuppert wie ein Jagdhund. Es ist ziemlich offensichtlich, dass bald ein Gewitter kommen wird – die Luft ist drückend, dunkle Wolken drängen sich über dem Meer, das schwarz und spiegelglatt ist –, aber es steht uns nicht zu, darauf hinzuweisen. Wir wissen alle, wie gern Papa auf der Terrasse steht, etwas vom Wetter brummt und über die Kaninchen und das undichte

Dach schimpft. Nicht dass sich irgendjemand dieser Probleme annehmen würde.

Unser Haus in London ist nicht undicht. Es klappert auch nichts, und nicht einmal bei Sturm fliegen Stücke vom Dach wie Wäsche von der Leine. Und wenn es so wäre, würden meine Eltern jemanden kommen lassen, der es repariert. Doch hier tangiert sie all das nicht. Manchmal denke ich sogar, dass sie es insgeheim ganz gern so haben.

Mama hält es auf Black Rabbit Hall gerne „einfach". Wir haben kein richtiges Personal. Nur Peggy, die dort wohnt und für uns kocht, wenn wir da sind, Annie, ein fahriges Mädchen aus dem Dorf, das so tut, als würde es putzen, eine treue Truppe hochbetagter Tischler und noch ältere Gärtner, die schon ihr ganzes Leben lang hier arbeiten. Kein Kindermädchen. Nicht, wenn wir in Cornwall sind. Mama will nicht, dass wir von Angestellten aufgezogen werden wie Papa und all die toten Leute auf den Ästen des Stammbaums, der in einer Schublade von Papas Schreibtisch versteckt ist.

Ich liebe es, in diesen Schubladen zu kramen. Da gibt es Bezugsscheinbücher, Gasmasken, eine geladene Pistole. Ach ja, und Prinzessin Margarets Handschuh. Das ist schon sehr aufregend.

Von einem Fernsehapparat können wir nur träumen. Die Leitungen ächzen, es gibt ständig Stromausfall, und wir müssen mit Öllampen auskommen, bis jemand die Sache in Ordnung bringen kann, was oft Tage dauert.

„Es ist, als wäre das zwanzigste Jahrhundert hier nie angebrochen!" Mama lacht, als wäre dies das Beste überhaupt statt der Grund, weshalb ich meine Freunde nicht einladen mag. Aber vielleicht nehme ich das nur als Ausrede. In Wahrheit gefällt es mir, wenn wir hier ganz für uns sind.

Ich ziehe den „Hinternbeißer", den unbequemsten Rattansessel der Welt, über die Terrasse. Mein Urgroßvater hat ihn aus Bombay mitgebracht, weshalb er nicht ausgetauscht werden darf. Jetzt befinde ich mich in der besten Position, um die Blitze über dem Wald flimmern zu sehen. Aber das Unwetter ist noch unentschlossen. Als könne es die Energie für einen Ausbruch nicht aufbringen.

Toby sitzt auf der steinernen Balustrade im zitronengelben Sonnenschein und schlenkert träge mit den Beinen. Papa stiefelt davon, um sich den angeblichen Flugsaurier mal anzuschauen, der Barney zufolge im Kamin nisten soll. Mama versucht, Kittys Haare zu kämmen, doch Kitty windet sich und protestiert, wie sie es immer tut, und umklammert ihre schmuddelige Stoffpuppe. Barney stellt ein Marmeladenglas mit Kaulquappen auf den Boden und fängt an, einen Ball gegen die Wand zu kicken, dass seine rotblonden Locken wippen. Das Geräusch von Gummi auf trockenem Stein klingt wie an jedem anderen sonnigen Frühlingstag, den wir hier schon verbracht haben.

Genau das ist es. Diese Szene kenne ich: Ich auf dem Rattansessel, Toby mit baumelnden Beinen, Mama, die Kitty die Haare kämmt, der Geruch von Wäsche und Seetang – all das wird sich wiederholen, so wie dieser Tag die Wiederholung all der Ferientage ist, die es schon gegeben hat. Nichts verändert sich groß. Die Zeit ist wie Sirup. Ein Familienscherz besagt, dass eine Stunde auf Black Rabbit Hall doppelt so lange dauert wie eine Stunde in London, aber man nur ein Viertel der Dinge erledigt bekommt. Vielleicht stört es deswegen keinen, dass alle Uhren hier falsch gehen.

Bücher helfen einem dabei, sich die Zeit zu vertreiben. Doch ich habe meinen Roman neben dem Bett liegen lassen und keine Lust, all die Stufen in den Turm hinaufzuklettern. Stattdessen drücke ich meine Zehen gegen die Armlehne und gebe mich der köstlichen Folter hin, an die Party zu denken, die ich verpasst habe. Vor allem an Fred. Der Gedanke an ihn erfüllt mich mit einer seltsam süßen Wärme, und mir entfährt ein lang gezogener Seufzer.

Toby blickt sofort auf und nimmt mich durch seine feuerroten Wimpern scharf ins Visier, als wüsste er genau, woran ich denke. Ärgerlicherweise werde ich rot und bestätige damit seinen Verdacht.

Toby wurde fünfzehn Minuten nach mir geboren. Wir sind zweieiige Zwillinge, haben uns lediglich Mamas Bauch geteilt, und doch geschehen manchmal merkwürdige Dinge, wie sie eigentlich bloß eineiigen Zwillingen passieren. Als er letztes Jahr von der Baumschaukel fiel und sich die Nase brach, bekam ich ohne jeden Grund Nasenbluten. Manchmal träumen wir sogar dasselbe, was die beschämende Möglichkeit mit sich bringt, dass er davon träumen wird, Fred zu küssen.

Toby fängt an, das Moos zwischen den grauen Steinen der Balustrade herauszuzupfen, es zu grünen Klumpen zu rollen und sie mit Daumen und Zeigefinger von der Kante zu schnipsen, um zu sehen, wie weit sie springen.

„Hier, könntest du das bitte mal für mich halten, Liebling?", ruft Mama mir zu, ein braunes Haargummi zwischen den Zähnen. Über dem Kopf schwenkt sie ein gelbes Band. Ihre Hand, „von Cornwall geheilt", ist von der Schiene befreit. „Meerwasser verfilzt das Haar ganz schrecklich."

Ich gehe zu Mama hinüber und schwenke das Band herum, während sie bürstet. Anders als der Rest von uns ist Kitty rundlich und spürt die Kälte des Meerwassers nicht. Und wie Barney hat sie auch keinerlei Angst davor. Sie watet hinein in die Wellen, bis Mama hinterherrennt und sie zurückzerrt, was meines Erachtens ziemlich mutig ist für ein vierjähriges Mädchen. Sie ist schon eine, unsere Kitty.

Kitty schiebt die Unterlippe vor. „Wenn ich ein Krebs wäre, müsste ich mir nicht die Haare kämmen."

„Dann sag mir Bescheid, wenn es so weit ist, Kitty." Mama lässt die Bürste Bürste sein und nimmt die Finger, um die Knoten im feinen Haar meiner kleinen Schwester zu lösen.

„Mama, ich will dir das Versteck im Wald zeigen." Barney schlingt seine dürren Ärmchen um Mamas Hals.

„Das Versteck?", fragt sie, wie Mütter das tun, wenn sie nicht richtig zuhören. „Das kannst du mir später zeigen. Nach dem Gewitter. Sachte, sachte, Barney." Sie löst seine Finger, einen nach dem anderen. „Ich krieg ja keine Luft mehr."

Mein kleiner Bruder ist wie einer dieser Miniaffen in der Tierabteilung von Harrods: nichts als Wimpern, biegsame Gliedmaßen und Unfug im Kopf. Er ist auch am glücklichsten in der Gesellschaft von Tieren: Ameisen, die eine Straße über seinen Fuß legen, Blindschleichen in seiner hohlen Hand, Kaninchen. Barney liebt Kaninchen. Letztes Jahr hat er ein Babykaninchen auf dem Rasen gefunden, noch mit fest verschlossenen Augen und Fell wie eine Pusteblume, und hat ihm mit einer Pipette Milch eingeflößt. Als es ein paar Stunden später starb, hat er einen ganzen Tag lang geweint. Aber Barney ist ansonsten keine Heulsuse, er ist zu quirlig, zu neugierig, um lange unglücklich zu sein. Darin ist er wie Toby. Mit dem Unterschied, dass Barney liebend gern allein herumflitzt, während Toby mich immer so nah wie möglich bei sich haben will.

„Jetzt, Mama, bitte", quengelt Barney.

„Wenn du so viel Energie hast, warum übst du dann nicht, Rad zu schlagen, wie Kitty es dir vorhin gezeigt hat?"

„Ich kann das aber sowieso besser", sagt Kitty gebieterisch.

„Dafür bin ich besser mit Raketen. Du bist 'ne Null mit Raketen, Kitty."

„Ma-*ma*, Barney sagt, ich bin 'ne Null mit Raketen …"

„Jetzt zankt euch nicht, ihr beiden. Toby!", ruft Mama. „Warum nimmst du deinen kleinen Bruder nicht mit auf einen Streifzug?"

„Muss ich?"

„Jap."

„Psst!" Toby winkt Barney zu sich. „Hab 'ne bessere Idee." Barney klettert neben ihn auf die Mauer. „Üben wir ein bisschen zielen?" Toby rollt eine Mooskugel in der flachen Hand. „Wenn du eine verschießt, gibt's Ärger."

„Werd ich nicht, Toby. Versprochen."

Toby sieht sich auf der Terrasse um. „Okay, wir versuchen es mit Peggy. Aber wenn du ausgeschimpft wirst, bin ich nicht schuld – abgemacht?"

„Abgemacht", erwidert Barney.

Ein paar Minuten sitzen sie da und warten. Dann verkündet Toby: „Das Ziel ist in Sicht", und wischt sich die roten Locken aus den Augen. Er hat von Natur aus drei Scheitel, deshalb wächst ihm das Haar in verschiedenen Winkeln vom Kopf und sieht aus, als hätte er einen Stromschlag bekommen.

Ich lehne mich vor und umschlinge meine Knie.

Peggy kommt auf die Terrasse, auf der Hüfte einen Weidenkorb mit weißer Wäsche.

„Mach dich bereit, Barney." Peggy kommt einen Schritt näher. „Und … Feuer!"

Barneys erste Mooskugel fliegt zu kurz.

„Noch mal", sagt Toby. „Feuer!"

Wieder zu kurz. Es ist hoffnungslos.

„Feuer!"

Die dritte landet im Wäschekorb.

„Ja!" Toby und Barney reißen die Fäuste in die Luft.

Peggy braucht einen Moment, um zu realisieren, was passiert ist. Erst starrt sie auf die grüne Kugel in ihrer Wäsche, dann wandert ihr Blick langsam zu meinen Brüdern, die prustend auf der Mauer sitzen. Sie klaubt die Kugel aus dem Korb und wirft sie auf den Boden. „Also *wirklich*." Peggy sagt „wirklich" wie ein alter Mensch. Dabei ist sie fünfunddreißig, was zwar schon ziemlich alt ist, aber nicht so alt wie Ambrose, Matildas Schildkröte.

Toby sagt, ein Fischer habe Peggy am Altar stehen lassen und deshalb sei sie auf Black Rabbit Hall gelandet, als Köchin, Haushälterin und Mädchen für alles. Ich habe keine Ahnung, ob das stimmt. Aber es fühlt sich wahr an.

„Jungs!", ruft Mama. „Keinen Blödsinn machen. Peggy will hier vorankommen."

„Hier vorankommen" kann Peggy am besten, anders als wir. Die ersten paar Tage nach unserer Ankunft ist sie immer in heller Aufregung. Sie schwenkt den fedrigen Staubwedel herum wie einen Zauberstab und wischt sich die mehligen Hände an ihrer Schürze ab, wie um meinen Eltern ihre Tüchtigkeit in Erinnerung zu rufen. Obwohl wir alle wissen, dass sich Black Rabbit Hall ohne sie binnen kürzester Zeit in einen Haufen rauchender Trümmer verwandeln würde.

Sie hat runde rote Wangen und regengraue Augen, die immer schon vor ihrem Mund lächeln. Wohl weil Mama ihr ständig versichert, dass sie tragen kann, was sie will, hat Peggy sich selbst eine strenge Uniform verordnet: einen marineblauen Rock, eine weiße Bluse mit einem kleinen Rüschenkragen, eine blau-weiß gestreifte Schürze, auf die mit kobaltblauem Baumwollgarn ihre Initialen gestickt wurden.

Es ist kein Geheimnis, dass Peggy Barney am liebsten mag. Sie sagt, er erinnere sie an den kleinen Lionel, den jüngsten ihrer Brüder. (Peggy ist das älteste von acht Kindern und in einem winzigen, windschiefen Cottage aufgewachsen, acht Kilometer die Küste runter.) Aber es liegt auch daran, das Barney ihr immer Gänseblümchen in das krause Haar steckt.

„Barney!", sagt Peggy mit gespielter Strenge. „Warst *du* das?"

Toby legt beschützend den Arm um Barneys Schultern. „Ach komm, Peggy. Es ist kein Fleck auf der Wäsche."

„Diesmal nicht."

Papa kommt auf die Terrasse. Sein Schatten ist lang und langbeinig, die Sonne wie ein Konservenpfirsich halb hinter ihm. Er hebt das Kinn und kratzt sich am Hals. „Was ist hier los?"

„Alles in bester Ordnung, Mr Alton!", ruft Peggy über die Schulter und wirft Toby einen stechenden Blick zu.

„Also das nenne ich perfektes Timing." Mama steht auf und schenkt Kitty einen anerkennenden Blick. „Wir haben den Sand rausgebürstet und Zöpfe geflochten." Sie dreht sich zu Papa um. „Ist unsere Kittycat nicht eine Schönheit, Hugo?"

Papa schlingt die Arme um Mamas Taille, vergräbt die Nase an ihrem Hals und schnuppert an ihr wie an einer Blume. „Genau wie ihre Mutter."

Mama legt das Kinn auf seine Schulter, und so stehen sie einen Moment lang auf der Terrasse. Ich sehe weg. Wenn sie so sind, ist es, als existiere nichts außer ihnen, und einen Augenblick lang kann ich mir vorstellen, wie sie vor meiner Geburt gewesen sein müssen. Vermutlich sind Toby und ich aus so einem innigen Moment hervorgegangen. Wir alle. Ich weiß, dass Barney ein „ungeplanter Glücksfall" war – ich habe Mama und Papa einmal spätnachts darüber reden hören – und dass Kitty geboren wurde, um ihm Gesellschaft zu leisten, weil zwischen uns Ältesten und Barney so ein großer Altersunterschied besteht.

„Hast du unsere kleinen Hausbesetzer gefunden, Hugo?", fragt Mama. Boris wälzt sich hechelnd vor ihr auf dem Boden.

„Möwen."

„Oh, ich hatte auf ein Nest voller kleiner Flugsaurier gehofft."

Papa lacht, ein tiefes, kräftiges Lachen.

„Also, Mr Alton ..." Mama nimmt ihm den Hut ab und beugt sich vor, bis ihre Nasenspitze seine berührt. Niemand sonst würde es wagen, das zu tun. Es fühlt sich an, als müssten wir anderen anklopfen, um einzutreten. So wie an der Tür zur Bibliothek, wenn Papa arbeitet. Er arbeitet viel. Das liegt daran, dass sich das Familienvermögen nie mehr von dem großen Crash von 1929, den nach Großvaters Tod fälligen Erbschaftssteuern und seiner Vorliebe für die Casinos von Monte Carlo erholt hat.

„Mrs Alton." Er zieht sie fester an sich.

„Ich werde mit Knight einen kleinen Ausritt machen."

„Nicht mit diesem kaputten Bein."

„Sei nicht so ein Miesmacher. Wird schon schiefgehen."

„Nancy, das ist leichtsinnig." Papa runzelt die Stirn. „Schau mal zum Himmel rauf. Und du weißt, wie Knight sich bei Gewitter verhält."

„Das Gewitter lässt noch auf sich warten. Das hast du doch eben selbst gesagt." Wir wissen alle, dass Mama am Ende ihren Kopf durchsetzen wird.

„Der Arzt hat gesagt, dass du dein Bein schonen sollst. Und dein Handgelenk."

„Ich werde Knight reiten wie einen fetten Esel am Strand, versprochen, Schatz." Sie küsst ihn auf den Mund. „Bis später."

Als Mama geht, löst sich unsere Familientraube auf, als hätte man den Magneten aus einem Haufen Eisenspäne entfernt.

Toby und ich schlendern in Richtung Küche. Längst müsste es Tee geben, aber der Herd ist nach dem Mittagessen ausgegangen. Barney und Kitty, die ihre zerfledderte Stoffpuppe namens Lumpenpüppi in Urgroßmamas Spielzeugkinderwagen geworfen hat, folgen uns, wie sie es immer tun, bis Barney plötzlich ruft: „Da! Kaninchen!"

Er flitzt über den Rasen davon und den flinken braunen Punkten hinterher, dicht gefolgt von Boris. Die Kaninchenbaue sind hinter den Hortensienbüschen am Waldrand. Die Tiere verschwinden immer darin, bevor Barney auch nur in ihre Nähe kommt.

Ich verdrehe die Augen. „Er tut jedes Mal so, als hätte er eine Herde Einhörner entdeckt. Er ist fünf. Er hat doch schon Millionen von Kaninchen gesehen."

„Ich schätze, Barney wird bei Kaninchen immer aus dem Häuschen sein", meint Toby. „Bloß wird er eines Tages so tun, als wäre er es nicht mehr."

Das Esszimmer befindet sich unten im Ostturm, rund und rot und stets leicht feucht. Aber es ist meilenweit von der Küche entfernt, und Peggy beschwert sich immer über die langen Wege, weshalb wir, wenn nicht gerade

Weihnachten ist oder Sonntag, in der Küche essen, meinem Lieblingsraum. Die Küche hat kornblumenblaue Wände und eine Speisekammer, deren Schloss glücklicherweise kaputt ist. Anders als im restlichen Haus ist es hier immer warm. Heute verströmen die lang ersehnten Scones ihren himmlischen Duft, jedes Mal wenn Peggy die Herdklappe aufmacht. Voll ungeduldiger Erwartung rutschen wir um den alten Tisch herum, auf dem schon eine Schüssel mit Clotted Cream – dickem Rahm – neben der Marmelade steht. Als die Scones schließlich kommen, sind sie perfekt: goldgelb und an der Oberseite aufgesprungen. Toby sackt den größten ein, besinnt sich dann eines Besseren und gibt ihn mir. Ich überlasse ihn Kitty. Barney wird sich mit dem kleinsten zufriedengeben müssen. Die Regel lautet: Bist du nicht da, zählst du nicht.

Aus dem Flur kommt das Klackklack von Mamas Reitstiefeln. Wir setzen uns aufrechter hin, fröhlicher, weil sie gleich durch die Tür kommen wird. „Mama." Toby wischt sich mit dem Handrücken Marmelade vom Mund. Er grinst, als hätte er sie wochenlang nicht gesehen.

„Ich erkläre mich offiziell für wiederauferstanden." Mama wirft ihre kupferfarbenen Haare zurück. Auf dem Rücken ihrer Bluse sind Schlammspritzer, die mir sagen, dass sie Knight ganz und gar nicht wie einen fetten Esel am Strand geritten hat. „Eins. Zwei. Drei." Sie krönt unsere Häupter mit windhauchkühlen Küssen. „Wo ist Barney?"

Wir zucken mit den Schultern, die Münder voll mit Clotted Cream und Marmelade aus den Erdbeeren vom letzten Jahr.

„Er ist vor einer halben Stunde den Kaninchen hinterhergelaufen", sagt Toby mit vollem Mund. „Mit Boris."

„Diese beiden", sagt Mama seufzend und lächelt. „Darf ich?" Sie nimmt sich einen Scone und tunkt ihn in die Clotted Cream. „Verboten lecker, Peggy." Sie beugt sich zu Kitty hinunter und zuckt dabei ein wenig zusammen, als würde ihr schlimmes Bein wieder wehtun. „Wo werde ich diesen Lümmel von eurem Bruder denn jetzt bloß finden?"

„Er wird mit Boris bei dem neuen Versteck sein", sage ich.

„Hätte ich mir denken können." Mama rückt ihren Reitstiefel zurecht. „Oh, Moment mal, da ist Boris ja!"

Boris kommt mit eingezogenem Schwanz hinter der Küchentür hervorgeschlichen. Mama krault ihn hinter den Ohren. „Wo ist dein Komplize, alter Herr?" Boris drückt sich gegen ihren Reitstiefel. Mama sieht mich an. „Wo ist dieses Versteck, Schatz?"

„Auf der anderen Seite des Bachs. Gleich beim Ufer bei dem großen Baum mit der Seilschaukel." Ich häufe Clotted Cream auf meinen Scone.

Draußen ist ein Poltern zu hören. Plötzlich ist es kühl, als hätte jemand dem Tag die Decke weggezogen. Mama geht zum Fenster. „Ich fürchte, Barney holt sich eine ordentliche Dusche."

Toby steht auf. „Soll ich gehen und ihn holen, Mama?"

„Das ist sehr zuvorkommend von dir, Toby, aber nein, iss du nur weiter. Knight ist noch gesattelt. Ich bin gleich wieder da."

Kurz nachdem Mama gegangen ist, beginnt der Regen gegen das Fenster zu prasseln wie Perlen von einer gerissenen Kette.

Peggy starrt hinaus in das Unwetter, rafft ihre gestreifte Schürze zusammen und murmelt etwas von „den armen Fischersleuten da draußen in den tosenden Fluten". Niemand anders redet so wie Peggy Popple.

„Noch immer nicht zurück?" Papa kommt herein. Er wirkt besorgt. Oder vielleicht sieht man, wenn man alt wird – Papa ist sechsundvierzig –, auch einfach schneller besorgt aus.

„Weder Mrs Alton noch Barney", antwortet Peggy.

„Ich kann sie nicht bei diesem Wetter da draußen allein lassen. Peggy, meinen Mantel und einen großen Schirm, bitte." Peggy eilt in die Stiefelkammer. Papa sieht Toby an, dann mich. „Amber, zieh deinen Mantel an."

Ich weiß nicht, warum er mich aussucht. Ich freue mich darüber, aber für Toby, der ein wenig niedergeschlagen aussieht, tut es mir leid, und ich überlege noch, wie ich es anstellen könnte, dass er auch mitkommt, als Peggy mich auch schon in den Mantel von letztem Jahr zwängt. Als sie die Vordertür öffnet, reißt der Wind sie ihr beinahe aus der Hand. Regen ergießt sich in den Hausflur. Draußen sieht es aus, als wäre es Nacht.

Papa zerrt Boris am Halsband. „Und du kommst auch mit."

Boris drängt von der Tür weg und jault verängstigt.

„Meine Güte, Boris!", schimpft Papa über das Heulen des Windes hinweg. „Was ist los mit dir? Bist du ein Hund oder eine Maus?"

Wir zerren Boris, der im Moment vermutlich lieber eine Maus wäre, die Stufen herunter. Er hat die Ohren angelegt und bleibt dicht hinter mir. „Das ist doch bloß ein Gewitter, Boris", beruhige ich ihn und wuschle durch sein flauschiges gelbes Fell. „Komm, führ uns zu Barney! Guter Junge."

Wir kämpfen uns durch den Sturm über den abschüssigen Rasen bis zu dem schmiedeeisernen Torbogen. Papa stößt das Tor kraftvoll mit der Schulter auf, und wir stolpern in den Wald. Sofort ist es stiller. Das Tosen des Sturms wird von Moos, Farnen und Laub gedämpft.

„Wo ist denn dieses Versteck?"

„Am besten folgen wir dem Bach."

Im Sommer nur ein dünnes Rinnsal, ist er jetzt auf die doppelte Größe angeschwollen und schäumt wütend über die kleinen Felsen. Ich höre das Splittern von Ästen und greife nach Papas Hand. „Hirsche, Papa", flüstere ich. „Kannst du sie hören?"

„Hirsche?" Er bleibt stehen, lauscht, hält meine Hand ein bisschen fester. Etwas kommt definitiv näher.

Zweige knacken, das stampfende Geräusch von Tritten. Das Etwas ist schwer, groß und schnell. Boris' Nackenfell stellt sich auf. „Papa ..."

Knight schießt aus dem Unterholz, die Augen verdreht, sodass man nur noch das Weiße sieht. Seine Nüstern sind gebläht, und er stößt ein fürchterliches Schnauben aus.

„Runter!" Papa wirft mich zu Boden, außer Reichweite der trampelnden Hufe. Erst als das Stampfen leiser wird, wage ich wieder aufzublicken. Gerade rechtzeitig, um zu sehen, dass der Sattel leer ist. Dann nur noch Dunkelheit.

## *Drei*
### *Lorna*

„Erinnerst du dich an diese Kerle?" Jon sieht Lorna neugierig an.

„Ich glaube schon", sagt sie.

Eineinhalb Meter hoch sind die zwei Falken zu beiden Seiten der Freitreppe von Pencraw Hall. Sie haben Schnäbel wie Schwerter und sehen so aus, als könnten sie jeden Moment die Flügel ausbreiten und sich in den Himmel erheben. Die Abendsonne, die sich mittlerweile durch die Wolken gebrannt und einen blauen Himmel zum Vorschein gebracht hat, lässt den Stein glänzen.

Pencraw Hall ist nicht das prächtigste Haus. Es ist kleiner als in Lornas Erinnerung, mit eckigen Zinnen und zwei wuchtigen Türmen, wie ein schnuckliges Schloss aus einer Kinderzeichnung. Nach Jahren der Vernachlässigung wirkt es fast wie ein Teil der umgebenden Landschaft: Wildblumen überwuchern die Beete, und Efeu klettert die Wände hinauf. Aber es ist ... monumental. Ein Hochzeitsfest hier würde sich anfühlen wie etwas Altehrwürdiges, Ursprüngliches, eingebettet in die natürliche Ordnung der Dinge. Es würde sich richtig anfühlen. Es *fühlt* sich richtig an. So wie der erste Kuss von Jon (auf der Waterloo Bridge im Schneesturm). Und wie in jener Winternacht vor zweieinhalb Jahren kann sie es kaum erwarten, ihre Schwester Louise anzurufen und es ihr zu erzählen.

„Bist du sicher, dass wir uns das hier leisten können?" Jon zieht sie an sich. „Du hast die Zahlen doch nicht vollkommen aus den Augen verloren, oder?"

Lorna lacht. „Nein!"

Sonnenlicht liegt auf den Stufen. Jon beschirmt seine Augen, lässt den Blick kühl und professionell über das Dach wandern. „Obwohl ... Ich muss sagen, das Ganze hier ist ja nicht weit von einer Ruine entfernt."

Lorna ist nicht blind für die zersplitterten Fenster im obersten Geschoss und die Ziegel, die offensichtlich vom Dach geflogen und in der Auffahrt zersprungen sind. Doch seltsamerweise erhöht der heruntergekommene Zustand des Hauses die Anziehungskraft des Anwesens noch, anstatt sie zu verringern. Es gefällt ihr, dass niemand es in eins dieser seelenlosen kommerziellen Ausflugsziele verwandelt hat. Es ist ein Haus, das buchstäblich unter der Last seiner Vergangenheit zusammenbricht. *Perfekt*, denkt sie mit einem Seufzen.

Er legt sein Kinn leicht auf ihren Kopf. „Kaum zu glauben, dass hier wirklich jemand wohnt, oder?"

„Wer weiß." Lorna beschließt, nicht zu erwähnen, dass sie das Gefühl hat, von jemandem beobachtet zu werden. „Komm, wir sind schon spät dran." Sie nimmt seine Hand und zieht ihn die verbleibenden Stufen hinauf. Vor der mächtigen Tür mit dem Löwentürklopfer aus Messing streicht sie ihr gelbes Sommerkleid glatt. „Mach du, Jon", sagt sie, plötzlich nervös, erfasst von dem merkwürdigen Gefühl, dass sie in mehr als einer Hinsicht vor einer Schwelle steht.

Jon entscheidet sich für die Klingel – eine Türglocke sogar! Ihr Klang hallt aus den Tiefen des Gebäudes wider. Schleppende Schritte nähern sich. Ein Hund kläfft. Lorna wappnet sich für die Begegnung mit einer schrillen blonden Pferdenärrin mit glänzenden Reitstiefeln oder einer älteren Dame, die vage an die Queen erinnert.

Als die Tür aufgeht, kann Lorna ihre Überraschung nicht verbergen. Eine winzige Frau mit erschrockenen grauen Augen steht vor ihnen. Braunes Haar kräuselt sich um ihr feines Gesicht und lässt es aussehen wie eine riesige Pusteblume. Sie riecht stark nach dem Rauch eines Holzfeuers. Ihr Alter ist genauso schwer einzuschätzen wie das ihrer Kleidung: Sie trägt eine schlabbrige senfgelbe Cordhose, schwere braune Stiefel und einen unförmigen Shetland-Pulli mit einem Loch am Bündchen.

„Hallo!" Lorna lächelt strahlend. Die Frau sieht sie groß an. „Lorna und Jon, Sie erinnern sich? Wir haben letzte Woche telefoniert. Wegen unserer Hochzeit." Hat die Frau ihre Verabredung vergessen? „Es tut mir leid, dass wir so spät kommen. Ihr Name war En... Endellion, oder?"

„Dill." Endlich ein Lächeln, ein ziemlich zaghaftes zwar, aber so ehrlich, dass Lorna die Frau sofort ins Herz schließt. „Und das ist Blümchen." Sie hebt den Hund hoch. „Ein Rüde. Aber das haben wir erst nicht gemerkt."

Lorna und Jon lachen ein wenig zu laut.

„Tja, nun, ich schätze, dann sollte ich Sie auf Pencraw Hall willkommen heißen."

Lorna lächelt. „Auf Black Rabbit Hall?"

Dills Augen weiten sich vor Überraschung. „Wer hat Ihnen das erzählt?"

„Ich glaube, es war ein Bauer, oder, Jon?"

„Jedenfalls war ein Traktor beteiligt."

„Wir haben ihn auf der Straße getroffen, kurz vor der Auffahrt", fügt Lorna hinzu. „Er meinte, die Einheimischen würden das Haus Black Rabbit Hall nennen. Stimmt das?"

„Früher war das so", erwidert Dill leise.

„Warum Black Rabbit Hall? Das ist ein ziemlich ungewöhnlicher Name."

„Nun, wenn Sie dort rüberschauen ..." Lorna dreht sich um, und ihr Blick folgt Dills ausgestrecktem Zeigefinger bis zu einer abschüssigen Rasenfläche. „Kaninchen. In der Dämmerung sind viele Kaninchen auf diesem Rasen. Ihre Baue sind dort am Waldrand, hinter den Hortensien. Bei Sonnenuntergang zeichnen sich ihre Silhouetten auf dem Rasen ab, dann sehen sie aus wie Schattenspielfiguren, finde ich immer."

Lorna wirft Jon ein freudiges Lächeln zu und malt sich bereits die Hochzeitseinladungen aus: das große B, das schwungvolle R ... Alle werden den Namen reizend finden. „Ich werde von jetzt an nur noch Black Rabbit Hall sagen."

„Mrs Alton zieht ‚Pencraw Hall' vor", sagt Dill eilig.

Ein kurzes, unbehagliches Schweigen folgt.

„Ich bin mir sicher, dass ich als Kind schon einmal mit meiner Mutter hier war", platzt Lorna dann heraus. „War das Haus auch schon früher für Besucher geöffnet, Dill?"

„Nein." Dill legt einen Finger an ihre Lippen. „Aber es sind immer mal Leute die Auffahrt heraufgekommen, haben an die Tür geklopft und der Haushälterin ein paar Münzen zugesteckt, damit sie einen schnellen Blick hineinwerfen konnten."

Klingt ganz nach Lornas Mutter.

„Du liebe Zeit, Sie werden ja ganz nass", sagt Dill. Von einem Stein über ihren Köpfen tropft es herunter. „Sie kommen besser rein."

*Na endlich*, denkt Lorna, als sie die schwarz-weiß gefliese Eingangshalle betreten, die so groß ist wie ihre Wohnung in Bethnal Green. Es riecht nach

Bienenwachs, Kohle und Feuchtigkeit, und der ramponierte Glanz vergangener Zeiten verschlägt ihnen die Sprache.

„Genug Treppe für dich, Liebling?", flüstert Jon ihr ins Ohr. In seinen Augen tanzt der Schalk.

„Mein Gott – ja!" Die elegant geschwungene Treppe erinnert an die Kulissen eines Hollywoodfilms.

Entzückt lässt sie ihren Blick schweifen. So viel gibt es zu sehen. Über ihnen schwebt ein riesiger Kronleuchter mit einem Pelz aus Staub. Die dunkle Holzvertäfelung glänzt wie Kaffeebohnen. Mächtige Hirschköpfe hängen an den Wänden. Über dem offenen Kamin thront das gerahmte Porträt einer aufsehenerregenden Blondine, deren eisblaues Kleid perfekt zu ihren Augen passt. Doch am faszinierendsten ist die große schwarze Standuhr gegenüber: ein kunstvolles Ziffernblatt mit eingebettetem Mondphasenanzeiger und aufwendigen Bemalungen in Himmelblau und Gold. Lorna streckt die Hand aus und berührt sie behutsam. „Die gefällt mir."

„Oh, das ist Big Bertie", sagt Dill mit einem zugleich scheuen und stolzen Lächeln. „Aber versuchen Sie nicht, die Zeit davon abzulesen." Sie setzt Blümchen am Boden ab. Der Hund flitzt davon, und seine Krallen klackern auf dem Boden. „Hatte ich am Telefon erwähnt, dass all das Neuland für Mrs Alton ist?"

„Haben Sie." Details spielen jetzt keine Rolle mehr. Lorna betrachtet die Treppe und stellt sich vor, wie es sich anfühlt, die Stufen mit dem abgenutzten roten Läufer hinaufzugehen, die Hand am Geländer, den Kopf hoch erhoben. „Das ist überhaupt kein Problem."

„Oh, das ist beruhigend. Besser, Sie wissen Bescheid."

Lorna dreht sich um und lächelt Dill an. „Wir wären sehr erfreut, die Ersten zu sein, nicht wahr, Jon?"

Jon wirft ihr einen Blick zu, der so viel aussagt wie: *Wirklich?*

„Also, wann wollten Sie noch mal heiraten?", fragt Dill stirnrunzelnd, obwohl Lorna ihr das schon am Telefon zweimal gesagt hat. „Das war nächsten April, oder?"

„Oktober." Lorna liebt Cornwall im Herbst, wenn die Nebel vom Meer hereinziehen und die feuchte Erde nach Pilzen riecht.

„*Diesen* Oktober? Das ist sehr knapp."

„Na ja, es muss während der Schulferien sein – ich bin Lehrerin. Aber ein Termin in den Herbstferien ist nicht in Stein gemeißelt, oder, Jon?"

„Ich denke nicht." Jon reibt sich das Kinn.

„Wissen Sie, für mich ist all das auch recht neu." Dills Hände zucken. „Hochzeiten, meine ich. Normalerweise kümmere ich mich lediglich um

Mrs Alton und helfe ihr, den Haushalt zu führen. Aber Mrs Alton ist fest entschlossen, einen Weg zu finden, um die Zukunft des Hauses zu sichern. Es verschlingt Unsummen, selbst wenn man nur einen Teil davon bewohnt."

„Allein die Zentralheizung muss ein Vermögen kosten", sagt Jon.

„Oh, wir haben keine Zentralheizung!", ruft Dill aus. „Wir haben noch ein System aus Viktorianischer Zeit, das zu den furchtbarsten Launen neigt, also heizen wir mit Holz aus dem Wald. Das ist viel einfacher. Aber es gibt ein paar Heizstrahler in der Hochzeitssuite", fügt sie hastig hinzu. „Noch nicht im Ballsaal – ja, da ist noch ein wenig Arbeit erforderlich. Aber bis nächsten April …"

„Oktober", sagt Jon lächelnd. „Im Idealfall."

„Oh … Entschuldigung." Dill läuft rot an.

„Könnten wir uns noch die Zimmer anschauen?", drängt Lorna sanft.

„Liebling", Jon senkt die Stimme, „es wird langsam spät."

„Es wird nicht lange dauern, Jon." Mit glänzenden Augen wendet Lorna sich wieder an Dill. „Wo sollen wir anfangen?"

„Anfangen? O ja, das ist eine gute Idee. Die Eingangshalle hier ist der älteste Teil des Hauses, sie stammt noch aus normannischer Zeit. Insgesamt ist das Gebäude ein rechter Mischmasch, jede Generation hat Teile gebaut und andere abgerissen. Der Hauptteil ist georgianisch, glaube ich, stammt also aus dem 18. Jahrhundert, aber die Türme wurden erst im 19. Jahrhundert von den prunksüchtigen Viktorianern hinzugefügt. Hier entlang, bitte." Sie stemmt sich gegen eine schwere Eichentür. „Ich muss Ihnen die Enfilade zeigen."

„Die *was?*", formt Jon mit den Lippen.

„Eine Reihe von miteinander verbundenen Zimmern, eine Zimmerflucht", flüstert Lorna, die neulich in der Mittagspause alte Herrenhäuser gegoogelt hat.

„Genau." Dill hat offensichtlich ein ausgezeichnetes Gehör. Ein Lächeln erhellt ihr Gesicht. „Und wissen Sie was? Wenn Sie an einem Ende der Enfilade stehen, dann können Sie einen Ball bis zum anderen Ende durchrollen lassen, bis in die Eingangshalle!"

Diese Bemerkung lässt Lorna an Kinder denken. Sie kann den Ball fast über die Bodendielen und an den unbezahlbaren Antiquitäten vorbei rollen sehen und muss lächeln.

Dill stößt eine weitere Tür auf. „Der Salon. Das Lieblingszimmer der Familie Alton, auch wenn es zurzeit nur selten benutzt wird."

Der Salon ist so dunkel, dass er grenzenlos erscheint – bis Dill die schweren Vorhänge an der Terrassentür zur Seite schiebt und kristallhelles kornisches Licht hereinströmt. An den Wänden, die in einem vibrierenden Tintenblau gestrichen sind, hängen Ahnenporträts und düstere Meeresansichten. Abgewetzte Perserteppiche dämpfen ihre Schritte. Ausladende, mit Samt bezogene Sessel – blütenrosa und ochsenblutrot – drängen sich in den Ecken, als wollten sie den neuesten Klatsch austauschen. Besonders einladend wirkt der riesige offene Kamin mit seinem Messinggitter und der ledergepolsterten Kaminbank.

„Mrs Alton empfiehlt, dass Sie Ihren Gästen hier ein Gläschen anbieten. Sekt vielleicht? Oder Cocktails?"

„Perfekt." Lorna bemerkt einen Globus, der auf einem Messingfuß in der Ecke des Zimmers steht. Gedankenverloren stupst sie seine Pergamentoberfläche an, woraufhin sich der Globus zitternd um seine eigene Achse dreht. „Ups. Entschuldigung. Ich sollte besser nichts anfassen."

„Oh, keine Sorge." Dill zuckt mit den Schultern, als wäre all das nichts als Nippes. „Drehen Sie ihn nur, wenn Sie mögen. Er summt wirklich schön."

Lorna zögert. Jon lächelt. „Mach."

Dieses Summen! Wie das Brummen dicker Hummeln über Lavendelbeeten. Lorna schließt die Augen, erfüllt von dem Geräusch.

„Vielleicht sollten wir weitergehen, wenn Sie es eilig haben. Mrs Alton besteht darauf, dass Sie sich die Hochzeitssuite nicht entgehen lassen."

„O ja! Ich will unbedingt über diese prächtige Treppe nach oben schreiten."

Dill zeigt aus dem Fenster zu einer der steinernen Erkertürme. „Da müssen wir hin. Dort ist die Suite. Wir haben den Turm speziell hergerichtet."

„Wer war denn früher dort eingesperrt?", erkundigt sich Jon, nur halb im Scherz.

Das bringt Dill sichtlich aus dem Konzept. „Ich ... ich ..."

Lorna kommt Dill zu Hilfe. „Hör auf damit, Jon." Sie blickt erneut hinauf zum Turm. Und da sieht sie es. Das Flattern eines Vorhangs. Ein Gesicht am obersten Fenster. Sie blinzelt, und es ist verschwunden. Das dämmrige Licht hat ihr einen Streich gespielt.

Beim Hinaufgehen lässt sie eine Hand über das staubige Treppengeländer gleiten, ihre andere Hand hält die von Jon fest. Sie sagt nichts, doch sie spürt den elektrischen Schlag eines Déjà-vus.

„Alles in Ordnung, Liebling?", fragt Jon leise.

„Natürlich!" Sie will ihn nicht beunruhigen. Er hält sie auch so schon für leicht irritierbar, das weiß sie. An einem Tag ist sie bester Laune, ja geradezu albern, und am nächsten ist ihre Stimmung düster und lustlos, während sie sich in dieser seltsamen neuen Welt, einer Welt ohne ihre Mutter, zurechtzufinden versucht. „Wie viele Zimmer gibt es hier, Dill?", erkundigt sie sich.

„Wissen Sie, ich glaube nicht, dass sie jemals jemand gezählt hat."

„Und Schlafzimmer?"

„Hm. Neun, glaube ich. Die alten Dienstbotenzimmer im obersten Stockwerk nicht mit eingeschlossen. „O nein. Ich piepse!"

Das Geräusch ist schrill und beharrlich. *Piep, piep, piep, piiieep.* Dill tastet hektisch ihren Pulli ab, bis sie die Geräuschquelle – eine Art Pager – ausfindig gemacht hat und abstellt. „So ein Lärm. Tut mir sehr leid. Mrs Alton braucht mich. Ich muss zu ihr. Könnten Sie morgen wiederkommen?"

„Heute wäre wirklich besser. Wo wir schon mal hier sind."

Dill sieht hin- und hergerissen aus. Das Piepsen beginnt von Neuem.

„Komm, Lorna. Dill hat zu tun", sagt Jon.

Dills Blick hellt sich auf. „Warten Sie! Wie wär's, wenn Sie unten auf mich warten? Mrs Alton wird sicher sehr enttäuscht sein, wenn Sie die Hochzeitssuite nicht zu Gesicht bekommen. Ich brauche nicht lange."

„Ich fürchte, wir müssen …", meint Jon.

„Nur noch ein paar Minuten", bettelt Lorna. „Bitte."

„Wir haben eine Reservierung für das Abendessen, schon vergessen? Und ich muss mir auch noch die Karte anschauen und rausfinden, wie wir am besten zu unserer Pension zurückkommen."

„Okay, dann machst du das schon mal, und ich warte. Zehn Minuten, dann bin ich bei dir."

Als Jon geht, verspürt Lorna einen stechenden Trennungsschmerz. Beinahe wäre sie ihm hinterhergelaufen. Aber etwas hält sie zurück. Der Sog des Hauses ist einfach zu stark.

IM ERSTEN MOMENT begreift Lorna nicht, was sie sieht. Das sternförmige Loch in der Stirn. Die Form des Schädels. Dann fügt sich das Bild. Es ist ein Pferdeschädel: billardkugelgroße Augenhöhlen, das lange, geschwungene Nasenbein, das auf den großen Kiefer trifft. Sie erschauert. Leise und vorsichtig geht sie über den verschlissenen Teppich und späht in andere staubige Vitrinen: ausgestopfte Vögel, Eichhörnchen, Kaninchen – lebendig anmutende Kreaturen, eingenäht in ein zweites Leben als steife Puppen. Sie spürt, wie die trüben Glasaugen der Tierpräparate ihr nachblicken, während sie zum Fenster geht, das Handy fest umklammert.

Ihre Suche nach einem Ort mit Handy-Empfang hat sie in die weitläufige, düstere Bibliothek geführt. Sie ist froh, durchs Fenster Jon im Auto sehen zu können. Er trinkt aus einer Wasserflasche und studiert die Karte. Sie fragt sich, was wohl aus ihr geworden wäre, wenn sie nicht auf diese Party in Camden gegangen wäre. Wenn sie den blonden Bär von einem Mann nicht bemerkt hätte, der in der überfüllten Küche Getränke ausschenkte, um der gestressten Gastgeberin zu helfen. Ob er ihr einen Drink machen solle, hatte er gefragt.

Sie schreibt ihrer Schwester Louise eine SMS: *Der Hammer. Alles Weitere später.* Die Zeit reicht gerade noch, um ihren Vater anzurufen. Sie *muss* ihren Vater anrufen. „Dad, ich bin's!"

„Hallo Sonnenschein!" Dougs Stimme hellt sich auf, wie immer, wenn sie anruft. „Alles klar bei dir? Hat es bei euch auch den ganzen Tag geregnet? Ich hoffe, du bist gerade in einem gemütlichen kleinen Pub irgendwo."

„Nein, wir sind noch in einem der Häuser, die für die Hochzeit infrage kommen."

„So spät noch?"

„Ja, das Anwesen war schwer zu finden."

„Ha! Ich wette, das hat Jon gar nicht gefallen. Sag ihm mal, er soll aufhören, sich auf sein verdammtes Navi zu verlassen." Als erst kürzlich in den Ruhestand gegangener Londoner Taxifahrer rühmt sich ihr Vater, sich niemals irgendwo zu verfahren.

„Es ist ein wundervolles Haus, Dad, es liegt auf der Roseland-Halbinsel."

„Oh, die Roseland-Halbinsel, da gibt es einen tollen Campingplatz, gleich am Rand von Portscatho. Deiner Mutter hat er sehr gefallen."

Lorna ist begeistert, bestätigt zu bekommen, dass sie ganz in der Nähe gewesen sind. Ihre eigenen Erinnerungen an diese Familienurlaube sind verblasst: der Klosteingeruch des angeblich topmodernen Wohnwagens; ihre Mum, die sie von einem National-Trust-Anwesen zum nächsten scheuchte, während Dad und Louise am Strand Sandburgen bauen durften. *Komisch, was aus der Kindheit hängen bleibt.*

„Du errätst nie, wie das Haus heißt, Dad."

Sie hört, wie er einen Schluck Tee nimmt. Er trinkt ihn zu heiß – alle Taxifahrer stürzen ihren Tee herunter, behauptet er immer.

„Black Rabbit Hall." Sie schweigt, hofft auf ein Zeichen des Wiedererkennens. „Sagt dir der Name irgendwas?"

„Nö."

„Ich bin mir fast sicher, dass Mum mit mir hier war. Es fühlt sich so vertraut an."

„Möglich. Keine Ahnung. Ich bin mit diesen muffigen alten Häusern nie warm geworden. Das war Sache deiner Mutter, Kulturerbe und all das.

Da hatte sie sowieso lieber dich als mich dabei. Sie hat immer gesagt, ich würde nur peinliche, unwichtige Fragen stellen."

„Wie kam es, dass Louise sich drücken konnte?"

„Zu klein. Deine Mutter meinte, du könntest mehr damit anfangen."

Das hatte Mum gesagt? Damals fühlte es sich jedenfalls nicht so an. Aber heute, viele Jahre später, schnüffelt sie fasziniert in einem bezaubernden alten Haus herum. „Ich frage mich, ob es davon noch irgendwelche Fotos gibt. Ich würde sie gerne sehen."

„Warum kommst du nicht mal vorbei und durchstöberst die Kisten auf dem Speicher? Ich habe es noch nicht über mich gebracht, sie durchzugehen", sagt Doug leise. „Um ehrlich zu sein, bin ich mir nicht sicher, ob ich das je können werde."

„Ich mach das, keine Sorge." Armer Dad.

„Lorna." Die tränenerstickte Stimme ihres Vaters erinnert sie daran, wie frisch der Verlust noch ist. „Tut mir leid, dass ich deine Fragen über die Vergangenheit nicht so beantworten kann, wie deine Mutter es gekonnt hätte …" Ein langes, bedrücktes Schweigen folgt, das sich immer enger um Lorna legt und auch ihr die Kehle zuschnürt. Sie wünscht sich, sie hätte mehr mit ihrer Mutter geredet. Sie hatte sich nie wirklich mit ihr verbunden gefühlt – nicht auf dieselbe leichte, unbeschwerte Art wie mit Dad. Und wenn gewisse Themen angeschnitten worden waren, die mit der Vergangenheit zu tun gehabt hatten, war ihre Mutter meist aufgesprungen, um eine Fußleiste abzustauben und alle Fragen mit Wolken von Reinigungsspray zu vertreiben. Und in diesem Mai war der Gesprächsfaden dann für immer gerissen.

Es war einfach nicht fair, und das quält sie noch immer. Wie sich herausstellte, hatte der Stadtrat am Tag darauf das kaputte Pflaster vor dem Supermarkt ausbessern lassen wollen. Ihre Mutter hätte nicht stolpern und mit dem Kopf ausgerechnet auf dieser wahnsinnig ungünstigen Stelle aufschlagen müssen. Sie hätte nicht mit 65 sterben müssen. Sie ist kerngesund gewesen. Und am Unfairsten ist, dass mit dem Abschalten der lebenserhaltenden Geräte auch so viel von meiner eigenen Vergangenheit unwiederbringlich verloren gegangen ist, denkt Lorna und blinzelt ein paar Tränen weg.

„Oh, *da* sind Sie!"

Lorna dreht sich um und sieht Dill in der Tür stehen.

„Sind Sie bereit, sich die Hochzeitssuite anzusehen?"

„Dad, ich muss auflegen." Sie lächelt Dill an und versucht sich zusammenzunehmen.

Sie hört ein vielsagendes Schniefen. „Also dann, verirr dich nicht, allein in diesem großen Haus, ja?", sagt er schließlich.

„Red keinen Unsinn. Ich hab dich lieb."

Doch als sie den dunklen, steilen Treppenschacht des Turms betritt, denkt sie, dass ihr Vater vielleicht nicht ganz falschlag. Es wäre ziemlich einfach, sich in Black Rabbit Hall zu verirren.

## Vier
*Amber*

Boris springt aus dem Unterholz. Er schnüffelt an Mamas Gesicht und jault. Papa schiebt ihn weg und hüllt Mama in seinen Mantel. „Such Barney!", ruft er mir über die Schulter zu und stürmt, gefolgt von Boris, aus dem Wald. Auf dem Arm hat er Mama, deren Kopf in einem seltsamen Winkel herunterhängt.

Die Gewitterwolken lichten sich. Hinter den Bäumen steht ein knochenweißer Mond. Vollmond. Flut. Der Unterlauf des Bachs tritt am frühen Abend oft über die Ufer, besonders nach einem Unwetter. Das Wasser wird in den Wald strömen, dorthin, wo das Versteck liegt. Mir bleibt nicht viel Zeit. Ich renne los und bete, dass alles gut wird.

Barney ist nicht in dem Versteck. Die Erde unter meinen Füßen wird immer sumpfiger. Das Wasser kommt. „Barney!", rufe ich. „Barney, ich bin's! Wo bist du?"

Ich laufe tiefer in den Wald und rufe immer wieder seinen Namen. Mir kommt der Gedanke, dass er ein Spiel spielen könnte – er liebt es, sich zu verstecken –, ohne zu ahnen, was mit Mama geschehen ist. „Barney!", rufe ich lauter. Nichts. Hoffnungslosigkeit erfasst mich. Ich bleibe stehen und beginne zu weinen. Und da taucht Boris auf, mit wedelndem Schwanz. Noch nie war ich so froh, ihn zu sehen. Ich vergrabe mein Gesicht in seinem Fell. „Hilf mir, Barney zu finden. Bitte!"

Boris neigt den Kopf, als würde er verstehen, zögert und flitzt davon. Ich renne ihm nach, bis er unter einer riesigen Buche stoppt. Und da ist Barney. Zusammengekauert auf dem Baum. Mit Eulenaugen. Ich strecke ihm die Arme entgegen. Er rührt sich nicht. Ich sage ihm, er könne ruhig loslassen, und dann rutscht er ganz langsam den Stamm herunter, schlingt die Arme fest um meinen Hals und vergräbt zitternd sein Gesicht an meiner Schulter.

„Was ist passiert, Barney?"

Sein Körper bebt geräuschlos.

„Was ist mit Mama passiert?", frage ich behutsam. „Hast du es gesehen?" Da fängt er an zu schluchzen. „Huckepack", sage ich und knie mich hin. Mit Barney auf dem Rücken renne ich den ganzen Weg zum Haus zurück.

„Mama ist tot", sagt Toby tonlos. An Big Bertie gelehnt, die Hände tief in den Hosentaschen vergraben, das Gesicht kreidebleich, starrt er zu Mamas Porträt hinauf. Die Uhr tickt. Das Gold des Mondphasenanzeigers leuchtet. Es tickt noch zehnmal, dann sagt Toby erneut: „Mama ist tot, Amber."

Bestimmt hat Toby da etwas falsch verstanden. Ich schüttle den Kopf, setze Barney ab, löse seine Finger von meinem Hals. „Geh mal schauen, wo Peggy ist. Sie wird dich aufwärmen."

„Entschuldigung. Lumpenpüppi kommt zu spät zum Tee!" Kitty wuselt mit ihrem ratternden Puppenwagen an uns vorbei.

„Ist der Doktor hier?", flüstere ich. Barney legt eine Hand auf mein Bein.

„Zu spät", murmelt Toby ausdruckslos.

„Wo ist Mama denn?"

„Im Bett."

Ich springe die Treppen hinauf und werfe mich mit der Schulter gegen die Tür des Schlafzimmers. Mama liegt im Bett, genau wie Toby gesagt hat. Wie ein krankes Kind eingewickelt in ein weißes Laken, das Haar über die Schulter gekämmt. Die Vorhänge sind zugezogen, die Blumenschnitzereien an den massiven dunklen Bettpfosten treten im flackernden Kerzenlicht deutlich hervor. Mamas gefaltete Hände halten ein Sträußchen aus den blassgelben Osterglocken, die sich heute Morgen noch in einer Vase auf ihrem Nachttisch befunden haben. Ich trete näher heran und will nicht wahrhaben, dass ihr Kopf über dem Ohr eingedrückt ist, eine seltsame Vertiefung, in der ihr Haar mit Blut und Knochensplittern verklebt ist.

„Mama." Ihre Hand ist nicht eiskalt, aber auch nicht warm. „Mama, bitte. Wach auf, bitte."

Und dann höre ich das Schluchzen, das von der anderen Seite des Bettes kommt. Ich spähe hinüber, Mamas Hand noch immer in meiner, und sehe zu meinem Entsetzen Papa gekrümmt am Boden liegen, das Gesicht in das Laken vergraben, das von Mamas Bett rutscht. „Papa?"

Er blickt nicht auf. Das Schluchzen wird bitterlicher.

„Amber", flüstert Toby plötzlich hinter mir. „Komm weg."

Er zieht mich an sich. Ich lasse es geschehen. Er hält mich ganz fest, sodass wir eine Einheit bilden – wie zwei Babys, aneinandergeschmiegt in der weichen, warmen Dunkelheit von Mamas Bauch. „Wir haben noch uns. Ich hab dich."

„Amber, Toby ..." Peggy steht an der Tür, die Hand vor dem Mund. „Was macht ihr da? Kommt da raus, bitte."

„Mama ist tot", sage ich, nicht sicher, ob Peggy es schon begriffen hat.

„Und euer Vater möchte in Ruhe bei ihr sein, Liebling." Sie kommt zu uns, löst uns voneinander und blickt besorgt auf Papa hinab. „Amber, Toby, bitte. Kommt nach unten."

„Ich will bei Mama bleiben", flehe ich.

„Das geht nicht, Schatz. Nicht jetzt."

Da blickt Papa auf. Sein Gesicht ist geschwollen und verzerrt, seine Augen wirken wie rote Glühbirnen. Er sieht nicht aus wie Papa.

„*Raus!*", brüllt er, dass wir zusammenfahren. „*Raus!*"

SPÄTER SITZEN WIR um den Kamin im Wohnzimmer herum. Trotz der Hitze wird uns nicht wärmer. Toby und ich hocken zitternd nebeneinander. Kitty plappert auf ihre Lumpenpuppe ein. Barney starrt ausdruckslos ins Feuer. Er trägt einen der gestreiften Pyjamas, die Tante Bay jedes Jahr zu Weihnachten schickt. Er hat nichts gesagt, seit wir wieder zu Hause sind.

Boris kommt hereingetrottet, lässt sich unter den Globus sinken, legt den Kopf auf die Pfoten und sieht zu uns auf.

*Klick, klick, klick*, machen Peggys Stricknadeln. Sie sitzt aufrecht in dem Sessel am Fenster, und ihre Finger versuchen, diesen Abend zu einem Abend wie jeden anderen zu machen. Ein langer roter Schal bildet eine Lache um ihre Füße.

Gleich wird alles wieder normal sein. Mamas Schritte auf der Treppe. Ein Husten. Lauf hinaus in den Flur, und da wird sie sein, das Haar wellig über eine Schulter fallend, die Hand am Geländer, bereit für das Abendessen. Sie trägt ein grünes Kleid – „Eine Rothaarige hat keine große Wahl" – und hat ihre weiße Kaninchenfellstola um die Schultern gelegt, die von einer blitzenden Strassspange gehalten wird. Und kurz nach Mama wird Papa kommen, Barneys Lockenkopf tätscheln, Toby spielerisch gegen die Schulter boxen.

*Peng!* Ein Schuss erschüttert die Nacht. Peggy wirft ihr Strickzeug hin, stürzt zum Fenster. „Allmächtiger!"

PEGGY hat versucht, alle Spuren von Knight mit der Bürste wegzuschrubben. Aber da ist noch immer ein dunkelroter Fleck auf dem Stein beim Pferdestall. Inzwischen ist fast eine Woche vergangen, seit Mama gestorben ist. Ich kann einfach nicht glauben, dass Ostern ist, dass im Wald die Hasenglöckchen blühen. Ein frischer Wind, der die Augen tränen lässt, zwingt den

Wetterhahn auf dem Kirchturm von St Mary's am alten Hafen, sich wie verrückt um sich selbst zu drehen. Die feuchten Steinmauern der Kirche sind übersät von gelben Flechten, die Buntglasfenster von Salz verkrustet. Möwen sitzen wie aufgereiht auf dem Giebeldach und beäugen den kleinen Friedhof, Mamas Bestimmungsort. Der Gedanke ist beklemmend.

Wir versammeln uns draußen vor der Kirche, vermeiden es, den Leuten in die Augen zu blicken, die wir sonst bei Hochzeiten oder Taufen sehen, und zucken zusammen, wenn sie uns umarmen und sagen, dass sie untröstlich sind.

„Es wird Zeit, mein Schatz", sagt Papa, die Hand an meinem Rücken. Er versucht zu lächeln, schafft es aber nicht. Ich muss daran denken, wie er gestern Abend geschluchzt hat – wie jeden Abend, seit Mama gestorben ist. Ich glaube nicht, dass es auf der Welt einen schlimmeren Laut geben kann als das Weinen des eigenen Vaters. Er holt tief Luft. „Bereit?" Ich nicke.

Die schwere Kirchentür öffnet sich mit einem Quieken. Der Pfarrer entschuldigt sich, murmelt etwas von Rost. Als spielte das eine Rolle.

Toby drückt meine Hand. *Wir müssen zusammenhalten, tapfer sein*, heißt das. Ich erwidere seinen Händedruck, und wir führen Barney und Kitty in die Kirche, verfallen in Gleichschritt wie Soldaten.

Drinnen ist es feuchtkalt und düster. Nur Mamas Sarg leuchtet. Er ist mit blassrosa Schleifen und so vielen Frühlingsblumen geschmückt – Hyazinthen, Anemonen, Iris –, dass er aussieht wie ein Garten. Das gefällt mir. Mama liebte Gärten. Aber es erscheint mir noch immer unmöglich, dass sie sich in dieser Kiste befindet – meine warme, schöne Mama.

Trotzdem müssen wir darauf zugehen, und Kitty sträubt sich, zerrt an meiner Hand. Die Kirche hat nicht genug Sitzplätze. Ich bin froh. Es wäre viel schlimmer, wenn Plätze leer blieben. Wir gehen zur ersten Reihe. Die Kirchentüren quietschen erneut und fallen zu.

„Psst!" Unter dem wagenradgroßen Rand von Tante Bays Hut sind nur ihre vollen Filmstarlippen zu erkennen. Sie sitzt in der Reihe hinter uns und trägt ein schwarzes Minikleid – das erinnert mich daran, warum Mama sie so vergöttert hat und warum Papa das nicht guthieß. Sie nimmt meine Hand. „Wie geht es dir, Kleines?"

Mein Mund öffnet sich, aber es kommt nichts heraus. Tante Bays amerikanischer Akzent ist zu viel für mich. Er erinnert mich zu sehr an Mama. Es klingt wie das, was ich hören würde, wenn sie selbst lachend durch diese Kirchentür käme und uns allen erzählen würde, dass es sich bloß um ein dummes Missverständnis handle.

Ich kann einfach nicht damit aufhören, mir auszumalen, dass Mama in einem x-beliebigen Augenblick wieder in unser Leben platzt, noch kann ich aufhören, die Ereignisse jenes Tages in Gedanken immer wieder abzuspulen, um ihnen einen anderen Schluss zu geben.

„Herzchen?" Tante Bay schiebt ihre Hutkrempe hoch, sodass ich ihre freundlichen geröteten Augen mit den langen Wimpern sehen kann. „Nancy wäre so stolz auf dich, Amber. Kommst du mich in New York besuchen?"

Ich nicke.

„Bitte erheben Sie sich", sagt der Pfarrer. Es raschelt.

„Ich nehme dich mit aufs Empire State Building", flüstert Tante Bay. „Wenn du jemals einen Zufluchtsort brauchst, dann kommst du zu mir, ja?"

Diesmal nicke ich nicht. Warum sollte ich jemals vor dem flüchten wollen, was von meiner Familie noch übrig ist? Allein bei dem Gedanken daran, nicht bei ihnen zu sein, wird mir schwindlig.

Münder öffnen sich, singen. Ich drehe mich um, um sicherzugehen, dass Papa es nicht vermasselt. Er starrt mit ausdruckslosem Gesicht nach vorn. Reden. Gedichte. Ein Amerikaner. Ein Herzog. Ein Oberst. Sie erzählen, wie sich Papa in Mamas Temperament verliebt hat. In ihren „Lebenshunger". Erzählen von ihrer Liebe zu ihrer Heimat, ihrer Familie und ihren Pferden. Wie Papa sie aus Amerika hierhergebracht und sie sich in Cornwall verliebt hat. Wie sie den Einheimischen den Genuss von Kürbiskuchen nähergebracht hat. Dass sie es überhaupt nicht mochte, wenn Kaninchen getötet wurden. Denn Nancy war ein Mensch, der sich um alles Lebendige kümmerte, eine Mutter, eine Tierfreundin, jemand, der das Gute in jedem und allem sah.

Alle schniefen leise. Ich versuche zu weinen, aber es kommen keine Tränen. Ich konzentriere mich weiter auf die anderen und achte darauf, dass keiner eine Szene macht. Alle haben die Anweisung bekommen, tapfer zu sein. Kitty fummelt an einem Knopf herum, von dem ein loser Faden hängt. Mamas Tod ist ein zu gewaltiges Ereignis, als dass sie es schon erfassen könnte. Barney starrt auf seine blank polierten Schuhe und kaut auf seiner Unterlippe herum. Toby starrt geradeaus. Wir wollen alle, dass es endlich vorbei ist.

Als Papa aus der Bank tritt, erstarrt die ganze Kirche, und das Schniefen verstummt. Er blickt auf die schweigende Gemeinde herunter, und seine Augen sind leer und blutunterlaufen.

Ein Knistern durchbricht die Stille. „Kitty!", zische ich, als ich sehe, dass sie ein kleines Schokoladenei auswickelt.

Ungehalten blickt sie zu mir auf. „Es ist Ostern! Tante Bay hat es mir geschenkt."

„Du kannst es nachher essen."

Kitty lässt das Ei in der Tasche ihres Trägerkleidchens verschwinden. Ich ziehe sie näher an mich. Barney auch. Er fühlt sich schlaff und kalt an, all seiner Energie beraubt. Ich denke an Mama, daran, wie sie vor unserer Abreise in London in ihrem türkisfarbenen Sessel saß und sagte: „Sich Sorgen zu machen, ist die Aufgabe einer Mutter." Wer wird sich jetzt um uns sorgen? Wer wird sich um uns kümmern?

Die Antwort trifft mich wie ein heftiger Schlag. Das. Werde. Ich. Sein.

Papas Mund öffnet sich. Doch es kommt nichts heraus. Dann beginnt das Blatt Papier, das er in der Hand hält, zu zittern. „Danke, dass Sie alle gekommen sind", sagt er schließlich. „Ich weiß, dass viele von Ihnen von weither angereist sind. Nancy wäre unglaublich gerührt, wenn sie sähe …" Er unterbricht sich und starrt über meine linke Schulter. Sein Kiefer klappt herunter. Alle drehen sich um, wollen sehen, was ihn so erschreckt hat.

Ganz hinten in der Kirche sitzt eine Frau mit fast so etwas wie einem Lächeln im Gesicht. Sie hat das Kinn gereckt und genießt die neugierigen Blicke. Ich schätze, man hätte keine Frisur wie sie, wenn man nicht auffallen wollte: silberblond, straff aus dem Gesicht gekämmt und auf dem Kopf zu üppigen Locken gedreht. Sie ist eher attraktiv als hübsch, mit einer schmalen, leicht gebogenen Nase und eisblauen Augen.

In die Stille mischt sich jetzt Gezischel und Flüstern. Es dauert eine Ewigkeit, bis Papa weiterredet. „Sie wäre unglaublich gerührt, wenn sie unsere winzige Kirche so voll sehen würde", sagt er endlich. „Aber es gibt eben Frauen, die gar nicht anders können, als das Leben all derer, denen sie begegnen, zu verändern …"

Er hält inne, stottert, starrt die blonde Frau an. Toby und ich sehen uns stirnrunzelnd an. Es klingt so, als würde Papa von jemand anderem sprechen als von Mama. Dieses Gefühl hält an, bis Papa hastig sagt: „Nancy war so eine Frau."

*Lorna*

Unter dem ausgefransten Tweedcape erscheint eine leberfleckige Hand. „Mrs Caroline Alton." Es ist die vornehmste Stimme, die Lorna je gehört hat, leicht angeraut von einem schwachen, keuchenden Pfeifen. „Sehr erfreut."

„Hallo", stammelt Lorna. „Ich bin Lorna. Lorna Dunaway."

Mrs Alton ist ganz offensichtlich die schöne Frau von dem Porträt in der Eingangshalle. Doch in ihr Gesicht haben sich messerscharfe Falten eingeätzt. Keine Lachfalten.

„Sie wollen also Ihre Hochzeit auf Pencraw feiern?" Ein harter Blick aus blassblauen Augen heftet sich auf Lorna. „Das freut mich."

Das ist der Moment, in dem Lorna eigentlich darauf hinweisen sollte, dass sie momentan bloß die Möglichkeit in Betracht zieht. Sie tut es nicht.

„Sehen Sie sich ruhig um." Mrs Alton stützt sich auf einen Holzstock mit Messingknauf und hält den Rücken vollkommen gerade. „Sagen Sie mir, was Sie denken. Und bitte keine falsche Höflichkeit."

Lorna sieht sich in dem Raum um. Die Decken hier im Turm sind niedriger als im restlichen Haus, die Wände mit Blumentapeten im Landhausstil tapeziert. Das Fehlen jeglicher verstaubter Pracht ist eine Erleichterung, auch wenn das riesige schwarze Mahagonibett, dessen Pfosten mit geschnitzten Reben und Blumen verziert sind, die selbst Jon beeindrucken würden, in diese Richtung tendiert.

„Es ist herrlich, Mrs Alton."

„Freut mich, dass Sie das finden", antwortet sie. Es klingt, als sollte man sich besser hüten, zu einem anderen Schluss zu kommen. „Ich habe mir gedacht, dass es Ihnen gefällt, schon als ich Sie aus dem Auto aussteigen sah."

Also hatte wirklich jemand sie beobachtet, denkt Lorna.

„Nun gut, Lorna ...", die alte Dame spielt mit den Perlen ihrer Halskette, „erzählen Sie mir etwas von sich."

„Ich bin Grundschullehrerin und lebe in London. In Bethnal Green, genauer gesagt."

„Eine Lehrerin? Oh. Mein Beileid."

Lorna ist sprachlos. Sie wünscht sich, Jon wäre hier, damit sie all das später erschöpfend diskutieren könnten.

„Und Ihr Verlobter?"

„Er arbeitet im Bauunternehmen seiner Familie", stammelt sie und wappnet sich bereits für die Reaktion. „Das Zimmerhandwerk ist seine Leidenschaft", fügt sie hinzu.

„Ein Zimmermann?" Mrs Alton pocht mit ihrem Stock auf den Boden und wendet sich an Dill. „Das könnte sich als ausgesprochen nützlich erweisen, Endellion. Meine Güte, Handwerker werden in einem Haus wie diesem schließlich immer gebraucht."

Dill lächelt Lorna entschuldigend an.

„Kommen Sie doch mal näher, meine Liebe." Mrs Alton winkt Lorna mit ihrem langen, gekrümmten und mit Ringen geschmückten Zeigefinger zu sich. Lorna zögert einen Moment und macht dann einen Schritt nach vorn.

„Also, dieses Kleid …", murmelt Mrs Alton.

„Das ist ein Vintagekleid", erklärt Lorna strahlend. „Aus den späten Sechzigern, meinte die Frau aus dem Laden."

„Späte Sechziger? Du lieber Himmel! Sie mögen Altkleider?"

„Ich stöbere gern in Wohltätigkeitsläden herum. Ich mag einfach alte Sachen."

„Tja, das trifft sich gut, nicht wahr?", sagt Mrs Alton trocken.

„Oh … nun, ich meinte, dass …"

„Das Lustige ist, dass man immer annimmt, das Leben verliefe linear", unterbricht Mrs Alton sie. Sie erhebt sich und geht zum Fenster. „Aber wenn man dann älter wird, merkt man, dass das Leben ganz und gar nicht linear verläuft, sondern im Kreis, dass alles wieder an den Punkt zurückkehrt, den man längst hinter sich gelassen zu haben glaubt. Wie die Zeiger einer Uhr."

„Wirklich?" Lorna hat absolut keine Ahnung, wovon Mrs Alton spricht.

„Moden kehren wieder." Ihr Blick wandert über Lornas Kleid. „Ereignisse. Menschen. Und doch halten wir uns alle für einzigartig. Und weil wir niemals von denen lernen, die vor uns gehen müssen, sind wir dazu verdammt, dieselben Fehler erneut zu machen", fügt sie müde hinzu. „Wieder und wieder." Sie starrt gedankenverloren aus dem Fenster.

Lorna sieht fragend zu Dill hinüber, doch die lächelt sie bloß unsicher an.

„Und wann können wir dann mit der ersten Zahlung rechnen, meine Liebe?", sagt Mrs Alton und fährt herum. „In bar."

„Oh." Lorna wird nervös.

„Ich hoffe, ich habe Sie nicht in Verlegenheit gebracht, weil ich das Finanzielle anspreche."

„Nein, nein, gar nicht. Die Sache ist bloß, ich … Ich liebe dieses Haus, Mrs Alton, wirklich. Es ist wundervoll. Aber mein Verlobter ist noch nicht überzeugt … Wir brauchen noch einige Informationen."

„*Informationen?*", fragt Mrs Alton, als wäre schon der Gedanke absurd. „Welche Art von Informationen könnten Sie noch benötigen?"

„Ähm, wo genau wir den Empfang abhalten werden, wo getanzt wird, das Catering … Solche Dinge eben."

„Aber hier gibt es so viele Räume! Man könnte vier Hochzeiten gleichzeitig abhalten und würde sich nicht in die Quere kommen." Sie wirft Dill einen wütenden Blick zu. „Kannst du eigentlich auch irgendetwas richtig machen?"

„Oh, verstehen Sie mich nicht falsch! Dill hat uns eine fantastische Führung gegeben", sagt Lorna hastig und hofft, Dill nicht in Schwierigkeiten gebracht zu haben. „Aber wir sind ziemlich spät hier angekommen und hatten kaum Zeit."

Wie aufs Stichwort erklingt eine Autohupe.

„Das ist Jon." Lorna überlegt krampfhaft, wie sie sich elegant aus der Affäre ziehen kann. „Vielen Dank, dass Sie sich die Zeit genommen haben, mir die Hochzeitssuite zu zeigen."

Mrs Alton, die wohl spürt, dass sie gerade womöglich ihre erste Kundin verliert, ändert rasant ihre Taktik. „Sie müssen einfach wiederkommen und länger bleiben. Dann können Sie all diese ... *Informationen* sammeln, die Sie zu benötigen scheinen, bevor Sie die Anzahlung machen."

„Das ist ... ausgesprochen großzügig von Ihnen, Mrs Alton. Aber ..."

„Mit Großzügigkeit hat das gar nichts zu tun", sagt Mrs Alton mit einer wegwerfenden Handbewegung. „Im Gegenteil. Es ist zwingend erforderlich, dass ich dieses Hochzeitsgeschäft zum Laufen bringe, wenn das Haus in privater Hand bleiben soll. Das ist alles, was mich kümmert. Das Haus. Oh, und der Hund natürlich."

Lorna lacht nervös.

Mrs Alton lächelt. „Ich bin keine Närrin, Lorna." Sie hebt eine ihrer nachgezogenen Augenbrauen. „Mir ist durchaus bewusst, dass der Mietpreis für ein solches Haus recht bescheiden ist, selbst wenn man seinen Zustand berücksichtigt."

Lorna wird rot. Sie hatte angenommen, dass Mrs Alton und Dill keine Ahnung von den derzeitigen Marktkonditionen hätten.

„Aber Ihnen ist sicher auch klar, dass es schwer ist, Buchungen zu bekommen, wenn es noch keine positiven Erfahrungsberichte gibt. Wie auch immer: Ich sehe, dass Sie eine junge Dame mit Vorstellungskraft, Stil und ... Courage sind."

Obwohl sie weiß, dass dies eine schamlose Schmeichelei ist, gefällt Lorna die Vorstellung, eine junge Dame mit Courage zu sein, sehr.

Mrs Altons Lächeln gefriert. „Ich bin nicht mehr in der Verfassung, mich auf die Folter spannen zu lassen. Sagen Sie mir, werden Sie meine Gäste sein?"

Der Drang, Ja zu sagen, ist beinahe überwältigend.

„Tut mir leid, Liebling, aber es kommt einfach nicht infrage, diesen Monat noch mal herzukommen." Jon lässt den Motor an und tritt aufs Gaspedal. „Ich kann mir nicht noch mal freinehmen, nicht mit diesem großen neuen Projekt in Bow ..."

„Mach dir deswegen keine Sorgen." Lorna seufzt und kramt im Handschuhfach nach Minzbonbons. Sie ist vollkommen ausgehungert. „Ich frage meine Schwester."

Die Atmosphäre im Wagen ist leicht angespannt. Als sie das Ende der Zufahrt erreichen, betrachtet Lorna noch einmal das verbeulte weiße Emailleschild mit dem Namen des Hauses, das aussieht wie ein im Gebüsch hängen gebliebenes Taschentuch, und eine Welle aus Sehnsucht und Enttäuschung steigt in ihr auf. Jetzt, da sie Black Rabbit Hall gesehen hat, kommt nichts anderes mehr infrage. Knirschend biegen sie von der Zufahrt voller Schlaglöcher auf die Landstraße.

„Lorna, ich weiß, dass du dieses Haus liebst." Er sucht ihren Blick. „Ich möchte es auch mögen."

„Du hast doch schon entschieden, dass du es nicht magst."

„Ich sage nur, dass wir genauso gut deinem kleinen Neffen die Verantwortung für die Hochzeit überlassen könnten. Dill hat bestimmt die letzten tausend Jahre nichts anderes gemacht, als Mrs Altons Bettpfannen zu leeren. Sie scheint kaum je einer anderen Menschenseele begegnet zu sein – vollkommen undenkbar, dass sie eine Hochzeit ausrichtet." Er kurbelt das Fenster herunter und lässt die feuchtwarme Abendluft herein.

„Ach, vergiss doch mal für einen Moment Dill und Mrs Alton und alles andere!" Sie schließt die Augen. „Stell dir doch mal das Haus voller tanzender Leute vor! Der Garten erleuchtet! Kinder …"

„… die die Antiquitäten zerdeppern. Sich im Wald verirren."

„Das Haus braucht nur etwas Leben, ein bisschen Liebe, das ist alles, Jon."

„Und Reparaturen in der Größenordnung von mindestens einer halben Million. Die Eimer waren nicht gerade dekorativ."

„Ach, keiner wird sich für die paar Lecks interessieren." Außer Lorraine vielleicht, Jons Mutter, einer glamourösen Matriarchin – Botox, BMW Cabrio, großes Herz.

Er lächelt. „Auf jeden Fall wäre es mal etwas anderes."

„Jon, es ist das Haus, das ich früher mit meiner Mutter besichtigt habe. Sogar Dad glaubt, dass es das ist", fügt Lorna hinzu, auch wenn das nur beinahe stimmt. „Black Rabbit Hall hat Seele. Das ist alles, was zählt."

„Es hat auch Hausschwamm", zieht er sie auf.

Sie ist den Tränen nahe, auch wenn ihr klar ist, wie albern es wäre, ausgerechnet wegen einer Hochzeitslocation zu heulen.

„Tut mir leid. Ich weiß, Cornwall hat für dich eine besondere Bedeutung", sagt Jon.

Sie fahren eine Weile schweigend weiter. Dann hält Jon an, wendet sich ihr zu, und sein Blick ist warm. „Lorna, ich will einfach, dass wir heiraten, das ist alles. Und dass es bei dieser Hochzeit um dich und mich geht."

„Darum ging es doch immer."

„Warum werde ich dann das Gefühl nicht los, dass es, seit wir dieses Haus betreten haben, plötzlich um etwas ganz anderes geht?"

„Ich weiß nicht, was du ..." Sie verstummt. Da ist wirklich etwas anderes, etwas Irrationales, Unausweichliches, ein Sog, den sie nicht versteht.

„Ist schon okay", sagt Jon, als lese er ihre Gedanken. „Lass uns einfach fahren, ja?" Er tritt aufs Gas.

Lorna dreht sich um in der vergeblichen Hoffnung, noch einen letzten Blick auf das Haus zu erhaschen. Doch Black Rabbit Hall begleitet sie in dieser Nacht und in den folgenden Tagen: der Geruch nach Bienenwachs, das summende Geräusch des Globusses, der salzige, köstliche Geschmack der Vergangenheit.

## *Sechs*
*Amber, August 1968*

„Dieses Haus braucht wieder eine weibliche Hand", sagt Peggy mit gedämpfter Stimme und begibt sich damit auf schwieriges Die-Mutter-ist-tot-Gelände. „Meine Güte, lassen wir hier mal ein bisschen Luft und Licht herein, ja? Es ist jetzt vier Monate her, und für Mr Alton ist Nancys Ankleidezimmer noch immer so etwas wie ein Mausoleum."

Vorhänge werden ratternd aufgezogen. Licht strömt durch die Ritzen der Schranktüren zu mir herein. Ich schmiege mich in einen pelzbesetzten Mantel und drücke mich gegen die Rückwand. Ich habe Mamas Schrank schon immer geliebt, seine riesigen Mahagonifüße, die aussehen, als könnten sie jeden Moment durchs Zimmer tapsen, seinen aufgeblähten Bauch voller seidiger Kleider, Pelze und mottenzerfressenem Kaschmir. Ich sitze ganz still.

„Das Haus wirkt in letzter Zeit so düster", fährt Peggy fort.

Das ist mir auch schon aufgefallen. Ohne Mamas heitere Leichtigkeit fühlt sich Black Rabbit Hall schwer und erstarrt an.

„Tja, die Kinder helfen da auch nicht gerade", sagt Annie. „Ich habe noch nie erlebt, dass Kinder so schnell verwahrlosen. Sie sind schon ganz verwildert, wilder, als gottesfürchtige Kinder sein sollten, erst recht wenn sie zu einer so vornehmen Familie gehören. Das ganze Dorf zerreißt sich schon das Maul."

„Lass sie doch, wenn sie nichts Besseres zu tun haben." Ich höre das Ächzen von Sprungfedern, was nur bedeuten kann, dass Peggy auf Mamas himmelblaue Chaiselongue am Fenster geplumpst ist.

„Ich mein ja nur, dass es nicht mehr die adretten Stadtkinder sind, die am Anfang des Sommers aus dem Zug gestiegen sind", brummt Annie.

„Nein." Peggy seufzt. „*Das* sind sie nicht."

Nach Mamas Beerdigung hatte Papa beschlossen, dass es das Beste für uns alle wäre, wenn wir so weitermachten, als wäre nichts passiert. Am nächsten Tag war Toby ins Internat zurückgefahren, und Kitty, Barney und ich waren nach London zurückgekehrt.

Wenn ich jetzt auf dieses Schuljahr zurückblicke, bin ich mir nicht mehr sicher, ob das wirklich ich war, die an dem bekritzelten Schulpult saß und die Hand hob, um Fragen zu beantworten und zu beweisen, dass ich noch immer eine Einserschülerin war und sich nichts geändert hatte. Es war, als hätte jemand anders meine Rolle eingenommen, während ich mich irgendwo, den Kopf in den Händen, zu einer kleinen Kugel zusammengerollt und versucht hatte, mich vor der unerträglichen Trauer zu schützen.

Im Handumdrehen war das Schuljahr zu Ende gewesen, und es war Zeit, für die Sommerferien wieder nach Black Rabbit Hall zurückzukehren. Denn so machen das die Altons Anfang Juli. Und nichts durfte sich ändern.

„Ihre Mutter hätte das nicht geduldet, dieses Herumstreunen von früh bis spät", sagt Annie und reißt mich aus meinen Gedanken. „Nicht mal als Amerikanerin, Pegs."

Ich will schreien, dass Mama überhaupt nichts dagegen hätte. Doch dann überkommen mich Zweifel: Es wird immer schwerer zu wissen, was sie denken würde. Oder sich an ihr Gesicht zu erinnern, ihr *wirkliches* Gesicht, nicht bloß ihr Gesicht auf einem Foto. Meine Erinnerung an zufällige Kleinigkeiten ist lebendiger: ein Kekskrümel, der an ihrem Lippenstift klebt, das Muster der Sommersprossen auf ihrer Nase. Im Schlaf höre ich ihre Stimme manchmal so klar und deutlich, dass ich mit einem Ruck aufwache und überzeugt bin, dass sie im Zimmer steht. Aber das tut sie nicht. Nie.

Toby und ich sind im Mai fünfzehn geworden. Wir haben es nicht über uns gebracht zu feiern, also ist Papa mit uns ins Kino gegangen. Ich erzählte keinem meiner Freunde, dass ich Geburtstag hatte, nur Mathilda wusste natürlich Bescheid. Es ist schon unangenehm genug, das Mädchen zu sein, dessen Mutter gestorben ist, und ich will nicht noch mehr Blicke auf mich ziehen. Allerdings passiert das jetzt auch so ab und zu. Wenn ich die Straße entlanglaufe, starren mich manchmal Männer an. Insgeheim gefällt mir das sogar ein wenig. Aber Toby hätte letzte Woche beinahe einen von ihnen verprügelt, einen drahtigen Jungen mit hervorstehenden Augen.

Ich setze mich bequemer hin. Dabei fällt mir auf, wie lang meine Beine geworden sind. Ich bin gut einen Zentimeter gewachsen – Toby doppelt so viel –, und ich trage nun einen BH. Es ist eine Erleichterung, endlich einen richtigen Frauenkörper zu haben, denn innerlich fühle ich mich nicht mehr wie ein Mädchen. Man kann sich nicht mehr wie ein Kind fühlen, wenn man keine Mutter mehr hat, habe ich zu Matilda gesagt. Man muss erwachsen werden.

Barney und Kitty haben auch keine Mutter mehr, bloß eine Lücke, wo sie einmal war. Und als große Schwester muss ich versuchen, die Lücke auszufüllen. Ich bin ziemlich schlecht in all diesen Mama-Dingen – Gutenachtgeschichten erzählen, auf aufgeschlagene Knie pusten, Kinderhaar entwirren –, aber ich versuche, das, was sie gemacht hat, nachzumachen. Ich habe sogar daran gedacht, Barney eine Münze unters Kopfkissen zu legen, als er einen Zahn verloren hat. Ich mache mir Sorgen, weil Kitty allzu fröhlich ist – „sich Sorgen zu machen, ist die Aufgabe einer Mutter". Sie begreift die Endgültigkeit des Todes nicht. Gestern hat sie Lumpenpüppi auf der Suche nach Mama durch die Ställe geschoben.

Toby wird jetzt oft wütend: wütend auf Mama, weil sie gestorben ist; auf mich, weil ich nicht Mama bin; auf Barney, weil er an diesem Tag Kaninchen gejagt hat; auf Barney, weil er jetzt keine Kaninchen mehr jagt; auf Papa, weil er so unzugänglich geworden ist. Tatsächlich ist es, als wäre Papa der Strom abgestellt worden.

Ich bekomme einen Krampf, strecke mein Bein aus und stoße dabei an einen Schuh, der auf den Schrankboden fällt.

„Was war das?", fragt Peggy.

Ich erstarre und frage mich, wie ich erklären soll, was ich hier mache.

„Wohl wieder diese verfluchten Mäuse", vermutet Peggy. „Was wollte ich gerade sagen? Ach ja. Ich habe Mr Alton höflich darauf hingewiesen, dass die Kinder dringend wieder unter Kontrolle gebracht werden müssen. Besonders Toby. Letzte Woche hat er im Wald übernachtet. Da hat Mr Alton gesagt, dass Toby ihm schon genug Sorgen mache – die ganzen Probleme in der Schule –, und wenn er dann mal glücklich sei und keinen Ärger mache, sollten wir ihn einfach in Ruhe lassen. Ach ja, und dann hat er noch gefragt, ob ich seine weißen Hemden für seine Reise nach Paris gestärkt hätte."

„Wollen wir hoffen, dass der Mann so vernünftig ist, wieder zu heiraten", entgegnet Annie. „Und das möglichst schnell."

Ich knete ein Stück Pelz in der Faust, um nicht zu schreien: *Papa wird nie wieder heiraten, weil er nie mehr eine Frau wie Mama finden wird!*

„Tja", sagt Peggy, „das muss aber eine mutige Frau sein, die es mit diesem alten Gemäuer aufnimmt."

„Unser Mr Alton wird bestimmt nicht lange in der Witwerauslage liegen, denk an meine Worte. Oh … Allmächtiger …", aus Annies Stimme klingt Verlegenheit. „Toby! Wir sind gerade dabei, das Ankleidezimmer deiner Mutter ein bisschen zu lüften …"

„Ich suche Amber." An seiner Stimme kann ich hören, dass auch er ihre Unterhaltung mitbekommen hat. „Habt ihr meine Schwester gesehen?"

„Ich hab dich ewig gesucht." Toby steht in meinem Zimmer am Fenster. „Wo warst du?"

„In der Nähe." Ich brauche einen Ort für mich, deshalb will ich ihm mein Versteck nicht verraten. Ich liege auf dem Bett und tue so, als würde ich Tante Bays Brief lesen.

Toby ist nervös und wütend. Er ist nur mit einer kurzen Hose bekleidet, und sein lockiges Haar ist verfilzt und sonnengebleicht, hell wie ein Leuchtfeuer. Annie hat recht: Er sieht verwildert aus. „Also, was steht in Tante Bays Brief?"

„Sie hat ein Gemälde verkauft. Und um die Hüften ein bisschen abgespeckt."

Toby verdreht die Augen und tut so, als interessiere ihn all das nicht. Aber er liebt Tante Bays Briefe genauso wie ich. „Rutsch mal." Er legt sich neben mich aufs Bett. „Amber", sagt er und sieht mich, den Kopf auf die Hand gestützt, eindringlich an, „ich möchte, dass wir etwas versuchen."

„Was denn?"

„Napfschnecken. Sie roh essen. Von den Felsen."

„Igitt. Nein, danke."

Er setzt sich auf die Bettkante. „Wir müssen lernen zu überleben, Amber."

Nicht das wieder. So wie ich mir seit Neuestem immer vorstelle, dass Leute, die ich kenne, sterben, malt sich Toby irgendwelche Weltuntergangsszenarien aus. Er liest Bücher über das Überleben unter widrigsten Bedingungen und wacht jeden Morgen mit der Erwartung auf, dass eine Katastrophe unmittelbar bevorsteht.

„Wir müssen nicht überleben, und schon gar nicht mithilfe von rohen Napfschnecken. Wenn du Hunger hast, dann klau dir doch ein paar Ingwerplätzchen aus der Speisekammer."

Er sieht mich an, als wäre ich schwer von Begriff. „Wir müssen auf das Schlimmste vorbereitet sein. Es passieren schreckliche Dinge."

„Es *sind* schon schreckliche Dinge passiert."

Er schüttelt den Kopf. „Ich rede von noch schrecklicheren Dingen. Ich träume ständig davon. Es ist … wie ein schwarzer Punkt, der größer wird. Vielleicht ein Meteorit, der uns trifft."

„Ein Meteorit! Wie spannend."

„Du nimmst das nicht ernst. Amber? Versprichst du mir, dass wir zusammenhalten, was auch passiert?"

„Das war doch schon immer so."

„Versprochen?"

„Hab ich doch schon."

„Da wäre noch eine Sache." Toby senkt die Stimme: „Glaubst du, dass es wirklich geschäftlich ist?"

Ich drehe mich zu ihm um und sehe ihn an, plötzlich beunruhigt. „Was?"

Er runzelt die Stirn, und seine Augen haben gefährliche goldene Sprenkel. „Dass Papa jetzt nach Paris gefahren ist."

„Na ja, was soll es denn sonst sein?"

## *Sieben*
*Amber, Heiligabend 1968*

„Halt die Luft an!", schnauft Peggy, als sie die Haken und Ösen an meinem Rücken schließt.

„Dieses Kleid ist viel zu klein."

„Du passt schon rein. Du Glückliche, für eine Figur wie deine würde ich töten."

„Ich hasse Gelb, Peggy. Ich sehe aus wie eine Osterglocke." Sofort muss ich an das Sträußchen in Mamas toten weißen Händen denken.

„Ist doch nichts falsch an einer Osterglocke. Der Farbton unterstreicht deine Haarfarbe. Bildhübsch."

„Mein Zopf ist zu fest." Ich zerre an dem wie an meine Kopfhaut genähten französischen Zopf und versuche, ihn zu lockern. Boris blickt mitfühlend zu mir auf.

„Amber …" Plötzlich sieht Peggy müde aus. „Dein Vater wird dich seinen piekfeinen Londoner Freunden präsentieren wollen, das weißt du doch."

Ich mache ein finsteres Gesicht, aufs Neue erzürnt darüber, dass Papa zwei andere Familien eingeladen hat, Weihnachten mit uns zu verbringen.

Anscheinend ist auch ein Junge in Tobys und meinem Alter dabei. Aber wir wollen Papa für uns. Wir wollen *uns* für uns.

„Nur noch die Schleife, Amber." Peggy zerrt an der Schärpe. „Wenn ich dran denke, dass du mal so folgsam warst. Was ist nur mit dir passiert?"

Sie hält inne. Wir wissen alle, was passiert ist.

„Da", sagt sie sanfter und schiebt die Schärpe um meine Taille zurecht, sodass die Schildpattschnalle mittig zwischen den Falten des weiten Rocks sitzt, und nickt zustimmend. „So wird's gehen."

Ich sehe sie finster an. Ich möchte das gelbe Kleid nicht tragen. Ich will nicht in Black Rabbit Hall sein. Ich sehne mich nach den unbeschwerten Nachmittagen in Matildas Zimmer, wo wir uns die Zehennägel lackieren und uns über Jungs unterhalten. In London kann ich so tun, als wäre ich eine normale Fünfzehnjährige. Als wäre der Unfall nie passiert.

Hier kann ich nicht so tun. Den matten Fleck auf dem Stein bei den Ställen kann nicht einmal der Winter abwaschen. Knights Schädel liegt jetzt in einer mit Samt ausgekleideten schwarzen Kiste in der Bibliothek – Papas Art, sich dafür zu entschuldigen, dass er Mamas geliebtes Pferd erschossen hat. Immer wenn ich den Schädel sehe, höre ich den Knall.

„Das Auto kommt!" Peggy zupft sich hektisch das Haar zurecht. „Also denkt daran", ermahnt sie uns. „Steht gerade. Benehmt euch. Macht euren Vater stolz. Worauf wartet ihr? *Bewegung*."

Er ist anders, als ich erwartet hatte. Dieser „Junge" ist mindestens einen Kopf größer als seine Mutter. Er starrt auf den Boden, und sein schwarzes Haar fällt ihm über ein Auge wie die Augenklappe eines Piraten. Als er schließlich aufblickt, sieht er mich direkt an. Sein Blick ist so herausfordernd, dass es mir den Atem verschlägt. Wie unter Wasser höre ich Papa sagen: „Caroline, das ist meine Älteste: Amber."

Mein Blick wandert schnell von dem Jungen zu seiner Mutter. Sie zupft sich weiße Ziegenlederhandschuhe von den Fingern und beäugt Mamas Porträt an der Wand über dem Kamin mit dem Anflug eines Stirnrunzelns. Ich kenne diese gasflammenblauen Augen. Sie war auf der Beerdigung. Ich weiß noch, wie Papa sie während seiner Rede anstarrte. *Natürlich* ist sie das.

„Das ist Caroline Shawcross, Amber", sagt Papa mit künstlicher Fröhlichkeit. Er nimmt seinen Filzhut ab und reicht ihn Peggy.

„Guten Abend, Mrs Shawcross", sage ich höflich und spüre den heißen Blick ihres Sohnes auf mir.

„Schön, dich kennenzulernen, Amber. Dein Vater hat mir schon so viel von dir erzählt." Obwohl sie lacht, klingt ihre Stimme metallisch, und ihr argwöhnischer Blick huscht rasch von Mamas Porträt zu mir und wieder zurück, als würde sie die Ähnlichkeit erkennen, die alle als verblüffend bezeichnen. „Nicht ‚Mrs Shawcross' bitte. Du musst mich unbedingt Caroline nennen."

Ich nicke und kämpfe gegen den Drang an, ihren Sohn anzustarren.

Papa stellt ihr zügig Toby, Kitty und Barney vor.

„Was für reizende Kinder, Hugo. Ich möchte euch meinen Sohn Lucian vorstellen." Ihr Sohn rührt sich nicht. „Lucian", wiederholt sie mit einem gezwungenen Lächeln. Widerwillig tritt er vor.

Lucian ist anders als alle Jungen, die ich kenne: groß und schlank, dabei aber unglaublich athletisch. Seine Schultern scheinen den schweren marineblauen Wollblazer fast zu sprengen, und selbst seine missmutige Haltung kann seine Größe nicht verbergen. Seine Augen sind schwarz, ganz anders als die seiner Mutter, sein Gesicht kantig.

„Freut mich", sagt er auf eine Weise, die die Vermutung nahelegt, dass das Gegenteil der Fall ist. Schweigen macht sich breit.

Peggy lächelt angestrengt gegen die Verlegenheit an. „Wann werden die Moncrieffs eintreffen, Mr Alton?"

„Die Moncrieffs?", fragt Papa verdutzt. „O Gott, das tut mir leid, Peggy. Das hab ich Ihnen gar nicht gesagt, oder?"

„Lady Charlottes Jüngste hat wieder einen ganz schlimmen Krupp-Husten", ergänzt Caroline. „Jammerschade, dass sie nicht kommen können."

Peggy nickt höflich, auch wenn ich weiß, dass sie Meeresluft für die beste Kur gegen Krupp hält. Peggy glaubt, dass Meeresluft alles heilen kann: Husten, Ausschlag, gebrochene Herzen.

„Das Haus ist ja herrlich. Oh, sieh nur diese Treppe." Carolines Lächeln enthüllt faszinierend kleine weiße Zähne. Ihre Absätze klappern durch die Eingangshalle. Sie legt die Finger auf das Geländer. „Dass man so weit westlich ein so prächtiges Haus findet …", sagt sie, als wäre es ein Wunder, dass wir nicht alle in Strandhütten wohnen.

Papa wirkt erfreut. „Na ja, zugegebenermaßen ein wenig rustikal hier und da. Aber uns gefällt's, oder, Barney?"

„Und Mama auch. Das ist Mama." Barney zeigt stolz auf das Porträt über dem Kamin. „Sie heißt Nancy. Nancy Kitty Alton. Sie ist Amerikanerin. Aber sie ist jetzt im Himmel, weil ich Kaninchen jagen war, und es gab ein Unwetter, und sie hatte ein schlimmes Bein, und Knight buckelte wie der Teufel, und Mama hatte ein Loch im Kopf, und wir hatten kein Pflaster, das groß genug war."

Carolines Finger suchen ihre Perlenkette. „Das tut mir leid, Barney."

„Papa hat ihr Pferd erschossen und den Schädel in eine Schachtel gepackt." Barney sieht unter seinen Locken zu Caroline Shawcross auf. „Willst du ihn sehen?"

„Das genügt, kleiner Mann", sagt Papa und legt Barney die Hand auf die Schulter. „Und jetzt wollen wir Weihnachten feiern."

„Wir haben nie Gäste auf Black Rabbit Hall!", zischt Toby plötzlich, funkelt Lucian wütend an und plustert sich auf wie die Küchenkatze, wenn sie einen Rivalen verscheuchen möchte. „Du sagst doch immer, dass die Altons an Weihnachten unter sich bleiben, Papa."

„Nun ja, dieses Weihnachten ist eben anders, Toby", meint Papa müde. „Ich wollte für ein bisschen Gesellschaft sorgen, um euch aufzuheitern. Ich fürchte, Großmama kann dieses Jahr nicht hier sein."

„Aber Kitty will Großmama!", sagt Kitty mit Nachdruck.

„Warum kommt sie denn nicht?", fragt Barney.

„Es geht ihr leider nicht so gut."

Ich schlucke hart, als ich an meine geliebte Großmama Esme auf ihrem rosengemusterten Sofa in Chelsea denke. Sie ist einer der wenigen Menschen, der mit mir über das spricht, was passiert ist. „Deinem Vater fällt es nicht leicht, über Gefühle zu reden, mein Schatz", hat sie gesagt. „Ich denke, wie den meisten Männern wäre es ihm lieber, wenn überhaupt niemand sie je erwähnen würde."

„Aber sie hat mich mit vielen, vielen Geschenken bepackt", fährt Papa fort. „Ein Wunder, dass der Rolls überhaupt vom Fleck gekommen ist."

„Und wo ist Tante Bay?", fragt Kitty. „Muss sie auch zum Doktor?"

„Tante Bay ist nicht krank, Kitty." Papa beugt sich mit warmem, gütigem Blick zu Kitty hinunter. „Aber die Stürme über dem Atlantik machen den Flug zu unsicher. Es war nicht richtig, sie zu fragen, ob sie kommt – da hat Caroline schon recht. Nicht bei diesem Wetter. Ich musste darauf bestehen, dass sie das Risiko nicht eingeht."

Warum hat Caroline in dieser Sache überhaupt mitzureden? Ein Gefühl des Unbehagens beschleicht mich. Toby denkt offenbar dasselbe. Er sieht mich stirnrunzelnd an.

„Aber was ist mit der Erdnussbutter?", sagt Kitty beharrlich. „Tante Bay bringt immer einen großen Topf Erdnussbutter mit."

„Brrr." Papa klatscht in die Hände und versucht, das Thema zu wechseln. „Wir hatten bestimmt schon lange kein so kaltes Weihnachten mehr, oder?"

„Die Kaminfeuer lodern bereits, Sir", sagt Peggy. „Und dürfte ich mir noch erlauben, Ihnen meine berühmten Mince Pies mit Trockenfrüchten und Mandeln ans Herz zu legen, Mrs Shawcross?"

Caroline blickt zu ihrem Sohn hinüber. „Du liebst doch Mince Pie, nicht wahr, Lucian?"

Lucian sieht sie an, als würde er gar nichts lieben, weder Mince Pie noch sie.

„Ich sage immer, Lucian in den Ferien aus dem Internat zu holen ist wie Milch aus dem Eisschrank zu nehmen." Sie lacht schrill und ein wenig zu lange. „Er braucht Zeit, um warm zu werden."

„Papa ..." Kittys Unterlippe fängt an zu zittern.

„Ja, Liebling?" Er sieht es nicht kommen.

„Kitty will nicht, dass die Frau da ist."

Caroline wirkt eher peinlich berührt als verletzt.

„Entschuldige, Caroline", sagt Papa und hebt Kitty hoch. „Die Kinder sind noch immer ein bisschen durcheinander, fürchte ich."

„Ich bitte dich, du brauchst dich doch nicht zu entschuldigen, Hugo", sagt sie mit sanfter Stimme. „Das verstehe ich doch. Hör zu, Kitty." Sie beugt sich zu ihr hinunter. Kitty weicht zurück. „Ich weiß, ich wirke wie eine Fremde für dich. Aber dein Vater und ich kennen uns schon seit Jahren. Und jetzt hoffe ich, auch euch besser kennenzulernen, nicht wahr, Hugo?" Sie wirft Papa einen Blick zu, den ich nicht einordnen kann. „Ich will, dass wir alle beste Freunde werden."

Papa nickt. „In der Tat. Wir müssen einander erst einmal kennenlernen."

Meine Gedanken springen zurück zu der Unterhaltung, die ich im letzten Sommer mit angehört hatte, als ich mich in Mamas Schrank versteckt hatte: *Wollen wir hoffen, dass der Mann so vernünftig ist, wieder zu heiraten. Und das möglichst schnell.* Mich überkommt das unerträgliche Gefühl, dass alles viel zu schnell geht.

Caroline berührt Kitty am Arm. „Vielleicht kannst du mich später ja ein bisschen in Pencraw Hall herumführen."

„Wir nennen es nicht Pencraw Hall", knurrt Toby. „*Mama* nennt es Black Rabbit Hall."

Lucian wirft Toby einen Blick voll widerwilligen Respekts zu.

„Black Rabbit Hall? Lieber Himmel! Wie ... reizend." Carolines Lächeln erreicht ihre eisblauen Augen nicht.

Später an diesem Abend höre ich, wie Caroline unser Haus mehrmals „Pencraw Hall" nennt. Und Papa korrigiert sie kein einziges Mal.

„Die denkt wohl, wir sind doof wie Kaninchenköttel!" Toby versenkt die Klinge seines Taschenmessers im Fleisch der großen alten Eiche. Er geht nirgendwo mehr hin ohne sein Messer, für den Fall, dass die Welt untergeht und er sich durchschlagen muss. Wir haben uns in den sumpfigen Teil des Waldes zurückgezogen. Der Himmel ist marmorweiß. Es herrscht Ebbe, und das Marschland wirkt trostlos und unheilvoll zugleich. „Diese ganze falsche Freundlichkeit. Und ist dir aufgefallen, wie sie ständig versucht, Papa zu berühren?"

„Schrecklich", sage ich.

„Und hast du ihr Gesicht gesehen, als Peggy beim Mittagessen die Sternenguckerpastete aufgetischt hat?"

Als ich mir Carolines Grauen in Erinnerung rufe, fange ich unkontrolliert an zu kichern. Die Sternenguckerpastete – eines von Peggys Lieblingsrezepten – enthält sechs verschrumpelte Sardinenköpfe, die aus Schlitzen im Teigdeckel ragen. Ich schnappe prustend nach Luft.

Doch Tobys Gesichtsausdruck bleibt finster. Er schnitzt das „B" seines Namens in die Rinde. „Es ist lächerlich offensichtlich, was Caroline will." Mit einer Brutalität, die mich zusammenzucken lässt, hackt Toby auf den Baum ein. „Sie will in Mamas Fußstapfen treten, Amber. Das ist es."

Ich schließe die Augen. „Das wird sie nicht."

„Sie soll es nur versuchen!" Er greift sich mit den Händen um den Hals und drückt so fest zu, dass sein Gesicht rot anläuft, die Klinge in seiner einen Hand ragt nach oben und droht sein Ohr abzurasieren. „Stirb! Stirb!"

„Hör auf, du Depp." Manchmal macht mir seine Heftigkeit Angst. „Über so was solltest du keine Witze machen."

Verärgert lässt er seinen Hals los. „Wieso nicht? Ich find's lustig."

Ich spähe angespannt zum Wald hinüber. „Mama könnte dich hören."

„Das hoffe ich", sagt er fröhlicher. „Sie würde Caroline hassen."

„Mama hat niemanden gehasst, Toby."

„Aber sie würde über sie lachen", beschließt Toby.

Vielleicht. Mama fand die Aufgeblasenheit der Engländer immer amüsant, und Caroline hat jede Menge davon. Ich recke das Kinn, ahme sie nach: „Peggy, das Wasser, das aus meinem Wasserhahn im Bad kommt, ist *rostig!* Es ist braun! Ist das nicht gefährlich? Nicht? Sind Sie sicher? Lieber Himmel! Nun ja, wenn Sie absolut sicher sind, dass es nicht gefährlich ist, in so einem Wasser zu baden …" Es ist keine sehr gute Imitation, aber sie funktioniert. Ich bin zufrieden. Heute ist es nicht leicht, Toby zum Lachen zu bringen.

„Du magst ihn doch nicht, oder?", fragt er.

„Wen?"

„Lucian. Die Missgeburt."

„Bist du verrückt?"

Toby richtet den Blick wieder auf sein Messer, streicht mit dem Daumen über die Schneide und testet ihre Schärfe. „Vertrau ihm nicht. Lucian und seine Mutter sind aus demselben Holz geschnitzt, Amber."

Ich muss an seine Größe denken, an den Felsvorsprung seines Kinns. Ja, ich kann Caroline in ihm sehen. Aber da ist noch etwas anderes.

Toby starrt mich kalt an. „Du denkst gerade an ihn."

„Du weißt nicht, was ich denke", sage ich und spüre das verräterische Erröten meiner Wangen.

„Doch."

„Nicht mehr." Er zuckt zusammen, und sofort wünsche ich mir, ich könnte das zurücknehmen. Es ist, als hätte ich geleugnet, dass wir Zwillinge sind. „Tut mir leid, ich hab es nicht so gemeint ..."

„Zieh Leine."

Ich springe von dem niedrigen Ast herunter. Zweige brechen unter meinen Stiefeln. Ich marschiere los. Nach ein paar Minuten drehe ich mich um, um zu sehen, ob Toby mir folgt. Normalerweise holt er mich ein, manchmal legt er sogar zur Entschuldigung den Arm um mich. Diesmal nicht. Er sitzt immer noch auf dem Baum und sticht immer wieder auf die Rinde ein. Dann kann ich ihn nicht mehr sehen. Ein dumpfes Unbehagen überfällt mich.

Ein plötzliches vielstimmiges Kreischen lässt mich zusammenzucken. Ein Schwarm winziger brauner Vögel flattert auf. Irgendetwas hat sie aufgeschreckt. Ein Husten.

Lucian steht nur ein paar Meter von mir entfernt im Schatten eines Baumes und sieht mich an.

„Was machst *du* denn hier?" Ich kämpfe gegen den Impuls an, zurückzuweichen.

„Dasselbe wie du. Du brauchst gar nicht so verschreckt zu gucken."

„Warum sollte ich Angst vor dir haben?"

Er zuckt mit den Schultern und zieht eine Packung Zigaretten aus der Tasche. „Willst du eine?"

„Nicht vor dem Abendessen", sage ich in der Hoffnung, dass diese Antwort für jemanden, der raucht, plausibel klingt. Ich denke gar nicht daran, ihm zu verraten, dass ich noch nie eine Zigarette geraucht habe.

Er unterdrückt ein Lächeln, als wisse er, dass ich bluffe. In diesem Moment wird mir bewusst, dass ich ihn noch nie habe lächeln sehen und dass ein Teil von mir sich wünscht, ihm diese selbstgefällige Coolness aus dem Gesicht zu wischen.

„Wie alt bist du?"

„Fünfzehn." Mein Herz fühlt sich an, als würde es gleich aus der Brust springen.

„Du siehst jünger aus."

Ich verwünsche meinen zierlichen Körperbau, mein sommersprossiges Babygesicht und diese dämliche Cornwall-Garderobe, die immer zu klein ist. „Und wie alt bist *du?*"

Er entzündet ein Streichholz. „Was glaubst du denn?"

„Zu jung, um zu rauchen."

Da bekomme ich noch ein Lächeln. Sein Gesichtsausdruck wandelt sich von mürrisch und unausgeglichen in … nun ja, etwas anderes. „Siebzehn." Er hockt sich auf die Baumwurzeln und pafft weiße Rauchringe in die Düsterkeit. „Ist es hier unten immer so verdammt trübselig?"

„Unsere Mutter ist an Ostern gestorben", kann ich mir nicht verkneifen zu sagen.

„Dieses Ostern?" Er zeigt kein Anzeichen von Unbehagen, sondern zieht bloß nachdenklich an seiner Zigarette. „Mutter hat mir gesagt, dass sie tot ist. Aber ich wusste nicht, dass es erst vor so kurzer Zeit passiert ist."

„Sie ist vom Pferd gefallen", füge ich hinzu in dem Versuch, mehr Reaktionen in ihm auszulösen. „Bloß ein paar Meter von da, wo du gerade stehst."

Ein Moment verstreicht. „Was für ein verdammtes Unglück. Und jetzt habt ihr mich und Ma zu Weihnachten hier. Kein Wunder, dass ihr alle selbstmordgefährdet wirkt." Er wirft den nur halb gerauchten Zigarettenstummel auf den Boden, wo er noch ein letztes Mal aufglüht, bevor die nasse Kälte ihn auslöscht. „Tja, ich schätze, wir müssen einander wohl noch ein paar Tage ertragen, bevor wir wieder nach London zurückdürfen."

„Wenn wir so lange überleben", gebe ich scharf zurück, verärgert über seine schlechten Manieren und darüber, dass Black Rabbit Hall ihn ganz offensichtlich nicht beeindruckt. Ich habe das Gefühl, es verteidigen zu müssen. „Aber während du Gast in unserem Haus bist, könntest du dich wenigstens um ein bisschen Höflichkeit bemühen."

Er schnipst sich eine Haarlocke aus dem Gesicht. „Ihr seid hier unten wohl dran gewöhnt, dass die Leute sich vor euch verbeugen, was?"

„So sind wir nicht. Wir sind nicht reich. Und ich bin eine halbe Amerikanerin", sage ich, weil ich weiß, dass er mich für eine versnobte Engländerin aus der Oberschicht hält, und das bin ich nicht.

„Ach, wie exotisch!" Seine Mundwinkel kräuseln sich.

„Idiot." Da ich das letzte Wort behalten will, trete ich rückwärts den Rückzug an, den Blick weiter auf ihn geheftet, so wie man vor einem gefährlichen Tier zurückweicht. Erst als ich ihn nicht mehr sehen kann, fange ich an zu rennen. Zittrig und außer Atem schlittere ich die vereiste Treppe hinauf, stoße mir die Schulter hart an der Haustür – und renne in der Eingangshalle direkt in Caroline hinein.

„Himmel!" Ihre Hand springt an ihren Hals. „Ich suche Lucian. Hast du ihn gesehen?"

Ich kann nicht sprechen. Ich traue meinen Augen nicht. Die Eingangshalle wirkt plötzlich sehr, sehr dunkel. Caroline trägt Mamas Kaninchenfellstola. Ihre mit Strass besetzte Spange funkelt mich an wie ein wütendes Katzenauge.

„Amber, was ist los? Was um Himmels willen hast du?"

## Acht
*Lorna*

Lorna schwenkt die Taschenlampe. Der Lichtkegel wandert über den Boden des Speichers. Seit sie vor zehn Tagen von Black Rabbit Hall zurückgekommen ist, will sie hier herumstöbern. Und da ist sie auch schon, die Kiste mit den Fotos, die sie sucht. Sie trägt sie hinunter.

Umgeben von Blumenmustern, Quasten und Troddeln – für ihre Mutter die Insignien einer herrschaftlichen Einrichtung –, liegt Lorna auf dem Wohnzimmerteppich und plaudert über die Lautsprecheinrichtung des Telefons mit Louise, während sie in Urlaubsschnappschüssen wühlt, die schrecklich und urkomisch zugleich sind. „Wenn du dieses Wochenende mitkommen würdest, könntest du mich auf einen Schlag für all die Stunden entschädigen, die ich in irgendwelchen historischen Lavendelgärten verbringen musste, während du am Strand Eis geschleckt hast!", ruft Lorna ins Telefon und schichtet Fotos von einem Stapel auf einen anderen.

Louise lacht. „Das kann ich nie wiedergutmachen."

„Aber du brauchst eine Pause, Lou." Tatsächlich hat Louise alle Hände voll zu tun: Ihre Tochter Mia ist neun Jahre alt, Chloë acht, und Alf, ihr Jüngster, ist sechs und hat das Down-Syndrom. „Könnte Will die Kinder dieses Wochenende nicht nehmen?"

„Es ist nicht sein Wochenende."

„Kann er nicht mal ein *bisschen* flexibel sein?"

„Das flexible Stadium haben wir noch nicht erreicht", sagt Louise, und in ihrer Stimme liegt eine Niedergeschlagenheit, die Lorna zu Herzen geht.

Will und Louise haben sich letztes Jahr scheiden lassen. „Aber wir sind auf einem guten Weg", fügt Louise hinzu. „Wieso kann Jon eigentlich nicht noch mal mitfahren?"

„Ich hab ihn an ein anderes Projekt verloren – irgendeinen Turm mit Superluxuswohnungen in Bow, die ungefähr eine Billion kosten." Lorna erwähnt nicht, dass Jon ohnehin nicht vorhat, noch einmal mit ihr nach Cornwall zu fahren. Seine Vorbehalte sind seit ihrer Rückkehr eher noch gewachsen. „Ich wünschte, du könntest diese Fotos sehen, Louise. Mum und Dad sehen darauf so jung aus."

Kinderkreischen. „Ich muss Schluss machen, Lorna", sagt ihre Schwester hastig. „Hör zu, ich freue mich, dass du endlich einen Ort für eure Hochzeit gefunden hast. Es klingt *très chic*. Ich hatte schon befürchtet, dass du gar nichts mehr findest, was dir gefällt."

„Ich habe eben nach Black Rabbit Hall gesucht", sagt Lorna. „Deshalb konnte ich mich mit nichts anderem zufriedengeben." Sie schüttelt ein Foto aus einem Umschlag: schwarz-weiß, eine Ecke abgerissen, ihre Mutter mit ihrem verlegenen Fotolächeln. Neben ihr ein gertenschlankes Mädchen in einer Patchwork-Latzhose. Hinter ihnen Bäume. Und ein Emailleschild.

Doug schüttelt die Keksdose. „Tut mir leid, Schatz. Hab keine mehr."

„Dad, die Kekse sind mir egal. Schaust du dir das jetzt bitte mal an? Black Rabbit Hall. Drei Fotos, alle ungefähr an derselben Stelle aufgenommen. Dasselbe Schild, nur dass ich auf den Bildern unterschiedlich alt bin. Auf dem ersten Bild sehe ich aus wie vier, auf dem letzten wie sieben oder acht."

„Das Schild …", murmelt er und wirkt verwirrt. „Pencraw Hall?"

„Ja, das ist der offizielle Name des Hauses."

Er schweigt einen Moment lang. „Ich werd verrückt."

„Also hast du schon mal davon gehört?" Lornas Stimme überschlägt sich vor Aufregung.

„Ich bin mir nicht sicher. Nein … Nein, ich glaube nicht", korrigiert er sich. Nachdenklich trägt er die Teekanne an den Tisch und setzt sich.

Lorna fächert die Fotos auf wie ein Kartenspiel. „Warum sind wir immer wieder dort hingefahren? Und warum stehen wir an diesem Abzweig wie zwei Trottel?"

Doug schenkt ihnen Tee ein. „Schatz, die Hälfte der Zeit hatte ich keine Ahnung, was deiner Mutter so durch ihren hübschen Kopf ging."

Doch damit gibt sich Lorna nicht zufrieden. Ihr scheint, ihr Vater sagt ihr nicht alles, was er weiß. *Warum* nicht?

Resigniert lässt sie die Fotos wieder in dem Umschlag verschwinden.

Erst da entspannt sich Doug und lehnt sich auf seinem Stuhl zurück. „Worüber habt ihr zwei Mädchen denn geplaudert?"

„Oh, ich habe versucht, Lou zu überreden, dieses Wochenende mit mir nach Black Rabbit Hall zu fahren. Aber sie hat die Kinder."

„Kann Jon sich das Wochenende nicht freinehmen und mit dir fahren? Mir wäre wohler, wenn er dich begleiten würde."

„Er hat einen großen Auftrag."

„Ist zwischen euch beiden alles in Ordnung?"

„Natürlich." Sie verschränkt die Arme vor der Brust. „Warum?"

„Bei unserem Mittagessen am Sonntag habe ich ein paar Unstimmigkeiten wahrgenommen."

„Ach das", sagt sie. „Er findet es einfach nicht gut, dass ich mich darauf einlasse, noch mal nach Black Rabbit Hall zu fahren. Er hält das Ganze für eine aggressive Verkaufsstrategie."

„Ich muss sagen, da bin ich ganz einer Meinung mit Jon. Ich bin nicht sicher, ob mir die Einladung dieser Herzogin gefällt …"

„Sie ist keine Herzogin. Mrs Alton ist bloß eine ziemlich eigenwillige Person in einem großen alten Haus, die sich nach etwas Gesellschaft sehnt." Das ist nicht die ganze Wahrheit. Caroline Altons Persönlichkeit wirkt irgendwie beschädigt, und auch die Konstellation mit der nervösen Dill hat etwas Seltsames. Die ganze Einladung … „Ich sollte los." Sie küsst ihn auf die Wange, riecht Aftershave und Toast. „Dad, hast du was dagegen, wenn ich die Fotos mitnehme?"

Er zögert, schüttelt dann den Kopf. „Die gehören sowieso dir, finde ich."

Erst als sie den Schlüssel im Zündschloss dreht, kommt ihr seine letzte Bemerkung seltsam vor. Warum sollten die Fotos ihr gehören?

DAS TAXI verschwindet hinter den Bäumen und lässt Lorna allein auf dem Kies der Zufahrt zurück, die kleine Reisetasche zu ihren Füßen. Es ist seltsam still. Die steinernen Zwillingsfalken an der Eingangstreppe sehen erschreckend lebendig aus, aber das Haus selbst wirkt in der Spätsommerhitze verschlafen und unbewohnt. Im Grunde ist es gar nicht schlecht, dass sie allein hier ist, sagt sie sich entschieden. So ist es leichter, das Haus zu erkunden und ein bisschen herumzustöbern. Vielleicht kann sie ja eine Erklärung für die seltsamen Fotos von ihr und ihrer Mutter finden, Fotos, die sie sorgsam zwischen den Seiten eines Buchs verwahrt hat.

Der schrille Schrei einer Möwe schreckt sie auf. Sie eilt die Stufen hinauf und klingelt. Nichts. Sie klingelt erneut. Benutzt den Löwentatzenklopfer. Keine Reaktion. Rätselhaft. Sie hat angerufen, mit Dill gesprochen und ihre Ankunftszeit bestätigt. Sie sieht auf die Uhr. Zwei. Lorna beschließt, dass es das Beste ist, wenn sie ihre Tasche einfach hier stehen lässt, das Gelände ein wenig erkundet und es in zwanzig Minuten noch einmal probiert.

Das prunkvolle schmiedeeiserne Tor, hinter dem der Wald beginnt, hinterlässt Rost auf ihren Fingern, der aussieht wie getrocknetes Blut – als wolle es jedem, der hindurchgeht, seinen Stempel aufdrücken. Es lässt sich nur schwer öffnen, da sich Gestrüpp in seinen Angeln verhakt hat.

Der Pfad durch den Wald ist schmal und gewunden. Als Lorna ein paar Minuten später über ihre Schulter blickt, muss sie feststellen, dass ihr Rückweg nicht mehr sichtbar ist.

Wasser? Lorna bleibt stehen. Da ist ganz klar das Flüstern von Wasser zu hören. Sie folgt dem Geräusch. Nesseln streifen ihre Beine. Baumgerippe liegen quer über dem Pfad, vom Blitz versengt. Oje, anscheinend hat sie sich schon verirrt. Sie läuft Gefahr, die Besucherin zu werden, die ankam, in den Wald spazierte und noch vor dem Abendessen ein Suchkommando benötigte. Gerade als sie beschließt, nach einem Rückweg zu suchen, sieht sie ein metallisches Schimmern zwischen den Zweigen. Der Bach! Das muss er sein. Voller neuer Energie springt sie über abgebrochene Äste und erreicht außer Atem und mit zerzausten Haaren ein sumpfiges Ufer.

Begeistert blickt sie auf die gekräuselte Wasseroberfläche. Es ist aufregend, allein hier zu sein – sie, eine Braut in spe und offiziell Gast auf Black Rabbit Hall. Es berauscht sie, als stünde sie unter Drogen. Sie ist erfüllt von der Gewissheit, dass sie an diesem Augustnachmittag an genau diesem Bachufer stehen soll und dass dies jeden Ärger wert ist, den ihr Hiersein verursacht hat. In heiterer Stimmung lehnt sie sich an den nächsten Baum und lässt ihren Blick seinen dicken Stamm entlang bis zur Krone wandern – ein sonniges Gitter aus Laub. Male im Holz springen ihr ins Auge. Erhebungen. Narben. Buchstaben.

Sie streckt die Hand aus und fährt die Kerben mit den Fingerspitzen nach. Jemand hat etwas mit einem Messer in die Rinde geritzt. Oh, ein Kaninchen! Die Karikatur eines Kaninchens mit langen Ohren und zwei lustig vorstehenden Zähnen. Sie lächelt. Und was ist das? T-O-B-Y. Toby? Ja, ziemlich deutlich: Toby. Wer ist Toby?

Bald hat Lorna noch eine weitere Buchstabengruppe entdeckt. A-M … nein, mehr kann sie nicht erkennen, das Holz ist zu morsch. Aber da ist noch etwas, direkt an einem Astansatz. K-I-T. Kit? Also haben hier irgendwann einmal Kinder gelebt.

Und schon fangen die Buchstaben an zu drängeln, stürzen auf sie zu wie kleine Kinder. „Kleiner Bruder Barney", liest sie mühelos, „1963–1969". Als die Daten in ihr Bewusstsein dringen, schlägt sie die Hand vor den Mund. Du liebe Güte, der kleine Kerl war erst *sechs*. So alt wie die Kinder der Klasse, die sie als Klassenlehrerin betreut. So alt wie ihr Neffe Alf. Ihre Gefühle wechseln in rascher Folge: Traurigkeit, Mitgefühl mit Mrs Alton, denn es war bestimmt ihr Kind, und dann, unerwartet, ein Gefühl der Verantwortung für diesen armen, vergessenen Jungen.

Sie hätte diesen Baum mit der Inschrift nicht finden müssen – es gibt hier schließlich Tausende von Bäumen –, aber sie *hat* ihn gefunden. Irgendetwas hat sie zu diesem Baum gezogen und fordert sie auf, mehr über das kurze Leben dieses Jungen in Erfahrung zu bringen, dessen ist sie sich sicher. Könnte sie jetzt noch unbekümmert ihre Hochzeit auf Black Rabbit Hall feiern, ohne herausgefunden zu haben, was mit ihm passiert ist? Nein, sie muss es verstehen, sich einen Reim darauf machen, genau wie auf die alten Fotos von ihr und ihrer Mutter an der Zufahrt. Obwohl die beiden Dinge nichts miteinander zu tun haben, regen sie sich in derselben dunklen Ecke ihres Kopfes und beginnen einander zu jagen wie zwei verspielte Gespenster.

## Neun
*Amber, Heiligabend 1968*

„Beruhige dich, Barney. Es gibt keine Geister. Versprochen." Barney ist ein zitterndes Rehkitz in meinen Armen, nichts als dünne Gliedmaßen und nasse lange Wimpern. „Es war nur Caroline in Mamas weißer Pelzstola, das ist alles", füge ich hinzu und versuche so zu klingen, als wäre das nichts Besonderes. „Ich bin auch ein bisschen erschrocken."

„Ist da mein Lieblingsäffchen?" Peggy steht in der Tür. „Schau, ich hab dir was mitgebracht." Sie stellt ein Tablett auf meinem Teppich ab. „Kräcker, Käse und ein Glas leckere warme Milch."

Barneys Arme lösen sich von meinem Hals. Langsam schiebt er sich von meinem Schoß in Richtung Tablett.

„Wenn du Mrs Shawcross nicht so angeschrien hättest, hätte er sich nicht zu Tode erschreckt, Amber", zischt Peggy wütend über Barneys Kopf hinweg. „Kein Wunder, dass ihn das mitnimmt."

„Also ist es jetzt meine Schuld?"

„Nun, diesmal schon. Sieh mich nicht so an, Amber. Ich weiß, dass dir deine Mutter fehlt und dass du leidest, aber deswegen darfst du noch lange nicht Gift und Galle spucken wie eine Furie, nicht vor einem sensiblen kleinen Jungen wie unserem Barney." Sie legt ihre Hand auf meine Schulter. „Wir haben im Leben alle unser Kreuz zu tragen."

„Du hast doch keine Ahnung." Ich schüttle ihre Hand ab.

„Tja, vielleicht nicht." Sie schnaubt. „Aber ich weiß, dass heute Heiligabend ist. Und ich weiß, dass Mr Alton sein Bestes gibt. Er will seine liebe kleine Amber und keinen … durchgedrehten Dämon."

„*Sie* ist der Dämon!"

„Was ist ein Dämon?", fragt Barney, die Wangen fettig vom Käse.

„Nichts, worüber du dir Gedanken machen musst, Barney. Iss du einfach deine Kräcker", sagt Peggy schnell.

„Peggy, woher hat Caroline die Stola?" Die Möglichkeit, dass Caroline sich auch nur in die Nähe von Mamas Schrank wagen könnte – der Ort, an dem ich die letzten Atome von ihr einatmen kann –, macht mich krank.

Peggy runzelt die Stirn. „Nun, ich bin Mrs Shawcross vorhin begegnet, als sie zitternd von der Terrasse kam. Ich habe ihr nahegelegt, sich wärmer anzuziehen, sie soll sich ja keine Erkältung einfangen. Und dann …" – Peggys Wangen leuchten, sie genießt das Drama –, „steht Mrs Shawcross plötzlich mit der Stola deiner Mutter oben an der Treppe wie ein Filmstar!"

Ein Schauer überläuft mich, und ich sehe die Spange wieder vor mir, blitzend.

„Und sie sah ja wirklich weihnachtlich aus in dem weißen Pelz. Ich dachte, das ist doch mal ein Anblick, der Mr Alton vielleicht ein wenig aufheitern kann", sagt Peggy.

„Aber es ist unser erstes Weihnachten ohne Mama!"

„Ja, Amber. Und deshalb ist Mrs Shawcross hier, nicht wahr? Um uns alle ein wenig aufzuheitern. Schau nicht so traurig drein. Deine Mutter würde wollen, dass du an Weihnachten fröhlich bist. Sie hasste lange Gesichter."

Meine Augen füllen sich mit Tränen. Ich versuche sie wegzublinzeln, um Barney nicht zu verunsichern. „Aber ich … Wir tun so, als wäre alles normal, Peggy. Wie kann Papa von uns verlangen, dass wir Mama vergessen?"

Sie schüttelt den Kopf. „Niemand verlangt von euch, dass ihr sie vergesst, Schatz. Mr Alton glaubt, dass man am besten nach vorn blickt, einen Fuß vor den anderen setzt, die Ohren steifhält und all das. Und da ist was dran, Amber. Wenn man in der Vergangenheit lebt …", Peggys Stimme klingt brüchig, „dann lebt man sein Leben bloß halb."

IM SALON mustere ich Caroline verstohlen. Sie trägt die Stola nicht mehr, sitzt aber Papa gegenüber in Mamas Sessel am Feuer – dem pflaumenfarbenen, auf den sich niemand von uns zu setzen wagt. Sie hat die Beine übereinandergeschlagen, ein Cocktailglas in der Hand und lächelt dieses verkrampfte Lächeln. Ihr blutrotes Kleid hebt den makellosen Cremeton ihrer Schultern hervor. „Guten Abend, Amber", sagt sie, als hätte sie nie Mamas Stola getragen und ich ihr nie ins Gesicht geschrien. „Schon aufgeregt wegen Weihnachten?"

Ich rufe mir Peggys Worte in Erinnerung, also versuche ich es Papa zuliebe. Ich bekomme ein „Ja, danke, Caroline" hin.

Er lächelt mich an. Ein erleichtertes, dankbares Lächeln.

„Oh, sieh nur, die Süßen." Caroline schaut über meine Schulter hinweg zur Tür, die Hand am Hals. „Wie hinreißend sie aussehen, Hugo!"

Barney und Kitty sind in ihrer Nachtwäsche erschienen, frisch gekämmt und mit gründlich gewaschenen Gesichtern.

„Hast du uns Bonbons mitgebracht?", meldet sich Barney zu Wort, und Papa und Caroline lachen, als wäre es das Lustigste, was sie je gehört haben.

„Ich bin sicher, ich kann eine Kleinigkeit für euch auftreiben. Würde euch das gefallen?"

Barney und Kitty nicken begeistert.

„Und da ist ja auch Toby." Ihre Haltung wird plötzlich steif. „Guten Abend, junger Mann."

„Was ist mit deinem Auge passiert?", fragt Papa.

„Bin vom Baum gefallen. Gebrochener Ast", murmelt Toby kaum hörbar.

Papa sagt „Mhm" und tut so, als würde er ihm glauben.

„Ach je, ein ganz schönes Veilchen", stellt Caroline fest und will noch etwas sagen, beißt sich dann aber auf die Lippe, als wäre ihr gerade klar geworden, woher er es womöglich hat. Danach erwähnt niemand mehr Tobys Auge oder die offensichtliche Abwesenheit von Lucian.

Papa beendet das unbehagliche Schweigen, indem er die Arme ausbreitet. „Kommt, dann umarmt mich mal." Barney rennt zu ihm und springt auf sein Knie. Kitty nimmt zusammen mit Lumpenpüppi auf dem anderen Knie Platz. Boris legt sich zu seinen Füßen nieder und sabbert ihm über die Schuhbänder.

Toby steht wie angewurzelt da, wie um Papa dafür zu bestrafen, dass er die Shawcrosses nach Black Rabbit Hall eingeladen hat. Ich halte ein, zwei Sekunden stand, doch dann drücke ich mein Gesicht an Papas Brust – es fühlt sich an wie ein sicherer Hafen.

„Ich habe euch vermisst in den letzten Wochen", sagt Papa, vergräbt das

Kinn in Kittys Locken und betrachtet Toby aus dem Augenwinkel. „Ich hatte so schrecklich viel zu tun."

„Lumpenpüppi hat dich immer noch lieb", flüstert Kitty.

Papas Blick verklärt sich. „Ich bin sehr stolz auf euch alle. Ich hoffe, das wisst ihr. Ihr wart alle so tapfer." Deutlicher hat er Mama nicht erwähnt, seit er nach Hause gekommen ist.

„Das nächste Jahr wird besser", sagt Caroline ein wenig schrill.

„Bestimmt." Papa lächelt sie über Kittys Kopf hinweg an. Mir gefällt dieses Lächeln nicht. Es zeugt von Gesprächen, die wir nicht mit angehört haben.

„Schwörst du das bei deinem Leben, Papa? Dass es besser wird?"

„Bei meinem Leben, Kittycat." Er küsst sie mit geschlossenen Augen auf die Stirn.

Caroline steht abrupt auf, als wäre all die Zärtlichkeit zu viel für sie. „Hat jemand von euch in den letzten paar Minuten nach draußen gesehen?"

Barney und Kitty schütteln den Kopf. Toby dreht den Globus.

„Ich muss euch etwas Wunderschönes zeigen." Caroline streckt eine Hand aus. Sie verharrt in der Luft, und die Ringe glitzern im Feuerschein. „Kommt, Kinder."

Kitty und Barney blicken erst auf Carolines Hand, dann zu Toby hinüber. Ein Muskel zuckt an Carolines Kinn. Natürlich kann Kitty den Ringen nicht widerstehen. Erleichtert lächelt Caroline Papa an. *Schau*, sagt dieses Lächeln, *Kitty mag mich und nimmt meine Hand.* Sie treten ans Fenster.

„Amber. Toby. Das Fenster." In Papas Stimme liegt eine leichte Schärfe. Er schenkt sich Whisky nach. „Ihr bereut es, wenn ihr nicht schaut."

Unsere Neugier gewinnt die Oberhand. Wir zerren die schweren Samtvorhänge zur Seite und staunen. Dicke, flaumige Schneeflocken fallen herab.

„Wow!" Barney presst die Hände ans Fenster.

„Aber es schneit nie auf Black Rabbit Hall", sagt Toby stirnrunzelnd. „Es schneit nie am Meer."

„Nun, jetzt schon, Toby." Caroline hebt das Kinn und starrt mit einem Ausdruck unverkennbaren Triumphes aus dem Fenster.

Ich liege wach in der Dunkelheit. Wie kann Lucian es wagen? Was fällt ihm ein, Toby wehzutun und sich dann zu verstecken? Ich ziehe an der Schnur der Lampe und kneife die Augen zusammen, bis ich mich an das Licht gewöhnt habe. Als ich mein warmes Bett verlasse, trifft mich die Kälte wie ein Schlag. Ich vermeide es, auf das Dielenbrett direkt vor meiner Tür zu treten, das wie ein Kätzchen quiekt, und tappe den Gang entlang.

Unter Lucians Tür ist ein dünner Lichtstreifen zu sehen. Ich schleiche darauf zu und bleibe stehen, um mir ein paar Beschimpfungen zurechtzulegen.

„Wer ist da?" Die Tür springt auf. Ich weiß nicht, wer von uns beiden erschrockener ist. Meine Beschimpfungen sind noch nicht fertig.

Lucian stößt einen leisen, erleichterten Pfiff aus. „Ich dachte schon, es wäre Toby."

Er trägt einen blau gestreiften Pyjama. Bei diesem Anblick fällt es mir schwer, mich zu konzentrieren. „Ich weiß, was du getan hast."

„Dann komm mal besser rein." Er hält die Tür für mich auf wie der Gentleman, der er nicht ist. Auch wenn die Glut im Kamin einladend leuchtet: Irgendetwas hält mich davon ab, sein Zimmer zu betreten, als gebe es da eine unsichtbare Linie, die ich nicht überschreiten darf.

„Dann frier eben im Flur fest, wenn dir das lieber ist."

Ich hebe das Kinn und trete so entschlossen ein, als hätte ich das sowieso vorgehabt.

„Ich hab gerade das letzte Scheit aufgelegt, tut mir leid." Er setzt sich auf sein Bett und bietet mir eine Decke an. „Willst du die?"

„Nein danke." Ich würde mir eher Frostbeulen holen, als seine Decke anzunehmen. „Ich bin an die Winter in Black Rabbit Hall gewöhnt." Meine Stimme klingt wütend und gepresst. „Aber Idioten wie *dich* bin ich nicht gewöhnt."

Er sieht mich an, als wäre ich plötzlich interessant geworden. „Black Rabbit Hall", wiederholt er, und ein träges Lächeln umspielt seinen Mund. „Ich würde die berühmten Karnickelsilhouetten auf dem Rasen ja gern mal sehen. Würdest du dich morgen vielleicht vor die untergehende Sonne stellen, falls kein Häschen rechtzeitig auftaucht?"

„Weich nicht aus." Verstohlen lasse ich meinen Blick durchs Zimmer schweifen. Auf dem Boden liegt ein Stapel Romane – einige sogar auf Französisch! –, und am Bett lehnt eine Gitarre. Als Lucian mein Interesse bemerkt, greift er danach, legt sie sich wie ein Baby auf den Schoß und berührt die Saiten. Mir fällt die Prellung an seinen Knöcheln auf. Mit dieser Hand hat er Toby geschlagen.

„Was für Musik magst du?" Sein Blick flattert über meine Brust und verharrt dort einen Moment, bevor er ihn abwendet.

Ich verschränke die Arme und kämpfe gegen eine Welle der Verlegenheit an. Ich habe keine Ahnung, wie ich seine Frage beantworten soll.

„So peinlich?", fragt er, und seine Augen blitzen schalkhaft.

„Klappe."

Er zupft an einer Gitarrensaite. Sie zittert sanft in der Stille. „Ich verbringe

Weihnachten normalerweise immer in Hampstead bei meiner Großmutter, was schon verdammt fad ist, aber immer noch besser als hier."

„Wir wollen euch auch nicht hier haben, Lucian. Dich und deine Mutter."

„Das beruht auf Gegenseitigkeit", sagt er milde und zupft wieder an der Saite. „Ma feiert normalerweise auf einer schwarzen Piste in Gstaad. Weiß der Henker, warum sie mich hierhergeschleift hat."

„Du meinst, sie feiert Weihnachten sonst nicht mit dir?", frage ich.

„Offensichtlich kennst du meine Mutter nicht."

„Und ich will sie auch gar nicht kennenlernen. Du hast Toby geschlagen, du Idiot!", fauche ich. „Und was noch schlimmer ist: Danach hast du dich versteckt. Du bist ... erbärmlich."

„Und du traust dich was", sagt er mit irritierender Bewunderung in der Stimme.

„Ist das alles, was du zu sagen hast? Keine Entschuldigung? Keine ... Erklärung?"

Lucian starrt auf seine Gitarre herab und fährt mit dem Daumen ihren Hals entlang. Zum ersten Mal ahne ich so etwas wie Verletzlichkeit bei ihm. „Amber, das ist keine große Sache. Das im Wald heute war bloß eine kleine Rangelei."

„Eine Rangelei?"

„Nachdem ich dich getroffen hatte, bin ich runter zum Fluss, und da saß Toby auf einem Baum. Wir haben uns ... unterhalten."

„Worüber?" Meine Kopfhaut fängt an zu kribbeln.

„Na ja, er hat mich sozusagen beschuldigt, dich ...", er räuspert sich, „äh, dich beim Mittagessen angestarrt zu haben."

*Mich* angestarrt?" Hat Lucian mich beim Mittagessen angestarrt? Ich war so bemüht, nicht in seine Richtung zu blicken, dass ich es nicht mal bemerkt habe. „Das ist komplett bescheuert."

„Das mit Tobys Auge tut mir aufrichtig leid." Er schiebt die Gitarre zur Seite und setzt sich seltsam verkrümmt hin.

Mein Blick wird von einer dunklen Falte in seinem Pyjamaoberteil angezogen. „Was ist das? Das sieht aus wie ... Blut."

„Schau nicht so verschreckt." Er zieht sein Pyjamaoberteil hoch. „Ein alter Rugbykratzer, der wieder aufgegangen ist. Es ist nichts, siehst du?"

Ein ungefähr sieben Zentimeter langer Schnitt. „Du musst zum Dorfarzt."

„Nein, muss ich nicht. Besorg mir einfach irgendein Tuch oder so was."

Ich versuche, mich an den Erste-Hilfe-Kurs in der Schule zu erinnern, während ich ins Bad renne, ein Handtuch vom Haken reiße und es zu einer Kompresse zusammenfalte. Als ich wieder ins Zimmer komme, ist Lucian von der Taille aufwärts nackt. Mir stockt der Atem. Ich gehe in die Hocke, wünsche mir, ich wäre nie in sein Zimmer gekommen, und weil ich nicht weiß, was ich sonst tun soll, fange ich an, ihm das Blut von seiner glatten, festen Haut zu wischen. „Das sieht aber nicht aus wie ein Rugbykratzer", sage ich steif.

Seine Bauchmuskeln ziehen sich zusammen. Und da weiß ich es. „Toby?", flüstere ich und bringe den Namen kaum über die Lippen.

„Ich glaube nicht, dass er das wollte, Amber", sagt Lucian mit unerwarteter Sanftheit. „Blödes Taschenmesser. Er wollte mir bloß Angst einjagen. Dann ist die Sache aus dem Ruder gelaufen."

„Toby ist kein schlechter Mensch." Ich kann nicht verhindern, dass meine Stimme zittert. Ich kann mir vorstellen, wie wütend Papa sein wird, wenn er es herausfindet.

„Ich weiß. Ist schon gut."

„Warum hast du nichts gesagt?"

„Ich versteh's, das ist alles."

Alles, was ich über Lucian Shawcross zu wissen meinte, zerrinnt wie schmelzender Schnee. Aber ich bin mir noch immer nicht sicher, ob ich ihm glauben soll. Wir sitzen schweigend da. Die Glut im Kamin lodert ein letztes Mal auf und erlischt.

„Mein Vater ist gestorben", sagt er schließlich.

„Oh." Jetzt glaube ich ihm. „Das tut mir leid."

Er zuckt mit den Schultern. „Es ist ja nicht erst Ostern passiert."

Es gibt nicht mehr viel zu sagen. Wir beide wissen um Dinge, von denen die meisten Jugendlichen in unserem Alter keine Ahnung haben. „Ich geh dann mal besser", sage ich.

Als ich zu meinem Zimmer zurückschleiche, steht die Tür einen Spalt offen. Meine Lampe ist aus, obwohl ich sie angelassen hatte. In der Dunkelheit bewegt sich etwas. Ich kann die Sprungfedern meines Betts hören. „Toby?" Langsam öffne ich die Tür. „Toby, bist du das?"

## Zehn
*Lorna*

„Ja, hier hat einmal ein … ein Toby gewohnt, vor langer Zeit", stottert Dill. Sie hievt Lornas Reisetasche so schwungvoll auf die lederne Gepäckablage, dass diese wackelt.

„Toby ist Mrs Altons Sohn?", hakt Lorna nach.

„O nein, nicht ihr Sohn", sagt Dill und wirkt erschrocken. „Ihr Stiefsohn. Lassen wir mal ein bisschen Luft hier rein." Sie zieht die geblümten Vorhänge zurück und öffnet das Schiebefenster, wie um Lornas Fragen durch eine erfrischende Brise zu vertreiben. „So ist es besser."

Lorna gesellt sich zu ihr ans Fenster. Die Rasenfläche erinnert sie an eine Freilichtbühne, deren Schauspieler längst abgegangen, aber nicht vergessen sind. „Also, dieser Baum im Wald ..."

„Wir sind schon ziemlich spät dran. Mrs Alton wartet bestimmt bereits im Wintergarten auf ihren Tee." Dill ist schon fast aus der Tür. „Sie mag es nicht besonders, wenn der Tee zu spät serviert wird."

Falls Mrs Alton schon ungeduldig auf ihren Tee gewartet hat, hat sie den Anstand, das nicht zu zeigen. Bekleidet mit einer Hose und einer kragenlosen himmelblauen Bouclé-Jacke, die verdächtig nach Chanel aussieht, sitzt sie reglos in dem gemütlichen Wintergarten mit den leuchtend gelben Wänden. „Wie ich höre, haben Sie sich im Wald verlaufen."

„Ja, das stimmt", sagt Lorna. „Es tut mir sehr leid, wenn ich Sie habe warten lassen."

„Der Tee." Dill stellt ein schwarzes Tablett, dessen Lack abblättert, vor sie hin. „Ein Stück Ingwerkuchen, Lorna?"

„O ja, bitte. Er sieht köstlich aus."

„Ohne Dills Ingwerkuchen funktioniere ich einfach nicht", sagt Mrs Alton und zerteilt das Kuchenstück auf ihrem Teller mit einer silbernen Kuchengabel.

„Das Rezept meiner Mutter", erklärt Dill. Sie klingt überrascht und erfreut, als höre sie ein solches Kompliment selten.

Der Kuchen schmilzt förmlich auf Lornas Zunge. Es ist der beste Ingwerkuchen, den sie je gegessen hat. Doch bevor sie es aussprechen kann, ist Dill verschwunden, geräuschlos wie eine Katze.

„Das Anwesen ist sehr romantisch, finden Sie nicht, Lorna?" Mrs Alton tupft sich die Mundwinkel mit einer fadenscheinigen Leinenserviette. „Der perfekte Rahmen für eine Hochzeit, nicht wahr?"

„Der schönste Landsitz, den ich je gesehen habe."

Mrs Alton nimmt den Henkel ihrer Teetasse zwischen Daumen und Zeigefinger, führt die Tasse an die gespitzten Lippen und nippt. „Ausgezeichnet."

„Ich bin da auf einen Baum gestoßen ...", setzt Lorna behutsam an, denn sie möchte keine alten Wunden aufreißen, aber die Neugier siegt. „Am Fluss. Ein Baum mit Schnitzereien. Namen."

„Dieser Baum ist mir bekannt." Mrs Alton seufzt. „Er ist krank und muss gefällt werden."

„O nein, Sie müssen ihn stehen lassen! Er gehört doch zur Geschichte dieses Hauses."

„Das ist nur *eine* Geschichte, Lorna." Klirrend stellt Mrs Alton ihre Tasse auf dem Untertellerab. „In einer Familie wie meiner gibt es viele, viele Geschichten. Wir können nicht jedes Mal rührselig werden. Wären Sie so freundlich, mir noch ein Stück Kuchen abzuschneiden?"

Mit einem schweren stumpfen Silbermesser schneidet Lorna ihr ein Stück ab. Eigentlich hätte sie gern selbst noch ein weiteres Stück gegessen, doch ein Geistesblitz lässt sie innehalten, das Messer noch in der Luft. „Mrs Alton, ich habe eine Idee, wie Sie hier vielleicht ein erfolgreiches Hochzeitsbusiness aufbauen könnten."

„Tatsächlich?"

Lorna lehnt sich nach vorn. „Darf ich offen sein?"

„Mit Menschen, die nicht offen sind, gebe ich mich gar nicht mehr ab."

„Nun, Ihr Internetauftritt ist nicht sehr ... attraktiv." Das ist sehr diplomatisch ausgedrückt. Die Internetseite besteht aus einem unscharfen Foto, einer nicht gerade exakten Adresse – „Pencraw Hall, Roseland, Cornwall" – und der Zeile „Webseite im Aufbau".

„Verstehe", sagt Mrs Alton schroff. Ihr Gesichtsausdruck lässt den Schluss zu, dass Offenheit ein relativer Begriff ist. „Glauben Sie mir, es grenzt an ein Wunder, dass wir überhaupt eine haben."

„Ich ... ich meine ja nur, dass der Internetauftritt dem Haus nicht wirklich gerecht wird. Was ist mit der Geschichte von Pencraw Hall? Mrs Alton, dies ist ein Haus für Leute wie mich, Menschen, die Häuser mit Geschichte lieben, Paare, die einen kurzen Blick auf Ihre Welt erhaschen wollen."

„Einen Blick auf meine Welt? Das geht die Leute doch gar nichts an."

„Ich sage das aus einer rein kommerziellen Perspektive, Mrs Alton. Es muss ja nicht viel Information sein, nur ein wenig Hintergrund." Sie holt tief Luft und riskiert es. „Ich würde mich freuen, wenn ich dabei helfen könnte."

Mrs Altons Augen werden schmal. „Das wird Ihnen aber keinen Preisnachlass einbringen."

„Natürlich nicht! Ich würde das gern machen – als Dankeschön für meinen Aufenthalt hier. Es wäre mir wirklich eine Freude. Geschichte fasziniert mich. Mein Lieblingsfach in der Schule."

In der unbehaglichen Stille, die darauf folgt, hört Lorna das Haus knarren und seufzen, als würden auch die Steine, das Holz und der bröckelnde Mörtel sich eine Meinung über die Wichtigtuerin aus der Stadt zu bilden versuchen.

„Noch Kuchen, meine Damen?", fragt Dill, die in der Tür steht und sie neugierig beäugt. „Ist alles zu Ihrer Zufriedenheit?"

„Lorna besaß die Kühnheit vorzuschlagen, dass wir die Familienbettwäsche öffentlich zur Schau stellen, Endellion."

„Mrs Alton, ich wollte wirklich nicht …"

„Und ich denke, es ist an der Zeit." Mrs Alton erhebt sich bedächtig. „Aber vorher benötige ich einen ordentlichen Drink im Salon. Sherry bitte, Endellion. Und nicht den trockenen."

DIE MONDPHASENUHR in der Eingangshalle zeigt Mitternacht an. Aber Lornas Uhr sagt, dass es fünf ist. Die Wände des Salons sind in einem milchigen Blau gestrichen, und das Kaminfeuer, das Dill eilig entzündet hat, verleiht dem Raum eine stickig-schläfrige Atmosphäre. Der Sherry tut das Seine. Fahrig schlägt Lorna ihr Notizbuch auf.

Eine Stunde später sind die Seiten voll mit mehr oder weniger interessanten Fakten über das Haus: Pencraw Hall, seit fünf Generationen im Besitz der Familie Alton, gehörte ursprünglich einem Herzog und wurde mit Geld aus dem Zuckerhandel erworben. Im Ersten Weltkrieg wurde das Haus in ein Genesungsheim für verwundete Soldaten umfunktioniert, im Zweiten Weltkrieg in ein Heim für evakuierte Kinder. Die einst beträchtlichen landwirtschaftlichen Flächen waren mittlerweile größtenteils verkauft, ebenso die Mehrzahl der dazugehörigen Cottages. Das Haus selbst wäre in den 1950er-Jahren beinahe zerstört worden, da sein Abriss billiger gekommen wäre als seine Erhaltung. Prinzessin Margaret hatte hier einst eine Nacht durchtanzt und einen langen weißen Seidenhandschuh zurückgelassen.

Die jüngere Familiengeschichte ist schwerer aus Mrs Alton herauszukitzeln. Dann und wann ein unbeabsichtigter Nebensatz – kleine, salzige Tropfen, die Lorna nur noch durstiger zurücklassen: Hugos „erschreckend schöne" erste Frau, die „ihr Pferd nicht überlebte", vier Stiefkinder, darunter „gestörte Zwillinge", ihr eigener Sohn Lucian – dessen Namen Mrs Alton nur im Flüsterton ausspricht – und das mit auffallend wenig Bedauern geäußerte Eingeständnis, dass die Rolle der Stiefmutter „keine war, in der ich mich besonders hervortat". „Und diese Stiefkinder – Amber, Toby, Barney, Kitty … Sie waren …", sie sucht nach dem richtigen Wort, „mir ein Rätsel."

„Ich bin sicher, Sie haben Ihr Bestes gegeben, Mrs Alton." Lorna berührt sie sanft am Arm.

Mrs Alton zuckt zusammen und starrt auf Lornas Hand. „Selbstverständlich möchte ich nicht, dass Sie das in der Historie erwähnen", sagt sie kühl.

„Natürlich nicht." Lorna zieht ihre Hand zurück. „Es ist *Ihre* Geschichte, nicht meine. Sie geben nur das preis, was Sie preisgeben möchten."

„Es fällt mir beängstigend leicht, mit Ihnen zu reden." Mrs Alton lächelt, aber ihre Energie scheint zu schwinden. „Ich hoffe, Sie haben nun genügend Informationen."

„Ähm, noch nicht ganz." Wenn sie jetzt nicht fragt ... „Was ist mit Barney passiert, Mrs Alton?"

„Barney?" Mrs Alton greift nach der Karaffe und schenkt sich nach. Ihre Hand zittert. „Barney musste den Preis zahlen."

„Den Preis?", wiederholt Lorna entsetzt. „Den Preis wofür?"

Ein leises Klopfen an der Tür bringt sie um die Antwort. „Entschuldigen Sie die Störung. Es ist Zeit für Ihre Pillen, Mrs Alton." Dill kommt mit einem Glas Wasser. Der angriffslustige Terrier folgt ihr.

„Blümchen!" Mrs Altons Gesichtszüge werden weicher. Sie taucht den Finger in ihren Sherry und lässt den Hund daran lecken. „Braver Junge."

Sie weist das Wasserglas mit einer Handbewegung zurück und nimmt die Pillen stattdessen mit Sherry ein. „Ich denke, ich sollte mich jetzt ausruhen." Sie greift nach ihrem Stock. „Für heute reicht es wohl."

Lorna ist enttäuscht. Gerade als sie glaubte, sie wäre auf dem richtigen Weg ...

„Es wird vielleicht ein Weilchen dauern", sagt Dill entschuldigend zu ihr, als sie Mrs Alton zur Tür führt. „Bekommen Sie die Zeit bis zum Abendessen auch alleine herum?"

„Natürlich", sagt Lorna. „Bitte machen Sie sich um mich keine Sorgen."

„Sie können sich ja die Bibliothek ansehen. Dort gibt es jede Menge Fotos und Unterlagen über das Haus – wenn Ihnen das recht ist, Mrs Alton?"

„Das spielt auch keine Rolle mehr, Endellion." Mrs Alton hebt den Stock und geht voran. „Hier geht es jetzt ums bloße Überleben."

LORNA steht im Erker der Bibliothek und schwenkt ihr Handy wie ein Schmetterlingsforscher seinen Kescher. Ja! Ein Balken auf dem Display. Verbindung zur Außenwelt. „Jon, kannst du mich hören?"

Rauschen, Knacken, ein Zischen, Stille. Sie versucht es erneut. Wieder dasselbe. Lorna kann sich des Gedankens nicht erwehren, dass dieser Verbindungsabbruch möglicherweise ein Symbol für den Zustand ihrer Beziehung ist. All das Hickhack, bevor sie nach Cornwall gefahren ist. Sie wird es später noch einmal probieren. Er kann sowieso nicht richtig mit ihr reden, wenn er gerade auf der Baustelle ist. Zumindest wird ihre Nummer auf seinem Display erscheinen, und er wird wissen, dass sie es versucht hat.

Als sie sich in der Bibliothek umsieht, bleibt ihr Blick an dem Pferdeschädel in der Schachtel hängen. Ob er wohl etwas mit dem Reitunfall der ersten Mrs Alton zu tun hat? Nein, das wäre zu schaurig.

Sie betrachtet die deckenhohen Bücherregale – goldgeprägte Buchrücken, so weit das Auge reicht – und versucht, die Titel der Wälzer in den oberen Fächern zu entziffern: eine Reihe dicker, in bordeauxfarbenes Leder gebundener Bücher, möglicherweise Fotoalben, jedes mit einer blassgoldenen Jahreszahl versehen. Sie beschließt, sich auf die Regalleiter zu wagen.

Die Staubschicht auf den oberen Buchreihen ist ziemlich dick. Als sie das Buch herauszieht, auf dem „1960er-Jahre" steht, fängt ihre Kopfhaut an zu kribbeln. Den Rindenschnitzereien zufolge müsste dies das Jahrzehnt sein, in dem Barney und seine Geschwister hier lebten.

Sie nimmt den Band mit herunter, setzt sich auf den abgewetzten Teppich und schlägt den schweren Buchdeckel auf. Ja, es ist ein Fotoalbum: acht kleine Bilder auf jeder Doppelseite, die Ecken in den cremefarbenen Karton geschoben, jede Seite geschützt von einem Bogen Wachspapier.

Vier Kinder, alle erstaunlich hübsch, springen ihr entgegen. Die beiden Ältesten – Toby? Amber? – scheinen die erwähnten Zwillinge zu sein, wirken aber nicht im Geringsten gestört. Die Jüngste – Kitty? – engelsgleich, mit einer Stoffpuppe im Arm. Und da ist er, der kleine Junge, der sie in den Wald gelockt hat. Barney wirkt so voller Leben, dass man unmöglich glauben kann, dass er so früh gestorben ist. Sie streicht zärtlich über sein Bild. Ein Kloß bildet sich in ihrem Hals. Schnell blättert sie um.

Das Auffälligste an den Alton-Kindern ist ihr Temperament, das durch die verblassten Jahre leuchtet. Der Zeitpunkt der Aufnahmen ist in schön geschwungener Handschrift – *Sommer '65, Ostern '66* – am unteren Rand jeder Seite vermerkt. Kindern sieht man es an, wenn sie glücklich sind, das weiß Lorna aus Erfahrung. Und die Kinder auf diesen Fotos umgibt das Glück wie eine goldene Aura, wenn sie sich kreischend ins Meer stürzen, kopfüber von Ästen baumeln, an einem windigen Strand Sandwiches essen.

Und wer ist das? Die erste Frau? Nein, Lorna kann sich nicht vorstellen, dass die jetzige Mrs Alton sich von dieser Dame hätte in den Schatten stellen lassen. Die Frau ist auf kurvige Weise hübsch, ganz „das nette Mädchen von nebenan", und trägt eine gestreifte Schürze. Als sie umblättert, erkennt Lorna ihren Fehler. Nein, das muss das Kindermädchen oder die Haushälterin gewesen sein. *Das* hier ist die Ehefrau und Mutter. *Mein lieber Schwan! Was für ein schönes Lächeln*. Kein Wunder, dass Mrs Alton sich schwertat. Ein Foto zeigt ihre Vorgängerin lachend am Strand, in einem weißen Bikini und gertenschlank wie ein Model. Auf allen anderen Fotos hängt ein Kind an ihr: klammert sich an ihre Beine, sitzt auf ihren Schultern, schlingt die Händchen um ihren Hals. Und der mutmaßliche Mr Alton – auch er ziemlich attraktiv, auf eine vornehme, ein wenig altmodische James-Bond-Art – blickt sie auf fast jedem der Bilder treu ergeben an. Es ist offensichtlich, dass diese Frau das pulsierende Herz der Familie war. Wie um alles in der Welt waren sie ohne sie klargekommen?

Die Antwort liegt womöglich auf den folgenden Seiten. Nach einer Lücke gibt es ab Ende 1968 wieder Fotos der Familie. Die Stimmung auf diesen Fotos ist düster, und die Seiten sind nicht länger in dieser schönen Handschrift datiert. Mr Alton wirkt da, wo er überhaupt noch auftaucht, bedrückt. Seine Wangen sind eingefallen, und auch die Kinder haben ihr goldenes Strahlen eingebüßt. Sie sind jetzt größer, schlaksig, scheinen der Kamera zu misstrauen.

Ah, da ist sie: Caroline, die neue Mrs Alton, eine auffallende eisblonde Schönheit in den Vierzigern. Ihre Hand liegt steif auf Kittys Schulter. Mr Alton blickt in eine unbestimmte Ferne, seine Haltung ist schlaff. Neben ihm steht ein gut aussehender, aber mürrisch dreinblickender Teenager. Lucian? Ja, das muss er sein, er hat die schönen, scharfen Gesichtszüge von Mrs Alton.

Die Zwillinge sind nur noch Schatten ihres früheren Selbsts. Auf einem Weihnachtsfoto sieht Toby aus, als würde er jeden Moment explodieren. Amber hat die Hand auf seinen Arm gelegt, als wolle sie ihn daran hindern, etwas zu tun oder zu sagen. Die finsteren Gesichter finden sich auch auf den Hochzeitsbildern und auf Fotos aus einem glühenden Sommer, der ... plötzlich endet. Lorna blättert weiter, sucht nach dem Rest. Nichts. Im August 1969 endet das Jahrzehnt vorzeitig. Erschöpft schlägt sie das Fotoalbum zu. Keine Fotos mehr. Sie hat eine Hochzeit zu planen. Sie muss weiterkommen.

Doch wie sie bald feststellt, ist Black Rabbit Hall kein Haus, das einem das Weiterkommen leicht macht. Es offenbart sich in seinem eigenen Tempo: seine Korridore, Vorzimmer und Ausblicke laden eher zu träumerischem Verweilen ein. Und immer wenn sie denkt, sie wäre mit einem Raum fertig, und ihn gerade verlassen will, fällt ihr irgendetwas auf, das sie vorher noch nicht gesehen hat, und hält sie noch ein bisschen länger fest. Der Salon erweist sich als besonders fesselnd. Sie macht den Globus dafür verantwortlich. Je länger man ihn kreisen lässt, desto tiefer und lauter wird das Summen. Und ihr ist noch etwas Seltsames aufgefallen: ein kleiner Kringel – krakelig mit grünem Kuli um die Stadt New York gezogen. Warum?

Ihre Mutter hat immer geglaubt, dass prunkvolle Räume die Geschichte eines Schlosses oder Herrenhauses erzählen. Aber die wahre Geschichte ist versteckt, irgendwo hingekritzelt von einer Hand. Wie dieser Kulikringel. Oder die in die Rinde eines Baumes geritzten Botschaften.

Dann stutzt sie. Was, wenn ihre Mutter von einer anderen Geschichte wusste, die unter den Fundamenten von Black Rabbit Hall sprudelte wie ein unterirdischer Fluss? Das Emailleschild muss doch irgendeine Bedeutung für sie gehabt haben. Warum sonst hätte sie sonst immer wieder dort mit ihr für Fotos posieren sollen? Noch ergibt das Ganze keinen Sinn. Aber die Antwort muss sich irgendwo im Haus befinden. Wohin als Nächstes?

Ärgerlicherweise ist der Tanzsaal abgesperrt. Vielleicht kann sie von außen einen Blick hinein erhaschen. Sie folgt der bröckeligen Backsteinmauer des Küchengartens bis zu einer langen Fensterreihe.

Die Decke des Tanzsaals ist eine blassgrüne Wiese mit vergoldeten Stuckzöpfen, der Boden eine weite Fläche aus ramponiertem Parkett. Es gibt zwei wackelig aussehende Säulen aus aufgestapelten weißen Stühlen und das Gerippe eines alten Flügels mit zerbrochenem Deckel. Und … ja! Eine Hortensie! Da wächst tatsächlich eine Hortensie aus dem Boden. Der Traktorfahrer hat es also nicht erfunden. Sie kann es kaum erwarten, Jon davon zu berichten.

Oder besser nicht? Womöglich sieht er darin einen weiteren Beleg für die Untauglichkeit des Hauses?

„Lorna?" Dills Stimme dringt zu ihr. „Ihr Verlobter Jon. Am Telefon im Büro. Er sagt, es sei dringend."

# *Elf*
*Amber, April 1969*

Der Zug ruckelt Richtung Westen, erst langsam zwischen den rußigen Backsteinen von Paddington hindurch, dann schneller, vorbei an Häusern, die immer kleiner und niedriger werden, und Gärten, die immer ausgedehnter werden, bevor sie sich in einer Flut aus Feldern, grün, gelb und wieder grün, auflösen.

Ein paar Tage nachdem ich Toby im Dunkeln auf meinem Bett sitzend vorgefunden hatte, glühend vor Wut darüber, dass ich mich „in Lucians Zimmer geschlichen" hätte, „um Krankenschwester zu spielen", wurde er der Schule verwiesen und in ein Internat im tiefsten Hertfordshire abgeschoben. Fairerweise muss man hinzufügen, dass er einen berüchtigten Schulhoftyrannen verprügelt hatte, der zufälligerweise der Sohn eines Ministers ist. Papa war schrecklich wütend – der Vater des Jungen ist ein Gründungsmitglied seines Klubs in London –, aber noch wütender machte ihn wohl, dass Toby so anders geraten ist als er selbst. Toby ist mit seinem rastlosen, genialen Quecksilberhirn, seiner Respektlosigkeit den Lehrern gegenüber und seinem Abscheu vor Rugby das Gegenteil von Papa. Mama hat all diese Züge (die früher zugegebenermaßen weniger ausgeprägt waren) charmant gefunden. „Die Welt braucht keinen weiteren langweiligen Krawattenkerl der alten Schule", sagte sie und riet Toby, sich selbst treu zu bleiben und etwas zu finden, was ihn glücklich mache – als könnte man das Leben absuchen wie einen Strand und sich die glänzendsten Fundstücke in die Tasche stecken.

Da die Ferien in Tobys Internat früher beginnen als in unserer Schule, ist er bereits seit einer Woche auf Black Rabbit Hall – diese Tatsache zieht mich wie ein Magnet dorthin. Aber es gibt auch einen Gegenpol: das Wissen nämlich, dass diese Osterferien Mama noch weiter in die Vergangenheit zurückdrängen werden und die Kluft zwischen dem Jetzt und dem Moment, in dem ich das Klappern ihrer Reitstiefel auf dem Küchenboden zum letzten Mal gehört habe, weiter vergrößern.

Als wir schließlich an unserer Station ankommen, sind Barney, Kitty und Boris allesamt eingeschlafen. „Aufwachen! Wir sind da!"

Barney setzt sich auf und reibt sich die Augen, aber ich bekomme Kitty nicht wach. Wir kämpfen uns aus dem Zug hinaus auf den leeren Bahnsteig. Kitty hängt schlaff in meinen Armen, Barney lässt Teile seines Gepäcks fallen, und Boris kläfft. Der Zug rattert davon und lässt uns allein auf dem Bahnsteig zurück, von Toby nur noch durch eine Taxifahrt und den Fluss Fal getrennt.

Der Taxifahrer heißt Tel und ist so dick, dass man Angst haben muss, der Wagen kippt zur Seite. Aber er ist sehr nett. „Ostern soll es schrecklich heiß werden." Er lächelt mich im Rückspiegel an.

Dann endlich das Schild am Abzweig zur Zufahrt. Mein Herz klopft schneller. Boris' Ohren schießen nach oben. Black Rabbit Hall liegt vor uns, und Toby sitzt wartend auf der Treppe.

„Toby!" Ich springe aus dem Taxi, fliege über den Kies. Wir umarmen uns fest, und es fühlt sich so an, als würden all die verstreuten Teile in mir, die ohne ihn nie zur Ruhe kommen, wieder ihren rechtmäßigen Platz finden. Ich merke sofort, dass er sich verändert hat. Er ist größer geworden, dünner, sein Körper härter und kantiger, aber da ist auch noch etwas anderes: eine Zurückhaltung, als hätte er vergessen, wie es ist, mit jemandem zusammen zu sein, dem er vertraut. Als ich ihn fragen will, was los ist, landet das letzte unserer Gepäckstücke auf dem Kies und wirbelt goldenen Staub auf.

„Das wäre dann alles!", ruft Tel. Er zwinkert Toby zu. „Hübsche Karre."

Ich folge Tobys flammendem Blick zu etwas libellenblau Glänzendem mit silberner Schnauze hinter den Sträuchern, mehr Geschoss als Automobil.

„Wow! Wem gehört denn das, Toby?"

Sein finsterer Blick ist meine Antwort.

LUCIAN steht am Waldrand und raucht. Mein Magen zieht sich zusammen. Ich hatte nicht erwartet, ihn wiederzusehen, deshalb ist es ungefährlich gewesen, an ihn zu denken, mich an die harte Glätte seines Bauches unter meinen Fingerspitzen zu erinnern und daran, wie die Winternacht in seinem Zimmer vor Hitze und Sternen pulsiert hatte.

Und da ist er! Sein Sportwagen in der Zufahrt! Er raucht in unserem Garten! Das kommt so unerwartet, dass ich ihn nur wortlos anstarren kann.

„Der raucht wie ein armer Irrer." Peggy taucht hinter mir auf und lässt mich zusammenzucken. „Sagst du ihm bitte, dass der Tee fertig ist?"

Ich nicke, bleibe aber am Küchenfenster stehen. Die Vorstellung, mich Lucian zu nähern – mit ihm zu sprechen! –, erfüllt mich mit Schrecken. Was, wenn er mich ansieht und sofort Bescheid weiß?

„Er muss hungrig sein. Ist heute Morgen aus London hergekommen, um seine Mutter zu sehen, die natürlich nicht hier ist", erklärt Peggy.

„Wann kommt sie denn?"

„Heute Abend. Mit deinem Vater, denke ich." Sie schnaubt. „Ich habe es erst gestern erfahren. Seitdem hetze ich wie eine Irre herum, um alles vorzubereiten. Jetzt setz dich mal hin, Amber", sagt sie und vergisst glücklicherweise, dass ich Lucian holen sollte.

Ich zwänge mich zwischen Barney und Kitty.

„Ihr seid heute alle so zappelig." Peggy beäugt mich neugierig. „Ein Stück Früchtekuchen?" Die Tür öffnet sich. Sie blickt auf. „Toby, da bist du ja. Ich habe mich schon gefragt, wo du steckst. Oh, sieh dich bloß an – nur noch Haut und Knochen! Keine Sorge, ich schneide dir ein schönes dickes Stück ab. Für dich nicht mehr, Kitty."

Toby murmelt, dass wir morgen früh zum Strand müssen, das erste Mal schwimmen in diesem Jahr. Peggy lädt Kuchen auf unsere Teller und plappert munter weiter. „Ein *Geburtstags*geschenk war dieses Auto! Könnt ihr euch das vorstellen? Komm bloß nicht auf komische Ideen, Toby."

„Das ist eher unwahrscheinlich", sagt er.

„Können wir mit Lucians Auto rumfahren?", fragt Barney, der sich auf die Zehenspitzen gestellt hat, um durchs Fenster einen Blick darauf zu erhaschen.

„Auf keinen Fall. Setz dich. Das sieht mir nach einem rechten Todesgeschoss aus." Peggy wischt sich mit dem Handrücken über die Stirn und sieht mich ungehalten an. Offenbar erinnert sie sich nun an das, was sie mir vor ein paar Minuten aufgetragen hat. „Amber, gehst du jetzt mal *bitte* und holst Lucian zum Tee?"

„TEE", SAGE ICH und habe Angst, ihm in die Augen zu blicken. Doch ich kann sehen, dass er mich durch die Strähnen seines Ponys hindurch scheu anschaut. Seine Schüchternheit überrascht mich.

„Tut mir leid, dass ich hier wieder aufkreuze." Er ist ganz in Schwarz gekleidet. „In ein paar Tagen ist die Party meiner Freundin in Devon. Ma hat darauf bestanden, dass ich sie vorher in Pencraw besuche. Aber sie ist noch nicht hier."

„Devon?" Das Wort „Freundin" hallt höhnisch in meinem Kopf nach.

„Bigbury Grange." Er blickt zu Boden, als wünschte er, er hätte es nicht erwähnt.

„Oh." Bigbury Grange ist eins der vornehmsten Häuser im Südwesten Englands. „Also, es gibt Tee, wenn du möchtest", sage ich, versuche meine Betroffenheit zu verbergen und wende mich zum Gehen.

„Ich komm mit."

Wir gehen den Rasenhang hinauf. Seine Hand schwingt ungefähr fünfzehn Zentimeter neben meiner hin und her. Ich werfe ihm einen verstohlenen Seitenblick zu und erröte heftig, als mein Blick seinen kreuzt.

Als wir die Terrasse erreichen, sagt er so hastig, dass man die Wörter kaum auseinanderhalten kann: „*Möchtestdumorgenfrüheinbisschenmitmirherumfahren?*"

„Ich …" Ich werfe einen schnellen Blick zum Küchenfenster und stelle fest, dass Toby uns beobachtet.

„Es ist ein Lotus Elan." Seine schwarzen Augen glitzern.

„Toby und ich haben schon ausgemacht, dass wir an den Strand gehen", presse ich gegen meinen Willen hervor.

„Klar", sagt er schnell, als spiele es sowieso keine Rolle, und wir betreten das Haus in verlegenem Schweigen.

DER NÄCHSTE MORGEN kommt, öde wie eine abgesagte Party. Von meinem Schlafzimmerfenster aus sehe ich Caroline, die gestern erst spät am Abend eingetroffen ist und jetzt die Blumenrabatten inspiziert. Nach dem Frühstück kündigt sie mit hochgerecktem Kinn ein „österliches Familienessen" an – es klingt wie eine Kriegserklärung. „Um Punkt eins im Speisezimmer", fügt sie hinzu und lächelt Papa quer durch den Raum so erwartungsvoll an, als erwarte sie ein Lob dafür, dass sie die Kontrolle über einen Haushalt übernimmt, in dem, so weit wir zurückdenken können, noch nie irgendwas um „Punkt" passiert ist. „Wer zu spät kommt, zahlt den Preis in Form von entgangenen Ostereiern." Sie lacht schrill.

Aus Sorge, dass es sich womöglich nicht um einen Scherz gehandelt hat, flitzen Barney und Kitty zwischen Big Bertie und den anderen Uhren von Black Rabbit Hall hin und her und versuchen, die exakte Zeit herauszufinden. Toby und ich gehen allein zum Strand.

„Ohne dich überlebe ich dieses Essen nicht", sage ich, als wir später über den Klippenpfad zurücktrotten, die Taschen schwer von sandigen Handtüchern und nassen Badeklamotten.

„Ein *Familien*essen!", schnaubt Toby. „Seit wann gehören diese lächerliche Frau und ihr verwöhnter Sohn zur Familie?"

Ich schwinge die schwere Strandtasche über die Schulter und denke, dass Lucian eigentlich wirklich verwöhnt sein müsste, es aber irgendwie nicht ist. „Das ist alles ein bisschen seltsam, oder?", sage ich.

„Nein, das ist nicht seltsam! Die Shawcross-Invasion verläuft *exakt* nach Plan. Mit militärischer Präzision." Toby kickt einen Stein über die Klippe. „Ich habe mir in den letzten Tagen einen Alternativplan überlegt", sagt er und wirft mir einen Seitenblick zu.

„Einen was?", frage ich. Mir gefällt sein Ton nicht.

„Es ist eine Überraschung. Im Wald. Aber sie ist noch nicht ganz fertig."

„Ach, Toby – komm einfach heute zum Essen", sage ich. „Bitte. Papa wird ärgerlich sein, wenn du nicht kommst."

„Tja, und *ich* bin ärgerlich, weil er am Jahrestag von Mamas Tod den Antichrist eingeladen hat. Du etwa nicht?" Ohne Vorwarnung macht er einen Satz Richtung Klippe und schwingt sich zu meinem Entsetzen über den Rand, sodass von einem Augenblick zum anderen bloß noch sein roter Haarschopf zu sehen ist und zwei Fäuste, die sich am Klippengras festklammern. Ich hechte vor, um nach seinen Händen zu greifen. „Tob…"

Er löst seine Finger. Ein lautes Poltern ist zu hören und das Geräusch von etwas Schwerem, das fällt. Wildes Gelächter. Vorsichtig spähe ich über die

Kante. Er steht auf einem Vorsprung ein Stück weiter unten, einem schmalen Streifen aus glattem Stein, der wie ein Balkon aus den Felsen kragt. Diesen Felsvorsprung habe ich schon hundertmal vom Strand aus gesehen, ohne jemals daran gedacht zu haben, ihn zu betreten.

„Schwing die Beine über den Rand, Schwesterherz! Schau nicht runter!"

Ich zögere. „Nur wenn du mit zu dem Osteressen kommst."

„Wie langweilig", sagt er, was ich als ein Ja deute.

Nun muss ich es tun – rückwärts lasse ich mich hinunter, auf Händen und Knien, ein Fuß baumelt in der Luft.

„Da ist ein Fußloch links. Nein, links, du Dussel. Ich hab dich. Wirklich, ich hab dich. Lass *los*. Amber, du musst schon loslassen. Du kannst da nicht so hängen bleiben. Vertrau mir."

„Argh." Beim Landen klammere ich mich an ihm fest und bringe uns beide gefährlich ins Wanken. Rasch kauere ich mich hin, verankere mich am Boden. Das fühlt sich sicherer an als zu stehen. „Manchmal machst du mir echt Angst, Toby."

„Warum? Ich werd dich immer auffangen", sagt er. Und ich weiß, dass es stimmt.

„So müssen sich Möwen fühlen." Der Blick ist so atemberaubend, dass es mir die Tränen in die Augen treibt. „Als würden wir im Himmel sitzen."

„Das tun wir ja auch." Er grinst – sein charmantes, verrücktes Grinsen –, schält sich aus seinem Hemd und wirbelt es über seinem Kopf herum, bevor er es mit einem Jauchzer in die Luft schleudert. Furchtlos beugt er sich vor und sieht zu, wie es auf die Felsen unter uns zuflattert.

„Du bist in der Woche, die du allein hier warst, offenbar durchgeknallt", sage ich und verdrehe die Augen.

Er streckt sich aus, legt seinen Kopf auf meine überkreuzten Beine und schließt die Augen. Ich schaue ihm beim Atmen zu – schnelle, heftige Atemzüge – und denke über die Überraschung nach, die im Wald auf mich wartet. Fast scheint es mir, als wollten die feurigen Sommersprossen auf seinen Wangenknochen mich vor den bevorstehenden Tagen warnen.

TOBY macht es mir unmöglich, mich Lucian gegenüber normal zu verhalten. Die banalsten Momente – einander den Wasserkrug reichen oder auf der Treppe aneinander vorbeigehen – sind seltsam aufgeladen und unbeholfen. Wenn ich in Tobys Gegenwart mit Lucian sprechen muss, klingt meine Stimme immer zu hoch, mein Lachen zu schrill.

Doch an diesem Morgen brauche ich mir darum glücklicherweise keine Sorgen zu machen. Es ist der Tag X: Toby vollendet sein Projekt im Wald.

Nachdem er sein Frühstück hinuntergeschlungen hat, ist er davonstolziert, einen Holzhammer lässig in der Hand.

Sobald er außer Sichtweite ist, tupft sich Caroline die Mundwinkel mit der Serviette ab und schlägt vor, dass ich Lucian die Bucht zeige. Er und ich sehen uns für den Bruchteil einer Sekunde an und schauen dann verlegen weg.

„Du solltest ein wenig Farbe auf deine blassen Wangen bekommen, bevor du morgen nach Bigbury Grange aufbrichst, Lucian. Du willst doch nicht, dass Belinda denkt, du wärst bloß ein blasser Stadtjunge, oder?"

Ich versuche meine Enttäuschung über seine bevorstehende Abreise zu verbergen, indem ich mit einer Gabel spiele.

„Was der Strand an Annehmlichkeiten vermissen lässt, macht er durch seine Abgeschiedenheit wett", fährt Caroline fort. „Es ist, als wäre man am Ende der Welt gestrandet. Man begegnet keiner Seele."

„Krebse haben eine Seele", gibt Barney schüchtern zu bedenken. „Aber Mama meint, dass die Seele wahrscheinlich schon weg ist, wenn man das Krabbensandwich isst, also ist es in Ordnung, es zu essen."

Carolines Lächeln verschwindet bei Mamas Erwähnung. „Was für eine kuriose Idee", presst sie zwischen den Zähnen hervor. Sie steht abrupt auf, ohne ihren Tee auszutrinken, und verlässt den Raum.

Ich stelle fest, dass ich mich in Lucians Gegenwart weitaus weniger trottelig benehme, wenn ich in Bewegung bin. Wenn er neben mir geht, kann ich ein unerwartetes Erröten besser verbergen. Ich muss ihm auch nicht in die Augen blicken oder Dinge preisgeben, ohne es zu wollen. Und zu wissen, dass Toby nicht in der Nähe ist, hilft auch.

Die Frühlingssonne fühlt sich auf den Klippen wärmer an. Wind weht mir böig unter den Rock, versucht ihn umzustülpen wie einen Regenschirm. Ich halte ihn fest und prüfe verstohlen, ob Lucian auf meine Beine schaut. Er schaut. Aber Kitty versucht seine Aufmerksamkeit auf sich zu ziehen. Sie läuft an seiner Hand, plappernd und kichernd, und schlenkert seinen Arm. Falls Lucian sie genauso anstrengend findet wie ich, lässt er sich jedenfalls nichts anmerken. Auch Barneys endlose Fragen wehrt er nicht ab – „Würde jemand mit fünfzehn Fingern besser Gitarre spielen als jemand mit zehn?" –, sondern beantwortet geduldig jede einzelne. Hin und wieder lächelt er mich an.

Als wir am Rand der Klippe ankommen – direkt oberhalb des Vorsprungs, auf dem Toby und ich am Tag zuvor gelegen haben –, zieht Barney ihn am Arm und zeigt stolz hinunter: „Das ist unser Strand." Und schon hüpft er die schmalen Steinschwellen hinunter und kommt vor allen anderen unten an. Fröhlich watet er im Sand herum, wo sich das unterirdische Flüsschen ausbreitet wie ein Petticoat aus sprudelndem Wasser. Er ist in seinem Element.

Wir setzen uns auf die Steine, die glatt und grau sind wie Seehundrücken, einen knappen Meter voneinander entfernt. Lucian zieht seine Schuhe aus. Mir fällt auf, dass seine Füße sehr blass und weich aussehen, als wären sie viel zu lange in Socken eingehüllt gewesen und nie frei herumgelaufen. Irgendetwas an ihnen weckt mein Mitgefühl.

Wir reden über das Wetter und darüber, dass die Flut diesen Strand komplett abschneiden kann, und Kitty spaziert mit ihrem Eimerchen davon und sucht den Wellensaum nach Muscheln ab. Ich behalte Barney im Blick – am Wasser kann man ihn nie aus den Augen lassen –, schaffe es jedoch trotzdem, gelegentlich auch Lucian zu betrachten.

„Ihr habt Glück, all das zu haben", sagt er.

„Ich weiß. Wir brauchen keinen größeren Strand."

„Ich meine nicht den Strand."

Ich sehe ihn verdutzt an. „Was dann?"

Er starrt hinüber zu Kitty, die mit ihrem Muscheleimer klappert. „Geschwister." Er zuckt mit den Schultern. „Ich wollte immer einen Zwillingsbruder. Jemanden, mit dem ich Jungssachen machen kann."

„Ich mache Jungssachen", sage ich.

„Ja, ich weiß." Ist das Respekt in seinen Augen, oder macht er sich über mich lustig? Ich weiß es nicht.

Die Unsicherheit lässt mich das Falsche sagen. „Ich kann mir dich nicht als Zwilling vorstellen."

„Und warum nicht?" Er sieht verärgert aus.

„Du bist zu … vollständig."

Sein Gelächter schallt über den ganzen Strand. Ich habe Lucian noch nie zuvor so lachen hören. Als würde etwas aus ihm herausgeschleudert. Mir wird klar, was ich bereits bei unserer Begegnung in seinem Zimmer vermutet habe: Man kann ihn unmöglich *nicht* mögen. Hinter seiner ewigen Teilnahmslosigkeit und Verdrossenheit verbergen sich Wärme und Lachen wie Goldmünzen im Schlamm.

„Hast du das Gefühl, ohne Toby unvollständig zu sein?", fragt er, als das Gelächter verebbt ist und sein Gesicht sich wieder verschließt.

„So ist es auch wieder nicht", sage ich schnell, auch wenn es in vielerlei Hinsicht durchaus so ist.

„Wo ist er überhaupt? Ich hab ihn den ganzen Morgen nicht gesehen."

„Im Wald. Er arbeitet an irgendwas. Aber er verrät mir nicht, woran."
„Interessant. Wann denkst du, ist er damit fertig?", fragt er zögernd.
„Oh, er wird vermutlich den ganzen Tag da draußen sein."
„Okay." Lucian schiebt einen Fuß im Sand vor und zurück, als hätte er eine Entscheidung zu fällen. Dann fragt er.

„Schneller!", rufe ich über den Motorenlärm hinweg.
„Bist du sicher?" Er lacht.
„Ja!" Das Verdeck ist zurückgeklappt wie die Haube eines Kinderwagens. Der Motor brummt – es ist, als säßen wir auf etwas Lebendigem. Das Auto schneidet die Klippenstraße in zwei Hälften, lässt Möwen und Schmetterlinge auseinanderstieben, wirft mich in den Kurven gegen die Seitenwand.
„Meine Haare!", kreische ich, denn sie bauschen sich wie Zuckerwatte auf meinem Kopf und verfangen sich in meinem Mund.
„Ich liebe deine Haare."
*Ich liebe deine Haare.* Kann er das wirklich gesagt haben? Es ist schwer, ihn über das Heulen des Motors hinweg zu verstehen. Aber ich muss trotzdem dämlich grinsen.
„Macht es dir Spaß?", fragt er. Auch sein Haar flattert. „Verdammt …" Eine Gruppe Schafe drängt aus einem Hoftor auf die Fahrbahn. Bestimmt werden wir in sie hineinkrachen – aber dann quietschen Bremsen, und ich werde nach vorn geschleudert, lachend: Die Katastrophe ist noch einmal abgewendet. Lucian setzt den Wagen auf der Fahrbahn zurück, während der Bauer wütend die Faust schwingt.
Wir parken, setzen uns auf die weiße Bank am Rande der Klippe und blicken hinaus auf die violetten und grünen Flecken im Meer. Lucian sitzt so dicht neben mir, dass ich ihn berühren würde, wenn ich mein Bein ein paar Zentimeter nach rechts bewegte. Und ich kann spüren, wie er mich anstarrt. Es ist, als wären seine Augen überall auf mir, weich und warm wie Hände. Ich kann mich nicht erinnern, je ein schöneres Gefühl gehabt zu haben. Ich versuche es mir zu merken, damit ich Matilda davon erzählen kann, wenn ich wieder in London bin.
„Tut mir leid, dass ich dich beinahe umgebracht hätte."
„Das war eigentlich der beste Teil." Ich wage es, ihm in die Augen zu schauen. Ein seltsamer Ausdruck von Ehrfurcht liegt auf seinem Gesicht.
Dann ruiniere ich den Moment komplett, indem ich etwas völlig Sinnloses sage: „Ich habe tote Fliegen in den Haaren."
Er streckt die Hand aus und zupft quälend langsam eine Mücke heraus,

indem er sie am Haarschaft entlangzieht und wegschnipst. Dann macht er es noch mal. Das ist der vollkommenste Augenblick meines ganzen bisherigen Lebens.

„Erledigt."

„Danke." Ich klinge fast normal, doch in mir ist alles flüssig.

„Amber ...", sagt er und hält dann inne. Einen wilden, magischen Moment lang denke ich, dass er mich jetzt küssen wird. Dass alles, was bisher gewesen ist, zu diesem Punkt führt.

Doch er küsst mich nicht. Er steht auf. „Lass uns fahren."

Meine Stimmung bricht ein – und bekommt sogleich wieder Flügel, als er mich an den Händen hochzieht. „Ich bring dich nach Hause." Er grinst dieses wundervolle Grinsen. „Und diesmal verspreche ich, dass ich fahre wie ein Pfarrer."

„Danke", sage ich und wünsche mir verzweifelt, er würde weder das eine noch das andere tun.

Ich hätte wissen müssen, dass Toby uns alle hier heraufführen würde. Nicht zu unserem gewohnten Platz bei der Schaukel, sondern weiter flussaufwärts, wo der Bach sich verengt und das Ufer so steil abfällt, dass es wirklich schwer ist, wieder hinaufzuklettern, wenn man ausrutscht.

Eine alte Leiter ragt in die Krone eines riesigen Baums hinauf. Dort befindet sich in etwa drei Meter Höhe eine Plattform aus alten Brettern, Weidenzweigen und Teilen des Küchengartenzauns, die in die vom Blitzschlag verkohlte Höhlung des Baums führt.

„Hast *du* dieses Baumhaus gebaut?", frage ich und fange an zu begreifen, wie fieberhaft er daran gearbeitet haben muss, während er auf unsere Rückkehr nach Black Rabbit Hall wartete.

„Caroline hat ihre Pläne. Ich habe meine." Tobys Augen funkeln. „Ich bin immer einen Schritt voraus, Amber."

„Kitty mag das nicht", sagt meine kleine Schwester und zerrt an meiner Hand. „Und Lumpenpüppi auch nicht. Es ist zu hoch."

„Stell dir vor, es ist ein Spielhaus." Toby geht vor Kitty in die Hocke und versucht, sie zu beruhigen. „Komm, lass uns hochklettern."

Kitty schüttelt den Kopf. „Ich werd runterfallen."

„Wirst du nicht. Nicht wenn du dir sagst, dass du *nicht* runterfällst."

„Er hat recht, Kitty. Darum gehe ich auch nicht im Meer unter", sagt Barney sachlich. „Ich sage mir, dass ich nicht untergehe, und dann tu ich es auch nicht."

Toby wuschelt ihm durchs Haar. „Brav, Barney." Er springt die ersten beiden Sprossen der Leiter hinauf und bringt damit die gesamte Konstruktion zum Schwanken.

Ich klettere als Letzte hinauf und krieche durch eine Luke aus Hühnerdraht. Als ich mir die Knie an den grob zusammengenagelten Brettern aufschürfe, habe ich das Gefühl, in Tobys Kopf hineingekrochen zu sein. Ich bin nicht sicher, ob mir das gefällt.

Es gibt ein schmales Bett – eine alte Campingmatte auf einer Unterlage aus Kiefernnadeln –, eine fein säuberlich aufgestapelte Pyramide aus Konserven und Bierdosen, aus dem Keller gestohlene verstaubte Weinflaschen, eine Blechtasse und an der Wand eine handgezeichnete Karte von Black Rabbit Hall mit roten Pfeilen, die mit dem Wort „Fluchtweg" beschriftet sind. Die kleinen Härchen auf meinen Armen stellen sich auf. Schlimmer noch: Neben dem Bett liegt die Pistole aus der Schublade in der Bibliothek, und an einem Nagel hängt das riesige Messer, das Großpapa dazu verwendet hat, Hirsche zu häuten.

Toby knipst eine Taschenlampe an. „Ich sehe dir an, dass es dir nicht gefällt."

Ich versuche zu lächeln. „Doch, es ist nur … dieses Messer." Ich zeige darauf. Bedrohlich schwebt es über Barneys Kopf. „Das gefällt mir nicht."

„Aus dem Weg, Barney." Toby nimmt es vom Haken und schiebt es unters Kissen. „Zufrieden?"

„Die Pistole. Ist sie geladen?"

„Hör mit dem Alte-Oma-Gejammer auf, ja?" Er kriecht zum Rand der Plattform und schiebt ein Stück Gartennetz zurück, das er mit Laub getarnt hat. „Barney, komm her."

Folgsam krabbelt Barney zu ihm.

„Wenn man in der Abenddämmerung ganz still hier sitzt, kann man Dachse sehen, Rehe …"

Barney bekommt große Augen. „Geister?"

„Keine Geister, noch nicht", sagt Toby. „Aber Kaninchen."

„Ich mag keine Kaninchen." Barney krabbelt wieder von der Kante weg.

Toby und ich wechseln Blicke, und ich weiß, dass wir dasselbe denken: Nichts wird je richtig sein, bis Barney wieder Kaninchen mag.

„Wer möchte Fruchtgummis?", fragt Toby.

Kitty fängt an, sich Süßigkeiten in den Mund zu schieben. Eine Weile ist nichts zu hören außer den Geräuschen der Bäume und Vögel und unserem Kauen, bis Kitty fragt: „Warum ist Lucian nicht hier?"

Ich schweige, aus Angst, dass Toby meine Worte missdeuten oder, schlimmer noch, Kitty eine Bemerkung über unseren Strandausflug machen könnte.

Obwohl ich nicht genau weiß, warum das eigentlich geheim bleiben sollte – Caroline hatte ja vorgeschlagen, dass wir zum Strand gehen sollten, und ich habe nichts Falsches getan –, habe ich beschlossen, dass es einfacher ist, nichts davon zu erzählen.

„Ich mag Lucian", sagt Barney. „Und ich mag sein Auto, weil es so glänzt, nicht wahr, Amber?"

Ich schlucke. Hat Barney uns nach dem Mittagessen davonfahren sehen? Wie ist das möglich? Ich habe die Kleinen extra zum Dreiradfahren in den Tanzsaal gebracht, damit sie mich nicht ins Auto steigen sehen.

„Aber Lucians Mami mag ich *nicht*", fügt Kitty hinzu. „Sie ist wie eine Seemöwe, die einem die Pommes klauen will."

Toby lacht, ein kurzes, hartes Lachen, das die Anspannung löst. Es ist eigentlich ganz praktisch, einen gemeinsamen Feind zu haben, über den man lachen kann. Alles ist gut, solange jemand anders der Feind ist.

PAPA blickt stirnrunzelnd von seinen Papieren auf. „Was kann ich für dich tun, Schatz?"

„Ich hab mich gefragt, ob wir mal reden können, Papa."

„Reden?", fragt er, als hätte ich etwas Absonderliches vorgeschlagen. „In Ordnung, ich könnte sowieso mal eine Pause von diesem Zeug gebrauchen." Er schiebt den Stapel Papiere zur Seite. „Peggy hat das Anwesen in den letzten Monaten hervorragend verwaltet, aber ich fürchte, einige Dinge sind zwangsläufig übersehen worden."

„Welche Dinge?"

„Rechnungen, Amber. Ich könnte mein Geld ebenso gut ins Meer schmeißen, statt es in dieses alte Gemäuer zu stecken. Schau nicht so besorgt. Die Altons finden immer einen Weg. Wir werden das Haus nicht verlieren."

Diese Kampfparolen verunsichern mich noch mehr.

„Aber ich habe den Kopf viel zu lange in den Sand gesteckt." Er lockert seinen Kragen. „Es wird Zeit, dass ich mich darum kümmere, da hat Caroline schon recht." Was hat *sie* ihm überhaupt zu raten? Papa zeigt ungeduldig auf die andere Seite des Tisches. „Setz dich doch, Liebes."

Ich stütze die Ellenbogen auf die weiche grüne Lederoberfläche des riesigen Tisches und versuche, Knight in seiner mit Samt ausgeschlagenen Kiste zu ignorieren. Ich rutsche auf dem Stuhl herum. „Also ... Es geht um Toby. Er hat da dieses Baumhaus gebaut. Am hinteren Ende des Waldes. Er hat Essen dort, ein Messer, ein Bett ... und eine Pistole. Papa, er hat die Pistole genommen. Die aus der Schublade."

„Habe ich die nicht eingeschlossen?" Er reibt sich müde das Gesicht und unterdrückt ein Gähnen. „Nein, er sollte diese Pistole nicht haben, auch wenn ich verstehe, dass das reizvoll ist – ich hatte in seinem Alter bereits eine Waffensammlung."

„Aber Papa ..." Manchmal scheint mein Vater wie aus der Zeit gefallen. „Toby ... Es ist, als bereite er sich auf den Weltuntergang vor. Er redet ständig von dieser schlimmen Sache, die am Ende der Sommerferien passieren wird. Irgendeine Katastrophe."

„Wie wieder ins Internat zurückzumüssen?"

„Ich glaube, es ist ernster. Mit Toby stimmt etwas nicht, Papa, es ist jetzt schlimmer mit ihm, als direkt nachdem ... es passiert ist."

Er denkt einen Moment lang nach, das Kinn in die Hände gestützt, dann setzt er sich aufrecht hin. „Amber, ich hoffe, dir ist bewusst, wie sehr ich zu schätzen weiß, was du im vergangenen Jahr für deine Geschwister getan hast. Ich denke, wir müssen uns alle vorwerfen lassen, dass wir dich manchmal für älter halten, als du bist. Aber es gibt viele Dinge, die du noch nicht verstehst, mein Schatz."

„Aber ich verstehe *Toby*, Papa. Ich verstehe ihn besser als sonst wer."

Er hustet. „Amber, du bist nicht die Erste, die mich darauf aufmerksam macht. Tobys Schule hat vorgeschlagen, ihn zu einem Londoner Spezialisten zu schicken. Aber ich werde nicht zulassen, dass man Toby in eine dieser Kreaturen mit toten Augen verwandelt, ganz gleich wie schwierig er ist." Und entschieden fügt er hinzu: „Das würde mir Nancy nie verzeihen."

Papa erwähnt Mama so selten, dass ihr Name schlagartig alle Luft aus dem Raum saugt. Sogar er wirkt schockiert.

„Also, was, meinst du, sollen wir tun?", fragt er schließlich sanft.

„Ich weiß es nicht." Ich habe gehofft, er würde es wissen. „Ich schätze, es muss sich etwas ändern. Aber, ähm, ich bin nicht sicher, was."

Er steht auf. „Danke, Amber. Ich glaube, du hast die Frage, mit der ich mich seit Tagen plage, unwissentlich beantwortet." Er schiebt den Unterkiefer vor, als zwinge er sich, etwas Unangenehmes in Betracht zu ziehen. „Es muss sich etwas ändern. Da hast du ganz recht. Und es ist meine Pflicht als Vater, für diese Veränderung zu sorgen."

„Aber was?", frage ich und hoffe, es ist nichts zu Drastisches.

„Ich glaube, das werdet ihr alle früh genug erfahren."

LUCIAN hält mit schnurrendem Motor am Ende der Zufahrt und macht mir die Beifahrertür auf. Ich hüpfe aus dem Auto und versuche, meine Freude darüber zu verbergen, dass ich seine Abreise nach Devon verzögert habe. Dass er mich dieser Belinda vorgezogen hat, wenn auch nur für zwanzig Minuten.

„Also ... bis zum nächsten Mal."

„Diesen Sommer?", frage ich unbedacht, als zählte ich die Tage bis zu unseren nächsten Schulferien.

„Das hoffe ich."

„Ich dachte, du hasst Black Rabbit Hall."

„Das war auch so. Aber ich habe meine Meinung geändert."

„Oh", sage ich und kann nicht umhin, dämlich zu grinsen. „Tja, dann tschüs."

Ich will an ihm vorbeigehen, doch der Raum zwischen uns scheint zu schrumpfen, und wir stoßen unbeholfen zusammen. Aufgeregt weiche ich zurück, und meine Haare verheddern sich in den niedrigen Ästen des Baumes hinter mir. Er schlägt die Autotür zu, und es sollte eigentlich ein Schlussgeräusch sein. Aber das ist es nicht. Das Geräusch durchdringt die Sommerluft wie ein Anpfiff. Wir starren uns an, sehen es in den Augen des jeweils anderen. Etwas ist heraus, wurde freigesetzt.

Unmittelbar bevor es passiert, weiß ich, dass es passieren wird. Doch der Kuss ist trotzdem ein Schock, roh und anders als alles, was ich mir vorgestellt hatte. Seine Hände packen meine Taille, und er zieht mich ruckartig an sich. Wir küssen und küssen uns, bis mein Kiefer und meine Zunge schmerzen, ich keine Luft mehr bekomme und er plötzlich zurückweicht und keucht: „Entschuldige. Gott, es tut mir so leid."

„Mir nicht." Die Worte platzen einfach aus mir heraus. Beschämt stolpere ich in Richtung Wald davon. Ich höre, wie er meinen Namen ruft, einmal, zweimal. Im Schutz der Blätter lehne ich mich an einen Baum, ringe nach Atem und warte, bis ich das Motorengeräusch von Lucians Wagen verklingen höre.

Zittrig gehe ich zum Haus zurück, seinen Geschmack auf meinen Lippen. Wird Toby es merken? Ist es so offensichtlich? Niemand kann uns gesehen haben. Doch die steinernen Falken starren auf mich herab, als wüssten sie genau, wo ich war. Als ich die graue Steintreppe hochsteige, mischt sich eine leise Angst in meine Erregung.

*Lorna*

Dills kleines Büro versteckt sich über der Treppe zum Weinkeller. Dill murmelt, dass dies nur eine vorübergehende Lösung und nicht ideal sei und dass hier früher die Fasanen hingen. Doch Lorna hört gar nicht zu. Jon will sie dringend sprechen. Sie ist besorgt. „Jon?"

Dill schließt die Tür leise hinter sich.

„Ich wollte schon auflegen …" Jons Stimme klingt dumpf und fern. „Du hättest mich anrufen können." Er kann die Verletzung in seiner Stimme nicht verbergen. „Ich wusste nicht, ob bei dir alles in Ordnung ist."

„Ich habe versucht, dich anzurufen. Das Netz ist hier furchtbar schlecht, das weißt du doch. Aber mir geht's gut, wirklich. Warum auch nicht?"

„Ich mach mir eben Sorgen um dich."

„Ich bin kein Kind mehr", sagt sie ein wenig gereizt. Sie hat sich auf Dills Drehstuhl gesetzt und versucht, in dem Durcheinander auf dem Schreibtisch etwas Platz für ihre Ellenbogen zu finden. Überfällige Rechnungen quellen aus einem Drahtkorb, daneben steht ein uralter beigefarbener PC. „War das die dringende Angelegenheit?"

„Nein, das ist es nicht. Lorna, hör zu, ich habe ein paar Erkundigungen über Black Rabbit Hall eingeholt."

Der Gedanke gefällt ihr nicht. Das ist fast so, als würde er sie kontrollieren. „Warum?"

„Ich fürchte, ich muss dich enttäuschen. Lorna, die haben keine Lizenz, um Black Rabbit Hall als Veranstaltungsort an Privatleute zu vermieten, keine Versicherung, nichts. *Nada.*"

„Aber können sie sich denn keine besorgen? Das ist doch bestimmt bloß eine Formalität."

„Ich glaube nicht, Liebling. Gesundheits- und Sicherheitsvorschriften, Brandschutzbestimmungen … Es tut mir leid. Ich weiß, dass du dein Herz an dieses Haus gehängt hast."

Endet ihr Traum hier? Sie richtet sich auf. Nein, so wird es nicht kommen. „Wir werden trotzdem hier heiraten", sagt sie fest.

„Das ist doch nicht dein Ernst!" Er lacht ungläubig.

„Warum nicht? Komm schon, was soll denn passieren? Einen Polizisten habe ich zuletzt am Bahnhof Paddington gesehen. Es gibt meilenweit keine Nachbarn, die sich über den Lärm oder die Parksituation beschweren könnten."

„Die ganze Veranstaltung wird aufgelöst werden wie irgendeine wilde illegale Party. Vergiss es bitte einfach."

„Nein. Das kann ich nicht, Jon. Das kann ich einfach nicht."

„Was ist nur in dich gefahren?", fragt Jon leise.

Sie zögert, dann sagt sie wahrheitsgemäß: „Dieses Haus hat es mir angetan. Es geht mir unter die Haut."

Er schweigt einen Moment. „Gibt es da vielleicht irgendeinen Kerl oder etwas anderes, das du mir nicht verraten willst?", fragt er schließlich, nur halb im Scherz.

„Einen *Kerl?* Hier? Etwa einen gut aussehenden jungen Butler? Jon, bitte."

„Ich weiß nicht mehr, was ich denken soll. Du klingst so ... seltsam."

„Geht es darum, dass ich überhaupt hier bin? Dass ich es gewagt habe, ohne dich übers Wochenende wegzufahren? Wenn du nämlich denkst, dass ich mich in so eine Hausfrau aus den Fünfzigern verwandle, bloß weil wir jetzt verlobt sind, tja, dann ... müssen wir dringend reden."

„Ich wollte nicht, dass du fährst, weil es eine seltsame Einladung war, okay? Und es ist so weit weg." Er zögert. „Du bist zurzeit verletzlich, Lorna. Du trauerst noch, bist durcheinander."

„Himmelherrgott, jetzt halt aber mal die Luft an, ja?" Selbst erschrocken über ihre harten Worte, bemüht sie sich um Schadensbegrenzung. „Entschuldige, ich hab's nicht so gemeint ..."

„Weißt du was, Lorna? Ich denke, es ist an der Zeit, dass du ehrlich zu mir bist – und zu dir selbst. Warum du an nichts anderes mehr denken und von nichts anderem mehr reden kannst als von dieser Halbruine in Cornwall. Hier geht's doch um deine Mutter."

Sie versucht den Kloß herunterzuschlucken, der sich in ihrer Kehle gebildet hat. „Ich will herausfinden, warum es diese Fotos von mir und Mama vor dem Schild an der Zufahrt gibt. Die Sache beschäftigt mich, okay?" Sie beschließt, ihm nicht zu erzählen, dass sie auch unbedingt wissen will, was im Sommer 1969 mit den Alton-Kindern passiert ist, besonders mit dem kleinen Barney. „Ich weiß, das klingt bescheuert."

„Überhaupt nicht. Es ist nur natürlich, dass man versucht, die Puzzleteile zusammenzusetzen, nachdem ...", er sucht nach den richtigen Worten, „um dem Furchtbaren einen Sinn abzutrotzen. Ich verstehe das."

„Tust du nicht", murmelt sie.

Das ignoriert er. „Aber es geht nicht nur um diese Fotos, oder? Du kannst nicht immer weiter davonlaufen, Lorna, deine Vergangenheit umkreisen, anstatt dich mit ihr zu konfrontieren, und so tun, als würdest du nach etwas Bestimmtem suchen, wenn du eigentlich nach etwas ganz anderem gräbst."

Jon zerrt sie in eine Richtung, in die sie nicht gehen will, auf den zugemauerten Bereich in ihrem Kopf zu. Der Drang, den Hörer hinzuknallen, ist beinahe überwältigend.

Jon holt tief Luft. „Ich habe mich immer gefragt, ob du nicht nach deiner leiblichen Mutter suchen willst – jetzt nachdem Sheila tot ist."

„Darum geht es hier doch gar nicht", bekommt sie irgendwie heraus. „Ich kenne doch ihren Namen. Aber ich habe schon vor langer Zeit beschlossen, sie nicht aufzuspüren, das weißt du."

„Nein. Sheila hat das beschlossen. Sie hat dir Schuldgefühle eingeflößt, wenn du bloß darüber nachgedacht oder gar Fragen gestellt hast. Sie hatte schreckliche Angst, dass du eines Tages losgehen, deine Mutter suchen und sie selbst zurückweisen würdest. Deshalb hat sie dir nicht einmal erzählt, dass du adoptiert wurdest – bis du neun Jahre alt warst."

„Ich leg jetzt besser auf, Jon." Ihre Stimme ist nur noch ein Flüstern. Sie verspürt ihrer Mutter gegenüber einen unerwarteten Beschützerinstinkt, obwohl sie die Wahrheit, die in seinen Worten liegt, erkennt.

„Lorna, bitte. Wir können deine leibliche Mutter gemeinsam suchen. Wir wissen, dass sie aus Cornwall stammt."

„Ich suche nicht nach dieser Frau. Ich will sie nicht finden." Sie sagt ihm nicht, dass sie auf gar keinen Fall eine zweite Zurückweisung riskieren kann. Also behauptet sie noch energischer: „Ich wollte sie noch nie finden."

„Nicht bewusst. Aber seit der Beerdigung deiner Mutter hast du einige Male im Schlaf den Namen deiner leiblichen Mutter gemurmelt."

„Warum … warum hast du mir das nicht gesagt?"

„Ich habe auf den richtigen Zeitpunkt gewartet. Der nicht kam."

Sie unterdrückt blinzelnd die Tränen.

„Ich habe die ganze letzte Nacht wach gelegen und darüber nachgedacht, Lorna. Ich habe mich nach dir gesehnt, mich gefragt, warum ich zugelassen habe, dass das schon so lange so geht. Es gibt verbotene Bereiche in deinem Innern, da lässt du mich einfach nicht rein. Aber ich möchte eine Frau, die alles mit mir teilt." Seine Stimme klingt erstickt. „Ich will dich ganz oder …"

„Gar nicht?" Sie schluckt. Sie wird ihn noch verlieren deswegen, wird den einen Mann, der ihr Halt gibt, Sicherheit und das Gefühl, geliebt zu werden, verlieren. Aber sie kann die Barrieren nicht einreißen. Sie weiß nicht, wie.

„Sag doch was", bittet er.

Sie weiß, dass dies ein ganz wichtiger Augenblick ist. Dass sie noch eine Chance hat, ihre Beziehung zu retten. Aber sie bringt kein Wort heraus.

SIE KLETTERT in das Bett mit den drohend aufragenden schwarzen Bettpfosten und fragt sich, wer wohl schon alles in diesem uralten Bett geschlafen hat, wer auf seiner klumpigen Matratze gezeugt worden sein mag und wer auf seinen durchhängenden Sprungfedern seinen letzten Atemzug getan haben mag. Großer Gott, sie ist so müde.

Sie muss schlafen. Wenn sie schläft, finden all die auseinandertreibenden Fragmente dieses Tages wieder zusammen. Sie teilt die Seidenfransen der Lampe, findet den Schalter, löscht das Licht und wartet darauf, dass der Schlaf sie übermannt. Vergeblich. Stattdessen kommt der vergangene

Tag auf sie zugeflogen: die in den Baum geritzten Namen, die gequälten Gesichter der Kinder im Fotoalbum, Jons seltsam fremde Stimme, ihr Gespräch. Sie hat versucht, ihn noch einmal anzurufen, als sie sich wieder gefasst hatte und ihre Hände nicht mehr gezittert hatten, aber der Anruf ist direkt auf die Mailbox umgeleitet worden. Und beschämenderweise ist sie erleichtert gewesen. Nach dem Abendessen mit Dill auf der Terrasse – Mrs Alton war nicht hungrig gewesen – hat sie nicht mehr versucht, ihn anzurufen.

Eine Stimme in ihrem Kopf fragt beharrlich, ob es nicht vielleicht einfacher wäre, die ganze Sache jetzt abzublasen. Ihre Gedanken fangen an zu rasen, schießen blind umher wie Wesen, die man aus einem Käfig befreit hat, bis Lornas Augen sich schließen und sie in tiefer Schwärze versinkt.

EINIGE STUNDEN SPÄTER dringt blassgelbes Licht unter den Falten des Vorhangs hervor und malt ein Gitter auf den Fußboden. Lornas Kopf dröhnt. Sie ist schweißgebadet, ihr Verlobungsring hat sich am Finger verdreht, der Diamant drückt sich in ihre Handfläche. Was ist nur los? Hat sie etwas Falsches gegessen? War es der Krabbensalat von gestern Abend? Der klebrige, uralte Sherry?

Sie zittert unter den Laken, und ihr ist abwechselnd heiß und kalt. Jemand hämmert von innen gegen ihre Schädeldecke. Das Einzige, was sie tun kann, ist, die Augen zu schließen und um Schlaf zu beten.

Ein Klopfen an der Tür. Sie blinzelt. Der Raum ist stickig, und grelles Sonnenlicht dringt wie ein Rasiermesser durch die Schlitze des Vorhangs. Eine Stimme kommt durch den Raum zu ihr geschwommen: „Alles in Ordnung?"

Lorna versucht, nicht zu stöhnen. „Kommen Sie rein", sagt sie schwach.

„Oh, was ist denn mit Ihnen los? Sie sehen ja furchtbar aus."

„Mein Kopf ..." Sie fasst sich mit der Hand an die Stirn. Sie ist feucht und heiß. „Muss ein Virus sein. Etwas, das ich mir im Zug eingefangen habe."

„Oje. Kann ich Ihnen irgendetwas bringen?"

„Paracetamol wäre gut."

„Ich schaue mal nach."

Lorna sinkt zurück in die Kissen. Das Pochen wird stärker.

Schließlich taucht Dill wieder auf. „Ich habe leider kein Paracetamol gefunden. Aber Mrs Alton hat mir das hier für Sie gegeben." Sie hält eine weiße Pappschachtel hoch.

Kraftlos schüttelt Lorna die Schachtel: Zwei Pillen fallen auf die Daunendecke. Sie versucht, die Schrift auf der Rückseite der Packung zu lesen – sie erkennt den Aufkleber einer Apotheke, offenbar sind die Tabletten verschreibungspflichtig –, aber die Buchstaben verschwimmen vor ihren Augen.

„Soll ich Ihnen ein Glas Wasser bringen?", erkundigt sich Dill freundlich. Lorna nickt. Sie fragt nicht nach der Dosierung.

Welcher Tag ist heute? Wo ist sie? Es dauert ein paar Augenblicke, bis die Erinnerung an den Vortag und die vergangene Nacht zurückkommt. Nein … Sie wird doch sicher nicht so dumm gewesen sein, Mrs Altons verschreibungspflichtige Pillen zu nehmen? Aber am Boden liegt die leere weiße Schachtel, und das Bett ist ein einziges verschwitztes Knäuel aus Laken. Sie kämpft sich aus dem Bett, reißt das Fenster auf und holt tief Luft. Taufeuchter Efeu streift ihr Gesicht. Es riecht nach Seetang. Wolle. Speck.

Speck? O nein, sie kommt zu spät zum Frühstück. Einen ganzen Tag zu spät. Sie versucht, Jon eine SMS zu schicken – „Nachricht nicht gesendet", meldet ihr Handy –, zieht sich nach einer kurzen Dusche eilig an und fährt sich mit den Fingern durchs Haar.

Wo ist das Speisezimmer? Sie betritt einen ihr unbekannten langen, düsteren Flur, der zu einem Zimmer voller mit weißen Laken verhängter Möbel führt. Leise fluchend geht sie zurück und sucht weiter, bis sie die Worte Speisezimmer in verblassten Goldbuchstaben an einer dunkelgrauen Tür schimmern sieht. Sie hört das Klirren von Besteck. *Mist. Sie haben bereits angefangen.*

„Es tut mir leid, dass ich zu spät komme …" Sie verstummt. Sie hat nicht erwartet, dass das Speisezimmer so prächtig ist, so rot, der Tisch so wahnsinnig groß. Mrs Alton gelingt es dennoch, den Raum zu beherrschen. In vollendeter Haltung sitzt sie an einem Ende des Tischs und balanciert eine Gabel mit Rührei in der Luft.

„Ich bin froh, dass es Ihnen wieder besser geht und dass die Hochzeitssuite sich als geeignet für einen so tiefen Schlummer erwiesen hat", fügt sie hinzu, ohne ihr kleines Pillengeschenk – Pferdebetäubungsmittel oder was auch immer es war – zu erwähnen. „Nehmen Sie Platz."

Lorna setzt sich. Noch im selben Moment überfällt sie blitzartig eine Erinnerung aus dieser Nacht: Sie war aufgewacht und hatte jemanden in der Tür stehen sehen.

„Ich hoffe, Sie sind hungrig." Mrs Alton mustert sie so intensiv, als hätte seit gestern irgendetwas ihr besonderes Interesse erregt.

„O ja", sagt Lorna, obwohl sie nicht sicher ist, dass das stimmt.

Dill erscheint in einem dunkelblauen Arbeitsoverall und wirkt freudig überrascht. „Sie sind hier!", trillert sie. „Wie fühlen Sie sich?"

„Viel besser", sagt Lorna verlegen, in der Hoffnung, dass Dill sie nicht in ihrem benebeltsten Zustand mitbekommen hat.

Dill gießt Tee durch ein silbernes Sieb in eine ausgesprochen hübsche Porzellantasse mit Goldrand. „Eier mit Speck?"

„Wunderbar. Nur bitte keinen Speck für mich."

„Keinen Speck?", fragt Dill verblüfft.

„Ich bin Vegetarierin. Nun ja, ich esse Fisch."

„Ich muss Sie warnen, dass die Eier ziemlich kalt sein werden", sagt Mrs Alton und bestreut ihr Frühstück mit Salz. „Außer Endellion sprintet aus der Küche hierher."

Dill lächelt. „Die Küche liegt zu weit vom Speisezimmer entfernt, Lorna, weshalb wir normalerweise gleich dort essen. Aber dies ist ein besonderes Zimmer, und wir dachten, es würde Ihnen gefallen."

„Es ist ein wundervoller Raum. Ich mag diese roten Wände."

„Als ich hierherzog, habe ich versucht, alle Mahlzeiten hier einzunehmen, aber am Ende habe ich kapituliert. Immer dieses lauwarme Essen."

Lorna kann sich nur schwer vorstellen, dass irgendetwas Mrs Alton zum Kapitulieren bringt. Sie späht über ihre Schulter zum Fenster. „Der Rasen wirkt heute Morgen besonders saftig und grün."

„So ist das hier nach einer durchregneten Nacht. Nicht dass Sie bei Ihrer Hochzeit Regen haben werden, natürlich. Nicht so wie ich."

Bei dem Wort „Hochzeit" schlägt Lornas Herz schneller. Das Telefongespräch in Dills Büro liegt ihr immer noch wie ein Stein im Magen. Soll sie die Sache mit der Lizenz jetzt erwähnen? Möglicherweise ist Mrs Alton überhaupt nicht bewusst, dass eine solche Lizenz nötig ist. „Nun, es gibt da ein paar Dinge, die noch geklärt werden müssten. Es geht um die Lizenz, hier eine Hochzeit auszurichten. Jon konnte bei der Kommunalverwaltung keinen Nachweis darüber finden."

Dröhnendes Schweigen. Wut rötet Mrs Altons sehnigen Hals.

„Die Eier!", ruft Dill von draußen und stößt mit ihrem Gesäß die Tür auf. Die beiden gekochten Eier schaukeln in ihren Bechern. Sie stellt das kleine Tablett ab und blickt von Lorna zu Mrs Alton und wieder zurück. „Alles in Ordnung?"

„Lorna scheint zu denken, dass wir schlecht gerüstet sind für eine Hochzeit", sagt Mrs Alton streng.

„Ich habe mir bloß Gedanken gemacht über ... die Lizenz", stottert Lorna.

„Ah ja." Dill räuspert sich, errötet. „Demnächst. Wir bekommen sie bald."

„Ist das *noch* so ein Schnitzer, der dir unterlaufen ist, Endellion?"

„Nun, Mrs Alton, ich hatte Ihnen dargelegt, dass es äußerst knifflig werden wird, die Genehmigung zu bekommen, bevor wir die nötigen Reparaturen und Umbauten vorgenommen haben …"

„Endellion, muss ich es wirklich buchstabieren? Ohne Einnahmen können wir uns keine Reparaturen leisten. Erst muss Geld hereinkommen."

„Aber so funktioniert es nicht", erwidert Dill auf eine Art, die Lorna vermuten lässt, dass sie dieses Gespräch schon viele Male geführt haben.

„Dann *mach*, dass es so funktioniert." Mrs Alton erhebt sich zu ihrer vollen Größe und stützt sich auf ihre arthritischen Fingerknöchel. „Biete diesem lästigen kleinen Prüfer ein bisschen Feuerholz an oder einen kostenlosen Anlegeplatz für ein Jahr. Dafür wird er doch wohl ein Auge zudrücken. Das hat noch immer funktioniert."

„Die Dinge haben sich geändert, Mrs Alton", protestiert Dill.

„Dann lass dir etwas *einfallen*, Endellion!", bellt Mrs Alton. „Uns rennt die Zeit davon. *Mir* rennt die Zeit davon. Und mir geht die Geduld aus." Sie greift nach ihrem Stock und geht in Richtung Tür. Das Trommeln von Stock und Schritten verklingt im Korridor.

„Das tut mir so leid, Dill", flüstert Lorna. „Ich wollte keine Probleme machen."

„Jetzt machen Sie mal halblang. Mrs Alton ist bloß übermüdet."

„Es ist, weil ich hier bin, oder?"

Nach einer winzigen Pause erwidert Dill: „Natürlich nicht. Sie ist heute etwas reizbar, das ist alles."

Lornas Blick sinkt auf ihren Teller. Sie kann nicht länger bleiben. Erst hat sie zu Hause für Unruhe gesorgt und jetzt auf Black Rabbit Hall. „Ich werde heute Nachmittag den Zug nehmen."

„Aber Sie mussten doch den ganzen gestrigen Tag im Bett verbringen, Sie armes Ding! Sie bleiben auf jeden Fall noch eine Nacht."

„Das würde ich wirklich sehr gern", sagt Lorna ehrlich. „Aber … ich kann nicht. Nicht jetzt."

„Bitte gehen Sie nicht wegen Mrs Altons Ausbruch, Lorna. So ist sie eben. Sie hatte es nicht leicht im Leben." Sie lässt sich auf den Stuhl neben Lorna plumpsen, füllt Lornas Tasse nach und schenkt sich dann ebenfalls Tee ein.

Lorna setzt sich aufrechter hin. Das ist ihre Chance, ein paar Antworten zu bekommen. „Was hält sie hier, Dill?"

„Nun, das ist eine lange Geschichte."

„Ich liebe lange Geschichten." Lorna lächelt. „Ich wette, Sie können gut erzählen."

Die Schmeichelei wirkt. „Mr und Mrs Alton haben sich vor langer Zeit geliebt, wissen Sie", sagt sie mit gedämpfter Stimme und schielt zur Tür. „Aber als er sie für Nancy verließ …"

„Nein! Er hat sie für seine erste Frau sitzen lassen?"

Dills Augen glänzen. „Das ist viele Jahre her. Da waren sie noch sehr jung. Er hat Mrs Alton das Herz gebrochen."

„Okay, Moment mal ... Aber Mrs Alton hat dann jemand anderen geheiratet, oder nicht?"

„Zwei Wochen später. Mr Alfred Shawcross."

„*Zwei* Wochen später?" Lorna stellt ihre Teetasse klirrend auf dem Unterteller ab.

Dill blickt nervös zur Tür und senkt die Stimme noch etwas mehr. „Mr Shawcross war reich. Sehr reich."

„Aha. Rache ist süß." Genau wie in einem dieser Liebesromane, die ihre Mutter immer gelesen hat. Großartig. Lorna greift nach einer Scheibe Toast, bestreicht sie mit Marmelade und beißt hinein.

„Als Mr Shawcross, der viel älter war als sie, ein paar Jahre später verstarb, war sie eine wohlhabende Witwe ..." Dill legt eine dramatische Pause ein und lässt Lorna sich ihren Teil denken.

„... und konnte, nachdem dann auch Nancy von der Bildfläche verschwunden war, ihre erste große Liebe heiraten", ergänzt Lorna.

„Sie hat ein kleines Vermögen mitgebracht. Es war *dieses* Geld, das Pencraw vor dem Verkauf bewahrte."

„Also hat er sie wegen des Geldes geheiratet? Oh. Wie traurig."

„Ich glaube nicht, dass es bloß das war", entgegnet Dill. „Es heißt, dass Mr Alton eine Mutter für seine Kinder wollte. Anscheinend entglitten sie ihm, gerieten außer Rand und Band, nachdem Nancy tot war, vor allem der älteste Sohn, den ihr Tod schrecklich hart getroffen hat. Er dachte wohl, eine neue Ehefrau würde das Familienschiff wieder in ruhigere Gewässer lenken."

„Und? Hat es funktioniert?", fragt Lorna skeptisch. Die Gesichter auf den Fotos im Album legen etwas anderes nahe.

Dill schüttelt den Kopf. „Ich glaube, dass die Kinder sie nie akzeptiert haben. Aber sie brachte ihnen finanzielle Sicherheit, was auch nicht zu verachten ist, oder? Sie konnten das Haus behalten. Doch Mr Alton ist jetzt auch schon seit weit über zwanzig Jahren tot. Das ist eine lange Zeit, wenn man hier allein lebt und für alles aufkommen muss. Kein Wunder, dass von ihrem Vermögen kaum etwas übrig ist."

Lorna beugt sich vor. Sie spürt, dass sie sich dem Kern der Geschichte nähern. „Sicher wäre es an der Zeit, dass die jüngere Generation das Zepter übernimmt. Was ist mit dem ältesten Sohn von Nancy und Mr Alton? Dem Zwillingsjungen und Erben?"

„Toby?", flüstert Dill. „Toby lässt sich schon seit Jahrzehnten nicht mehr blicken."

„Also lebt er noch?"

Dill schaut weg und kaut auf dem Innern ihrer Wange herum. „Ich sollte nicht so viel plaudern. Tut mir leid. Ich muss jetzt wirklich weiterarbeiten."

„Ganz schön viel Arbeit für Sie, Dill. Warum bleiben Sie eigentlich auf Pencraw Hall?", fragt Lorna, gerührt von Dills Ergebenheit und Loyalität.

Dill errötet. „Um ehrlich zu sein, habe ich nie woanders gearbeitet." Ihr Gesicht wird ernst. „Mrs Alton ist sehr krank. Ich fürchte, es ist bloß noch eine Frage von Wochen."

„Nein ..." Lorna ist so bestürzt, dass ihr die Worte fehlen. „Es tut mir so leid."

„Sie nennt den Tumor Nancy."

KAUM ZU GLAUBEN, aber die Welt hat sie eingeholt. Auf der zwölften Stufe der großen Treppe lädt ihr Handy die Textnachrichten blitzschnell.

> Louise: *Jon dreht durch. Was ist los?*
> Dad: *Wollt bloß fragen: alles ok?*
> Jon: *Kannst du mich anrufen?*
> Jon: *Mach mir Sorgen.*
> Jon: *Hat sie dich irgendwo eingesperrt? Soll ich die Polizei rufen?*

Lorna tippt eilig eine Nachricht an Jon. Dass sie seine Nachrichten eben erst bekommen habe und krank gewesen sei, dass er sich aber keine Sorgen zu machen brauche. Sie werde den Nachmittagszug nehmen.

Ungeachtet aller Merkwürdigkeiten und der Tragik, die über dem Anwesen liegt, wird sie Black Rabbit Hall vermissen, umso mehr, als eine Hochzeitsfeier hier ihr nun sehr unwahrscheinlich erscheint. Wird sie woanders heiraten? Es ist, als würde die Tür zu ihrer Zukunft von der Vergangenheit versperrt.

## *Dreizehn*
### Amber, Juni 1969

Ein Schweißtropfen rinnt mir die Nase hinunter. Ich wische ihn mit einem Seidenschal weg und spähe durch eine Ritze in der Schranktür hinaus zu Peggy. Mir gefällt die feinfühlige Art, mit der sie Mamas Sachen auf der Frisierkommode abstaubt; ich wünschte nur, sie würde sich beeilen.

Peggy ist heute *so* langsam. Ständig wischt sie sich mit dem Handrücken über die Stirn, und sie schwankt ein wenig, als würde ihr von jeder Bewegung übel. Ich hoffe, sie muss sich hier drinnen nicht übergeben wie gestern früh im Garten. Ein Magen-Darm-Infekt, sagt sie. Hoffentlich stecke ich mich nicht an.

Schließlich lässt Peggy die Tür hinter sich zufallen. Ich klettere aus dem Schrank und setze mich an den Frisiertisch, um durchzuatmen. Im Schrank ist es sehr stickig, aber es ist der einzige Ort, an dem ich an Lucian denken kann, ohne mir Sorgen machen zu müssen, dass Toby die Bilder in meinem Kopf sehen kann.

Toby hat einen Verdacht, da bin ich mir ziemlich sicher, aber er hat keinen Beweis. Ansonsten hätte er mich bereits damit konfrontiert. Und die Wahrheit ist, dass seit dem Kuss Ostern *nichts* passiert ist. Papas Ankündigung, die uns am letzten Tag der Osterferien getroffen hat wie eine Kugel einen Haufen Kegel, bedeutet auch, dass nie mehr etwas passieren kann: „Ihr braucht wieder eine Mutter, Kinder. Ich hoffe, ihr werdet Caroline als solche willkommen heißen und Lucian als euren neuen älteren Bruder."

Bruder. Wie kann er je ein *Bruder* sein?

„Amber?" Die Tür fliegt auf, und Toby platzt ins Zimmer, wütend und strotzend vor Kraft und Energie. „Was machst du hier?"

„Ich hab gern Mamas Sachen um mich."

Er steht hinter mir. Unsere Blicke prallen im Spiegel zusammen. „Ich habe einen Kuchen in der Speisekammer gefunden."

„Einen Kuchen?" Ich fahre mit den Fingern über Mamas Haarbürste.

„Genauer gesagt fünf Kuchen. Verschieden groß."

„Und?"

„Stell dich nicht dumm. Das wird eine *Hochzeits*torte, Amber. Peggys verdammte Hochzeitstorte. Ich habe Boris drauf losgelassen." Er johlt.

„Das ist so was von kaninchenkötteldoof, Toby!" Ich schüttle den Kopf und verbeiße mir das Lachen. „Peggy wird einfach einen anderen Kuchen backen."

„Tja, ich an ihrer Stelle würde das Biskuit mit Rattengift bestreuen. Für sie wird es viel schlimmer werden, wenn sie verheiratet sind. Es wird für uns alle schlimmer werden." Er geht neben meinem Stuhl in die Hocke und wippt auf und ab wie auf Sprungfedern. „Sobald Caroline den Ring am Finger hat, wird sie noch grässlicher werden, glaub mir."

„Aber mit der Hochzeit hat sie doch erreicht, was sie will."

„So tickt Caroline nicht."

Ich starre mein Spiegelbild an. „Caroline lässt uns alle früher aus der

Schule anreisen, damit die Hochzeit schon im Juni stattfinden kann. Sie *muss* sich Sorgen machen, dass Papa es sich anders überlegt. Vielleicht …"

„Nein, Caroline wird dafür sorgen, dass diese Hochzeit stattfindet. Und dann wird sie Black Rabbit Hall ruinieren. Sie wird all unsere Plätze zerstören."

„Nicht den Wald. Oder den Strand." Seine Festungen aus alten Balken und Hühnerdraht, der kalte nasse Sand und darüber das Himmelsgewölbe – das sind die Orte, an denen Toby immer noch am glücklichsten ist. In diesem Moment wird mir klar, dass er auf eigenartige Weise Black Rabbit Hall verkörpert, mehr als jeder andere von uns. „Die kann sie nicht zerstören."

„Dann eben das Haus."

Ich stehe auf, und die Verantwortung, seine andere, rationalere Hälfte zu sein, lastet schwer auf mir. „Schluss mit der Schwarzmalerei. Mama hat immer gesagt, dass die Welt ein guter Ort ist, schon vergessen?"

„Bloß weil sie nicht wusste, was ihr zustoßen würde. Wenn sie es gewusst hätte, wäre sie nicht losgeritten, um Barney zu suchen. Sie wäre noch am Leben."

Aufgebracht wende ich mich ihm zu. „Aber sie *hat* es nicht gewusst. Keiner von uns weiß irgendetwas. Nie. Nicht, bis es passiert!"

„Das Problem ist, ich schon, Amber." Er bedeckt Mund und Nase mit den Händen und atmet heftig, als versuche er, eine aufsteigende Panik zu unterdrücken. „Ich will das nicht. Aber es ist so. Und ich habe eine Grafik, die genau zeigt, wann."

Die Kirche ist nicht annähernd so voll wie zu Mamas Beerdigung. Manche Gesichter fehlen. Alte Freunde meiner Eltern aus London. Tante Bay, die sich letzte Woche am Telefon mit Papa gestritten hat, woraufhin Papa brüllte: „Und wann ist es nicht ‚zu früh'? Ich werde nie aufhören, Nancy zu lieben, also gibt es sowieso keinen richtigen Zeitpunkt."

Carolines Seite des Gangs ist voller: ein anderes Publikum, lauter, aufgeregter. Die Männer lachen schallend. Die Schöße ihrer Cuts hängen aus den Kirchenbänken wie schwarze Zungen. Ihre schlanken Frauen mustern die Kleider und Schuhe der anderen Gäste, falten die Gottesdienstordnung in der Mitte zusammen und fächeln sich in der stickigen Hitze der Kirche Luft zu.

Papa steht vorn in der Kirche, mit geradem Rücken, die Fäuste geballt, weniger wie ein Bräutigam als wie ein Soldat, der auf ein Erschießungskommando wartet. Tobys Fingernägel kratzen an der Kirchenbank wie an einer Kruste. Barney schlingt die Arme um seine Beine. Anders als Kitty kann er sich noch gut an Mamas Beerdigung erinnern – gut genug, um sich so wie damals zu fühlen: die aufdringlichen Umarmungen Fremder, die Blumen, das Quietschen der Scharniere, als die Kirchentüren aufgehen.

Bei diesem Geräusch drehen sich alle um und verrenken sich fast die Hälse, um die Braut zu sehen. Dröhnend setzt die Orgel ein. Papa erstarrt. „Wunderschön!", flüstert es überall in den Kirchenbänken.

Und das ist er. Er ist so wunderschön, dass ich nach Luft schnappe.

Das Haar mit Pomade zurückgekämmt, den Arm seiner Mutter fest in seinem, schreitet Lucian langsam den Mittelgang entlang, die glänzenden schwarzen Augen nach vorn gerichtet, das Gesicht ernst. Er ist größer und kräftiger, als ich ihn in Erinnerung habe. Der Drang, meine Hand nach ihm auszustrecken, ist beinahe überwältigend. Ich will, dass er *mich* ein letztes Mal sieht – das Mädchen, das er geküsst hat, nicht die Stiefschwester, die er von nun an gezwungenermaßen ertragen muss. Doch Lucian sieht mich nicht an. Er sieht niemanden an, sondern bleibt nur einmal kurz stehen, um Kitty zu ermuntern, die, ganz in rosa Tüll gehüllt, schüchtern hinter ihnen herschlurft und den Brautjungfernstrauß fest an die Brust drückt wie eine Puppe.

Ein kleines triumphierendes Lächeln liegt auf dem blassen, an eine Gipsmaske erinnernden Gesicht meiner neuen Stiefmutter. Ihr Kleid – lang und cremefarben und übersät von winzigen Perlen – wogt. Auch sie blickt keinen von uns an. Vielleicht wagt sie es nicht. Bestimmt befürchtet sie, dass Toby explodieren wird.

Sie kann ja nicht wissen, dass Toby mir versprochen hat, keine Szene zu machen, Kitty und Barney zuliebe. Ich bin stolz auf seine Beherrschung, wohl wissend, dass es gegen seine Natur ist. Während des Gelübdes kneift er die Augen zusammen und lässt seine zu Fäusten geballten Hände nur aufschnappen, als ein nervöses Raunen durch die Reihen geht, weil der Ring nicht auf Carolines Finger zu passen scheint. *Bitte, lass ihn nicht passen!*

Aber Papa probiert es noch einmal mit einem verzweifelten Ruck. Und der Ring sitzt und besiegelt unser aller Schicksal mit einem Band aus Weißgold.

ICH WINKE Peggy durch das Wagenfenster zu, als die Autokolonne sich nach der Trauung auf Black Rabbit Hall zuwälzt, doch ich glaube nicht, dass sie mich hinter der Scheibe sehen kann. Sie steht auf der untersten Treppenstufe neben Annie, die Lippen zu einem Lächeln zusammengepresst, und trägt eine neue Uniform: ein schwarzes Kleid, in dem sie ziemlich dick aussieht, mit einer gerüschten Schürze und einer Haube auf dem krausen, zu einem Knoten gebändigten braunen Haar.

Ich kurble das Fenster hinunter, weil ich plötzlich das dringende Bedürfnis habe, eine Verbindung herzustellen – zu ihr und zu allem, was gut, warm und verlässlich ist und nach Brot duftet. Da sieht sie mich. Ihr Lächeln wird breiter, und sie zeigt mir mit einem Blick zum Himmel, dass dunkle Wolken sich auf das Haus zuschieben.

In Windeseile sind sie direkt über uns und geben ihre Ladung frei. Regen! Wilder, heftiger Regen, der die Gäste von den Autos zum Haus rennen lässt. Die Eingangshalle ist ein einziges Gedränge aus nassen Füßen, triefenden Hüten und Frauen, die sich hektisch schwarze Make-up-Schlieren von den Augen tupfen.

Peggy und ihre Armee aus Dienstmädchen, in schlecht sitzende schwarzweiße Uniformen geknöpft, flitzen umher und versuchen, Tabletts voller Champagnergläser heil durch den Raum zu bringen.

Ich interessiere mich nur für einen Menschen.

Lucian steht pflichtbewusst neben seiner Mutter, starrt in die Menge und durch sie hindurch. Etwas sagt mir, dass er meinen Blick spürt, doch er erwidert ihn nicht.

Der Regen strömt weiter und bringt, wie Großmama Esme mit dem winzigen Anflug eines Lächelns bemerkt, „Carolines akribische Planung vollkommen durcheinander". Nun kann es keinen Sektempfang draußen auf dem Rasen geben, kein Hochzeitsfoto für die Ahnengalerie. Stattdessen sind die Gäste hinter den klappernden Fenstern von Black Rabbit Hall gefangen und beobachten mit offenen Mündern, wie der Wind an den Gartenpavillons rüttelt, Heringe aus dem Boden und Girlanden von den Bäumen reißt und einen Stapel weißer Servietten hoch hinauf ins Geäst der Bäume wirbelt, wo sie herumflattern wie Kapitulationsfahnen.

„Totale Verwüstung!" Toby taucht hinter mir auf. Seine Augen leuchten.

„Vielleicht gibt es doch einen Gott", flüstere ich, und wir beide lachen zum ersten Mal an diesem Tag.

Peggy eilt geschäftig vorbei – schwitzend, das Gesicht gerötet und angeschwollen wie eine Pflaume. Großmama nimmt sie zur Seite und flüstert ihr etwas ins Ohr, das Peggy noch mehr erröten lässt. Kurz darauf erscheint ihre Armee dienstbarer Geister mit Blecheimern, um das Wasser aufzufangen, das von der Decke herabtropft. Carolines Freunde beobachten all das so entsetzt wie fasziniert und murmeln, dass Caroline „alle Hände voll zu tun" haben wird.

Lucian vermeidet es noch immer, in meine Richtung zu schauen, was meine Sehnsucht nach ihm und meinen Hass auf ihn gleichermaßen schürt, doch Toby fixiert mich während des gesamten Essens, als wäre dies das Einzige, was ihn davon abhält, die Tischdecke herunterzureißen oder den Leuten den Lachs um die Ohren zu hauen. Wenn er es nur täte. Ich bereue jetzt, ihn gebeten zu haben, sich zu benehmen.

Nach einer Ewigkeit ist das Mahl vorbei, und die Gäste, inzwischen etwas unsicher auf den Beinen, verschütten Wein aus ihren Gläsern, als sie in den Salon drängen. Die Stimmen werden lauter, kämpfen gegen die Jazzband an.

Ich stelle mich in meinen Seidenpumps auf die Zehenspitzen und versuche, meine Geschwister oder Lucian auszumachen, irgendein vertrautes Gesicht. Doch es gelingt mir nicht. Ein Mann mit Schnurrbart macht sich, nach Alkohol stinkend, an mich heran und fragt, ob ich meine „fabelhaft reiche alte Stiefmutter" möge. Eine Frau in einem weißen Minikleid schiebt ihn weg. „Finger weg vom jungen Gemüse, Bradley!" Sie stellt sich als Jibby vor und erzählt mir, dass mein „schnuckliger neuer Stiefbruder Lucian" ihrer Nichte Belinda das Herz gebrochen habe, weil er sich nicht mehr bei ihr meldet. Ob ich ihm wohl einen kleinen Schubs geben und ihn dazu bewegen könnte, das arme Mädchen zu besuchen?

Endlich entdecke ich Großmama Esme, und meine Erleichterung ist groß – fast so groß wie zu hören, dass Lucian Belinda das Herz gebrochen hat. „Liebling, du wirkst erschöpft", sagt Großmama und ergreift meine Hände.

„Wo sind die anderen, Großmama?"

„Kitty und Barney verputzten gerade fröhlich eine Schale kandierte Nüsse, als ich sie zuletzt gesehen habe. Und Toby – ich habe keine Ahnung, was Toby im Schilde führt. Aber ich denke, in Anbetracht der Umstände hat er sich tadellos benommen, oder nicht? Also lassen wir den armen Kerl einfach in Ruhe. Warum schleichst du dich nicht auch davon, Schatz?"

„Ob Papa das recht wäre? Sollen wir ihnen denn nicht noch zuwinken, wenn sie in die Flitterwochen aufbrechen?"

„Überlass deinen Papa mal mir." Großmama drückt meine Hände. „Ich wage zu behaupten, wenn du nicht gewesen wärst, wäre es heute etwas turbulenter zugegangen."

„Ich habe überhaupt nichts getan", sage ich ehrlich.

„O doch, Amber. Sie folgen deinem Beispiel. Du hast dich ruhig verhalten, also taten sie es auch. Du machst sie stark." Großmama lächelt unter Tränen. „Nancy wäre so stolz auf dich."

„Danke, Großmama." Es ist das erste Mal an diesem Tag, dass irgendjemand Mama erwähnt.

„Jetzt sieh dich nur mal an …", sie rückt schniefend die Schleife um meine Taille zurecht, „du siehst sehr, sehr hübsch aus in diesem Kleid."

Ich lächle unsicher. Papas Sekretärin hat das muschelrosafarbene Kleid bei Harrods gekauft. Ich hätte lieber etwas Kürzeres und Verrückteres gehabt, mit schwarz-weißen Streifen vielleicht. Mein Kleid hat ein enges Oberteil und einen üppigen Rock, aufgeplustert von zwei Lagen Petticoats. „Das Kleid ist ein bisschen altmodisch", sage ich.

„Ach, das macht seinen Charme aus. Du bist hier die Ballkönigin, Liebling." Mit hochgezogenen Augenbrauen blickt sie zu Caroline hinüber. „Offen gesagt bin ich überrascht, dass Caroline dich nicht in Sackleinen gesteckt hat."

„Sie nimmt mich doch kaum wahr. Ich glaube nicht, dass sie überhaupt gemerkt hat, dass ich da bin. Ich kann sie nicht leiden, Großmama", sage ich finster. „Und ich glaube auch nicht, dass Papa sie liebt."

„In Situationen wie dieser müssen wir unser Urteil dem Wohl aller unterordnen." Sie hebt das Glas an die Lippen und murmelt: „Du meine Güte, ich fürchte, Caroline beabsichtigt uns mit ihrer Gesellschaft zu beehren. Wenn du abhauen willst, dann schlage ich vor, du tust es jetzt."

Ich schiebe mich an der Wand entlang, stürze aus dem Raum und finde Barney und Kitty in der Eingangshalle, die Fäuste voller gebrannter Mandeln. Ich bugsiere meine übermüdeten Geschwister die Treppe hinauf. Im Kinderzimmer fängt Kitty an zu schluchzen, weil sie ihr Brautjungfernkleid zerrissen hat. Barney gesteht, dass er ein halbes Glas Champagner getrunken hat und sich ein wenig komisch fühlt. Ich lasse ihn drei Gläser Wasser trinken und bringe die beiden zu Bett.

Als ich die Vorhänge zuziehe, dringt Applaus von der Zufahrt herauf, dann das Klappern von Dosen auf dem Kies, als ein Wagen davonrauscht. Jetzt sind sie also weg. *Und morgen werden auch die Gäste fort sein, und das Haus wird wieder uns gehören*, denke ich, um mich aufzumuntern. Das muss ich auch Toby sagen. Ich muss ihn finden, sehen, ob es ihm gut geht.

Toby ist nicht in seinem Zimmer. Das Fenster steht sperrangelweit offen, und auf dem Boden befindet sich eine Pfütze. Ich beuge mich aus dem Fenster, um nachzusehen, ob er nicht gerade am Efeu hinunterklettert.

„Amber?"

Mein Magen schlägt Purzelbäume.

„Alles okay?"

Langsam drehe ich mich zu Lucian um. Plötzlich fühlt sich das Zimmer unglaublich klein an, aufgeladen mit etwas, das wir nicht aussprechen können.

„Ich … Ich bin auf der Suche nach Toby", stottere ich. Mein Mund ist trocken, und mein Herz schlägt jetzt so schnell, dass ich mir sicher bin, er kann es unter dem Seidenstoff meines Kleides sehen.

„Ich kann es ihm nicht verdenken, wenn er abgehauen ist." Lucian kommt zu mir und schließt das Fenster. „Darf ich dir helfen, Toby zu suchen?"

Ich nicke und denke, dass er mich alles fragen könnte – ich würde immer mit Ja antworten.

Er hält mir Tobys Zimmertür auf. „Nach dir."

Die Petticoats rascheln wie Papier, als mein Kleid sein Bein streift. Tief drinnen spüre ich wieder dieses Ziehen, dasselbe verzweifelte Ziehen, das ich gespürt habe, als er mich geküsst hat. Wie kann ich bloß so für einen Stiefbruder empfinden? Wie kann das richtig sein?

Es mag falsch sein. Aber es ist richtig. Und so, sage ich mir entschieden, wird es bleiben: eine Knospe, nie eine volle Blüte.

„Nach oben?", fragt er und wirft mir einen verstohlenen Blick zu.

Ich erröte und nicke, anstatt vorzuschlagen, dass wir draußen anfangen, wo Toby höchstwahrscheinlich ist. Es kümmert mich nicht länger, was Toby macht. Am obersten Treppenabsatz wische ich ein Guckloch in die beschlagene Fensterscheibe und spähe hinaus in die Nacht.

„Siehst du irgendwas?", fragt er.

„Nicht viel." Der Regen hat aufgehört. Die Feier verlagert sich nach draußen, Sturmlaternen schweben wie Glühwürmchen über dem Rasen. Aber es ist viel zu dunkel, um weiter als bis zum Rand des Waldes sehen zu können, wo Toby sich zweifelsohne in seinem Baumhaus zusammengerollt hat.

Lucian schiebt den schweren Riegel zurück und macht das Fenster auf. „Was hörst du?", fragt er.

„Stimmen im Garten. Die Geräusche hallen irgendwie vom Dach wider."

„Echt? Das ist das Dach? Ist es möglich, da rauszuklettern?"

„Irgendwie schon", sage ich zögerlich.

„Komm schon. Ich war noch nie auf dem Dach eines Hauses." Er reicht mir lächelnd die Hand. Unsere Handflächen schlagen Funken, als sie sich berühren.

Das schummrige Treppenlicht dringt gerade weit genug zu uns heraus, dass wir die klobigen Zinnen erkennen können. Wir bewegen uns vorsichtig auf sie zu. Der Himmel ist mit Sternen bestickt.

„Ich habe mein Bestes getan, um Ma diese Hochzeit auszureden", sagt Lucian leise. Wir stehen jetzt nah beieinander. „Aber leider hat sie sich noch nie besonders für meine Meinung interessiert."

Er tut mir leid. Mama hat mir immer das Gefühl gegeben, dass meine Meinung zählt.

„Man kann sich seine Eltern eben nicht aussuchen, was?"

„Nein, das kann man nicht." Mir wird schlagartig bewusst, wie viel Glück ich hatte, von all den potenziellen Müttern auf der Welt ausgerechnet diese erwischt zu haben. Ich habe sie verloren. Aber ich *hatte* sie immerhin.

„Was ist mit deinem Vater?"

„Vater? Er war ein guter Mensch." Er schweigt einen Moment, und als er weiterredet, ist da ein Krächzen in seiner Stimme. „Ich vermisse ihn immer noch. Es ist Jahre her. Bescheuert, oder?"

Ich schüttle nur stumm den Kopf, aus Angst, dass meine Stimme auch brechen könnte.

„Er war dreiundsiebzig, hatte also immerhin ein recht langes Leben. Ich weiß, dass das bei deiner Mutter nicht der Fall war."

„Vierzig ist ziemlich alt."

„Aber nicht alt genug."

„Nein. Aber sie war glücklich, wirklich glücklich. Immer wenn ich an meine Mutter denke, sehe ich sie lächeln." Über sie zu reden fällt mir leichter als sonst. „Ich weiß nicht, ob es besser ist, glücklich zu sterben, oder schlimmer, weil man mehr verliert."

Er denkt darüber nach. „Ich glaube, es macht die Sache besser."

„Sie war auch schön", sage ich, ohne den Stolz in meiner Stimme zu verbergen.

„Ich weiß. Ich habe ihr Porträt in der Eingangshalle gesehen. Du siehst genauso aus wie sie", flüstert er.

Da stehen wir, hin- und hergerissen von unseren Gefühlen. Auch der Wind zerrt an uns, und um die Zinnen jagen die Fledermäuse in wilden Achten.

Und dann spaltet ein lauter Knall den Himmel wie ein Schuss. Ich zucke zusammen. Ich höre den Knall in jeder Zelle meines Körpers. Fühle ihn. Sehe ihn. Blutspritzer auf dem Boden vor dem Stall. Ein zerborstener Schädel auf schwarzem Samt. Mir ist übel.

„Amber, was ist los?"

„Nichts", murmle ich.

„Du musst keine Angst haben. Das ist bloß ein Feuerwerk. Schau."

Also öffne ich die Augen und schaue. Springseile aus bunten Lichtern winden sich am Himmel, immer und immer wieder, bevor sie sich in einem Silberschwall auflösen. *Peng. Peng. Peng.* Ich zucke jedes Mal zusammen, doch Lucian hat seinen Arm um meine Schultern gelegt, und das macht es erträglich. Ich drücke mich an ihn. Mein Körper erinnert sich an die Form seines Körpers, an seinen Geruch, und all diese Empfindungen lassen die schrecklich verkehrten Gründe und Regeln, warum ich ihn nicht lieben darf, komplett bedeutungslos werden. Es gibt niemanden, in dessen Gegenwart ich so sehr ich selbst bin. Nach einer Weile werden die Feuerwerkskörper leiser, klingen weniger wie Pistolenschüsse. Der letzte Zentimeter zwischen uns ist verschwunden, und wir küssen und küssen uns, als könnten wir einander unter die Haut schlüpfen. Sein Mund wandert hinunter zu meinem Hals, flüstert immer wieder meinen Namen.

„Amber! Amber!" Tobys Augen sind glasig und gerötet. Seine Hand rüttelt grob an meiner Schulter. „Wach auf!"

Ich stöhne und ziehe mir die Decke bis übers Kinn. „Was ist los?"

„War irgendwas mit Lucian? Sag's mir, und ich schlage ihn windelweich."

„Was? Wovon redest du? Hau ab. Ich schlafe."

„Du bist nicht verletzt? Nichts ist passiert?"

„Himmelherrgott, Toby!"

Er sinkt in meinen Samtsessel und vergräbt sein Gesicht in den Händen. „Entschuldige. Ich ... konnte nicht schlafen, weißt du. Es ging mir nicht aus dem Kopf, dass etwas passiert ist. Dass du beschützt werden musst."

„Geh wieder schlafen."

Geheimnisse sind aufregend, aber Betrug ist schrecklich. Die Hochzeit ist zehn Tage her. Mehr als alles andere will ich ehrlich zu Toby sein, aber ich kann mir nicht vorstellen, wie das möglich sein soll. Ich kann überhaupt nicht denken. Ich fühle mich weniger wie ein menschliches Wesen als wie eine bunt schillernde Seifenblase, die am Sommerhimmel schwebt. Weniger wie eine Schwester. Weniger von allem, was ich war, und doch mehr ich selbst als je zuvor.

Seitdem Papa und Caroline in den Flitterwochen sind, ist Black Rabbit Hall ohne Aufsicht. Es gehört uns. Wir können tun, was wir wollen. Peggy ist zu erschöpft, um Einwände zu erheben, und hat Annie aufgetragen, ein Auge auf Kitty und Barney zu haben. Wir anderen schwimmen und lümmeln herum, und Lucian und ich lächeln uns heimlich zu und fragen uns, wann wir wieder allein sein können. Normalerweise müssen wir nicht lange warten: Toby ist dabei, sein Baumhaus um weitere Etagen aufzustocken.

Lucian und ich küssen uns, wann immer wir können. Am Rande der Klippen. Im hohen, weichen Gras hinter dem Feld. Und im Schrank, unserem Lieblingsort.

Dort haben wir es getan.

Das erste Mal ließ mich der heftig brennende Schmerz aufschreien. Doch jetzt stoße ich andere Schreie aus, die ich mit den Pelzen ersticke. Ich weiß, dass „es" gegen die Regeln verstößt, aber ich persönlich bin der Ansicht, dass die Regeln an dem Tag, als Mama von ihrem Pferd fiel, außer Kraft gesetzt wurden. Außerdem fühle ich mich weder schmutzig noch benutzt, nichts von alldem, auch wenn Mädchen in meiner Lage sich eigentlich so fühlen sollten. Ich fühle mich … verehrt. Geliebt. Ich bin wieder mit der Welt verbunden und treibe nicht länger benommen durch den kalten, dunklen Raum darunter. Und trotz der Gefahr, entdeckt zu werden, fühle ich mich zum ersten Mal seit Monaten wieder sicher.

EIN PAAR TAGE SPÄTER kehren Caroline und Papa aus Paris zurück, lächelnd, doch ohne sich an den Händen zu halten. Black Rabbit Hall gehört nicht mehr uns. Wird Papa merken, dass etwas anders ist? Es ging alles so schnell. Ich habe das Gefühl, sengende Hitze zu verströmen. Aber Papa merkt überhaupt nichts. Er fragt nur zerstreut, ob wir alle Spaß hatten, und bricht kurz darauf wegen „dringender Geschäfte" nach London auf. *Ohne Caroline mitzunehmen!* Eine Katastrophe.

Caroline bemerkt viel mehr. Sie stellt fest, dass Lucian „ziemlich verwildert" wirkt und dass Peggy und Annie in Anbetracht des Zustands des Hauses „wohl unter irgendeiner Krankheit leiden müssen, die sie zur Bewegungslosigkeit verdammt". Schlimmer noch: Sie verspricht, dass sie bis zum Ende der Sommerferien bleiben wird, „um ein Auge auf alles zu haben und das Haus in einen Zustand zu versetzen, der ihm gebührt".

Glücklicherweise setzt sich Black Rabbit Hall zur Wehr: Die Wasserhähne in Carolines Bad speien süßlich riechendes braunes Wasser, und nachts huscht eine Mäusegroßfamilie durch ihr Schlafzimmer (gierig nach den Haferflocken, die Toby unter Carolines Bett verstreut). Selbst nach Papas Rückkehr am folgenden Wochenende lässt Black Rabbit Hall nicht locker. Nach einer besonders ereignisreichen Nacht, in der die Glühbirnen durchbrennen und eine verwesende Krähe aus dem Schlafzimmerkamin fällt, schlägt Papa vor, dass Caroline für den Rest der Sommerferien doch lieber die Annehmlichkeiten von London genießen solle, während er das Haus „ein wenig mehr nach ihrem Geschmack" herrichte. Caroline, die offenbar vermutet, dass genau dies nicht passieren wird (womit sie recht behalten soll), steht mit vorgerecktem Kinn in der Eingangshalle und starrt die Treppe zum Obergeschoss an wie ein Kletterer, der entschlossen einen gefährlichen Berg ins Visier nimmt.

Natürlich will sie auch uns bezwingen und hat dazu eine ganze Reihe von Strategien in der Hinterhand, die sich alle um die abscheuliche Idee von „unserer neuen Familie" drehen. Aus irgendeinem Grund möchte sie das ganze Elend auch noch ständig fotografisch festhalten: sie und Papa, die steif Seite an Seite stehen, ich und Lucian mit verdächtig unstetem Blick, der mürrische Toby, Barney und Kitty, wie Puppen drapiert. Caroline besteht außerdem auf gemeinsamen Mahlzeiten zur rechten Zeit und im Esszimmer („Nur Personal isst in der Küche").

Wir lernen schnell, dass es Caroline auf die Palme bringt, wenn wir uns verspäten. Nur Kitty, der Essen über alles geht, erscheint bei Tisch, bevor das Essen noch kälter ist als nach seiner langen Reise aus der Küche ohnehin schon. Barney, der im Sommer eine Aversion gegen Kleidung hat, muss für gewöhnlich noch eilig angezogen werden. Caroline beharrt auf „einem Maß an Anstand, das den von Affen übersteigt" – ein Kommentar, der Toby veranlasst, sich hinter ihrem Rücken begeistert unter den Armen zu kratzen, während Lucian sich alle Mühe gibt, nicht loszuprusten. Damit hätte er beinahe den frostigen Waffenstillstand zwischen ihnen gebrochen, der darauf beruht, dass sie sich gegenseitig ignorieren.

Es ist nicht so, dass Lucian sich nicht bemühen würde, nett zu sein, aber all seine Versuche stoßen bei Toby auf Verachtung und Gleichgültigkeit. In gewisser Weise ist das eine Erleichterung, denn wenn sie freundschaftlich miteinander umgingen, würde es mir wohl noch schwerer fallen, Toby gegenüber unehrlich zu sein.

Caroline wäre wahrscheinlich froh, wenn Toby sie lediglich ignorieren würde, aber er reizt sie bis aufs Blut. Er weigert sich, mit uns im Speisezimmer zu essen: „Ich werde mich nicht an einer Zwangskonversation beteiligen, bei der ich mir am liebsten die Zunge abschneiden und sie an Boris verfüttern würde." Als Caroline versuchte, ihre Autorität walten zu lassen – „Mir ist vollkommen einerlei, was du denkst, junger Mann. Wir werden uns *alle* zusammensetzen und wie eine normale, glückliche Familie essen" –, stellte Toby klar: „Wir sind aber nicht normal. Wir sind auch keine Familie. Und dank dir sind wir auch ganz sicher nicht glücklich." Dann schlenderte er davon, wobei er sich demonstrativ mit dem Taschenmesser den Schmutz unter den Fingernägeln herauskratzte.

Je weniger es Caroline gelingt, uns zu kontrollieren, desto resoluter mischt sie sich in alles ein, was das Haus betrifft. Zu unser aller Fassungslosigkeit verkündete sie die Einstellung einer ausgebildeten Köchin von außerhalb, was Peggy, blass vor wortloser Wut, mit Kochtopfgeklapper und dem Schlagen von Speisekammertüren quittierte.

Gestern hat „die Bartlett" hier angefangen. Peggy und Annie mustern argwöhnisch ihre makellos weiße Schürze und flüstern sich zu, dass „die Bartlett" nicht einmal eine Sternenguckerpastete von einem Hog's Pudding unterscheiden könne. Meiner Meinung nach geht es genau darum, denn ich vermute, dass sich Caroline nie ganz vom Anblick der aus der Pastete hervorlugenden Sardinenköpfe erholt hat. Wir werden wohl auch keine kornischen Spezialitäten mehr bekommen.

Erschreckenderweise hat Papa auch sein Einverständnis zu einer, wie Caroline es nennt, „Modernisierung" des Gartens gegeben, die Toby als „Entweihung" bezeichnet. Caroline feuerte die treuen Gärtner von Black Rabbit Hall, die „in der Vergangenheit festhängen und älter sind als die Eibenhecke", und engagierte einen neuen Trupp, der in einem glänzenden schwarzen Transporter vorfuhr und sogleich anfing, an Mamas geliebten Kletterrosen herumzuschnippeln.

Caroline hat außerdem einen Mann damit beauftragt, die Uhren zu reparieren. „Eine Heidenarbeit", schnaubte er und steckte den Kopf zwischen die Gewichte und Zahnräder von Big Bertie. Auch wenn die Uhren jetzt angeblich richtig gehen, erscheinen wir nicht pünktlicher bei Tisch. Wir sind so daran gewöhnt, eine gute Stunde hinzuzurechnen, dass uns der Blick auf die Uhren bloß verwirrt und wir die Zeit lieber weiter nach unserm Magenknurren und dem Lauf der Sonne messen.

Ich bin mir sicher, dass Caroline, wenn sie könnte, auch jemanden engagieren würde, der unsere Einstellung korrigiert und dafür sorgt, dass wir ihr ähnlicher werden, dass wir Mama vergessen. Aber das kann sie nicht. Und das hasst sie. Sie hat beides versucht: nett zu uns zu sein und abscheulich. Es macht keinen Unterschied. Wenn Papa nicht in der Nähe ist, macht sie sich gar nicht erst die Mühe, so zu tun, als würde sie uns mögen, sondern beäugt uns und sogar Lucian mit unverhohlenem Missfallen, als stelle sie sich vor, wie viel angenehmer ihr Leben wäre, wenn wir nicht existierten und sie Papa für sich allein hätte.

Auch was Lucian und mich betrifft, wird sie allmählich misstrauisch. Lucian meint zwar, ich mache mir unnötige Sorgen, aber in letzter Zeit bemerke ich immer öfter, dass ihr Rasiermesserblick von Lucian zu mir wandert. Und sie fühlt Lucian ständig auf den Zahn: *Wo warst du? Mit wem? Warum hast du Heu am Hemd?*

Ich habe das Gefühl, dass sich all diese kleinen Momente unaufhaltsam miteinander zu verketten beginnen und eine Gestalt annehmen, auch wenn ich diese Gestalt noch nicht erkennen kann.

# Vierzehn
*Lorna*

Lorna lehnt an einem der geschnitzten Bettpfosten in der Hochzeitssuite und schiebt die drei Fotos seufzend in das braune Kuvert zurück. Wird sie jemals herausfinden, warum ihre Mutter Black Rabbit Hall immer wieder besucht hat?

Sie sollte sich nicht länger damit aufhalten. Es ist Zeit für die Heimreise. Prüfend sieht sie sich im Zimmer um, ob sie etwas vergessen hat. Der Deckel ihres Lippenpflegestifts liegt auf den Teppichfransen in der Nähe des Türrahmens. Als sie sich danach bückt, entdeckt sie seltsame Punkte im Staub vor der Tür. *Spuren von Mrs Altons Stock.* Vielleicht hat sie sich nicht bloß eingebildet, dass jemand in der Tür gestanden und sie beobachtet hat, als sie schlief. Keine angenehme Vorstellung.

Sie hebt den Deckel auf und geht ins Bad, um ihre Wasserflasche aufzufüllen. Das Wasser, das aus dem rostigen Hahn spritzt, ist braun. Sie schüttet es wieder aus. Das Wasser in der Küche wird sicher sauberer sein. Auf dem Weg dorthin kann sie ihre Tasche ja schon mal in der Eingangshalle abstellen.

Überraschenderweise findet Lorna den Weg so leicht, als wollte er gefunden werden. Die Küche ist groß, quadratisch und freundlich. Ihre Wände sind mit abblätternder himmelblauer Farbe gestrichen, und Sonnenlicht fällt durch das Sprossenfenster auf den heimeligen Holztisch, der das Herz des Raums bildet. Gegenüber befindet sich ein frei stehender Herd, schwarz von Fett und Alter. Kupferpfannen und überdimensionale Gerätschaften aus Emaille hängen darüber. Es gibt auch eine Vorratskammer, in deren Tür runde Luftlöcher in herzförmiger Anordnung gebohrt sind. Sie kann nicht widerstehen.

Sie staunt mit offenem Mund. Auf dem am leichtesten zu erreichenden Regalbrett stehen der übliche Supermarktkaffee, Teebeutel, Zucker und Nudeln, doch die Bretter darüber sind vollgestopft mit Dingen, die älter sein müssen als Lorna, darunter jede Menge uralte Konservendosen mit verblichenen altmodischen Etiketten. Als sie ein leises Rascheln hört und fürchtet, dass es sich um eine Maus handeln könnte, schließt sie die Tür schnell wieder.

Richtig, Wasser. Kein Herumstöbern mehr. Keine Ablenkung. Sie braucht jetzt ihr London-Gehirn. Nach einem kurzen Kampf mit dem Kupferhahn über der badewannengroßen Keramikspüle fließt das Wasser schließlich. Als sie ihre Flasche auffüllt, fällt ihr die blau-weiße Schürze ins Auge, die an einem Messinghaken neben der Spüle hängt. Etwas daran macht sie stutzig. Sie hat diese Schürze schon einmal gesehen. Aber wo?

Nach längerem Nachdenken fällt es ihr schließlich ein: an der Haushälterin, die auf vielen der Fotos im Hintergrund zu sehen ist. Ja, denkt sie, das runde, hübsche Gesicht, die gestreifte Schürze, immer trug sie diese Schürze. Lorna stellt ihre Wasserflasche ab und nimmt die Schürze vom Haken. Erstaunlich, dass sie noch hier hängt – andererseits vielleicht auch nicht, wenn man den Inhalt der Speisekammer betrachtet. Sie reibt den Stoff zwischen den Fingern, denn sie liebt alte Stoffe und ... Ihre Fingerspitzen fahren über die aufgestickten blauen Buchstaben am Saum, und ihre Gedanken verfangen sich im Schleppnetz der Jahre, bis sie wieder mit einer Taschenlampe unter ihrer Barbiedecke liegt und mit den Fingern die tintenblauen „P"s auf ihrer Geburtsurkunde nachfährt, immer wieder. Zu viele „P"s, um sie je vergessen zu können.

„Das haben Sie in Ihrem Zimmer liegen lassen." Dill stellt einen kleinen Drahtkorb mit Eiern ab, zieht das braune Kuvert mit den Fotos aus der Tasche ihres Arbeitskittels und reicht es Lorna. Die Tatsache, dass Lorna, das Gesicht in einer alten Schürze vergraben, auf dem Küchenboden hockt, lässt sie unkommentiert.

Lorna gelingt es kaum, ihren Arm zu heben, um den Umschlag entgegenzunehmen. Wie erstarrt sitzt sie auf dem Linoleumboden. Sie hat keine Ahnung, wie lange sie schon dort sitzt; sie weiß nur, dass das Sonnenlicht, das auf die Kupferpfannen trifft, nicht so golden und dunkel war, als sie in die Küche kam.

„Ich konnte Sie nirgends finden, Lorna", sagt Dill höflich. „Wir mussten das Taxi wieder wegschicken."

„Aber mein Zug ..."

„Morgen fährt keiner. Feiertag. Aber übermorgen früh. Mrs Alton wird erfreut sein, dass Sie noch ein oder zwei Nächte bleiben." Sie lächelt zögerlich. „Ist ... ähm ... alles in Ordnung mit Ihnen?"

Lorna starrt auf die Schürze in ihrem Schoß. Ihr breites Band, einst säuberlich gebunden, ist abgenutzt und glänzt. Sie stellt sich vor, wie ihre Mutter es lockerte, als ihr Bauch dicker wurde. Benutzte sie die Schürze, um die Schwangerschaft zu verbergen? War sie verheiratet? Ist sie von ihrem Arbeitgeber missbraucht worden? *O nein, bitte nicht das.* Sie will nicht das Ergebnis einer Vergewaltigung sein.

„Eine Tasse Tee?", fragt Dill unsicher.

„Ja, danke … Danke." Wenn Dill doch bloß die Küche verlassen würde, dann könnte Lorna versuchen, all die Einzelteile ihrer selbst wieder einzusammeln.

Dill deutet mit dem Kinn auf das Kuvert in Lornas Händen. „Ich habe einen Blick hineingeworfen – ich hoffe, das macht Ihnen nichts aus."

„Oh." Lorna blickt auf das Kuvert hinunter. Nein, das ist einfach nicht möglich. Warum sollte ihre Adoptivmutter immer wieder an den Ort zurückkehren, an dem Lornas biologische Mutter lebte und arbeitete? Das ergab überhaupt keinen Sinn. Warum das Risiko eingehen, Lorna mitzunehmen?

„Ich glaube, ich habe diese Fotos gemacht."

„Bitte?" Lorna muss sich verhört haben.

„Ich saß als Kind oft in einem Baum vorn an der Zufahrt, wenn Mama oben im Haus arbeitete. Habe ich schon erwähnt, dass sie hier im Haus gearbeitet hat?"

Lorna schüttelt benommen den Kopf.

„Ich hab mich in den Baum gepflanzt und gewartet, dass meine Freunde vorbeikamen. Mrs Alton sah es nicht gern, wenn die Kinder aus dem Dorf auf dem Grundstück waren, also wartete ich an der Biegung auf sie."

Irgendwo verknüpfen sich Fäden: die baumelnden Beine eines kleinen Mädchens im Baum, abgewetzte braune Riemchenschuhe – *Sag „Cheese"!*

„Sie war hübsch, Ihre Mutter, das weiß ich noch … Ihr senfgelber Mantel … Aus irgendeinem Grund erinnere ich mich an diesen Mantel."

Der senfgelbe Mantel. Bis zu diesem Augenblick hatte Lorna ihn vergessen, aber jetzt erinnert sie sich genau an die glänzenden, großen braunen Knöpfe.

„Sie stand an der Zufahrt und starrte zum Haus, als wäre es … der Buckingham Palace oder so was. Hat immer gefragt, ob ich ein Foto für sie machen kann. Zum Dank schenkte sie mir eine Tüte Karamellbonbons."

Auf Lornas Arm stellen sich die Haare auf, als sie sich an die bunt gestreifte Papiertüte mit Karamellbonbons erinnert. An die Enttäuschung, als ihre Mutter sie aufforderte, sie dem Mädchen mit der Kamera zu geben.

„Sie waren in meinem Alter, nur dass Sie besser gekleidet waren, weil Sie aus London kamen. Erinnern Sie sich daran? An mich?" Dill strahlt vor Aufregung.

„Ich … denke schon. Ja, ich erinnere mich."

„Nun, das ist doch was, oder nicht? Sie hatten von Anfang an recht, Lorna. Sie waren schon mal hier."

Lorna verbirgt das Gesicht in der Schürze.

„Hab ich etwas Falsches gesagt?"

„Es liegt nicht an Ihnen. Entschuldigen Sie bitte. Wissen Sie, es ist diese Schürze ... der Name darauf." Sie hält sie für Dill hoch. „Sehen Sie."

„Peggy – ja", sagt Dill verwirrt. „Peggy Mary Popple. Diese Schürze gehörte meiner Mutter."

LORNA hört Dill rufen. Aber sie rennt weiter, rennt immer schneller, der blendenden Abendsonne entgegen. Trockenes, stachliges Gras. Spitze Kiesel beißen ihr in die Fußsohlen. Sie hat ihre Flipflops verloren. Sie muss weiterrennen, vor Dills hervorgestotterter Erklärung davonrennen, vor einer Geschichte, die genauso katastrophal ist, wie sie insgeheim befürchtet hat.

Ein Tanztee. Ein beschwipstes Stelldichein im Gemeindesaal. Eine alleinstehende Haushälterin, die sich in einen skandinavischen Fischer verguckte, einen Mann, der sich – „Vater unbekannt" – schon wieder zu einem neuen Hafen aufgemacht hatte, bevor sie auch nur seinen vollen Namen oder den seines Schiffs hatte in Erfahrung bringen können. Kein naives junges Mädchen, sondern eine reife Frau, eine, die es eigentlich besser hätte wissen müssen und nun vaterlose Zwillinge in ihrem Bauch trug. Und nur eins der Kinder behielt.

*Sie hat nur eins behalten. Nicht mich. Ich wurde nicht auserwählt.*

Lorna rennt schneller. Aber vor dieser Zurückweisung kann sie nicht davonlaufen. Sie weint jetzt so heftig, dass sie nichts mehr sehen kann.

„Hoppla! Lorna! Stopp!" Die Stimme klingt vertraut. Eine Stimme aus einem anderen Leben. Verschwommen erkennt sie ein Auto – kompakt, schmutzig, silbern – und hört das Surren des Motors, als es zurücksetzt. Das Quietschen von Bremsen. Das Zuknallen einer Wagentür.

Sie wird gepackt, und dann schluchzt sie an Louises Hals wie ein Baby.

Louise erklärt ihr, dass Jon völlig durchgedreht ist, weil sie nicht im Zug war und weil niemand sie erreichen kann und er auf der Baustelle festhängt und – „Verdammt noch mal, Lorna, was zum Teufel ist passiert? Soll ich die Polizei rufen? Einen Arzt?"

Lorna versucht zu erklären. Anfangs glaubt Louise ihr nicht, das sieht sie. Doch dann verändert sich etwas zwischen ihnen. Louise nimmt Lornas Hände in ihre. „*Ich* bin deine Schwester", sagt sie sanft. „Lou und Lor, unzertrennlich, schon vergessen? Lou und Lor. Das ist alles, was zählt."

Lorna fragt sich, wie sie Louise erklären kann, dass das nie wieder so einfach sein wird, nachdem sie die Schürze gesehen hat. Weil sie die Lücken gefüllt hat. Es gibt jetzt eine Geschichte zu ihrer Person. Keine Liebesgeschichte. Bloß ein kleiner, beschämender Fehltritt. Eine Zurückweisung. Eine echte Zwillingsschwester, mit der sie wenig verbindet.

„Bist du traurig, Tante Lorna?" Kleine Finger liegen auf ihrem Knie. „Hast du das Kaninchen verloren?"

Der Anblick ihres Neffen, sein breites Grinsen und seine schlichte Erwartung, dass sie es erwidert, bewirken, dass Lornas Atem sich beruhigt. Sie wischt die Tränen weg, denn sie weiß, dass er es hasst, wenn Leute weinen. „Ich kann noch gar nicht glauben, dass du tatsächlich hier bist, Alf."

„Papi sagt, es sind zu viele Kinder, auf mich kann er nicht aufpassen. Also hat Mami mich ins Auto gesetzt und mir Käseflips gegeben. Opa hat keine Karte benutzt; er sagt, Taxifahrer brauchen keine Karten. Aber Opa hat sich trotzdem verfahren."

Lorna schlägt die Hand vor den Mund. „Dad ist auch hier?"

„Er hat darauf bestanden. Hat gesagt, er könne sich vielleicht denken, worum es hier geht", erklärt Louise. „Ich konnte ihm das nicht ausreden, tut mir leid."

Die Wagentür wird aufgerissen. Doug stolpert in einem grellen Hawaiihemd hinaus in das staubige Abendlicht und reibt sich die müden Augen. „Wow!"

Lorna ist so verblüfft über den Anblick ihres Vaters in seinem lächerlichen Hemd, dass es ihr die Sprache verschlägt. Doch dann fängt sie sich wieder, und ihre Wut gewinnt die Oberhand. „Du wusstest es, oder?"

„Dad, ich denke, ihr beide solltet euch vielleicht mal unterhalten." Louise wirft ihm einen eindringlichen Blick zu. „Komm, Alf. Wir gehen spazieren und schauen mal, ob wir ein Abenteuer erleben."

Alfs rundes Gesicht wird ernst. „Aber ich will das schwarze Kaninchen sehen."

„Das ist doch bloß der Name des Hauses, Alf. Das können wir bei unserem Spaziergang besprechen, ja?" Louise nimmt seine Hand und zieht ihn vom Wagen weg. Aber er macht sich los, rennt zurück zu Lorna und umklammert ihre Beine. „Sei nicht mehr traurig, Tante Lor. Ich werde das schwarze Kaninchen finden", verspricht er ihr.

*Amber, August 1969*

„Du nimmst dieses Vieh nicht mit ins Haus!" Carolines Stimme springt von den Ziegelmauern des Küchengartens zurück.

Toby und ich hören auf zu streiten und recken die Hälse. Da steht Caroline, die Hände in die Hüften gestemmt, und beugt sich drohend über Barney, der etwas an sich drückt.

„Was hat die alte Schreckschraube denn jetzt schon wieder?" Toby strafft kampfbereit die Schultern.

„Weiß der Kuckuck", sage ich knapp, immer noch verärgert. Wir haben darüber gestritten, wer das letzte trockene Handtuch bekommt, aber in Wahrheit streiten wir uns, weil er mit mir schwimmen gehen will. Ich weiß, dass er bloß sicherstellen will, dass ich mich nicht hinter seinem Rücken mit Lucian treffe – und genau das hatte ich vor –, dabei wäre er eigentlich viel lieber in seinem Baumhaus und würde auf Eichhörnchen schießen.

Das Baumhaus hat mittlerweile drei oder vier Etagen, und Toby hat einen Kalender an eines der morschen Bretter genagelt, mit dessen Hilfe er die Tage zählt, bis ein Meteorit oder etwas ähnlich Schlimmes in Cornwall einschlägt. Dieses Ereignis ist momentan für die letzte Augustwoche vorgesehen und soll an unserem letzten Tag auf Black Rabbit Hall eintreten.

Ich glaube nicht, dass irgendetwas passieren wird. Das ist bloß wieder eine von Tobys düsteren Prophezeiungen, aber trotzdem trägt sie zur überreizten und melodramatischen Stimmung dieser letzten Ferientage bei.

Die kürzer werdenden Sommertage werden zusätzlich überschattet von dem Wissen, dass Lucian im September nach Oxford gehen wird. Alles, was wir tun können, ist, uns an unsere vagen Fluchtpläne zu klammern, die sich darum drehen, gemeinsam nach New York abzuhauen und bei Tante Bay aufzuschlagen. Heute Morgen habe ich mich dabei ertappt, wie ich auf dem Globus mit einem grünen Stift verträumt einen Kringel um New York malte. Doch so sehr ich mich danach sehne wegzugehen, kann ich den Gedanken, alle anderen zurückzulassen, kaum ertragen. Könnte ich wirklich Toby das Herz brechen, um mein eigenes zu retten? Kitty und Barney Carolines Gnade überlassen? Was würde Mama davon halten, wenn ich meine Geschwister im Stich ließe? Würde sie mir verzeihen?

„Da kommt sie."

Caroline marschiert an uns vorbei und schleudert uns die Worte „Abendessen um sieben!" vor die nackten Füße.

„Dann weiß ich ja jetzt wenigstens, wann ich mich rarmachen muss", erwidert Toby so, dass sie es hören muss, während wir in Richtung Küchengarten gehen.

Barney sitzt auf dem Erdbeerhochbeet und beugt sich über etwas, das ein bisschen so aussieht wie ein schwarzes Kissen. Er blickt mit einem Lächeln zu uns auf, dessen Existenz ich bereits vergessen hatte – rein und so breit, dass der schiefe Milchzahn sichtbar wird, der schon seit Tagen herauszufallen droht.

„Was ist denn das?", fragt Toby argwöhnisch, obwohl wir sehen können, was es ist. Wir glauben es bloß nicht. Ich halte Boris an seinem Halsband zurück.

„Ein Kaninchen", sagt Barney strahlend. „Lucian hat es mir geschenkt."

Tobys Lippen verziehen sich angewidert. *„Lucian?"*

Barney senkt das Kinn und beschnuppert den Kopf des Häschens. „Ja, in einem Karton. Aus der Tierhandlung."

„Aber ich dachte, du magst keine Kaninchen mehr", sage ich.

„Lucian hat meine Finger an die Ohren gehalten, und erst fühlte sich das komisch an und ich mochte es nicht, aber dann hat er es immer wieder gemacht, bis es sich gut anfühlte." Barney strahlt mich mit seinen honigbraunen Augen an. „Fühl mal, wie weich es ist, Amber. Fühl mal."

Ich kraule das Häschen hinter den Schlappohren und empfinde etwas wie Ehrfurcht vor Lucian, dem es gelungen ist, Barney mit einer einfühlsamen Geste von der irrationalen Kaninchenangst zu heilen, an der er seit Mamas Tod leidet.

„Ich wollte ihn Lucian nennen …"

„O Mann", stöhnt Toby. Ich versuche, nicht zu lachen.

„Aber Lucian meinte, das sei wahrscheinlich keine gute Idee. Also nenne ich ihn jetzt Old Harry, wie die Fähre. Lucian meint, er wächst schon noch in den Namen hinein. Auch Kaninchen werden alt."

„Willkommen auf Black Rabbit Hall, Old Harry", sage ich.

„Die Bartlett steckt dich sofort in einen Kochtopf", sagt Toby und hebt eines von Old Harrys lustigen Ohren an. „Lecker."

Barneys Lächeln wird unsicher. „Magst du ihn nicht?"

„Ich bin nicht so sentimental, was Tiere betrifft."

„Ich wollte ihn nicht lieb haben, Toby", platzt es aus Barney heraus. „Ich dachte, dann würde etwas Schlimmes passieren."

„Aus Liebe passieren keine schlimmen Dinge, Barney", sage ich.

Toby sieht mich grimmig an. „Was macht *dich* denn da so sicher?"

Mit Entsetzen spüre ich, dass ich rot werde.

„Willst du mir vielleicht etwas sagen? Gibt es da irgendwas?"

„Sei nicht albern, Toby." Ich flitze davon. Mein Geheimnis hängt nur noch an einem verdammten Faden. Wie Barneys Milchzahn: ein winziger Ruck, und es ist raus.

In der letzten Woche hat sich Old Harry von einem Kaninchen in einen kleinen Gott verwandelt, der eine wundersam heilende Wirkung auf Barney hat. Selbst Peggy, die Kaninchen für eine Plage hält und sich morgens noch immer übergeben muss, füttert ihn eigenhändig mit ihren süßesten Karotten.

Caroline beansprucht den Erfolg natürlich für sich: Old Harry ist der lebende Beweis für Lucians liebenswürdigen Charakter (im Gegensatz zu Tobys rohem) und somit auch für ihre Mutterqualitäten. Sie benutzt Old Harry, um Lucian gegen Toby auszuspielen, Toby gegen Papa und die Vergangenheit gegen die Zukunft. Kein Wunder, dass Toby Old Harry hasst. Das Kaninchen hoppelt immer verängstigt aus dem Zimmer, wenn er es betritt. Vor ein paar Tagen hörte ich zufällig, wie Caroline säuselte: „Hugo, Schatz, Lucian erinnert mich so sehr an dich. Ist es nicht verblüffend, dass ihr beide euch so ähnlich seid, du und Toby dagegen so verschieden? Es sollte uns trösten, dass jetzt ein junger Mann in der Familie ist, der Pencraw leiten könnte ... Nur falls irgendetwas geschehen sollte, meine ich."

Papa hat angefangen, Lucian zum gemeinsamen Jazzhören in die Bibliothek einzuladen, was er mit Toby nie tut. Es macht mich wirklich wütend, dass Papa sich bemüht, Gemeinsamkeiten mit Lucian zu finden, aber nie versucht, Toby besser kennenzulernen. Vielleicht denkt er, dass er Toby bereits kennt. Nun, das tut er nicht. Papa kennt Toby nicht, genauso wenig wie er mich jetzt kennt. Er hat keine Ahnung, dass wir beide andere Menschen geworden sind, dass sich alles geändert hat.

„Toby, es ist etwas passiert!", rufe ich, den Tränen nahe, und reiße seine Tür auf. „Etwas Schlimmes. In der Eingangshalle. Komm und sieh's dir an!"

Das Porträt, das das Bild von Mama ersetzt hat, ist weitaus größer. In jeder Hinsicht. Eine um Jahre verjüngte Caroline scheint geradezu aus dem ausladenden, kunstvoll verschnörkelten Goldrahmen herauszuquellen. Das Bild verströmt eine eigentümliche Kälte. Es ist nicht bloß ein getreues Abbild von Caroline (wenngleich einer deutlich jüngeren Caroline), sondern zeigt irgendwie auch das Ausmaß ihrer Ambitionen.

*„Miststück"*, zischt Toby. Er holt sein Taschenmesser hervor.

Ich packe ihn am Arm. „Nicht. Wenn Papa nachher wiederkommt, nimmt er es ab."

„Papa? Warum vertraust du ihm eigentlich noch?" Er reißt sich los. „Kapierst du denn nicht, was hier vor sich geht?"

„Er liebt das Porträt von Mama. Er würde nie zulassen, dass es jemand aus der Halle entfernt."

„So, würde er nicht? Schnallst du's nicht, Amber? Hier geht's nicht um Liebe, sondern um Macht. Um Geld. Caroline ist reich. Wir sind arm."

„Sei nicht albern."

„Wann wächst du endlich auf? Das hier ist noch gar nichts." Er zeigt wütend auf das Porträt. „Das ist nicht mal der Anfang. Das ist bloß das Aufwärmtraining. Bald werden alle Spuren unserer Familie ausgelöscht sein. Vor allem du, Amber. In ihren Augen *bist* du Mama. Du siehst ihr jeden Tag ähnlicher. Und weil auch wir ein Teil von Mama sind, werden wir am Ende ebenso ausradiert. In einer Generation wird Black Rabbit Hall nichts mehr mit den Altons zu tun haben. Sie wird es verkaufen. Sie werden es in ein Apartmenthaus verwandeln, in ein Altersheim oder irgend so was."

„Quatsch", sage ich. „Du bist der älteste Sohn, der Erbe."

Toby bricht in ein seltsam dumpfes Lachen aus. „Caroline bringt Lucian bereits in Position, und das weißt du."

„Lucian würde nie zustimmen …"

Er fährt zu mir herum. „Woher willst du das wissen? Woher weißt *du* verdammt noch mal, was *er* tun oder lassen würde?"

„Weil …" Mir bleiben die Worte auf der Zunge hängen.

„Weil *was*, Amber?"

„Er ist auf unserer Seite."

„Erzählt er dir das? Bist du so leichtgläubig?"

„Nichts von alldem ist seine Schuld." Ich weiß, ich sollte den Mund halten. Aber ich kann nicht. Wenn ich es ihm doch nur begreiflich machen könnte!

„Hör auf! Verteidige ihn nicht!" Er sagt es ganz leise, mit einem Knurren. Seine Pupillen sind jetzt geweitet, und aus seinen Augen blickt der Wahnsinn. „Erinnerst du dich noch an das Versprechen, das wir uns nach Mamas Tod gegeben haben?"

Ich will Ja sagen. Doch meine Schuld verwandelt das Wort in einen Klumpen.

„Sieh mich an!" Er sucht in meinen Augen nach etwas. Ich sehe weg, aber er zerrt an meinem Kinn und zwingt mich, ihm in die Augen zu blicken. „Du. Ich. Wir. Für immer. Das haben wir uns geschworen. Weißt du noch? Sag mir, dass du es noch weißt. Sag es. Sprich es laut aus."

„Wir", flüstere ich, und das Wort treibt mir die Tränen in die Augen.

## Sechzehn
*Lorna*

„Du kannst dir nicht bloß die Rosinen aus deinen Erinnerungen herauspicken, Dad." Lorna wendet sich wütend ab und geht auf das Haus zu.

„Vielleicht hat Sheila mal ein großes Anwesen erwähnt!", ruft er ihr kraftlos hinterher.

Lorna fährt herum. *„Was?"*

Doug fährt sich mit der Hand übers Gesicht. Während seiner ganzen Ehe hat er versucht, dieses Thema sorgfältig zu umgehen. Lornas konfuse Geschichte – irgendetwas von einem auf eine alte Schürze gestickten Namen und einer unbekannten Zwillingsschwester – hat ihn kalt erwischt. „Sie ... Sie meinte, dass die Dame von der Adoptionsagentur in Truro so etwas erwähnt hätte ..."

„Hat Mama Pencraw Hall erwähnt?"

„Ich bin mir nicht hundertprozentig sicher. Aber es könnte schon sein."

„Also deshalb wolltest du nicht, dass wir die Hochzeit hier feiern?"

Er nickt und lockert seinen Hemdkragen. Sein Nacken ist schweißnass. „Ich wusste, es würde allerlei Ungutes aufwirbeln, falls es sich um diesen Ort handelt. Und ich hatte recht, oder?" Er scheint vor ihren Augen zu altern. „Sieh dich doch nur an. Es bricht mir das Herz. Dein Leben, dein Zuhause ist jetzt in London, bei Jon, Liebes. Nicht hier", sagt er mit Tränen in den Augen.

„Aber es *ist* hier, Dad. Ich glaube, ein Teil von mir wusste das schon in dem Moment, in dem ich das Haus betreten habe."

„Es tut mir leid. Es tut mir so leid, Liebling."

Sie schüttelt den Kopf, unterdrückt ihre Tränen. „Und jetzt weiß ich, dass ich *wirklich* verkorkst bin, nicht nur vielleicht", sagt sie wütend.

„Lorna, hör auf damit. Du bist nicht verkorkst, überhaupt nicht."

„Die verschmähte Zwillingsschwester! Wie könnte ich da normal sein?"

„Du bist stark, Lorna, und das weißt du."

„Nein, das weiß ich nicht, Dad. Ich weiß bloß, dass Jon aus einer netten, normalen Familie stammt und so was bestimmt nicht in seinem Leben haben will. Wer wollte das auch? Was ist, wenn ich wie meine biologische Mutter bin? Eine Frau, die einen ihrer Zwillinge dem anderen vorzieht. Welche Frau kann so was tun? Das wird er denken. Und ich denke das auch", sagt sie verzweifelt.

„Ach, Liebes, komm her." Er zieht sie an seine Brust. „Frag mich alles, was du willst. Ich werde dir erzählen, was ich weiß."

„Ich brauche die *ganze* Geschichte, Dad. Lass nichts aus."

Er atmet geräuschvoll aus. „Also, zuallererst musst du wissen, dass einem die Adoptionsagenturen damals nicht viel mitgeteilt haben. Und deine Mutter hat so vieles für sich behalten. Du warst immer meine wundervolle Lorna. Und das wirst du immer sein. Mir ist egal, woher du kommst. Es machte damals keinen Unterschied für mich und macht es heute auch nicht."

Ihre Augen blitzen. „Aber für *mich* macht es einen Unterschied."

Doug wirkt aufrichtig verwirrt. „Aber du hast doch immer gesagt, dass du deine leiblichen Eltern gar nicht ausfindig machen willst. Wenn du das gewollt hättest, hätten wir dich doch dabei unterstützt."

„Wie hätte Mum mich bitte unterstützen sollen, wo sie doch schon das Wort ‚Adoption' kaum über die Lippen bekommen hat?"

„Das klingt jetzt wie eine ziemlich schwache Begründung, aber deine Mutter hat viele Fehlgeburten gehabt – fünf insgesamt –, bevor du zu uns gekommen bist. Sie hat so viele Verluste und so viel Kummer erleiden müssen, Lorna. Und ich glaube, der Gedanke, dass du vielleicht eines Tages nach deiner richtigen Mutter suchen wolltest, war zu schmerzvoll für sie."

Lorna wusste von den Fehlgeburten, aber nicht, dass es so viele gewesen waren. Arme Mum. Kein Wunder, dass sie, als sie endlich mit Louise schwanger gewesen war, endlose angstvolle Monate im Bett verbracht hatte, aus Furcht, das Wunderbaby zu verlieren.

„Die Siebziger- und Achtzigerjahre waren eine andere Zeit. Manchen Kindern wurde überhaupt nicht gesagt, dass sie adoptiert wurden. Man hielt das damals für das Beste."

„Warum sind wir dann immer nach Cornwall gefahren?"

Dougs Gesichtszüge werden weich. „Sie liebte Cornwall schon immer. Als Kind war sie selbst oft hier. Und ich glaube, sie hatte das Gefühl, dass Cornwall dich ihr geschenkt hat. Der Tag, an dem man dich ihr in die Arme gelegt hat, war der glücklichste Tag ihres Lebens, Lorna. Alles ging so schnell. Wir hatten erst ein paar Tage zuvor den Anruf bekommen. ‚Ein Baby aus Cornwall', haben sie gesagt. Sheila hielt es für Schicksal."

„Aber ich verstehe noch immer nicht, warum sie mich zu diesem Haus geschleppt hat. Das ergibt doch keinen Sinn, Dad."

„Da geb ich dir recht." Er greift nach ihrer Hand. „Lorna, ich bin mir sicher, sie hätte dir eines Tages alles erzählt."

„Eines Tages? Dad, ich bin zweiunddreißig!"

„Sie wusste doch nicht, dass sie so schlimm stürzen würde, oder?" Seine geröteten Augen flehen um Verständnis. „Keiner weiß, wann er sterben wird. Wenn wir das wüssten, würden wir uns alle rechtzeitig offenbaren."

„O mein Gott." Sie schlägt sich die Hand vor den Mund, und ihr Herz setzt einen Schlag lang aus. „Dad, du hast ja so recht." Sie hat keine Zeit zu verlieren. Sie muss Mrs Alton finden, bevor es zu spät ist, bevor die alte Dame stirbt und wie Lornas Mutter alle Geheimnisse mit sich nimmt.

Was sollten lang verlorene Schwestern tun? Sich umarmen? Dazu ist Lorna noch nicht bereit. Als sie Dill im Salon antrifft, stottert sie deshalb etwas Unverständliches über ihren Vater, ihre Schwester und ihren Neffen, die gerade auf Black Rabbit Hall eingetroffen seien, und dass sie dringend Mrs Alton finden müsse, bevor es zu spät sei.

Dill fragt nicht, warum. Ob sie etwas ahnt? Sie rät Lorna lediglich, zu der weißen Bank auf den Klippen zu gehen und nach einem libellenblauen alten Sportwagen Ausschau zu halten. Dann wirft sie einen Blick auf Lornas nackte Füße. Ob Lorna sich Schuhe ausleihen wolle?

In Gummistiefeln stapft Lorna aus dem Haus, durch den Wald und querfeldein bis zur Klippenstraße. Nach der dritten Kurve hört sie ein Flattern und erkennt hinter den Sträuchern ein zerfetztes Autoverdeck. Dahinter hockt Mrs Alton auf der weißen Bank und starrt hinaus auf ein Meer, dessen Farbe langsam von Papageienblau zu Grün verblasst. Eine Brise spielt mit ihrem grauen Umhang und den grauen Locken.

Lorna zögert. Will sie die Antworten wirklich wissen? Könnten Jon und sie so tun, als hätte es diesen Sommer nie gegeben? Einen Moment lang glaubt sie fast, dass sie sich einfach umdrehen und gehen und die Vergangenheit in eine Kiste packen könnte, so wie ihre Mutter es getan hat. Doch dann stellt sie sich vor, wie Peggy Popple vor über drei Jahrzehnten auf dieser Bank saß und mit ihren rauen Haushälterinnenfingern die Schürze löst, die auf der Wölbung ihres Bauches ruht. Und Lorna weiß, dass es kein Zurück gibt. Dazu ist es zu spät.

„Mrs Alton?", ruft sie zaghaft.

Obwohl ein Beben durch die alte Dame fährt, dreht sie sich nicht um. Lorna geht zu ihr.

„Darf ich?"

„Natürlich."

Lorna setzt sich neben sie. Im gnadenlosen Küstenlicht sieht sie deutlich, dass es ihrer Gastgeberin gar nicht gut geht.

„Mrs Alton, ich muss mit Ihnen sprechen."

„Gewiss", erwidert Mrs Alton mit der resignierten Miene eines Menschen, der weiß, dass die Fragen, die jetzt kommen, unumgänglich sind.

„Es geht um meine … meine Mutter."

„Ja, Dill hat mich bereits vorgewarnt. Sie konnte sich kaum artikulieren. Ich wusste gar nicht, was in sie gefahren ist."

„Sie … kannten meine Mutter?", stammelt Lorna.

„Nur allzu gut." Ihr Gesicht bleibt undurchdringlich.

„Wie war meine … Wie war sie?"

„Wie Ihre Mutter war?", wiederholt Mrs Alton. „Das, meine Liebe, hängt wie alles davon ab, wen man fragt."

„Ich frage *Sie*", sagt Lorna hastig. Heute würde sie Mrs Alton ihre cleveren Manöver nicht durchgehen lassen.

„Ich will diplomatisch sein", beginnt Mrs Alton und starrt verbissen hinunter auf die weißen Wellenkämme. „Sie haben ihr Lächeln."

Oh. Lorna schließt die Augen. Schon dieser winzige Brocken Wissen fühlt sich unaussprechlich kostbar an.

„Wenn Sie schlafen ...", Mrs Alton hustet in ein Taschentuch, „dann mit Hingabe, die Arme über den Kopf gestreckt. Genauso hat sie auch geschlafen."

Also *hatte* Mrs Alton sie tatsächlich beim Schlafen beobachtet.

„Lorna, meine Liebe." Mrs Alton rückt näher, ihr Gesicht eine öde Landschaft aus gepuderten Poren. „Schon an dem Abend, als Sie mich unter dem Vorwand, diesen Text für die Webseite zu schreiben, befragt haben, wusste ich, dass da noch andere Kräfte am Werk sind."

„Kräfte?" Die Haare auf Lornas Armen stellen sich auf. „Ich ... verstehe nicht."

„Oh, das werden Sie noch", sagt Mrs Alton und richtet ihren Blick wieder aufs Meer. „Über die Jahre habe ich gelernt, Pencraw nicht zu unterschätzen." Eine Möwenschar fliegt wild kreischend auf, als wäre sie von etwas gestört worden. „Ihre Mutter hat mich natürlich gehasst."

„Wie bitte?" Hat Lorna richtig gehört?

„Ich war eben nicht Nancy. Kein amerikanischer Hohlkopf, perfekt und tot. Das war und blieb das Problem."

Die unbarmherzige Beschreibung der ersten Mrs Alton lässt Lorna zusammenzucken. Oder ist es das Alter, das etwas Abstoßendes bekommt, wenn man dem Ende so nah und nicht mit sich im Reinen ist?

„Es war vom ersten Tag an ein Kampf." Der Knauf des Stocks beginnt in seinem Nest aus gekrümmten Fingern zu zittern. „Ich kehre immer wieder zum Anfang zurück und versuche, schlau daraus zu werden." Sie schüttelt den Kopf. „Mein Gott, dieser schreckliche Moment im Ankleidezimmer."

„Was ist denn im Ankleidezimmer passiert?", fragt Lorna. Ihre Hände umklammern die Kante der Bank.

„Ich wurde zu dem Monster, für das mich alle hielten. *Ich wurde zu dieser Frau*", stößt sie hervor. „Es war eine Lüge, eine dumme, verzweifelte Lüge, aber sie wuchs und wuchs ... Sie wurde übermächtig." Sie kneift die Augen zusammen. Der Wind lässt ihren Umhang flattern wie Flügel. Sie sieht sonderbar aus, wie sie da auf der Bank hin- und herschwankt. „Es war ein perfekter Augustabend", murmelt sie. „Blauer Himmel. Kein Tag, um zu sterben."

Lorna wird klar, dass Mrs Alton etwas Furchtbares getan hat. „Sie müssen mir das nicht erzählen", sagt sie.

„O doch, das muss ich." Sie öffnet die Augen und lächelt. „Das hat es völlig unmöglich gemacht, das Kind zu behalten, wissen Sie."

„Heißt das, dass meine Mutter mich eigentlich …?" Irgendetwas hält sie davon ab, die Frage zu beenden.

„Ja, sie wollte Sie behalten", antwortet Mrs Alton nüchtern. „Sehr sogar." Sie streckt ihre Hand in die Luft, bis Lorna sie ergreift und der gebrechlichen Gestalt von der Bank aufhilft. „Kommen Sie. Ich möchte Ihnen das Zimmer zeigen, in dem Sie geboren wurden. Wenn Sie mich bitte zum Auto führen könnten, ich sehe nicht mehr so gut wie früher."

DER RAMPONIERTE ALTE SPORTWAGEN kommt bockend vor den Falken zum Stehen. Mrs Alton richtet ihre Locken. „Dieses Auto bringt einem die Haare immer vollkommen durcheinander."

Ein wenig zittrig nach der abenteuerlichen Fahrt über die kurvige Küstenstraße hilft Lorna Mrs Alton beim Aussteigen. Es ist beunruhigend still. Sie fragt sich, wo die anderen sind.

„Turm!", bellt Mrs Alton und deutet mit dem Kinn auf den düsteren, von Efeu strangulierten Ostturm – ihren Wohnbereich.

In der Eingangshalle hört Lorna Alfs Plappern aus irgendeinem Zimmer. Mrs Alton bemerkt ihr Zögern. „Hier entlang. Halten wir uns nicht auf."

Die Tür zum Ostturm liegt in einem marmornen Spitzbogen. Mrs Alton dreht den Messingknauf. „Nach Ihnen", sagt sie, als Lorna sich nicht rührt. „Meine Güte, schauen Sie nicht so verschreckt. Ich werde die Tür schon nicht hinter uns verriegeln."

Lorna, die dieses Szenario gar nicht erwogen hatte, lacht nervös und zwingt sich, den Raum zu betreten – eine weitere, deutlich kleinere Halle, dunkel und stickig. Die Wände sind braun.

Kurzerhand schiebt Mrs Alton mit der Stockspitze eine weitere Tür auf. „Dies, meine Liebe, nenne ich mein Zuhause."

Die kleinbürgerliche Normalität von Mrs Altons Wohnzimmer verschlägt Lorna die Sprache: putzige Porzellantierchen, ein vorsintflutlicher Heizstrahler, rosafarbene Samtpantoffeln mit abgetretenen Absätzen. Das Merkwürdigste ist, dass es sie an das Haus ihrer Großmutter erinnert. Der einzige Unterschied besteht darin, dass das Haus ihrer Oma mit Fotos von Nichten,

Neffen und Enkelkindern geradezu tapeziert war, während hier nur eine einsame Fotografie eines gut aussehenden Jungen im Teenageralter mit Sechzigerjahre-Haarschnitt die Anrichte schmückt.

„Ich finde, kleinere Räume sind viel leichter zu handhaben", sagt Mrs Alton energisch. „Aber keine Sorge, hier haben Sie nicht das Licht der Welt erblickt. Nach oben." Sie zeigt auf eine Tür neben einem Bücherregal.

Lorna folgt ihr eine schmale, nüchterne Holztreppe hinauf, vorbei an zahlreichen anderen Türen, die laut Mrs Alton zu den Fluren der oberen Stockwerke des Haupthauses führen. Schließlich stehen sie vor einer einfachen weißen Tür mit schwarzem Knauf.

„Hier war früher einmal der Schlafraum der Dienstmädchen."

Lorna schluckt. Eine Dienstbotenunterkunft. Das leuchtet ihr ein.

„Ein perfektes kleines Refugium." Mrs Alton rüttelt am Türknauf. „Sie hatte überhaupt keinen Grund, so einen entsetzlichen Wirbel zu machen."

## *Siebzehn*
*Amber, am letzten Tag der Sommerferien, August 1969*

Sobald die Schranktür klackend hinter uns zufällt, sinken wir in die Pelze Er fühlt sich so fest und warm an, so sehr mein, dass ich vor Glück weine. Stoßweiser Atem an meinem Ohr. Ich werfe den Kopf zurück und schreie auf.

Wir kuscheln und flüstern uns auf diese Erde zurück, als ich ein Schnüffeln höre. Etwas bewegt sich vor der Schranktür. Boris?

„Schsch …" Ich löse mich von Lucian und horche.

„Da ist nichts", sagt er, beugt sich über mich und küsst mich.

Es passiert alles so schnell. Das bleiche Sonnenlicht. Boris' Bellen. Carolines Schreien. Ich schnappe mir einen Pelzmantel, um mich zu bedecken.

„Du kleines Luder!", kreischt Caroline.

„Herrgott." Lucian versucht, sich die Hose hochzuziehen.

„Komm raus!" Bevor ich mich's versehe, zerrt mich Caroline hoch und aus dem Schrank. Ihre Ringe bohren sich in meinen Arm. Zu meinem Entsetzen entreißt sie mir den Pelzmantel. Nackt und schutzlos stehe ich vor ihr und zittere so heftig, dass mir die Zähne klappern. „Oh, sieh dich nur an! Du dummes, dummes Gör." Sie schüttelt mich wie eine Besessene. Ich bin so schockiert, dass ich weinen muss.

„Hör auf!", schreit Lucian und klettert aus dem Schrank. „Um Gottes willen, hör auf, Mutter! Wir lieben uns."

„Lieben?" Sie hört auf, mich zu schütteln. „Stiefbruder und Stiefschwester", zischt sie. „Ihr *könnt* euch nicht lieben. Nicht so."

Ich senke den Kopf und verschränke die Arme über meinen Brüsten. Ohne Vorwarnung beugt sich Caroline vor und schlägt mir hart auf die Wange. Lucian packt sie am Arm. „Schlag. Sie. Nie. Wieder."

Caroline starrt auf die Hand ihres Sohnes. Dann sieht sie ihn an. Ihr Blick ist verändert, ihr Zorn abgekühlt zu etwas anderem, etwas Berechnendem, Verhängnisvollem. „Du hast mich schrecklich enttäuscht, Lucian."

„Ich habe mich verliebt, das ist alles."

Sie schließt die Augen. Ihre Lider zucken. Als sie sie wieder öffnet, ist ihr Blick entschieden. „Jetzt muss ich es dir wohl sagen, oder?"

„Mir *was* sagen?", fragt Lucian argwöhnisch.

Ich hebe den Pelzmantel vom Boden auf und bedecke mich zitternd wieder, höre ihr zu, ohne die Bedeutung zu erfassen.

„Alfred war nicht dein Vater, Lucian."

„Was? Wovon zum Teufel sprichst du?"

„Hast du dich nie gefragt, woher du dein schwarzes Haar hast? Deine Größe? Dein gutes Aussehen?"

„In Daddys Familie steckt indisches Blut."

Caroline schüttelt langsam den Kopf und hält uns, das Zimmer, ja die Zeit selbst in ihrem kranken Bann. „Hugo ist dein echter Vater. Hugo *Alton*."

Ich höre mich nach Luft schnappen.

„Ich wusste nicht, dass ich schwanger war, als Hugo mich vor all den Jahren für Nancy verließ."

„Nein." Lucian schüttelt grimmig den Kopf.

„Dann habe ich Alfred geheiratet. Der Gute hat dich wie sein eigenes Kind großgezogen. Er hat es nie erfahren. Niemand wusste es, Lucian." Sie senkt den Blick. „Bis jetzt."

„Das ist nicht wahr, Lucian!", rufe ich. „Glaub ihr nicht."

Doch Caroline beugt sich vor und träufelt ihr Gift in sein Ohr. „Lucian, du bist der rechtmäßige Erbe von Pencraw. Und diese kleine Hure ist deine Schwester."

Es kracht vor der Tür des Ankleidezimmers. Dann ein Schlurfen und heftiges Schnaufen. Boris. Bitte lass es Boris sein.

„Wer ist da?" Caroline richtet sich ruckartig auf. Die Ader an ihrer Stirn pocht. „Ich habe gefragt, wer da ist!"

CAROLINE wirft Lucians Gitarre auf den Rücksitz des Wagens, zusammen mit seiner Tasche voll Kleidung. „Fahr!", ruft sie. *„Jetzt.* Toby wird dich umbringen. Bitte! Fahr jetzt, ich flehe dich an, Lucian."

Lucian sieht zu meinem Zimmerfenster hoch. Ich nicke. *Fahr!* Der Wagen rast davon, das Dröhnen des Motors dringt durch die Bäume zu mir herauf. Ich stehe da und starre zu diesen Bäumen hinüber wie betäubt. Ich verstehe nicht, was ich gerade erfahren habe, ich weiß bloß zwei Dinge mit Gewissheit: Ich kann die Zeit nicht zurückdrehen und meine Liebe für Lucian ungeschehen machen, genauso wenig wie ich Mamas tödlichen Sturz rückgängig machen kann – und ich muss Toby finden.

Ja, ich werde Toby suchen. Ihm alles erklären. Das hätte ich schon vor Wochen tun sollen. Wenn er es versteht, wird er uns auch vergeben können. Und er wird Carolines Lügen keinen Moment glauben. Was bedeutet es schon, dass Lucian so dunkel ist wie mein Vater? Wir sind schließlich alle hellhäutig und rothaarig, und wir sind ganz sicher Papas Kinder.

Ich nehme all meinen Mut zusammen und spritze mir Wasser ins Gesicht, voller Angst vor dem, was mich unten erwartet. Hat Caroline es bereits allen erzählt? Weiß Peggy es schon? O bitte, lass es Peggy nicht erfahren.

Doch unten geht es verstörend alltäglich zu: Die Welt ist noch so, wie sie vor einer Stunde war. Man hört das leise Quietschen und Mahlen von Annies Mangel. Caroline ist nirgends zu sehen. Auch die Bartlett nicht.

*Klick, klick, klick.*

Ich folge dem leisen Klappern der Stricknadeln in den Wintergarten. Kitty sitzt zufrieden auf Peggys Knien und gießt Wasser aus einer Spielzeugteekanne in eine Plastikpuppentasse, während Peggys kleine starke Finger grünes Garn über die Nadeln schlingen und festziehen.

„Hast du Toby gesehen?" Meine Stimme klingt fast normal.

Peggy schüttelt den Kopf. „Ich nehme mal an, er ist bald zurück. Regen ist im Anmarsch. Ich spüre es." Sie lässt das Strickzeug in ihren Schoß sinken. „Du bist ja kreidebleich. Was ist denn los?"

„Nichts", murmle ich und eile nach draußen.

Die Wolken sind angeschwollen, die Luft ist schwer und feucht. Toby wird im Wald sein. Ich versuche zu rennen, aber meine Beine gehorchen mir nicht. Und dann fängt es an zu regnen. In Sekundenschnelle bin ich durchnässt. Ich kämpfe mich noch ein paar Minuten voran, dann bin ich so erschöpft, dass meine Knochen schmerzen.

Ich werde im Salon auf Toby warten, beschließe ich, ihn abfangen, sobald er die Eingangshalle betritt.

Also kehre ich um. Ich lasse mich auf den Teppich neben dem Globus sinken und schubse ihn mit kalten Fingerspitzen an, drehe ihn, bis ich New York sehen kann, in glücklicheren Tagen eingekringelt.

„Hast du Old Harry gesehen?" Ich blicke auf. Barney steht vor mir, einen Lutscher in der Backe. Ein weißer Tennisball liegt vor seinen nackten Füßen. „Ich habe ihn in der Eingangshalle herumhoppeln lassen, und dann hat er sich aus dem Staub gemacht."

„Er läuft doch nie weit weg", bekomme ich heraus. Es kostet mich Mühe, mich an einem Tag wie diesem für ein Kaninchen zu interessieren. „Vielleicht hat Kitty ihn in ihren Puppenwagen gesteckt."

„Nein, da hab ich schon nachgeschaut. Hilfst du mir, Old Harry zu suchen?"

„Im Moment kann ich nicht. Tut mir leid."

„Wann dann?"

„Nicht jetzt, Barney." Ich seufze. „Ich muss ... Toby finden."

„Das Kaninchen ist aber wichtiger! Ohne Old Harry fahre ich nicht nach London." Barney dribbelt den Tennisball aus dem Zimmer. Kurz darauf höre ich die Haustür zuschlagen.

Ich bin so müde und fühle mich eigenartig schwer. Ich nehme ein Kissen von einem Stuhl, werfe es auf den Teppich und lege mich hin. Es gelingt mir nicht, den schwarzen Vorhang meiner Augenlider offen zu halten.

„KOMMT JEMAND mit an den Strand?"

Ihre Stimme weckt mich, rein wie eine Glocke. Ich reibe mir die verklebten Augen. Und da ist sie: Mama in ihrem grünen Seidenkleid. Sie sitzt auf der Kante des rosafarbenen Samtsessels und lächelt mich an.

„Mama?" Schlaftrunken und verwirrt vor Glück krabble ich auf allen vieren über den Teppich und greife nach dem Saum ihres Kleides. Als sich meine Finger darum schließen, wird er zum Fransenrand eines grünen Kissens. Der Sessel ist leer, und doch ist sie da, ihre Konturen lösen sich nur langsam auf.

Ich weiß nicht, wie lange ich benommen auf den Sessel starre und darauf warte, dass Mama wieder erscheint. Obwohl ich weiß, dass ich mir das alles wohl im Halbschlaf eingebildet habe, bin ich gleichzeitig sicher, dass sie vollkommen real war. *Kommt jemand mit an den Strand?* Ich weiß, was ich zu tun habe.

„Hallo junge Dame, ich habe mich schon gefragt, wo du bist." Peggy fängt mich in der Halle ab. „Du siehst verschlafen aus."

„Ich ... bin eingenickt."

„Das sieht dir gar nicht ähnlich. Du brütest doch was aus. Du bist noch immer schrecklich blass." Peggy deutet mit dem Kinn auf die geschlossene Wohnzimmertür. „Ist die Affenhorde da drin?"

„Nein. Ich habe Toby noch nicht gefunden, und Barney ist losgezogen, um Old Harry zu suchen."

„Ausgerechnet heute. Ich will, dass ihr vor der Reise noch etwas halbwegs Vernünftiges in den Magen bekommt. *Ich* werde es kochen. Mrs Alton hat Migräne und will nicht gestört werden. Sie hat die Bartlett früher nach Hause geschickt." Peggy kann ihre Freude darüber nicht verbergen. „Ich sollte mir Barney schnappen. Wir müssen noch seinen linken Schuh und seinen Kulturbeutel finden. Wohin ist er denn gelaufen?"

„Ich weiß nicht, tut mir leid."

„Wann ist er denn weg?"

„Äh, so um vier."

„Oh, gerade erst. Dann lass ich ihm noch ein wenig Zeit."

Ich bin schon fast aus der Haustür, als sie ruft: „Und wohin willst *du* jetzt?"

„Zum Strand. Ich glaube, Toby ist dort. Ich bringe ihn dann mit."

„Sei vorsichtig!", ruft sie mir hinterher. „Es ist Flut. Und du kannst den anderen sagen, dass die Sternenguckerpastete in der Küche serviert wird. Wie in guten alten Zeiten."

„DAS BABY IST TOT!", schreit Kitty und kommt die Eingangstreppe heraufgestürzt. Ihre Augen sind weit aufgerissen und stahlblau. „Das Baby ist tot!"

Ich packe sie an den Schultern und knie mich auf den nassen Stein. „Beruhige dich, Kitty! Welches Baby? Wovon redest du?"

„Im Wald – im Wald!" Sie zeigt mit dem Finger auf die Bäume. „Ich hab es gesehen! Bei der Schaukel. Ich hab's gesehen, Amber."

Peggy und Annie kommen herausgeeilt, können Kitty aber auch nichts Vernünftiges entlocken.

„Annie, du bringst Kitty rein", sagt Peggy, die plötzlich besorgt aussieht.

„Peggy …", Annie hebt Kitty hoch und senkt ihre Stimme zu einem Flüstern. „Weißt du noch? Das Findelkind von St. Mawes letztes Jahr? Glaubst du, es könnte sich um etwas Kleines von irgendeinem Mädchen aus dem Dorf handeln?"

Peggy runzelt die Stirn. „Ich weiß nicht …"

„Ach herrje! Stell dir nur die Schande vor! Kein Wunder, dass sie es im Wald abgelegt hat."

„Annie, bitte sei still", sagt Peggy jetzt gereizt. „Ich bin sicher, da ist nichts, aber ich nehme mal eine Decke mit, bloß für den Fall …" Sie wendet sich mit geröteten Wangen an mich. „Amber, du läufst schon mal vor. Wir treffen uns dort. Drück es fest an deine Brust. Halt es warm, bis ich komme."

Ich stürme los, wieder mit etwas mehr Energie nach meinem Nickerchen. Ich sorge mich nicht um ein Baby – wie könnte da auch ein Baby im Wald sein? –, sondern um Toby. Wo ist er hin? Was denkt er sich bloß? Alle paar Meter bleibe ich stehen und rufe seinen Namen. Nur die Vögel antworten. Keine Spur von Toby. Oder von einem Baby.

Als ich mich der Baumschaukel nähere, gehe ich langsamer. Bleibe stehen. Blinzle.

Da *ist* etwas.

Mit klopfendem Herzen schleiche ich näher heran und versuche zu erkennen, was es ist. Was es nicht ist. Das Wesen ist an den Beinen aufgehängt, und es ist rosa, kahl und klebrig wie ein Neugeborenes. Aber es ist kein Baby. Es ist ein Kaninchen. Und unter dem Kadaver liegt ein schwarzer Pelz auf den hervortretenden Baumwurzeln, so fachmännisch abgezogen und zugeschnitten wie die Stoffe eines Schneiders. Ich halte mir die Hände vor den Mund. Ich kenne nur einen Menschen, der ein Tier so häuten kann.

„Wilderer?" Peggy tritt keuchend hinter mich, eine karierte Decke auf dem Arm. „Irgendein abscheulicher ..." Sie verstummt. Und sie weiß es, so wie ich es weiß, denn wir beide haben ein paar Meter entfernt Großpapas Messer entdeckt.

Ich weiche zurück, benommen und angewidert: Indem Toby Old Harry aufgeschlitzt hat, hat er uns alle auseinandergeschnitten, die Fäden und Bande zwischen uns, den weichen Stoff unserer Vergangenheit. Er hat sich vollkommen losgeschnitten.

„Du meine Güte", murmelt Peggy und bemüht sich, ihre tüchtige Haushälterinnenstimme wiederzufinden. „Los, holen wir das arme Ding da runter. Barney darf das nicht sehen."

Sie reicht mir die Decke und nimmt Old Harry an den zusammengebundenen Pfoten vom Baum. Sie zögert, das Kaninchen baumelt in ihrer Hand. „Es ist kalt. Ganz steif. Es muss schon eine Weile hier hängen." Sie wickelt das Tier in die Decke und blickt fragend zu mir auf. „Amber, Liebes, wann, meintest du, ist Barney losgezogen?"

WIR LEGEN DAS TOTE KANINCHEN in den kleinen, muffigen Raum über dem Keller, wo die Fasanen hängen, und schließen die Tür ab.

Wir finden Kitty in der Küche. Sie sitzt auf Annies Schoß, isst Kekse und hat sich beruhigt. Kitty zuliebe erzählen wir, es wäre bloß ein totes Eichhörnchen gewesen, das sich an einem Ast verfangen hat.

Dann suchen Peggy und ich an den naheliegendsten Stellen im Haus nach dem Jungen. Doch Toby ist nirgends zu finden – kein Wunder nach dem, was er getan hat. Aber auch Barney bleibt verschwunden. Wir kehren in die Eingangshalle zurück, wo wir mit der Suche begonnen haben. Peggy öffnet die Haustür, blickt suchend über den Rasen und wirft dann einen Blick über die Schulter auf Big Bertie. „Na ja, es ist noch nicht mal fünf. Zumindest ist Barney noch nicht lange weg."

„Oh, die Uhr hängt schon auf kurz vor fünf, seit Kitty und ich reingegangen sind", sagt Annie. „Big Bertie geht wieder nach – ist euch das nicht aufgefallen? Bleibt immer kurz vor der vollen Stunde hängen. So viel zu der Herumbastelei dieses Trottels, den Mrs Alton engagiert hat!" Sie schüttelt den Kopf.

Das unbehagliche Gefühl in meiner Magengegend wird stärker. Plötzlich weiß ich ganz und gar nicht mehr, wie lange Barney schon weg ist, wie lange ich geschlafen habe, ob er wirklich gegen vier aufgebrochen ist und ob er Zeit hatte, das Kaninchen zu finden. „Ich suche ihn", sage ich.

„Wirklich?" Peggy zögert und runzelt die Stirn. „Wenn du ihn findest, erzähl ihm nicht, was mit dem Kaninchen passiert ist."

„Peggy, du hast doch gesagt, es war ein Eichhörnchen", meint Annie.

„Was soll ich ihm denn erzählen?", frage ich, ohne Annie zu beachten.

„Nichts. Aber lasst euch Zeit mit dem Zurückkommen. Ich habe einen Freund im Dorf, der Dutzende von Kaninchen hat. Ich schau gleich bei ihm vorbei und hole Ersatz für Old Harry." Sie bindet ihre gestreifte Schürze ab und drückt sie Annie in die Hand. „Ich werde das arme Kaninchen wiederauferstehen lassen – und wenn es das Letzte ist, was ich tue."

ICH STEHE AUF DEM NASSEN GRAS, beide Arme um mich geschlungen, und zittere im Sonnenschein, der die Regenwolken durchbrochen hat. Es fällt mir schwer, mich zu konzentrieren und Carolines Worte aus meinem Kopf zu verbannen; außerdem meine ich, wo immer ich hinblicke, ein gehäutetes Kaninchen zu sehen. Aber ich muss Barney finden. Das ist alles, was im Moment zählt.

Ich hole tief Luft und überlege, wo ich anfangen soll. Mir kommt in den Sinn, dass Barney womöglich gehofft hat, das Kaninchen hier auf dem Rasen zu finden. Old Harry ist schon einmal so weit gekommen. Aber Barney hat Old Harry nicht auf dem Rasen gefunden. Also hat er wohl weiter gesucht. Aber wo?

Das Eisentor am Waldrand steht einen Spaltbreit offen – gerade so weit, dass ein kleiner Junge hindurchpasst. Nervös folge ich dem schmalen, sich zwischen den Bäumen hindurchwindenden Weg, Augen und Ohren aufgesperrt auf der Suche nach meinen Brüdern. Zuerst zum Versteck bei der

Schaukel, beschließe ich, dann flussaufwärts zum Baumhaus, wo sich sehr wahrscheinlich Toby versteckt.

Ein paar Minuten später bleibe ich stehen, weil mein Blick an etwas Rundem, Weißem haftet, das auf dem Weg liegt: ein Tennisball. Der Tennisball, den Barney im Salon vor sich hergekickt hat?

Mein Herz pocht heftig. Der Baum, an dem wir Old Harry gefunden haben, ist bloß einen kurzen Fußmarsch von hier entfernt. Angenommen, Barney hat das Kaninchen gesehen, wo würde er in seinem blinden Entsetzen wohl hinrennen? Wo in aller Welt würde er hinlaufen, wenn nicht nach Hause?

*Kommt jemand mit an den Strand?*

Plötzlich habe ich das Gefühl zu fliegen, meine Füße berühren kaum noch den Boden. Ich bin schneller am Meer als je zuvor. Doch zu meinem Entsetzen ist Barney nicht am Strand. Es ist auch nicht mehr viel Strand übrig, denn die Flut kommt schnell herein. Ich klettere die Felsen hinauf, laufe den steinigen Küstenweg entlang und rufe Barneys Namen. Er ist absolut nirgends.

Wie viel Zeit bleibt mir? Der Himmel färbt sich langsam rosa, aber noch ist es hell. Ich habe also noch etwas Zeit. Der Klippenvorsprung! Von nirgendwo sonst habe ich einen so guten Ausblick auf die Felsen gegenüber und auf den Küstenweg. Wenn Barney oder Toby irgendwo in der Nähe sind, werde ich sie leicht entdecken.

Oben auf der Klippe zögere ich. Vielleicht ist es eine Art Vorahnung. Vielleicht liegt es daran, dass Toby nicht bei mir ist. Diesmal muss ich mich zwingen, meine Beine über die Kante zu schwingen. *Schau nicht runter, und du fällst nicht*, sagt Toby immer.

Ich falle nicht.

Ich drücke mich an den Fels, schirme die Augen mit einer Hand ab und lasse meinen Blick über den grünen Klippenkamm schweifen. Niemand ist zu sehen. Ist Barney vielleicht mittlerweile zum Haus zurückgegangen? Ich male mir aus, wie wir uns knapp verpasst haben. Also setze ich mich. Mein Atem beruhigt sich langsam, und meine Gedanken verlieren sich im weiten rosafarbenen Himmel und in Fluchtplänen. Welche Verpflichtungen halten mich jetzt noch hier?

Ich weiß nicht, wie lange ich schon dort sitze, als mein Gedankenfluss jäh von einem riesigen schwarzen Vogel unterbrochen wird, der im Sturzflug über die Klippe schießt, so dicht über mir, dass sich seine Krallen beinahe in meinen Haaren verfangen hätten. Instinktiv ducke ich mich, und meine Nase berührt die kühle Haut meiner Knie. Als ich den Kopf wieder hebe, fällt mein Blick auf Treibgut, das unten in der Flut tanzt.

Nein, kein Treibgut. Etwas Lebendiges. Ein Delfin? Oder sind es die Quallen, die schon seit einer Woche in unsere Bucht gespült werden wie eine verlorene Ladung grauer Glasschüsseln? Vielleicht. Ich beuge mich vor und strecke den Kopf über die Kante, um besser sehen zu können. Meine Haare flattern wie wild, mein Herz schlägt schneller, und ich beginne zu ahnen, dass sich etwas Schreckliches unter der schimmernden blauen Oberfläche bewegt, auch wenn ich es nicht erkennen kann.

Ein Moment vergeht. Noch einer.

Dann bricht etwas Dunkles durch die Wellen. Was ist das? Ein luftgefülltes T-Shirt. Haare, schwarz-rote Locken voller Seetang ...

In heller Panik beginne ich nach unten zu klettern. Meine Füße suchen vergeblich nach den vertrauten Einbuchtungen in der Felswand. Immer wieder rutsche ich ab bei meinem verzweifelten Versuch, endlich nach unten zu gelangen, ins Meer zu waten und Toby zu retten. Doch als ich im Sand aufkomme, ist er bereits aus dem Wasser heraus und kauert triefend über einer kleinen, zusammengerollten Gestalt auf dem letzten Streifen Strand, den die hungrige Flut übrig gelassen hat. Ich kneife immer wieder die Augen zusammen, aber es bleibt Barney, und Toby küsst ihn, bläst Luft in seinen Mund. Wasser quillt aus Barneys Mundwinkel. Toby sieht mich und fängt an zu schluchzen. „Es tut mir leid", stammelt er immer wieder, dass Lucian das Kaninchen habe finden sollen und dass er gar nicht gewusst habe, was er da tue, bis es geschehen und das Messer blutverschmiert gewesen sei und das Fell am Boden gelegen habe ... *Atme, Barney, atme!* Immer wieder drückt er auf Barneys Brust – drückt und drückt und drückt so fest, dass ich nicht mehr hinsehen kann, also halte ich bloß Barneys schlaffe, nasse Hand, während das Meer an unseren Knöcheln zerrt und der Sandfleck am Fuß der Klippen immer kleiner und kleiner wird, bis wir uns an die Klippenwand drängen müssen, um Barney über Wasser zu halten, unsere Arme um seine Knöchel, unter seinen Achseln, sein Kopf hängt schlaff nach hinten, und plötzlich hustet er, spuckt Wasser, und er lebt! „Komm schon, Barney!", schreit Toby, aber einen Moment später hört das Husten auf, sein Körper hängt wieder schlaff in unseren Armen, und alles, was uns je passiert ist, läuft auf diesen Punkt zu, diesen immer schmaler werdenden Streifen Sand, bis das Wasser herandrängt und auch er fortgespült wird.

FASSUNGSLOS sehe ich zu, wie sie Black Rabbit Hall verlassen. Warum blickt keiner nach oben? Wissen sie nicht, dass ich hier bin? Ich winke wie verrückt und klopfe an die Scheibe. Doch Toby hat das Gesicht in den Händen vergraben, als er in das Taxi des dicken Tel taumelt, blind vor Trauer und

Schuld. Jeglicher Kampfgeist ist verschwunden. Das Tuckern des Motors übertönt mein Klopfen, und schon braust der Wagen mit meinem armen Bruder davon. Ein strenges Internat im Norden von Schottland, sagt Peggy. Ein zweites Taxi fährt kurz darauf Richtung London ab, Annie, Kitty und Boris auf dem Rücksitz zusammengedrängt. Papas Rolls ist nirgendwo zu sehen. Ist er auch fort? War der stille Kuss auf meine Stirn gestern am späten Abend sein Lebewohl?

Und wo ist mein lieber kleiner Bruder? Wo *ist* er? Ich weigere mich, die große Schwester zu sein, die nicht nach seinem Kaninchen suchte, weil sie es unwichtig fand. Das bin ich nicht. Und er ist nicht tot. Ich kann es nicht begreifen.

Schritte. Peggy? Lass es Peggy sein. Doch als die Schritte näher kommen, höre ich das harte Klicken von Absätzen. Es ist nicht Peggy.

Der Schlüssel dreht sich im Schloss. Caroline sieht mich nicht an. Sie schiebt ein Tablett mit Essen – Suppe, Brot, Wasser – auf den Tisch bei der Tür. Es stößt gegen den Teller mit dem unberührten Toast. Ich habe noch immer mein Nachthemd an, sie dagegen ist tadellos zurechtgemacht.

„Iss etwas." Sie deutet mit dem Kinn auf das Tablett.

„Ich habe keinen Hunger. Ich muss bei Kitty sein. Kitty braucht mich jetzt." Meine Stimme ist ein Flüstern, rau vom Weinen. „Bitte lass mich mit den anderen fahren. Was bringt es, wenn ich hier oben eingesperrt bin? Ich halte das nicht aus."

„Das hättest du dir überlegen sollen, bevor du es mit deinem Bruder getrieben hast."

Ich zucke nicht zusammen. Ich weiche ihrem Blick nicht aus. Sie lügt. Toby hat mich vor ihr gewarnt. Damals habe ich ihm nicht geglaubt. Jetzt tue ich es. Er hat mich auch gewarnt, dass etwas Schlimmes passieren würde. Es war kein Meteorit, doch es ist genauso über uns hereingebrochen.

„Und hör auf, an die Tür zu hämmern. Es hört dich sowieso keiner."

„Peggy wird mich hören", erwidere ich schwach.

„Peggy weiß, was sein muss, Amber." Caroline dreht sich um, greift nach dem Türknauf.

„Ich verlange, dass Papa kommt." Ohne den Blick vom Türknauf zu nehmen, überlege ich, wie schnell ich die Tür erreichen könnte.

„Dein Vater ist heute Morgen in einem schrecklichen Zustand. Er wird dich eine Weile nicht besuchen kommen. Niemand wird kommen." Ihre Stimme senkt sich. „Und schon gar nicht Lucian."

„Wo ist er?"

„In Oxford. Sein Leben leben."

Ich sehne mich so sehr nach ihm, dass es körperlich schmerzt. „Weiß er ... es?"

„Natürlich nicht. Das ist unser kleines Geheimnis. Nur du, ich, Peggy und Hugo wissen es. Sonst braucht es niemand zu wissen, wir wollen ja schließlich nicht, dass unser guter Ruf leidet."

Ich muss all meine Kraft aufwenden, um nicht zu weinen, um standzuhalten, als sich das kleine, enge Zimmer zusammenzieht und mir die Luft aus der Brust presst. „Ich weigere mich, hier weggesperrt zu werden wie eine Kriminelle."

„Amber", sagt sie warnend. „Ich will dich nicht brechen müssen."

„Das würde dir auch nie gelingen." Ich denke an Mama, die uns immer gesagt hat, wie wertvoll wir seien, ungeachtet all unserer Fehler. Ich versuche, sie mir in dieses Zimmer zu wünschen. Es funktioniert nicht. Tränen steigen mir in die Augen.

„Hör zu, Amber." Ihre Stimme wird ein wenig milder. „Du hast Glück, sehr viel Glück, dass du zu Hause bleiben darfst. Es gibt Orte, an die man Mädchen wie dich eigentlich schickt, und glaub mir, dort ist es viel schlimmer als hier." Sie öffnet die Tür ein Stück. „Und es ist ja nicht für immer."

Ohne den Blick von mir zu wenden, greift sie schnell nach dem Toastteller und versperrt mit dem anderen Arm den Ausgang.

Ich stürze mich mit aller Kraft, die ich noch in mir habe, auf die Tür. Dann geschieht alles wie in Zeitlupe. Ihr entsetzt aufgerissener Mund. Der Teller, der auf den Boden kracht. Caroline, die es gerade noch hinausschafft und die Tür hinter sich zuschlägt. Ich rüttle erbittert am Türknauf. Doch sie dreht bereits den Schlüssel im Schloss. Und dann höre ich ihre Absätze die Treppe hinunterstöckeln. Ich hämmere gegen die Tür und schreie immer und immer wieder Barneys Namen.

## *Achtzehn*
### *Lorna*

„Ich hatte den Verdacht von dem Moment an, als ich Amber nackt im Ankleidezimmer sah." Der Schatten von Mrs Altons Stock wird länger und länger im Abendlicht, das durchs Fenster hereinfällt. „Sie war definitiv fülliger geworden. Und alles ergab plötzlich einen furchtbaren Sinn. Amber hätte unmöglich nach London zurückkehren können."

Was war das? Nein, sie hat sich sicher verhört. Lorna sinkt auf das schmale Eisenbett. Darauf sitzt eine ausgeblichene Stoffpuppe mit aufgestickten schwarzen Augen. Sie nimmt sie hoch. Ihr Kopf fällt schlaff nach vorn. „Ich kann Ihnen nicht ganz folgen. Tut mir leid."

Mrs Alton beugt sich vor. „Oh, ich hoffe, das können Sie doch."

Verwirrt und beklommen sieht sich Lorna in der klösterlich kargen Kammer ganz oben im Ostturm um – ein Schreibpult, eine Kommode, eine Reihe abgegriffener Taschenbücher – und spürt, wie der eisige Hauch der Vergangenheit ihren Nacken streift.

„Natürlich sind Sie nicht Endellions Zwillingsschwester", sagt Mrs Alton nach einem langen Seufzer.

„Verzeihung? Sie meinen ... Aber warum sollte Dill lügen?"

„Endellion ist dazu gar nicht in der Lage. Sie wiederholt lediglich gehorsam das, was man ihr sagt. Und man hat ihr eben erzählt, dass es da eine Zwillingsschwester gäbe."

Lornas Kopf hämmert jetzt, und ihr Mund ist wie ausgetrocknet. Nein. Sie kann es nicht fassen. Sie muss gehen. Diese Frau ist ganz offensichtlich vollkommen verrückt.

„Endellion kam zwei Tage vor Ihnen zur Welt, was für alle Beteiligten ausgesprochen hilfreich war."

„Aber ... Peggy ..." Sie sieht die Ps wieder vor sich, wie sie über das Papier defilieren. „Peggy Mary Popples Name steht auf meiner Geburtsurkunde."

„Gewiss. Der Doktor war uns behilflich. Ein alter Freund der Familie. Er und Hugo haben alle Spuren verwischt und dafür gesorgt, dass Lucians und Ambers Ruf unbeschädigt blieb."

Lucian? Lucian und Amber? Lornas Atem geht schneller. Nein. Das ist unmöglich. Einfach unmöglich.

„Peggy hat angeboten, das Baby als ‚Zwillingsschwester' ihres unehelichen Kindes großzuziehen. Das konnten wir natürlich nicht zulassen, es war viel zu riskant." Sie nickt, wie um sich selbst zu bestätigen, dass sie das Richtige getan hat. „Schauen Sie nicht so entgeistert. Es war nur ein ... ein verwaltungstechnisches Detail und zum Nutzen aller. Peggy wurde im ganzen Dorf geächtet. Sie rechnete fest damit, auch auf Pencraw entlassen zu werden. Stattdessen boten wir ihr lebenslange Sicherheit – ihr und Endellion –, und als Gegenleistung rettete sie die Altons vor einer nicht wiedergutzumachenden Schande. Außerdem gab sie dem Baby – Verzeihung, Ihnen – eine halbwegs anständige Herkunft. Wenn natürlich herausgekommen wäre, dass es sich um die Frucht eines Inzests handelte ..."

Lorna schlägt die Hand vor den Mund. „Großer Gott. Bitte sagen Sie mir, dass *das* die Lüge war ..."

„Das war sie, ja." Mrs Alton zuckt zusammen und fasst sich mit der Hand an die Wange, als wäre sie soeben geohrfeigt worden. „Nach Hugos Tod habe ich Lucian die Wahrheit gesagt. Aber da war es schon zu spät. Das Leben härtet so schnell aus wie Beton, Lorna. Schrecklich schnell."

Lorna vergräbt den Kopf in den Händen und stöhnt. Eine Weile sitzen die beiden Frauen schweigend da, jede versunken in ihre eigene dunkle Welt.

„Das Paar sei zwar nicht von unserem Schlag, meinte der Arzt, aber respektabel und ganz begeistert von Ihnen", sagt Mrs Alton schließlich, als wolle sie der ganzen Sache einen erfreulicheren Dreh geben. „Die Frau hatte immer wieder Fehlgeburten gehabt. Sie hat versprochen, Sie regelmäßig nach Cornwall zu bringen, damit Sie Ihre wahren Wurzeln kennenlernen. Ich glaube, das war sehr tröstlich für Amber. Liebe Güte, Lorna, ich fürchte, ich habe Sie überfordert. Bitte sagen Sie doch etwas."

Aber Lorna kann nicht. Denn all die vielen Puzzleteile fügen sich gerade zusammen: die Urlaube in Cornwall, die Fotos am Anfang der Zufahrt, das absurde Drängen ihrer Mutter, dass sie ihr „kulturelles Erbe" kennenlernen müsse, während sie sich bei Louise diese Mühe nicht gemacht hatte. Also hat ihre Mutter versucht, das Richtige zu tun. Etwas Hartes und Sprödes in Lornas Innerem wird weicher. Wie seltsam, denkt sie, dass ich, indem ich herausfinde, wer meine leibliche Mutter ist, zugleich das wahre Wesen meiner Adoptivmutter erkenne.

Auf dem Bett sitzend, in dem sie geboren wurde, wandert Lorna in Gedanken zurück in die Vergangenheit. Ihr Gehirn beginnt die Ereignisse miteinander zu verknüpfen, und sie erkennt, dass Mrs Altons Lüge alles wie ein metallischer schwarzer Faden durchwirkt. Wut steigt in ihr auf. Ihre dunklen Augen funkeln. „Warum haben Sie sich bloß eine so grausame Lüge ausgedacht, Mrs Alton? Warum?"

Mrs Alton blinzelt ein paarmal, wie um sich auf Lornas Wut einzustellen. „Ich dachte, es würde diese Sache zwischen Amber und Lucian ein für alle Mal beenden und wir könnten alle einfach weiterleben."

„*Weiterleben?*", wiederholt Lorna ungläubig und mit bebender Stimme.

„Lorna, Sie müssen das verstehen. Pencraw bedeutete alles für Hugo, und sein Fortbestand war alles andere als sicher. Etwas musste geschehen. Toby kam als Erbe nicht in Betracht. Bei Lucian wäre Pencraw in sicheren Händen gewesen. Hugo wusste das. Deshalb stellte er nicht allzu viele Fragen. Er *wollte* glauben, dass Lucian sein Sohn ist." Der Schatten des Stocks fängt an zu zittern. „Als er auf der Terrasse lag und starb – ein Herzinfarkt, verursacht durch den Kummer über Barneys Tod zwei Jahre zuvor, da bin ich mir ziemlich sicher –, versprach ich ihm feierlich, das Haus zu erhalten, egal was passiert, und dieses Versprechen habe ich gehalten. Wenigstens das ist mir gelungen."

„Sie dürften gar nicht hier sein!", schreit Lorna und springt auf.

„Ich kann hier wohnen, solange ich will. In Abwesenheit eines hier ansässigen Besitzers verwalte ich dieses Haus. Das war eindeutig Hugos Wille."

„Aber Toby ist der rechtmäßige Erbe!"

Sie runzelt die Stirn. „Ja, und das ist der Fehler im System. Deshalb werden so viele Besitztümer zugrunde gerichtet, so viele Vermögen, die über Jahrhunderte aufgebaut wurden, in Monaten ruiniert ... Nur weil es einen ältesten Sohn gibt, dem man verpflichtet ist."

„Er war bloß ein verstörtes Kind! Er hätte Hilfe gebraucht!"

„Sie sind nicht umsonst Lehrerin, wie ich sehe."

„Wie konnten Sie nur? Wie konnten Sie Toby so übervorteilen?"

„Lucian hat Pencraw Hall schon vor Jahren an Toby überschrieben, einige Wochen nach Hugos Tod. Letzten Endes wurde Toby also nicht übervorteilt."

„Und wo *ist* Toby dann?"

Mrs Alton sieht weg.

Lorna wendet sich voller Abscheu ab. „Es ist kein Wunder, dass niemand hierher zurückkommen will. Sie haben aus Pencraw ein Horrorkabinett gemacht! Ein Haus, dem das Herz herausgerissen wurde! Nichts kann das rechtfertigen, was Sie getan haben. *Nichts.*"

Mrs Alton ist kreidebleich. „Meine Liebe, ich dachte, wenn ich es Ihnen erkläre, würden Sie es verstehen."

„Ich verstehe es sehr wohl", sagt Lorna, und ihre Wut verwandelt sich in etwas Kälteres, Ruhigeres. Sie hat bekommen, wofür sie nach Black Rabbit Hall gekommen ist: ihre Geschichte, im Guten wie im Schlechten. Ja, die Vergangenheit wurde über ihr ausgekippt wie ein Hummerfangkorb. Aber jetzt kann sie darunter hervorkriechen. Sie ist frei, und sie will dringend nach Hause. „Ich muss gehen, Mrs Alton. Ich gehöre nicht hierher."

„O doch, das tun Sie! Das Schicksal hat Sie hergeführt, hat mir Lucian in Ihrer Gestalt zurückgebracht. Sie müssen bleiben, Lorna. Sie *müssen.*"

Lorna muss beinahe lachen. „*Bleiben?* Nach allem, was Sie getan haben? Sind Sie verrückt?" Die Unfähigkeit dieser Frau, die Auswirkungen ihres eigenen Handelns zu erfassen, hat etwas auf bizarre Weise Kindisches.

Zu Lornas Entsetzen füllen sich die Augen der alten Frau mit Tränen.

Sie hört einen Wagen hart auf dem Kiesweg bremsen. „Es tut mir leid, dass ich Sie nicht im Guten verlassen kann", sagt sie leise.

Ohne Vorwarnung schnellt Mrs Alton vor und steht mit rudernden Armen vor ihrem Stuhl. „Aber ich bin Ihre *Großmutter!*"

Dieses Wort, auch wenn sie es bereits gefürchtet und in Gedanken vorweggenommen hat, trifft Lorna mit voller Wucht. Einen Moment lang sagt keine von ihnen ein Wort. Schritte auf der Treppe. Beide blicken zur Tür und fragen sich, wer da wohl hereinplatzen wird. Sie wissen, dass die Zeit abläuft.

Lorna wendet sich zum Gehen. „Ich hatte eine Großmutter, Mrs Alton. Die beste, die man sich vorstellen kann. Ich brauche nicht noch eine."

„Dann bleiben Sie noch eine Weile bei mir sitzen." Mrs Alton umklammert die Lehne ihres Stuhls. „Bitte. Halten Sie meine Hand. Nie hält mir jemand die Hand."

Lorna weiß, dass sie dieses Zimmer ihrer eigenen geistigen Gesundheit zuliebe verlassen muss.

„Können Sie mir verzeihen? Bitte vergeben Sie mir. Ich werde sterben."

Lorna bleibt stehen, die Hand auf dem Türknauf. Wie sollte sie dieser Frau jemals vergeben können?

„Lorna." Mrs Altons Stimme ist jetzt nur noch ein jämmerliches Wimmern. „Bitte lassen Sie mich nicht allein an diesem grässlichen Ort zurück."

Und Lorna kehrt um.

Eine Sekunde später steht er da, ein Riese in dem engen Türrahmen.

„Jon!" Lorna wirft sich in seine Arme und vergräbt ihr Gesicht in seinem Hemd. Vor lauter Erleichterung geben ihre Beine nach.

Er nimmt sie bei den Schultern, und sein Blick sucht ihren. „Bist du okay?"

Sie nickt und blinzelt die Tränen weg. „Es ist viel passiert", ist alles, was sie herausbekommt, und ihre wirbelnden Gedanken beruhigen sich unter dem Gewicht seiner Hände.

„Ich weiß." Er zupft ihr eine Haarsträhne von der heißen Wange.

Mrs Alton hustet, erinnert sie an ihre Anwesenheit. Jon starrt über Lornas Kopf hinweg zu der bleichen alten Dame hinüber, die immer noch die Stuhllehne umklammert.

„Mrs Alton? Ist alles in Ordnung mit Ihnen?", erkundigt er sich sanft.

„Ich … fühle mich ziemlich erschöpft."

„Kommen Sie, wir gehen hinunter, ja?" Er nimmt Mrs Altons dünnen Arm, hilft ihr durchs Treppenhaus nach unten in ihr bescheidenes Wohnzimmer im Ostturm, setzt sie in ihren Lehnstuhl, legt ihr eine karierte Wolldecke über die Knie und schenkt ihr ein ordentliches Glas Sherry ein, was sie alles ohne Murren akzeptiert. Ihr Kinn sinkt auf die Brust, die Augen schließen sich langsam.

Jon wendet sich an Lorna, die Mrs Altons Fügsamkeit mit wachsender Verwunderung verfolgt. „Und? Kann ich dir auch einen Drink anbieten?"

Es ist genau wie an ihrem ersten Abend im Lärm und Gedränge der Party. Und wie damals antwortet sie: „Ja bitte, sehr gern."

Wein in staubigen Flaschen taucht aus dem Keller auf. Sie sitzen im Salon, umgeben von Dill, Alf, Doug und Louise, die zwitschern wie aufgeregte Vögel und Jon und Lorna später bei Wein, marinierten Garnelen und Gebäck im Salon zurücklassen. Allein Alfs Lachen und das gereizte Bellen des Hundes sind Indizien dafür, dass sich außer ihnen noch jemand in dem riesigen Haus aufhält.

Die Nacht ist bereits angebrochen, der glänzend schwarze Himmel übersät mit Sternen. Mit dem Sonnenuntergang ist auch die Temperatur gefallen, und die Augustluft, die durchs Fenster hereinströmt, riecht leicht nach Herbst. „Soll ich Feuer machen?", flüstert Jon.

Lorna nickt. Kurze Zeit später lodert ein Feuer im Kamin. Das Knistern hat eine beruhigende Wirkung auf Lorna. Sie schmiegt sich mit dem Rücken an Jon, der hinter ihr auf dem Teppich sitzt, sein Kinn auf ihrem Kopf. Und dann erzählt Lorna ihm, anfangs langsam und zögernd, was sie von Mrs Alton erfahren hat.

Als sie fertig ist, sitzen sie schweigend da. Nur das Zischen der Flammen durchbricht die Stille. Dann beugt Jon sich hinunter und küsst die weiche Haut hinter ihrem Ohr. „Du bist wirklich außergewöhnlich, Lorna."

Die liebevolle Bemerkung treibt ihr die Tränen in die Augen. „Ich komme mir aber nicht außergewöhnlich vor."

Er zieht sie fester an sich. „Bist du aber."

„All das ist schlimm. Aber ich verdanke diesen Ereignissen meine Existenz. Sie sind *in* mir, Jon."

„Und deswegen bin ich dankbar dafür, für jeden Todesfall, jede verdrehte Lüge, für alles."

Sie sieht ihn an. „Das kannst du nicht ernst meinen."

„Lorna, ich liebe die Frau, die du bist, die Frau, die du wirst, die Mutter, die du bestimmt einmal sein wirst. Ich wünsche mir nichts sehnlicher, als alles von dir zu wissen und nicht ausgeschlossen zu werden."

Sie senkt den Blick. „Ich wollte nicht, dass dieser Teil ... ein Teil von uns ist. Ich wollte, dass es verschwindet."

„Es ist aber nicht verschwunden. Doch ich hätte dich nicht drängen sollen. Es tut mir leid. Das stand mir nicht zu."

Sie lehnt den Kopf an seine Schulter. „Das Komische ist: Am Ende war es dieses Haus, das mich in meine Vergangenheit zurückgestoßen und sie freigelegt hat. Nicht ich. Nicht du."

Er schenkt dem Raum ein respektvolles Nicken. „Was für ein Haus."

„Mit dir darin ist es besser." Sie führt seine Hand an ihre Lippen. „Ich kann nicht fassen, dass du den ganzen Weg hergefahren bist."

„Ich bin gerast wie ein Verrückter, ich wurde bestimmt mindestens zweimal geblitzt." Er stockt. „Nicht gerade vernünftig von mir."

Sie lächelt. „Überhaupt nicht."

Er vergräbt die Nase an ihrem Hals. „Insgeheim hatte ich aber ziemlich viel Spaß dabei."

Sie lacht – und kann in ihrem Lachen plötzlich ein anderes, fremdes Lachen hören. Sie dreht sich um und sieht Jon fragend an. Ob er es auch gehört hat? Doch sein Gesichtsausdruck hat sich nicht verändert: All seine Aufmerksamkeit gilt ihr. Und doch kommt es ihr vor, als wären die Alton-Kinder – Toby, Amber, Kitty und Barney – mit ihnen in diesem Zimmer, ein spielerisches Schimmern, ein aufblitzendes Blau in einer goldenen Flamme, ein oder zwei seltsame, schöne Augenblicke lang.

Dann sind sie verschwunden.

ACHT TAGE SPÄTER, New York, Greenwich Avenue. Der Mittelpunkt des grünen Kringels auf dem Globus in Black Rabbit Hall. Nur wenige Minuten trennen Lorna noch von der Frau, die sie zur Welt gebracht hat. Allein bei dem Gedanken wird ihr ganz schlecht, und sie drängt sich an Jon. Wie sie diesen Mann liebt.

Nachdem sie nach London zurückgekehrt waren, ging alles ganz schnell. Jon wollte Lorna helfen. Wenn sie ihn ließ. Was wollte Lorna? Sie wollte, ja, sie wollte versuchen, ihre leibliche Mutter zu finden. Nein, sie würde absolut nicht die Nerven verlieren. Mit Jon an ihrer Seite, neu geerdet, tief verwurzelt in ihrem eigenen Leben, fühlte sie sich stark genug, das Risiko einzugehen. Außerdem war sie nicht davon ausgegangen, dass wirklich eine reelle Chance bestand, Amber Alton zu finden.

Es brauchte bloß ein paar Mausklicks. Lorna verlor die Nerven. Jon musste die E-Mail schreiben, den Anruf tätigen, für den sie viel zu nervös war, und die Frage stellen, die sie nicht auszusprechen wagte: Ob sie sich treffen wollten? Und als die Antwort lautete „O mein Gott, ja, ja! Wann?", war es Jon gewesen, der alles in die Hand nahm, die Reise noch in die ersten Septembertage quetschte, bevor das neue Schuljahr losging, seine steinreichen Kunden in Bow hängen ließ, Flugtickets buchte und ein Zimmer in einem beengten, aber charmanten Hotel am Washington Square.

„Noch drei Blocks. Zwei. Einer. „Jon, ich glaube, ich schaff das nicht."

„Okay. Kein Problem. Dann gehen wir zurück ins Hotel."

„Aber das kann ich auch nicht!"

„Tja, dann bleib einfach hier stehen." Er legt den Arm um ihre Schulter und drückt sie an sich. „Bis du so weit bist."

„Die Puppe! Ich habe Kittys Puppe vergessen." Lorna wühlt in ihrer Tasche.

Als Mrs Alton von Dill erfuhr, dass Lorna nach New York fliegen würde – Lorna und Dill stehen immer noch in regelmäßigem Kontakt –, schickte sie sie mit der Puppe nach London. Am Bahnhof Paddington übergab Dill Lorna die Puppe so verstohlen wie ein geschmuggeltes Juwel oder ein entführtes Kind und murmelte etwas von einer Beschlagnahmung durch Mrs Alton viele Jahre zuvor.

„Doch, ich hab sie!" Lorna reißt die Puppe aus der Tasche.

Jon nimmt ihr Gesicht in beide Hände. „Siehst du? Du hast alles, was du brauchst."

Stimmt das? Wenn das hier schiefgeht, was bleibt ihr dann? Jon, ihre Familie, ihre schwer errungene Selbsterkenntnis. Das, beschließt sie, ist doch gar nicht wenig. „Ich weiß."

„Gut. Wir sind nämlich da."

„Im Ernst? Mein Gott. Das ist dein Ernst, oder?"

Sechs Schritte. Eine schwarze Tür. Drei Klingeln auf einem Messingschild. Die zweite Klingel. Apartment Nummer zwei: *Amber und Lucian Shawcross.*

## *Neunzehn*
### *Amber, am Tag von Lornas Hochzeit*

*M*ama ist mir heute so ausgesprochen nah, näher als seit vielen Jahren. Unwillkürlich stelle ich mir vor, wie sie verschiedene Kleider anprobiert und wieder ablegt und mich über ihre sommersprossige Schulter hinweg bittet, ihr den Reißverschluss zuzumachen. Barney, der zu ihren Füßen spielt, lacht. Peter Pan, für immer sechs Jahre alt. Toby beobachtet uns, an den Türrahmen gelehnt.

Ich starre in das fleckige Glas des Spiegels, begierig, ihre Züge in meinen zu entdecken. Und ja, da ist meine Tochter – in der Oberlippe, dem Schnitt des Kinns. *Meine. Tochter.* Welche Worte!

Es ist schwer zu glauben, dass all das kaum zwei Monate her ist: endlose Telefonate, zwei Besuche, einer in New York, einer in London, beide prall gefüllt, ganze Lebensgeschichten, in wenigen Tagen und über verschiedene Zeitzonen hinweg erzählt. Wir achten darauf, unsere Tochter nicht zu überfordern. Wir versuchen auch, schonend mit unserem Sohn Barney umzugehen, der zwar ganz begeistert ist, plötzlich eine Schwester zu haben, aber an die Privilegien eines Einzelkinds gewöhnt ist. „Immer mit der Ruhe", meint Lucian und schirmt uns von all den anderen ab: von Tante Bay, Kitty und ihrer Familie, Matilda, unseren erstaunten Freunden, den Künstlern in meiner Galerie, Lucians verblüfften Kollegen an der Columbia-Universität.

Seit Jon zum ersten Mal anrief, rüttle ich Lucian jeden Morgen wach. „Träume ich? Bist du sicher, dass es wahr ist? Hat sie mir verziehen, dass ich sie fortgegeben habe?" Meine alte Angst – dass die Menschen, die ich liebe, verschwinden oder sterben könnten – kocht wieder hoch. Lucian reibt sich die Augen und beruhigt mich so, wie nur er es vermag.

Lorna. Kein Name, den ich ihr gegeben habe, ich traute mich damals nicht, sie anders als „das Baby" zu nennen, aus Angst, dass ich sie zu sehr lieb gewinnen könnte. Es war zwecklos, ich liebte sie trotzdem. Als sie mir weggenommen wurde – man riss sie mir aus den Armen, und ich schrie –, sagte Caroline, ich solle nicht selbstsüchtig sein, sondern tun, was das Beste für das Kind sei. Dann die eiligen Schritte des Arztes auf der Treppe nach unten. Anschließend kehrte ich nach London zurück, wund, wie gehäutet. Ich habe es nur Matilda erzählt, niemandem sonst, und meine Einkerkerung wurde mit Krankheit erklärt. In den kostbaren Nächten, in denen ich in Matildas Bett schlief, redeten wir stundenlang von „dem Baby", wo es war, was aus ihm werden würde, ob sie rothaarig war wie ich oder dunkel wie Lucian. Ein paar Monate später erlaubte mein Vater, der mich unbedingt aus meiner tränenreichen Apathie reißen wollte, dass ich zu Tante Bay zog und für eine Weile in New York zur Schule ging. Keinem von uns war damals klar, dass es für immer sein würde. Ich weiß noch, wie ich am Flughafen stand, den braunen Lederkoffer zu meinen Füßen, und Matilda mir ins Ohr flüsterte: „Eines Tages wird das Baby kommen und dich finden, Amber. Das schwöre ich dir." Ich glaubte ihr nicht.

Als ich im Flugzeug saß und auf das Dach aus weißen Wolken hinunterstarrte, beschloss ich, so zu tun, als wäre das Baby gestorben, zusammen mit den anderen. Es war der einzige Weg zu überleben.

Natürlich konnte ich nie aufhören, auf den Kalender zu schauen und mir Gedanken zu machen. *Jetzt ist sie drei, jetzt in der ersten Klasse, jetzt ist sie sechzehn*. Und ich überlebte. Ich war beschäftigt, und mein Leben war ausgefüllt.

Ein Klopfen an der Tür. „Die Feier fängt an, Schatz." Lucians Stimme unterbricht meine Gedanken.

„Bin gleich so weit." Ich schaue mich im Spiegel an und spüre eine Welle der Unsicherheit in mir aufsteigen. Ist das lange grüne Kleid vielleicht doch übertrieben? Zu grün? Wird es Lorna gefallen?

„Barney ist schon runtergegangen. Er hat sich wie immer an das hübscheste Mädchen im Saal herangepirscht." Lucian legt den Arm um meine Taille, küsst mich auf die nackte Schulter und lächelt unserem Spiegelbild unter seinem Wuschelkopf aus graumeliertem Haar zu.

Ich frage mich, was er sieht. Das Paar mittleren Alters, das wir sind? Oder die Teenager, die wir einst waren? Ich weiß nur, dass ich, wenn ich ihn anschaue, weder seine grauen Haare noch das schlaffer werdende Kinn sehe, sondern Lucian, wie er an dem Tag war, an dem wir einander wiederfanden: schmalhüftig, mit langen, ins Gesicht fallenden Haaren, ganz der brillante Student. Nervös ging er unter der Bridge of Sighs in Oxford auf und ab, ohne zu ahnen, dass ich ihn aus ein paar Metern Entfernung beobachtete, weil ich Angst hatte, aus dem Schatten einer schmalen gepflasterten Gasse zu treten. Es war fast zwei Jahre her, dass ich Lucian zuletzt gesehen hatte, aber sein Anblick verschlug mir noch immer den Atem.

Sein Brief hatte wenige Tage zuvor in Tante Bays Briefkasten gesteckt. Er schrieb mir, dass seine Mutter ihm die Lüge gebeichtet habe (was nur bestätigte, was ich immer schon zu wissen geglaubt hatte). Von dem Baby und allem, was ich allein durchlitten hatte, habe man ihm nichts gesagt. Ob ich ihm jemals vergeben könne? Ob wir uns treffen könnten?

Caroline hatte gesagt, ich würde sein Leben ruinieren, wenn ich ihm je von dem Kind erzählte, und dass er mich dann für immer hassen würde. Dass er nun Bescheid wusste und mich trotzdem sehen wollte, war eine solche Erleichterung und zugleich solch ein Schock, dass ich zu Boden sank und weinte. Tante Bay wurde sogleich aktiv, warf meine hübschesten, kürzesten Kleider in eine Tasche, setzte mich in ein Taxi zum Flughafen und wies mich an, nach der Landung „Nach Oxford, bitte!" zu rufen.

Als ich aus dem Schatten der engen Gasse trat, hatte ich keine Ahnung, was passieren würde. Es war so viel Zeit vergangen. Ich war müde und abgekämpft und nicht mehr das jugendfrische Mädchen, das er geliebt hatte. Doch als er aufblickte, sah ich die Sehnsucht in seinen Augen aufblitzen und wusste, dass uns nichts je wieder trennen würde.

„Tolles Kleid."

Ich lächle ihn im Spiegel an, froh darüber, aus meinen Gedanken gerissen zu werden. „Nicht zu ausgefallen?"
„Auf eine gute Weise."
„Tja, es ist ohnehin zu spät, um sich noch mal umzuziehen. Ich hab auch meine Handtasche verbummelt. Hast du die kleine goldene gesehen?"
Er setzt seine Brille auf und sieht sich suchend im Zimmer um. Wir entdecken sie gleichzeitig. Sie hängt an der Schranktür.
Dieser Schrank. So viele Erinnerungen hängen daran: meine vom Pelz gedämpften Schreie, Momente der Glückseligkeit. Des Entsetzens. Es ist alles noch da. Lucian nimmt meine Hand. Wir senken die Köpfe und erinnern uns an die Menschen, die wir verloren haben. Dann nimmt Lucian die Handtasche von der Schranktür, und wir steigen Hand in Hand die Treppe zum Festsaal hinunter.

EINIGE STUNDEN SPÄTER suche ich am Waldrand bei den Kaninchenbauen Zuflucht. Die überschwänglichen Begrüßungen und Umarmungen von all den Fremden – „Wow, Sie sehen aus wie Lorna!", „Lil, darf ich dir Amber Shawcross vorstellen, ja, *die* Amber Shawcross, extra aus New York eingeflogen" – sind rührend, aber auch ermüdend.
Außerdem will ich für eine Weile meinen Gedanken nachhängen. Jetzt wo ich auf diesem bemoosten Baumstamm sitze, steht mir meine Kindheit lebhafter vor Augen als mein Alltag in New York vor einer Woche. Ich sehe uns alle noch so deutlich vor mir: Mama und Papa, die auf der Terrasse sitzen und über irgendeinen unverständlichen Erwachsenenwitz lachen, die resolute Kitty, die ihren Puppenwagen die Steintreppe hinunterrattern lässt, Barney, der über den Rasen läuft, eine Blindschleiche in der hohlen Hand, Toby, der mir vom Waldrand aus zuwinkt: „Amber, komm her, schau mal ..."
Aber ich kann keinen meiner geliebten Geister lange halten; die Vergangenheit wird von der schwindelerregenden Lebendigkeit der Gegenwart verdrängt. Noch nie hat Black Rabbit Hall fröhlicher gewirkt, getaucht in die Wärme dieses zauberhaften Altweibersommers, geschmückt mit Lampions, Lichterketten, Girlanden und Luftballons. Kinder lassen sich die Rasenhänge hinabkullern. Schöne junge Menschen tanzen auf der Terrasse. Jugendliche aus dem Dorf balancieren vorsichtig Tabletts voll winziger, dreieckiger Krabbensandwiches und Pastetchen durch die Menge.
Ich lasse all das auf mich wirken, staune über Dill, die zu einem Abziehbild von Peggy herangewachsen ist, sodass ich bei unserer ersten Begegnung ohne nachzudenken auf sie zustürmte und sie umarmte. Als ich sie das letzte

Mal gesehen hatte, war sie so groß wie ein Katzenjunges gewesen. In den bittersüßen Tagen nach Lornas Geburt hatte sich Peggy manchmal mit einem Blech Kuchen in mein Zimmer gestohlen, und wir hatten auf dem Bett gesessen und versucht, unsere Babys zu stillen.

Lorna sagt, es seien vor allem ihre wundervolle Schwester Louise und Dill gewesen, die diese Hochzeit in letzter Minute auf wundersame Weise ermöglicht hätten. Lorna hat eine großartige Familie: liebevoll, innig, herrlich normal – alles, was ich mir für sie erhofft hatte. Würde Sheila noch leben, würde ich ihr danken. Lorna sagt, ihre Beziehung zu Sheila sei nie besonders einfach gewesen, aber Sheila hat definitiv etwas richtig gemacht, und dafür bin ich ihr auf ewig dankbar. Und Doug ist wundervoll. Lucian mag ihn auch sehr. Die beiden sitzen schon seit einer Stunde auf einem Heuballen, trinken Apfelwein und lachen. Ich sehe, dass auch Lorna sie verstohlen beobachtet, um herauszufinden, ob sie sich verstehen.

Jons Großfamilie – laut, glamourös und schillernd – erinnert an einen Schwarm exotischer Fische. Lornas Schwiegermutter Lorraine hat das Zepter in der Hand, eine Frau, die irgendwie überall gleichzeitig zu sein scheint und einen Hut mit Leopardenmuster trägt, der die Größe einer Satellitenschüssel hat und nur von Tante Bays Kopfschmuck in den Schatten gestellt wird: einem gigantischen Helmbusch aus Pfauenfedern, deren petrolfarbene Spitzen über den Köpfen der Menge wippen, während sie an Kittys Arm herumtapst und jedem von ihrer lieben verstorbenen Schwester Nancy erzählt, die Partys liebte und der Grün so ausgezeichnet stand.

Kitty lacht und überlässt Tante Bay gern die Hauptrolle. Sie freut sich, ihren vier Kindern – allesamt Amerikaner, da Kitty mit sechzehn zu mir nach New York zog, einen meiner Freunde heiratete und sich schließlich in Mamas Heimat Maine niederließ – zu zeigen, dass das urwüchsige alte Haus, von dem sie ihnen so viel erzählt hat, wirklich existiert. Und nein, ihre Handys haben hier tatsächlich keinen Empfang.

Ich frage mich unwillkürlich, was Caroline wohl von alldem gehalten hätte. Hätte sie sich darüber gefreut? Oder war sie zu so etwas wie Freude gar nicht fähig? Wir werden es wohl nie erfahren. Sie starb – ich gebe zu, ich war erleichtert – letzten Monat in einem Hospiz in Truro, während sie Lucians Hand umklammert hielt. Am Ende konnte er sich dazu durchringen, ihr zu verzeihen. Ich werde das nie können.

„Kann ich Ihnen noch etwas bringen?" Jon steht vor mir, groß und gut aussehend in seinem dunkelblauen Anzug, und lächelt mich schüchtern an. „Noch etwas zu trinken?"

„Nein, ich habe alles, was ich brauche, danke." Ich klopfe neben mir auf den Baumstamm. „Eine wundervolle Hochzeit, Jon."

Er setzt sich neben mich, und große, kantige Knie spannen den Stoff seiner Hose. „Ein bisschen seltsam, wieder hier zu sein?"

Ich lache. „Ein bisschen."

„Lorna befürchtete, dass es vielleicht zu vieles aufwirbelt."

„Keine Sorge. Black Rabbit Hall lebt hier oben sowieso weiter." Ich tippe mir an die Stirn. „Und weißt du was? Ich bin froh, dass es so ist."

Er starrt auf seine riesigen Füße hinunter. „Mrs ..."

„Amber."

„Entschuldigung, Amber." Er lacht nervös, dann platzt es aus ihm heraus: „Ich habe mit Toby gesprochen."

Ich erstarre. „Was? Was hast du gesagt?"

„Dein Bruder Toby hat mich angerufen", sagt er, jetzt etwas sanfter.

Ich muss mich mit der Hand auf dem Baumstamm abstützen. „Du hast mit Toby *telefoniert?* Wie? Wie um alles in der Welt ..."

„Ich habe ihm eine Einladung zur Hochzeit geschickt, zusammen mit einem Brief, in dem ich erklärt habe, wer wir sind und wie er uns erreicht. Darauf reagierte er nicht, und ich hatte ehrlich gesagt auch nichts anderes erwartet. Doch als ich heute Morgen aus der Dusche kam und mit meinen Gedanken natürlich ganz woanders war, rief ein Mann an, der sagte, er sei Toby Alton. Er wollte wissen, ob es sich wirklich um die Hochzeit von Ambers lang verloren geglaubter Tochter handle. Er konnte es fast nicht glauben. Aber er klang sehr glücklich, als ich es bestätigte."

Meine Augen füllen sich mit Tränen. Und schlagartig steht diese fiebrige, schlaflose Nacht in London wieder vor meinen Augen. Ich hatte mich im Bett aufgesetzt und Toby in seinem abgeschiedenen Internat – „das Gefängnis" hatte er es genannt – einen Brief geschrieben, in dem ich ihm von dem Baby erzählt hatte. Über ein Jahr lang hatte ich das Geheimnis vor ihm verborgen, dann konnte ich es einfach nicht mehr länger für mich behalten. Eine Woche später erhielt ich eine simple Nachricht, die ich immer wie einen Schatz gehütet habe: „Ich weiß. Ich habe von ihr geträumt. Sei stark, Schwesterherz. Dein T."

„Möchtest du eine Minute für dich haben, Amber?", fragt Jon, als ich mir die Augen wische. „Ich hätte dich vorwarnen sollen. Aber ich wollte keine falschen Hoffnungen wecken."

„Nein, nein, wirklich, mir geht es gut." Ich versuche zu lächeln. „Bitte erzähl weiter. Was hat er noch gesagt?"

„Nicht viel. Dass er nicht zur Hochzeit kommen könne, aber uns alles

Gute wünsche." Jon senkt den Blick. „Es knisterte, und dann war die Leitung plötzlich tot."

„Ich ... Ich verstehe es noch immer nicht. Woher wusstest du seine Adresse? Er ruft mich alle paar Jahre an oder schreibt mir, dass er noch lebt und dass es ihm gut geht, aber das war's. Er hat nie eine Nummer hinterlassen, nichts."

„Dill hat seine Adresse herausgefunden."

„*Dill?*" Ich bin so überrascht, dass es mir beinahe die Sprache verschlägt.

„Ein paar Tage bevor Caroline starb, übergab sie Dill ein dickes Bündel Briefe, Verwaltungsunterlagen und Dokumente, von denen sie dachte, Dill bräuchte sie, um alles am Laufen zu halten. Irgendwo darin fand Dill Tobys Kontaktdaten – verschiedene Adressen über die Jahre: Kenia, Jamaika, Irland, Schottland – außerdem Briefe von Carolines Anwalt, in denen Geld für die Erhaltung des Hauses gefordert wurde, alles Mögliche. Zurück kam nicht viel. Aber dennoch ..." Er stockt, als ich ungläubig den Kopf schüttle, und fährt dann fort: „Es leuchtet ein, dass Caroline immer wusste, wo er war. Sie konnte das Anwesen zwar verwalten, aber es gehörte ihr nie."

In meinem Kopf dreht sich alles. Mir ist gleich, wem das Anwesen gehört. Für mich zählt nur eins. „Wo *ist* mein Bruder?"

„Auf einem kleinen Hof in Schottland, auf der Isle of Arran."

„Arran! *Arran?* Das ist das kaninchenkötteldoofste ... Gib mir seine Nummer, Jon. Ich rufe ihn sofort an."

„Ich wusste, du würdest sie haben wollen. Aber auf meinem Display erschien keine Nummer, als er mich anrief. Es tut mir leid."

Also ist er wieder unerreichbar. Am liebsten würde ich meinen selbstsüchtigen, wilden, geliebten Bruder durchschütteln wegen seines selbst auferlegten Exils. Indem er sich für alles, was geschehen ist, bestraft, bestraft er auch alle anderen. Mein Gott, wie er mir fehlt.

„Tut mir leid, vielleicht war das kein guter Zeitpunkt, dir davon zu erzählen." Jon beißt sich auf die Unterlippe. „Aber es war die erste Gelegenheit, die sich heute ergab, und ich dachte, du willst es wissen. Bis jetzt hab ich es noch nicht mal Lorna erzählt."

In diesem Augenblick taucht Lorna auf wie eine Erscheinung: Sie kommt barfuß über den Rasen gelaufen, das hochgesteckte, glänzende dunkle Haar mit weißen Blumen besteckt. Alf hüpft hinter ihr her und trägt ihre Schuhe. Ich muss mich zusammennehmen. Ich möchte, dass nichts ihre Hochzeit trübt. Hier geht es weder um mich noch um Toby.

„Wir haben das mit den hohen Absätzen für heute aufgegeben, nicht wahr,

Alf?" Sie lacht und setzt sich in einer Wolke aus Tüll und kühler Abendluft neben uns. Ihr heiteres Gesicht ist gerötet von der Sonne, die langsam über dem Wald untergeht, und wunderschön umrahmt von der Pelzstola meiner Mutter. „Komm, Jon. Ab in den Ballsaal mit dir! Tanzen!"

Jon erhebt sich hastig. „Wir sehen uns dann oben." Er wirft mir ein entschuldigendes Lächeln zu und nimmt Alf an die Hand. „Komm, Alf."

„Aber ich bin doch der Schuhträger!", protestiert Alf und umklammert Lornas Knie.

„Das ist eine sehr verantwortungsvolle Aufgabe." Lorna umarmt ihn und lächelt Jon zu. „Ist es okay, wenn ich in ein paar Minuten nachkomme? Ich bringe Alf dann mit. Ich könnte wirklich eine kleine Pause von deinem Onkel Reg vertragen."

„Liegt der etwa noch nicht komatös unter irgendeinem Baum?" Er beugt sich zu ihr hinunter und küsst sie. „Lass dir so viel Zeit, wie du brauchst."

Wir sitzen schweigend da – ich bin noch immer sprachlos wegen Toby –, bis Jon außer Hörweite ist. Dann beugt sich Lorna über Alfs Kopf hinweg zu mir und flüstert: „Findest du, wir passen gut zusammen?"

Ich nehme ihre Hand und drücke sie. „Lorna, ihr beide seid ein wundervolles Paar. Einfach perfekt."

Sie strahlt, streckt die Füße im Gras aus und wackelt mit den Zehen. „Das finde ich auch."

Einträchtig sitzen wir beisammen. Ich bin noch immer nicht in der Lage, viel zu sagen, aber meine Tochter plaudert mit Alf und zeigt ihm die ersten Fledermäuse des Abends. Alf ist wie gebannt. Doch dann geht ganz plötzlich die Sonne unter, so wie das im Herbst hier in Cornwall ist. Als hätte ein Puppenspieler an den Fäden gerissen.

Zeit zurückzugehen! Zeit zu tanzen! Wir kehren zum Haus zurück. Alf bleibt alle paar Schritte stehen, um mit seinen kleinen dicken Fingern neugierig in Maulwurfshügeln herumzustochern. Auf der Terrasse ist es laut. Viele Gäste tanzen jetzt, obwohl man die Musik kaum hören kann. Alf zerrt an Lornas Kleid: „Tante Lor…"

Onkel Reg kommt auf Lorna zugetorkelt und singt mit Baritonstimme: *„For she's a jolly good fellow!"* Eine Frau in Kanariengelb drückt uns Champagnergläser in die Hand.

„Tante Lorna", sagt Alf und zupft energischer an ihrem Ärmel. „Ich will dir was zeigen!"

Genau in diesem Moment fängt es an – der innere Signalton eines längst vergessenen Echolots. Verdutzt blicke ich von meinem Champagnerglas auf und frage mich, ob ein Gewitter aufzieht.

„Tante Lorna, *schau* doch mal!"

„Entschuldige – was ist, Alf?" Lorna schaut verwirrt zu ihm hinunter.

„Schwarze Kaninchen!"

Der Lärm verklingt, und alles um mich herum versinkt, als mein Blick Alfs kleinem Zeigefinger folgt, zu den Kaninchen, die aus ihren Bauen hoppeln, und weiter bis zum Waldrand, wo jemand – es scheint ein Mann zu sein, ja, es ist ein Mann – den Hang heraufkommt. Die Silhouette seines sehnigen Körpers hebt sich von dem jetzt blutroten Horizont ab, und er neigt den Kopf gegen den Wind und hält seinen Hut fest. Er geht bedächtig, nimmt die Abkürzung über den steilsten Hang, wie er es immer getan hat. Oben angekommen, bleibt er stehen, schiebt seinen Hut mit dem Finger zurück und sieht unter der Krempe hinweg zum Haus herüber, einen flüchtigen Moment lang nur, aber lange genug, dass der letzte Strahl der untergehenden Sonne seinen roten Bart aufleuchten lässt.

Ich rufe seinen Namen und renne los.

*„Ich hatte ein klares Bild im Kopf von diesem großen alten Haus am Meer, vier Kindern und einem Hund …"*

## Eve Chase

Eve Chase hat englische Literatur und Journalistik studiert und als freie Journalistin für verschiedene britische Zeitschriften gearbeitet. Ihre Liebe zu Wörtern und Geschichten reicht wie bei vielen Autoren bis in ihre Kindheit zurück: Schon als kleines Mädchen las sie, was die Regale der örtlichen Bibliothek hergaben, und brachte mit sieben oder acht Jahren, ermutigt von ihren Großeltern, erste Geschichten und Gedichte zu Papier – diese „peinlichen Notizbücher" besitze sie noch heute, gesteht sie.

Familiengeheimnisse und große alte Häuser, in denen all die niemals erzählten Geschichten weiterleben, faszinieren die Autorin. In „Black Rabbit Hall" wird das Haus selbst „zu einer Art Romanfigur" und gibt den Ereignissen einen Rahmen und eine Richtung. Das Anwesen ist zwar ein fiktiver Schauplatz, doch die Autorin hat sich durch Herrenhäuser in Cornwall und Devon inspirieren lassen. Die Schönheit der kornischen Natur war für Eve Chase ein Grund, die tragische Familiengeschichte der Familie Alton hier spielen zu lassen: „Cornwall hat wirklich eine Seele und ist eine Landschaft, in der die Vergangenheit noch immer überaus lebendig ist … Außerdem liebe ich das Licht dort."

Eve Chase lebt mit ihrer Familie und einem Golden Retriever namens Harry in der südenglischen Grafschaft Oxfordshire. Ihre Kinder haben im Roman ihre Spuren hinterlassen: „Wenn man Kinder hat, sieht man die Welt noch einmal mit Kinderaugen – das ist ein wirklich großes Privileg." Das erklärt wohl am besten, warum sie es schafft, dass Amber, Toby, Kitty und Barney den Lesern so ans Herz wachsen …

HITZE
Originalausgabe: *The Dry*
erschienen bei Flatiron Books/Macmillan Australia
© 2016 by Jane Harper
© für die deutsche Ausgabe: 2016 by Rowohlt Verlag GmbH, Reinbek bei Hamburg

FÜR IMMER AUF DEN ERSTEN BLICK
Gekürzte, genehmigte Sonderausgabe für Verlag Das Beste GmbH, Stuttgart
© 2017 Piper Verlag GmbH, München/Berlin

EIN TIEFER FALL
© 2012 by mareverlag, Hamburg

BLACK RABBIT HALL
Originalausgabe: *Black Rabbit Hall*
erschienen bei Michael Joseph, an imprint of Penguin Random House UK, London
© 2015 by Eve Chase
© für die deutsche Ausgabe: 2016 by Blanvalet Verlag, München
in der Verlagsgruppe Random House GmbH, München

Übersetzer
*Hitze:* Ulrike Wasel und Klaus Timmermann
*Black Rabbit Hall:* Carolin Müller

Illustrationen und Fotos
*Hitze*
Einband, S. 4 (oben), S. 6/7, S. 8: Getty Images/David Trood
*Für immer auf den ersten Blick*
Einband, S. 4 (unten), S. 166/167: Getty Images/MIXA; S. 168: iStockphoto.com/77studio
*Ein tiefer Fall*
Einband, S. 5 (oben), S. 274/275: Getty Images/Andrew Brookes; S. 276: iStockphoto.com/ewg3D
*Black Rabbit Hall*
Einband, S. 5 (unten), S. 448/449: Illustrative photomontage by Olena Lytvyn; S. 450: Getty Images/Tamara Staples

Autorenfotos
*Jane Harper* (Einband, S. 165): Eugene Hyland Alice
*Hanna Linzee* (Einband, S. 273): Sönke Peters www.photo67.de
*Bernhard Kegel* (Einband, S. 447): ullstein bild/Jürgen Bauer
*Eve Chase* (Einband, S. 591): Clare Bork-Cook

Die ungekürzten Ausgaben von „Hitze", „Für immer auf den ersten Blick", „Ein tiefer Fall" und „Black Rabbit Hall" sind im Buchhandel erhältlich.